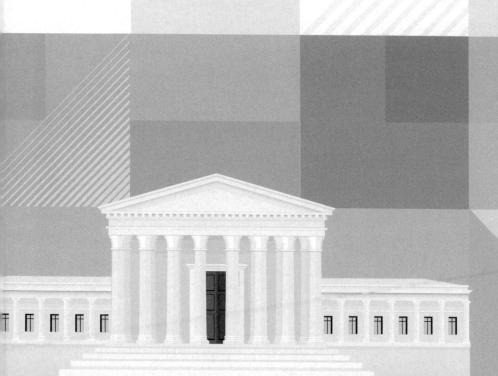

考銓制度

許道然、林文燦 著

2023年
修訂版

五南圖書出版公司 印行

文以載道，燦哉卓然──代序

　　考銓制度是我國對文官制度的專門用語，因為它是一套有關公務人員的召募考選和人事管理的制度，其主要功能在為國家「選才、用才、留才、育才」，所以也可以說是一套行施於公務體系的人力資源管理制度。考銓制度的範圍可從憲法第 83 條及增修條文第 6 條有關考試院職掌得知，亦即包括考試、任免、銓敘、考績、級俸、陞遷、保障、褒獎、撫卹、退休。惟實務上，尚包括人事分類、訓練、保險、行政中立、服務與獎懲及公務人員協會等事項。

　　由於國家公務人員初任考試在人事行政類科部分，將考銓制度列為考科之一，因此國內公共行政相關學系幾乎都有開設考銓制度或相關課程。不過，坊間考銓制度的教科書並不多見，導致老師和學生的選擇性不多。有鑑於此，多年前，筆者特別邀請林文燦博士共同撰寫「考銓制度」一書，一方面作為國立空中大學公共行政學系開設考銓制度課程的教材，一方面也希望能為芸芸考生提供一本易讀性高的考試用書。空大的教科書在 108 年元月出了修正版，但隔了兩年，部分重要的文官法律又有大幅度的修正，由於空大教科書的修正受限於政府的行政程序，因此筆者和林文燦博士覺得既已從空大取得自行出版的權利，且出版一本更新及合乎時宜的教科書亦極有必要，於是乃促成了和五南合作的契機。總而言之，本書完全是依照最新的法規制度編撰，而且日後也將會配合法規內容的調整，以最快的速度進行修正，以確保本書內容的正確性和合宜性。

　　由於本書的主要定位是教科書和考試用書，所以為了方便老師教學和考生自習，在課文內容中凡是有引用或涉及法條文字者，本書均盡可能加註法規條次，以利讀者查閱檢索。另外，有鑑於考銓法規文字大多艱澀難懂，兩位編者也多能以淺顯流暢的文字撰寫，部分內容並佐以人事實例解說，期能幫助讀者用最有效率的方式閱讀及吸收。除此之外，為期立論清晰、嚴謹、

有條理，本書特將每章內容分成三個部分：概說、制度內容、相關議題探討，讀者可以很輕易地自各章內容中瞭解各種文官法制的沿革、原理、現行制度內容以及該項考銓法制當前的重要議題。

　　本書兩位編者均係高考人事類科及格，並有豐富的政府人事行政實務背景。筆者在74年至82年間曾在行政院人事行政局（以下簡稱人事局）任職，歷任科員、專員、視察等職務，後來以薦任第9職等科長職務離職，轉換跑道到國立空中大學公共行政學系任教，並在幾所大學講授考銓制度相關課程。至於另一位作者林文燦博士可說是一位考銓理論與實務兼備的專家。林博士高考及格後，曾在學校短暫的擔任人事助理員一個月，隨即被商調到人事局服務，之後歷任人事局專員、科長、處長、參事、交通部人事處處長、行政院人事行政總處（以下簡稱人事總處）主任秘書、人事總處公務人力發展中心主任。民國105年並被挖角到考試院銓敘部擔任政務次長，後來又轉任該部常務次長（註：本書兩位作者業分別於112年1月及2月榮退卸任公職）。值得一提的是，數十年來，甚多文官制度變革背後均可見到林博士的身影，舉其犖犖大端者如，公務人員加給給與辦法的草擬，即林博士任給與處副處長時的手筆；111年6月間，全教總等教師工會所力爭參與的「軍公教待遇審議委員會」，則係88年間人事局魏啓林局長交辦時任專門委員的林博士所草擬；再舉一例，107年，公務人員年金改革，為建立退休金財務永續制度，規定將降低公務人員退休所得所撙節的經費如數挹注退撫基金，以健全退休財務，這也是林博士擔任銓敘部政務次長時的倡議。筆者相信，讀者在閱讀本書之後，應可直接掌握許多制度的原委，這也是本書的特色之一。

　　筆者和林博士相識甚早，從大學、研究所、服役到從事公職幾乎是焦孟不離，是他人眼中公認的死黨。想當年，一起拿到政大公行所碩士學位時，曾發願將來如有機會一定要合作寫一本書，以紀念兩人如親兄弟般的友誼。三十年後，兩個少年人變成了兩鬢略有白霜的中年人，而這個心願也在空大完成了。109年，我們兩人又將此書交由五南出版，筆者特地以兩人的名字

題詞：「文以載道，燦哉卓然」。這是兩位編者對本書的自我期許，也希望
讀者在指教後，能有相同感受。

　　最後，說明一下兩位編者所負責的章節。本書共分為 14 章，其中筆者
負責總論、人事分類制度、人事機構、考試、任用與升遷、保障及訓練進
修。林博士負責俸給、考績、退休、撫卹、保險、服務與獎懲及行政中立，
並於 111 年的修訂版由林博士文燦增寫第十四章「轉型中的考銓制度」，以
分享各國政府公共人力資源管理發展的新趨勢，並描繪出我國文官考銓制度
與時俱進的篇章。由於考銓制度的法制內容極其龐雜、繁瑣，又常有調整變
更，兩位編者在撰述時雖能隨時掌握最新法規動態，並於校對時仔細從事，
但疏漏錯誤仍在所難免。期盼選用本書的老師和讀者能不吝指正及鞭策。
又，本書的出版，承五南編輯群的大力協助，併此致謝。

許道然 謹識

於內湖山妍書室

中華民國 112 年 7 月

目 錄

第一章
考銓制度總論

許道然

第一節　考銓制度的意義和重要性

考銓制度是我國文官制度的官方用語，此可從考試院下設有「考選部」和「銓敘部」，以及國家考試人事行政類科設有「考銓制度」及「考銓制度概要」得知。以下先解釋考銓兩字的意義，再說明考銓制度之涵義及範圍，最後再論述考銓制度對民主國家的重要意涵。

壹　考銓的意義

「考」有測試、稽核的意思，亦即「考試」或「考選」，也就是利用種種測試方法或工具選拔可用之人的意思。我國自古以來就很重視選拔優秀人才為國家服務，而選拔人才的方式則從隋代以前的薦舉制度到隋代創辦的科舉筆試制度，再到現代新增的口試和實地考試、測驗。由於我國憲法所謂的「考試」涵蓋了文官選拔以及各種人事管理事項，因此為了區隔，就以「考選」一詞來表示考試擇才的狹義意涵。

至於「銓」字，與「權」通，即權衡；再引申為評量、審查。所以，如對官員的資歷、人品進行審查評定之後，再排列其品次及敘定薪俸，就是「銓敘」的意思（按：敘有次序之意）。今日，銓敘兩字的意義已經脫離「銓審資格，決定敘薪」的狹隘意義，隨著考試院的職掌演進變遷（見第三章人事機構），憲法已經將公務人員的任用、俸給、考績、陞遷、褒獎、保險、退休及撫卹、保障等人事管理事項納入，並設立銓敘部和公務人員保障暨培

訓委員會掌管。因此，事實上銓敘已經涵蓋現代人力資源管理有關人力發展與運用、維護與激勵等重大面向。

貳　考銓制度的意義和範圍

　　將考銓兩字連用，始於民國。國民政府成立後，依國父學說，設立考試院，下設考選、銓敘兩部。民國 29 年，考試院在重慶首次舉行中央人事行政會議，其總決議文寫道：「檢討既往，策進將來，所以促進考銓制度的推行。……蓋考銓行政非為其他專門事業之可獨自進行……。」文字中，同時出現「考銓行政」與「考銓制度」兩詞。

　　前考選部政務次長徐有守教授（民 86）即指出考銓制度的本體，就是考選與銓敘二部分業務的基本制度。前考試委員趙其文教授（民 90）亦指出，就考銓制度所涵蓋之範圍言之，包括考選、任用、俸給、考績、褒獎、銓敘、升遷、保障、退休及撫卹諸項，與人事制度之內涵相同，且均明定於憲法。以上兩位先進對考銓制度的理解，主要是根源於憲法第 83 條「考試院為國家最高考試機關，掌理考試、任用、銓敘、考績、級俸、陞遷、保障、褒獎、撫卹、退休、養老等事項」以及憲法增修條文第 6 條「考試院為國家最高考試機關，掌理考試、公務人員之銓敘、保障、撫卹、退休以及公務人員任免、考績、級俸、陞遷、褒獎之法制事項」之規定（註：憲法第 83 條在增修條文第 6 條通過後，已經不再適用）。

　　從憲法增修條文來看，考試院事實上已經不是專辦考試的機關，它的職掌已經涵蓋現代人力資源管理的絕大部分事項。又因為考試院的職掌僅限於政府部門的人力資源管理事項，所以考銓制度即等同於「公務人事制度」。另外，有時候考銓制度也被稱作「文官制度」，但如嚴格界定的話，文官專指事務官（或稱為常任文官），並不包括軍職人員和政務人員在內。由於實務上，考銓制度的範圍也涵蓋政務人員（如政務人員退撫制度）和部分軍職人員的人力資源管理事項（如上校以上軍官轉任公務人員規定），所以如將

文官制度等同於考銓制度，將無法涵蓋現行考銓制度的規範範圍。不過，因為考銓制度所規範的範圍絕大部分屬於常任文官部分，所以為了行文方便，本書有時候也會將文官制度和考銓制度二詞互用。

參　考銓（文官）制度的重要性

考銓（文官）制度既是一套規範公務人員甄選、任免、獎酬、考核、退養、倫理、保障、發展的規範和法制，因此政府在建立法制時莫不力求周延，以期能滿足用人需求及強化治理能力。綜合而言，一套優質的文官制度，其重要性有以下幾點：

一、是開發、運用與維護公務人力資本的基礎

人力是組織的資產已經是現代管理的普通常識。從人力資本的觀點來看，個人從各種管道所獲得的知識、技術和能力以及其他特性（KSAO）經由適當地開發和運用後，可以創造出各種財貨、服務和創意。因此，不論是私部門或公部門都必須建立一套用來「選才、用才、留才、育才」的制度，讓人力資本獲得充分的投資和累積，成為組織競爭優勢的來源。就公部門來講，羅致優秀人力擔任公職，並透過合適的任免遷調做最佳的人力運用，再經由合理的激勵手段，提供恰當的誘因和考核機制，讓優秀人才願意繼續在公部門任職，同時對優秀、有能力更上層樓的人員也有一套培育發展的機制；以上這些都必須端賴一個完整而有效的文官制度來作為公務人力「選、用、留、育」的運作基礎。反之，如果政府缺乏一套完善的文官制度，將無法在人力市場中羅致到合用的「人才」，原先可能是「資產」的人力，進入公部門後更可能會變成「負債」。

二、是民主政治的基石

民主政治除依賴健全的政黨、利益團體和選舉制度之外，作為政府施政推手的事務官也扮演極為重要的角色。因為民主政治的運作，如選務、公共

政策的提案和執行，都必須依賴文官（事務官）以客觀超然的態度爲之。因此，先進民主國家不僅會要求公務人員必須恪守行政中立外，通常還會立法以爲依據，並訂有保障行政中立的規範；而信守行政中立也早已內化到公務人員的行爲和思考當中。我國推行民主政治雖然不及百年，但與行政中立有關的法律如公務人員行政中立法亦已經通過實施。當然，民主政治也有一部分是建立在公務人員的操守和公務倫理之上，此一部分，亦散見在相關的考銓法規中。雖然徒法不足以自行，但如缺乏可以引導文官展現行政中立和倫理行爲的制度，將無法落實民主政治要求文官秉持超然客觀、不介入政爭，維持國家穩定的價值。

三、是政府善治的關鍵

民眾除期望政府治理國家外，更要求政府必須有「善治」的能力。亦即以妥適的公共政策和優秀的執行力來解決民眾的問題及滿足民眾的需求，同時並建立一個公平正義的社會。政策的制訂和執行必須由一群人來做，這群人當中有部分是因選舉產生的政務人員，但絕大多數是常任文官，也就是一般人所說的公務人員。所以，「對於任何現代國家而言，文官系統是其國家統治機關的主體；政府的公能力、公信力和公權力，必須依靠常任文官的政策執行，及其在政策制訂過程中的輔助性功能，才能具體且持續地展現」（蕭全政，民 85）。而宋朝大儒司馬光也早就說過：「爲政之要，莫若得人，百官稱職，則萬物咸治。」由於「把一個國家和全體國民的生存利益之事，託付給政府這一群公務員來辦理，這是一件何其重大之事！若所託非人，後果將又何其嚴重！」（徐有守，民 93）所以，必須有一套優質的考銓制度，在人力進入政府之前，以嚴謹而有效度的考選制度把關；在這些人進入公部門之後，再依專長任用，嚴予考核，獎優汰劣；在任職期間，並依其職務需要或未來發展規劃，施以合適的訓練。同時在未來養老或恤孤方面，予以生活之照顧。以上措施，目的均在期許政府能獲得最優秀的人力來治理國家，爲民眾創建更多的福祉。考試院在民國 101 年的公務人員基準法

說帖中有以下一句話：「為政在人，必有優秀的公務人員，而後有賢能的政府；必有健全的人事法制，而後有優秀的公務人員。因此，必須藉由人事法制的整建，始得形塑具有高競爭力、高效能及應變力強的公務人員，進而作為國家發展的基石，以及提升國家競爭力的動能」，很中肯地點出了文官制度和政府善治之間的依存關係。

四、是政府作為「模範雇主」的依據

雖然我國將公務人員與政府的關係定位為公法上的職務關係，但雙方具有一定程度的「僱傭關係」也不容置疑。因此，政府以雇主的地位和角色，對受僱者（公務人員）的工作生活品質和各種權利予以照顧，乃是天經地義的事。由於在所有公、私部門中，政府乃是最大的雇主，其所掌握的資源也是私部門難以望其項背；更何況受到依法行政的規範，所有政府與公務人員之間的僱傭關係（或公法上職務關係）都必須建立制度，依據法令規章行事，此又是私部門「不能」或「不願」做到的地方。因此，政府在落實工作權保障、規範合宜的工作條件以及增進員工福祉方面，實具有領頭羊的地位。惟有政府帶頭建立良好的人力資源管理制度，形塑合法、合理又合情的勞動關係，才能成為民間企業（尤其是中小型企業）的表率。當民間企業有一個可以觀摩的對象時，才能截長補短進而仿效跟進。總而言之，政府所建立的考銓（文官）制度，愈完美、愈優質，愈能鼓勵民間企業仿效，勞工的工作權自然愈能受到保障。

第二節　公務人員相關概念解析

我國考銓制度有關公務人力的概念分歧而多元，如法規中有公務員、公務人員、公職人員、政務人員等用詞；在學理上則有政務官、事務官、常務人員、契約用人等詞彙。尤其是法規用語，往往因法規的適用範圍而異其含

意，造成理解上的困難。本節將分兩個部分來釐清這些概念之間的意涵。

壹　政府用人分類

依據考試院 101 年修正的「文官制度興革規劃方案」第二案「統整文官法制，活化管理體系」的說明，考試院試圖將我國公務人力體制分爲政務人員、常務人員和契約用人三大類，並期望能透過立法和修法途徑建立一個「三元管理法制體系」（考試院，民 101）。事實上，政務人員、常務人員和契約人力也就是當前我國政府用人的態樣。茲分述如次：

一、政務人員

學理上，政務人員亦稱爲政務官。所謂政務官是指經由政府任命，參與國家大政方針之決策並隨政黨選舉成敗或政策改變而負政治責任或去留之公務員。其產生方式有二，其一爲經由直接民選而產生，如我國各級政府的行政首長；其二是由上述民選行政首長所逕行政治任命之人員，如各部首長和縣市政府的局處長。有些政治性任命職位直接負責決策事務工作，有些則是負責襄贊決策之職（施能傑，民 84）。

在實務運作上，我國公務人力也有政務人員與常務人員，但規範政務人員的法制只有 93 年 1 月 7 日制定施行之「政務人員退職撫卹條例」一種（最近修正公布日期爲 111.01.19），其他有關派免任用、待遇福利、行爲規範諸事項，則付之闕如，或散見於相關法令中。例如政務人員的福利事項，包括婚喪生育補助，係比照公務人員支領；政務人員適用公務員服務法，但只能比照適用公務人員請假規則；政務人員的等級及待遇，其依據也僅是全國軍公教員工待遇支給要點。

爲能對政務人員的範圍、進退、行爲分際、責任範圍和權利義務事項有明確的法律依據可資依循，考試院和行政院曾於 101 年 6 月會銜將「政務人員法草案」送請立法院審議。草案中對何謂政務人員以及政務人員的職務級別有極爲明確的規範。雖然草案並未審議及交付三讀，但對瞭解政務人員的

定義和範圍仍具參考價值。茲說明如次：

(一) 政務人員的定義

所謂政務人員是指各級政府機關依據憲法、中央機關組織法律或地方制度法規定進用之下列政治性任命人員：1. 依政治考量而定進退之人員；2. 依憲法或法律定有任期及任命程序獨立行使職權之人員。但以上各款人員，不包括司法院大法官、最高法院院長、最高行政法院院長、公務員懲戒委員會委員長（目前已改稱為懲戒法院，委員長改為院長）及最高法院檢察署檢察總長。

(二) 職務級別

政務人員之職務級別，區分為特任及政務一級至政務三級：

1. 特任，指組織法律所定特任職務者。

2. 政務一級，指下列職務：

(1) 各部政務次長及其相當職務。所稱「其相當職務者」，指與各部政務次長同層級之政務副首長及本法施行前之比照簡任第 14 職等人員。

(2) 直轄市副市長。

3. 政務二級，指下列職務：

(1) 部會合議制委員、行政院各部會所屬一級掌理政策決定或涉及國家安全維護機關之首長。所稱「部會合議制委員」，指依法獨立行使職權之公平交易委員會委員及公務人員保障暨培訓委員會委員。

(2) 直轄市政府列政務職之一級單位主管及所屬一級機關首長、縣（市）政府副縣（市）長。

4. 政務三級，指縣（市）政府列政務職之一級單位主管及所屬一級機關首長。

二、常務人員

一般學理上，常務人員係指遵照政府所制訂的施政方案或政策，依法執行職務，以辦理各項行政事務的永業性人員。因為此等人員並不隨選舉成敗或政策改變而進退，在性質上屬於事務官，或者稱之為常任文官。

依據 101 年擬議的「公務人員基準法（草案）」規定，「常務人員是指各機關組織法規中，除政務人員、法官與檢察官外，定有職稱及依法律任用、聘任之人員」。依據此條文內容，常務人員的條件有二：一為需「定有職稱」，如科員、科長、專門委員、司長、主任秘書等；二為需「依法律任用或聘任」。如依據公務人員任用法或警察人員人事條例、關務人員人事條例、醫事人員人事條例等任用法律任用者。

雖然聘任人員的進用方式係以學、經歷及相關著作審查為之，如社會教育機構專業人員及學術研究機構研究人員等。但因為此等人員所辦理的業務，均屬機關經常性業務，在所屬機關的組織法規中亦明定有職稱、聘任資格及員額數，屬機關編制用人。而且目前相關機關中，亦有同一職務同時可以簡薦委制任用及聘任之雙軌制情形，所以從聘任人員辦理業務及編制用人的屬性來看，與任用人員均屬於同一個體系，為常任文官之一部分。此外，中央研究院明定聘任研究人員及研究技術人員，屬機關編制用人，並依其組織法規授權訂定職務等級、薪級、考核等相關規定辦理，因此乃將聘任人員含括在常務人員之內。

三、契約用人

「契約用人」是官方用語，學理上通稱為「契約性人力」或「契約人力」。這類人員通常是由雇主和受僱者訂定契約，雙方合意約定一定期間作為受僱者的任職期間，而雇主可以是機構（如人力派遣業者）或自然人。僱用契約的訂定則是以雇主和受僱者關係為基礎，其性質為「交易關係」，即受僱者付出勞力、技能或經驗，而由雇主以一定之薪資作為對價。相對於公務人力中的常務人員是以永業為基礎，契約用人通常有一定的任職期限。不過，契約用人並非完全不能久任，如果雇主對此類人力仍有需求，且受僱者的績效能達到一定水準者，仍然可以經由績效考核後續約再任（施能傑、蔡秀涓，民 92、93）。

我國政府過去並沒有使用「契約用人」一詞，對其他不具正式公務人員

資格之人力均以「臨時人力」一詞含括，包括聘用人員、派用人員、機要人員、約僱人員、其他臨時人力（如派遣人力）等。不過，依據考試院101年修正通過之文官制度興革規劃方案所述，目前政府契約進用人力包括聘用人員、約僱人員及除聘用、約僱人員以外之契約進用之臨時人員。因此，派用人員、機要人員應不屬於以契約方式進用之人力。

貳　公務人員的定義和範圍

　　如果不深究它們的意涵和適用範圍，公務員和公務人員都是指從事「公共事務」的「人員」。我國在封建時期，並無公務員之名，一般稱之為官吏或官員。民國18年國民政府公布公務員任用條例，才開始使用「公務員」一詞。行憲後，憲法第八章開始使用「公務人員」文字，於是，各有關人事法規才陸續配合改用公務人員一詞（徐有守，民86）。至於，目前仍冠公務員的法律，僅剩公務員服務法與公務員懲戒法二種。

　　研習我國公務人員法制者，對現行數十種公務人員法令規章有關公務員或公務人員的定義和範疇，莫不頭痛萬分。之所以有這種定義和界定範圍不統一的現象，前行政院人事行政局局長吳泰成先生在一篇文章中說得極為清楚，茲引述如次（吳泰成，民93）：

　　　　我國憲法及公務人員之法律規章，是民國以來逐次立法建制，各有其時代背景，亦多遷就當時之法律用語，尤就人事法制言，因無公務人員法之類的單一法典，數十種法律立法修法之際，乃不得不自作主要名詞之定義及範圍的界定，俾明白規範該法律之具體適用與準用，以致同一名詞在不同法律之間，意涵有所出入。

　　為釐清相關法律中有關公務員和公務人員的概念區分，本章嘗試從涵蓋範圍的觀點將兩者的意涵分成4個圓圈（圖1-1）；最外圍圓圈範圍最大，

圖 1-1　公務員與公務人員之範圍示意圖

資料來源：筆者自繪。

表示其涵蓋面最廣。而後，漸次縮小。大圈包含小圈的人員。圓圈愈小，表
示其適用範圍愈窄，但在人事法制上的權利義務規定愈完整嚴謹，資格取得
也愈嚴格。另外，稱公務員者都屬大圈，稱公務人員者則屬小圈，表示公務
員的適用範圍大於公務人員。但不同的法律，其各自的定義和適用範圍也不
一致，因此圓圈也有大小之分。以下依圓圈位置由外而內說明之：

一、最外圈：國家賠償法的公務員

　　國家賠償法第 2 條第 1 項規定：「本法所稱公務員者，謂依法令從事於
公務之人員。」在此定義下公務員包括了：政務人員、常務人員、文武職人
員、公營事業機構人員、公立學校教職員、約聘僱人員、臨時人員、各級民
意代表，甚至是接受委託代為辦理公共事務、有行使公權力行為之團體或私
人，均屬之。換言之，無論有無官職等、職稱，有無任何名稱的薪資或現金
給與，只要是「依法令從事公務」者，均屬於國家賠償法上的公務員。又，
憲法第 24 條：「凡公務員違法侵害人民之自由或權利者，除依法律受懲戒
外，應負刑事及民事責任。被害人民就其所受損害，並得依法律向國家請求
賠償。」由上可知，此類公務員為國家賠償形成之條件且為賠償義務機關執

行求償權之對象。

二、第 2 圈：刑法的公務員

刑法於 94 年 2 月 2 日修正前之第 10 條第 2 項將公務員界定為「依法令從事公務之人員」，係屬於「職務公務員」的概念。亦即只要是依據法令，從事明示或默示之公法上職務行為，以完成其服務國家目的之勤務作用的人員就是刑法上的公務員；至於這些人員是否依法受國家任命，而有官職等及銓敘薪俸，均在所不論。因此，如公立醫院的醫師及護士、政府持股 50% 以上的公司員工，均為刑法上的公務員。準此規定，公立醫院的醫師如有不實填寫診斷證明書，依刑法第 213 條成立公務員登載不實罪；如有收受賄賂，則構成貪污罪（李春福，民 97）。

修法後，將公務員的範圍縮小，同項條文改為：「稱公務員者，謂下列人員：一、依法令服務於國家、地方自治團體所屬機關而具有法定職務權限，以及其他依法令從事於公共事務，而具有法定職務權限者。二、受國家、地方自治團體所屬機關依法委託，從事與委託機關權限有關之公共事務者。」準此，部分原本於舊法屬於公務員範圍並受刑法貪污瀆職規範之廣義公務員，如未具有法定職務權限（如健保特約醫事服務機構、公營事業或公營金融機構服務人員等），均可排除在公務員的適用範圍之外。

三、第 3 圈：公務員服務法的公務員

按公務員服務法第 2 條第 1 項的規定：「本法適用於受有俸給之文武職公務員及公營事業機構純勞工以外之人員。」故其適用範圍有二：其一是受有俸給的文武職公務員；其二是公營事業機構純勞工以外之人員。而文武職公務員則以是否領取國家之俸給為界定之條件，至於俸給的範圍為何？依據司法院院解字第 3159 號見解，第 24 條（即現在之第 2 條第 1 項）所稱之俸給，除指現行文官官等官俸表所定級俸外，其他法令所定國家公務員之俸給亦屬之；此外，俸給不以由國家預算內開支者為限，國家公務員之俸給，由縣市或鄉鎮自治經費內開支者，亦包括在內（謝榮堂，民 99）。總而言之，

公務員服務法所稱之公務員含括文武職人員、政務人員、常務人員、民選行政人員、公立學校教職員、約聘僱以及公營事業機構人員。不過，必須注意的是，公立學校聘任的教師適用教師法，故不屬於公務員服務法所稱之公務員；但如教師兼有行政職務，則其所兼任的行政職務就具有公務員性質（大法官釋字第308號解釋）。另外，民意代表並未依照公務人員俸給法規定支領俸給，亦非公務員服務法的適用對象（顏秀慧，民101）。

　　人事法制中另一個冠上「公務員」的法律為「公務員懲戒法」。該法對何謂公務員並無定義，但從過去公務員懲戒委員會（現已改為懲戒法院）受理過的案件來看，案件的當事人含括文武職人員、政務人員、常務人員、民選官員、教師（不包括聘任）和公營事業機構人員，與公務員服務法的適用範圍相當。

四、第4圈：公務人員任用法之公務人員

　　依公務人員任用法（以下簡稱為任用法）第5條第1項規定：「公務人員依官等及職等任用之。」同法施行細則第2條規定公務人員是指：中央政府和地方政府及其所屬各機關、各級民意機關、各級公立學校、公營事業機構、交通事業機構，以及其他依法組織的機關，其組織法規中除政務人員及民選人員外，「定有職稱及官等、職等之人員」。由以上規定內容觀之，這一圈的公務人員範圍最窄，必須同時符合「定有職稱」、「定有官等」、「定有職等」等任用法規定的條件。因此「文職人員中，教師無官等也無職等；公營事業機構人員有職等卻無官等，民選人員既無官等也無職等，所以都不是任用法中的公務人員」（徐有守，民86：31）。另查憲法第140條規定：「現役軍人不得兼任文官。」因此，軍人也不是任用法規範的公務人員。

　　值得注意的是，任用法第32條規定：「司法人員、審計人員、主計人員、關務人員、外交領事人員及警察人員之任用，均另以法律定之。但有關任用資格之規定，不得與本法牴觸。」因為上述人員必須具備同法第9條

規定之公務人員任用資格（即依法考試及格、依法銓敍合格、依法升等合格），當然應列入本圈的公務人員範圍。另第 33 條規定：「教育人員、醫事人員、交通事業人員及公營事業人員之任用，均另以法律定之。」因本條未如同第 32 條具明「有關任用資格之規定，不得與本法牴觸」，故可以解釋爲：如另定任用法律，不受公務人員任用法任用資格之限制者，就不是本圈所界定的公務人員。

除此之外，還有一點必須注意的是，在實務上上述人員均須送銓敍部辦理銓敍審查予以正式任用，成爲「領有俸給」的「專任」文官，所以有些原任職務爲無官職等和俸給（如無給職顧問）的人員，雖兼任服務機關中有官、職等之職務（如科長），但因爲「這種兼任人員並不能送銓敍部辦理銓敍審查予以正式任用，所以就不是公務人員任用法所規定的公務人員」（徐有守，民 86：31）。

此外，我國公務人力尚有「派用人員」和「機要人員」兩種，前者法律依據爲派用人員派用條例（按：已於 104 年 6 月 2 日經立法院廢止），後者爲任用法第 11 條、第 11 條之 1 以及各機關機要人員進用辦法。雖然這兩類人員都可以不經考試及格進用，但因爲都符合「定有職稱及官等、職等之人員」要件，也都有送審和領有俸給，所以也都屬於任用法所定義的公務人員。另外，過去依照技術人員任用條例任用，但在該條例廢止後仍繼續在職的技術人員，同樣符合「定有職稱及官等、職等之人員」之要件，自然也屬於第 4 圈的公務人員範圍。

總而言之，第 4 圈所界定的公務人員範圍最小，是扣除政務人員、民意代表、軍人、各級公立學校教師、約聘僱人員、教育人員、醫事人員、交通事業人員及公營事業服務人員後，凡符合「定有職稱」、「定有官等」、「定有職等」以及「領有俸給」之「專任」等條件的文職人員，方屬任用法所界定的公務人員範圍。

第三節　文官制度所追求的價值

　　任何政府施政必有其所要追求的價值，因此價值可以說是所有公共政策最基本的前提要件和指導綱領。政策必先有一套價值體系作爲支撐，進而再成爲具體化的制度和行動方針。價值可以是特定政治系統中所有成員的共同信念，更是一種主流的特殊偏好，而這種信念或偏好絕非一朝一夕突然出現，而是經由一段長遠的時間演進。

　　不同時代的文官制度均有所要追求的特定價值。以我國科舉制度爲例，其所追求的價值早先或許是著重在選賢與能，但經過一段時間的發展之後，也逐漸演變到具有強烈的政治控制功能。我國在行憲前的文官制度，追求的價值應該是以政治控制和紀律爲主；行憲後，各種現代的人事法制陸續建立，很明顯地已經轉移到強調效率、民主和專業的人事價值。

　　當今民主國家文官制度所追求的價值因受到全球化的影響，可謂大同小異。熊忠勇（民 94）在歸納學者對文官制度政策價值的看法後，提出了文官制度所追求的四大價值，立論精闢，特引用分別說明如次：

壹　效率價值

　　所謂效率，一般是指「投入與產出、努力與成果、支出與收入的比率，希望以最小的支出，達到最大的效用」。所謂效能則指「達成目標的程度、服務的產出有多少」。至於經濟是指「投入經費的使用量程度」，經費愈低表示其經濟性愈高。而效率的概念本身則涵蓋效能與經濟的概念。

　　效率的價值，強調的是公部門的管理面向，因而在公部門的人事管理領域，主要強調專業文官集團應與政治保持適當的距離，俾能用具理性的方式達到政策目標，以免政治干預的結果，損及公共利益。公務員嚴守行政中立，依據功績，而非政治黨派爲取捨標準，這樣文官的選拔與保障才能建立在效率與成就的基礎上。

美國在 1883 年所建立的功績制文官制度，就極重視文官的中立能力。文官的選用是以他們所具備的知識、技術和能力為基礎；文官在執行政務時，應秉持中立的立場行事，不受政治干預。不過，要注意的是，所謂「政治中立」並非指常任文官不能有政治立場或為政治表意，而是限制其參與政黨活動的範圍，並依職務屬性做不同程度的限制，進而擺脫政黨對適用功績制公務員的干預壓迫、以及對行政的控制，因此美國所主張的政治中立本質上是偏向效率的價值。

再就英國的情形來說，由於英國是內閣制國家，行政、立法合一，故不會感受到政治任命的特殊需求。因此，英國所強調的文官政治中立，主要是藉由回應首長的需求，作為維持政府運作的基礎，藉以維持文官體系的效率與效能。但要注意的是，政治中立在英國的環境下，要求文官對部長或政治性任命人員忠誠，客觀地提供政策建議，全力執行部長的政策，以確保公共事務執行的公正性及獲得人民的信任。從價值層面來看，亦相當接近政治回應價值。因此，在內閣制的英國，政治中立將效率與政治回應兩項價值做了連結。不過，英國政府真正將效率列為文官制度的重要政策價值，是 1979 年柴契爾首相上任之後所推動的行政改革。柴契爾首相的競選諾言之一便是精簡員額、降低支出及提升效率，本質上就是為了追求效率、效能與經濟的價值。

效率價值的實踐，必須透過有效的管理，而管理的重心在於控制的過程，以及指揮資源、行動，達成組織的績效。這一項價值就過程而言，偏向於技術與功能層面，並藉此完成組織的目標。因此，人力進用與否的關鍵因素在於能力、專業及成本效能。而它要達成的目標有二：一是所進用的人，其知識、技術及能力符合組織的需求；反之，如果其能力、績效不佳，免除其職位亦可避免降低組織的效率。二是代表有快速、並以省錢的方式找到機關需要的人，亦即縮短僱用流程、減少僱用支出，強調成本支出與考選效度之關聯性。

貳 政治回應價值

　　公務員的政治回應大體可分三個層次，依序為：一、回應人民；二、回應民選人員及政治性任命人員；三、回應組織層級體系內的行政長官。回應人民是整個政府共同的責任，因為公民是政府組成的合法性基礎，也是最終的權威來源。因此，滿足公民對政府的信任，以及不同的公共利益需求，就成為民主政府存在的最核心價值。為了確保公務人員能真正負起對公共信任與公共利益之責任，設計一套有效的「課責」機制即是民主行政不可或缺的重要策略。而在政黨政治下，此一課責機制常透過政治性任命之首長為之，亦即政治性任命首長為達到向人民及國會議員負責之要求，便轉而向公務員課責。在這個邏輯推演下，公務員主要負責的對象即是政治性任命人員，在英國即是向內閣總理及各部會大臣負責，在美國即是向總統及各部會的政治性任命人員負責。至於回應組織系統內行政長官，主要是基於層級節制的概念及法令的規範，則與課責的概念相近。

　　從民主政治的規範層面而言，民選行政首長的統治正當性是建立在有效實現對選民所做的承諾與選民的付託之上，文官只是忠實執行政策的工具。因此，政治回應價值在強調文官對於民選首長的回應性、忠誠感，以及政策理念的一致性。至於行政控制，其實指涉的是政務控制的概念，即期待經由更嚴密的控制，使文官體系能回應政治首長的需求。這一項價值應用到人事管理政策上，具有二個重要的意涵：一是進用的方式、標準，符合政治首長的需要，例如免除競爭考試的用人方式，進用時強調政治忠誠或政策理念的一致性；二是所選擇的人，要能有效回應政治首長的政策主張，俾能更貼近人民的需求。

　　政治回應價值在不同的歷史階段，呈現出不同的樣態。以美國為例，分贓制時期，強調的是「官職由選舉勝利者取得」，藉由任命權來主導政治回應的價值，但 1883 年文官法通過後，僅維持少數政治任命職位，後來改以透過增加政治任命人員、放寬任用限制，甚至於忠誠查核等的方法來達成。

　　英國的部長責任制及匿名主張，可視為政治回應的一環。英國的文官具有高度非政治性特色，不論任何政黨取得政權，他們均以同樣的忠誠對負政治責任之首長服務，這種特色反應的便是政治回應的價值。而部長責任制、匿名主張，均是為了達成政治回應的目標。部長責任制指的是部長在憲政體制上對各該部的工作負責，並承擔任何政治責任，文官可退居幕後，避免任何政治性之干預。至於文官匿名主張，指的是文官對外沒有名字，這是為了避免文官陷入政治紛爭，政府的所有文件均以部長名義對外發表，所有的責任均由部長承擔，與文官無涉，文官向部長負責，而由部長向國會、社會負責。匿名使得文官免除公共監督，降低了人們認為文官無法控制的疑慮，也避免文官陷入政治紛爭。

參　社會公平價值

　　社會公平的價值是憲法平等權保障的範圍之一，由於政府部門的工作是全體人民共同擁有的財產，因此，參與公職競爭的平等就業機會，便是社會公平價值的基本要求。一般對於平等就業機會的最基本要求是，政府公務人力考選的應徵資格條件和考選結果的錄取決定，除非有非常合理的理由，否則都應該盡量不受到性別、年齡、政黨隸屬、種族、籍貫、教育等個人特性的影響。

　　社會公平價值涉及在不同團體之間進行資源與效果的分配，在做分配時所考量的重點有二種，分別為「階層」和「團體屬性」。以階層為基礎的分配，主張在分配事物時應存在有內部的區分，區分的標準包括水平的公平及垂直的公平二種。水平的公平意指對於同一層級的人們予公平的對待；垂直的公平指對於不同階層的人們予不同的待遇。應用到人事管理的領域中，其核心原則就是功績，包括成就、能力與過去的績效等，強調對於具有相同資格、能力的人給予平等對待，與「平等就業機會政策」的主張相合。

　　至於以團體為基礎的分配，主要指以個人的「特質」為區分依據，強調

具有相同屬性之人員，應給予平等的分配。在人事行政領域對照的政策即是
「弱勢優惠行動方案」（affirmative action），以個人的「屬性」，如種族、
性別為特徵。弱勢優惠行動方案跳脫了傳統平等就業機會的概念，它不再尋
求保障與他人平等競爭的機會，而是進一步追求公職競爭上的平等結果。是
以，弱勢優惠行動方案可說是為了達成平等就業機會而進行的積極性措施。

　　除此之外，弱勢優惠行動方案的價值立場，除了社會公平外，還具有
「代表性」的意涵。由於社會上存在著不同的族群，透過僱用的過程，建立
多元且具代表性的文官體制，乃是社會公平價值的基本立場。這個觀點來自
於「代表性文官體系」理論，這個理論指出文官體系的人力組成結構，如政
治、經濟、社會等特徵，應該具備社會人口的組成特性，如此才能充分地代
表社會上各類人員的利益，反應出各類人員的偏好。

　　要特別說明的是，社會公平是希望文官制度能夠反應公平、公開的價
值，並能代表社會多元樣貌。但這一項價值，在不同的時空環境下，代表性
的標準也產生變化，早期強調的是地域的代表性，如美國立國之初的取才標
準，我國憲法第 85 條所謂「按省區定名額」的規定，亦是地域性代表性的
象徵。現階段社會公平的價值，強調的則是性別、族群與身心障礙人員的代
表性，美、英與我國均有類似的情形。這種代表性標準的轉換，並沒有對錯
之分，反應的只是社會的需求、權力者的期待罷了。

肆　個人權利價值

　　早期文官的工作權不受司法保障，隨著法院的判決，以及行政程序規範
日趨嚴謹，才使得個人權利漸受重視。個人權利的價值，在公部門人事管理
領域，強調的是文官所擁有權利應有法律保障，如予剝奪需經正當程序的規
範，以避免受到政府的不公平對待，並藉由工作保障與正當法律程序，以保
護公務員免於不當的政治壓力，使得公務員的權利獲得保障。同時，公務員
並可透過工會的運作，以集體協商的方式，來爭取權益、影響規則的制訂、

參與決策等，免受專斷管理的傷害。簡言之，個人權利價值的實現，包括正當法律程序與集體協商制度。

正當法律程序實際應用於公部門人事行政領域，代表公務員享有的憲法及法律保障，在政府機關進行人事行為時，不得任意剝奪。公務員也有權參與人事決定之做成，及獲得公平審理的機會。因此正當法律程序，對於政府機關權力的使用，有相當程度的制約。

許多國家的文官制度都訂有集體協商制度，公務員可就工作條件、薪資等與政府協商，因此集體協商制度深獲公務員的支持，因為集體協商制度反應的是公務員個人權利的價值。雖然集體協商具有公平、彈性等特性，不過，公部門的集體協商與民間企業確有很大的差異。因為：一、公務員和政府之間並非居於平等地位，協商事項受到很多法律的限制；二、政府運作並無市場競爭因素，難以用市場法則論定；三、談判結果常是非分配性的，勞資雙方可能都獲利；四、公務員無法運用罷工的手段。這些因素，再加上政治的考量，都限制了公部門集體協商制度的發展。

關鍵詞彙

考銓制度　政務人員　常務人員　契約人力　公務員　公務人員　效率
政治回應　社會公平　弱勢優惠行動方案　個人權利

自我評量題目

一、試說明考銓制度的意義及其重要性。

二、多年前，考試院擬將我國公務人力體制朝「三元管理法制體系」發展。試說明其主要內涵。

三、試依我國相關法律之規定，說明「公務員」和「公務人員」的概念及其差異。

四、文官制度所追求的四大價值為何？試說明之。

參考書目

考試院（民101）。文官制度興革規劃方案。http://www.exam.gov.tw/public/
　　Data/01610135071.pdf。101.09.11 下載。

李春福（民97）。刑法修正後公務員定義之法律適用。空大學訊，第 391
　　期，第 74-80 頁。

吳泰成（民93）。公務人員與公務員——定義範圍及人事法制上之運用。
　　公務人員月刊，第 100 期，第 20-25 頁。

施能傑（民84）。政務人員的待遇。人事月刊，第 119 期。

施能傑、蔡秀涓（民92）。契約性人力運用之理論與現實。公務人員月刊，
　　第 81 期，第 15-26 頁。

施能傑、蔡秀涓（民93）。契約性人力制度之規劃作法。公務人員月刊，
　　第 102 期，第 15-34 頁。

徐有守（民86）。考銓制度。台北：台灣商務印書館。

徐有守（民93）。憲政發展與考試權走向。公務人員月刊，第 100 期，第
　　9-19 頁。

趙其文（民90）。人事行政學：兼論現行考銓制度。台北：華泰書局。

熊忠勇（民94）。英美文官制度雇用政策變革之研究：政策價值的觀點。
　　國立政治大學公共行政學系博士論文。

蕭全政（民85）。文官政策的時代意義與改革方向。文載於銓敘部主編，
　　行政管理論文選輯，第 10 輯，第 375-396 頁。

謝榮堂（民99）。我國法制上公務員之定義與適用範圍。軍法專刊，第 56
　　卷第 3 期，第 43-62 頁。

顏秀慧（民101）。淺談公務員定義。綠基會通訊。http://www.tgpf.org.tw。
　　102.04.04 下載。

第二章
我國人事分類制度之演進

許道然

第一節　我國人事分類制度概說

壹　人事分類制度的意義

　　所謂人事分類制度即以人員或職務的類別為對象，採取若干因素作為分類標準，再透過適當的方法，對組織的成員加以分類，以便採行標準化的管理措施，就機關組織人員的進用、結構等第、工作指派、敘薪、績效考核、發展進行統一的管理，以提升行政效率和工作績效。分類制度是所有公、私部門的重要人力資源管理功能，在公部門即構成靜態的文官制度。就學理上來看，人事分類制度的分類對象不外乎「人」與「事」。前者以品位分類制為代表，後者則以職位分類制為代表。

貳　兩種主要的人事分類制度

一、品位分類制

　　新元史趙天麟傳說：「爵者官之尊也，階者官之次也，品者官之序也，職者官之掌也。」正足以說明品位制的中心意涵。品，就是官員的品級或等階次序。位，就是階級名位。合起來就是官員的等第、序列、階層和地位。因此品位分類制係指按照官員的資歷條件、年資、身分等因素加以品評，形成一個具有等第次序的官制結構，然後再依據官品的高低給予俸祿（即品秩）。一般說來，官品愈高，職位就愈高，薪俸也跟著增加。例如，魏晉南

北朝時的九品官人法將官員分成九品；清朝的官制是九品十八級，每等有正、從之別。如文職京官「從一品太子太保」，其中太子太保是職稱，從一品則代表官階的高低。日本在二戰前的官制模仿唐代的制授、敕授、旨授和判補四等官制，將公務人員官等分親任、敕任、奏任、判任四級，戰後則再改變爲品位九等制。而英國 1971 年以前的一般行政人員係分爲行政級、執行級與書記級（及打字級）；法國公務人員分爲 A、B、C、D 四階；德國公務人員區分爲高等職、上等職、中等職與簡易職，均屬品位分類制（李華民，民 82c；許南雄，民 102）。

二、職位分類制

　　職位分類制是美國科學管理運動的產物，其中心思維認爲組織的每項職位（position）都可以經過科學分析後，加以專業化；而專業分工後的各項職位，再透過工作評價，決定每項職位的價值，然後再依工作價值提供適當的薪資。因此，在進行職位的分類時，必須先就機關組織的職位進行「職位調查」，再以工作性質、難易程度、責任輕重、所需資格條件等分類標準將所有的職位進行工作評價，再歸入適當的同等類級，訂定職級規範（class-specification），作爲以後爲事擇人、考選任用的標準。於是，所有工作性質相同的職位就形成一個「職系」（series），每一個職系就代表一種專業，現代政府分工精細，所以實施職位分類後，會歸類很多種職系。

　　由於所有職位所擔負的工作責任大小有別，繁簡難易也有高低之分，因此就會得出不同的等次出來，這種等次就稱爲「職等」（grades）。工作愈難愈繁、責任愈重、所需資格條件較高者，所列的職等也較高。高職等的工作和低職等的工作相較，前者的工作價值較大，所以應該給與較高的薪資。而列同一職等的職位，理論上因工作繁簡難易、責任輕重及所需資格條件都相同，所以需支同數額的薪水，這就是同工同酬。

　　綜上，可知職位分類制和品位分類制最大的差異是，品位分類制是以人爲中心的分類方法，而職位分類制則是一種以事爲中心的分類方法，強調

科學化和合理化。一般的說法都認為職位分類制是在 1911 年初，由美國芝加哥市政府率先建制實施的，原因就是為因應工作人員同工同酬的要求。因執行成效不錯，受美國聯邦政府的注意，於是推廣到聯邦政府。1923 年，美國聯邦政府公布職位分類法，正式全面推行聯邦職位分類，1949 年制訂「1949 年分類法」。至於我國，首先試辦職位分類的機關為台灣省屬自來水廠，時為民國 43 年 2 月。45 年 8 月，行政院首先核准經濟部所屬各生產事業試行；58 年再及於政府行政機關，逐批辦理職位歸級，漸次推進。

參　我國一般行政機關人事分類制度的三次建制

　　自民國肇建以來，我國一般行政機關的人事分類制度先後有三次建制。如從制度的著眼點係以人為中心或以事為中心來看，民國元年建立的簡薦委制以及 58 年實施的職位分類制正好是兩個極端，直至 76 年開始實施官等職等併立制（又稱職務分類制或兩制合一新人事制度），始將人與事兩大人事制度理念靠攏。事實上，我國政府現行的人事制度共有 7 大類型。除一般行政機關適用的官等職等併立制之外，尚有以下六種，其中除公營事業人員適用的職位分類制外，其他都是具有品位制性質的人事制度：

一、以警察人員為適用對象的「官職分立制」（係法定名稱）。官稱受保障，職務得調任。其等級結構分為警監、警正、警佐三個官等，各官等又各區分為 1、2、3、4 階，均以第 1 階為最高階。

二、以交通事業人員為適用對象的「資位職務分立制」。資位受保障，同類職務可以調任。分為業務及技術兩大類，每類各區分為長、副長、高員、員、佐、士六個資位。

三、以關務人員為適用對象的「官稱職務分立制」。官稱受保障，職務得調任。分為關務及技術兩大類，每類各區分為監、正、高員、員及佐等五個官稱。

四、以公營事業人員（包括金融事業機構、國營生產事業機構、省市營事業機構三大類）為適用對象的「職位分類制」。其等級結構為：金融事業

機構及國營事業均採 15 職等制，原省市營事業機構採 16 職等制（註：依「台灣省政府功能業務與組織調整暫行條例」之規定，省營事業機構均已改隸中央目的事業主管機關，惟仍適用原省營事業之人事法令）。

五、以社會教育機構專業人員及學術研究機構研究人員（公立學校校長、教師亦屬本制）為適用對象的「聘任制」。不分等，按其薪級共分 36 級（另加年功薪 3 級）。

六、以公立醫療機構、政府機關及公立學校擔任醫事職務之醫事人員為適用對象的「級別職務分立制」。各類醫事人員統一區分為師級、士（生）級。師級再分為師（一）、師（二）、師（三）級，以師（一）級為最高級。

　　本書僅就一般行政機關的人事制度進行說明，其他六種人事制度不在本書論述範圍，合先敘明。

第二節　民國 56 年以前實施的簡薦委制

壹 實施沿革

　　我國自古以來的官制都具有品位分類的精神，此種官制觀念一脈相傳，民國前 1 年清朝政府曾頒布「內閣官制」，將文官依任官程序分別區分編「特簡官、奏簡官、簡任官、奏任官、委任官」五種。民國成立後，中華民國臨時政府在民國元年公布「中央行政官官等法」，將文官區分為 9 等（文官之上還有不分等的特任官），簡任官有第 1 等、第 2 等兩個等級，薦任官為第 3 等至第 5 等，委任官則分為第 6 等至第 9 等。到了民國 18 年，政府頒布了公務員任用條例，將事務官區分為簡任官、薦任官、委任官三個官等，但官等之下則不再區分 9 個等第。22 年 3 月 13 日，國民政府公布公務員任用法，仍採用簡任官、薦任官、委任官三個官等。38 年公布的公務人

員任用法，刪除了各官等的「官」字，逕稱簡任、薦任、委任。政府遷來台灣後，在 43 年、51 年和 57 年三次修正公務人員任用法部分條文。43 年修正公務人員俸給法部分條文，均沿用簡任、薦任、委任的官等區分。在俸級方面則訂為簡任 9 級、薦任 12 級、委任 15 級，共 36 俸級。簡薦委 36 個俸級的制度一直沿用到 75 年新人事制度（即官等職等併立制或職務分類制）建制為止。

貳 制度重點與特色

簡薦委制並不是一個法制名稱，在當時各種文官法律中都未明訂「簡薦委制」四個字，因為它是因「事實需要所產生的一個習慣名稱」（徐有守，民 86：92）。依據學者的說法，民國 58 年實施職位分類制後，為了與先前的文官制度有所區別，一般人乃將官等分成簡任、薦任、委任的制度，隨口稱之為簡薦委制，久而久之因襲成俗，乃廣為流傳（蔡良文，民 100；歐育誠，民 100）。

事實上，簡、薦、委三個字的原意並不是官位階層的高低區分，而是授官（任命）權的來源。按「簡」有檢選、選拔或選用之意，古代帝王直接授官予臣下即稱簡，指天子聖明能自行揀選賢者任官。「薦」則有推薦、進獻之意，如孟子萬章上：「諸侯能薦人於天子。」所以，古代由大臣向天子推薦賢才任官就是薦。至於「委」，則有委託之意，即執政者委託下屬逕行任官。在制度的實務運作方面，簡薦委制就是「依公務人員所具學歷、考試、考績、俸級、年資五種因素，予以綜合衡量後，決定其人具有簡任、薦任或委任三個官等中何一個官等的資格」（徐有守，民 86）。

在實務的運作方面，簡薦委制重點（含特色）有以下幾項：

第一，簡薦委制的官等結構較為簡單，範圍較寬。共分為簡任、薦任、委任三個等級，簡任又分為 9 個俸級，薦任分為 12 個俸級，委任分為 15 個俸級，均以第 1 級為最高。此外，簡薦委制人員的高、普、特考試雖然也有考試類科的區分，但除司法、外交、警察、主計等少數規定為特種人員考試

及格可任用外，其餘多數行政人員並未嚴格受到考試及格類科之侷限。亦即公務人員可以在多數不同性質的職務間進行調動，顯示制度的設計比較強調通才，而不是特殊的知識或技能。

第二，簡薦委制係以人為中心的分類制度，所以重視人員的學歷、年資、經驗。在公職進用和升遷方面，自然而然會比較注意當事人的背景，年資、德行操守也成為人員晉升的重要參考依據。例如，在簡薦委制的任用陞遷制度中，公務人員可在原官等內憑每年年終考績乙等以上即晉升俸級 1 級，直至現職跨列俸級之最高俸級為止。至於高考（含相當等級之考試）及格人員或大學（含獨立學院）以上畢業者，只要敘薦任最高俸級後，任職滿三年，連續三年考績一年列甲等、二年列乙等以上，不必參加升官等考試，即可取得簡任職升等任用之資格。因為簡薦委制的考績制度是考列乙等即可升一個俸級，所以高考及格的人員只要能熬年資，就可以輕而易舉地取得簡任職的任用資格。

第三，因為分類標準是人員的資歷和品級官階，與各級人員所擔任的職務及負責的業務無關，即官階高的人員不一定擔任工作繁重和責任較大的職務。所以，過去實施簡薦委制的時代，就曾有官拜簡任官等的人員只擔任簡單公文收發工作的傳聞。

第四，簡薦委制僅就文官之品級序等由下而上加以區分，職務的工作與責任內容較為廣泛，人事架構比較簡單。在人員任使的邏輯思維方面，是先選用基礎較廣的合格人才，再指派工作，使其適合機關組織的業務需要及個性之所長，並從人員的服務過程與工作表現中，予以升遷或轉調，不為其每次擔任的本職所侷限，因此富於彈性（李華民，民 82b）。因此，簡薦委制尤其適合高階文官的進用和管理。

第五，簡薦委制係以官品名位作為工作生涯的誘因，讓人員為求加官晉祿的目標而努力工作。因此，只要是高考考試及格人員莫不以爭取升任簡任官為人生奮鬥目標，並以身為簡任官為榮。足見，此種文官制度的確具有激勵官員上進心及滿足渠等心理需求的功能。

參　簡薦委制的主要缺失

從學理及實務運作發現，簡薦委制的主要缺失可以歸納如次：

第一，因為是以人作為分類基準，所以不重視工作的分類，專業分工的組織設計難以實現，進而無法達到為事擇人、適才適所的功能。且由於調任限制甚少，除少數職務外，不同職務性質的人可以互為流用，人力任使甚為寬濫。而機關首長或單位主管的任使權擴張，亦難免滋生流弊。

第二，品位分類的敘薪方式是以官位為基準，同品則同酬，品高則酬多。因為官品和職責程度之間缺乏必然的關係，因此容易出現「同工不同酬」或「不同工卻同酬」的不合理現象。

第三，加官晉祿與年資有高度的關聯性，工作績效和個人才能反而不受重視。所以只要工作表現不是太差，就能考列乙等，並晉升俸級。薦任官等人員更可以平步青雲，不經升等考試即能取得簡任官等的任用資格。容易養成公務人員因循苟且，得過且過的心理。

第四，制度的設計並無職系設置，考試類科與擬任職務之性質間，並無明確關聯，致考試難以配合。無法滿足現代社會專業化管理的需求，阻礙政府專業行政的發展。

第三節　民國 57 年建制的職位分類制與兩制併行

壹　實施沿革

我國職位分類制度之建制經過可分為以下幾個時期（蔡良文，民 100；歐育誠，民 100；徐有守，民 86；李華民，民 82a）：

一、發軔時期

民國 25 年 4 月，行政院行政效率研究會曾制定職位調查表分發中央各

部，由薦任級以下之人員填報，經收回整理，區分為 26 類，此為我國研辦職位分類之最早嘗試。29 年，國防最高委員會為研究職位分類問題，曾設置職位分類調查委員會從事研究。嗣因經費及人事關係，工作乃告停頓。38 年元月，依憲法制定之公務人員任用法第 3 條規定：「公務人員之任用，其學識、資歷、體格應與擬任職務之種類或性質相當。職務分類以法律定之。」是為我國人事行政法規中第一次具有職位分類精神之法律條文。

二、計劃時期

民國 40 年 6 月，考試院成立職位分類研究委員會，進行遷台後首次職責資料調查，但因經費問題，進展有限。43 年考試院成立職位分類計劃委員會，開始進行調查、設計、實驗、輔導及草擬公務職位分類法，並擇定若干機構為實驗機構（如 43 年責成省自來水廠試辦，45 年由行政院核准經濟部所屬各生產事業試辦）。

三、推行時期

民國 46 年 7 月，考試院成立職位分類督導委員會，分類業務交由銓敘部設專司（職位分類司）辦理。47 年 10 月公布公務職位分類法，為我國有關公務職位分類之基本法律，確立職位分類的基本架構包括職位、職等、職系、職級（無職組）。50 年核定公告 159 個職系（排除技工與駕駛，實際為 157 個職系）、52 年發布 16 個職等標準（因 2 個職系的刪除，最後為 14 個職等），而職等與職系交叉出的職級則有 2,000 多個，56 年 6 月再公布分類職位公務人員考試法、任用法、俸給法及考績法。

四、正式實施

民國 57 年元月 8 日總統頒布命令：「分類職位公務人員考試、任用、俸給、考績四法均定於 57 年 1 月 15 日施行。」58 年 10 月 16 日考試院宣布我國公務職位分類正式實施，自 58 年至 61 年全國中央及地方機關共分 9 批實施。至 61 年，全國實施職位分類者已達 93%，尚未實施者僅剩 120 個機

關、4,000 多個職位。

五、與簡薦委制兩制並行時期

職位分類制正式運作之後，發現問題重重，反對聲浪風起雲湧，政府除一面放寬規定之外，復於民國 62 年修正公務職位分類法第 3 條，明定司法、外交、警察、衛生、民意機關可以不必實施職位分類。此規定等於宣布停止推展職位分類，並進入了我國文官制度史上的「兩制並行」時代。

貳 制度重點與特色

考試院在民國 58 年宣布在一般行政機關正式實施職位分類制，其制度重點和特色可歸納如次（許南雄，民 102；蔡良文，民 100；吳宗憲，民 102）：

第一，職位分類之對象，係各機關的職位，而不是擔任各項工作的人員，所以是一種以事為中心的分類制度。在實務運作上，分類的基礎有四：工作性質、繁簡難易、責任輕重和所需資格條件。依據這四個分類基準所構成的結構體系具有高度的專業精神，茲分述如次：

一、職位：指分配與每一工作人員之職務與責任，是職位分類制度的基礎。其書面規範稱為職位說明書。

二、職系：是工作性質相同的職位經專業分工後的產物。在一個職系當中，涵蓋有工作繁簡難易、責任輕重及資格條件程度不一的職位。我國實施職位分類時，依職位的工作性質成立了 159 個職系。各職系內容的書面說明，稱為職系說明書。職系說明書在實務上的應用為：作為訂定考試類科及應試專業科目的依據；認定職系專長時，判斷工作性質是否相近；以及採計年資提敘時，認定工作性質是否相近。

三、職等：指工作性質不同，而工作繁簡難易、責任輕重、所需資格條件相同的職位。凡是經由工作評價而列在同一個職等的職位，不論屬於何種職系，應提供相同的薪資。我國行政機關的職位共區分為 14 個職等，

第 1 職等最低，第 14 職等最高。職等愈低，職責程度愈輕。其書面規範稱爲職等標準。

四、職級：係工作性質、工作責任輕重、繁簡難易及所需資格條件均充分相似的一群職位。職級也是職系與職等縱橫交叉後所形成之物，亦即每一職級均兼具有某一職系與某一職等兩項特性。如果以 159 個職系和 14 個職等相乘，應該是有 2,226 個職級，但由於僅有少數職系的所有職等都有職級，其餘大多數職系僅在部分職等上有職級。所以實際上只有 1,199 個職級，無職級之處稱爲空級。職級的書面規範稱爲職級規範。

第二，實施職位分類須先進行職位調查、工作評價、訂定分類標準，再將公務職位依分類標準歸級，於是形成一個既有專業分工，又有等次位階的工作架構。在此架構之下，所有職位所需資格條件、應具專業知能均能確定；透過職級規範，才能確定國家考試類科、考試資格、考試科目和標準。而人員的任免遷調、培訓也都可以經由職級規範來執行，達到標準化和客觀化。又由於職位之職責內容均經過詳密的調查與分析，明訂於職級規範中，因此在考績上自可依各職位之職級規範內容及參照各個職位實際工作情形訂定標準據以實施，使同一職級的職位用同樣的考績標準來考核，可使考績趨於客觀、公平、合理。此外，職位分類制也首創專案考績制度，可隨時辦理重大功過之獎懲，行政首長人事管理權限因而大增。

第三，職位分類後所形成的職等，表面上是工作及職責程度的高低區分，並依此成爲給薪的依據。在制度的設計原意上，同一職等的工作人員意味著他們的工作程度是相當的，所以理所當然應支領一樣的薪資，所以說職位分類促成了薪給制度的公平合理化。除此之外，職位分類實施之後，實務上一般人的認知是職等愈高，官位愈大，所以職等本身也產生了一個另類意義，即具有了官階的意涵。換言之，職等不僅彰顯了人員的地位、成就，並使公務人員員產生尊榮感。

第四，職位分類制的結構完整而嚴密，政府職位經由專業分工，劃歸成 159 個職系，在進用（初任）以及職系與職系之間的調動，限制極爲嚴格；

與簡薦委制相較，幾無彈性運作之空間。這種設計的目的主要是要滿足現代化專業管理的要求，可以達到為事擇人、適才適所的功能。

第五，職位分類制的公務人員如想要升等（意同職位轉調），除第四點所述必須在同一職系或性質相近職系內始可升等外，尚須俟有高一職等的職缺出現才能如願。例如，一個高考及格先以第 5 職等任用的公務人員，如要升到第 6 職等，必須先有第 6 職等的職位出缺才能升調，否則只能留在第 5 職等隨考績晉敘而已。因為升任高一職等職位的先決條件，是必須先找到高一職等的職缺，所以當時有公務人員戲稱職位分類制的職位設計是「一個蘿蔔一個坑」！

第六，職位分類制中的俸給制度，在俸表中採縱橫結構，並首創俸點制。即俸表中各職等的本俸或年功俸都以俸點表示，而俸點折算俸額標準則由行政院於調薪時以行政命令定之，可以不必修正俸表，具有高度彈性。

參　職位分類制在實務運作上的缺失

我國行政機關實施職位分類制，在文官制度史上堪稱是巨大變革，但推行之初並非順利，較極端的批判者甚至認為不算成功。不過，以今天的角度而言，當初政府甘冒天下之大不韙，將幾千年來根深蒂固的品位階級觀念改為以科學化、專業化管理的現代人力資源管理制度，確實需有極大的勇氣和抱負。最起碼，在實施約二十年之後，取而代之的官等職等併立制（或稱新人事制度、職務分類制）幾乎是建立在職位分類的基礎之上。以下一段正面肯定的文字，可以作為職位分類制的貢獻最佳註解：

持平而論，職位分類制度對於我國現代化文官功績制度之建構與推行，無疑應有一定的正面貢獻存在，例如：組織編制漸趨精簡、人員素質已有提高、人與事更能配合、職責與俸給漸趨一致、重視工作並發揮績效、孕育民主的精神、逐步發揮人事管理的基礎功用等（江大樹，民 86：197）。

　　不過，職位分類制雖有科學化、理性化、專業化、現代化和法制化的特色，但在實務運作方面卻出現了一些缺失，這些缺失也促成了民國 76 年官等職等併立制的出現。茲說明如次：

　　第一，職位分類講求專業分工，所以將政府職位分成 159 個職系。而職系區分過細的結果，卻出現以下的問題：

一、必須相對增加考試類科，以滿足各職系的用人需求，致試務工作繁重。

二、有些職系過於專精，一般大學並未設置對應的科系，無法為政府訓練所需的人力。

三、即使機關報出職缺，報考人數仍可能過少，不一定能足額錄取。加上考試無法隨時辦理，如何補足特殊專業職系所需的人力仍然是用人機關的頭痛問題。

四、過於精細的專業區分，限制人員調任（含平調和升遷）之範圍。例如，早期分類職位公務人員任用法曾規定：「除特定職系外，第十三職等以上及第三職等以下人員，在各職系同職等職位間得予調任，其餘各職等人員，在工作性質及所學相近職系同職等間，得予調任。」此條之規定，對政府高階文官的調任造成很大的困難。

　　第二，職位分類以職位為運作人事制度的基礎單位，每一個職位都必須經過職位調查及工作評價後予以歸級，並依此訂定職級規範。在實務運作方面，職位歸級堪稱是最為繁瑣及困難的工作，不僅程序繁複，作業龐雜，其文書更高達 200 餘萬言，而歸級時亦必須登錄多種書表，人事人員負荷甚大。而隨著情勢的改變，職位的工作性質和責任也日新月異，如果職級規範未及時參考最新發展加以修正，就會造成職位歸級的偏差和困難。實務上在進行職位歸級時，即曾出現不依職級規範內容歸級、歸級因人而異、按職稱歸級或按機關之層次歸級的弊端（李華民，民 82b）。

　　第三，分類職位人員的任用資格，依照分類職位公務人員任用法相關規定，各職等之初任人員，均須經過考試及格，始能進用。因此，在分類職位公務人員考試法中即明訂應依職系分職等舉行。以 67 年版的分類職位公務

人員考試法爲例，即規定應針對第 1、2、3、5、6、8、9、10 職等職位辦理初任考試。

第四，職等間的界限不清。由於職位分類制將所有職位劃歸 14 個職等，再以職等標準作爲各職等差異的文書規範。但不論是實務運作或職等標準，都很難明確區分職等與職等之間在工作難易與職責輕重上的程度差異。此外，一個職位只能列一個職等，要升任高一職等的職位有時候需靠運氣（等高一職等的缺出現）。

第五，由於一切人事任使事項，均必須依職位分類相關的嚴格規定行事；機關首長的用人裁量權因之大爲削弱。與簡薦委制相較，在人員遷調方面的確甚爲不便，也直接影響首長的地位、權威與尊嚴。

第六，職位分類制實施之後，對部分現職人員的權益確有某種程度上的損害。例如，在簡薦委制時，各部會的常務次長、司處長、副司處長、專門委員都可敘至簡任 1 級，但實施職位分類以後，職位歸級的結果，卻分別歸爲第 14 職等（常務次長）、第 12 職等（司處長）、第 11 職等（副司處長）和第 10 職等（專門委員），高下立判。被歸較低職等的心中難免不平，對職位分類制更難衷心支持。

除以上六點之外，職位分類制實施之初的亂象，對職位分類制也帶來一些殺傷力，讓批評者取得重擊制度的力量，此也導致職位分類制在實施不及二十年後，即宣告退場（李華民，民 82b）。

亂象之一爲公務人員心態問題。很多公務人員對實施職位分類制懷有不切實際的幻想，認爲可以增加待遇。但真正實施後，發現並非如此，而且改任換敘的工作繁複，文書作業龐雜，於是又懷念起過去的簡薦委制。

亂象之二爲當時推行職位分類時，過速過猛。雖然實施職位分類制之前，政府曾花了十餘年的時間研究、籌備。但 57 年決定推行職位分類時，卻只有一年的準備期，其間包括各種法制作業、講習和觀念溝通。當時我國仍屬威權時期，因此在高層一聲令下，雷厲風行，不到一年時間即完成 799 個機關、63,356 個職位的改制。在公務人員仍處於簡薦委制的思維下，忽然

在一夕之間，根深蒂固的官場經驗竟然 180 度扭轉，對部分公務人員而言，難免面臨認知上的困境。

亂象之三是部分機關趁職位歸級時上下其手，趁機調高人員的職等。按職級規範所定，除少數職位有固定的職等外，其他絕大多數的職位，均無固定職等，因此歸級機關乃可以隨心所欲，上下其手。例如，當時行政院某委員會科員（相當職位分類之 2 至 5 職等）依其修正前之組織法為 37 人，其中 5 人得薦任（相當職位分類之 6 職等），餘委任。但實施職位分類後，歸列 6 至 8 職等者卻高達 25 人，比原先簡薦委制時還多出了 20 人。事實上，這些人員的工作內涵並未因改制而改變，但因實施職位分類歸級後，職等都提高了。這種因歸級造成的寬濫現象，不在少數。

亂象之四為實施之初的形式主義。據人事先進李華民先生所述，59 年起至 60 年曾舉辦 1、2、3 及 6、7、9 職等的分類職位考試，但考試及格者卻未完全分發至實施職位分類之機關任用（如在未實施職分類之外交部、經合會等）；即使有一部分錄取人員係分發至實施職位分類之機關，但亦未完全按其職等職系分發任用。例如，第 1 職等考試及格，卻從事第 2 職等的工作，第 6 職等考試及格者卻擔任第 4 職等的職位；一般行政職系派任財政行政職系者有之，人事行政職系派任事務管理職系者有之，會計職系派任文書職系者有之。這些初期亂象都有違職位分類的精神，更予批評者指責撻伐的口實。

肆　職位分類制和簡薦委制兩制併行

職位分類制在推行之後，區分過細、職級規範不明確、調任限制過多的缺失逐漸湧現。政府基於讓文官制度能順利運作的考量，乃決定採取「放寬」及「採取簡薦委制度中的寬疏體制，以取代職位分類制原本應堅持的諸多嚴峻規定」的原則（吳宗憲，民 102），除四度修正職位分類相關法規，並於民國 62 年修正公務職位分類法，明訂司法、外交、衛生、警察及民意等五類機關（其實還有第六項：其他經立法程序規定不宜分類機關）界定為

不宜分類的機關，並規定「得」不予分類。雖然法條文字規定是「得」，即可做亦可不做之謂，但實務上這五類人員自此即未納入職位分類範圍，而仍然採用簡薦委制。

至於囿於現實所做的制度放寬（尤其是在人員任用遷調方面）更不勝枚舉，舉其犖犖大者如下（李華民，民 82b）：

一、職位分類推行之初，原規定人員調任的先決條件是必須「調任同職系」，但後來又放寬爲「調任工作性質及所學相近之職系」。

二、原爲「調任高一職等未具任用資格者，准予權理」，放寬爲可「權理高二職等」。以上所謂可「權理高二職等」原指「第 12 職等職位人員得權理高二職等職務，其餘各職等人員，以權理高一職等爲限」而言，但旋又修正放寬爲「同範圍高一職等或高二職等均可權理」。

三、在分類職位公務人員調任辦法中增訂「凡在本機關服務滿二年以上，經銓敘機關審定有案，且知能足以勝任者，得調任本機關非技術性職系之職位」。因此，造成人事行政職系之職位也可以調任本機關會計職系或出納職系之職位的不合理現象。

四、另外如「實施職位分類之機關，仍適用簡薦委制法規審查」、「已在實施職位分類機關改任換敘人員，調任新成立實施職位分類機關之後，仍准以簡、薦、委任銓審」之個案亦偶有發生。

前述五類機關免推職位分類以及制度運作亂象，事實上是對職位分類制的沉重打擊，而兩制併行所產生的不合理、不公平現象則加深了政府進行文官制度改革的決心。

第四節　民國 76 年實施的官等職等併立制

我國現行的人事制度係自 76 年元月 16 日正式實施，但在當時政府並未給這個新的人事制度訂下名稱，而爲了與舊制區別，因此在一些文書上就

逕稱為「兩制合一」、「新人事制度」。惟當時有一些研究文官制度的學者專家，如前考選部次長徐有守先生即主張新制係融合簡薦委制和職位分類制之長而建立，因此可以稱為「官等職等併立制」（簡稱官職併立制）（徐有守，民86）。另外，考試院在101年5月版的「文官制度興革規劃方案」第二案「統整文官法制，活化管理體系」中，曾將新制定名為「職務分類制」（標題：「現行職務分類制之基本建構有待檢討」）（考試院，民101）。惟近年來，考試院官方文件中不僅已少見「職務分類制」一詞，該院在109年1月初版之「中華民國考試院院史」中更將現行人事制度重新稱為「兩制合一的新人事制度」（或新人事制度）（考試院，民109）。總而言之，現行的中華民國人事制度因缺乏法定名稱而無定論，導致名稱的使用極為混淆。

本書考慮到此一「新人事制度」實施迄今已逾三十年，期間各種文官法制或有更迭創新，如仍稱其為「新」，殊非所宜。基於對新制基本內涵的認識，以及對我國人事界先進徐有守老師的尊敬（按：徐有守先生為本書兩位作者博班時期的恩師），本書擬採「官等職等併立制」一詞作為我國現行行政機關文官體制的專稱。又，為避免與警察人事分類之「官職分立制」混淆，除非因行文之需要，將盡量避免使用「官職併立制」一詞。

壹 建制背景及經過

一、建制背景

我國何以捨棄實施多年之簡薦委制及用心良苦之職位分類制而另創新制度，而新制又為何以「取兩制之長，棄兩制之短」的方式建制，實有以下之原因：

(一) 兩制並行之困擾

職位分類制和簡薦委制是我國最重要也是涵蓋公務人員人數最多的兩種人事體制，事實上從58年正式實施職位分類制以來就已經是兩制並行（法

律認可兩制併行是 62 年），識者論述我國之文官體制時，就有「一國兩制，不成體統」的批評。而在兩制並行之下，公務人員權益不盡相同，更廣爲人所詬病。例如，投機者利用兩制基本結構之差異，以遊走兩制之方式，獲取改任換敘之利益，而快速升等（俗稱過水）。另外，因事實需要從某制調至某制，必須辦理改任換敘，其工作之繁複，每每造成人事管理之困擾。

　　兩制並行各有一套人事法規，除任用、考績、俸給三法各自立法外，另訂定各種附屬的施行細則等輔助規章。當時的統計即發現兩制合計的人事法規共有母法 7 種，輔助規章 28 種，總共 35 種。形成兩套獨立法規、分別實施的一國兩制奇特現象。又由於兩制的相關規定互有出入、寬嚴不一，以至於在兩制之間造成不平，增加機關管理上的困擾。

　　以下所舉兩個例子，可以很具體地看出兩制間因等級結構不同，所造成的任用升遷失衡的不合理現象（蔡正村，民 92）：

例一 甲、乙兩人，在同一年高考人事行政類科及格。某甲分發到簡薦委制機關擔任薦任科員（本俸 12 級），而某乙則分發到分類機關擔任第 6 職等科員（敘本俸第 6 職等 1 階），此時甲、乙二人的敘級和俸給數額完全相同。三年之後，假設甲、乙二人的職務均未調整，二人的年終考績連續三年都是乙等。因爲不論是簡薦委制或職位分類制，考列乙等均可晉俸一級，於是某甲在晉俸三級之後，敘到薦任 9 級本俸，而某乙同樣是晉俸三級，則敘到第 6 職等 4 階。此時甲、乙二人的俸給數額完全一樣，但兩人的官階卻有不同；亦即在分類機關的某乙仍爲第 6 職等，但某甲如換成職位分類制的敘級，卻是第 7 職等。這個例子顯示在簡薦委制機關的某甲較占便宜。

例二 仍以上述同一年高考人事行政類科及格的某甲與某乙爲例，假如六年之間，二人的年終考績都考列甲等，這時二人的官階的變化與例一就不一樣了。因爲在簡薦委制考列乙等以上，只可以晉俸一級，因此某甲連晉 6 級後，到達薦任 6 級，相當於分類機關的第 8 職等。但由於分類機關的考績制度有連續兩年甲等可以晉升高一職等的規

定，所以某乙連續六年考列甲等，六年後已經高升到第 9 職等。這個例子顯示在分類制任職的某乙較占便宜。

(二) 為求「人」與「事」兩大因素之兼籌並顧

簡薦委制係以人為中心的人事分類制度，職位分類制係以事為中心的人事分類制度，兩者原是兩個極端，各有各的特色和優缺點，在我國實施經年，也各有其支持者和反對者。但在現制面臨非改革不可的關頭，如何調和鼎鼐，折衝協調，乃決策者智慧的考驗。新制最後所以決定採官等職等併立的模式建制，有其背景。在一篇銓敘部 75 年所撰「新人事制度之基本精神與規劃實施」之官方報告，可以明顯地看出當時政府的改制理念（銓敘部，民 75）：

新人事制度結構一方面採用簡薦委制用人靈活的優點，放寬職務之列等，使任使升遷，富有彈性，以便利對「人」的運用。另一方面，擷取職位分類的長處，保留職系區分，使工作（職務）內容，明白顯示，以便利對「事」的管理。所以新制結構，既不偏重於人，也不偏重於事，而兼採人與事的適切配合，使人的才能與其所擔任的職務相稱，做到用人既可因材器使，又能因事擇人，以消除「有人無事做，有事無人做」的缺失。

基於上述理念所規劃設計的新人事制度，一方面符合我國的文化傳統和國人固有的觀念；另一方面，又能兼顧現代工商社會重視專業分工的要求。更重要的是，可以兼顧人性與科學化管理，去除上述兩制並存及權益不公平的問題。

二、建制經過

民國 58 年，當時的執政黨中國國民黨舉行第十次全國代表大會，通過「政治革新要點」，其中第 19 點：「切實檢討職位分類及簡薦委制之利弊，

根據事實需要，妥定制度，迅付實施，全面進行人事革新。」而考試院銓敘部自 61 年起就當時公務人員人事制度進行研究，並陸續提出三次「我國現行人事制度檢討改進案」交考試院院會審查，並得到「職位分類制違反以人為本的特性、限制過多、作業程序及手續過於繁瑣」的結論，為解決兩制並行困境，於是開啟了兩制合一的規劃（歐育誠，民 100）。民國 71 年，由銓敘部、考選部及行政院人事行政局（人事行政總處前身）會同成立兩制合一研究小組，研議新制建立的各項相關事宜。75 年元月，總統明令公布公務人員考試法，後於同年 4 月及 7 月分別公布公務人員任用法、公務人員俸給法及公務人員考績法。76 年元月 16 日正式由考試院宣布施行，並同日廢止簡薦委制和職位分類制。

三、改制順利的原因

76 年元月官等職等併立制正式建制時，並未有太多質疑聲音。從政策規劃的角度分析之，官等職等併立制之所以能順利通過合法化過程，概有以下之原因：

(一) 利害關係人的支持

與公務人事政策有關的利害關係人包括中央級的人事機構（考試院及其考銓兩部、行政院人事行政局）、各級人事機構、公務人員、行政機關、立法機關以及社會大眾。在改制前，上述利害關係人對於兩制並行所產生的弊病，已有深切體認，建立新制已為共識。因此，新制提出後很快就受到肯定。此外，負責改制的考試院在民國 70 年以後，已經將內部不同意見整合，而得以和人事行政局合作無間的共同研議相關法規和細節，亦為新制能夠順利推行的主因。

(二) 策略的成功

官等職等併立制能夠順利推行的另一個重要原因是，該制之建制乃「擷兩制之長，棄兩制之短」，在結構上盡量保持舊制，在形式上則不做大幅度變更。此即為論者所謂：「盡量保持舊制非結構性片段以減阻力」（徐有

守，民 86：107），或「其政策價值特別強調力求安定現狀，然後兼顧未來發展」（江大樹，民 86：232）之意。茲分述如次：

1. 基本結構放寬：主要是增加人員任使遷調的彈性，其做法包括：簡化職系，增設職組；增訂職務可以跨等的規定；晉陞官職等的途徑予以放寬（詳後）。

2. 維持原有形式規定：與制度變更無關的其他事項及次要細部規定，盡量維持原有形體和名稱，如官等、職等名稱、職等高低順序等。另外，並採用原分類職位公務人員俸給法的俸表。

(三) 周密完善的準備工作

鈴敘部和人事行政局為因應新制之來臨特成立專案小組，著手進行新制相關輔助法規的訂定和修正，並舉辦人事人員講習、分區座談及試辦改任換敘等工作。新制實施後，反彈聲音微弱，周密的事前準備工作確有其貢獻。

貳 制度特色與主要內容

一、兼容並蓄，整合設計

官等職等併立制在若干地方係兼採簡薦委制及職位分類制之規定，予以綜合設計，其主要之內容如下：

(一) 新制之所以稱為官等職等併立制，乃分別取兩制中的官等和職等架構而成。

(二) 就建制理念言，係兼採人與事兩大因素。如新制的公務人員任用法第 2 條規定：「公務人員之任用，應本專才、專業、適才、適所之旨，初任與升調並重，為人與事之適切配合。」很明顯地即具有職位分類之精神。另，新制調任及升官等規定的放寬則具有簡薦委制的精神。

(三) 人員分類標準兼採官等和職等。亦即將官等仍分為委任、薦任和簡任。其中委任列第 1 職等至第 5 職等；薦任列第 6 職等至第 9 職等；簡任列第 10 職等至第 14 職等。如圖 2-1：

圖 2-1　**官等職等架構圖**

資料來源：筆者自繪。

(四) 就結構言，將簡薦委制的官等與職位分類制的職等、職系熔於一爐。如「人事行政職系」「薦任」「第9職等」「科長」。

二、取長補短，另定新制

官等職等併立制除了處處可見「取兩制之長，補兩制之短」的折衷規定外，在制度設計上，亦有不少新的構想。最重要者如次：

(一) 每一職務可跨 2 至 3 個職等

以前簡薦委制是一個職務可跨多個俸級，而職位分類制是一個職位只能列 1 個職等；前者甚寬，後者甚嚴。新制規定每一職務可跨 2 至 3 個職等，亦即每一職務以列 1 個職等為原則，列多個職等為例外，係取其中庸之道。例如，專員一職，在職位分類制上，原只列 1 個職等，就是第 8 職等，新制則可列第 7、8、9 三個職等。又如，公立大專院校的人事室主任在新制可以列第 10、11 職等。這個制度術語稱為「職務跨等」，其最大的意義有二：第一，公務人員可以在原職務上晉升職等，可以提升公務人員的士氣；第二，放寬用人限制。例如，只要是具有第 10、11 職等資格的人，都可以任用為公立大專院校的人事室主任，讓才能卓越有發展潛力的人，在適當範圍內，都能合格任職，而便於機關延攬優秀人才。

(二) 簡併職系，新設職組

簡薦委制沒有職系，因設官分職缺乏明確標準，任用調遷規定較寬，導致用人浮濫以及人、事不相配合的現象；而職位分類制則設有 159 個職系，區分過細，限制過嚴，人員進用遷調，均感困難。新制將職系予以簡併，剛改制時簡併成 53 個職系，後來為配合現代社會專業分工的趨勢，又逐漸增

加，民國 100 年爲 96 個職系。另外，新制在職系之上又增設「職組」，將 53 個職系按性質組合爲 26 個職組，100 年 10 月最新修訂爲 43 個職組。108 年 1 月 16 日考試院以「培育公務人員兼具多專業性及通才能力，以肆應全球化時代國家發展需要」及「秉持行政類應較通才，技術類應較專業取向，以確保專才通才並重，提升整體工作效能」爲由，再次修正「職組暨職系名稱一覽表」，重新整併職系和職組，最後得到 57 個職系和 25 個職組，並規定自 109 年 1 月 16 日施行。

　　所謂職組係性質相近之職系的組合。增加職組的目的是在方便職務的調任，所以在新制的公務人員任用法中即規定同一職組中的各個職系可以互相調任，另部分職系在不同職組之間亦可單向調任或相互調任。如 109 年新版「職組暨職系名稱一覽表」即規定：綜合行政職系與圖書史料檔案職系視爲同一職組，可互相調任；會計審計職系可單向調任至綜合行政職系和經建行政職系。

(三) 保留權理制度，增加用人彈性

　　權理是職位分類制爲改進用人缺乏彈性所設計的制度，原規定爲：「同範圍高一職等或高二職等均可權理」。新制保留了此項規定，並酌做修正，使其仍在彈性原則之下不會過於寬濫，新制保留的是權理仍以向上 2 個職等爲原則，但只限同官等，而且職務跨列 2 個官等者，也不可以權理。

(四) 增加轉任規定，促使人力靈活運用

　　官等職等併立制實施之前，在行政機關、公立學校與公營事業機構三者之中，各有獨立的人事管理制度和主管機關（如公立學校屬教育部主管，交通機構屬交通部主管，金融機構屬財政部主管，生產事業機構屬經濟部主管），彼此之間互不承認其任用資格，亦無轉任、比敘規定，人才無法交流。新制針對此一缺點，增列轉任規定，凡經考試及格，曾任行政、教育、公營事業人員，於相互轉任性質程度相當職務時，得按其服務年資，提敘官職等及俸級。這種設計，不僅可以維護轉任人員的權益，更可使三類機關的

人才互通有無，人力可以互相支援，靈活運用。

(五) 革新考試制度，簡化考試等次

民國 67 年職位分類制的考試法版本係規定其中的八個職等需經初任考試（按：即第 1、2、3、5、6、8、9、10 職等）。76 年實施新制後，廢除了分類職位考試，並擇採簡薦委制的高普考試和原設計之甲、乙、丙、丁四等特考體制，以配合簡任、薦任、委任三個官等任用。同時，並規定高考得依學歷分級舉行，及增加「審查知能有關學經歷證明及論文」的考試方法，以便於國家延攬優秀人才。此外，又增加考試錄取人員須經職前訓練（即基礎訓練和實務訓練）合格始得發給考試及格證書的規定，亦即將職前訓練視為考試過程之一。

(六) 同官等內晉陞職等無須考試及格

由於新制廢除了職位分類制的職等初任考試，因此特別訂定在同一官等範圍內的各職等，例如薦任第 6、7、8、9 職等之間，可以依據考績條件陞任。其考績條件仍然是採取職位分類制的規定，考績連續二年列甲等，或連續三年至少有 1 個甲等 2 個乙等，都取得晉陞同官等高一職等的資格；惟得否晉陞，仍需視各該職務之列等而定。

(七) 官等依考試或訓練晉陞

新制剛推行時，對晉陞官等的設計係以考試為原則，其他條件晉陞為例外。例如，委任升薦任和薦任升簡任，原則上都必須經由升官等考試。但委任升薦任的部分，後來又放寬為可以在法定前提條件下，經委任晉陞薦任官等訓練合格，取得陞任薦任官等任用資格。另外，委任升薦任以及薦任升簡任部分，也可以在法定條件下，以考績升等的方式，取得晉陞薦任第 6 職等或簡任第 10 職等的資格。嗣為符合實務運作現況，在 111 年 5 月 25 日修正公布的公務人員任用法第 17 條第 1 項又做了以下的文字修訂：「公務人員官等之晉升，應經升官等考試及格或晉升官等訓練合格。」

(八) 薪俸依照官等、職等及俸級核計

官等職等併立制的公務人員薪資仍採用職位分類的俸表和俸點制度。最低為委任第 1 職等 1 級的 160 俸點，最高為簡任第 14 職等 1 級的 800 俸點，俸點的高低差距為 5 倍，公務人員所領的現金俸額是以俸點乘上俸點折算標準後算出。官等職等併立制之所以採取職位分類的俸表，主要考慮是改制前多數行政機關已經實施職位分類制，所以改制後不必再對實施職位分類制的人員進行換敘的作業；而在簡薦委機關任職的公務人員只要依現行的換敘規定辦理即可，且此類人員的實質俸額亦不受影響。此外，在新制的公務人員俸給法中更規定，各機關必須嚴格執行依法支俸，不得自行訂定俸給標準或不按標準支俸，以確保俸給制度的一致性和公平性。

(九) 訂定考績具體標準，落實考績功能

官等職等併立制的考績，不再有考列甲等人數不得超過二分之一的限制，但為落實考核，避免過去考列甲等過於寬濫之弊，特明定考列甲等與丁等的具體條件，俾考核時有客觀認定標準可循。此外，並採行職位分類制「專案考績」的一次記兩大功與一次記兩大過（免職）規定。

參 官等職等併立制重大議題檢討

現行的官等職等併立制從 76 年開始實施迄今，其間制度的演進，隨著社會變遷和組織再造的需求，很多地方已經有了不少改變。尤其是在官制結構部分，已經出現一些運作困境，茲分別論述如次：

一、官等設計原旨日漸模糊

官等職等併立制最早的設計是以簡任、薦任和委任三個官等作為基本任用資格區分之準據，亦寓有過去品位的意涵；但為避免過去簡薦委制調升寬濫的現象，所以規定官等的晉陞必須經由升官等考試，但卻又單獨規定薦任官等晉陞簡任官等時，得兼採考績及年資等其他條件，以至於引起委任人員之反彈，要求比照放寬。於是，考試院在 85 年修正了公務人員任用法第 17

條第 3 項，明定具相當考績年資或學歷，並經訓練及格的委任人員，也可以取得薦任官等任用資格，但以第 8 職等以下職務為限。由於在升官等資格條件已逐步放寬之下，現行簡薦委三個官等能否繼續作為區分人員基本資格範圍的標準，已經值得商榷。

二、職等官等化，淡化職等所代表的職責程度意涵

官等職等併立制擷取了職位分類的「工作取向」概念，所以保留了 14 個職等的設計，其意旨乃在突顯現代政府必須尊重及依循社會專業分工的現況，所以職等代表的是公務人員工作職責程度之區分，其主體是工作而不是地位。但官等職等併立制實施至今，具有高度職位分類精神的職等設計，其原旨卻逐漸淡化，反而與官員品秩地位的關係產生強烈的連結，論者把這種現象稱為「職等官等化」（歐育誠，民 100）。而職等官等化的結果是機關組織競逐職務列等的提高、增加職務跨列職等或官等的數量，甚而有在 14 職等架構上增加職等的構想。事實上，上述職等官等化結果，也是構成職等官等化的原因，形成一種惡性循環。茲扼要說明如次：

第一，職務跨等從例外變成原則：目前行政機關的職務，其中跨列 2 至 3 個職等（含跨列官等）者，已經占所有職務的九成，「顯與現制仍採職位分類列等之建制原則，概有未合」（顏秋來，民 96：120）。

第二，跨列官等之職務遽增，違反建制之本旨。職務分類制建制後，職務列等經多次調整，跨列官等的職務隨之增加。例如，原列委任官等之科員不僅職務跨列 3 個職等，甚且跨列至薦任官等。與公務人員任用法第 6 條規定：職務應就其工作職責及所需資格，依職等標準妥為列等之本旨未合。

三、職務列等成為攀逐官位的工具

官等職等併立制實施之後，以職務列等表作為各機關職務訂列官等職等的作業標準。依據公務人員任用法第 6 條第 1 項、第 2 項規定：「各機關組織法規所定之職務，應就其工作職責及所需資格，依職等標準列入職務列等表。必要時，一職務得列二個至三個職等。前項職等標準及職務列等表，依

職責程度、業務性質及機關層次，由考試院定之。必要時，得由銓敘部會商相關機關後擬訂，報請考試院核定。」由此條文可知，職務列等的考量因素有三：(一) 職責程度；(二) 業務性質；(三) 機關層次。除機關層次之外，其他兩項都是道地的職位分類觀念（機關層次既非職位觀念也非品位觀念）。所以，我們可以說職務列等「是一個絕對附屬於工作的概念，與擔任該工作的人員無關，更與該人員的地位無關」（歐育誠，民 100：34-35）。

　　不過，因為重視權威地位的價值觀念已深深內化在國人人格當中，在簡薦委三個官等的架構不可能改變的前提下，公務人員唯有想辦法以各種理由請求調整職等，才能達到既升官（職等提高）又晉祿（俸級晉升）的目標。而為了達成這個目標，最快的方法就是調整職務列等，於是「要求提升機關層級或拒絕調整機關層級，或刻意要求寬列員額編制以突顯機關職責程度，甚至編織職掌以職責程度提升為名，行調高列等之實」（歐育誠，民 100：35）的現象就發生了。

　　又因為公務人員將職等視為地位的表徵，以調整職務列等作為調高職等的手段，而機關又有比照他機關調整職務列等的有樣學樣心態，以及地方政府以職責繁重與職責程度與中央相當為由，要求職務列等應與中央持平，再加上委任官等人員可以經由訓練升官等諸項原因，使得政府機關占半數以上職務的列等已集中於薦任官等（實務做法大都以調整薦任職務為優先），形成一個橄欖球狀的官等結構。由於薦任官等在必須容納甚多職務情形下，已無剩餘空間可以作為調整列等之用；因此，如需再予調高薦任職務之列等，在層層往上推擠之下，勢必要將部分中層職務的列等跨列至簡任官等，這種做法又與改制時官等職等配置的原則不符。而因為薦任官等過於擁擠，也產生了「14 個職等不夠用」的說法；假如考試院果真在現行 14 個職等之上續加職等數，則又落實了新制往品秩地位一端傾斜的認知。

四、職系設定缺乏立制的中心思想

　　官等職等併立制推行之初，將職位分類時期的 159 個職系簡併成 53 個

職系，建制旨意已如前述。由於社會分工愈來愈趨專業，政府的業務也必須跟著精細化，因此53個職系變得不夠用，於是在95年大幅增加為95個職系，100年10月又檢討職組暨職系名稱一覽表，再增加為96個職系。惟108年時又以「確保專才通才並重，提升整體工作效能」為由，將職系整併為57個（25個職組），顯然又回到了76年官等職等併立制創立時之情形。簡單地說，自76年起，職系數量之調整係經歷了鬆綁、專精、再鬆綁三個階段。整體看來，這三次的職系數量的調整結果前後差異幾乎南轅北轍，而考試院的說詞卻幾乎都如出一轍（配合環境變遷，滿足用人機關需求）。當然，職系的調整可以與社會脈動契合，有助於政府透過考試設科取才，強化治理績效。但考試院三次調整職系的變動實在太大，似乎可看出主政者缺乏基本的中心思想，導致職系的設定仍然在簡薦委制的寬鬆取向和職位分類制嚴謹取向之間擺盪。

五、放寬職系調任，偏離專業

按目前的人事體制雖無職位分類制之名，但對我國文官體制稍有瞭解者皆知其實現在的文官制度骨子裡還是職位分類制。早期在推動職位分類制時，係透過精細且科學化的職位調查、分析和評價後，建構出工作職責程度與工作性質專業化的交叉式官制結構。因此，如何將政府職位適當的歸系是職位分類成功的一大關鍵。在我國實施職位分類制時期，為妥適做好職位歸系，除進行大規模的職位屬性調查外，並訂有書面的職系說明以為依據。但官等職等併立制啟動後，不僅未再進行職位普查，且職務歸系「是由各機關填具職務說明書、歸系表，經主管機關（依據職務歸系辦法及職系說明書）核定歸系後，送銓敘部核備；核定及核備時，都是根據機關的組織法規、處務規程、辦事細則、分層負責表等書面資料來判斷」（歐育誠，民100：40）。由於各機關撰寫的職務說明書強調的是寫作技巧的表面功夫，而各級審核機關所謂的核定或核備也僅流於書面審查，因此其專業性是否充分？是否能正確的依據職務的工作性質進行妥適的歸系？能否避免因人歸系的情

形？均值深入檢討。除此之外，108 年修訂「職組暨職系名稱一覽表」雖然將職系的數量從 96 個整併為 57 個，增加了政府機關用人的彈性，但在一覽表中卻仍然訂有單向或雙向調任的規定，此似有背離政府職務應力求專業分工之嫌。

 關鍵詞彙

人事分類制度　品位制　職位分類制　簡薦委制　兩制併行
官等職等併立制　職務列等　職位歸系　職等官等化

自我評量題目

一、何謂人事分類制度？以「人」或「事」作為分類對象，各自會形成何種人事分類制度？

二、試說明品位分類制的意義、特色和缺失。

三、職位分類制的意義為何？其有何特色？

四、我國實施職位分類制後，出現哪些缺失？

五、我國簡薦委制的主要缺失為何？試說明之。

六、我國在簡薦委制和職位分類制併行時期，出現了哪些缺失？試說明之。

七、現行我國官等職等併立制的特色為何？試說明之。

八、現行官等職等併立制推行至今，在官制結構部分有哪些值得予以檢討的地方？

參考書目

考試院（民 101）。文官制度興革規劃方案。http://www.exam.gov.tw/public/Data/01610135071.pdf。101.09.11 下載。

考試院（民 109）。中華民國考試院院史。台北：考試院。

江大樹（民 86）。國家發展與文官政策。台北：憬藝企業。

吳宗憲（民 102）。職務分類制架構檢討改進之研究。考試院委託研究案。

李華民（民 82a）。試論職位分類。文載於人事行政論（上）。台北：中華
　　書局，第 149-159 頁。

李華民（民 82b）。我國當前人事制度之檢討。文載於人事行政論（上）。
　　台北：中華書局，第 427-465 頁。

李華民（民 82c）。改進我國當前文官制度之研究。文載於人事行政論
　　（下）。台北：中華書局，第 169-181 頁。

徐有守（民 86）。考銓制度。台北：台灣商務印書館。

許南雄（民 102）。考銓制度概論，新 4 版。台北：商鼎文化。

銓敘部（民 75）。新人事制度之基本精神與規劃實施。官方報告。

蔡良文（民 100）。人事行政學——論現行考銓制度。台北：五南圖書。

蔡正村（民 92）。我國現行公務人員任用制度之研究。國立中山大學政治
　　學研究所碩士在職專班碩士論文。

歐育誠（民 100）。兩制合一 25 年的回顧與評析——談官等職等、職組、
　　職系與俸級結構。公務人員月刊，第 52 卷第 6 期，第 30-44 頁。

顏秋來（民 96）。現行公務人事制度之檢討與改進芻議。考銓季刊，第 49
　　期，第 106-124 頁。

第三章
人事機構

許道然

第一節 人事機構的組織體制

從隋唐開始，中央行政機構即有吏、戶、禮、兵、刑、工六部的專業分工機構，其中有關全國官吏的任免、考核、升降、調動等事務由吏部掌管；科舉考試則屬禮部權責，可說是我國現代人事機構的濫觴。而目前世界先進國家，如英、美、法、德、日、韓、新加坡也都有專業的人事機構。其設置的理由，主要係基於專業分工的考量，並藉由專業化的決策和執行達到經濟效率的目的。至於消除分贓政治、澄清吏治等政治的考量，在 21 世紀的今日應已成為附屬功能。

在學術探討上，有關人事機構的組織類型區分，有從是否設於行政部門內或外區分為部內制、部外制和折衷制者；亦有從隸屬關係及是否獨立運作區分為幕僚制和獨立制者。茲分述如次：

壹 第一種分類形態：以人事機構是否設置於各部之內作為分類基準

早期對人事機構的分類，主要是從特定國家是否設有人事機構，以及人事機構是否設置在各部之內來考量。這種分類基礎比較適用於二次世界大戰之前的各國情況，而且係以國家為單位來做判準，所以產生了如某國是部內制，某國是部外制，而某國又是折衷制的說法。而這其中的部內制或部外制事實上還隱含一個人事權（主要是考試權）是否獨立的問題。

一、部內制

部內制的「部」是指行政部門。因此，所謂部內制的人事機構，是指一個國家中的行政部門各自設有專責的人事機構，並由這些人事機構自理本部的所有人事行政事宜。二戰以前，德國和法國就是採取這種機制，因此學理上習慣稱德、法為部內制國家。

當然，由各部自理本部的人事業務最大的優點就是效率和切合實際需要。因為本部的人事需求只有自己最清楚：需要多少人力、如何考選和分發任用、薪資福利如何配合本部工作特性設計等，都可以量身訂製專用的人事制度。如果必須調整現行人事制度，也可以馬上作業，不需與其他機關協調討論；又因為部外沒有其他人事專責機構，自無請釋或請求立法之需求，不至於貽誤事機。

至於部內制最大的缺點就是各部會各自為政、資源分散。因為各自為政，就容易出現各部會人事措施步調不一和制度不齊的毛病。步調不一的結果是有些部會可能已在採行彈性化人事措施，而其他部會卻仍故步自封。制度不齊的結果，就產生了所謂「一國多制」的情形，也連帶衍生公務人員要求公平一致和援引比照的困擾。又因為資源分散，即可能產生浪費和重複支出的情形。而人事專才分散在各部會，更難以集思廣益，同心建立開創性的人事制度。

二、部外制

所謂部外制，係在各部會（或行政組織系統）之外，設立獨立超然的人事專責機構，全權掌理政府的所有人事行政業務。部外制的設計考量，目的是在擺脫政黨和行政首長的干預，而能以客觀、獨立、超然的立場掌控國家的文官政策方向，確保政府用人不會淪為私相授受的分贓治理。例如，1883年，美國為了消除分贓政治的缺失，依據文官法（Pendleton Act）設置了聯邦文官委員會（U.S. Civil Service Commission, 1883-1978）。這個委員會由總統提名的委員 3 人組成，經參議院同意後任命，任期六年；且為避免政黨

壟斷決策，因此規定 3 位委員之中，同黨委員不得超過 2 位；主席與副主席均由總統指定，主席即委員會的首長。在組織體制上，文官委員會係受總統管轄，所以隸屬在行政權體系之下，但又因為它是一個與其他部會平行的機構，係獨立行使人事行政職權，因此被歸為部外制。聯邦文官委員會和英國文官委員會不同的是，它除了掌管文官考試之外，還掌管職位分類、薪資、福利、獎金、考績、退休、保險、訓練、休假、文官之政治活動，退伍軍人之任職優待等人事業務。所以，可說是一個人事行政職權相當完整的中央人事機構。

另外，還有一種與美國聯邦委員會完全不同的部外制人事機構，那就是我國的考試院。依據憲法 83 條規定，考試院的職權除了考選之外，還包括公務人員的任用、銓敘、陞遷、保障、褒獎、級俸、考績、退休、撫卹、養老等事項，以現代人力資源管理的角度來看，幾乎涵蓋完整的人事權，所以考試院雖名為「考試」院，但卻是一個貨真價實的人事行政機構，而非僅專辦考試。由於我國是五權分立國家，考試權與其他四權（行政權、立法權、司法權、監察權）是不相隸屬的平行關係。所以，在人事機構的組織類型中，考試院是一個不受行政組織體系指揮監督，而能獨立運作的部外制人事機構。

從以上說明，應可得知，何以過去談到人事機構的組織類型時，都會說中美是「部外制國家」。只不過，美國聯邦文官委員會的「部外」是在行政權體系（即美國總統）之下，超然獨立於其他部會之外。而我國的考試院的「部外」則不僅層級高於部會，甚且不受行政權（即行政院）的指揮監督，而能獨立超然的掌理人事行政事項。

將文官考選機構設計為獨立於各部會之外的部外制型態，最主要的功用就是避免政治首長（或政黨）對文官的進用伸出黑手，進而阻斷分贓惡習，達到人事安定、澄清吏治和政治中立的理想。至於另一種部外制人事機構──我國考試院，因為是一個專責專業擁有完整人事權的人事機構，所以可以集中資源，對文官政策進行通盤的規劃，並成為全國一致性的制度。

　　不論是獨立考選機構或享有完整人事權的人事機構，只要是部外制設計，就難免產生無法配合行政機關需求的狀況。行政部門最常出現的不滿聲音為：(一) 人事機構只會訂定一些防弊和管制規定，不利於行政效率的提升；(二) 人事機構根本不瞭解行政機關的用人需求，辦理考試經常緩不濟急，某些公務人員甚至無法以考試方式進用；(三) 行政機關首長的用人權受到人事機構的剝奪或掣肘，破壞行政責任的完整性；(四) 人事機構所制訂的人事措施通常是閉門造車的產物，行政部門在執行時經常有扞格不合之感；(五) 人事制度的調整或修正，仍須由專責人事機構負責，而修法過程往往曠日廢時，無法立即回應行政部門的需求。以上的缺點總結起來，就是重視消極防弊，忽略行政機關有效治理的需求。

三、折衷制

　　在 1968 年以前，英國有兩個負責人事行政業務的機構，其一為創立於 1855 年，職司文官考試的文官委員會（Civil Service Commission）。初創時期，有委員 3 人，由首相奏請英王就人事行政專家任命之，指定 1 人為主任委員。後來因業務增加，委員再增加數人，最多為 7 人。文官委員會主管公務人員之考選、個人品格測驗及面談，是一個獨立超然的機構，不受各部的指揮監督，所以是一個在行政權體系之下，獨立行使考試權的部外制人事機構。

　　至於考試之外的其他人事行政業務，則由樞密院令規定交由財政部負責（許南雄，民 101）。由財政部主管部分人事業務的著眼點，主要是公務人員的員額、薪資、獎金、退撫等都與政府財政支出有關，因此財政部內特設置「人力與支援局」（Directorate-Personnel and Support）主其事。由於財政部是直接隸屬於首相（行政權），為內閣之一，所以具有部內制人事機構的性質。上述英國的人事行政業務分工情形一直到 1968 年成立文官部（Civil ServiceDepartment, 1968-1981）後，才出現轉變。因此學理上，特將英國同時擁有部外制和部內制人事機構的狀況，稱之為折衷制。

貳 第二種分類形態：以隸屬關係和是否獨立運作作為分類基準

　　早期之所以有部外制人事機構（尤其是獨立考選機構）的設計，主要原因是在於防弊，亦即確立文官進用的公正，避免行政首長或政黨的不當介入。二戰以後，各國內外環境變遷速度驚人，政府職能不斷擴張，民眾對政府施政的要求以及對行政績效的檢驗幾乎是前所未見。因此，政府角色必須從過去防弊的有限政府轉變為興利的大有為政府。而面臨民眾望治殷切，政府的機關數和員額數自然不可避免地增加，於是如何以現代化的人力資源管理來對政府人力資源進行有效的「選、用、留、育」，乃成為文官政策中重要的課題。有鑑於此，二戰之後的先進國家對人事行政的態度也逐漸由消極防弊趨向於積極興利，希望透過積極性的專業化人事政策來提升政府的施政績效。反映在人事機構的設置思維，就是將人事機構當作行政首長的重要幕僚。

　　這種思維的轉變，可以從二戰後先進國家人事機構的調整或新設逐漸趨向於隸屬行政權可以看出端倪。也因此導致早期對人事機構組織形態的分類已經無法適用在當今的人事機構形態上；簡單地講，我們已經很難像過去一樣說某某國是採行部內制國家，某某國是採行部外制國家。為了因應人事機構組織形態的轉變，許南雄教授特以人事機構之隸屬關係以及是否獨立運作作為分類基礎，將人事機構分成「幕僚制」和「獨立制」（許南雄，民103），茲說明如次：

一、幕僚制

　　幕僚制的人事權係隸屬於行政權範疇，其人事主管機構受行政權責機關（內閣或總統）的管轄領導。簡單地講，人事機構為行政首長的幕僚。幕僚制的人事機構，如再以是否獨立行使考選任用等人事行政職權為分類基礎，可再區分為部外制、部內制和混合（折衷）制。

(一) 部外制

部外制的人事主管機構係設置於行政權體系之下，受最高行政機構（總統制為總統，內閣制為首相）的領導和管轄。不過，此等人事主管機構多為獨立機關，在法制範圍內可以獨立行使職掌範圍內的人事行政業務。例如，日本在 1947 年設立的人事院，為「內閣所轄，向內閣提出報告，所做決定及處分由其自行審查」（日本國家公務員法第 3 條用語），故人事院是掌理國家（中央）公務員之最高人事行政及人事政策決定機關，具高度獨立自主性。其次是美國的聯邦功績制保護委員會（Merit System Protection Board），這個委員會是在 1978 年訂頒文官改革法（Civil Service Reform Act）後設立的，隸屬於總統，但獨立行使職權。

(二) 部內制

部內制的人事機構與前述部外制人事機構一樣，都直接隸屬在行政權體系之下，受最高行政首長領導管轄，但部內制的人事機構不是一個獨立機關，它不僅要接受最高行政首長的指揮監督，更缺乏獨立自主性。當今的先進民主國家，其人事機構大抵都有走向部內制的趨勢。舉例如下（許南雄，民 101；行政院人事行政局，民 100）：

1. 日本：1965 年修正總理府設置法，在總理府內設置人事局（又稱總理府人事局），管理中央行政機關公務員。
2. 美國：1978 年依文官改革法設置人事管理局（Office of Personnel Management, OPM），直接隸屬美國總統，職司一切人事行政業務，包括聯邦政府人事管理制度與政策的規劃，並監督各機關依據相關法令辦理人事管理工作。
3. 英國：目前人事主管機關為 1998 年設立的內閣事務部（Cabinet Office，或稱內閣秘書處），由首相兼文官大臣，並由內閣秘書長兼文官長（Head of the Home Civil Service）及內閣常次。另外，英國傳統上由財政部掌理公務員俸給與效率規劃、人力訓練策略、公共服務品質與退休給與等事項，至今仍然不變。財政部目前設有公職司（Public Service

Directorate），負責上述業務。

4. 法國：自 1945 年成立隸屬於內閣秘書處的文官局（Direction de la Fonction Publique, 1945-1949，又譯公職司）後，歷經多次改組，目前的人事主管機構為 2005 年依據內閣行政命令所設之人事部（Ministere de la Fonction Publique，又譯為公職部），人事部下又設有行政暨人事總局（La Direction generate de l'administration et de la fonction publique, DGAFP，又譯為公職暨行政總司），負責研擬、執行全國公職政策。

5. 德國：依據 1953 年制訂之德國聯邦公務員法規定，主要人事機構為內政部及聯邦人事委員會（Der Bundespersonalaus schuss，又譯聯邦文官委員會）。聯邦人事委員會是聯邦政府的人事幕僚與諮詢機構，置委員 14 人，除聯邦審計部部長及聯邦內政部人事處處長為常任正委員外，其餘 5 名非常任委員和 7 名副委員均內政部部長呈報總統任命。內政部隸屬內閣，由第二司和第七司負責人事政策的制訂與運用。

(三) 混合（折衷）制

指同時設有部外制和部內制形態者，如前述之美國、日本。英國自裁撤文官（考選）委員會之後，因新設的人事主管機構均為部內制，所以已經不再是折衷制國家。

二、獨立（院外）制

獨立制或院外制為我國專有的人事機構組織形態。依我國憲法規定，考試院屬於五院之一，不僅非屬行政權體系，更與行政部門分立制衡，因為是在行政院體系之外的人事主管機構體制，所以稱之為「院外制」。又因為獨立於行政機關之外，所以也可稱之為「獨立制」。此外，亦有學者認為，民國 31 年公布之人事管理條例規定，中央及地方機關之人事管理，由考試院銓敘部依本條例行之。另外，有關人事管理人員之指揮、監督及人事主管人員之任免責均由銓敘部負責。這種我國特有的人事一條鞭管理體制，乃是考試院屬於獨立制的最佳佐證（蔡良文，民 100）。

參 本書的分類

　　將人事主管機構的組織形態分成幕僚制（再分成部內制、部外制和折衷制三個類型）和獨立（院外）制，確有見地；但在應用上卻仍然有若干概念不明確之處：

一、幕僚制中的部內制和部外制的「部」雖均指行政組織體系（或行政權），但歸類為「內」或「外」卻取決於是否具有獨立自主性。因此，除非對此概念非常熟稔，否則一般人很難望文生義，甚且會與早期的部外制和部內制概念產生混淆。

二、在民國 56 年行政院人事行政局（以下簡稱人事局）設置前，因為我國人事主管機構只有憲法規定的考試院而已，所以歸類為獨立（院外）制尚可。然而，在民國 56 年依據動員戡亂時期臨時條款設立人事局後，因其隸屬於行政院，受行政院之指揮監督，因此是一個屬於幕僚制中的部內制人事主管機構（註：101 年人事局改制為「行政院人事行政總處」，以下簡稱人事總處）。換言之，我國自 56 年後，中央是同時存在著兩個人事主管機構的，其中一個是獨立制的考試院，一個是部內制的人事局，所以我國究竟是屬於獨立（院外）制國家或混合（折衷）制國家，就有爭議。

三、其實上述爭議，主要是因為過去學理上在辨識特定人事機構之組織形態後，習慣上會再稱某某國家為某某制，因此在文獻上就會看到中美是部外制、英國是折衷制、德法是部內制的說法。這種概念用在二次世界大戰之前的人事機構體制上，尚稱妥適，但隨著這些國家人事主管機構的調整，如果還是要硬套「某國是某制」的概念，就會變得很不切實際。

　　基於以上論述，本書嘗試以不同的概念來為人事主管機構進行組織形態的分類。首先，本書仍要借用許南雄教授的分類概念，將人事主管機構依據是否有隸屬關係分成幕僚制和院外制兩種類型。再將幕僚制依人事主管機構是否具有獨立自主性分成「獨立制」和「從屬制」兩個小分類。其中的獨立

制就是許南雄教授所謂的部外制，從屬制就是部內制，相信如此的分類概念
應該會比較清晰。其次，由於我們已經無法以某一個分類涵蓋到特定國家的
所有人事主管機構，所以除非我們說美國是折衷制國家（但事實上國內所有
教科書都不採取這種看法），否則也不能因為美國有人事管理局就將美國稱
為部內制國家；如果如此，那是否也可以因美國有功績制保護委員會，而將
其稱之為部外制國家？因此，本書認為比較周延的說法，應是針對特定的人
事機構給予一個歸類。上述說明可見諸於表 3-1。

表 3-1　人事主管機構的組織形態

		定義	舉例
幕僚制	獨立制	人事主管機構受行政權體系領導管轄，但具有獨立自主性。在法制範圍內可以獨立行使職掌範圍內的人事行政業務。	美國功績制保護委員會；日本人事院
	從屬制	人事主管機構受行政權體系領導管轄，受最高行政首長的指揮監督，缺乏獨立自主性。	中華民國行政院人事行政總處；美國人事管理局；英國內閣事務部；法國人事部；德國內政部和聯邦人事委員會；日本內閣人事行政局
院外制		中華民國考試院專有類型，與行政組織體系（行政院）分立制衡。	中華民國考試院

資料來源：筆者整理。

第二節　我國人事機構

　　依憲法規定，考試院是五個治權機關之一，雖然名稱為「考試」院，
但從憲法第 84 條及增修條文第 6 條內容觀之，卻是一個不折不扣的「人事
行政院」。如再從其組織體制觀之，更是全世界所獨有的院外制。不過，論
及我國的中央級人事主管機構，也不能忽略行政院人事行政總處的角色和地
位。畢竟中華民國的公務人員絕大多數屬於行政院體系，對行政院所屬機關

學校公務人員所進行的各種人力資源管理運作，人事總處的影響力並不在考試院之下。由於人事總處是直接隸屬於行政院，其業務受行政院的指揮監督，所以是一個「從屬制」的人事主管機構。

壹　考試院

一、考試院的創設沿革

　　「考試院」的名稱首見於民國 13 年國父孫中山先生所撰寫的「國民政府建國大綱」第 19 條，該條謂：中央政府之組織，乃「在憲政開始時期，中央政府當完成設立五院，以試行五權之治。其順序如下：曰行政院；曰立法院；曰司法院；曰考試院；曰監察院」。同年 8 月，公布考試院組織條例 26 條，中央設考試院，直隸於廣州大元帥府，與行政權分離獨立。

　　17 年 10 月 8 日公布之「國民政府組織法」第 37 條規定「考試院為國民政府最高考試機關，掌理考選、銓敘事宜。所有公務員均須依法律經考試院考試、銓敘，方得任用」，同年的 10 月 10 日首任考試院院長戴傳賢宣誓就職，是為訓政一屆。國民政府時期的考試院下設考選委員會和銓敘部，分別掌理官吏考選和公務員的任免審查、登記、俸給及獎卹事項。

　　36 年元月憲法公布，第八章為「考試」，其第 83 條明定「考試院為國家最高考試機關，掌理考試、任用、銓敘、考績、級俸、陞遷、保障、褒獎、撫卹、退休、養老等事項」。同年 3 月修正考試院組織法，設考試院正、副院長及考試委員（11 人），任期六年，下設考選處和銓敘部。同年 12 月，考試院組織法再次修正，將考試委員增為 19 人，考選處升格為考選部。民國 37 年 7 月，行憲後第一屆考試院正式成立。

　　83 年 7 月，考試院組織法再次修正公布，於第 6 條明定考試院除原有的考選部和銓敘部之外，另增設公務人員保障暨培訓委員會（以下簡稱保訓會）；85 年 6 月保訓會正式成立，至此憲法有關考試院職權的執行機構全部設立完畢，而此一憲政架構則維持至今。

109 年 1 月考試院組織法通過了政府播遷來台後最大的一次修正，被認為是弱化考試院的一次重大變革。主要修正重點爲檢討修正考試院之職權、考試委員名額、任期與資格等相關規定，增訂考試委員不得赴中國大陸地區兼職，違反規定者，即喪失考試委員資格。

二、考試院職掌

民國 81 年 5 月 27 日憲法第二次增修之前，考試院的職掌見諸於憲法第 83 條，該條條文內容爲：「考試院爲國家最高考試機關，掌理考試、任用、銓敘、考績、級俸、陞遷、保障、褒獎、撫卹、退休、養老等事項。」81 年 5 月憲法增修時，增訂第 14 條，重新規範考試院職權。嗣經幾次條文修正調整後，最後明定於 89 年 4 月 24 日憲法增修條文第 6 條第 1 項：「考試院爲國家最高考試機關，掌理左列事項，不適用憲法第八十三條之規定：一、考試。二、公務人員之銓敘、保障、撫卹、退休。三、公務人員任免、考績、級俸、陞遷、褒獎之法制事項。」改變憲法原賦予考試院之職掌。另外，值得注意的是，109 年 1 月 8 日修正公布的考試院組織法第 2 條將舊條文「考試院行使憲法所賦予之職權，對各機關執行有關考銓業務並有監督之權」修改爲「考試院掌理憲法增修條文第六條第一項所定事項及憲法所賦予之職權」，舊條文後段文字「對各機關執行有關考銓業務並有監督之權」全數被刪除。此一更動，也影響了考試院和行政院人事行政總處的關係。此一部分的討論請詳見第三節「當前我國人事機構的運作現況」。

三、考試院的組織架構

(一) 考試院正、副院長及考試委員的產生

81 年 5 月憲法第二次增修，將考試院院長、副院長、考試委員的同意權，由監察院改爲國民大會行使。89 年 4 月憲法第五次增修，因國民大會走入歷史，將上列人員改由立法院行使同意權。依據 109 年 1 月修正通過之考試院組織法第 3 條第 1 項規定，考試委員之名額，定爲 7 至 9 人（修法前

爲19人）。同條第2項規定考試院院長、副院長及考試委員之任期爲四年（修法前爲六年）。至於考試委員應具備以下資格之一，至其資格之認定，以提名之日爲準（第4條）（按：第3條、第4條均係在立法院審議考試院所送草案時，由民主進步黨黨團修正動議通過）：

1. 曾任大學教授十年以上，聲譽卓著，有專門著作者。
2. 高等考試及格二十年以上，曾任簡任職滿十年，成績卓著，而有專門著作者。
3. 學識豐富，有特殊著作或發明者。

　　除以上資格條件規定之外，109年1月修正通過的考試院組織法第5條之1特別規定考試委員不得赴中國大陸地區兼職（第1項）；違反前項規定者，即喪失考試委員之資格（第2項）（按：此條文係在立法院審議考試院所送草案時，由民主進步黨黨團修正動議通過）。

(二) 考試院會議

　　憲法第83條及憲法增修條文第6條規定，考試院爲國家最高考試機關。掌理考試、公務人員之銓敘、保障、撫卹、退休及公務人員任免、考績、級俸、陞遷、褒獎之法制事項，相關決策由考試院會議決定。考試院會議是合議制，每星期舉行1次，以院長爲主席，院會須有過半數之出席方得開會，經出席人過半數之同意方得決議，可否同數時取決於主席（考試院會議規則3）。又，院長或其他法定出席人三分之一以上認爲必要時，得改開秘密會議或召集臨時會議，或停止舉行會議（考試院會議規則5）。出席院會之人員爲考試院院長、副院長、考試委員、考選部部長、銓敘部部長、保訓會主任委員及公務人員退休撫卹基金監理委員會主任委員。另，考試院秘書長、副秘書長、考選部、銓敘部、保訓會副首長均應列席（考試院會議規則2）。

(三) 考選部

　　考試院設置考選部掌理全國考選行政業務，包括考選政策、制度與法規。另外，考選部對於承辦考選行政事務之機關，亦有指示、監督之權。考

選部置部長 1 人，綜理部務；置政務次長、常務次長各 1 人，協助部長處理部務。內部分設考選規劃司、高普考試司、特種考試司、專技考試司、題庫管理處、資訊管理處等六個業務部門。

(四) 銓敘部

為辦理憲法所規定之銓敘、撫卹、退休、任免、考績、級俸、陞遷、褒獎等事項，考試院設有銓敘部司其職。銓敘部置部長 1 人，政務次長及常務次長各 1 人，綜理部務，指揮、監督所屬職員及機關。並依據業務的分工，分設法規司、銓審司、特審司、退撫司、人事管理司、監理司六個業務單位。另為辦理公務人員退休撫卹基金之收支、管理、運用及其他依法令受委任或委託辦理之事項，並設公務人員退休撫卹基金管理局，置局長 1 人。又為辦理公教保險準備金之審議、監督及考核，設有公教人員保險監理委員會，由銓敘部部長兼任主任委員。

(五) 公務人員保障暨培訓委員會

民國 36 年公布施行的憲法早就將保障列為考試院的職權之一，但專屬的主管機關卻一直到85年6月才成立，也就是公務人員保障暨培訓委員會。從保訓會的組織名稱可以很明顯地看出，保障和培訓是它的兩項主要業務。另依據該會組織法，保訓會置主任委員，由總統特任；置副主任委員 2 人，協助主任委員處理會務。專任委員 5 至 7 人，由考試院院長提請總統任命，職務比照簡任第 13 職等；另置 5 至 7 人兼任委員，由考試院院長聘兼之。專、兼任委員的任期均為三年，任滿得連任。專任之委員具有同一黨籍者，不得超過其總額二分之一；該會委員會議每月舉行 1 次，由主任委員召集，為合議制。目前保訓會的內部業務單位有保障處、地方公務人員保障處、培訓發展處和培訓評鑑處。此外，為應國家文官培訓之需，保訓會另設置國家文官學院及中區培訓中心，並由該會主任委員兼任國家文官學院院長。

貳　行政院人事行政總處

一、人事總處的創設沿革

　　考試院在國民政府播遷來台後，雖已依據憲法所訂職權設立業務主管部會掌理考銓業務，但因開創性不足，無法配合行政機關行政改革之需要，始終無法發揮積極性和主動性的人事行政功能。有鑑於此，當時層峰就有在行政院之下設置人事主管機關的構想。於是在透過國民大會提案及國外考察後所提建議的政治運作之下，終於在民國56年9月16日催生了行政院人事行政局。

　　在國民大會提案部分，55年2月19日第一屆國民大會第四次會議集會時，獲852位國大代表提案，建議修正「動員戡亂時期臨時條款」（以下簡稱臨時條款），增訂「總統為適應動員戡亂需要，得調整中央政府之行政機構及人事機構」，該提案於同年3月19日通過。同年6月，國防研究院率團赴美、加、日、韓等國考察，其考察報告中有關人事行政部分提及：「……今後惟有考銓機關與行政機關在人事管理工作上，進一步做更密切之配合，並在行政院設置幕僚機構，對行政院所屬各機關之人事行政業務，負統一規劃與監督之責，實為急要之圖。」此考察報告，經呈奉蔣介石總統批示，「此案重要，應由行政、考試兩院及有關部會，均指派人員組織小組，切實研究具體辦法，限三個月呈報。又行政院人事組織考核機構之建立，勢難再延。」（李華民，民80）。

　　由於調整中央人事機構已成為臨時條款條文內容，加上當時政府對行政改革（主要是實施職位分類）的急迫感，在極短的時間裡，於56年7月27日即訂定行政院人事行政局組織規程，並於同年9月16日成立人事局。由於憲法上規定考試院是最高考試機關，擁有完整的人事行政權，所以為與考試院職權區隔及適度分工，乃特別於組織規程中規定其任務在「統籌行政院所屬各級行政機關及公營事業機構之人事行政，加強管理並儲備各項人才」。因此，就機關地位言，人事行政局為行政院之直屬行政機關，並為行

政院各級人事機構之主管機關，但其「有關人事考銓業務，並受考試院之指揮監督」。

民國 76 年政府解嚴，社會各界要求政府廢除臨時條款，回歸憲政。此一呼籲使人事局面臨去留問題。76 年 8 月至 77 年 6 月間，行政院爲研修行政院組織法，曾設有「行政院組織法研究修正專案小組」，該小組對人事局定位問題獲致的結論是：行政院之下應設立人事行政機關，並建議人事局更名爲「人事行政總署」。其所持理由如次（行政院人事行政局，民 80）：

第一，就世界潮流趨勢言：各國人事機關之設置，已由部外制漸次走向部內制或折衷制。因此，將人事行政局納入行政院組織法，成爲常設機關，其有關人事考銓業務並受考試院之指揮監督，既符合世界各國人事機關設置之潮流，亦不悖五權分立之憲政體制。

第二，就業務性質言：人事局所掌理之業務多爲長期性、經常性之業務。部分業務如員額編制之審議、考核措施之規劃、公務人員訓練之規劃實施、待遇福利獎金之規劃與工友管理等事項，均爲人事局所掌管，而爲憲法第 83 條所未列舉者。因此，在行政院下設立常設的人事行政機關，實有必要。

第三，就法律地位言：從政務官退職酬勞金給與條例明定人事局局長爲適用對象，以及公務人員任用法及其施行細則、公務人員考試法施行細則等均將人事局列爲業務主管機關之一，可以確定人事局爲行政院之常設機關無誤。

第四，就實際需要言：行政院爲推動政務，必須有人事行政專責機關全力配合，方能發揮功能，因此有必要設置專責之常設人事行政機關，用以統籌規劃行政院所屬各機關之人事業務。

第五，就行政權之運作言：人事是行政的動力，行政院如僅管行政而不管人事，行政效率將無從發揮。此外，憲法第 83 條所規定之考試院職掌，亦不能表示已涵蓋全部人事行政。例如，考銓業務雖屬考試院職權，但行政院基於指揮監督之需要，對各部會亦擁有人事權。因此，將人事局納入行政

院組織法成為常設機關，既可保持行政權之完整運作，亦無違憲法之精神。

第六，就與考銓機關之職權分際言：人事局所掌理之事項，與考銓機關之職權、範圍及層次，均各有專司；而多年運作經驗，亦能秉持分工合作之精神，有效發揮考銓業務之建制功能。

雖然專案小組所提應將人事局納入行政院組織法修正草案的建議並未獲行政院採納，但不裁撤人事局、維持原有建制仍是當時行政院的既定政策。由於 80 年 5 月臨時條款廢止，為使人事局獲得成立的法源，因此特別在憲法增修條文第 9 條明定，行政院得設人事行政局，其組織需以法律定之，原有組織法規僅得適用至 82 年底。82 年 12 月 30 日，行政院人事行政局組織條例公布施行，順利完成組織法制化。83 年 7 月 28 日憲法再次增修時，鑑於人事局已於 82 年 12 月底成立，故增修條文中刪除了 80 年有關行政院得設人事行政局的規定。101 年 2 月 6 日配合行政院組織改造，人事局再改制更名為行政院人事行政總處，並完成組織立法，正式改制成立。

二、人事總處的組織架構及其職掌

人事總處係設於行政院之下的人事行政主管機關，辦理人事行政之政策規劃、執行及發展業務。人事總處除負責政府人力規劃、進用、訓練、考核、待遇、福利等事宜外，並掌理行政院所屬人事人員管理事宜。另依據憲法五權（院）之分工設計，與各機關（含府、院、部、會及地方政府）積極溝通充分合作。

人事總處置人事長 1 人，為特任官。另置副人事長 2 人，其中一人職務比照簡任第 14 職等，另一人職務列簡任第 14 職等。又，為執行上述法定業務，人事總處下設五個業務處，分別為：

(一) 綜合規劃處：負責人事綜合規劃、人事法制、人事人員管理、行政法人制度等業務。

(二) 組編人力處：負責員額管理及評鑑、任免遷調、工友管理等業務。

(三) 培訓考用處：負責訓練進修、考試分發、差勤管理、考核獎懲等業務。

(四) 給與福利處：負責待遇加給、獎金費用、退撫保險、員工福利等業務。

(五) 人事資訊處：負責人事資訊系統、辦公室自動化、人事資料蒐集等業務。

　　此外，為辦理行政院所屬機關之公務人員培訓業務，另設有公務人力發展學院（註：原分設公務人力發展中心和地方行政研習中心兩個附屬機構；民國 106 年 4 月合併，分別改稱為台北院區和南投院區）。

第三節　當前我國人事機構的運作現況

壹　人事行政的雙重隸屬（監督）體制與人事一條鞭

　　我國人事機構的組織體制與世界其他先進民主國家最大的不同之處，就是我國特有的「雙重隸屬（監督）體制」。我們先舉一例來說明，國立台北大學設有人事室，人事主任為簡任官等，在台北大學的組織層級節制中，人事室受校長的指揮監督。但是，台北大學人事室上頭還有一個指揮監督系統，即同屬人事專業的教育部人事處。所以說，台北大學人事室必須聽從兩個老闆的指揮監督，這就是所謂的雙重隸屬（監督）體制。如果再將機關層級往上推，教育部人事處同樣也受到兩個層級節制系統的指揮監督，一個是教育部部長，另一個是行政院人事總處。如果再繼續往上推，在 110 年 1 月 20 日人事總處組織法修改前，人事總處一樣有雙重隸屬（監督）的情形。因為人事總處一方面隸屬於行政院，另一方面其「有關考銓業務，並受考試院監督」（原人事總處組織法第 1 條第 2 項），所以考試院對人事總處也有監督指揮之權（僅考銓業務部分）。不過，由於 110 年修法刪除了第 1 條第 2 項「有關考銓業務，並受考試院監督」文字。因此，人事總處的雙重隸屬（監督）情形已不復見。

　　從以上實例可知，所謂雙重隸屬（監督）一則來自於機關組織內部的指

揮命令體系，一則來自於人事專業功能的指揮命令鏈，而後者即俗稱的人事一條鞭，也就是人事的統一集中管理制度。人事一條鞭體制的法源依據是民國 31 年公布的人事管理條例（72 年 7 月 22 日修正公布），該條例第 1 條規定：「中央及地方機關之人事管理，除法律另有規定外，由考試院銓敘部依本條例行之。」第 6 條規定：「人事管理人員由銓敘部指揮、監督。」第 8 條規定：「人事主管人員之任免，由銓敘部依法辦理。」歸納以上條文內容，我國各級行政機關、學校的人事單位，其主管機關就是考試院的銓敘部。透過銓敘部對全國各機關人事行政運作的掌握和監督（尤其是人事主管的任免權），藉以落實考試權獨立的憲政價值。進一步言之，人事一條鞭制度具有以下特色（劉麗貞，民 96）：

一、有規範人事管理運作的特別法。

二、考試院（銓敘部）為特定的主管機關，其職權能深入影響全國各機關的人事單位。

三、主管機關對人事管理體系人員有任免、考績、獎懲與指揮監督的主導權。

四、運作功能強調層級節制。對人事單位的所在機關有高度的制衡與防弊意味。

五、一條鞭制度之機構設置與員額編制等，另有法規自成體系。

　　不過，在 56 年 9 月人事局成立後，行政院所屬各機關人事機構的設置及人事人員的派免遷調、指揮監督等均歸由該局辦理，只剩下總統府及其他四院人事機構及人事人員仍由銓敘部直接管理及監督。因此，目前人事一條鞭已有所轉變。銓敘部僅為法律上及形式上之最高人事主管機關，不復初創時期享有廣大之職權。

　　人事一條鞭體制係創於我國訓政時期，從當時抗日戰爭的時代背景觀之，主要的目的在於「希望逐步掃除軍閥割據下之官場黑暗，達到五權憲法『政府有能』的理想目標」。因此，就政治功能而言，人事一條鞭有助國民政府統治權威之樹立，以及實質介入各級地方政府既有組織運作；就行政功

能而言，人事一條鞭期待透過建構一套專業人事人員的特殊甄補、訓練與遷調、考核系統，對全國各機關人事業務產生指揮監督與管制協調之作用，希望藉此逐步消除軍閥勢力割據下所生分贓用人官僚惡習，進而提升各級政府行政效率（考試院，民86）。由於確保人事人員的忠貞安全與滿足統一管理的特殊需求乃戰時體制下的最高指導原則，因此行政中立與專業幕僚等基本精神並未受到重視。經過數十年的運作，人事一條鞭也遭致不少的負評，其犖犖大者如次（紀俊臣，民97；考試院，民86）：

第一，人事人員（單位）挾權自重，以特殊身分自居，不聽從機關首長指揮，對本機關決策甚且採取不合作態度。

第二，地方制度法實施後，地方首長的權限擴增。但人事主管人員之任免卻仍掌握在人事一條鞭體系之下，侵奪地方民選首長的用人權。

第三，人事單位常拘泥於人事法規，不僅無法滿足機關首長的要求，甚至在後杯葛，破壞組織應有的和衷共濟精神。

不過，人事人員（單位）在雙重隸屬體制的運作之下，也是滿肚子苦水。因為他們一方面必須「就近」接受服務機關首長的指揮監督，一方面又必須依照人事一條鞭體制的法令規章辦事。如果機關首長和上級人事主管機關對他們的要求互相牴觸時，往往讓人事人員（單位）難以適從，產生角色衝突。

貳 考試院及行政院共理人事行權的現況與困境

一、考試院和行政院共理人事行政現況

我國憲法既已明定考試院為全國性最高人事主管機構，而且在民國31年的人事管理條例中明定銓敘部對全國各機關之人事人員有指揮、監督及任免之權，那為何又在56年於行政院之下成立了人事行政局？論者指出有以下的原因（江大樹，民86）：

第一，考試院本身功能不彰：政府遷台後，考試院的人事安排常被譏為

重酬庸輕專業，而合議制的設計、考試委員過多、考選部和銓敘部分離於考試院之外，都直接或間接地影響考試院決策與執行效率。

第二，行政改革的殷切需要：民國 50 年代，我國邁入經濟發展的關鍵時期，各項行政改革方興未艾，必須有專業化、科學化和效率化的功績制文官制度以為搭配。但考試院因本身體制的因素，往往無法配合時需。例如，行政院擬調整組織編制時，須函請考試院辦理。考試院接案後，需循例交由銓敘部核議，再陳報考試院會決定，往往曠日廢時。另外，行政院亦主張軍公教人員的待遇、福利及訓練進修業務，應由該院主管。其理由為：待遇、福利涉及政府財政，而訓練進修更有待財政部與教育部在經費與人力上的支援。因此，在行政院內部設立一個專責的人事機構，實有必要性。

人事局成立之後，我國的中央主管人事機構已經從考試院定於一尊的局面成為「雙雄」既競爭又合作的情況。而且在人事局初創的前二十、三十年當中，其功能性甚且有凌駕考試院的趨勢，導致考試院的職權受到極大的衝擊。主要的原因為：

第一，人事局的職掌頗多與憲法第 83 條所訂考試院執掌重複，且透過行政命令的發布（如訂定各種人事管理的辦法或要點），實質引導政府人事行政的走向。

第二，人事局成立後，行政院所屬各級機關、學校及國營事業的人事行政業務事宜通通改歸該局掌理，考試院所能直接指揮監督的機關只剩總統府、行政院之外的其他四院及目前已裁撤的國民大會等少數機關（指人事行政權）；而這幾個機關的員額數只占我國所有軍公教人員中的極小比例。

對考試院而言，最嚴重的打擊恐怕是 89 年 4 月 24 日憲法增修條文第 6 條對考試院的職權重新作的釐定。從條文的內容來看，很明顯可以發現，修憲者遷就現況的考量。按第 6 條第 1 項的內容如次：

「考試院為國家最高考試機關，掌理左列事項，不適用憲法第八十三條之規定：

一、考試。

二、公務人員之銓敘、保障、撫卹、退休。

三、公務人員任免、考績、級俸、陞遷、褒獎之法制事項。」

　　從以上條文內容，可以發現考試院已不再擁有全部的人事權。原因是第 6 條第 1 項在規範考試院掌理事項的三款文字中有一些小差異，如第 3 款很清楚地註明考試院只掌理任免、考績、級俸、陞遷、褒獎之「法制」事項，但第 1、2 款則只列舉出 5 項職掌，並無法制事項或其他文字。就立法旨意言之，這是一種刻意的規範。因為人事局成立以後，公務人員任免、考績、級俸、陞遷、褒獎的「執行」事項，不是歸屬於人事局，就是由各機關學校自行掌理。

　　舉例言之，公務人員的考績雖然是依據考試院所訂的公務人員考績法及其施行細則辦理，但實際進行績效考核時仍為公務人員的服務機關，行政院更訂有行政院及所屬各機關公務人員平時考核要點作為各機關學校的執行依據。亦即，通案性、全面性的考績制度是由考試院所規範，但執行面則由各機關依據相關法規自行處理。由上說明，可知任免、考績、級俸、陞遷、褒獎這五項人事業務，考試院僅能針對法制事項行使職權，但考試、銓敘、保障、撫卹、退休五項人事業務，考試院不僅在法制事項擁有職權外，甚且包括執行事項在內。此可以從考試院制訂各種考試制度並辦理考試得知。

　　更有甚者，109 年元月修正公布的考試院組織法第 2 條刪除了考試院可「對各機關執行有關考銓業務並有監督之權」的職權，並於 110 年元月刪除人事總處組織法第 1 條第 2 項「有關考銓業務，並受考試院監督」的文字。可說是近年來對考試院的另一次衝擊。

　　總之，在增修條文第 6 條公布實施後，與憲法第 83 條相較，考試院的人事職權已有限縮。而 109 年考試院組織法的修正，更進一步縮減了考試院對各機關在考銓業務的監督權。因此，我們可以說：依據憲法規定，考試院雖仍為我國最主要的中央人事主管機構，但卻不是唯一的一個中央人事主管機構。因為現在我國還有一個屬於幕僚制中從屬制的行政院人事行政總處，而且人事總處在考銓業務的影響力上正日漸加重。

二、考試院和行政院共理人事行政產生的困境

　　由於考試院和行政院共理人事行政，所以在人事行政的運作方面，難免出現以下之運作困境。茲說明之：

(一) 憲法增修條文中未列舉職權之歸屬問題

　　增修條文第 6 條規定考試院的人事行政職權共有十項（考試、銓敘、保障、撫卹、退休、任免、考績、級俸、陞遷、褒獎）。但人事實務工作者都知道，這十項職權並未能涵蓋所有人事行政業務。例如，人事分類制度、機關員額編制之審議、人事之調遷運作及統籌規劃與運用、公務人員培訓、保險、福利、員工關係等事項即未涵蓋在內。對於這些未列舉職權究應歸屬考試院或行政院，各有其說法。茲歸納如次：

1. 主張未列舉職權應屬於行政院者

　　主張未列舉職權屬於行政院者所持理由有（行政院人事行政局，民80；許南雄，民103）：

(1) 制憲過程中對考試院的職掌範圍是否包括考選（考試行政）以外的人事行政權，自始即有爭議。後來在憲法增修條文中明定行政院得設人事局，更於 101 年將人事局改制為人事總處，乃是幾十年來行憲累積之經驗，目的在使行政權之運作更為順暢。而人事行政業務，除憲法第 83 條及增修條文第 6 條所列舉考試院之職權外，憲法並未有類似「其他有關事項」之概括性規定，故不宜解釋為未列舉之事項，均屬廣義之考試權範圍。

(2) 在立法技術上，凡是法規條文有列舉事項者，均表示條文所規範之事項僅及於這些列舉事項；未明確列舉者，均被排除在外。所謂「以列舉方式者，排斥其他」、「省略規定事項，應認為有意省略」即為此意。因此，由上述立法通則觀之，增修條文第 6 條以列舉方式規定考試院擁有考試、銓敘、保障、撫卹、退休五項完整的職權以及任免、考績、級俸、陞遷、褒獎五項之不完整職權，純屬故意之設計。由此，自可推論

這十項職權以外的其他人事行政權，當歸屬行政院較爲合理。

2. 主張未列舉職權應屬於考試院者

持此種看法者，主要爲有考試權捍衛者之稱的徐有守教授。徐有守（民85、91）認爲考試權是憲法明定之國家五個最高、獨立與平行的權力之一。原憲法第 83 條所列舉的十一種事項（考試、任用、銓敘、考績、級俸、陞遷、保障、褒獎、撫卹、退休、養老），並無附加條件，所以每一事項均爲完整的權力。而爲確保上述各項人事職權的實現，特別制訂人事管理條例，將人事單位的設置和人員的任免歸由考試院掌理，因此可以推論人事行政權是考試權的一部分。由於人事行政權爲貫徹考試權及維持考試權所「必需的和適當的」工具，所以五院和各級政府機關的人事行政工作，自應依據人事管理條例的規定，受考試院的指揮監督。

至於憲法增修條文中雖只列舉十項職權，實乃訂定相關條文內容時無法將所有事項一一列舉所致，基於考試院爲國家最高考試機關，依據五權分立之分權及獨立精神，凡「性質顯然爲考試權之部分者，或爲執行考試權所『必需的和適當的』工具者，雖未明文列舉，當然亦同爲其職掌，猶如行政及司法方面諸多有關事項，憲法雖未予明文列舉規定，當然亦分別各屬於行政權及司法權職掌，五權中之其他權不能越俎代庖」（徐有守，民 91：26）。由以上論述自然可以得到未列舉事項，如公務人員保險，公務人員訓練及福利等自應都歸屬考試院職權。

3. 小結

截至今日，有關考試院和行政院人事職權重疊和爭議的部分，僅訓練一項在訂定公務人員訓練進修法之後已獲解決。依據該法規定，公務人員訓練進修法制之研擬，事關全國一致之性質者，由保訓會辦理。公務人員考試錄取人員訓練、升任官等訓練及行政中立訓練，由保訓會辦理或委託相關機關（構）、學校辦理之。行政院之公務人員培訓業務（含專業訓練、一般管理訓練、進用初任公務人員訓練）係由人事總處掌理，其範圍僅限行政院所屬公務人員之訓練。至於公務人員保險部分，因納入私校教職員保險，因此由

考試院和行政院會銜訂定公教人員保險法，承保機關亦同樣由兩院會同指定台灣銀行股份有限公司擔任。其他如福利事項目前則由人事總處訂定各種相關規定作爲全國一致性之執行依據；行政院所屬機關員額編制之審議、人事之調遷運作及統籌規劃與運用亦由人事總處負責處理。雖然表面上，兩院對於職權爭議事項究應如何分工，已經有若干共識，但如何進一步法制化，仍有待協商解決。

(二) 兩院人事權責混淆不清

依憲法增修條文第 3 條及憲法第 58 條之規定，行政院有向立法院提出施政方針及施政報告之責，並接受質詢。同時有關法律案、預算案、戒嚴案、大赦案、宣戰案、媾和案、條約案及其他重要事項亦需提經立法院議決。此種設計的目的在確保行政部門權責相適，並確保行政、立法的分權制衡。問題在於憲法第 87 條規定：「考試院於所掌事項，得向立法院提出法律案。」另在增修條文第 6 條中規定考試院掌理十項職權中的法制事項，因此，原則上有關這十項的人事行政業務如需立法，考試院可以本權責決定是否向立法院提出法律案；而且就憲法條文觀之，考試院可以向立法院提出法律案的也僅限這十項人事行政業務。如此制度上的設計，立即衍生以下的爭議：

1. 憲法第 87 條係規定考試院「得」向立法院提出法律案，如果考試院將與人民權利義務無關之人事行政事項均以行政命令方式立法，並不能視之爲違憲。果眞如此，是否會造成法律位階太低，難以貫徹執行之後果？又，如考試院不願將其所訂之各種文官法送交立法院審議，同樣亦難謂之違憲。此乃憲法第 63 條僅規定「立法院有議決法律案……之權」，但並無考試院所提之法律案必須送立法院議決之規定。

2. 考試院提案經立法院三讀通過的各種公務人員法律，其規範對象主要爲行政院系統之下的公務人員（占全國公務人員的絕大多數），因此行政院負有極大之人事管理成敗之責任。依憲法規定，行政院更必須到立法院做施

政報告和備詢。於是產生人事法律之立法者（考試院）提出法律案，但卻不需要出席立法院院會報告施政或備詢的有權無責情形。而無權提出人事法律案的行政院，卻必須為文官制度運作的良窳受立法院監督（即有責無權）。施能傑教授（民98）即指出，考試院主管全國性的人力資源管理政策，但卻不需負擔任何政策責任，不僅行政權和司法權對其缺乏制衡機制，民眾更無政治性機制可以監督，於是使得考試權成為一個有權而無責的組織。

三、兩院共理人事權困境的解決之道

考試院和行政院共理人事行政在短時間內應無改變之可能，為避免兩院爭權產生政府失靈，宜循以下途徑加以解決（許南雄，民103）。

(一) 依憲辦理

不論原憲法第83條或憲法增修條文第6條對考試院的職掌如何規定，從人事局成立以迄當前的人事總處，銓敘部和人事總處的職權的確有所重疊。為解決職權重疊可能產生的爭權現象，根本解決之道即嚴格依據憲法增修條文第6條規定辦理。即考試院僅掌理十項列舉之職權，至其他未列舉之職權，則歸屬行政院所有。

(二) 適度授權

為使行政部門能充分發揮積極性人力資源管理的功能，優化行政權的運作，考試院或可考慮將部分考試權授權由行政機關辦理，如部分特殊職務或低階職務的進用考試。至於其他可強化行政部門治理能力的人事行政職權，亦可適量授權或重新分工。例如，部分特殊性質之考試錄取人員訓練（如原住民、國安人員），可考慮委由人事總處或相關機關辦理。

(三) 溝通協調

為促進考試院（尤其是考選部、銓敘部）與人事總處之間的合作，有效建立共識，應透過定期舉辦會報或會談的方式，彼此開誠布公，捐棄成見，

共商出雙方均可接受的制度或措施。由於政府一體,加上文官制度係國家治理能力的關鍵之一,惟有兩院經常進行溝通協調,訂出較爲周延的文官法案或措施,始能避免日後執行時出現齟齬不諧的情形。

參 人事權應否獨立在行政權之外之檢討分析

上述人事機構運作的困境,純粹是因爲我國目前爲人事行政雙首長制使然。而此困境又引發人事權應否獨立在行政權之外的討論。所謂人事權,以我國狀況來講就是考選權和銓敘權(人事管理權)的集合。而按人事權是否獨立在行政權之外,從學理及各國實務觀之,又可分爲三種選項。第一種爲所有人事權均獨立於行政權之外,這就是傳統的部外制或目前我國專有的獨立制;第二種是半獨立制,或傳統的折衷制,即考選權獨立,而人事管理權歸行政部門;第三種爲人事權完全隸屬在行政權之下。例如,美國人事管理局隸屬總統,掌理聯邦政府人事管理事項,另聯邦政府新進人員之筆試,係授權聯邦各部門自行辦理(許南雄,民 101)。這三種類型各有其優缺點,已於本章第一節討論,此處不予贅述。此處將集中於對我國現況之分析,換另一種說法,就是考試院或人事總處的存廢問題。

徐有守(民 84:17)曾謂:考試權曾經遭遇兩次嚴重的暴風雨,第一次是 56 年依據動員戡亂時期臨時條款成立了人事局,大幅削弱考試院的憲政地位與職能。第二次係開始於 79 年 6 月、7 月間舉行的國是會議,其中對考試院組織與職掌之檢討,造就了憲法增修條文第 6 條,進而變更憲法第 83 條有關考試院的職權內容。而筆者在此處要再加上仍未停歇的第三次暴風雨,即 89 年我國第一次政黨輪替,由民主進步黨執政,主張三權分立,力主裁撤考試院;當時擔任考試院院長的姚嘉文先生甚至以院長之尊公開表示「未來擬以縮小規模、降低層級爲原則,逐步精簡考試院組織,最終希望在維繫考銓業務獨立、兼顧政府體制和財政負擔的原則下,達到廢除考試院的最終改革目標」(隋杜卿,民 92)。105 年,民進黨再次擊敗國民黨,造

成我國第三次政黨輪替，109 年又再次連任，而且這兩任都擁有極大的執政優勢。雖然在第一任期間民進黨廢除考試院的動作不若在野及 89 年第一次執政時積極，而只散見在少數黨籍立委的主張中。但是在 109 年 1 月卻在立法院利用修正考試院組織法的機會，以黨團運作方式強行將考試委員名額由原來 19 人降低爲 7 至 9 人，任期則由原來之六年改爲四年，而且還將考試院的職權進一步做了削減（詳如前述）。另外，在 109 年 1 月 31 日行政院更函知考試院，嗣後該院所屬機關，均依立法院修正考試院組織法時的附帶決議，不再常態性出列席考試院相關會議並提出政務報告。除此之外，立法院民進黨黨團復以配合考試院組織法第 2 條之修正爲由，主動提案修改行政院人事行政總處組織法，將第 1 條第 2 項「有關考銓業務，並受考試院之監督」文字全數刪除並獲通過。以上作爲，已被外界解讀爲執政黨正在進行一場切香腸式的弱化考試院的陽謀。總而言之，是否廢除考試院始終是國內一個重大的政治議題。茲分述之：

一、主張所有人事權應獨立在行政權之外的意見

主張所有人事權應獨立在行政權之外的理由，可歸納如次：

第一，當初國父孫中山先生主張五權分立的理由是要杜絕政府機關首長盲從濫選及徇私任用的弊病，因此將考試權獨立出來。後來爲了統籌各級政府人事行政業務，並兼顧中央控制地方的政治需求，乃逐步將考試權擴大到其他一般人事管理事項（即銓敘權），最後形成今日考試院擁有所有人事權並獨立行使人事權的面貌。此一制度不僅與我國重視用人及掄才取士的優良傳統一脈相傳，更有效的避免行政權的干涉。因此，現行五權制度的運作模式尚稱穩當，實無巨大變動的必要。

第二，有人認爲支持考試權獨立即意味著對中國國民黨的認同，這是一種誤解。因爲「五權制度和獨立的考試權制度乃我民族寶貴財富，決非爲中國國民黨的私有財產。任何政黨執政後，如仍維持現行的考試院體制，非即等於認同國民黨，也不是自我委曲」（徐有守，民 93：16）。且考試院擁

有全部人事行政權，不但可使五院制度更趨平衡，並可超然、客觀地解決許多「黑官」的問題。

第三，我國的民主政治已經步入政黨輪替的新境界，此時維持一個獨立的人事行政機構更彰顯其必要性。因為獨立才可以去政治化（指不受到執政政府單方面的直接政治影響）（施能傑，民 93）。而考試院關中前院長在 102 年 9 月 2 日第十一屆就職五週年記者會的談話也展現同一思維，他說：「如果公務人力都在行政院掌握下，再加上政黨政治成形，不同政黨執政就要對全國的文官體系在政策上有重大改變，不僅影響國家的民主發展，也會影響所有人民的生計」（聯合晚報 102.09.02）。總之，惟有維持考試權的獨立，才能確保行政中立，使文官不至於因政黨輪替而成為執政黨的禁臠，進而影響政府的治理績效。

人事權應獨立於行政權之外的主張又有兩種說法。其一是維持現行考試院的地位和職權；其二是未來如確實要廢除考試院，亦應重新設立一個獨立的委員會，不隸屬行政院。這個委員會仍掌理考試院現有全部權力與職掌（即考選權和銓敘權），其地位相當於「院」級，以確保其獨立運作的功能（徐有守，民 93；宋學文、蔡允棟，民 93；高永光，民 93）。

二、主張人事權應隸屬在行政權之內的意見

隸屬在行政權之內的人事權範圍究竟要多大，有兩種看法。其一是只有人事管理權應隸屬行政權，至於考選權則仍由行政系統之外的獨立機構（如考試院）掌理。其二是所有人事權（即考選權和人事管理權）全部隸屬在行政權之下，這項主張的具體做法就是裁撤考試院。

這兩種看法的共識為人事管理權不必也不宜由考試權掌理，其共通的理由為孫中山先生並未主張考試權涵蓋其他人事管理權。按國父雖曾在「三民主義與中華民族之前途」講詞中，提到「將來憲法，要設立獨立機關，專掌考試權，大小官吏必須考試，定了他的資格」，但卻從未主張考試權應涵蓋人事行政。

　　國父的主張也可以從廣州大元帥府 13 年 8 月 26 日所明定公布之考試院組織條例獲得印證，該條例第 1 條規定：「考試院直隸於大元帥，管理全國考試及考試行政事務。按五權憲法精神，考試權係與行政權分離獨立，宜特設機關掌理該項事務。」此外，同條例亦僅規定考試院只設「考試委員會」和「監試委員會」。由此可知民國創建初期，考試院僅有考選權並無人事管理權。因此將考試院的職權限縮爲考選權，只是回復孫中山先生的原意，並未違背孫中山先生五權憲法的精神。

　　考試院繼續存在，但只掌理考選權，是這項主張的溫和看法；最極端的看法是連同考選權在內，所有人事權均應隸屬行政權。至於主張人事管理權（銓敘權）應隸屬行政權的其他看法，主要有以下的理由：

　　第一，確保行政權完整，提升政府治理能力。政府和私人企業一樣都必須經由卓越的經營能力來進行治理，策略性人力資源管理更是其中一個重要的工具。如果負責治理國家的行政部門未能擁有完整的行政權，勢必無法配合內在環境需求適時地調整人力資源管理的方向和內容。簡言之，人事行政的功能必須能滿足行政部門組織與管理的需求。人事權獨立運作只能發揮消極防弊及避免政治力涉入的作用；政府欲提升其治理能力，必須從積極興利的策略性人力資源管理觀點去思考，而將人事管理權納入行政權之中，使行政部門擁有完整的行政權，才是正確的方向。

　　第二，權責相稱。行政院和考試院權責不相稱的情形已如前述，要打破此一尷尬處境，理想的做法是將人事權全部改隸於行政權之下，由行政部門制訂文官政策和執行，並對立法部門負責。施能傑（民 98：140）從「權力分立理論」的角度剖析考試權應否獨立時，提出以下理由認爲考試權不應該「成爲憲法上的一種權力」（按：這是含蓄的說法，其實本意就是裁撤考試院）：(一) 考試權設計並沒有責任政治機制，不符合權責相當的民主政治制衡精神。不論是行政權、司法權或人民都缺乏有效的政治機制對考試權進行制衡。(二) 考試權存在，增加了權力間運作的複雜性。行政權和司法權如擬調整人力資源管理細節，都必須先和考試權溝通，對政府運作的效能和效率

就會產生一些負面的影響。而考試權不受行政權制衡，使考試權出現逾越憲定職權的「帝國擴張」現象。

三、小結

從以上討論，我國未來考試權和行政權可能之分、合情形或可得到以下有關人事機構設置之選項：

(一) 維持現有的人事行政雙首長制。考試院為獨立制人事機構，仍維持委員制組織型態，置考試委員；人事總處為幕僚制中的從屬制人事機構。

(二) 維持現有的人事行政雙首長制。考試院為獨立制人事機構，但改為首長制，不置考試委員；人事總處為幕僚制中的從屬制人事機構。

(三) 考試院維持憲定人事機構地位，裁撤人事總處，所有人事權（考選與銓敘）均隸屬考試院。

(四) 考試院保留考選權和保障權，仍為憲定人事機構，獨立運作。其他人事管理權改隸行政權，由人事總處掌理。

(五) 裁撤考試院，所有人事權均隸屬行政權。其中考選和保障另設獨立機構掌理，人事管理權隸屬人事總處。

(六) 裁撤考試院，另設法律層級的獨立人事主管機構（委員會形態），與人事總處合併，掌理所有人事權。

關鍵詞彙

部內制　部外制　折衷制　幕僚制　獨立制　從屬制　考試院
人事行政總處　雙重隸屬（監督）體制　人事一條鞭

自我評量題目

一、以人事機構是否設置於各部之內作為分類基準，可將人事機構分成哪
　　幾種組織形態？

二、以隸屬關係和是否獨立運作作為分類基準，可將人事機構分成哪幾種
　　組織形態？

三、試說明考試院的職權及其組織結構？

四、試說明行政院人事行政總處的職權及其組織結構？

五、我國人事機構的組織體制具有「雙重隸屬（監督）體制」的特色，試
　　舉例說明之。

六、何謂人事一條鞭？其特色為何？有哪些運作方面的缺失？

七、試說明考試院及行政院共理人事行政權的現況與困境。

八、人事權應否獨立在行政權之外有正反兩種說法，試分別說明之。

參考書目

行政院人事行政局（民80）。行政院人事行政局定位問題。官方小冊。

行政院人事行政局（民100）。世界各國及大陸地區人事制度簡介。台北：
　　行政院人事行政局。

江大樹（民86）。國家發展與文官政策。台北：憬藝企業。

考試院（民86）。人事機構設置及人事人員管理制度改進之研究。文載於
　　考試院研究發展委員會專題研究報告彙編（三）。

李華民（民80）。行政院設置人事行政專責機構之回顧與展望。人事行政，
　　第97期，第41-48頁。

宋學文、蔡允棟（民93）。憲政改革與我國中央政府未來人事組織制度之
　　發展：各國經驗的比較、分析與借鏡。文載於憲政改革與文官體制專題
　　研討會會議實錄。台北：考試院，第33-86頁。

紀俊臣（民97）。一條鞭制度與地方自治。府際關係研究通訊，第1期，

第 5-7 頁。

施能傑（民 93）。「憲政改革與我國中央政府未來人事組織制度之發展各國經驗的比較、分析與借鏡」討論稿。第 102-106 頁。

施能傑（民 98）。考試權獨立機關化定位的新討論——民主責任政治的檢驗。台灣民主季刊，第 6 卷第 1 期，第 135-168 頁。

徐有守（民 84）。人事制度的內容與模型。考銓季刊，第 4 期，第 16-25 頁。

徐有守（民 85）。考詮新論。台北：台灣商務印書館。

徐有守（民 91）。考試權的使命：為國掄才培才與留才。公務人員月刊，第 76 期，第 24-31 頁。

徐有守（民 93）。憲政發展與考試權走向。公務人員月刊，第 100 期，第 9-19 頁。

高永光（民 93）。宋學文、蔡允棟所撰「憲政改革與我國中央政府未來人事組織制度之發展：各國經驗的比較、分析與借鏡」論文發表之與談稿。第 80-81 頁。

許南雄（民 101）。各國人事制度。台北：空大。

許南雄（民 103）。人事行政學——兼論現行考銓制度，新 8 版。台北：商鼎文化。

隋杜卿（民 92）。廢考試院的意圖，究竟是改革還是躁進？http://old.npf.org.tw/PUBLICATION/CL/092/CL-C-092-030.htm。102.09.01 下載。

蔡良文（民 100）。人事行政學——論現行考銓制度。台北：五南圖書。

劉麗貞（民 96）。人事一條鞭制度因應政府組織再造之研究。世新大學行政管理學系碩士學位論文。

聯合晚報（民 102）。關中說考試院存在，對國家絕對有利。102.09.02。

第四章
公務人員考試制度

第一節　公務人員考試制度概說

　　吳競的貞觀政要記載了唐太宗說過的一句話，唐太宗說：「爲政之要，首在得人；用非其才，必難致治。」這句話準確地傳達了爲政在人以及選賢舉材的重要性。雖然，唐太宗離現代已經將近隔了一千四百年，但從今天的政府治理觀念來看，他的見解卻一點也不過時。就當代人力資源管理的存在價值：「選才、用才、育才、留才」而論，列在最前的選才就是在談人力的甄補、延攬，也正是唐太宗念茲在茲的治國理念。由於優秀的公務人員是展現治理成果的前提，因此如何透過有效的考選工具，爲國舉材乃成爲國家的首要之務。

壹　考選（試）的意義及功能

一、考選及考試的意義

　　考選和考試二詞雖然常被混用，但事實上其意義卻有不同。考選一詞，英文爲「selection」，亦可譯爲遴選、甄選。在人力資源管理的學術領域中，將考選界定爲：「組織就其所設之職位，蒐集並評估有關應徵者之各種資訊，以便做聘僱決定的一種過程」（吳復新，民 92）。蔡良文（民 100）從文官制度的角度將其定義爲：「以考試的方法爲國家選拔人才。換言之，政府爲推行公務，採用公開、客觀、公正、科學的考試方法，來測量並衡鑑拔擢合乎標準之所需人員，進而錄用的一套制度。」因此，考選實具有以各

種考核方式選拔優秀人才到機關組織任職的意涵。

至於考試一詞，從人事行政（或人力資源管理）的角度，廣義的考試是指「一種科學化設計的工具，用以測量應試者之性向、技能、興趣及人格等因素，作為遴選、任用、訓練、調動、陞遷之重要依據」（引自蔡良文，民100）。另外，徐有守（民86）則從文官制度角度謂：「考試一詞，為憲法用語，係用以測定人員知識、能力或技術的一種方法。得採筆試、口試或其他法定考試方式行之。」

從以上說明，考選的意涵似大於考試。惟我國憲定人事行政主管機關稱為「考試」院，但以下又設有「考選」部、銓敘部和保訓會，似乎考試的範圍又大於考選。本章不欲就兩個概念的差異進行分辨，因公務人員考試法及公務人員升官等考試法為公務人員考試制度的兩個主要法規，本章既在說明我國公務人員考試制度，故除介紹考選機關以考選為標題名稱外，其餘一律稱為考試制度。

二、公務人員考試的功能

有關公務人員考試的功能，可從政治和行政兩個面向說明：

(一) 政治方面

公務人員考試制度最大的政治意義就是「機會平等」和「公平競爭」（徐有守，民77）。只要是合於應考資格的國民都可以報考，然後再憑實力與眾多競爭者一決高下，績優者錄取，成為政府官員。實施公務人員考試制度後，可有效解決因任用私人而產生的結黨營私、政治腐敗現象。

而考試制度更是開放人民參與、促進階級流動的利器。中國歷史上，農家子弟因參加科舉進士及第，成為布衣卿相的例子不勝枚舉。而政府遷台後，公職考試亦成為許多農村子弟、弱勢族群擺脫貧困，躋身為中產階級的途徑。由於來自社會各階層之優秀人士均得以公平參加考試，進入政府任職，使得政府之組成不至於偏重於特定之族群，其所制訂之決策亦能具有代表性。

此外，考試制度所具有的吸納（cooptation）功能，可以將關心國家事務的社會菁英羅致到政治系統之中，使其意見融入決策，減少對抗。而優秀人才樂於蔚爲國用，成爲賢才治國；政府因治理能力的提升，而獲致民眾的信任與支持；均可有效地提升民眾對政治系統的認同，並強化政府的合法性及維持政權的穩定。

(二) 行政方面

所謂「成事在人」，故政府效能絕大部分取決於政府成員的努力。而政府成員有兩種，一爲政務官，另一爲事務官（即文官）。前者係政黨政治的產物，因選舉而產生，制訂政策並對政策負責，隨政黨進退。後者則多數爲永任，也就是常任文官，扮演政策執行者的角色，多數爲經由考試進入政府部門工作。因此，公務人員任用是否得當，與政府的治理效能息息相關。考試制度在此則扮演拔擢優秀人才成爲公務人員的關鍵角色，經由設計得宜的考試方法、具有效度和信度的考試內容和客觀公正的試務行政，得以從眾多應考人中選拔出相對優秀的人選出來。而透過公開競爭考試方式所選拔出來的優秀人才，是確保政府治理能力的基本條件。

貳　考選機關之組織與職掌

考試院爲制訂考試政策及執行試務工作，設有相關的考選組織。茲就試務、典試、監試三個部分說明如次：

一、試務

依據考選部組織法第 1 條規定：「考選部掌理全國考選行政事宜。」第 2 條規定：「考選部對於承辦考選行政事務之機關，有指示監督之權。」並依相關法規辦理公務人員任用資格及專門職業及技術人員執業資格之考選工作。考選部的重要考選單位有考選規劃司、高普考試司、特種考試司、專技考試司、題庫管理處、考選工作研究委員會。

二、典試

　　「典」是主其事之意，「試」即考試，故典試的意義即主持考試事宜。考選部辦理各項考試，除檢覈外，均依典試法之規定設置典試委員會。原則上，典試委員會係一臨時性編組，惟同一年度同一考試舉辦 2 次以上者，得視需要組織常設典試委員會（典 1 Ⅰ）。

(一) 典試委員會之組成及職權

　　依據典試法第 2 條及第 3 條之規定，典試委員會由典試委員長、典試委員及考選部部長所組成，典試委員得依考試類科或考試科目性質分為若干組，每組置召集人 1 人，由考選部商同典試委員長推請典試委員兼任之。並依法令及考試院會議之決定，行使其職權。

(二) 典試委員長及典試委員之遴任

　　依典試法規定，具有以下資格之一者，應經由考試院院長提經考試院會議決定後，呈請總統特派（典 3 Ⅰ），而為典試委員長（典 4）。

1. 現任考試院院長、副院長或考試委員。
2. 現任中央研究院院長、院士。
3. 任國內外公立或私立大學校長或獨立學院校（院）長四年以上。
4. 任特任官並曾任國內外公立或私立大學或獨立學院教授三年以上。

　　典試委員則由考選部商同典試委員長遴提人選，報請考試院院長核提考試院會議決定後聘用（典 3 Ⅱ）。典試委員依考試等級之不同須具有不同之資格（典 5、6），惟如因考試科目之特殊需要，並缺乏典試法所定資格之適當人選時，亦得另就對該考試方法或應試科目富有研究及經驗之簡任或相當簡任職務者或專業表現成績卓著之專家選聘（典 7）。

(三) 各組召集人及增聘之委員

　　典試委員得依考試類科或考試科目性質分為若干組，每組置召集人 1 人，由考選部商同典試委員長推請典試委員兼任之（典 3 Ⅲ）。又，各種考試之命題、閱卷、審查、口試、心理測驗、體能測驗或實地測驗，除由典試

委員擔任者外，必要時，得分別遴聘命題委員、閱卷委員、審查委員、口試委員、心理測驗委員、體能測驗委員或實地測驗委員辦理（典 15 I）。是類增聘之委員，其聘用程序、資格均與典試委員相同。於必要時，得由考選部商同典試委員長遴提人選，先行擔任，並報請考試院院長補行核提考試院會議決定後聘用之（典 15 II）。

三、監試

在 110 年 4 月 28 日監試法廢止以前，原監試法第 1 條規定，凡組織典試委員會辦理之考試，應咨請監察院派監察委員監試。凡考試院派員或委託有關機關辦理之考試，得由監察機關就地派員監試。監試時如發現有舞弊情事者，應由監試人員報請監察院依法處理。監試人員監試時，如發現有潛通關節，改換試卷或其他舞弊情事者，應由監試人員報請監察院依法處理之。嗣為因應監試法之廢止，考試院已表示未來國家考試可運用資訊安全管理機制取代人力監督。至原由監試委員簽署封緘彌封姓名冊及電腦化測驗試題光碟，檢視試題原題封緘完整等仍需由人力監督事項，亦將由主持考試的典試委員長辦理。

參 我國公務人員考試制度的特色

一、奉行功績用人，兼顧弱勢照顧

憲法第 85 條規定：「公務人員之選拔，應實行公開競爭之考試制度，……非經考試及格者，不得任用。」揭櫫了我國公務人員考試制度必須基於功績用人的宗旨。而公務人員考試法則落實了憲法文官考選的功績原則，爰於第 2 條規定：「公務人員之考試，以公開競爭方式行之。」另外，為貫徹憲法保障原住民文化和照顧身心障礙國民的權益（憲增 10）之意旨，公務人員考試制度亦設有專為原住民和身心障礙者辦理之特種考試。

二、常態考試與特種考試兼行

我國公務人員考試中屬於常態性考試者為高考、普考和初等考試，上述考試一向被視為是考試制度之主體，各種考試法令規章之擬議及典試等試政方面之作為，均以此項考試為主流（賴維堯等，民95）。又，從考選部年度考試計畫可知，公務人員高等考試一級考試與二級考試，均於每年9月舉行，高等考試三級考試暨普通考試於每年7月舉行，至初等考試則於每年2月或3月舉行，故高普初等考試可視為每年定期辦理的常態性考試。

另外。為應「特殊機關的業務需求」或「一般機關的特殊業務需求」，公務人員考試法亦訂有辦理特種考試的規定（呂育誠，民99），可視為非常態性的公務人員任用考試。

三、考選任用合一

考用合一的意涵有三：其一為即考即用，即考試錄取人員必須按時接受分發報到，滿足用人機關的用人需求。其二是政府有義務分發考試及格人員，至提報用人需求之機關任職。其三是每次考試之等級及類科，以及各類科各等級錄取人數，均應配合任用（可資分發之缺額）之需要。也就是說，考試應以任用為依據，以及以任用主導考試。準此，考用合一實已演變成用考合一（邱華君，民99）。考選機關辦理公務人員考試係以為政府遴選優秀人才為主要目的，因此有關考試的應考資格、考試方法、考試程序均以因應用人機關的用人需求為前提進行規劃。

四、筆試為主，其他考試方式為輔

公務人員考試法所規定的考試方法有筆試、口試、心理測驗、體能測驗、實地測驗、審查著作或發明、審查知能有關學歷經歷證明。但實務上，主要的公務人員考試如公務人員高考三級、普通考試或相當等級之特種考試，仍以筆試為唯一的考試方法。只有部分特種考試會兼採其他方法，如司法官特考、外交領事人員特考兼採口試；身心障礙人員五等特考的電腦打字（實地測驗）。

五、確保用人機關用人需求，推行限制轉調制度

　　對考試錄取人員實施限制轉調的最主要目的是為用人機關（尤其是偏遠地區的機關）留住人才，避免辦理考試及訓練之後，及格人員迅即辦理商調離職，影響用人機關業務的推動。目前公務人員考試中的高普初考、特種考試都有限制轉調的規定，其期限不一，且均有可能在日後修法重新調整期限。

第二節　公務人員考試制度之一般性規定

壹 考試範圍

　　公務人員考試法（以下簡稱考試法）第 1 條規定：「公務人員之任用，依本法以考試定其資格。」所稱「以考試定其資格之人員」即考試範圍，包括下列各款（考試細 2）：

一、中央政府及其所屬各機關公務人員。
二、地方政府及其所屬各機關公務人員。
三、各級民意機關公務人員。
四、各級公立學校職員。
五、公營事業機構從業人員。
六、交通事業機構從業人員。
七、其他依法應經考試之公務人員。

　　上述公務人員的考試範圍與公務人員任用範圍完全相同，特予提示。

貳 考試宗旨

　　公開競爭為公務人員考試制度之宗旨，此為憲法第 85 條所規範之功績原則。而考試法第 2 條則為憲法條文之落實，其規定為：「公務人員之

考試，以公開競爭方式行之，其考試成績之計算，不得因身分而有特別規定。……」所謂公開，指辦理考試程序與資訊必須透明化，讓民眾可以無礙接收到考試訊息。所謂競爭，則指凡合乎應考資格者，不論其背景、種族、性別、信仰均得報考。並依應考人之考試成績高低，擇優錄取。此外，公開競爭的內涵亦要求考選主管機關必須針對與工作相關的能力進行評量及無歧視的執行評量，亦不得基於工作能力以外因素設定應考資格（楊戊龍，民96）。

　　至於考試法第 2 條所規範的公開競爭意義為何，在同法施行細則第 3 條第 1 項有如下的規定：「本法第二條所稱公開競爭，指舉辦考試時，凡中華民國國民，年滿十八歲，符合本法第七條、第九條及第十三條至第十七條之規定，且無第十二條不得應考情事者，皆得報名分別應各該考試，並按考試成績高低順序擇優錄取。」條文中的第 7 條是有關訂定考試規則的規定，第 9 條是有關體格檢查的規定；另，第 13 條至第 15 條條文是有關高普初考及特考應考資格的規定；第 12 條是有關國籍、年齡以及消極資格的規定。

　　除此之外，考試法第 18 條另規定：「公務人員各種考試……其考試類科、地點、日期等，由考選部於考試兩個月前公告之。」

　　綜上，公務人員考試宗旨所揭櫫的「公開競爭」，其涵義如下（賴維堯等，民 95）：

一、舉行考試須二個月前公告周知，公開方式辦理考試。

二、國民具有法定應考資格者，均有參加考試之權。

三、考試成績之計算，不得因身分而有特別規定。

四、按考試成績擇優錄取。

參 考試及格錄取人員之分發及其他相關規定

一、正額錄取和增額錄取的意義

　　依據公務人員考試法第 3 條第 1 項相關規定，考試人員的錄取分為正

額錄取和增額錄取兩種。所謂正額錄取是指依用人機關年度任用需求決定人數，依序分配訓練；即榜示錄取人員中依成績高低算至分發機關提報之用人需求人數。錄取者在經過基礎訓練和實務訓練，取得考試及格證書，依法合格實授後，正式擔任公務人員。而上文所稱用人機關年度任用需求，係指銓敘部及人事總處於年度開始前、申請舉辦考試時或於召開各該考試典（主）試委員會第二次會議一個月前函送考選部有關考試等級、類科、人數等用人需求核實者（考試細4Ⅰ）。換言之，有多少職缺，就錄取多少正額人員。

　　至於增額錄取的部分，本法稱為「視考試成績增列」的名額（考試3Ⅰ），乃指榜示錄取人員中正額錄取外增加之錄取人員。此種人員並不馬上分配訓練，而是登錄在候用名冊內，俟正額錄取人員分發完畢後，再行辦理分配訓練。

二、增額錄取分發之重大變革

　　有關增額錄取人員的進用，在97年修法時有重大的改變。97年以前的舊規定是列入候用名冊的增額錄取人員需俟正額錄取人員分發完畢後，再「由用人機關報經分發機關同意自行遴用」。這個制度實施多年之後，出現一些問題。如有些增額錄取人員透過關係走後門，結果竟比正額錄取人員更快獲得遴用，或找到較好職缺。另外，成績較正額錄取者低的增額錄取者，反而比正額錄取者有多次選擇任職機關的機會，實非公平。事實上，公務人員考試法立法原意，並不保證增額錄取人員獲得遴用；但實務運作上，增額錄取人員被註銷資格的數量極少。如果因特殊關係，增額錄取人員反比正額錄取人員更快獲得遴用或得到較好的職缺，都不是合理的現象。

　　除此之外，正額錄取人員申請保留錄取資格及用人機關自行遴用增額錄取人員的規定亦常造成依規定提報職缺的用人機關在懸缺約十個月後，仍可能無法順利補足缺額。反而那些匿缺不報的機關可透過自行遴用增額錄取人員的方式，快速獲得甄補。於是，又提高了用人機關匿缺不報的誘因。

　　有鑑於此，考試院在97年修正公務人員考試法，將增額錄取人員的進

用方式做了很大的變革。規定列入候用名冊的增額錄取人員，必須俟正額錄取人員分配完畢後，再「由分發機關或申請舉辦考試機關配合用人機關任用需要依考試成績定期依序分配訓練」。換言之，用人機關不再擁有增額錄取人員的遴用權，而是由分發機關或申請舉辦考試機關收回，再配合用人機關任用需要依考試成績定期依序分配訓練。至於所謂定期依序，指分發機關或申請舉辦考試機關於下次該項考試放榜之日前，於正額錄取人員分發完畢後，配合用人機關任用需要，每二個月依增額錄取人員成績順序分配訓練（考試細 4Ⅵ）。

由於目前對於增額錄取人員，係由分發機關或申請舉辦考試機關依其考試成績定期依序分配訓練，其訓練程序，與正額錄取者之規定相同；且均需經訓練期滿、成績及格後，始予以任用。故論者有謂：依考訓用合一之精神，增額錄取人員於接受訓練後分發任用，就實質作用而言，已非單純資格考試，而具任用考試之意涵（胡龍騰，民 102）。

三、正額錄取人員申請保留錄取資格規定

考試法第 4 條規定，正額錄取人員無法立即接受分配訓練者，得檢具事證申請保留錄取資格，其事由及保留年限如下：

(一) 服兵役，其保留期限不得逾法定役期。

(二) 進修碩士，其保留期限不得逾二年；進修博士，其保留期限不得逾三年。

(三) 疾病、懷孕、生產、父母病危、子女重症或其他不可歸責事由，其保留期限不得逾二年。

(四) 養育 3 足歲以下子女，其保留期限不得逾三年。但配偶為公務人員依法已申請育嬰留職停薪者不得申請保留。

四、增額錄取人員申請延後分配訓練規定

為配合增額錄取人員進用方式之改變，特規定：列入候用名冊之增額錄取人員，因服兵役未屆法定役期或因養育 3 足歲以下子女，無法立即接受分

配訓練者，得於規定時間內檢具事證申請延後分配訓練（考試 5Ⅲ）。

五、喪失錄取資格之規定

(一) 正額錄取人員

　　未在規定時間內向實施訓練機關報到接受訓練者，喪失考試錄取資格（考試 5Ⅰ）。已申請保留錄取資格，但在原因消滅或保留期限屆滿後三個月內，未向保訓會申請補訓，或未於規定時間內，向實施訓練機關報到接受訓練者，喪失考試錄取資格（考試 5Ⅱ）。

(二) 增額錄取人員

　　經分配訓練，應於規定時間內，向實施訓練機關報到接受訓練，逾期未報到並接受訓練者，或於下次該項考試放榜之日前未獲分配訓練者，即喪失考試錄取資格（考試 5Ⅲ）。

肆　應考資格

　　依公務人員考試法相關條文的規定，應考資格可以歸納為共通性資格條件、特殊性資格條件、積極條件和消極條件四大類，茲分別說明如下：

一、共通性資格條件

　　共通性資格條件指不論何種公務人員考試都必須具備的資格條件，包括以下數項：

(一) 國籍：須具有中華民國國籍（考試 12）。

(二) 年齡：須年滿 18 歲（考試 12）。

(三) 體格檢查：考試院得依用人機關任用之實際需要，規定公務人員考試實施體格檢查。體格檢查不合格或逾期未繳送體格檢查表者，不得應考、不予錄取、不予訓練或不予核發考試及格證書（考試 9）。所稱體格檢查時間，指須體格檢查之考試，應考人受指定於報名前或榜示後實施體格檢查。報名前檢查者，應於報名時繳送體格檢查表，體格檢查不合格

或未繳送體格檢查表者，不得報名。榜示後檢查者，應於規定時間內繳送體格檢查表，體格檢查不合格或未於規定時間內繳送體格檢查表者，不得參加後續考試程序或不予錄取或不予訓練或不予核發考試及格證書（考試細 10）。

二、特殊性資格條件

(一) 兵役及性別：考試院得依用人機關任用之實際需要，規定公務人員特種考試應考人之年齡、兵役及性別條件（考試 9 I）。故兵役、性別以及年齡（訂有較高的上限）係部分特考（非全部）專屬的特殊性資格條件，而非所有公務人員考試的共通性資格條件。

(二) 工作經驗及專門執業證書：為有效提升公務體系之整體人力素質，用人機關可因機關業務性質需要，對機關部分缺額於應考資格增訂須具備相關專門職業證書及工作經驗或語文能力檢定始得應考（考試 17）。例如，衛生局、所得以公職藥師、公職醫事檢驗師及公職護理師等進用有專業證照且有實務經驗者。又，公職食品技師、公職土木工程技師、公職都市計畫技師、公職律師等公職專技人員亦得增列以職業證書及工作經驗作為應考資格。

三、積極資格條件

考試法第 13 條至第 15 條規定高等考試、普通考試、初等考試、各等級特種考試的應考資格，即屬積極資格條件。應考人必須具備擬報考考試之應考資格，始得報考。上述積極資格條件除初等考試無須任何學歷條件外，其他各等級考試之積極資格條件，多為學歷資格條件。惟為賦予公務人員考試之辦理彈性，考試法第 17 條第 2 項特規定：「……必要時得視考試等級、類科需要，增列下列各款為應考資格條件：一、提高學歷條件。二、具有與類科相關之工作經驗或訓練並有證明文件。三、經相當等級之語文能力檢定合格。」

四、消極資格條件

消極資格條件是指不得具備的條件，如果應考人具有本法第 12 條所列四款條件之一者，即不得報考：

(一) 動員戡亂時期終止後，曾犯內亂罪、外患罪，經有罪判決確定或通緝有案尚未結案。

(二) 曾服公務有貪污行為，經有罪判決確定或通緝有案尚未結案。

(三) 褫奪公權尚未復權。

(四) 受監護或輔助宣告，尚未撤銷。

伍　考試公告及舉辦

一、考試公告

公務人員各項考試之考試類科、地點、日期等，由考選部於考試二個月前公告之（考試 18 Ⅰ）。

二、考試舉辦

(一) 合併或分等、分級、分科辦理

各種公務人員考試中，得視需要合併或分等、分級、分科辦理者，僅限高等考試、普通考試和初等考試（考試 11），特種考試並未納入。所謂「分等」即分成高考、普考和初考三等；「分級」是指高考分成一、二、三級；「分科」是指按性質區分為若干科別，如高考三級行政類中有人事行政類科、一般行政類科等。至所謂「合併」則指考試性質相近者同時辦理考試，如「高考三級和普考」、「高考一級和二級」多年來通常都合併舉行（見考選部網站之「考試期日計畫表」）。而初等考試因考試科目多為測驗式試題且報考人數較多，故均單獨辦理。惟公務人員特種考試部分亦有合併辦理之情形，如關務人員與稅務人員考試合併辦理。

(二) 分試、分階段、分考區舉辦

　　考試法第 18 條第 1 項前段規定：「公務人員各種考試，得分試、分階段、分考區舉行。」所謂分試，依 108 年 9 月 20 日以前之考試法施行細則第 10 條規定，係指同一種考試分成二次或三次辦理的考試。第一試未錄取者，不得應第二試，第二試未錄取者，不得應第三試。分試考試之作用有兩種，其一是從質的方面進行不同階段的淘汰，其二是從數量方面進行篩選，兩者的目的均在使最後能夠進入決選的應考人數只稍多於錄取人數，以利進行最後的評鑑及排比錄取資格（彭錦鵬，民 99）。我國曾在民國 87 年到 94 年間，於高考三級考試和普通考試採用分試考試。當年的做法是第一試考綜合性科目及較具代表性的專業科目，為測驗式試題；錄取後，再參加第二試之專業考試。其錄取標準為，第一試按各科別全程到考人數 50% 擇優錄取；第一試的錄取資格僅取得當年度同一考試、等級、科別第二試的考試資格，不得保留至其他年度。至於第二試則是按各科別需用名額決定正額錄取人數，並得視考試成績酌增錄取名額。不過，考選部後來以報名人數減少、公務人員員額精簡以及減輕應考人負擔和縮短試務流程為由，於 95 年停辦。

　　由於分試已多年未再舉辦，因此考試院修改了考試法施行細則（108.09.20 修正發布）對分試重新做了界定，依該細則第 16 條第 1 項規定：「所稱分試，指兼採二種以上考試方式或筆試程序之考試。其考試方式依序進行，前一試獲錄取者，始得應次一試。各試成績合併計算為總成績，但各該考試規則另有規定者，從其規定。」目前的司法官考試就分三試，外交人員考試就分二試。至所謂分階段考試，指考試分二階段舉行，並分定其應考資格。具各階段考試應考資格者，始得應該階段考試（考試細 16 II）。

陸　考試方式及計分

　　公務人員考試，得採筆試、口試、心理測驗、體能測驗、實地測驗、審查著作或發明、審查知能有關學歷經歷證明或其他方式行之。除單採筆試者

外，其他應併採二種以上方式（考試 10 I）。

　　筆試指以文字書寫或劃記方式於試卷或試卡作答者，目前我國之公務人員考試多以筆試為主。以筆試為唯一考試方式者，其成績之計算係以筆試成績為考試總成績，惟有一科成績為 0 分，或總平均成績不滿 50 分，或特定科目未達規定最低分數者，均不予錄取。

　　口試係以口語問答或討論作為評量應考人知能之考試方式。口試不能單獨舉行，須兼採其他考試方式。又，口試分個別口試、集體口試、團體討論三種。口試委員由典（主）試委員會推定之，並指定 1 人為召集人。除稀少性或特殊語文科目外，個別口試、集體口試每組口試委員以 2 至 3 人，團體討論每組口試委員 3 至 5 人為原則。口試委員除由該項考試之典（主）試委員擔任外，必要時得另就相關用人機關、請辦考試機關、職業（目的事業）主管機關簡任級以上公務人員或有關團體富有研究經驗者或專家學者遴聘之。目前，公務人員考試方式有採口試者多為特考，如司法人員特考、外交領事暨國際新聞人員特考、民航人員特考、交通事業人員特考等。目前係依考試院訂定發布之口試規則作為評定之準則。

　　心理測驗和體能測驗不能單獨舉行，須兼採其他考試方式。心理測驗種類有以下五種：智力測驗、性向測驗、人格測驗、職業興趣測驗、其他心理測驗。心理測驗種類，得視考試性質選定其中一類或數類舉行。目前係依考試院訂定發布之心理測驗或體能測驗規則辦理。

　　實地測驗指以現場實際操作方式，藉以評量應考人專業知識、實務經驗、專業技能。目前考試院訂有實地考試規則作為辦理依據。

　　審查著作或發明指就應考人檢送其本人之著作或發明之憑證、照片、圖式、樣品或模型等加以審查。目前係依考試院訂定發布之著作發明審查規則作為辦理依據。

　　審查知能有關學歷經歷證明指就所考類、科需具備之知能有關之學經歷證件加以審查。目前係依考試院訂定發布之學歷經歷證明審查規則所定學歷經歷審查評分項目審查評定。

柒　考試訓練

考試法第 21 條第 1 項前段規定：「公務人員各等級考試正額錄取者，按錄取類科，依序分配訓練，訓練期滿成績及格者，發給證書，依序分發任用。」係指考選部於榜示後將正額錄取人員履歷清冊等相關資料函請保訓會辦理考試錄取人員訓練，正額錄取人員經訓練期滿成績及格者，由保訓會報請考試院發給考試及格證書，並函請銓敘部、人事總處或申請舉辦考試機關依序分發任用（考試細 19 Ⅰ）。

考試法第 21 條第 1 項後段規定：「列入候用名冊之增額錄取者，由分發機關或申請舉辦考試機關配合用人機關任用需要依其考試成績定期依序分配訓練；其訓練及分發任用程序，與正額錄取者之規定相同。」即增額錄取人員訓練期滿成績及格者，應依前述程序請領考試及格證書及辦理分發任用。惟分發機關或申請舉辦考試機關應於正額錄取人員分發任用辦理完畢後，始可再行辦理增額錄取人員之分發任用（考試細 19 Ⅱ、Ⅲ）。

此外，為利機關得以確實分發到考試錄取人員，落實考用配合政策，復規定：遇有同項考試同時正額錄取不同等級或類科者，應考人應擇一接受分配訓練，未擇一接受分配訓練者，由分發機關或申請舉辦考試機關依應考人錄取之較高等級或名次較前之類科逕行分配訓練（考試 3 Ⅱ）。

從以上規定可得：

一、不論是正額錄取或增額錄取都必須接受訓練，訓練期滿成績及格才可以拿到考試及格證書及分發任用。

二、考試及格錄取人員的訓練乃考試過程的一環，未參加訓練或訓練不合格，筆試錄取資格無效，等於未完成考試程序。

三、訓練業務，係由保訓會負責辦理。辦理依據為公務人員訓練進修法。

捌　後備軍人參加公務人員考試之優待

考試法第 24 條第 2 項規定：「後備軍人參加公務人員高等暨普通考試、

特種考試退除役軍人轉任公務人員考試之加分優待,以獲頒國光、青天白日、寶鼎、忠勇、雲麾、大同勳章乙座以上,或因作戰或因公負傷依法離營者為限。」另,後備軍人轉任公職考試比敘條例第4條規定,後備軍人參加公務人員考試時,得予以下之優待:

一、應考資格,除特殊類科外,得以軍階及軍職年資,應性質相近之考試。

二、考試成績,得酌予加分,以不超過總成績10分為限。

三、應考年齡,得酌予放寬。

四、體格檢驗,得寬定標準。

五、應繳規費,得予減少。

　　至該條例所稱後備軍人係指:一、常備軍官及常備士官依法退伍者;二、志願在營服役之預備軍官、預備士官及士兵依法退伍者;三、作戰或因公負傷依法離營者(後3)。

第三節　我國公務人員考試種類

　　依公務人員考試法之規定,我國公務人員考試計有高等考試、普通考試、初等考試、特種考試(以下分別簡稱高考、普考和特考)、升官等考試、上校轉任考試以及高科技人員考試等種類。茲分述如次:

壹 高普初考

　　在國人心目中,高、普考試向來被視為公務人員考試的主流,其他考試的莊嚴性(或地位)相對的則處於較低階。而在試政上,舉凡法令擬議、典試工作,亦均以高普考試為首要(賴維堯等,民95)。此從考試法第6條第1項「公務人員之考試,分高等考試、普通考試、初等考試三等。高等考試按學歷分為一、二、三級」未及於其他考試之規定可以得知。我國高等考試是在民國20年辦理第一屆,普通考試係於23年首次舉辦,初等考試則於

87 年辦理第一屆。目前,高普初考已規劃爲定期性考試,依據考選部年度考試計畫,公務人員高考一級考試與二級考試,於每年 9 月舉行,高考三級考試暨普考於每年 7 月舉行,而初等考試則於每年 2 月或 3 月舉行。

一、應考資格

高普初等考試之應考資格除年滿 18 歲爲必備條件外,並以學歷區分各等級考試之應考資格。茲分述如次:

(一) 高等考試

高等考試之應考資格如下(考試 13):

1. 公立或立案之私立大學研究院、所,或符合教育部採認規定之國外大學研究院、所,得有博士學位者,得應公務人員高等考試一級考試。
2. 公立或立案之私立大學研究院、所,或符合教育部採認規定之國外大學研究院、所,得有碩士以上學位者,得應公務人員高等考試二級考試。
3. 公立或立案之私立獨立學院以上學校或符合教育部採認規定之國外獨立學院以上學校相當院、系、組、所、學位學程畢業者,或高等考試相當類科及格者,或普通考試相當類科及格滿三年者,得應公務人員高等考試三級考試。

(二) 普通考試

普通考試之應考資格爲:公立或立案之私立職業學校、高級中學以上學校或國外相當學制以上學校相當院、系、科、組、所、學位學程畢業者,或普通考試以上考試相當類科考試及格者,或初等考試相當類科及格滿三年者,得應公務人員普通考試(考試 14)。

(三) 初等考試

初等考試之應考資格爲:凡國民年滿 18 歲者,得應公務人員初等考試(考試 15),亦即只有年齡的條件,而沒有像高普考一樣有學歷的限制。

二、限制轉調

高普初考在 97 年以前原無限制轉調的規定，現制則在考試法第 6 條第 1 項中明定，參加高等考試、普通考試、初等考試及格的人員，在服務三年之內，不可以轉調到原分發任用之主管機關及其所屬機關、學校以外之機關、學校任職。至於三年的算法是從考試錄取訓練期滿成績及格，取得考試及格資格之日起算，實際任職三年內不得轉調。按公務人員考試法限制轉調的規定原先只有特考才有，期限是六年。由於高考、普考和初等考試在 97 年以前都沒有類似規定，因此實務運作上產生以下的問題：

第一，因為特考有六年內限制轉調的規定，用人機關基於留住人才的考量，往往將職缺提報於特種考試，導致特考錄取人數高於高普初考人數的怪異現象。

第二，因為高普初考沒有限制轉調的規定，導致部分錄取人員在完成實務訓練，取得考試及格證書後，即鑽營奔走，希望轉調到其他機關（學校）。不僅使原先報缺的用人機關淪為「人才養成所」，而公務亦無法正常運作。

為解決上述的問題，97 年修正通過的公務人員考試法乃將高普初考的限制轉調年限訂為一年，103 年修法又延長為三年。

又，112 年 2 月 15 日修正公布之公務人員任用法第 22 條對限制轉調的規定有做了一些彈性規定，詳見第五章第二節之「陸、任用限制」。

貳 特種考試

公務人員特種考試係於高普考試以外，為因應用人機關業務性質特殊需要或高普考試及格人員不足而舉辦之考試。因此，對應考人應考資格、年齡、性別、學歷、體格檢查、訓練及限制轉調等，均有不同之設限，由於具有其特殊性，故名特種考試。民國 18 年國民政府公布考試法，將特考與高考、普考三者並列，此乃特考之濫觴。嗣歷經多次修法，75 年的公務人員

考試法將特種考試等級分為甲、乙、丙、丁四個等級。84年修法，將甲等特考刪除，餘乙、丙、丁三等。85年公務人員考試法再次修正，將考試等級重新設定為一、二、三、四、五等，並增訂辦理身心障礙人員特考的法源依據。至90年12月，公務人員考試法復增列原住民族特種考試之法源依據，同時並明定各項公務人員特考得就業務性質需要對兵役狀況及性別條件予以設限。另，特考各等級考試的應考資格，分別準用高考、普考和初考應考資格的規定（考試16）。

參酌公務人員考試法相關規定，公務人員特考的特色可歸納如次：

一、因應特殊需求而辦理

依據考試法第6條第2項規定：「為因應特殊性質機關之需要及保障身心障礙者、原住民族之就業權益，得比照前項考試之等級舉行一、二、三、四、五等之特種考試……。」另，考試法第8條復規定：「高科技或稀少性工作類科之技術人員，得由考選部報請考試院另訂特種考試規則辦理之。」綜上，辦理特考的目的如下（呂育誠，民99；張秋元，民99）：

第一，為因應特殊性質機關之需要而舉辦：例如司法人員、警察人員、關務人員、稅務人員、交通事業人員、社會福利人員、海岸巡防人員考試等。

第二，基於憲法對特殊身分國民之照顧或保障而舉辦：例如身心障礙人員、原住民族、退除役軍人轉任公務人員考試等。

第三，因地方機關之特殊需要而舉辦：如地方特考。

二、配合任用實際需要，訂定應考資格之限制條件

實務上，各項特考之請辦機關均得視其特殊業務需要，就應考人之身分、年齡及體格等方面，設定不同規定或限制。此為考試法第7條第2項：「前項考試規則包括應考年齡、考試等級、考試類科及其分類、分科之應考資格、體格檢查標準、應試科目、考試方式、成績計算、限制轉調規定等」之法律授權，而考選部亦依此授權訂定各該相關之考試規則報考試院核定後

以爲依據。

目前有限制的應考條件包括（林全發，民 101；陳皎眉等，民 101；林雅鋒，民 100；懷敘，民 100）：

(一) 年齡限制：目前有年齡限制的特考如下：

1. 司法人員特考：其中三等考試監獄官類科上限爲 55 歲，四等考試監所管理員、法警類科上限爲 45 歲。

2. 司法官特考：應考年齡上限爲 55 歲。

3. 國家安全局國家安全情報人員特考：應考年齡上限爲 35 歲。

4. 警察人員特考：二等考試應考年齡上限爲 42 歲，三等及四等考試上限爲 37 歲以下。

5. 一般警察人員特考：同警察人員特考。

6. 國際經濟商務人員特考：應考年齡上限爲 45 歲。

7. 調查局調查人員特考：三、四、五等考試上限爲 30 歲。

8. 民航人員特考：三等考試飛航管制科別，應考年齡上限爲 35 歲，飛航檢查及適航檢查科別爲 55 歲。

9. 海岸巡防人員特考：應考年齡上限爲 55 歲。

10. 外交人員特考：應考年齡上限爲 45 歲。

(二) 性別限制：司法人員三等考試監獄官類科及四等考試監所管理員、法警類科得依司法院及法務部實際任用需要，分定男女錄取名額。

(三) 服役限制：目前特考中有服兵役限制者如下：

1. 國家安全局國家安全情報人員特考：依法服志願役者，須於本考試筆試考畢之次日起四個月內退伍，並持有權責單位發給之證明文件，始得報考。

2. 調查局調查人員特考：男性應考人須服畢兵役，核准免服兵役或現正服役中，法定役期尚未屆滿者，始可報考。

3. 國防部文職人員特考：男性應考人須服畢兵役，但核准免服兵役或現正服役中，法定役期尚未屆滿者亦得報考。

(四) 體格限制：考試法第 9 條規定：「考試院得依用人機關之實際需要，規

定公務人員考試實施體格檢查。……體格檢查醫療機構範圍、體格檢查之內容、程序等有關事項之辦法，由考選部報請考試院定之。」例如，警察人員特考、海岸巡防人員特考、民航人員三等考試飛航管制科別、司法官特考均有體格檢查之要求。而體格檢查的主要項目為身高、體重、視力、四肢異常、精神疾病及其他無法治癒之重症等，並視特種考試之業務屬性，分訂不同的寬嚴標準。

三、特考特用，限制轉調

依考試法第6條第2項規定：「……特種考試……及格人員於服務六年內，不得轉調申請舉辦特種考試機關及其所屬機關、學校以外之機關、學校任職。其轉調限制六年之分配，依申請舉辦考試機關性質、所屬機關範圍及相關任用法規規定，於各該特種考試規則中定之。」復依同法施行細則第7條第6項規定：「……所稱及格人員於服務六年內不得轉調，指特種考試及格人員於錄取訓練期滿成績及格，取得考試及格資格之日起，實際任職六年內，不得轉調。」也就是說，應各項特考及格者，於進用之初及進用後，所擔任初任及調任之職務，應受各該有關法律規定之特別限制，此即俗稱特考特用原則。

由於公務人員考試法授權各種特考可以在考試規則中訂定限制規定，因此地方特考及格人員的限制轉調乃規定，取得考試及格資格之日起，三年內不得轉調原分發占缺任用以外之機關，須經原錄取分發區所屬機關再服務三年，始得轉調請辦考試機關以外機關任職。而司法特考則規定，及格人員於訓練期滿成績及格取得考試及格資格之日起，實際任職六年內不得轉調司法院及法務部暨其所屬機關以外機關任職。

另，考試法第24條亦規定，自中華民國88年起，特種考試退除役軍人轉任公務人員考試，其及格人員以分發國防部、國軍退除役官兵輔導委員會、海洋委員會及其所屬機關（構）任用為限，及格人員於服務六年內，不得轉調原分發任用機關及其所屬機關以外之機關任職。此亦為特考特用之規

範。

又，112 年 2 月 15 日修正公布之公務人員任用法第 22 條對限制轉調的規定有做了一些彈性規定，詳見第五章第二節之「陸、任用限制」。

四、考試方法較為多元

特考的考試方法較高普初考更為多元，例如交通事業鐵路人員考試、公路人員考試佐級以下之等級，部分類科之考試方式除筆試外，多加考實地考試項目。外交領事人員考試、國際新聞人員考試、國際經濟商務人員考試、司法人員考試等，均為筆試兼口試，筆試未錄取者，不得參加口試，口試及格後始予錄取。另外，監獄官、調查人員、海岸巡防人員的考試方式除筆試、口試外，另加考體能測驗。

參 升官等考試

升官等考試係為現職公務人員所辦理的考試，目的在讓公務人員取得升任高一官等的資格。升官等考試的法律依據為公務人員升官等考試法，原訂有委任、薦任及簡任三種升官等考試，89 年 7 月 1 日修法取消了委任升官等考試，104 年元月再度修法，規定簡任升官等考試於 103 年 12 月 23 日修正之條文施行之日起五年內辦理 3 次為限。換言之，自 109 年起該項考試已經停辦，至於爾後會不會復辦，目前尚不得知。

一、簡任升官等考試應考資格

具有下列資格之一者，得應簡任升官等考試（升考 3）：

(一) 具有法定任用資格現任薦任或薦派第 9 職等人員四年以上，已敘薦任第 9 職等本俸最高級。

(二) 依公務人員任用法第 33 條之 1 第 3 款規定仍繼續以技術人員任用，現任薦任第 9 職等人員，並具有前款年資、俸級條件。

(三) 依專門職業及技術人員轉任公務人員條例轉任之現任薦任第 9 職等人員，並具有第 1 款年資、俸級條件。

　　簡言之，以上三類人員參加升官等考試之基本條件為：現任薦任第9職等、薦9年資四年以上、敘薦9本俸最高級。又，雖然此項升官等考試已經停辦，但本書付梓時，現行公務人員升官等考試法尚未配合實際情形修正，仍保有簡任升官等考試應考資格條文。

二、薦任升官等考試應考資格

　　具有下列資格之一者，得應薦任升官等考試（升考4）：

(一) 具有法定任用資格現任委任或委派第5職等人員滿三年，已敘委任第5職等本俸最高級。

(二) 依公務人員任用法第33條之1第3款規定仍繼續以技術人員任用，現任委任第5職等人員，並具有前款年資、俸級條件。

(三) 依專門職業及技術人員轉任公務人員條例轉任之現任委任第5職等人員，並具有第1款年資、俸級條件或現任薦任第6職等至第9職等人員。

(四) 依公務人員任用法第17條第5項之規定經晉升薦任官等訓練合格現任薦任或薦派第6職等至第8職等人員。

(五) 依公務人員任用法第33條之1第3款規定仍繼續以技術人員任用，現任薦任第6職等至第9職等人員。

三、升官等考試之考試方式及成績計算

　　升官等考試得採筆試、口試、測驗、實地考試、審查著作或發明等方式，其中簡任升官等考試除採筆試外，應兼採其他一至二種考試方式。原則上，公務人員升官等考試以考績成績占30%，考試成績占70%，合併計算總成績（升考7Ⅰ）。其考試併採筆試與口試二種方式者，筆試成績占85%，口試成績占15%（升考細8Ⅰ）。簡任升官等考試筆試成績以各科目成績平均計算；薦任升官等筆試成績以普通科目成績加專業科目成績合併計算（升考細7）。

四、考績成績合併計算總成績之條件

(一) 須考試舉行前最近三年年終考績或年終考成成績一年列甲等，二年列乙等以上。

(二) 考績或考成之平均成績高於考試成績。

　　上述規定之意旨在於強調應考人員的工作績效。惟應考人之考績（成）平均成績低於考試成績，或最近三年年終考績或年終考成成績未達一年列甲等，二年列乙等以上者，因合併計算為總成績反而對其不利，此時其考績（成）成績則不列入總成績計算，並以考試成績為總成績（升考7II）。

五、錄取標準與及格比率

　　典試委員會依各等級各類科全程到考人數33%擇優錄取，考試總成績未達50分，或筆試科目有一科成績為0分，或特定科目未達規定最低分數者，均不予錄取（升考9）。

肆 上校轉任考試

　　為兼顧政府照顧軍人之政策，軍人轉任公務人員除前述之特考外，尚有國軍上校以上軍官轉任公務人員考試。依據後備軍人轉任公職考試比敘條例第5條之1規定，國軍上校以上軍官轉任公務人員，以考試定其資格；其考試類科、應考資格、應考年齡、工作經驗、考試方式、應試科目、成績計算、及格標準及其他有關事項，由考試院另以考試規則定之。其及格人員取得簡任官等任用資格，並按其軍職官階及年資，比敘相當職等及俸級。此外，上述考試及格人員，按報名轉任機關，由國家安全會議、國家安全局、國防部、行政院國軍退除役官兵輔導委員會、行政院海洋委員會及其所屬機關（構）、中央及直轄市政府役政、軍訓單位任用，並僅得於各轉任機關間轉調。但轉調行政院海洋委員會及其所屬機關（構），以具有航海（空）、造船、輪機、資訊、電子等特殊專長者為限。

伍 高科技人員考試

　　為延攬高科技工作及稀少性技術工作之公務人員，得由考選部報請考試院另訂特種考試規則辦理（考試8Ⅰ）。此外，為有效利用人力，同條第3項復規定，考試及格人員僅取得申請考試機關有關職務任用資格，不得轉調原分發任用機關以外之機關任職，此即永久限制轉調之意。目前考試院已訂有「公務人員特種考試取才困難高科技或稀少性技術人員考試辦法」，規定一等、二等考試採口試、審查著作或發明或審查知能有關學歷經歷證明方式；三等、四等考試採口試、實地考試或審查知能有關學歷經歷證明方式。

第四節　公務人員考試制度相關議題探討

壹 考選公平或考選效度

　　憲法和公務人員考試法均明定公開競爭為我國公務人員考試制度的宗旨，因此辦理公務人員考試時，公平、公正和公開不僅是考選機關的目標，更是全國民眾有志一同的要求。所幸自政府播遷來台後，辦理的公務人員考試已將考選公平這塊招牌擦亮，深獲民眾信任。不過，考選制度另一個核心價值，就是為國掄才。因此，在考試方法的選用、考試科目的設計以及考試題目的編製方面，要如何達到有效選拔出優秀人才的目標，就是考選制度中考選效度的問題。

　　關於考選效度的部分，有一些文獻指出，目前國家考試除特考外，幾乎全採用筆試。筆試或許可以檢測應考人所需的基礎專業知能，但是否可以篩選出未來工作所需的工作職能和人格特質則大有疑問（楊戊龍，民96）。彭錦鵬（民99）即指出，工作熱誠、注重團隊合作、不斷自我學習、誠實正直、整合協調、問題解決都是公務人員的重要工作職能特質。但目前的考

選政策由於幾乎都集中在專業科目的成就檢視，導致無法有效遴選出具備邏輯推理能力、人際關係技巧、主動積極等工作職能的公務人員。因此，增加非專業科目之筆試科目以及參採口試在內的多元評量方式來篩選合適的公務人員實有其必要（朱錦鳳，民 101；蔡良文，民 100）。

問題是，多元評量的客觀性一直受人懷疑。以紙筆測驗為主的心理測驗（如智力測驗、性向測驗和人格測驗）長久以來均有應試者容易作假或趨向以社會期許的角度作答的現象，因此其測驗效度仍有待評估（朱錦鳳，民 101）。至於口試，雖然有其效度，但仍有很多人質疑它的客觀性和公正性（吳復新，民 89）。

綜上所述，考選政策中的兩個重要價值：考選公平和考選效度基本上可能是有衝突的。因此，如何在其中找到一個最佳的平衡點，甚至是能夠兩者兼顧的做法，將是考選機關努力不懈的目標。

貳 考選權集中或考選權分散

目前我國的考選制度係採中央集權制，即公務人員考選，從辦理考試到分發任用都由中央人事主管機構辦理。用人機關在考選過程中，僅能提出用人需求，但卻不能參與考選過程，更無從決定人選（楊戊龍，民 96）。

考選權集中的考量在於：一、中央統籌辦理，可以維護公平及公正的考選價值；二、集中辦理考選，可以達到規模經濟，避免資源重複浪費；三、地方政府（或各用人機關）人力物力有限，而試務工作經緯萬端，恐難做到盡善盡美；四、由中央專責機構集中辦理考選，經驗可以累積及傳承，有效降低錯誤的發生。

至於考選權分散則主張將考選權下放給各地方政府（或用人機關）主導和負責。其考量主要是基於以下各點：一、地方政府（或用人機關）可以依照本身之用人需求或業務特性，設計合適的考試方法，提升考選效度；二、分權化的考選，可增加機關的用人彈性，落實考用合一；三、分權化考試可

以擴大地方政府參與，營造中央與地方協力關係（楊戊龍，民96；蔡秀涓，民94）。

　　我國公務人員考選所以深獲民眾信賴，主要原因應為公務人員考選係由考試院集中辦理所致。民眾咸認由考試院集中辦理的公務人員考試，必能充分展現公開、公平、公正的民主價值。雖然從考選效度的角度來看，考選分權化確實能配合用人機關的業務需要，及滿足其用人需求，惟我國考選制度的發展，卻有更驅集中化的趨勢，此從97年修法將用人機關自行遴用增額錄取人員的權力剝奪可略知梗概。

參　高普初考與地方特考之分流或合流

　　我國公務人員考試中高普初考一向被視為是公職考試的主流，特考則是因應特殊需要（保障弱勢或用人機關業務需求）而舉辦，故雖有若干應考資格條件的限制，但由於部分特考的錄取率較高（如警察特考、退除役特考）、應考科目較少，致國人普遍認為特考之神聖性不如高普考。甚至在公務人員當中，高普初考及格錄取者亦普遍自視較高。目前，高普初考和特考是分開辦理的（即分流），以辦理目的、限制轉調、應考資格特殊限制等為區隔。

　　近年來，有一些討論認為高普初考和特考（尤其是地方公務人員特考）的差異性愈來愈模糊，因此主張宜將兩者合流，歸納其論點如次（呂育誠，民99；張秋元，民99）：

一、因高普初考試務流程較長，機關提列之職缺常需列管十個月左右始能補實，無法解決地方機關人力迫切需求，致地方機關不願照實提報高普初考職缺，而將職缺提報以特考方式辦理，藉以迅速補實人力，使得地方特考規模有逐漸超越高普初考試規模的趨勢。為簡化試務及避免浪費考試資源，不如將地方特考與高普初考合併辦理。

二、地方特考及格者之任用標準、程序與高普初考及格者相近，限制轉調的

規定也只有六年和三年之分；而限制解除之後，均可擔任一般機關的一般性職務，實無特殊性可言。

三、地方特考之應考資格、考試類科、考試方式與高普初考大致相同，除限制轉調時間較長外，其身分與相關權利義務與高普初考及格人員並無重大差異。而地方特考的考試均接續高普初考之後於年底辦理，更被考生視爲參與高普初考的第二次機會。

四、應考人既將特考視爲第二次高普初考的機會，加上特考錄取人數增加比例高於高普初考，爲求錄取，普遍有參加補習之現象。而補習班則以猜題、名師作爲號召，致有扭曲考試用人制度信度與效度之虞。

總而言之，地方特考之性質已無特殊性，與高普初考幾無二異，故兩者合流不啻是減少試務負擔及回歸高普初考主流考試的做法。關於此點，考試院業已透過「特種考試地方政府公務人員考試規則」之修正，規定自113年6月1日起停辦地方特考五等考試，併入初等考試舉行。俾改善重複錄取致無人分配之情形，同時亦期能減輕應考人重複報名和重複應試的負擔。

至於主張高普初考和特考仍宜分流者，採取比較折衷的看法（即並不認爲特考應全數歸併至高普初考當中），其論點可歸納如次（張秋元，民99）：

一、憲法保障弱勢的價值仍須維護，故如原住民族特考、身心障礙人員特考及退除役軍人轉任特考等，仍有與高普考分開辦理之必要。

二、部分有特殊人事體制及特殊業務需要之機關，因其特殊性仍然存在，且考試方法及技術尚稱嚴謹，如司法特考及外交領事人員特考，仍宜繼續辦理特考。

三、地方特考可有效協助地方機關甄補人力及適時解決人才留用及流動頻繁的問題，符合地方自治精神。而爲避免特考反客爲主，凡高普初考已設有考試類科者，特考即不再設相同之類科，所需職缺全部提報到高普初考。

惟亦有論者（黃芳裕、李春皇，民100）認爲特考中的地方特考實不宜

併入高普初考，其所持理由為地方特考係為地方機關用人需求所辦理的考試，如地方特考高普考化（即不劃分錄取分發區）或整併到高普初考當中，首當其衝的將是偏遠及離島地區機關的用人會發生極大的困難。

事實上，公務人員考試法及相關規定並未明確且嚴格規定高普考不能像特考一樣對性別、年齡、體格設限，也未規定非年年辦理特考不可，更未規定高普初考一年只能辦理 1 次。因此，將地方特考整併到高普初考亦難謂不可行。如爾後考選機關確有將高普初考和地方特考合流的構想，在考試規則、應試科目、考試方法、辦理日期、機關報缺等方面必須有配套措施，始能將可能出現的不便和反彈降到最低。

肆 特考應考資格限制與平等原則

各項特考之請辦機關均得視其特殊業務需要，設定較高普初考嚴格的資格條件限制，已於前述。惟此種資格條件的限制是否符合憲法第 7 條平等原則及第 18 條人民有應考試服公職權利，仍有爭議。對於各項限制認為有違反平等原則之虞者，主要是集中在文官人權和相關就業平等法律保障之上，認為未給予人民應考試服公職之立足點平等，實際上已違反考選的公平性和公正性。歸納其論點如次（林全發，民 101；陳皎眉等，民 101；邱華君，民 99）：

一、過去部分用人機關在性別方面的限制，可能是來自於性別的刻板印象（如男尊女卑、男強女弱、男主外女主內）或錯誤的主觀認知（如女性不適合危險或需要二十四小時輪班的工作環境），進而忽略個別差異大於性別差異的事實。目前我國公務人員考試雖部分類科有「分定男女錄取名額」之規定，但可否透過值勤設備之改進及危機管理訓練來改善女性的就業環境，仍有檢討空間。

二、就年齡規範上限一項，如何證明超過此限制之應考人即缺乏執行業務能力？且設限亦可能阻礙擁有博、碩士學位者應考（因年齡普遍較高），

無法甄補優秀人才。更何況，透過體能檢查即可篩選不合格之應考人，遠比以年齡限制加以阻絕，更符合考試公平。

至於認為不違反平等權者，其所持理由如次（林雅鋒，民 100；懷敘，民 100）：

一、特考對資格條件之限制係特殊性質機關基於特殊業務需求而設，且該等機關之業務職掌均涉及人民生命財產安全以及社會秩序治安之維護或其他重大公共利益等，對從事該項業務者訂有較高之應考資格條件，確有其必要性。而透過應考資格限制的規範，嚴選適格的人才擔任特殊性的工作，亦符合適才適所之理。因此，監所管理員有分定男女錄取名額之規定，調查人員和警察人員有年齡上限，均屬執行業務之所需，亦係政府展現施政效能之必要設計。

二、針對資格條件限制是否違反憲法平等原則一事，司法院大法官曾做過多次的解釋，如次：

(一) 釋字第 205 號：應考試服公職之權，在法律上自亦應一律平等，惟此所謂平等，係指實質上之平等而言，其為因應事實上之需要及舉辦考試之目的，就有關事項，依法酌為適當之限制，要難謂與上述平等原則有何違背。

(二) 釋字第 211 號：憲法第 7 條所定之平等權，係為保障人民在法律上地位之實質平等，並不限制法律授權主管機關，斟酌具體案件事實上之差異及立法目的，而為合理之不同處置。

(三) 釋字第 584 號：人民之工作權為憲法第 15 條規定所保障，人民之職業與公共福祉有密切關係，對於從事一定職業應具備之資格或其他要件，於符合憲法第 23 條規定之限度內，得以法律或法律明確授權之命令加以限制。

另外，行政院勞工委員會亦曾於 96 年 7 月函釋：各項公務人員特種考試規則，若符合法律授權明確性，其應考年齡所為之規範，尚未違反就業服務法第 5 條第 1 項（不得以年齡為由予以歧視）之規定。因此，公務人員考

試法所訂之資格條件限制以及基於法律授權所訂之各種考試規則並未違反平等原則。

總而言之，特考對若干應考資格予以設限，除必須考量國際人權保障現況及憲法人民基本權利之保障外，在制訂相關考試規則時，亦必須將是否爲執行業務之所必需列爲主要考量，不宜單憑用人機關請求即予通過。

伍　身障、原住民特考試與功績原則

所謂功績原則是指人事制度與管理措施，不論取才、用人、升遷、獎懲，乃至培訓，均須以能力、功績、成就或貢獻爲標準，作爲權衡之依據。更進一步言，功績原則所關注的是公務人員本身的才幹、能力以及功勞、成就，至於人員的身分、家世、背景均不在考量之內。將功績原則落實在文官制度就是：在考試方面，須公開競爭、擇優錄取；在陞遷方面，須依績調升；在薪酬方面，須依績晉級；在考績方面，須依績敘獎；在發展方面，則須依績培育。

公務人員考試法第 6 條第 2 項所規範的身心障礙和原住民族的特種考試都是憲法基於對特殊身分國民之照顧或保障所舉辦的考試。由於未具有上開身分的人即不能應考，因此這是一種具有封閉性質的考試。此外，憲法和公務人員考試法均明確指出公務人員考試必須以公開競爭的方式爲之，也就是必須符合功績原則，故身障和原住民特考不免遭人質疑是否有違功績價值。

其實，我國身障和原住民特考的性質與美國的「弱勢優惠行動方案」（Affirmative Action）類似。弱勢優惠行動方案一詞，是在 1961 年首次出現於美國總統行政命令中，目的在矯正美國的種族歧視問題。這個行政命令要求聯邦政府在僱用有色人種時，必須採取若干的積極補償措施，以保障黑人的權益。後來這個概念又漸次擴張，對象擴展到黑人之外的少數族裔、婦女、身心障礙者、退伍軍人等受公平就業法律所保護的特定弱勢族群。因此，弱勢優惠行動方案即泛指經由政府或企業在自願或被動的情況下，採取

積極行動措施，透過各種優惠方案或計畫的實施，對弱勢族群提供更多的就業機會或優惠利益。消極方面，在消除各種對少數族裔及女性受僱者的刻板印象與偏見；積極方面，則在增加渠等的就業機會，保障他們的工作權益。

雖然就表面上來看，這兩種特考似乎有違考試公平的價值，甚至違反憲法第7條平等權的精神。惟88年大法官釋字第485號亦曾做過以下之解釋：「憲法第7條平等原則並非指絕對、機械之形式上平等，而係保障人民在法律上地位之實質平等，立法機關基於憲法之價值體系及立法目的，自得斟酌規範事物性質之差異而為合理之區別對待。」因此，從大法官釋義法理觀之，兩種特考係經公務人員考試法所規範，故難謂違反憲法平等原則。況且平等、照顧弱勢的憲法價值亦應高於絕對的、機械的功績原則。

另外，再從民主行政的觀點來看，透過考試制度吸納弱勢族群進入政府就職，正好可以落實現代「代表性官僚體制」的理念，亦即讓行政部門能收納社會上各種團體的意見，呈現多元化和多樣性的特徵，避免決策偏聽，這也是展現政治回應及社會公平價值的做法之一。而且，實務上，對兩種特考亦有一些限制，如身分的確認、限制轉調的規範等。雖然，兩種特考或許是為特定身分的族群所主辦的封閉性考試，但同屬一個族群的應考人亦是在訊息公開、機會平等的狀況下應考，同時也必須憑本事與眾多考生公平競爭，才能獲得公職機會。因此，就該項考試而言，亦符合功績原則。

陸　公務人員升官等考試之辦或不辦

公務人員升官等考試的應考人均屬公務人員，且訂定有相當嚴格的應考資格規定，因此是一種限制競爭考試。雖然103年12月的升官等考試法已明文規定簡任升官等考試將在修正後於五年內最多續辦3次，並於109年起停辦，但僅剩下的薦任升官等考試其存廢與否問題，仍值探究。

主張廢止升官等考試的理由如次（江岷欽，民91；賴維堯等，民95）：
一、升官等考試係封閉性限制競爭之考試，與公務人員考試法規定之公開競

爭精神未合。

二、委任公務人員已可透過考績及升官等訓練，取得高一官等任用資格，已相當程度取代升官等考試的功能。

三、為鼓勵工作績優人員準備考試，特將考績成績（占30%）併入考試總成績，惟各機關考列甲等人員甚多；因此，此項設計對忙於工作無暇準備考試的優秀人員幾無實益。

四、本項考試係配合現職人員所擔任之職務設置類科，因此類科科目繁多，試務成本甚高，試務工作繁劇，不完全符合成本效益原則。且成績之計算須採計最近三年考績成績，遠較其他考試為複雜。

五、升官等考試本質上僅是資格考試，而不是任用考試，所以及格者僅取得及格類科所適用職系職務之升等任用資格。能否升官等，必須俟有適當職缺出現後，再依公務人員陞遷法規之規定升補缺額（升考細12）。因此，現職公務人員對升官等考試的期待，並不如預期。

至於主張升官等考試仍有存在必要的論點如次（邱華君，民97；張甫任、楊旭明，民97）：

一、升官等考試具有激勵現職人員之作用。

二、行政事務日新月異，公務人員必須不斷進修、求取新知，以升官等考試作為陞遷之方法，有其必要。

三、依據考績升官等仍難避免長官徇私及外在政治因素，而訓練本身仍有公平性和淘汰率過低之問題，故考試仍屬比較公平的做法。

四、升官等考試性質上雖屬封閉性考試，但仍有競爭性。且有些機關之職務仍須具備一些理論基礎，不全然只要具有實務經驗即可。

關於本議題，未來可採行做法有二：第一，廢止升官等考試法，不再舉辦升官等考試。升官等一律採考績和訓練方式辦理。第二，仍繼續辦理薦任升官等考試。但必須有以下配套措施，即一、簡化類科，以簡約試務工作；二、調整應考科目，以符合薦任官等所需核心職能。

柒 監察委員應否擔任監試工作之爭議

在 110 年 4 月 28 日監試法廢止以前，有關監察委員應否擔任監試工作有爭議。主張和反對的意見各如下（高永光，民 100；林鈺琪，民 103，考試院，民 109）。

主張監察委員不應再擔任監試工作的理由：

一、從憲政制度來看，監察院已經不是民意機關，監察委員亦非民意代表，而且考試院也不需對監察院負責。更何況憲法規定監察院只有行使同意、彈劾、糾舉、調查、審計的權力，這幾種權力都屬於「事後監督」；至於監督國家考試不僅非屬監察院的憲定職掌，而且其「事前監督」的特性也和監察權本質不符。

二、監察委員並不具有考試專業，由監委監試不符專業分工。監委列席參加典試委員會或巡視考場均徒具形式，並無實質意義。

三、監試制度係屬於國家考試的外部監督機制，只是一種便利考試進行的充分條件而不是必要條件，即使無此機制也不影響考試的內部效力。且目前國家考試制度的試務工作已經非常嚴謹，在防弊方面已經建立嚴密的監控機制，倘若辦理國家考試人員仍發生違法、失職情事，監察院尚可透過糾舉、彈劾之行使進行事後監督。因此，目前由監試委員擔任監試工作是否多餘，值得商榷。

四、監察院曾在 94 年至 96 年間出現無院長、副院長及監委委員的情形，這三年國家考試的監試工作均由典試委員長指派典試委員兼任，考試過程亦未出現任何弊端或有窒礙難行之處。可見，有無監察委員監試實際上並不會影響國家考試的運作。

主張監察委員應繼續擔任監試工作的理由：

一、監察委員的職權除為憲法所定之外，尚有因解釋（司法院大法官釋字第 3 號解釋，賦予「監察院關於所掌事項，得向立法院提出法律案」之權）、實務（如如監察院歷年慣例形成例規）和學理（如基於上級機

關地位，而對所屬機關的行政監督權而來之職權）（考試院，民 109：410），而監試權的來源則來自於較前三項位階更高的法律——監試法。因此，以憲法未規定監試權為由，拒絕擔任監試工作的理由成立，那經由解釋、實務和學理而來的職權豈不全數有違憲之虞。

二、監試制度具有四項制度上的功能：(一) 儀式性功能：監委監試所具之公信度有宣示效果。(二) 程序性功能：監委事前及全程參與具有程序上的完備性。(三) 防弊性功能：監委監試之外部監督使考試院內部運作不能也不敢心存舞弊。(四) 監督性功能：在監委監督下，一般被監督之謹慎從事效果較易產生（高永光，民 100：13）。正由於監試制度所具有的功能，使我國的考試制度得以在民眾心目中塑造出一個公平、公正、公開的正面形象。

三、典試、監試和試務行政是建立現行考試制度的基本架構，因此現行法律規範乃就典試、監試和試務行政分別設立相對應的組織與權責分工。除非有相應的配套機制，否則監試仍應在典試制度之外，單獨存在並行使監試工作。

　　國家考試的公信力除了來自於試務行政的周延性之外，有效的外部監督機制也功不可沒。惟監試法在 110 年 4 月 28 日廢止之後，有關此項的爭議當已風消雲散。

 關鍵詞彙

考試　考選部　典試　監試　公開競爭　正額錄取　增額錄取
應考資格　分配訓練　高等考試　普通考試　初等考試　特種考試
升官等考試　限制轉調　考選效度　考選權集中　考選權分散
功績原則　弱勢優惠行動方案　代表性官僚體制　監試制度

自我評量題目

一、公務人員考試制度有何功能？試分述之。

二、我國公務人員考試制度有何特色？試分別説明之。

三、試説明正額錄取和增額錄取的意義以及相關分發規定。

四、試分別説明正額錄取人員和增額錄取人員喪失錄取資格之規定。

五、試述我國現行所舉辦之各種公務人員特種考試及其理由。

六、何謂「限制轉調」？現行公務人員考試及任用法規對其有何規定？

七、依據公務人員考試法相關規定，公務人員特考有哪些特色？

八、依現行公務人員升官等考試法之規定，升官等考試分爲哪幾種？應考人必須具備哪些資格？其成績如何計算？試分述之。

九、試就個人所知，論述考試公平和考選效度孰輕孰重？

十、公務人員考試宜否授權由各地方政府或各用人機關自行辦理？試申述之。

十一、你個人認爲高普初考和特考（尤其是地方公務人員特考）宜否合流？試就己見申述之。

十二、現行特考應考資格之各項限制是否有違平等原則？試依己見論述之。

十三、目前我國公務人員考試中所辦理的身心障礙特考和原住民特考是否有違功績原則？試依個人所見論述之。

十四、試依己見論述公務人員升官等考試是否應該繼續辦理？

十五、試依己見論述監察委員應否擔任國家考試的監試工作？

參考書目

考試院（民109）。中華民國考試院院史。台北：考試院。

朱錦鳳（民101）。國家考選的策略與可行作法。國家菁英，第8卷第1期，第19-38頁。

江岷欽（民91）。公務人員升官等考試改進之研究──簡任升官等考試存

廢之探討。91 年度考選制度研討會發表論文。

吳復新（民 89）。強化口試功能之研究。文載於考選制度學術研討會：跨世紀考選政策及方法技術之探討。

吳復新（民 92）。人力資源管理。台北：華泰書局，第 135 頁。

呂育誠（民 99）。部分公務人員特種考試納入公務人員高普初等考試之研究。國家菁英，第 6 卷第 1 期，第 59-75 頁。

林全發（民 101）。論公務人員特種考試限制應考資格對人民基本權之影響。文官制度季刊，第 4 卷第 2 期，第 37-58 頁。

林雅鋒（民 100）。國家考試與人權保障之相關議題。國家菁英，第 7 卷第 2 期，第 1-6 頁。

林鈺琪（民 103）。監試法存廢淺見。https://www.ly.gov.tw/Pages/Detail.aspx?nodeid=5249&pid=192510。109.05.01 下載。

邱華君（民 97）。我國公務人員晉升官等訓練課程之探討。國家菁英，第 4 卷第 2 期，第 95-108 頁。

邱華君（民 99）。文官人權保障與國際接軌。2010 年世界公民人權高峰會。http://www.worldcitizens.org.tw/awc2010/ch/F/F_d_detail.php?view_id=113。101.10.28 下載。

胡龍騰（民 102）。公務人員高普考試正額與增額錄取分發制度之析議。國家菁英，第 9 卷第 1 期，第 61-70 頁。

徐有守（民 77）。公務人事制度的行政意義與政治意義。文載於行政管理論文選輯，第 3 輯，第 167-189 頁。

徐有守（民 86）。考銓制度。台北：台灣商務印書館。

高永光（民 100）。論監試制度存在之正當性。國家菁英，第 7 卷第 1 期，第 1-14 頁。

陳皎眉等（民 101）。國家考試與性別設限。國家菁英，第 8 卷第 1 期，第 39-51 頁。

張甫任、楊旭明（民 97）。現行考銓法規與實務。台北：前程文化。

張秋元（民99）。公務人員高普初等考試與公務人員特種考試消長相關問題之研究。**國家菁英**，第5卷第4期，第111-130頁。

黃芳裕、李春皇（民100）。地方政府公務人員特考未來改進思考。**考選通訊**，第1期。

彭錦鵬（民99）。公務人員考選制度的變革與未來展望。**國家菁英**，第6卷第1期，第17-40頁。

楊戊龍（民96）。公務人員考選變革的小議題與大價值。**國家菁英**，第3卷第1期，第105-126頁。

蔡良文（民100）。人事行政學——論現行考銓制度。台北：五南圖書。

蔡秀涓（民94）。考選制度之新思考架構：職能基礎的觀點。**國家菁英**，第1卷第1期，第59-78頁。

賴維堯、謝連參、林文燦、黃雅榜（民95）。現行考銓制度。台北：空大。

懷敘（民100）。公務人員特種考試特殊應考資格設限之研究。**國家菁英**，第7卷第2期，第59-74頁。

第五章
公務人員任用及陞遷制度

許道然

第一節　公務人員任用及陞遷制度概說

壹　任用及陞遷的意義

一、任用的意義

公務人員的任用是國家依照一定的法定程序，進用具有特定資格的人員，從事公務的執行，與國家發生職務關係的一種公法上行為。任用具有以下意涵：

第一，考選與任用是一個連續的過程，考試是任用的前奏，任用為考試的結果。

第二，公務人員的任用必須經由法律程序，必須嚴守任用法規對任用資格條件的規範。

第三，公務人員一經國家選用，即與國家發生公法上的職務關係。職務運作需受國家之指揮監督，惟權益如有受損，亦得提出救濟。

第四，依據法定程序進用公務人員，其前提需為政府編制員額出缺（如退休、死亡、辭職等）或政府有新設職務必須增員時。

二、陞遷的意義

陞就是晉陞，遷就是轉移。因此陞遷兩字的狹義解釋就是因為晉陞而使職務產生轉移的結果。但如每一個字單獨定義，那陞遷就具有晉陞和遷調兩種意涵，此即為廣義解釋。我國公務人員陞遷法（以下簡稱陞遷法）的陞

遷就是採廣義界定。依據該法第 4 條規定，「本法所稱公務人員之陞遷，指下列情形之一者：一、陞任較高之職務。二、非主管職務陞任或遷調主管職務。三、遷調相當之職務。」同法施行細則第 2 條則對上述三種情形有較詳細的解釋，如下：

(一) 所稱陞任較高之職務，指依法陞任較高職務列等之職務。所謂「較高」，其情形如下：

1. 職務如跨列 2 個以上職等，以所列最高職等高者，為較高之職務。如副工程司（師）列第 7 職等至 8 職等，工程司（師）列第 7 職等至 9 職等，以工程司（師）為較高職等。

2. 職務如跨列 2 個以上職等，所列最高職等相同時，以所列最低職等高者，為較高之職務。如專員列第 7 職等至 9 職等，視察列第 8 職等至 9 職等，以視察為較高職務。

(二) 所稱非主管職務陞任或遷調主管職務，指非主管依法陞任較高職務列等之主管職務或調任同一陞遷序列之主管職務。

(三) 所稱遷調相當之職務，指依公務人員任用法律調任相當列等之職務。

　　至於遷調的種類，共有以下五種（陞 13）：

(一) 本機關內部單位主管間或副主管間之遷調。如某部某司第一科科長調第二科科長；教育部高教司副司長調技職司副司長。

(二) 本機關非主管人員間之遷調。如文書科科員調檔案科科員。

(三) 本機關主管人員與所屬機關首長、副首長或主管人員間之遷調。如教育部人事處處長調該部國立台灣科學教育館館長。

(四) 所屬機關首長、副首長或主管人員間之遷調。如甲大學人事主任平調乙大學人事室主任。

(五) 本機關與所屬機關間或所屬機關間非主管人員之遷調。如教育部人事處科員調該部國立台灣科學教育館組員。

貳　內陞制及外補制

當機關組織的職務出缺時，可透過以下兩種管道將職缺補實，一種是由內部在職的較低職級人員陞任補充；一種是由外界挑選合格的人員補充。這兩種補缺管道，前者稱為內陞制，後者稱為外補制。陞遷法第 2 條對於公務人員的陞遷，即規定必須依據「內陞與外補兼顧原則」來辦理。所謂兼顧，即不可過於偏重其中一種，因為這兩種補缺管道各有其利弊。

就內陞制來說，它有以下的優點：

一、從機關內部辦理擢陞，可有效提高士氣。

二、陞任人員對機關組織文化、同事熟悉，可以很快進入狀況，有效維持機關的運作。

三、由內部陞任，主管對候選人的能力、特質有較大程度的瞭解，比較不會有所用非人的情況發生。

至於內陞制的缺點，主要有以下幾項：

一、機關內符合新職資格的候選人人數有限，難達廣收慎選的要求。

二、當有眾人爭取一個職務時，如處理不當，易生摩擦，傷害組織的團結和諧。

三、組織成員的流動均來自內部，思慮及處事過程受習慣拘束，缺乏新意，易形成組織思維的僵化。

至於外補制的優點和缺點剛好和上述內陞制的優缺點相反。其優點如次：

一、甄補園地較大，有機會可以遴選到更優秀的人才。

二、外部人員因彼此認識的機率不大，降低人際摩擦的機會。

三、外部人員往往可以帶來新的想法和做法，可以提升組織的生氣和活力。

以下數項則為外補制的缺點：

一、機關內部人員缺乏陞遷機會，影響組織士氣。

二、新任人員來自組織外部，對機關的組織文化和人際關係欠缺認識，必須

經過一段時間的磨合，或有影響個人及組織績效情形。

三、主管對新任人員之背景、能力和特質並不甚瞭解，進用後是否適才適
　　所，容有疑慮。

参 任用制度及陞遷制度的沿革

　　行憲之後，我國公務人員任用制度係採簡薦委制，其法律依據為民國
38 年 1 月 1 日制定公布之公務人員任用法（以下簡稱任用法）。47 年 10 月
30 日制定公布公務職位分類法，引進美國的職位分類制，並在 56 年 6 月 8
日制定公布分類職位公務人員任用法，將各類職務的職責程度和所需資格條
件分成 14 個職等。62 年 11 月 6 日復修正公布公務職位分類法，明定司法、
外交、警察、衛生、民意及其他經立法程序規定不宜分類之機關得為「不予
分類機關」，開啟簡薦委制與職位分類制二制並行時期。75 年 4 月 21 日制
訂公布新制之任用法，建立官等職等併立制（或稱兩制合一的新人事制度、
職務分類制），兩制併行時期結束。官等職等併立制在公務人員任用方面，
採官等和職等併立的設計，官等仍區分簡任、薦任和委三個官等，職等則維
持 14 個職等（以上內容請見第二章我國人事分類制度之演進）。

　　在公務人員陞遷制度方面，雖然憲法所規定之考試院職掌事項中，均
列有陞遷，惟實務上均認為陞遷為任用的另一種型式，故在 89 年 5 月 17 日
陞遷法公布施行前，有關陞遷的規範係併訂在任用法內，並訂有相關之行政
命令作為依據，此情形一直維持到 89 年 5 月陞遷法公布施行為止。陞遷法
的制訂理由為：一、呼應憲法之規範；二、將各機關分別適用之陞遷規定予
以統一。陞遷法為我國公務人員陞遷制度建構一個新的法制體系，明確規範
公務人員的陞遷必須資歷及績效兼顧，並要求各機關必須提供一個公開、公
平、公正的陞遷環境，使公務人員在客觀公正的考評之下能發揮才能，因績
陞遷，滿足其生涯發展的需求，進而戮力從公。

第二節　公務人員任用制度之主要內容

壹　適用範圍與基本原則

一、適用範圍

任用法所稱「公務人員」之範圍，指各機關組織法規中，除政務人員及民選人員外，定有職稱及官等、職等之人員（任細2）。因此，任用法之適用人員有兩項要件：

(一) 須在各機關組織法規中，定有職稱及官等、職等之人員。如某部簡任第12職等司長、薦任第8職等專員、委任第5職等辦事員等。

(二) 須非政務人員及民選人員。因這兩類人員之進用方法及程序另有其特殊規定，故非屬本法所界定的公務人員。

至於上開條文所稱「各機關」，則採列舉方式，包括下列之機關、學校及機構：(一)中央政府及其所屬各機關；(二)地方政府及其所屬各機關；(三)各級民意機關；(四)各級公立學校；(五)公營事業機構；(六)交通事業機構；(七)其他依法組織之機關。

二、基本原則

任用法第2條規定：「公務人員之任用，應本專才、專業、適才、適所之旨，初任與升調並重，為人與事之適切配合。」是為公務人員任用之四大基本原則，茲分述如次：

(一) 專才專業

指具有專業知能之人才應指派擔任其所專長的職務。任用法規定，各職務應依職系說明書，歸入適當之職系；性質相似的職系合組成職組；以及職務調任限制等即屬專才專業之具體規定。而任用法第13條第4項「各等級考試職系及格者，取得該職系之任用資格」以及公務人員特種考試之限制轉調規定（特考特用），均屬專才專業原則的落實。

(二) 適才適所

所謂適才適所，係指將適當的人才，指派擔任適當的職務。在任用法的具體規定爲每一職務均設定有其所屬之官等、職等和職系，並規定其應由具備特定資格條件的人始可任職。此外，任用法第 4 條第 1 項各機關任用公務人員時，應「注意其學識、才能、經驗、體格，應與擬任職務之種類職責相當。如係主管職務，並應注意其領導能力」，亦爲適才適所原則之展現。

(三) 初任與升調並重

所謂並重，爲兼籌並顧之謂。任用法規定，初任各職等人員應就公務人員各等級考試正額錄取，依序分配訓練，經訓練期滿成績及格人員分發任用。如無考試錄取人員可資分配時，始得經分發機關同意，由各機關自行遴用具任用資格之合格人員（任 10）。又於陞遷法中規定現職人員之陞遷，應組織甄審委員會（陞 8），就具有任用資格人員中甄審；並規定各機關不得任用其他機關現職人員，必要時可以指名商調（任 22）。

(四) 人與事適切配合係任命層次

本項原則在規範機關用人必須考量人事相適，即專長與所任職務相適、個人能力與職務賦予之工作量及權責相適。任用法第 7 條「各機關對組織法規所定之職務，應賦予一定範圍之工作項目、適當之工作量及明確之工作權責，並訂定職務說明書，以爲該職務人員工作指派及考核之依據」，即爲此項原則之展現。

貳 等級結構

依據規定，公務人員依官等及職等任用之（任 5 I），故我國公務人員的等級結構係採官等和職等併立制。所謂官等，指任命層次及所需基本資格條件範圍之區分（任 3），分委任、薦任、簡任三個官等。所謂職等，指職責程度及所需資格條件之區分（任 3），分爲第 1 職等至第 14 職等，以第 14 職等爲最高。其中委任爲第 1 職等至第 5 職等，薦任爲第 6 職等至第 9

職等，簡任爲第 10 職等至第 14 職等（任 5）。因此，經濟部一個職稱爲司長的公務人員，即列簡任第 12 職等；教育部的專員，其當下的等級可能爲薦任第 8 職等（因專員列第 7 職等至第 9 職等）。有關官等和職等的涵義，可再詳述如次：

一、官等為任命層次的區分

　　任用法第 3 條對官等的定義爲「係任命層次及所需基本資格條件範圍之區分」。前段所謂「任命層次之區分」係呼應 108 年 4 月 3 日以前原任用法第 25 條的規定而來。按原第 25 條的規定內容爲：「各機關初任簡任各職等職務公務人員，初任薦任公務人員，經銓敘部銓敘審定合格後，呈請總統任命。初任委任公務人員，經銓敘部銓敘審定合格後，由各主管機關任命之。」同法施行細則第 25 條（105.02.26 修正發布）規定：「本法第二十五條所稱初任簡任各職等職務人員，初任薦任公務人員，呈請總統任命，指初任或升任簡任官等各職等職務人員及初任薦任官等人員，經銓敘部銓敘審定合格後，由銓敘部呈請總統任命。所稱初任委任公務人員，由各主管機關任命之，指初任委任官等人員，經銓敘部銓敘審定合格後，由銓敘部函送主管機關任命之。薦任及委任現職人員調任同官等內各職等職務時，均無須再報請任命。」舉若干例子說明如下：

例一　甲原擔任薦任第 9 職等科長，因資深績優陞任簡任第 10 職等專門委員，屬初任簡任職務公務人員，故須經銓敘部銓敘審定合格後，呈請總統任命。

例二　甲後來又陞任簡任第 11 職等副司長，若干年後再陞任簡任第 12 職等司長，在他陞任第 11 和 12 職等時，都需呈請總統任命。

例三　乙高考三級及格，以薦任第 6 職等科員分發任用，因係初任薦任公務人員，因此需呈請總統任命。如若干年後，陞任薦任第 7 職等專員，因已不是初任薦任職務，即不必再報請任命。

例四　丙普考及格，分發某鄉公所，擔任委任第 3 職等辦事員，其任命不

　　需報請總統任命，而是由其服務機關報請主管機關（本例為縣政府）任命。爾後陞任為第 4 職等辦事員，即不需要再報請任命。

　　不過，上面所舉的例子已經不再適用了。因為任用法在 108 年 4 月 3 日修正了第 25 條，規定內容改成：「各機關初任簡任、薦任、委任官等公務人員，經銓敘部銓敘審定合格後，呈請總統任命。」也就是說，在簡任部分，今後只有在初任簡任官等時才需呈請總統任命，至於陞任簡任「各職等」，或初任或陞任簡任「各職務」都不再請任。之所以有這樣的變動，其立法旨意在於「簡化總統府人事作業，提升行政效能。且因初任簡任官等時已由總統任命，已足以彰顯總統對簡任文官的重視」云云。另在委任部分，為「提升基層公務人員之尊榮與激勵其士氣，並彰顯總統對委任官等公務人員之重視」，爰在同條後段規定經銓敘審定合格之委任官等公務人員亦與簡任、薦任官等相同，均呈請總統任命之。

　　簡單地講，自從 108 年版任用法修改了原第 25 條任命的規定之後，如再謂官等「係任命層次之區分」，已經有點牽強了。

二、官等為所需基本資格條件範圍之區分

　　之所以稱官等是「基本」資格條件範圍的區分，主要原因是官等只分簡薦委三階，其範圍較職等為寬，因此在資格條件區分方面無法過細，只是一種粗略且基本的概括性規定。

三、職等為職責程度之區分

　　所謂職務，係分配同一職稱人員所擔任之工作及責任（任 3）。故職務層次之高下與其工作及責任之大小成正比，工作較繁難、責任較重之職務，其職務列等應較高。相較於官等只有 3 個等第，職等則細分為 14 個。每一個職等均依其職責程度訂定職等標準表，而機關中每一個職務必須就其工作職責及所需資格，依職等標準列入職務列等表（任 6 I）。由上可知，職等實為職責程度高下之區分。

四、職等為所需資格條件之區分

職務應就其工作職責及所需資格，依職等標準列入職務列等表。所謂職務列等表，是一種將各種職務，按其職責程度、所需資格條件依序列入適當職等之文書。該表中，除明定各職等的職責程度外，對每一特定職等所需具備的資格條件亦有極為明確的規範。

參 任用的要件

一般人民擔任公務人員除必須年滿 18 歲，有行為能力以及具備本國國籍和能力要件外，亦須具備一定資格和其他一般性條件，此為任用法所明文規範。茲分別說明如次：

一、資格要件

資格要件可以再區分為積極資格要件和消極資格要件，前者是指一定要具備的條件，後者是指不得具備的條件。

(一) 積極資格

公務人員之任用應具備以下三種資格之其中一項：依法考試及格，依法銓敘合格，依法升等合格（任 9 Ⅰ）。茲說明如下：

1. 依法考試及格

依法考試及格中的「依法」是指依公務人員考試法規及新制任用法施行前考試法規所舉辦之各類公務人員考試及格者而言。凡是中華民國國民符合公務人員考試法各項考試應考資格者，都可以參加初任考試，取得擔任公務人員的資格。而現職委任公務人員則可參加升官等考試，取得向上升薦任官等之任用資格。

各類初任考試及格者，取得其所考試之等級類科相當之職等職系任用資格，其情形如左（任 13）：

(1) 高等考試之一級考試或特種考試之一等考試及格者，取得薦任第 9 職等任用資格。

(2) 高等考試之二級考試或特種考試之二等考試及格者，取得薦任第 7 職等任用資格。

(3) 高等考試之三級考試或特種考試之三等考試及格者，取得薦任第 6 職等任用資格。

(4) 普通考試或特種考試之四等考試及格者，取得委任第 3 職等任用資格。

(5) 初等考試或特種考試之五等考試及格者，取得委任第 1 職等任用資格。

　　民國 85 年 1 月 17 日公務人員考試法修正公布前，考試及格人員之任用，依左列規定：

(1) 特種考試之甲等考試及格者，取得簡任第 10 職等任用資格。但初任人員於三年內，不得擔任簡任主管職務。

(2) 高等考試或特種考試之乙等考試及格者，取得薦任第 6 職等任用資格。高等考試按學歷分一、二級考試者，其及格人員分別取得薦任第 7 職等、薦任第 6 職等任用資格。

(3) 普通考試或特種考試之丙等考試及格者，取得委任第 3 職等任用資格。

(4) 特種考試之丁等考試及格者，取得委任第 1 職等任用資格。

　　應考高考一、二、三級和特考、一、二、三等以及原甲、乙等特考及格人員，如無相當職等職務可資任用時，得先以低一職等任用。各等級考試職系及格者，取得該職系之任用資格。

　　另外，在升官等考試部分，升官等考試及格者，取得下列資格（任15）：

(1) 雇員升委任官等考試及格者，取得委任第 1 職等任用資格。

(2) 委任升薦任官等考試及格者，取得薦任第 6 職等任用資格。

(3) 薦任升簡任官等考試及格者，取得簡任第 10 職等任用資格（註：此項考試目前停辦中，詳見第四章公務人員考試制度）。

2. 依法銓敘合格

　　指在現行公務人員任用法施行前依相關法規規定，經銓敘部審查審定為「合格實授」或「實授」；或依聘用派用人員管理條例實施辦法准予登記人員，具有合法任用資格者。

3. 依法升等合格

所謂依法升等合格是指依下列法規取得升等任用資格或存記，而分別具有各該官等、職等職務之任用資格者（任細8III）：

(1) 本法施行前依公務人員考績法或分類職位公務人員考績法取得升等任用資格或存記，具有簡任或薦任相當職等職務之任用資格者。此款即過去之「依法考績升等」。

(2) 86年6月4日公務人員考績法修正施行前依規定取得簡任存記或本法修正施行前依本法第17條第2項規定取得簡任任用資格，具有簡任第10職等職務之任用資格者。此款前段與考績升等有關，而後段則是指晉升簡任官等訓練合格者而言。

(二) 消極資格

依規定只要有下列情事之一者，即不得任用爲公務人員（任28）：

1. 未具或喪失中華民國國籍：因公務人員係代表國家行使公權力。

2. 具中華民國國籍兼具外國國籍。但本法或其他法律另有規定者，不在此限。其旨意在避免具雙重國籍身分者產生效忠對象的困擾。所謂其他法律另有規定者，如國籍法第20條第1項第1款規定：「公立大學校長、公立各級學校教師兼任行政主管人員與研究機關（構）首長、副首長、研究人員（含兼任學術研究主管人員）及經各級主管教育行政或文化機關核准設立之社會教育或文化機構首長、副首長、聘任之專業人員（含兼任主管人員）。」另具中華民國國籍兼具外國國籍者，無法完全喪失外國國籍及取得證明文件，係因該外國國家法令致不得放棄國籍，且已於到職前依規定辦理放棄外國國籍，並出具書面佐證文件經外交部查證屬實，仍得任用爲公務人員，並以擔任不涉及國家安全或國家機密之機關及職務爲限。

3. 動員戡亂時期終止後，曾犯內亂罪、外患罪，經有罪判決確定或通緝有案尚未結案：強調必須「有罪」判刑確定，以回復動員戡亂時期因受白色恐怖或冤獄致失去擔任公職之工作權機會。

4. 曾服公務有貪污行為，經有罪判決確定或通緝有案尚未結案。

5. 犯前二款以外之罪，判處有期徒刑以上之刑確定，尚未執行或執行未畢。但受緩刑宣告者，不在此限。

6. 曾受免除職務懲戒處分。

7. 依法停止任用：公務員懲戒法第 12 條規定，受撤職處分者，除撤其現職外，且至少一年至五年停止任用。故受撤職處分之公務人員，在其停止任用期間，自不得擔任公務人員。

8. 褫奪公權尚未復權：擔任公務人員為人民之公權，故在復權之前，自不得擔任公務人員。

9. 經原住民族特種考試及格，而未具或喪失原住民身分：此係對捏造身分者所為之事後處分規定。惟本款另有但書規定如下：「但具有其他考試及格資格者，得以該考試及格資格任用之。」

10. 依其他法律規定不得任用為公務人員。按此處所謂「依其他法律」，如臺灣地區與大陸地區人民關係條例第 21 條第 1 項，規定大陸地區人民來台設籍未滿十年者，不得擔任公教人員。該條文之性質除具強制性外，亦為公務人員任用之人事特別規定，具有優先適用效力。此外，如法官法第 50 條第 1 項第 1 款亦明定，法官之懲戒處分為免除法官職務者，並不得再任用為公務員。

11. 受監護或輔助宣告，尚未撤銷。

公務人員於任用後，有前項第 1 款至第 10 款情事之一者，或於任用時，有第 1 項第 2 款情事，業依國籍法第 20 條第 4 項規定於到職前辦理放棄外國國籍，而未於到職之日起一年內完成喪失該國國籍及取得證明文件，且無第 2 項情形者，應予免職；有第 11 款情事者，應依規定辦理退休或資遣。任用後發現其於任用時有前項各款情事之一者，應撤銷任用。

前項撤銷任用人員，其任職期間之職務行為，不失其效力；業已依規定支付之俸給及其他給付，不予追還。但經依第 1 項第 2 款情事撤銷任用者，應予追還。

二、一般條件

另，公務人員任用法第4條規定：「各機關任用公務人員，應注意其品德及對國家之忠誠，其學識、才能、經驗及體格，應與擬任職務之種類職責相當。如係主管職務，並應注意其領導能力」，因有學者視之為公務人員任用之一般條件（蔡良文，民100），特予誌之。

肆　考試及格人員之分發任用

各機關初任各職等人員，除法律別有規定外，應由分發機關或申請舉辦考試機關就公務人員各等級考試正額錄取，依序分配訓練，經訓練期滿成績及格人員分發任用（任10Ⅰ）。又，公務人員考試法第3條第1項在民國97年做了一次重大修正，規定列入候用名冊的增額錄取人員，必須等正額錄取人員分配完畢後，再「由分發機關或申請舉辦考試機關配合用人機關任用需要依考試成績定期依序分配訓練」。換言之，用人機關不再擁有增額錄取人員的遴用權，而是由分發機關或申請舉辦考試機關收回，再配合用人機關任用需要依考試成績定期依序分配訓練。

由於上游的考試制度已經修正，因此任用法第10條第1項後段文字乃配合修正為：「各機關初任各職等人員，除法律別有規定外，應由分發機關或申請舉辦考試機關就公務人員各等級考試正額錄取，依序分配訓練，經訓練期滿成績及格人員分發任用。如可資分配之正額錄取人員已分配完畢，由分發機關或申請舉辦考試機關就列入候用名冊之增額錄取人員按考試成績定期依序分配訓練，經訓練期滿成績及格後予以任用。」另第2項文字則調整為：「已無前項考試錄取人員可資分配時，得經分發機關同意，由各機關自行遴用具任用資格之合格人員。」

上開所謂分發機關為銓敘部，但行政院所屬各級機關之分發機關則為行政院人事行政總處，考試院並會同行政院訂定發布考試及格人員分發辦法據以辦理分發作業。

伍 正式任用之階段

公務人員在受完考試錄取人員訓練之後，拿到考試及格證書，隨即展開正式任用的程序。正式任用的階段如下：

一、試用

(一) 試用期間

試用是指初任人員在合格實授前，在分發機關承辦所分配的工作，並由服務機關觀察其能否勝任工作及提供指導，最後再經由機關首長審查其工作成績，決定續留與否的一種學習過程。依據任用法第20條第1項規定：「初任各官等人員，未具與擬任職務職責程度相當或低一職等之經驗六個月以上者，應先予試用六個月，並由各機關指派專人負責指導，試用期滿成績及格，予以實授；試用期滿成績不及格，予以解職。」在試用期間，試用人員不得充任各級主管職務，亦不得調任其他職系職務（任 20Ⅶ、Ⅷ）。以下舉例說明試用的實務做法：

例一　「未具與擬任職務職責程度相當」之情形：無公職年資之某甲高考三級及格，分發薦任第6職等科員，需試用六個月（此為初任公務人員情形）。

例二　「未具低一職等之經驗六個月以上」之情形：現任委任2職等本俸2級之公務人員某乙，普考及格，分發到原機關擔任委任3職等辦事員。假設某乙僅擔任2職等五個月，則某乙必需試用六個月。如某乙擔任3職等已有二年，則某乙不需試用。另，假設目前為委任1職等本俸3級之某丙，普考及格，分發到另一機關擔任委任3職等辦事員，因為他不具有「低一職等」（就是2職等）之工作經驗，所以依法必須試用六個月。

此外，試用期間係以試用人員具有工作事實期間（即實際工作日）為計算基礎。因此，假設某丁於試用期間請延長病假，其請延長病假之年資，不

得併入試用年資計算，須相對延長試用期間。

(二) 成績之審定

試用人員於試用期滿時，由主管人員考核其成績，經機關首長核定後，依送審程序，送銓敘部銓敘審定；其試用成績不及格者，於機關首長核定前，應先送考績委員會審查（任20IV）。

(三) 試用成績不及格之處理

考績委員會對於試用成績不及格案件有疑義時，得調閱有關平時試用成績紀錄及案卷，或查詢有關人員。試用成績不及格人員得向考績委員會陳述意見及申辯（任20 V）。

試用成績不及格人員，自機關首長核定之日起解職，並自處分確定之日起執行，未確定前，應先行停職（任20VI）。所稱自機關首長核定之日起解職，指機關首長於核定試用人員成績不及格時，應同時核定發布其解職令。所稱自處分確定之日起執行，指試用成績不及格人員自收受解職令之次日起三十日內，未依法提起復審，自期滿之次日起執行；或收受復審決定書之次日起二個月內，未依法向該管司法機關請求救濟，自期滿之次日起執行；或向該管司法機關請求救濟，經判決確定之日起執行。所稱未確定前，應先行停職，指試用成績不及格人員自收受解職令之次日起，停止其職務（任細20VI）。

(四) 試用成績不及格之情事

試用成績不及格係指以下之情事之一（任20）：

1. 年終考績考列丁等。
2. 一次記一大過以上。
3. 平時考核獎懲互相抵銷後，累積達一大過以上。
4. 曠職繼續達二日或累積達三日。
5. 其他不適任情形有具體事實。上開所定不適任情形，應就其工作表現、忠誠守法、品行態度、發展潛能、體能狀況等項目予以考核，並將其具體事

實詳實記載（任 20 III）。

二、派代送審

　　各機關擬任公務人員，經依職權規定先派代理，限於實際代理之日起三個月內送請銓敘部銓敘審定。但確有特殊情形未能依限送審者，應報經銓敘部核准延長，其期限除另有規定者從其規定外，最多再延長以二個月爲限。經銓敘審定不合格者，應即停止其代理（任 24）。至所謂先派代理，係指公務人員擬任之現職，於機關長官派代之日起，至送經銓敘部銓敘審定合格發布前止，此段期間稱之。

　　各機關主管之人事人員對於試用及擬任人員之送審，應負責查催，並主動協助於第 24 條所定期限內送銓敘部銓敘審定。逾限不送審者，各該機關得予停止代理。試用及擬任人員依限送審並經銓敘審定者，自其實際到職或代理之日起算試用期間及任職年資，未依限送審而可歸責於當事人者，自各該機關送審之日起算其試用期間及任職年資。如因人事人員疏誤者，各機關應查明責任予以懲處，並送銓敘部備查（任 24-1 I）。

　　公務人員經依前項規定程序銓敘審定後，如有不服，得依公務人員保障法提起救濟；如有顯然錯誤，或有發生新事實、發現新證據等行政程序再開事由，得依行政程序法相關規定辦理（任 24-1 II）。

三、銓敘

　　銓者，權也，亦即權衡之意；敘者，序也，亦即序列之意。銓敘者，指銓定公務人員之任用資格條件，依法敘定其等級俸給之謂。故考試及格試用期滿人員在取得合格實授之前，尚須將相關資歷證件送銓敘部審查（考績升等者亦同）。銓敘部在收到各機關送來之送審人資料後，即需依據任用法之相關規定予以審查，並將審查結果以任用審查通知書通知送審人。

四、呈請總統任命

　　公務人員任用法第 25 條規定：「各機關初任簡任、薦任、委任官等公

務人員，經銓敘部銓敘審定合格後，呈請總統任命。」此規定內涵前已說明，不再贅述。

陸 任用限制

一、一般性限制

任用法中對公務人員的任用亦訂有若干一般性限制規範，如下說明：

(一) 法律另有規定外，不得指派未具法定任用資格之人員代理、或兼任應具法定任用資格之職務（任21）。立法旨意在避免機關長官徇私，任用親信。

(二) 各機關不得任用其他機關現職人員，如有業務需要時，得指名商調（任22）。按現職公務人員一經指派任職，在其職務上即需擔負一定之工作與責任，依法必須忠於職守。如允許各機關任用其他機關現職人員，勢將破壞政府施政之穩定性。惟如確有特殊需要，亦非不得任用其他機關現職人員。亦即需經所在機關首長同意，採指名商調方式進用，以確保各機關用人需求。

又，指名商調現職人員時，原則上應受公務人員各種初任考試限制轉調規定之限制（高等考試各等級考試、普通考試、初等考試為三年，地方特考、身障特考及原住民特考為六年）。惟為貫徹政府「建構安心懷孕友善生養環境」之政策，以及考量考試及格人員於限制轉調期間內，育幼之急迫需求與必要性，112年2月15日修正公布之公務人員任用法特在第22條增訂放寬限制轉調的規定。按該條第2項規定，依各該考試法規受有轉調機關限制人員為親自養育3足歲以下子女，如同時符合以下要件，得於限制轉調期間內，調任至該子女實際居住地之機關服務，不受原轉調機關範圍之限制，並以調任一次為限。

1. 因現職機關所在地與3足歲以下子女實際居住地未在同一直轄市、縣（市），有證明文件。

2. 實際任職達公務人員考試法所定限制轉調期間三分之一以上。

各機關依以上規定商調公務人員前，應就其子女年齡及實際居住地查明符合規定後，始得辦理指名商調。原服務機關就該指名商調應優先考量。

(三) 迴避任用：機關長官對於配偶及三親等以內之血親及姻親，不得在本機關任用或任用為直接隸屬機關之長官；對於本機關各級主管長官之配偶及三親等以內血親及姻親，在其主管單位應迴避任用；但應迴避人員之任用，係在各該長官接任以前者，不在此限（任26）。立法旨意亦在避免機關長官任用親屬，形成裙帶關係。

(四) 最高年齡限制：已屆限齡退休（65歲）人員，各機關不得進用（任27）。立法旨意在貫徹退休制度，維持機關之新陳代謝。另一功用在於防止不同人事體制之人員，於退休前鑽營不同退休制度之利益，造成不公。

二、機關首長任用及遷調權行使時機之限制

為避免機關首長在離職（如退休、免職、辭職、調職）前，濫用首長任用權，造成機關人員不平，破壞機關組織和諧。任用法第26條之1特別列舉以下九種情形，規定機關首長在離職前一定期間，不得任用或遷調人員。至該限制期間內機關出缺之職務，得依規定由現職人員代理。

(一) 自退休案核定之日起至離職日止。

(二) 自免職、調職或新職任命令發布日起至離職日止。

(三) 民選首長，自次屆同一選舉候選人名單公告之日起至當選人名單公告之日止。但競選連任未當選或未再競選連任者，至離職日止。

(四) 民意機關首長，自次屆同一民意代表選舉候選人名單公告之日起至其首長當選人宣誓就職止。

(五) 參加公職選舉者，自選舉候選人名單公告之日起至離職日止。但未當選者，至當選人名單公告之日止。

(六) 憲法或法規未定有任期之中央各級機關政務首長，於總統競選連任未當

選或未再競選連任時，自次屆該項選舉當選人名單公告之日起至當選人宣誓就職止。地方政府所屬機關政務首長及其同層級機關首長，於民選首長競選連任未當選或未再競選連任時，亦同。

(七) 民選首長及民意機關首長受罷免者，自罷免案宣告成立之日起至罷免投票結果公告之日止。

(八) 自辭職書提出、停職令發布或受免除職務、撤職、休職懲戒處分判決確定之日起至離職日止。

(九) 其他定有任期者，自任期屆滿之日前一個月起至離職日止。但連任者，至確定連任之日止。按此款所謂「其他定有任期者」係指同條第 1 項前八款以外之司法、監察、考試三院院長、中研院院長、中選會主委、公平會主委、審計長、公立學校校長等首長而言。

　　以上九款機關首長在離職前一定期間，不得任用或遷調人員之規定，有兩項例外，其一是駐外人員之任用或遷調，得不受限制，惟必須是在必要之情況，始得為之；其二為考試及格人員之分發任用，可不受限制。其立法旨意為考試錄取人員之分發為考試過程的最後結果，亦具有補實機關職缺，充實人力之作用。而考試及格人員亦有權利接受分發機關之分發。用人機關首長雖有任用法第 26 條之 1 第 1 項之情形，亦需協助完成分發手續。

柒　現職人員之調任

　　有關現職公務人員之調任，目前制度上的做法如次：

　　第一，簡任第 12 職等以上人員得在各職系之職務間調任（任 18 I）。

　　第二，第 12 職等以下人員在同職組各職系及曾經銓敘審定有案職系之職務間得予調任（任 18 I）。另依「職組暨職系名稱一覽表」（以下簡稱一覽表）規定，得單向調任視為同一職組職系之職務，例如法制職系可以單向調任人事行政職系、地政職系可以單向調任財稅金融職系。此外，在必要時，亦得就考試、學歷、經歷或訓練等認定職系專長，依職系專長調任（任 18 II）。至上開所謂可以在曾經銓敘審定有案職系間調任，是因為既經銓敘

審定有案，相關人員即具有該職系的任用資格，以後在已銓敘有案的職系間調任即屬合法。

案例　某甲自某大學水利工程學系畢業後，於 109 年參加高考三級土木工程職系土木工程科考試獲得錄取；合格實授後先擔任建築工程職系職務，目前則為某機關土木工程職系技士。111 年間曾在國立空中大學就讀轉職系學分班（轉綜合行政職系班），在修讀 20 個學分之後，於同年 9 月取得學分證明書，某甲擬向服務機關申請調任屬於綜合行政職系的秘書室職務。關於某甲得否調任綜合行政職系職務的認定方式如下：

1. 先檢視一覽表：依一覽表規定，建築工程職系及土木工程職系與綜合行政職系均非屬同一職組，所以無法單向調任或相互調任綜合行政職系職務。

2. 次依畢業系所科別檢視：某甲因係畢業於水利工程學系，與綜合行政職系性質相差甚遠，所以無法認定具有綜合行政職系專長。

3. 再依學分檢視：某甲係大學畢業，並在最近十年內曾修習與綜合行政職系性質相近之學分達 20 學分，因此得認定具有綜合行政職系之專長。

　　第三，經依法任用人員，除自願者外，不得調任低一官等之職務。自願調任低官等人員，以調任官等之最高職等任用（任 18 I ②）。

案例　銓審合格實授薦 6 科員得自願降調為委任第 1 職等至第 3 職等書記，並以委任第 5 職等（註：因第 5 職等是委任官等的最高職等）任用；銓審合格實授薦 7 專員可自願降調委 5 組員，並以委 7 任用。

　　其立法意旨在保障自願調任低一官等者之權益，避免其受到不公平待遇之處分。

　　第四，在同官等內調任低職等職務，除自願者外，以調任低一職等之職務為限，均仍以原職等任用。

案例　薦任第 8 職等人事處股長，可以不經本人同意，降調為薦任第 6 職

等至第 7 職等之國小人事室主任，但仍以第 8 職等任用（有關其降調後之俸給、考績權益事宜，請詳見本書相關章節）。

其次，機關首長及副首長不得調任本機關同職務列等以外之其他職務。主管人員不得調任本單位之副主管或非主管，副主管人員不得調任本單位之非主管。但有特殊情形，報經總統府、主管院或國家安全會議核准者，不在此限（任 18 I ③）。本款之立法意旨在保持當事人之尊嚴，並促進機關之和諧。

第五，各等級特考及格人員之調任，仍應受各該考試及任用法規之限制。

捌　權理

所謂權理，就是權宜代理的意思。指公務人員在擬任某職務時，因他的職等還未達到該職務所列的職等，於是權宜准其代理該項職務之謂。任用法僅同意在同一官等高二職等內之權理，如係不同官等，則不准權理（任 9 III）。權理人員得隨時調任與其所具職等資格相當性質相近之職務。析言之，權理之限制如下：

一、在同官等內者，始得權理。如薦 8 人事處股長可以權理薦 9 科長。

二、職務跨列兩個官等者，不得權理（任細 10）。如具備委任第 4 職等資格者，不得權理職務列等為「委 5 至薦 7」之職務。

三、以權理 2 個職等為原則。如具備委任第 2 職等資格者，僅可權理委任第 3 至第 4 職等辦事員職務。

權理制度的建制目的，係為因應公務人員考試或任用資格等級未能與所任職務之列等完全配合時之權宜措施，使機關內職務出缺時，可暫准由僅具較低任用資格之人員權宜代理該職務，以靈活任使，達到人力彈性運用之目的。另外，權理制度的附帶功能是可以作為工作中訓練的一種，藉以儲備和拔擢人才。不過，濫用權理制度也會出現有以下的弊端：一、與任用法標榜

四項原則之適才適所原則相悖；二、破壞公務人員陞遷之公平性；三、出現低階領導高階的情形；四、機關首長用人權力過大，產生任用流弊。

玖 官等之晉升

公務人員晉升官等可經由考試和訓練兩種途徑，茲分述如次：

一、升官等考試

公務人員官等之晉升，應經升官等考試及格或晉升官等訓練合格（任17Ⅰ）。其中委升薦考試及格者取得薦任第6職等任用資格；薦升簡考試及格者，取得簡任第10職等任用資格（任15）。又，公務人員升官等考試法業於104年元月修法，規定簡任升官等考試於103年12月23日修正之條文施行之日起五年內辦理3次為限。因此，109年起已未曾辦理簡任升官等考試。

二、升官等訓練

(一) 晉升簡任官等訓練合格

經銓敘部銓敘審定合格實授現任薦任第9職等職務，具有下列資格之一，且其以該職等職務辦理之最近三年年終考績二年列甲等、一年列乙等以上，並已晉敘至薦任第9職等本俸最高級，再經晉升簡任官等訓練合格者，取得升任簡任第10職等任用資格，不受應經升簡任官等考試及格之限制（任17Ⅱ）：

1. 經高等考試、相當高等考試之特種考試或公務人員薦任升官等考試、薦任升官等考試或於本法施行前經分類職位第6職等至第9職等考試或分類職位第6職等升等考試及格，並任合格實授薦任第9職等職務滿三年。

2. 經大學或獨立學院以上學校畢業，並任合格實授薦任第9職等職務滿六年。

以上規定或可以另種方式表達：高考及格任第9職等滿三年；或大學

畢、任第 9 職等滿六年者，只要同時具備以下三個條件：1. 最近三年考績，2 甲 1 乙以上；2. 已到第 9 職等本俸最高級；3. 升簡任官等訓練合格，即可取得簡任官等任用資格，列入陞遷名冊。不過，有例外情形，如果通過晉升簡任官等訓練合格者，已經占簡任職缺（如占薦 9 至簡 10 之人事主任缺），則可原職改派（即以簡 10 銓敘），並敘原俸級或同數額俸點，以簡 10 辦理考績。

(二) 晉升薦任官等訓練合格

　　經銓敘部銓敘審定合格實授敘委任第 5 職等本俸最高級，最近三年年終考績二年列甲等、一年列乙等以上，並經晉升薦任官等訓練合格，且具有下列資格之一者，取得升任薦任第 6 職等任用資格：

1. 經普通考試、相當普通考試之特種考試或相當委任第 3 職等以上之銓定資格考試或於本法施行前經分類職位第 3 職等至第 5 職等考試及格，並任合格實授委任第 5 職等職務滿三年。

2. 高級中等學校畢業，並任合格實授委任第 5 職等職務滿十年者，或專科學校畢業，並任合格實授委任第 5 職等職務滿八年者，或大學以上學校畢業，並任合格實授委任第 5 職等職務滿六年。

　　以上規定或可以另種方式表達：普考及格任第 5 職等滿三年；或不同學歷畢、任第 5 職等滿不同年限者（高中十年；專科八年；大學六年），只要同時具備以下三個條件：1. 最近三年考績，2 甲 1 乙以上；2. 已到 5 職等本俸最高級；3. 升薦任官等訓練合格，即可取得薦任官等任用資格，列入陞遷名冊。不過，有例外情形，如果通過晉升薦任官等訓練合格者，已經占薦任職缺（如占委 5 至薦 7 之人事管理員缺），則可原職改派（即以薦 6 銓敘），並敘原俸級或同數額俸點，以薦 6 辦理考績。

　　惟經由晉升薦任官等訓練合格取得薦任官等任用資格者，原則上只能擔任職務列等最高為薦任第 7 職等以下之職務。例外之情形為具有碩士以上學位且最近五年薦任第 7 職等職務年終考績四年列甲等、一年列乙等以上者，才能擔任職務列等最高為薦任第 8 職等以下職務（任 17Ⅶ）。

第三節　臨時人員法制

　　我國公務體系人力之進用，依屬性而言，聘用人員、派用人員、機要人員、約僱人員及職務代理人等均屬臨時性用人。限於篇幅，本節不說明職務代理人部分。

壹　機要人員制度

一、意義

　　機要人員係任用法中「辦理機要人員」的簡稱，指擔任機要秘書及監印等職務之人員，且該職務先報經銓敘部同意列為機要職務有案者而言，但仍應以機關組織法規中所列非主管且非技術性之職稱進用。

二、相關規定

　　機要人員得不受任用法有關任用資格之限制，但機關長官得隨時予以免職，進用機要人員時，應注意其公平性、正當性及其條件與所任職務間之適當性。各機關機要人員進用時，其員額、所任職務範圍及各職務應具之條件規範，由考試院定之（任 11-1）。茲就機要人員之員額、任職範圍分述如次：

(一) 員額

　　依據各機關機要人員進用辦法第 3 條規定，各機關進用之機要人員員額，最多不得超過 5 人。總統府及行政院如因業務需要，其進用之機要人員員額，最多分別不得超過 18 人及 10 人。中央二級或相當二級機關、安全機關、直轄市政府及縣（市）政府以外之機關，得由各主管院依機關層次、組織規模及業務性質，於 2 人額度內訂其機要人員員額，並送銓敘部備查。

(二) 任職範圍

　　各機關進用之機要人員所任職務範圍，應以機關組織法規中所列行政類

職務，襄助機關長官實際從事機要事務相關工作，並經銓敘部同意列為機要職務為限。但不得以首長、副首長、主管、副主管、參事及研究委員職務進用。各機關之秘書長、主任秘書或直轄市政府副秘書長 1 人，必要時，報經上級機關核准者，得於第 3 條所定員額內以機要人員進用。但直轄市政府之秘書長及縣（市）政府、置有副市長之縣轄市公所之主任秘書，不得以機要人員進用（機 4）。

貳 聘用及約僱人員制度

在政府公務人力當中，聘用和約僱人員是完全以契約方式進用的人員。其中聘用人員的進用係明文規定在任用法第 36 條：「各機關以契約定期聘用之專業或技術人員，其聘用另以法律定之。」依上開規定，訂有聘用人員聘用條例一種。

至於約僱人員的進用依據則為行政院與所屬中央及地方各機關約僱人員僱用辦法。上開辦法所稱約僱人員，指各機關以行政契約定期僱用，辦理事務性、簡易性等行政或技術工作之人員。其僱用以本機關確無適當人員可資擔任，且年度計畫中已列有預算或經專案核准者為限。約僱人員不得擔任或兼任主管職務（僱 2）。約僱人員的範圍如下：一、訂有期限之臨時性機關所需人員；二、因辦理臨時新增業務，在新增員額未核定前所需人員；三、因辦理有關機關委託或委辦之定期性事務所需人員；四、因辦理季節性或定期性簡易工作所需人員（張秋元，民 98）。

實務上，中央各機關進用聘僱人員的原因，可以歸納為（張秋元，民98）：

一、依機關組織法規，如金融監督管理委員會；或依其他相關法律，如醫事人員人事條例規定進用聘僱人員者。

二、現有職員未具備特殊專業工作所要求之一定資格，如內政部空中勤務總隊聘用飛行員、空勤機工長等。

三、機關現有編制員額或職員預算員額不足，無法支應工作業務量而聘僱人員。

　　因聘用人員在公務人力的重要性方面高於約僱人員，故本處僅就聘用人員之特性、現制及制度之優缺點分別加以說明：

一、聘用人員特性

(一) 須為專業或技術人員（聘3）。故聘用人員的工作性質必須以發展科學技術或執行專門性業務或專司技術性研究設計工作，且非本機關現職人員所能擔任者為限。一般行政或管理人員，不能以聘用方式進用。

(二) 須以契約定期聘用（聘3）。聘用契約中必須載明約聘期間（實務上通常為一年）、約聘報酬、業務內容及預定完成期限、受聘人違背義務時應負之責任（聘4）。故實務上，聘用人員亦常以約聘人員稱之。

(三) 聘用人員非編制內人員，亦非常任職，職務上亦不能陞遷轉調，其聘用資格缺乏法律位階之規範，概由用人機關依需求自行規定。

二、聘用限制

(一) 聘用人員不適用公務人員之俸給法、退休法、撫卹法（現為公務人員退休資遣撫卹法）之規定。但如在約聘期間病故或因公死亡者，得酌給撫慰金（聘6）。

(二) 不適用本機關組織法規所定簡任或薦任職務職稱，亦不得兼任有職等職務（聘7Ⅰ）。

(三) 聘用人員不得充任法定主管職務（聘7Ⅱ）。

(四) 為避免各機關浮濫進用聘用人員，聘用人員之員額，以不超過本機關預算總人數5%為原則。在實務上，中央各機關聘僱人員，均須依規定函報行政院，就其工作內容、資格條件及薪級俸點等，依相關規定審核同意後始能進用。

三、聘用制度的功能與運作困擾

(一) 功能

聘用制度有以下的功能：

1. 機關有短期性的專業性、技術性人力需求時，可經由聘用制度提供足夠的公務人力，以應臨時之需。
2. 聘用人員以契約進用，無聘用期限，不依俸給法給薪，對用人機關而言，是一個甚有彈性的人力進用管道，機關首長也因此享有較大的用人裁量權。
3. 聘用制度的特色為依約定期聘用，如運用得當，且機關組織亦能擺脫人情困擾，即可有效杜絕冗員的出現。

(二) 運作困擾

聘用制度的主要缺點有以下數項：

1. 聘用人員之進用不需經由國家考試，起薪如較從事同等級職務的正式公務人員為高，再加上逐年對聘用人員放寬各種權益，往往造成正式公務人員內心的不平。
2. 用人機關因主客觀因素的影響（如人情困擾、業務轉變成長期性），必須年年續聘聘用人員，形成類終身職的臨時人力，破壞聘用制度設計的原始初衷，也紊亂了文官的任用體制。
3. 臨時人力永久化後，又衍生諸多人事問題。聘用人員認為對組織的貢獻不亞於正式公務人員，但權益卻有差別（如不能享有各種生活津貼、退職酬勞計算不同、工作權未受保障等），輕者士氣消沉，重者四處陳情要求比照，造成機關困擾。

參 派用人員制度

一、派用制度的性質

派用制度的法律依據是民國 58 年 4 月公布施行的「派用人員派用條例」，依據該條例第 2 條規定：「派用人員之設置，以臨時機關或有期限之

臨時專任職務為限，其性質、期限、職稱及員額，臨時機關應於法定組織中規定，有期限之臨時專任職務，應列入預算。」依此規定內容，派用人員之性質為：

(一) 只能配置在臨時機關或常設機關中的臨時專任職務。

(二) 該職務必須有確定的性質、期限、職稱。

(三) 職務配置在臨時機關者，該臨時機關必須於法定組織中規定。

(四) 配置在常設機關的臨時性職務必須列入預算。

　　派用人員主要是為因應國家建設發展的需要而設置，為便於進用專業人才，因此特別設計以學、經歷審查作為進用的方式。實務上，派用人員大多在交通部轄下單位和地方政府交通工程單位（如過去的鐵路改建工程局、高鐵工程局、國道新建工程局以及台北市、高雄市二地方政府捷運局）任職（註：目前鐵路改建工程局、高鐵工程局已於 107 年 6 月合併為交通部鐵道局；國道新建工程局已於 107 年 2 月 12 日裁撤，與交通部台灣區國道高速公路局整併為交通部高速公路局）。

二、派用制度衍生的問題

　　派用制度的設計對彈性運用公務人力確實有其一定的貢獻，但施行數十年後，因時空環境變遷，也受到一些評論。例如：

(一) 原先屬於臨時派用機關者，卻仍久設，致產生派用人員久任的現象。

(二) 派用制度以學經歷審查作為人員進用的途徑，有違反憲法公開競爭考試用人之嫌。

(三) 派任人員進用條件較任用人員（即以公務人員任用法任用者）寬鬆，產生不平。例如，公務人員普考及格後，即使考績每年都列甲等，至少也需要八年才能敘至委任第 5 職等本俸最高級，之後如要取得薦任官等任用資格，還要經升官等訓練合格或參加薦任升官等考試。但委派人員不僅不需經過普考，只需以專科以上學歷即可成為公務人員，即便歷年考績都是乙等，也只需任最高級委派滿三年就可取得薦派人員的派用資格。

三、派用制度之廢止及過渡期規範

　　由於派用制度存在著極大的不公平問題，兼之目前公務人員都已經以考試用人為主流。因此，考試院乃決定將派用制度廢止，經由一連串合法化過程後，終於在 104 年 6 月 2 日經立法院廢止「派用人員派用條例」，並三讀修正通過公務人員任用法，增訂第 36 條之 1，作為原依派用條例銓敘審定有案之現職人員在九年過渡期的處理規範。簡單地說，任用法第 36 條之 1 允許這類派用人員仍繼續適用原來的規定陞遷；過渡期滿後，可留任原來職稱、官等、職務到離職為止。其詳細條文內容如次：

(一) 臨時機關派用人員部分

1. 具所敘官等職等任用資格者，改依公務人員任用法或原適用之任用法規任用。

2. 未具所敘官等職等任用資格者，於派用條例廢止之日起九年內，得適用原派用條例及其施行細則繼續派用，並自派用條例廢止滿九年之翌日起，留任原職稱原官等之職務至離職時為止。

(二) 臨時專任職務派用人員部分

　　於派用條例廢止之日起九年內，得適用原派用條例等相關規定繼續派用至派用期限屆滿時為止，並自派用條例廢止滿九年之翌日起，留任原職稱原官等之職務至派用期限屆滿時為止。派用期限屆滿不予延長時，應辦理退休或資遣。但機關基於業務需要，認有延長之必要，得酌予延長，每次不得逾三年。

(三) 派用條例廢止前已由派用機關改制為任用機關，依各該組織法規留任或繼續派用之派用人員部分仍依原有之組織法規辦理。

第四節　公務人員陞遷制度主要內容

壹 陞遷制度的宗旨與適用對象

一、陞遷制度的宗旨

陞遷制度的主要功能有三：一是拔擢人才，讓有能者更上層樓，發揮所長，貢獻社會；二是培育人才，經由高一等級職務之歷練，成為國家幹才；三是功績導向，鼓勵公務人員積極任事，提升治理能力。基此，公務人員陞遷法第2條揭櫫了陞遷制度的宗旨，其條文內容為：「公務人員之陞遷，應本人與事適切配合之旨，考量機關特性與職務需要，依功績原則，兼顧內陞與外補，採公開、公平、公正方式，擇優陞任，遷調歷練，以拔擢及培育人才。」此一條文即一般學理上所謂的公務人員陞遷制度的基本原則：人事相適、需求取向、功績原則、內外兼顧、公開公正、擇優遷調。

值得一提的是，本法在112年5月17日修正公布以前，陞遷制度的宗旨係強調「資績並重」，修法後則獨尊「績效」，捨棄「年資」。而為彰顯功績原則，本法並配合規範以下三項配套做法：

(一) 在評分標準中增訂對具有重大殊榮、工作表現者，酌予加分（陞7I）。

(二) 積分相同時以職務歷練為考量因素（陞7II）。

(三) 刪除任現職不滿一年不得辦理陞任之規定（陞12）。

二、適用對象

陞遷法第3條規定：各級政府機關及公立學校組織法規中，除政務人員及機要人員外，定有職稱及依法律任用、派用之人員為適用對象。故只要有職稱並依相關任用法律任用的人員以及派用人員均屬本法之適用對象。至於教育人員、交通事業及公營事業人員等，得準用本法之規定（陞17）。

貳　陞遷辦理程序

一、先期作業

各機關否准人員之陞遷前，必須先完成以下的作業，茲分別說明如次：

(一) 建立陞遷序列表

陞遷序列表是各機關逐級辦理陞遷的書面準據。依據陞遷法第 6 條第 1 項規定：「各機關應依職務高低及業務需要，訂定陞遷序列表，並得區別職務性質，分別訂定。」其序列之安排如下（陞細4 I）：

1. 職務列等相同者，應列為同一序列。例如，某地方政府人事人員的陞遷序列表中，單列薦任第 9 職等的人事室主任和科長，因職務列等相同，故這兩個職務都被列在同一序列。但職務列等相同之主管與非主管職務或具職務歷練先後順序職務，得列為不同序列。例如，跨列薦 8 至薦 9 的視察雖然也可到 9 職等，但因薦 9 科長為科長，故薦 9 科長所列序列，較薦 8 至薦 9 的視察在前。

2. 職務所列最高職等相同者，得視業務需要列為同一序列。例如，單列薦 8 的人事室主任、股長、組長和跨列薦 7 至薦 8，都列在同一序列。另，跨列委 4 至委 5 的助理員則和跨列委 3 至委 5 的辦事員亦均列為同一序列。但職務所列最高職等相同之主管或副主管職務，除應業務特殊需要，由主管機關核准外，不得與非主管職務列為同一序列。例如，跨列薦 6 至薦 7 的人事室主任所列序列，較同樣跨列薦 6 至薦 7 的科員為前。

3. 實施國內外駐區互調之相當職務，得視業務需要列為同一序列。

各機關職缺由本機關人員陞遷時，應依陞遷序列逐級辦理陞遷。如同一序列中人數眾多時，得按人員銓敘審定之職等、官稱官階、官等官階、級別高低依序辦理。但次一序列中無適當人選時，得由再次一序列人選陞任（陞6 II）。

依規定由上級機關統籌辦理甄審（選）相關事宜者，該上級機關與下級

機關視為同一機關，上級機關之陞遷序列表並應包含該下級機關職務（陞細8 II）。

(二) 組織甄審委員會

各機關辦理公務人員之陞遷，除鄉（鎮、市）民代表會及直轄市山地原住民區民代表會外，應組織甄審委員會，辦理甄審（選）相關事宜（陞8 I）。惟編制員額較少或業務性質特殊之機關，經主管機關核准者，其人員之陞遷甄審（選）得由上級機關統籌辦理（陞8 IV）。

各機關組織甄審委員會，應置委員 5 至 23 人，組成時委員任一性別比例不得低於三分之一。委員會中，人事主管人員為當然委員。且委員每滿 4 人應有 2 人由本機關人員票選產生之。各主管機關已成立公務人員協會者，其甄審委員會指定委員中應有 1 人為該協會之代表。扣除上開當然委員、票選委員及協會代表後，餘由機關首長就本機關人員中指定，並指定 1 人為主席。委員之任期一年，期滿得連任。甄審委員會須有應出席人過半數之出席，始得開會，其決議以出席人過半數之同意為之；可否均未達半數時，主席可加入任一方以達半數同意（陞細7）。

甄審委員會必要時得與考績委員會合併之。但依規定統籌辦理下級機關人員陞遷甄審（選）之機關，不得合併（陞細 7 X）。

(三) 訂定評審標準

各機關辦理本機關人員之陞任，應注意其品德及對國家之忠誠，並依擬陞任職務所需知能，就考試、學歷、職務歷練、訓練、進修、年資、考績（成）、獎懲、發展潛能及綜合考評等項目，訂定標準，評定分數，並得視職缺之職責程度及業務性質，對具有重大殊榮、工作表現、特定語言能力、基層服務年資或持有職業證照者酌予加分。必要時，得舉行面試或測驗。如係主管職務，並應評核其領導能力。評定積分時，如出現有 2 人以上相同時，以職務歷練及發展潛能積分較高者，排序在前（陞7）。

陞任標準由各主管院（即五院）本功績原則訂定；各主管院得視實際需

要授權所屬機關依其業務特性定之（陞7）。訂定陞任標準時，應依機關業務性質、職務特性或任用層級，就各項目分別訂定評定因素、評分標準及最高分數，並以100分爲滿分（陞細5）。標準訂定發布時，應函送銓敍部備查。

二、職務出缺之處理

各機關有職務出缺時，補實之途徑有四（陞5）：(一) 申請考試及格分發；(二) 免經甄審程序，由首長逕行核定人員陞任；(三) 就本機關具有該職務任用資格之人員中，本於功績原則，辦理人員甄審以陞任之，此即「內陞」；(四) 就其他機關具有該職務任用資格之人員中，本於功績原則，辦理人員甄選以陞任之，此即「外補」。

各機關人事單位在辦理陞遷前，應依陞遷法第2條所定原則，簽報機關首長決定職缺擬辦內陞或外補後再行辦理。如擬外補應將職缺之機關名稱、職稱、職系、職等、辦公地點、報名規定及所需資格條件等資料於報刊或網路公告三日以上（陞細3Ⅰ）。

各機關職缺如由本機關以外人員遞補時，除下列人員外，應公開甄選（陞5Ⅱ）：

(一) 因配合政府政策或修正組織編制須安置、移撥之人員。

(二) 職務列等、稱階、等階、級別（即職務列等）相同且職務相當，並經各該權責機關甄審委員會同意核准二人以上相互間調任之人員（以上術語稱爲指名對調）。

(三) 依主管機關所定遷調法令，實施遷調之駐外人員。

各機關職缺如採取外補方式補實，其評分之規定如下：

(一) 需訂定資格條件、甄選及評比方式（陞7Ⅴ）。

(二) 如有機關首長或主管等人員評核之綜合考評項目，該項配分比率不得超過本法第7條第1項各主管院或其授權機關訂定之綜合考評標準（陞7Ⅵ）。

三、甄審作業

機關內部職缺出現，如最後決定以內陞方式補實，應即辦理甄審。辦理甄審之作業如下：

(一) 評定分數

各機關辦理本機關人員之陞任，應依據陞遷法第 7 條規定所定之評審標準評定候選人員之分數。

(二) 造列陞遷候選人員名冊

各機關辦理公務人員之陞遷，在評定分數後，應由人事單位就具有擬陞遷職務任用資格人員，分別情形，依積分高低順序或資格條件造列名冊。惟本機關具擬陞任職務任用資格人員，如經書面或其他足以確認之方式聲明不參加該職務之陞任甄審時，得免予列入當次陞任甄審名冊（陞 9 I）。

(三) 召開甄審委員會審查

人事單位依積分高低順序或資格條件造列陞遷候選人員名冊後，需即檢同有關資料，報請本機關首長交付甄審委員會評審（陞 9 I）。

(四) 擬定陞遷名冊簽請機關首長圈定人選

甄審委員會評審後，提出陞任候選人員名次（或遷調候選人員遴用順序），依程序報請機關首長就前三名中圈定陞補之；如陞遷 2 人以上時，就陞遷人數之 2 倍中圈定陞補之（陞 9 I）。

(五) 機關首長退回重行改依其他甄選方式辦理

機關首長對甄審委員會報請圈定陞遷之人選有不同意見，退回重行依陞遷法相關規定改依其他甄選方式辦理陞遷事宜時，應加註理由（陞 9 II）。所稱改依其他甄選方式辦理陞遷事宜，指如由本機關人員陞遷與由本機關以外人員遞補之改變，或增列舉行面試或測驗方式等依本法規定辦理之事項（陞細 10 III）。

參　陞遷的例外規定

一、不得辦理陞遷甄審之情事

依陞遷法第 12 條之規定，各機關人員有下列情形之一者，不得參加陞遷甄審，亦即不得辦理陞任：

(一) 最近三年內因故意犯罪，曾受有期徒刑之判決確定。但受緩刑宣告，不在此限。

(二) 最近二年內曾依公務員懲戒法受撤職、休職或降級之處分。

(三) 最近二年內曾依公務人員考績法受免職之處分。

(四) 最近一年內曾依公務員懲戒法受減俸或記過之處分。

(五) 最近一年考績（成）列丙等，或最近一年內平時考核曾受記 1 大過之處分。

(六) 最近一年內因酒後駕車、對他人為性騷擾或跟蹤騷擾，致平時考核曾受記過一次以上之處分。

按此項規定內容係 112 年 5 月 17 日修正公布公務人員陞遷法所增訂，旨在回應社會對公務人員品德操守之高度期待，藉以杜絕酒後駕車不良行為及落實性平政策。

(七) 經機關核准帶職帶薪全時訓練或進修六個月以上，於訓練或進修期間。但因配合政府重大政策，奉派參加由中央一級機關辦理與職務相關須經學習評核，且結束後須指派擔任該項特定業務工作之六個月以上訓練或進修，不在此限。

(八) 經機關核准留職停薪，於留職停薪期間。但下列情形不在此限：

1. 因配合政府政策或公務需要，奉派國外協助友邦工作或借調其他公務機關、公民營事業機構、法人服務，經核准留職停薪。

2. 育嬰留職停薪人員得於陞任之日實際任職。

(九) 依法停職期間或奉准延長病假期間。

按 112 年 5 月 17 日前之舊法第 12 第 1 項第 6 款原有「任現職不滿一年

者」不得辦理陞遷甄審之規定，因 112 年新版陞遷法第 2 條將原「依資積並重」改爲「依功績原則」，故配合陞遷制度宗旨的重大變更，不再將年資因素作爲升遷與否的首要考量。至於取消「任現職不滿一年者不得辦理陞遷甄審」之理由爲：

(一) 可以讓資淺但工作績優的人員得到快速陞遷的機會。藉以激勵公務人員積極任事，奮勇從公，並發揮創意，增進機關組織的治理績效，落實功績制原則。

(二) 可適度解決因各機關職務結構、列等或陞遷序列表未盡相同，一律以「任現職滿一年」作爲陞任要件之一所衍生之公平性疑慮。

(三) 實務上，過去銓審機關必須就陞任者「年資是否滿一年」進行審查，審查過程量多繁瑣。現行規定取消任職不滿一年不得辦理陞遷甄審，可舒緩各機關人事單位及銓審機關之陞遷甄審作業流程。

二、冤列入陞遷甄審（選）人員

依據陞遷法第 10 條之規定，得由本機關或其上級機關首長逕行核定，免經甄審（選）之職務如下：

(一) 機關首長、副首長。
(二) 幕僚長、副幕僚長。
(三) 機關內部一級單位主管職務。
(四) 機關內部較一級業務單位主管職務列等爲高之職務。
(五) 駐外機構簡任第 12 職等以上職務。

擔任上述各款職務人員，依公務人員任用法律規定再調任其他職務，得免經甄審（選）程序。但屬第 4 條規定陞任情形者〔按：即 (一) 陞任較高之職務；(二) 非主管職務陞任或遷調主管職務；(三) 遷調相當之職務〕，除陞遷法另有規定外，應辦理甄審（選）。

三、冤甄審優先升任人員

各機關下列人員無不得辦理陞任情事之一，且具有陞任職務任用資格

者，得經甄審委員會同意優先陞任（陞11）：

(一) 最近三年內曾獲頒功績獎章、楷模獎章或專業獎章。

(二) 最近三年內經核定一次記二大功辦理專案考績（成）有案。

(三) 最近三年內曾當選模範公務人員。

(四) 最近五年內曾獲頒勳章、公務人員傑出貢獻獎個人獎。

(五) 經公務人員考試及格分發，先以較所具資格爲低之職務任用。

(六) 依其他法律規定具有得優先陞任條件。

　　合於前項得優先陞任條件有 2 人以上時，如有第 5 款情形應優先陞任，餘依陞任標準評定積分後，擇優陞任；其構成該條件之事實，以使用一次爲限。同時兼具有兩款以上者亦同。第 1 項第 1 款之專業獎章不含依服務年資頒給者。

肆　辦理遷調

　　各機關對職務列等及職務相當之所屬人員，應配合職務性質及業務需要，得免經甄審（選），實施下列各種遷調，以培育人才，增加行政歷練。各種遷調規定，係由各主管機關定之（陞13Ⅰ）：

一、本機關內部單位主管間或副主管間之遷調。

二、本機關非主管人員間之遷調。

三、本機關主管人員與所屬機關首長、副首長或主管人員間之遷調。

四、所屬機關首長、副首長或主管人員間之遷調。

五、本機關與所屬機關間或所屬機關間非主管人員之遷調。

伍　監督機制

一、救濟

　　公務人員對本機關辦理之陞遷，如認有違法致損害其權益者，得依公務人員保障法提起救濟（陞15）。

二、迴避

各機關辦理陞遷業務人員，不得徇私舞弊、遺漏舛誤或洩漏秘密；其涉及本身、配偶及三親等以內血親、姻親之甄審案，應行迴避。如有違反，視情節予以懲處（陞16）。

第五節　公務人員任用及陞遷制度相關議題探討

壹 任用原則徒具宣示作用

任用法第 2 條規定：「公務人員之任用，應本專才、專業、適才、適所之旨，初任與升調並重，為人與事之適切配合。」惟從實務面來看，這四項原則其實宣示性的意義大於實質上的作用。例如，透過調任，有辦法的人仍可悠遊於不同職系之間。實務上，盛傳「沾醬油」的做法就是顯例。某縣長擬將某會計人員（會計審計職系）陞任社會局課長（社會工作職系），但因分屬綜合職組與財務職組，依任用法第 18 條規定是不能調任的，但依據職組暨職系名稱一覽表財務職組備註欄規定：「本職組各職系與綜合行政、經建行政職系視為同一職組，但以本職組現職人員單向調任為限。」因此，透過以下巧門，縣長仍可完成其心願：即先把該會計人員陞任為同職組綜合行政職系的清潔大隊隊長（因可單向調任），一段時間後，再將其調到社會局擔任課長（同職組各職系可雙向調任）。很明顯地，此調任程序完全合法，但是否符合專才專業及適才適所就大有商榷餘地了。

另，任用法第 18 條有關同職組各職系之間可以互調的規定，雖然立法旨意是在擴大用人彈性，但是否與第 2 條中的專才專業、適才適所原則不符，亦值討論。以綜合職組而言，其下有 7 個職系，彼此可以互調，惟吾人以普通常識評斷，實難謂人事行政與社會工作會同屬一個專業領域？如再擴大到不同職組，經建行政職系（經建職組）與圖書史料檔案職系或文教行政

職系（綜合職組）視為同一職組，可以由經建行政職系單向調任圖書史料檔案職系或文教行政職系。難道此種設計係視圖書史料檔案或文教行政業務不夠專業？

　　除此之外，有關公務人員之調任，任用法僅做原則規定，但屬於行政命令性質之職組職系名稱一覽表卻在備註中對調任範圍詳予規定，此是否逾越任用法之授權，確值商榷（顏秋來，民 96）。

貳　職務列等問題

　　對公務人員來講，職務列等關係到他的等級、升遷幅度和薪水，因此職等當然是列愈高愈好，跨愈多愈好。但列等愈高，人事費用也跟著增加，官制結構也可能失衡，所以職務列等是一個兩難問題。官等職等併立制實施至今，在職務列等已經逐漸出現一些困境，舉其要者如次（顏秋來，民 96；程本清，民 97；歐育誠，民 100）：

　　第一，職務列等須以職等標準為依據，其標準有三：職責程度、業務性質、機關層級；惟實際上各機關在辦理職務列等時，卻未依據職等標準進行比較，而是相互援引比照，形成齊頭式平等的職務列等表。且三項列等標準中，職責程度並未受到太大之重視。另，機關編制員額數、所轄機關數、轄區人口數多寡、所需業務技能等因素亦未納入審核職務列等時之考量。

　　第二，中央與地方職務列等不均，中央機關高職等職務明顯高於地方機關。如各縣（市）政府一級單位主管，最高僅列簡任第 11 職等，副主管為薦任第 9 職等，二級主管為薦任第 8 職等；而中央機關部（會）層級，一級單位司（處）長列簡任第 12 職等、副司（處）長列簡任第 11 職等，科長列薦任第 9 職等。之所以有此結果，乃因列等標準中的機關層次係屬最客觀的因素，其考量理由在於機關層次和決策重要性、影響面係呈正相關；故機關層次高者，列等較高，自屬當然。惟如此設計，常引發地方機關公務人員不平，導致地方機關人員流動率偏高，而人才下鄉也淪為口號。

　　第三，從列等標準的設計來看，職等代表的是工作的概念，但在公務

人員心目中，它卻是地位和身分的象徵，於是逐漸產生「職等官等化」的現象。反映在職務列等方面，就是不斷藉故要求提高列等或增加跨等幅度，導致職務列等的重疊性增加，職務間相對差異性降低。而為了能達到提高列等的目的，也衍生了諸多不正常現象，如要求提升機關層次或刻意寬列員額編制、編織職掌項目以彰顯機關職責程度。

參　職務跨等問題

官等職等併立制的職務跨等設計，其原意在確保人力運用的彈性；但演變至今，卻逐漸由例外變成原則。反映在官制結構上，跨列 2 及 3 個職等的職務已經高達八成以上。此一現象，在文官制度上業已產生若干缺失：

一、職務高低與列等高低無必然關係。例如，中央部會局處屬之職務列等，專員跨第 7 職等至第 9 職等，科員列第 6 職等至第 7 職等，實務上科員職務係較專員為低，但卻都有列第 7 職等之設計。另，單列第 9 職等科長之職務應較專員為高，但與第 9 職等專員相較，是否又意味兩者之職責程度相當？

二、出現相同職務支領不同加給之同工不同酬現象。如上例，同為專員，有列 7、8、9 等之情形，其所支領之專業加給不同，實難謂同工同酬。

三、公務人員為取得同職務內升等的任用資格，乃相互競逐較佳考績等次，而服務機關為滿足眾人需求，於是出現輪流考甲的現象，績效考核淪為形式。

肆　臨時人力法制問題

我國目前臨時人員進用制度除本章提到的聘用、約僱、派用（已廢止）、機要人員外，尚有職務代理人及派遣人力。上述臨時人力的進用，除聘用人員以法律定之外，其餘均屬行政命令。因法規分歧，規範欠周，各類臨時人員權益寬嚴不一，致管理體制難以一致亦不甚完整，造成用人機關管

理的困擾。除上述缺乏統一法制的制度上缺失外，在實務上亦有以下問題（林志忠，民 92）：

一、派遣人力業已成為目前世界各國公私部門廣泛運用的類型，惟國內工運團體對政府機關進用派遣人力亦頗有微詞。因此，如何在彈性用人、節省人事經費以及保障民眾工作權之間求取平衡，仍有待進一步思考。

二、臨時人力不需經由國家考試即可進用，故與常任人員相比，素質良莠不齊，難以掌握。

三、除派用人員、機要人員係準用公務人員相關規定予以考核外，其餘約聘僱人員因缺乏完整之考核規定而無法有效落實績效考核。

四、因缺乏防止常任化機制，約聘僱人員往往淪為長期聘僱，不僅違背建制精神，且造成政府人事管理上的困擾。

五、約聘僱人員久任後，每每要求比照享有一般公務人員之權益，政府為求人事安定，只好逐步放寬（如薪級結構與退離機制）。不僅變項鼓勵聘僱人員久任，亦不符人事管理公平原則。

伍 陞遷制度及實務運作問題

陞遷法實施以來，在制度和實務上仍有若干值得討論之處，其犖犖大者如次（程本清，民 97；林慶修，民 99）：

一、年資與績效是陞遷制度中兩項最重要的指標，惟前者客觀、具體，後者則常淪為主觀。就評分標準表觀之，除獎懲能量化外，個別選項中的發展潛能及領導能力之評分標準仍失之抽象。

二、陞遷法第 2 條雖規定公務人員之陞遷需兼顧內陞與外補，惟卻未明定內陞或外補之人數比例。故職缺究以內陞或外補處理，完全任憑機關首長決定。影響所及，人情請託及政治因素恐難避免涉入。

三、現行陞遷法制強調逐級循序陞遷，故規定極為嚴格而僵硬，對工作績效極為卓著且深具發展潛能之公務人員，並無例外之快速陞遷管道予以拔擢培育。

四、現行「行政院及所屬各級政府機關公立學校公務人員陞任評分標準表」所定之考核項目及其配分仍有再檢討之處。例如，學歷（7分）與考試（7分）與資績似乎無關，且偏重過去資歷，而每次陞任均重複使用，亦不合理。另，將獎懲（6分）列為評比項目，是否對獎懲機會較多的職務有利（或有害）？

五、依規定外補人員需經由公開徵選，惟陞遷法對外補之甄選方式並無詳細規範，僅規定由用人機關參酌陞任規定，自訂審查項目。因此，在實務上，不免會有機關首長為口袋人選量身訂製審查項目的不公情事發生。

六、甄審委員會中，指定委員人數通常多於票選人數，而指定委員亦為機關首長指定，如機關首長堅持貫徹其用人意志，票選委員意見往往難獲採納，導致甄審的形式意義大於實質意義。且陞遷最後決定係由首長就前3名中圈定之，如首長對人選均不滿意時，尚可退回委員會重新辦理。此外，在評分標準表中，機關首長掌握20分的綜合考評，更是擴大了機關首長在陞遷事宜的決定權。

七、評分標準表中個別選項中的四項指標：職務歷練與發展潛能、訓練及進修、語言能力、領導能力係由各機關自行配分，其設計原意係授權各機關將業務特性融入甄審過程，惟除職務歷練、訓練及進修以及語言能力尚稱明確外，其他如發展潛能和領導能力的界定卻失之抽象。

關鍵詞彙

任用　陞遷　內陞制　外補制　官等　職等　分發任用　試用
派代送審　調任　權理　升官等訓練　聘用　派用　機要人員　甄審
公開甄選　陞遷序列表　甄審委員會

自我評量題目

一、依據公務人員任用法規定，公務人員之任用有何基本原則？官等及職等之涵義為何？試說明之。

二、現職公務人員的調任規定為何？請依公務人員任用法第18條的規定說明之。

三、請依公務人員任用法及其施行細則規定，說明公務人員「正式任用」的過程。

四、依據公務員任用法之規定，公務人員之任用，應具備哪些資格？試分述之。

五、根據我國公務人員相關法規，公務人員取得簡任10職等以上職務之任用資格有哪些途徑？試分別說明之。

六、何謂權理？其設制目的為何？有何限制？

七、請依現行公務人員任用法及其施行細則之相關規定，分別說明「試用」及「調任」的規定各為何？並請評述之。

八、根據公務人員任用法第26條之1的規定，各機關首長在哪些期間不得任用或遷調公務人員？並說明此一規定的用意。

九、公務人員任用法對於機要人員之進用，有何原則性之規定或要求？

十、各機關辦理公務人員之陞遷時，依公務人員陞遷法之規定，應設有何種組織？其運作程序為何？試說明之。

十一、何謂陞遷？公務人員陞遷法有關「免經甄審」、「優先陞任」二項規定各為何？試說明之。

參考書目

林志忠（民 92）。我國公務人員任用制度之研究——政府再造之觀點。國立台灣大學國家發展研究所碩士論文。

徐有守（民 86）。考銓制度。台北：台灣商務印書館。

張秋元（民 98）。中央各機關聘僱人員進用及管理情形。公務人員月刊，

第 159 期，第 22-25 頁。

程本清（民 97）。公務人員陞遷法修正案之評析。公務人員月刊，第 145
　　期，第 25-34 頁。

蔡正村（民 92）。我國現行公務人員任用制度之研究。國立中山大學政治
　　學研究所碩士在職專班碩士論文。

蔡良文（民 100）。人事行政學──論現行考銓制度。台北：五南圖書。

歐育誠（民 100）。兩制合一 25 年的回顧與評析──談官等職等、職組職
　　系與俸級結構。公務人員月刊，第 52 卷第 6 期，第 30-44 頁。

顏秋來（民 96）。現行公務人事制度之檢討與改進芻議。考銓季刊，第 49
　　期，第 106-124 頁。

第六章
公務人員俸給制度

林文燦

第一節　基本概念

　　待遇雖具有不同的意涵，但對僱傭雙方卻具有難分軒輊的重要性。就雇主而言，它既是重要的成本，也影響組織羅致及留用優質人力的能力，更是激發員工的績效及提升組織競爭力的關鍵因素。對員工而言，它是受薪階級可支配所得的主要來源，一方面可以維持社會地位，另一方面則是員工服務績效的表徵（De Silva, 1998）。每一個組織都有其特有的歷史、傳統、規範、社會經濟條件及環境壓力等，這些雜沓而至的因素，編織成了待遇制度運作的系絡（Gomez-Mejia & Balkin, 1992）。

壹　俸給的意涵

　　我們可以從理論層面，以及從現行法律及其實務運作架構等二個層面析論俸給所涵蓋的內涵。

一、理論層面

　　待遇管理學術領域中，Milkovich 與 Newman 二位學者自 1984 年起寫了一本「待遇」（*Compensations*），該專書到 2023 年修訂為第十四版，雖作者改由 Barry Gerhart（2023）擔綱撰寫，惟該專書的架構，仍率由舊章，維持原架構增訂新內容。綜觀，該專書有個一脈相傳的概念——總待遇及工作總回報。Milkovich 與 Newman 在第六版前用所謂待遇（compensation）形式，

以「總待遇」（total compensation）來統攝各種待遇相關用語及內涵。所謂總待遇包含直接薪及間接薪二部分，前者係指員工所領取的各種形式的現金給付；後者指具體的服務及各項福利措施等僱傭關係。總待遇指包含底薪（base pay）、功績薪（merit pay）、誘因（incentives）及各種服務（services）與福利（benefits）等四個主要項目。其中直接薪指的是各種現金形式；底薪是反映職務或工作的價值；功績薪獎賞過去的行為及成就；績效薪（誘因）則在於引導員工行為及未來的表現，例如佣金、利潤共享制。至於間接薪的形式，包含各種服務及福利項目，較為複雜，例如，給假（如休假）；服務（藥物諮詢、財務規劃）；保障服務（醫療保健、保險及退休年金）等，詳如圖 6-1。

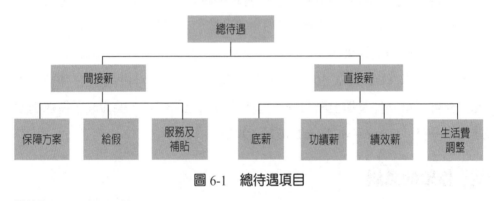

圖 6-1　總待遇項目

資料來源：Milkovich & Newman (1993: 5).

在我國公務體系之下，俸給是俸給，福利是福利，退休金是退休金，壁壘分明。但實際上，這是有待商榷的。美國在雷根總統執政時，就引進「總待遇」來規劃該國聯邦政府待遇制度，因為運用總待遇概念，才能獲致公務人員給與制度的全貌。

民國 107 年 7 月 1 日軍公教年金改革實施前，軍公教人員退撫經費是沉重的財政負擔，退休人員所得替代率偏高所造成財政負擔，及延後支領月退休金所造成的人事新陳代謝現象，部分的原因在於我們未以總待遇的概念，規劃公務人員退休制度所致。要知道，就性質而言，退休金是俸給的另一種

型態，是公務人員月支俸給的遲延給付。現行公務人員俸給制度所存在的問題，自然而然會影響到公務人員退休改革的成效。舉例來說，在一般概念之下，公務人員職務結構或俸給結構應該呈現金字塔的型態，才能支撐確定給付制的退休制度（其理由，請詳見第九章公務人員退休與撫卹制度），但實際上卻呈現橢圓的型態，不但致使退休金負擔日益沉重，更影響現職人員待遇的合理改革。

　　我國歷次有關公務人員俸級結構的檢討，受政治現實影響，形成各職等俸級結構高度重疊及部分職等年功俸過長等現狀。這種現象就是，委任升薦任升官等訓練及格人員可晉升至薦任第 7 職等年功俸 6 級，而薦任第 7 職年功俸 6 級是相當於簡任第 10 職等本俸 3 級；而薦任第 9 職等年功俸 7 級相當於簡任第 13 職等本俸 1 級。從以上二個例子來看，多數薦任官公務生涯中大部分年資是以薦任官俸級數額，繳交退休費率，但退休時卻以簡任官的俸級辦理退休，再加上我國現行公務人員退休給付採確定給付制，使得公務人員退撫經費負擔加重，這也是 107 年 7 月 1 日實施年金改革後，要改按「均俸」來計算月退休金的主因。綜合言之，若沒有用「總待遇」概念來規劃俸給制度及退休制度，是無法窺得全貌，而且後遺症嚴重。而本章所討論的「俸給」，其概念是限縮在第一項的底薪，也是我們一般所稱的公務人員本俸（年功俸）及各種加給。

　　Milkovich 與 Newman（2002: 8）自第六版開始，提出一個新分析架構，稱之為工作總回報（total returns for work），該書以工作總回報為分析架構，詳如圖 6-2，多被引為公私部門待遇管理實務的參考指引。所謂工作總回報是由總待遇及衍生性回報（relational returns）等二大項目組成。總待遇包含現金待遇及福利二部分；衍生性回報則包含認可與地位、就業保障、工作挑戰性及學習機會等。

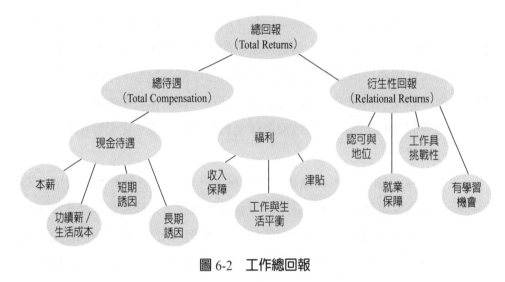

圖 6-2　工作總回報

資料來源：Gerhart & Newman (2020: 13).

　　單從現金待遇（直接薪形式），無法解決專技人員長期流失及不足額錄取的問題；或者部分優秀公務人員不計俸給高低，而願意留任公職，戮力從公之情形。若佐以 Frederick Herzberg 的雙因素理論（two-factor theory）來看，總待遇係保健因素，則衍生性回報為工作本身成就的激勵因素，包含認可與地位、就業保障、工作挑戰性及學習機會。

　　工作總回報中的衍生性回報概念，提供了一個解釋「何以公務人員在待遇不高情形之下，尤其是高階文官、部分高端專業人力，仍留任於政府部門之中，持續自我學習成長，戮力從公，追求工作成就等」的理由，及公職生涯迷人之處。舉例來說，2011 年發現食品添加「塑化劑」的「楊技正」，確保國人食品安全，維護國人身體及身心的健康，功德無量；楊技正接受訪問時說：「我是公務員，也是消費者，看到整個團隊所做的努力，身為媽媽，回家後忍不住告訴自己小孩，應該為他們鼓掌。」（中國時報 100.09.18）這就是衍生性回報，也是二因論所謂工作本身成就感的激勵因素。另 2016 年國道一號五股楊梅拓寬路段通車三週年，馬英九致詞時表示，國道新建工程局長曾大仁負責五楊高架道路的督建，其效益，第一是「省錢」，他說原

來規劃 800 億的預算，結果 580 多億就完成了，足足省 300 億元，此外還有節省行車時間以及安全度的提升；他並授勳給交通部政務次長曾大仁，肯定他的付出（自由時報 105.04.20）。公部門職場實況描述是：「當公務人員不會賺大錢，但充滿著獲得自我學習成長及工作成就的機緣。」洵不誣也，筆者也是這樣走過公務生涯的，一併分享給讀者。

閒言表過，為了讓讀者充分解工作總回報這個概念，如何運用到實務上，使理論與實務得以結合，特以專技轉任制度設計為例，針對配合專技轉任制度的俸給制度設計，筆者認為要以工作總回報為分析基礎，亦即以總待遇及衍生性回報等概念重新設計延攬、留用及激勵專技人員政策。若然，我們針對配合專技轉任制度的策略性待遇制度之設計，在總待遇概念設計方面，則不能僅限於俸給的職務薪，還要包括績效薪及代表個人薪（person-based pay）的證照薪。此外，專技轉任人員不僅在乎薪水高低的保健因素；或許更在意工作內容獲得認可與地位、工作挑戰性、學習機會及職涯發展等衍生性回報。專技轉任人員在公務體系內任職，若從民間建築師轉任公職後在工作上仍能發揮建築工程專業技術，進而確保國家重大建設如期、如質完成，其在所獲得工作成就感與榮耀，當更有助於讓專技轉任人員留任公務體系內（林文燦，民 111）。

二、實務層面

(一) 俸給

一般行政機關公務人員、關務人員、司法人員及警察人員等所支薪資，係以俸給一詞用之，其法律條文規定如下：

1. 公務人員俸給法第 3 條規定：「公務人員之俸給，分本俸（年功俸）及加給，均以月計之。」
2. 關務人員人事條例第 14 條規定：「關務人員之俸給，分本俸、年功俸及加給，均以月計之。」
3. 司法人員人事條例第 38 條規定：「司法人員之俸給，適用公務人員俸給

法之規定，並給與專業加給。」

4. 警察人員人事條例第 22 條規定：「警察人員之俸給，分本俸（年功俸）及加給，均以月計。」

(二) 薪給

薪給是派用人員、交通事業人員等待遇之法律用語，其法律條文規定如下：

1. 公務人員俸給法第 25 條規定：「派用人員之薪給，準用本法之規定。」
2. 交通事業人員任用條例第 11 條規定：「交通事業人員資位職務薪給表，由考試院會同行政院定之。」

(三) 報酬

報酬是聘用人員待遇所使用的法律用語。依據聘用人員聘用條例第 3 條規定：「本條例所稱聘用人員，指各機關以契約定期聘用之專業或技術人員。其職稱、員額、期限及報酬，應詳列預算，並列冊送銓敘部登記備查；解聘時亦同。」

(四) 待遇

待遇是教師、工友所使用的法律用語，其法令條文如下：

1. 教師法第 3 條規定：「本法於公立及已立案之私立學校編制內，按月支給待遇，並依法取得教師資格之專任教師適用之。……」同法第 36 條規定：「教師之待遇，另以法律定之。」
2. 工友管理要點第 14 點規定：「各機關應按行政院規定支給工友待遇，……。」

(五) 工資

適用勞動基準法（以下簡稱勞基法）人員待遇的法律用語為工資，依據勞基法第 2 條規定：「三、工資：指勞工因工作而獲得之報酬；包括工資、薪金及按計時、計日、計月、計件以現金或實物等方式給付之獎金、津貼及其他任何名義之經常性給與均屬之。」

(六) 給與

給與一詞是實務上最廣義的概念，其法律用語來自於原行政院人事行政局組織條例，依據該局組織條例第 6 條規定：「給與處掌理左列事項：一、關於員工給與之規劃及擬議事項。」101 年 2 月 6 日改制後的行政院人事行政總處組織法第 2 條亦有「員工給與之規劃及擬議」之規定。

從上述法律規定中，「給與」一詞接近學理上的「總待遇」，能兼顧總待遇在學理上的意涵，使得理論的分析層次能夠更貼近實務的需要，包含俸給、退休金、福利及補貼等四個部分。就實務運作而言，俸給係指公務人員按月支領之本俸（年功俸）、專業加給、主管人員支領主管職務加給，及公務人員支領的其他法定加給（如地域加給）；退休給與：依據公務人員退休資遣撫卹法辦理；福利事項：包含生活津貼；補貼則包含交通費、休假補助費等。

公務人員俸給法並未針對俸給予以界定，這是法制不足之處。公務人員雖非適用勞基法，但勞基法第 2 條規定將工資用語定義為：指勞工因工作而獲得之報酬，清晰地勾勒出各個俸給法律用語的共同性質──「政府針對公務人員所提供之勞務，所給予的對價金錢給付」。此一定義揭示了俸給的二個性質：(一) 勞務與給付對價的交換關係；(二) 此對價關係是以金錢方式呈現。

綜上分析，俸給專指員工因職務所獲得之各種金錢性的對價給付事項，係指以公務人員任用法進用之一般行政機關的公務人員，按月支領之本俸（年功俸）、專業加給、主管人員之主管職務加給及其他法定加給等定期給付，不含一般公務人員普遍支給之考績獎金、年終工作獎金；某些機關特有之工程獎金、營運獎金；不含退休金；不含福利項目；不含各項生活津貼。

貳 俸給的訂定基礎與策略性待遇的觀點

就待遇理論而言，給薪基礎可歸納為 3P，即：

一、職務薪（position-based pay）：依據員工所擔任的職務給薪，它就是建立在工作分析、職務說明書及職務評價制度上的職位分類制度，美國、我國採之。它具有論資排輩，終身僱用及穩定文官制度的特色，卻也隱含著不利變革及知識創新的弊病。

二、績效薪（performance-based pay）：依據員工績效給薪，是一種依據員工個人績效表現而不論年資的給薪制度（員工薪資的高低，與工作績效掛勾）。

三、個人薪（person-based pay）：依據知識工作者所擁有的個人專業價值及技術價值來給薪，如技術薪或知識薪（skill- or knowledge-based pay）是因應創新、知識經濟時代的一種給薪基礎。這種待遇型態會激勵員工不斷的學習新知識或技能，增加員工個人的價值。員工不用爲加薪而爭取升職機會，可以避免產生彼得定理的現象。

　　前述「待遇」專書中，在 2020 年第十三版序文提及，待遇管理就是聚焦策略選擇（strategic choices）。策略性待遇制度是指如何形成這 3P 的最適組合；公務人員待遇制度＝固定薪（職務薪）＋變動薪（個人薪＋績效薪），待遇方程式就是在有限用人費框架下，如何使固定薪及變動薪間形成最適的動態組合，所稱策略性待遇最適組合通常是綜合首長認知、組織型態、組織文化等因素決定之。

　　進一步言之，以職位爲基礎的職務薪制度，提供組織穩定的基石，然而論者認爲這種論資排輩的薪酬體系會妨礙變革，我國公務人員俸給制度就是這種建立在按職務爲給薪基礎的制度。相形之下，重視績效及變革之組織，會利用形形色色的誘因措施，如獎金來激勵員工，激勵員工們支持變革。而這種給薪機制尙有一個更深層的影響，即組織設計將不再侷限於職位升遷的層級體制，也可建構專業升遷扁平體制。尤其是，員工除可透過攀升職位而加薪外，也可以選擇自我成長、能力提升而加薪，亦可因取得專業證照而加薪。在當前知識經濟時代，講究創新，尤須有側重員工能力、技術的待遇制度設計，促使員工透過持續學習新技術、專業而加薪。換言之，員工的職涯

發展可以鐘鼎山林，各隨其性，可求升官以加薪，也可浸淫專業而加薪，而組織可隨而不斷創新，員工與組織兩相得利。

參 俸給的分析架構

俸給若能與組織策略、組織活動及所處系絡環境愈匹配，則愈能發揮效能，組織績效也因之愈高。我國現行官等職等併立的俸給制度，是一個結合傳統品位導向的簡薦委制度，以及現代職位導向的職位分類制度，就是俸給制度須考量其運作系絡為最佳寫照。

Milkovich 與 Newman（2014）以策略的觀點來研究待遇管理，提出了企業（政府機關亦適用之）待遇制度的四個基本面向分析架構。茲說明如次：

一、內在一致性俸給政策

所謂內在一致面通常稱之為內在公平，係指一個組織內各種職務、技術或能力間的俸給關係，針對員工職務及員工的技術予以比較，以呈現其對組織目標的相對貢獻或相對價值，經由各職務間相對位置的排列後，彼此間形成了一個組織的內在職務結構或俸給結構，此一結構架設了組織工作流程，建立了員工公平感受的基本架構，匯聚並指引員工行為於組織目標的落實，這就是著名的同工同酬原則（equal pay for equal work），這也是公務人員俸給結構的基本精神所在。

就政府部門而言，各機關間及機關內部各類專業人員間加給關係，如何維持與建構呢？同工同酬的實質意涵為何？公務人員俸給水準高低應以其所占職務或各該公務人員本身的技術、知識的差異程度決定之？公務人員俸給高低差距應該拉大或是縮小等。凡此種種都是蘊涵於內在一致性俸給政策下，而為主管俸給數額之主管機關所必須面對的各種策略性俸給決定。一般而言，就是銓敘部所主管的俸給法制事項，我國公務人員俸給制度，主要在落實內在一致性的政策，並未涉及外在競爭面俸給政策，因為它涉及俸給實支數額，是行政院人事行政總處的權責。

二、外在競爭面俸給政策

外在競爭面俸給政策係指與競爭民間企業員工薪資水準的比較情形。這也是美國聯邦政府自「1962 年聯邦待遇改革法案」所揭示的比較原則（comparability principles）。具體地說，政府部門員工待遇水準在全國或國際的薪資市場的位置，與國內民間企業或國際上非營利組織員工待遇水準的比較，其結果影響到該組織或機關競逐優質人才的能力。

就俸給管理的實際運作而言，在外在競爭面的俸給政策下，機關首長面臨許多策略性待遇決定，例如，我們希望給付各類專業人員（如工程人員、醫師、法務人員、資訊人員等）的俸給水準為何？是高於薪資市場水準呢？還是落後於薪資市場的水準呢？待遇的給付組合有各種方式，如何組合方足以滿足公務人員需要，足以延攬、留用及激勵優質的人才呢？

三、員工貢獻面俸給政策

員工貢獻面俸給政策係在探討公務人員對其機關貢獻程度，而貢獻程度是按何種基準決定之？是依據公務人員的年資？或工作績效之上或所擁有的技術？進一步論之，歸列相同職等的各種職務，若績效或年資若有所不同，是否亦應給付不同的俸給水準呢？換言之，員工是否可以因時間及經驗的累積，按年資升遷支給較高的俸給水準呢？或者，員工是否可以因組織績效，而獲得獎金；高生產力團隊的成員的俸給水準，應較低生產力團隊成員為高嗎？惟目前我國的俸給法制上，尚無績效給薪的設計。

四、機關管理面俸給政策

依據現行俸給法制，機關管理面俸給政策的主管機關是人事總處，此一政策是落實其他三個策略性俸給政策的基礎。就執行面而言，任何機關或組織縱使能夠設計出完備的內在一致面、外部競爭面及員工貢獻面等策略性俸給政策，但徒法不足以自行，欠缺良善管理性策略俸給政策的執行，任何良法美意，終成泡影。

舉例來說，高低階公務人員俸給應維持何種差距？始能使得公務部門俸給具有激勵性？俸給水準足以與民間部門競逐優質人才嗎？能否吸引、留用並激勵優質人才嗎？公務人員感覺我們的俸給制度公平嗎？員工俸給調整的機制是否公開化、透明化嗎？這些策略性俸給政策，都需要俸給管理性政策的有效執行。

最後，學者專家大抵同意俸給制度是傳達組織目標訊息的重要機制，當組織決定哪一種俸給制度時，就透露出該組織所重視的組織文化。如此看來，我國公務人員俸給制度傳達的訊息，是重視內在公平而不重視員工績效的制度。

因此，人力資源管理部門必須先做政策行銷與組織學習等配套薪資管理措施，讓員工有充分地瞭解俸給制度的機會或平台，唯有透過完善的溝通措施，獲得員工的信賴及支持，才能夠讓俸給制度之良法美意，有落實的可能性。

肆　公務人員俸給制度歷史發展與沿革

一、大陸地區實施情形

筆者從事公務人員俸給理論與實務研究逾三十年，認為「公務人員任用制度是俸給制度的基礎」是研究公務人員俸給制度者應有的基本認識。是以，對我國公務人員任用制度，須先行探究。簡薦委任制創於民國元年，依據民國元年元月 3 日孫大總統頒布「中華民國臨時政府中央行政各部及其權限」第 1 條：「各部設總長一人，次長一人。次長由大總統簡任。」第 2 條：「各部局長以下各員，均由各部總長分別薦任、委任。」（王餘厚，民 82：203）

而文官制度的法制首見於民國元年 10 月 16 日，臨時大總統公布之「中央行政官官等法」，該法第 1 條規定：「中央行政官除特任外，分為九等，第一等、第二等為簡任官，第三等至第五等為薦任官，第六等至第九等為委

任官。」奠定簡薦委的人事制度。中央行政官的任用規定：「特任官（國務總理和各部總長等）的任命，須大總統經參議院同意任命。簡任官的任免敘等，屬於國務院或直屬於國務總理的、由國務總理呈請大總統執行，屬於各部或直屬於各部總長的、由各部總長商承國務總理呈請大總統執行。薦任官的任免敘等，屬於國務院或直屬於國務總理的、由所屬長官呈由國務總理呈請大總統執行，屬於各部或直屬於各部總長的、由各部總長經由國務總理呈請大總統執行。委任官的任免敘等，均由所屬長官執行。

袁世凱在民國元年 12 月 15 日，頒行公布「文官任職令」，規定文官除依「文官官秩令」授官外，還需依該令任職。文官任職分為特任職、簡任職、薦任職、委任職。其中簡任、薦任為高等文職，委任為普通文職。特任職，由大總統特令任命。其任命狀均由大總統署名、蓋印，國務卿副署。簡任職，由大總統在合格人員中簡任。其任命狀均由大總統署名、蓋印，國務卿副署。薦任職任命，凡屬於政事堂者，由各該長官經由國務卿呈請大總統任用；屬於各部院者，由部院長官呈請大總統任用；屬於各部院所轄官署者，由各該長官經部院長呈請大總統任用；屬於各省及各地方者，由各省及各地方長官呈請大總統任用。前項屬於各省及各地方的薦任職，其應由主管各部院薦請任命者，仍由各省及各地方長官諮陳主管部院呈請大總統任用。薦任職的任命狀蓋用大總統印，由國務卿署名。委任職，由直轄長官任用。其任命狀由所屬長官署名、蓋印。

14 年頒布「中央行政官官俸法」和「文官俸級表」，南京國民政府廢止「中央行政官官俸法」，並修正「文官俸級表」。18 年另頒「文官俸給條例」，與上述俸級表並行。22 年重新訂定「暫行文官官等官俸表」，統一規定官俸等級，規定特任為 1 級，簡任為 8 級、薦任為 12 級，委任為 16 級，同時在原來官俸表基礎上擴大了薪級幅度。32 年公布公務員敘級條例，對簡、薦、委任人員級俸的起敘、晉敘、比敘、改敘、降敘等做出統一規定。質言之，雖然制度迭有所修正，但不變的是分為簡、薦、委三個官等的俸給制度本質。

(一) 北京國民政府時期：中央行政文官官俸法

　　民國元年臨時大總統令公布「中央行政官官俸法」，同年 10 月 16 日公布「中央行政官官等法」，該法第 1 條規定：「中央行政官除特任外，分為九等，第一等、第二等為簡任官，第三等至第五等為薦任官，第六等至第九等為委任官。」此法奠定了簡薦委俸給制度。

(二) 南京國民政府時期：文官官等官俸表

　　22 年公布「文官官等官俸表」及 35 年國民政府頒布「修正暫行文官官等官俸表」仍將公務員分為特任、簡任、薦任及委任四等。22 年南京國民政府制定「文官官等官俸表」，重新訂定了各級公務員的薪資標準，26 年全面對日抗戰，大致沒有變動。

　　許多教科書都說，我國簡薦委任人事制度源自九品中正制度，但這種說法或許有討論的空間。筆者為研究我國人事制度，閱讀許多文獻，下列論述頗有參考價值。房列曙（民 105：377）：就性質言，北京政府的文官薪俸制度係照搬日本制度。首先，文官分等及任用資格。日本文官分親任、敕任、奏任、判任四等，北京政府文官亦分特任、簡任、薦任、委任四等，其任命資格也極為相似，都與應選者能否通過文官考試、學歷水準、任職年限相聯繫。其次從薪俸構成來看，日本文官俸給分本俸、職務俸、在勤俸、加俸（年功加俸等），北京政府文官俸給構成也差不多，最後，兩國文官俸給制度都很注重等級、身分觀念，俸給的制定標準更偏向於維持官吏的身分，而不是反映工作的繁簡難易及職責的輕重。

　　上述有關我國文官制度歷史陳述，未見於一般人事行政著作的論述，筆者做了一些考證的研究。近代日本文官制度建立於明治維新時代，首見於 1899 年，依據「世界大百科事典」[1]所述：「隨著西元 1885 年（明治 18 年）內閣制度之創設，依據次年制定之『高等官官等俸給令』及『判任官官等俸

---

[1] 世界大百科事典内の勅任官の言及 https://kotobank.jp/word/%E5%8B%85%E4%BB%BB%E5%AE%98-569368（首次造訪日期：2020 年 5 月 11 日）。

給令』，官吏大致區分為高等官及判任官，高等官再分為勅任官與奏任官，勅任官中又設置了親任官。再依據 1892 年制定之高等官官等俸給令，親任官外之高等官區分為 9 等，親任官、一等官、二等官為勅任官，三等官至九等官為奏任官。」在這之前，日本明治 2 年 7 月制訂日本官吏制度分為等級（最高之第 1 等至最低之第 16 等）及位階〔正 1 位（第 2 等）至從 9 位（第 16 等〕，從外觀上類似唐代的「九品中正制」。明治 10 年修訂頒布，取消「位階」用語，開始出現勅任、奏任、判任的官吏等級。而此一官吏等級設計是隨著 1885 年內閣制度之創設，也是明治維新建立近代官吏制度，主要是參考德意志官吏制度的模式（鄭勵志，民 90），是以，日本、德國的人事制度及我國簡薦委制均屬品位制，而非美國式的職位分類制度，是以，我國簡薦委品位制源自九品中正制度的論述，似值商榷。

又依據人事行政局已退休副處長王餘厚（民 82：204）研究，亦有類似論述，可資印證：

> 民國開國之初，日本當時之官制，亦分為三等，即「勅任」、「奏任」與「判任」（委任）。日本於西元 1886 年，頒布「各省官制通則」及「文官試驗規則」，1899 年完成「文官任官令」。綜上所述，我國於民國建元之第三天，即已廢棄傳統之品位制，而迅速確定簡薦委任之官制，直接固然淵源於固有之文化和文官制度之精華，但間接亦難謂不是仿自當時日本之官制。

(三) 抗戰時期：非常時期改善公務人員生活辦法

抗戰軍興，政府為安定公務人員生活，自 30 年起施行「非常時期改善公務人員生活辦法」，31 年施行「公務員戰時生活補助辦法」，在薪俸外，發給生活補助費；35 年發布施行「公務員戰時生活補助辦法」，相繼實施「統一薪俸制」、「生活配給制」及「訂定最低生活費」等措施。遷台之後，

為繼續確保公務人員生活需求，除支給本俸以外，又另有其他津貼項目，主要係以結合滿足基本生活的實物配給為主。

值得注意的是，曾經發展過的歷史事件決定的路徑，限制了制度未來的發展，因此歷史的影響絕對不能等閒視之。我國公務人員待遇制度的路徑，早就在民國成立初期北京政府就已決定了，首先在官等上基本上沿用北京政府時期的規定，分官等為特任、簡任、薦任、委任四等，各等又分若干級，是一種偏向於維持官吏的身分，而不是反映工作的繁簡難易和職責的輕重；其次，再加上對日抗戰時物資缺乏的現實，而採取安定生活的實物配給制，使得俸給法制與待遇管理實務脫節。而這種解決實際生活需要的生活補助費的支給數額，反較基本俸額為高，對公務人員生活產生實質利益，這些自我增強的措施，使得我國公務人員待遇制度鎖在「非單一俸給制度」的「路徑」。可見，歷史事件是重要的。

二、台灣地區實施情形

(一) 公務人員俸給法

公務人員俸給法自 38 年 1 月 1 日總統公布後，計有 13 條。其要點為公務人員俸給分為本俸、年功俸、及優遇俸三種，顧及政治情勢，並未實施。

43 年 1 月 9 日始修正公布實施公務人員俸給法，因原法除定有本俸、年功俸、優遇俸外，復有津貼給予，名目繁多，適用困難，故除將優遇俸一項刪除，保留本俸、年功俸兩種，以為敘資、晉級之經常給予，另以現行之加給一種，代替津貼，作為職務、地域臨時調劑之用（李飛鵬，民 68）。第 2 條規定：「公務人員之俸給，分為本俸、年功俸及加給，均以月計之。」其要點為：1. 俸級及俸額：第 3 條規定：「簡任本俸分九級，薦任本俸分十二級，委任本俸分十五級，另加同委任一級。」第 4 條規定：「年功俸之級數及俸額依附表支給。」2. 加給種類：依據本法第 5 條規定：「職務加給：主管人員或職責繁重或工作具有危險性者之加給。技術或專業加給：技術或專業人員之加給。地域加給：服務邊遠或特殊地區與國外者之加

給。」一直到適用到 75 年 7 月 16 日總統令制定公布全文 21 條；並自 76 年
1 月 16 日起施行為止，在我國公務人員俸給發展歷史上，此俸給法的重要
意涵賦予各種加給制度的法源依據，如前所述使得我國公務人員待遇制度鎖
在「非單一俸給制度」的「路徑依賴」途逕之上。

(二) 分類職位公務人員俸給法

1. 基本精神：依據分類職位公務人員俸給法第 2 條規定：「分類職位公務人
   員之俸給，應本同工同酬，計值給俸之旨訂定之。」所謂「同工同酬」，
   即各級政府擔任同一職位或工作性質與責任程度相當者，給予相同之報
   酬。所謂「計值給俸」是以本法第 4 條規定之俸點，為其折算基數。

2. 俸階與俸點：本俸分 14 等，各等及年功俸之俸階、俸點。依「分類職位
   公務人員俸給法俸表」之規定：「本俸在各職等中最多七階，年功俸除
   十三、十四兩職等外，其餘各職等均為三階。」依據第 4 條後段文字：
   「俸點折算俸額之標準，由考試院會同行政院配合預算訂定之。但得視地
   區情形及職務性質之危險性或稀少性差別規定之。」又依據「分類職位公
   務人員俸給法施行細則」第 2 條規定：「一、所稱『地區情形』，係指該
   地區因位置偏僻，交通不便，或氣候惡劣，或生活費特高等特殊情況而
   言。二、所稱『職務性質之危險性』，指對執行職務易致傷殘或感染疾病
   者而言。三、所稱『職務性質之稀少性』，指執行職務需要特殊技能之人
   才，難以羅致者而言。」此為落實單一俸給的制度設計。

3. 俸給種類：依據本法第 3 條規定：「分類職位公務人員之俸給，分為左列
   二種，均以月計之；一、本俸：係指各職等等階的幅度。二、年功俸：係
   指本俸晉至各職等最高俸階後，依年資及功績晉敘高於本俸之俸給。」

(三) 全國軍公教員工待遇支給辦法（要點）

如果公務人員俸給法是俸給法制的法源依據，那麼全國軍公教員工待
遇支給辦法（按：現稱全國軍公教員工待遇支給要點）就是待遇管理實務執
行的依據。因此，對於全國軍公教員工待遇支給的研析，對我國政府部門管

理的實務掌握非常關鍵。行政院為就實際待遇統籌規範起見，並顧慮若干特殊類別待遇之存在，遂另行頒布法令以肆應客觀需要；於是在二種俸給法律之外，由行政院制定「全國軍公教人員待遇支給辦法」，作為全國軍公教人員待遇的實際法令依據。60 年度為整理及簡化公務人員待遇類型，乃將超出一般公務人員待遇者，以及各機關自行支給各種津貼，統以「專業補助費」名義支給。專業補助費乃與一般公務人員所支工作補助費，合稱「工作津貼」，正式成為待遇項目的一種。在 62 年 6 月 15 日頒布此項待遇支給辦法，依該辦法規定全國軍公教人員之待遇項目為：薪俸、工作津貼及生活津貼等三項。

　　筆者負責全國軍公教人員待遇管理二十五年有餘，認為歷年全國軍公教員工待遇支給要點，大致形成以下幾個功能：1. 補俸給法制之不足；2. 統籌規劃軍公教人員待遇支給；3. 規範軍公教人員待遇支給；4. 有效管制軍公教人員待遇支給。透過這四個功能的運作，形成「各個」年度軍公教人員的管理實務，結合「各年度間」軍公教人員待遇管理實務，就形成軍公教人員待遇管理的歷史脈絡，對於屬整體待遇一環的退休制度自然有重大的影響。

(四) 公務人員俸給法（官等職等併立制度）

　　立法院法制委員會第三會期第二次全體委員會，張金鑑委員提問，「俸給制度有以下三種，不知新制的俸給是以哪一種俸給制度為準？1. 生活維持制，例如統一薪俸便是，大小官俸額以維持生活為度；2. 身分表徵制，例如簡薦委制即是，俸額高低視職位高低而定；3. 職位分類制，即工作報酬制，係按工作支給待遇，注重同工同酬和工作績效。新人事制度究竟屬於哪一種制度呢？」

　　降至 75 年間，人事制度有了重大變革，實施所謂「職位分類制」與「簡薦委制」兩制合一的新人事制度，其中關於待遇制度亦有重大改革，規定公務人員之俸給，分為本俸、年功俸及加給。為期依法支俸，乃將「專業補助費」及「工作補助費」，均改稱「專業加給」，又公務人員之待遇應以本俸

為主，方屬正常。

　　在人事總處內部研究有一段總結式的文字略為：「基於法制與事實，今後公務人員俸給，原則上應依新制公務人員俸給法之規定按本俸、年功俸及加給之項目規劃，不宜強調實施『單一俸給』，惟公營事業機構為適應企業經營管理，仍宜實施『單一俸給』。」又73年立法院第三會期第二次全體委員會，審查考試院函請審議公務人員俸給法草案。陳桂華局長的報告，宣示了政府不再實施「單一俸（薪）給制」的公務人員俸給政策，陳局長報告內容為：「現行簡薦委公務人員俸給法所定俸給項目，分為本俸、年功俸、職務加給、技術（專業）、地域加給等項，分類職位公務人員俸給法，則只有本俸及年功俸兩項，其本俸得視地區情形及職務性質、危險性或稀少性差別規定之，另無其他加給項目。因此，目前公務人員待遇所支之工作補助費、專業補助費、主管特支費等工作津貼均尚非分類職位公務人員俸給法定項目。」本新俸給法草案將俸給分為：「『本俸、年功俸、職務加給、技術或專業加給。』完成立法實施後，可將現行主管特支費歸列職務加給，工作或專業補助費歸列為技術或專業加給，使現行各項工作津貼法定化，達到依法支俸之要求。」

伍 公務人員俸給制度的定性議題

　　現行公務人員俸給制度是建立在官等職等併立制（詳見本書第二章）上的俸給制度。官等職等併立制度的本質為何？是在探討其定性的議題，非常重要卻常為多數人忽略。就俸給實務而言，公務人員俸給制度跟著任用制度走，亦即任用制度是俸給制度的基礎，俸給制度是配合任用制度而設計。職務結構（job structure）就是俸給結構（salary structure），質言之，俸給結構是價格化的職務結構。

　　民國56間設置原行政院人事行政局的諸多原因中，有一個是專業的理由，就是為了實施職位分類制度。而這套制度是師承美國聯邦政府的職位分

類制度。美國聯邦政府人事管理局（Office of Personnel Management）為了改善該國人事制度曾於 2002 年公布待遇政策白皮書「聯邦待遇制度的新開始」（*A Fresh Start for Federal Pay: The Case for Modernization*），指出聯邦待遇制度，即一般俸表制度（general schedule）存在三大公平性問題：一、是太過強調同工同酬的內在公平（internal equity）；二、是欠缺市場取向的外在公平（external equity）；三、是欠缺績效導向的個人公平（individual equity）。其中最足以代表聯邦待遇制度之內在公平，即所謂的同工同酬原則（Equal pay should be provided for work of equal value ...）。強調職位的價值係由職位分類及職等所決定；職等則與員工待遇緊密相關，造成了一、強化層級節制：現在的行政領導者一直要求行政機關改變組織結構以更扁平化、更具回應性及更具適應能力，但同工同酬原則代表的是平等主義，運用職位分類之工作評價制度係鼓勵發展及維持組織層級；二、削弱外在公平及個人公平之待遇考量；三、限制了依績效及市場決定基本薪之可能（曾惠絹，民 95）。

　　我國現行公務人員制度雖稱為官等職等併立制度，但本質上簡薦委制度為「皮」，是形式；職位分類制度為「骨」，是實質。此可見於徐有守（民 88）的論述，他指出：「官職併立制新俸給法中的俸表，實際就是民國 75 年前的分類職位公務人員俸給法的俸表。又以公務人員俸給法內容分析，該法總計 28 條條文，扣除第 1 條、第 25 條至第 28 條等與本法實質內容無關之條文，其中有 60% 以上之條文均與核敘薪級有關。而敘薪目的就在於維持一個強調內在公平的職位分類精神。」

　　從以上論述，我們認為現行官等職等併立制度應定性為「兼具簡薦委制度、職位分類制度形式，卻以職位分類制度為骨幹的實質」。因此，如果我國官等職等併立制度的基底，是以職位分類為實質的人事制度及俸給制度，則美國聯邦政府人事制度的缺點就不難在我國出現了。

第二節　公務人員俸給制度的重要內容

壹　公務人員俸給的種類

　　俸給法第 2 條、第 3 條及第 5 條規定，公務人員之俸給，分本俸（年功俸）及加給，均以月計之。加給又分為職務加給、技術或專業加給及地域加給。各名詞意義如下：

一、本俸：係指各職等人員依法應領取之基本給與。

二、年功俸：係指各職等高於本俸最高俸級之給與。

三、加給：係指本俸、年功俸以外，因所任職務種類、性質與服務地區之不同，而另加之給與。

(一) 職務加給：主管人員或職責繁重或工作具有危險性者之加給。

(二) 技術或專業加給：技術或專業人員之加給。

(三) 地域加給：服務邊遠或特殊地區與國外者之加給。

貳　公務人員俸表結構

一、俸級區分

　　俸給法第 2 條規定，俸級係指各職等本俸及年功俸所分之級次，公務人員俸級區分及其俸表則規定於第 4 條（公務人員俸表粗線以上為年功俸俸級，粗線以下為本俸俸級）：

(一) 委任分 5 個職等，第 1 職等本俸分 7 級，年功俸分 6 級，第 2 至第 5 職等本俸各分 5 級，第 2 職等年功俸分 6 級，第 3 職等、第 4 職等年功俸各分 8 級，第 5 職等年功俸分 10 級。

(二) 薦任分 4 個職等，第 6 至第 8 職等本俸各分 5 級，年功俸各分 6 級，第 9 職等本俸分 5 級，年功俸分 7 級。

(三) 簡任分 5 個職等，第 10 至第 12 職等本俸各分 5 級，第 10 職等、第 11

職等年功俸各分 5 級，第 12 職等年功俸分 4 級，第 13 職等本俸及年功俸均分 3 級，第 14 職等本俸為 1 級。

二、俸點及俸額規定

俸給法第 2 條規定，俸點係指計算俸給折算俸額之基數，依據公務人員俸給法第 4 條、第 18 條規定如下：

(一) 本俸、年功俸之俸級及俸點，依所附俸表之規定。

(二) 各職等本俸俸點每級差額，第 1 至第 5 職等為 10 個俸點，第 6 至第 9 職等為 15 個俸點，第 10 至第 13 職等為 20 個俸點，各職等年功俸之俸點比照同列較高職等本俸或年功俸之俸點。

(三) 本俸、年功俸之俸點折算俸額，由行政院會商考試院定之。俸額之折算，必要時，得按俸點分段訂定之。

俸點結構從 160 俸點到 800 俸點，其實只有 46 個俸級，此一俸級結構是一個高度重疊的俸給結構，重年資。

參 公務人員俸級核敘及晉敘

一、初任公務人員之俸級核敘

(一) 考試及格初任人員，依俸給法第 6 條規定如下：

1. 高等考試之一級考試或特種考試之一等考試及格者，初任薦任職務時，敘薦任第 9 職等本俸 1 級；先以薦任第 8 職等任用者，敘薦任第 8 職等本俸 4 級。

2. 高等考試之二級考試或特種考試之二等考試及格者，初任薦任職務時，敘薦任第 7 職等本俸 1 級；先以薦任第 6 職等任用者，敘薦任第 6 職等本俸 3 級。

3. 高等考試之三級考試或特種考試之三等考試及格者，初任薦任職務時，敘薦任第 6 職等本俸 1 級；先以委任第 5 職等任用者，敘委任第 5 職等本俸 5 級。

4. 普通考試或特種考試之四等考試及格者，敘委任第 3 職等本俸 1 級。

5. 初等考試或特種考試之五等考試及格者，敘委任第 1 職等本俸 1 級。

(二) 升官等考試及格初任各官等職務人員，依俸給法第 7 條規定如下：

1. 簡任升官等考試及格者，初任簡任職務時，敘簡任第 10 職等本俸 1 級。

2. 薦任升官等考試及格者，初任薦任職務時，敘薦任第 6 職等本俸 1 級。

3. 委任升官等考試及格者，初任委任職務時，敘委任第 1 職等本俸 1 級。

二、調任公務人員之俸級核敘

(一) 平調人員，依俸給法第 11 條規定，調任同職等職務，仍依原俸級。

(二) 升任人員：

1. 同官等內調任高職等職務人員，依俸給法第 11 條規定，具有所任職等職務任用資格者，自所任職等最低俸級起敘；如未達所任職等之最低俸級者，敘最低俸級；如原敘俸級之俸點高於所任職等最低俸級之俸點時，敘同數額俸點之俸級。

2. 升任官等人員，依俸給法第 15 條規定，自升任官等最低職等之本俸最低級起敘。但原敘年功俸者，得敘同數額俸點之本俸或年功俸。曾任公務人員依考試及格資格，再任較高官等職務者，亦同。

(三) 權理人員，依俸給法第 11 條規定，仍依其所具資格銓敘審定俸級。

(四) 降調人員，依俸給法第 11 條規定如下：

1. 同官等內調任低職等職務以原職等任用人員，仍敘原俸級。

2. 調任低官等職務以調任官等之最高職等任用人員，其原敘俸級如在所調任官等之最高職等內有同列俸級時，敘同列俸級；如高於所調任官等之最高職等最高俸級時，敘至年功俸最高級為止，其原敘較高俸級之俸點仍予照支。

(五) 轉任人員及再任人員，分別規定於俸給法第 12 條及第 14 條。

三、重要沿革簡介與案例說明

依立法說明，公務人員俸給法及施行細則原規定，高職等公務人員調任

較低官等或低職等之職務時，如其所敘俸級已達調任職等年功俸最高級者，考績時不再晉敘，經 88 年 5 月 14 日司法院釋字第 483 號解釋認以，該規定將致高資低用人員其調任雖無降級或減俸之名，但實際上則生類似降級或減俸之懲戒效果，與憲法保障人民服公職權利之意旨未盡相符。茲為符合上開解釋意旨，對同官等調任低職等職務人員，考績不再晉敘之規定，予以適度修正，規定現職公務人員在同官等內高資低用，調任較低職等職務，仍敘原俸級者，考績時得在原銓敘審定職等俸級內晉敘，不受調任職等年功俸最高級之限制。

　　舉例來說，某鄉公所公務課課長原為合格實授薦任第 8 職等年功俸 5 級敘 610 俸點，被鄉長降調為職務列等 5 職等或第 6 職等至第 7 職等之課員，依任用法及俸給法等相關法規規定，係按原職等任用，仍敘薦任第 8 職等年功俸 5 級，其考績原僅能晉敘至薦任第 7 職等課員年功俸最高為 6 級為止，嗣因司法院釋字第 483 號解釋，銓敘部據以修正俸給法，規定其考績時得在原銓敘審定職等俸級內晉敘，亦即可依考績結果晉敘到薦任第 8 職等年功俸 6 級 630 俸點為止，而非僅能考績晉級到薦任第 7 職等課員年功俸 6 級為止，而二者的年功俸差 2 級。

肆　公務人員俸級晉敘、提敘及降敘

一、公務人員俸級晉敘

　　依俸給法第 16 條規定，公務人員本俸及年功俸之晉敘，依公務人員考績法之規定。

二、公務人員俸級提敘

　　依俸給法第 17 條及其施行細則第 16 條，曾任職等相當、性質相近、服務成績優良年資提敘俸級規定如下：

(一) 得按年核計加級至其銓敘審定職等之年功俸最高級之年資：經銓敘部銓敘審定有案之年資、公營事業機構具公務員身分之年資、依法令任官有

案之軍職年資、公立學校之教育人員年資、公立訓練機構職業訓練師年資、曾任政務人員、民選首長、公立專科以上學校教師、公立社會教育機構專業人員及公立學術研究機構研究人員年資。

本條文係規範「身分轉換俸級提敘」，舉例來說：

【案由】：常任文官轉任政務官，再回任常任文官得否提敘俸級。

　　108 年 3 月某中央機關簡任第 12 職等年功俸 2 級 780 俸點之財稅行政職系司長，於年度中轉任直轄市政府一級機關政務職財政局長（比照簡任第 13 職等），嗣於 110 年 3 月卸職回任某中央機關簡任第 12 職等財稅金融職系司長職務，應如何核敘其職等俸級？

【問題關鍵】：身分轉換之俸級提敘，需審酌是否符合 1.職等相當；2.性質相近；及 3.服務成績優良等三要件。

同上述，在判斷本案俸級得否提敘時，須先審視其有無符合職等相當、性質相近、服務成績優良等三要件。首先，按高資可低採原則（簡任第 12 職等司長，轉任比照簡任第 13 職等財政局長），符合職等相當；再者，性質相近，則要由原機關開具服務證明，認定是否符合所任職務之職系性質相近；最後，服務成績優良部分，因政務人員無考績制度，故須由原機關出具未受懲戒之證明文件。本案均符合上開要件，可採其 108 年 3 月至 110 年 2 月計二年年資提敘俸級 2 級至簡任第 12 職等年功俸 4 級 800 俸點。

【適用法規】：公務人員俸給法第 17 條第 2 項。

(二) 得按年核計加級至其銓敘審定職等之本俸最高級之年資：在政府機關（構）、公立學校依聘用人員聘用條例、行政院暨所屬機關約僱人員僱用辦法或比照上開法規自行訂定並報經上級機關核准之單行規章聘（僱）用之年資、軍事單位編制內軍聘、軍僱或義務役之年資。

三、公務人員俸級降敘

依俸給法第 20 條及第 23 條規定如下：

(一) 經銓敘部銓敘審定之等級，非依公務人員俸給法、公務員懲戒法及其他法律之規定，不得降敘。

(二) 降級人員，改敘所降之俸級。降級人員在本職等內無級可降時，以應降之級爲準，比照俸差減俸。

(三) 降級人員依法再予晉級時，自所降之級起遞晉；其無級可降，比照俸差減俸者，應依所減之俸差逐年復俸。

(四) 給與年功俸人員應降級者，應先就年功俸降級。

伍 公務人員俸給計支

一、服務未滿整月者之俸給計支

依俸給法第 3 條規定，服務未滿整月者，按實際在職日數覈實計支；其每日計發金額，以當月全月俸給總額除以該月全月之日數計算。所稱該月全月，如當月爲三十日，以三十日爲分母計之；如當月爲三十一日，以三十一日爲分母計之。

二、俸給照常支給之情形

依俸給法第 3 條及施行細則第 17 條規定，有死亡當月、依規定日期給假、因公出差、奉調受訓及奉派進修考察之情形者。所稱死亡當月，某甲於某年 3 月 2 日往生，因該月俸給已發給在案，其家屬不必繳還俸給。

三、特定期間俸給計支

(一) 停職期間，依俸給法第 21 條規定如下：

1. 依法停職人員，於停職期間，得發給半數之本俸（年功俸），至其復職、撤職、休職、免職或辭職時爲止。

2. 復職人員補發停職期間之本俸（年功俸），在停職期間領有半數之本俸（年功俸）者，應於補發時扣除之。

3. 先予復職人員，應俟刑事判決確定未受徒刑之執行；或經移付懲戒，須未

受撤職、休職之懲戒處分者，始得補發停職期間未發之本俸（年功俸）。停職、復職、先予復職人員死亡者，得補發停職期間未發之本俸（年功俸），並由依法得領受撫卹金之人具領之。

(二) 失蹤期間俸給計支：依俸給法第 21 條規定，公務人員失蹤期間，在未確定死亡前，應發給全數之本俸（年功俸）。

四、曠職或請事假超過規定日數之俸給計支

依俸給法第 22 條規定，應按該法第 3 條第 2 項計算方式，扣除其曠職或超過規定事假日數之俸給。

五、案例說明

媒體報導：

> 之前外交部駐○○前代表○○○被檢舉詐領眷屬補助費遭停職，駐美國○○○辦事處前處長○○○因涉虐傭與合約詐欺案遭停職，兩人每月各領約兩萬多元，也爆爭議；立委質疑，部分涉貪案件複雜，需較久訴訟期，停職領半薪「官司打愈久領愈多，恐成變相拿納稅人錢養涉貪官員」。

媒體報導如此，然而真實情況如何呢？亦即涉貪公務人員停職期間，是否一定可以領半薪（按：係指支領本俸或年功俸的一半）嗎？茲分析如下：有關公務人員停職期間發給本俸之規定，原規定於「行政院及所屬各級行政機關學校公務人員獎懲案件處理辦法」（按，該處理辦法業經行政院令廢止）第 7 條：「停職人員於停職期間，發給半數之本俸（薪）或年功俸（薪），於撤職、休職或免職時停發。」〔按：在這個時期，停職人員於停職期間，不論情節輕重，一定可以支領半數之本俸（薪）或年功俸（薪）。〕

惟公務人員俸給法 91 年修正時，增訂第 21 條，明文規定停職期間「得」（其意為可由機關首長視嫌疑人涉案情節之輕重，決定是否發給半

俸）發給半數之本俸（年功俸）。依其立法意旨，公務人員因違法失職依法停職，於停職期間仍具公務人員身分，在未受刑事判決或懲戒處分前，理應為無罪之推定，爰規定停職人員於停職期間，發給半數之本俸或年功俸，以維持基本生活。又以公務人員涉及違法失職之程度有別，就其申請發給之半薪，機關首長得衡酌事實情況，而為發給與否之決定。

陸 公務人員加給制度

依俸給法第 18 條規定，各種加給之給與條件、類別、適用對象、支給數額及其他事項，由考試院會同行政院訂定加給給與辦法辦理之。復依公務人員加給給與辦法（以下簡稱加給辦法）第 13 條規定，各種加給之給與條件、類別、適用對象、支給數額，依行政院所訂各種加給表辦理，主要內容如下：

一、加給之衡酌因素

公務人員各種加給之給與，依加給辦法第 4 條規定，應衡酌下列因素訂定：

(一) 職務加給：主管職務、職責繁重或工作危險程度。

(二) 技術或專業加給：職務之技術或專業程度、繁簡難易、所需資格條件及人力市場供需狀況。（按：技術加給首見於 43 年總統公布施行之俸給法。）

(三) 地域加給：服務處所之地理環境、交通狀況、艱苦程度及經濟條件。

實務上，現行職務加給包括因主管人員加給之主管職務加給；因職責繁重加給之簡任非主管職務加給；因工作具有危險性加給之危險職務加給，例如，消防、海巡及空中勤務機關專業人員危險職務加給、各公立動物園（鳥園）擔任危險性工作人員所支領之危險職務加給等；至於，專業或技術加給部分：目前已無技術加給，均以專業加給名目發給之，目前計有 25 類公務人員專業加給，包括法官、檢察官、法制人員、資訊人員、環保人員及稅務

人員等。

　　地域加給部分：依各機關學校公教員工地域加給表規定，依服務地區的不同，區分爲山僻（含偏遠及高山地區）及離島地區，其支給數額分爲二種數額，可同時支領。(一) 爲鼓勵人才下鄉，故定有基本數額。(二) 另爲鼓勵久任，故訂有年資加成之設計，服務於山僻、離島地區之服務年資；每滿一年按其本俸（薪）加 2% 計給，最高可達 30%。我國地域加給立制旨意爲鼓勵人才下鄉及鼓勵久任，一般而言，山愈高，地愈偏，島愈離，支給數額愈高。玉山北峰有個中央氣象局氣象測站，又高又偏遠，可支領高山地區第 4 級 8,240 元，再加上偏遠地區第 3 級 6,180 元，每月合計可月支基本數額 14,420 元，此外還可以按年資加成支給，最高可以按本人本俸（年功俸）加 2% 計之，最高可達本俸 30%；與英、日等國大倫敦地區地域加給、日本東京都地域加給因生活費高發給之意旨有別，倒毋須有「何者優？何者劣？」之評論。

二、加給之支給規定

　　依加給辦法第 5 條、第 5 條之 1、第 9 條至第 12 條規定如下：

(一) 加給支給標準

　　職務加給、技術或專業加給，除權理人員依權理之職務所列最低職等支給及銓敘審定職等高於所任職務所列最高職等者，職務加給依所任職務所列最高職等支給外，餘依其銓敘審定職等支給。

(二) 組織調整加給支給規定

　　配合機關組織調整，除新職爲陞任外，專業加給、主管職務加給如較原支數額爲低或由主管職務調整爲非主管職務，不再支領主管職務加給者，均得以補足差額，並隨同待遇調整而併銷。所稱待遇調整，指全國軍公教員工待遇之調整、職務調動、年度考績晉級或升等所致之待遇調整。

(三) 專任及兼任主管職務加給支給規定

擔（兼）任機關組織法規規定之主管職務並實際負領導責任之主管人員，得在該兼任主管職務列等範圍內依本職銓敘審定職等支給主管職務加給。但本職所銓敘審定之職等高於或低於該主管職務列等範圍時，應依該主管職務之最高或最低職等支給。例如，簡任第 10 職等專門委員兼任第 9 職等科長，係支領薦任第 9 職等主管職務加給。機關組織法規未規定，由各機關首長命令指派或權責機關核准成立任務編組之主管職務，不得支領主管職務加給，其目的在避免過去有些機關巧立名目，支給浮濫之情形再度發生。

(四) 簡任非主管職務加給支給規定

簡任（派）非主管人員職責繁重，得由機關首長衡酌職責程度，比照主管職務核給職務加給。其支給人數扣除兼任或代理主管職務之簡任（派）非主管人數後，不得超過該機關簡任（派）非主管人員預算員額二分之一。但機關簡任（派）非主管人員預算員額僅 1 人，且職責繁重經機關首長核准者，不在此限。例如，某機關有簡任非主管預算員額 19 名，其中有一人已兼任法規會執行秘書，因法規會之執行秘書依規定已可支領主管職務加給有案，先已排除；因此，該機關簡任非主管人數為 19 人除以 2，可支領人數為 9 人，再加上執行秘書支領主管職務加給有案，合計有 10 名簡任非主管可以支領主管職務加給。

(五) 特定期間加給支給規定

包含死亡當月之加給全月支給、依公務人員請假規則規定期限給假之期間及因奉派執行職務失蹤，在未確定死亡前或依法免職前，原支領之加給照常支給。又非因奉派執行職務失蹤，在未確定死亡前或依法免職前之期間及停職人員經依法復職，其停職期間其所給與（補發）之俸給，不包含各種加給。至請事假已逾規定期限之期間或曠職之期間，其按日扣除之俸給，包含各種加給。

(六) 職務代理期間之加給支給規定

　　各機關現職人員經權責機關依法令規定核派代理職務（以留職停薪或出缺之職務、失蹤或停職之職務、帶職帶薪於國內外訓練、進修、考察依規定給假期間核派代理之職務、依規定日期給假期間或因公出差期間核派代理之職務為限）連續十個工作日以上者，其加給之給與，在不重領、不兼領原則下，自實際代理之日起，依代理職務之職等支給；所稱連續十個工作日，指扣除例假日後，連續出勤合計達十個工作日。職務代理人奉准給假期間視為代理連續，但不予計入工作日。

三、重要沿革簡介

(一) 統一職務代理支給加給規定

　　加給辦法訂定前，各機關職務代理人支給加給之情形區分有 1. 出缺之職務尚未遴選或留職停薪者，其加給，自實際代理之日起支給；2. 主管人員因案停職及行方不明，其職務代理人自事實發生之次月起支給主管職務加給；3. 主管人員帶職帶薪於國內外進修、受訓、研究、考察暨依規定給假期間，職務代理人代理主管職務期間在「一個月以上」者，自實際代理之日起支給主管職務加給等三種，其得支給加給之期間條件並不相同，為期統一標準及落實代理制度，爰規定不論被代理職務之出缺（或請假等）原因，均需連續代理「十個工作日」以上，始得自實際代理之日起支給加給。

(二) 同官等內調任低職等職務之加給規定

　　加給辦法第 5 條原規定，在同官等內調任低職等職務仍以原職等任用人員，其職務加給、技術或專業加給係依其銓敘審定之原職等支給。為避免利用上開規定調任人員，致有輪流取得高職等之不合理現象，並考量加給係屬工作性給與之性質，其支給應與所任職務息息相關，考試院爰於 96 年修正第 5 條規定，同官等內調任低職等職務仍以原職等任用人員，職務加給依所任職務所列最高職等支給；專業加給仍依銓敘審定職等支給，對於原依規定支給有案者訂定三年過渡期間保障，嗣後已於 100 年配合過渡期限屆滿刪除

保障規定。

(三) 配合組織調整加給保障規定

考量配合機關精簡、整併、改隸、改制或裁撤等組織調整,致公務人員所任新職所支加給較原職低時,係採補足待遇差額之政策,並於組織法或相關法規中規範。為利組織改造工作之推動,並保障當事人權益,爰於 96 年修正增訂加給辦法第 5 條之 1,齊一規範,配合組織調整致所任新職專業加給較原支數額為低者,及主管人員調整為非主管人員,不合再支領主管職務加給者,均准予補足差額,並應隨同待遇調整而併銷。100 年時並參考行政院功能業務與組織調整暫行條例修正相關規定。

第三節　我國現行公務人員俸給制度的重要議題

我國公務人員俸給制度的重要議題,概可就俸給制度特色、概況,俸給制度問題的檢討及俸給制度的改進建議等層面,做深入的研析。

壹 我國公務人員俸給制度特色與概況

一、俸給制度的特色

有關我國公務人員俸給制度的特色,學者專家的看法如次(行政院人事行政局,民 88;洪國平,民 97):

(一) 兼顧新舊制度之特性

我國文官制度任用原分品位制與職位分類制二種運作機制,前者偏重文官的地位身分,後者則偏重文官之職務性質,公務人員俸給法不僅延續這兩種制度之特色,且配合新的人事制度精神加以整合,成為官等職等併立的俸給機制。

(二) 公務人員待遇權益規範簡明扼要

　　現行俸給法對俸給支給種類、俸級區分、初任各官等職務人員之等級起敘規定、再任人員等級之銓敘審定、調任人員俸級之核敘等公務人員待遇權益有完整的規定。

(三) 本俸採俸表制具彈性

　　依據公務人員俸給法規定，本俸、年功俸俸點，依公務人員俸表支給。俸點係指計算俸給折算俸額之基數。委任第 1 職等最低 160 俸點，簡任第 14 職等最高 800 俸點。俸級分本俸及年功俸，依公務人員俸給法第 4 條規定，並就所列俸點折算俸額發給，折算俸額標準，必要時得按俸點分段訂定之，相當簡便而容易操作，政府調整俸給，不必動輒修正俸表，除可隨時依財力狀況調整俸給結構外，亦可適時調整高低職務間俸給的差距。

(四) 俸給制度的「常」與「變」設計

　　依據薪資理論，員工待遇（金錢報酬）部分包含基本薪資、固定津貼及獎金等三個主要項目。我國公務人員俸給制度包含本俸及加給。本俸部分係指不論員工的工作性質及專業類別，銓敘相同等級的醫生、調查官、戶政人員，均支領相同標準的本俸，為身分性給與，此為俸給制度之「常」；加給則係依專業程度、職責程度、危險程度訂定不同項目及標準支給，分為職務加給、技術或專業加給、地域加給三種，以因應機關不同時期、業務需要，屬工作性給與，為俸給制度之「變」。總之，兼顧常與變為我國俸給制度之特色，符合政府再造講究彈性自主的時代需要。

(五) 充分保障公務人員生活，確保公務人員權益

　　公務人員俸給結構設計完全，並予法制化。為期確保公務人員權利，俸給法第 24 條並明定，公務人員俸級經銓敘部銓敘審定後，如有不服，得依公務人員保障法提起救濟；如有顯然錯誤，或有發生新事實、發現新證據等行政程序再開事由，得依行政程序法相關規定辦理。

二、公務人員俸給制度概況

自台灣經濟起飛後，政府自 63 年起擬訂若干待遇改進方案及措施，有計畫目標的提高公務人員待遇水準及健全公務人員待遇制度，爾後，歷經公務人員俸給法的修正，其執行情形如下：

(一) 訂定改進方案，建立待遇制度

行政院於 62 年、69 年及 79 年先後策訂公務人員待遇改進方案、公務人員繼續改善待遇方案及改進公務人員待遇結構方案，作為改進公務人員待遇之依據，本制度化、標準化之指導原則，以健全公務人員待遇制度及合理提高待遇標準為政策目標。

(二) 簡併待遇類型

在 62 年度以前，軍公教人員待遇類型原有 17 種之多，經逐年檢討後，簡併為 5 種類型，並於 80 年配合海關人事制度改制，將海關待遇改併入一般公務人員待遇類型，餘有下列四種待遇類型：一般軍公教待遇、單一薪給行政機關待遇、實施用人費率事業機構待遇以及未實施用人費率事業機構待遇。86 年間進一步將單一薪給行政機關待遇類型（如國貿局、工業局）裁併。嗣後重新歸類 1. 一般行政機關待遇類型；2. 教學研究待遇類型；及 3. 事業機構待遇類型等三大類型。

(三) 簡併待遇項目

公務人員待遇制度原建立在生活供給制的基礎上，故支給項目相當繁雜，除基本俸給之外，另有各種津貼及補助性給與。近年來配合軍公教人員年度待遇調整案加以簡併，已歸併為薪俸、加給及生活津貼三類。由於各項生活津貼均非俸給法所規定的法定待遇項目，為期依法支俸，經逐年檢討併銷，79 年度併銷房租津貼，80 年度併銷本人實物代金，自 81 年度起至 85 年度止將眷屬實物代金五大口併銷完畢。

(四) 合理調整高低階公務人員待遇差距

　　行政院經參酌俸給法俸表所訂，公務人員最高俸點為簡任第 14 職等 800 俸點，最低為委任第 1 職等本俸 1 級 160 俸點，乃政策決定公務人員高低階待遇差距為 5 倍，並從 63 年度之 2.62 倍，緩進調高至 86 年度提高為 4.95 倍後，迄今仍維持此一差距。

　　直到 107 年年度軍公教待遇調整時，人事總處針對一般公務人員本俸俸額調幅為 3%，特別優予調增 800 俸點本俸俸額幅度達 7.24%，致使公務人員最低委任第 1 職等本俸 1 級 160 俸點職務之待遇支給數額，與最高常任文官之常務次長待遇支給數額間之高低差距為 5 倍。這種單獨將 800 俸點折算俸額大幅提高的做法，除不符薪資設計理論原則，對 790 俸點以下人員更不公平，實不足取。（按：所謂高低差距計算內涵，除本俸一項外，還加上委任第 1 職等專業加給，常務次長還加簡任第 14 職等專業加給及常務次長的主管職務加給。）

(五) 公務人員待遇支給核定權責歸屬之問題

　　地方制度法第 85 條規定：「省政府、省諮議會、直轄市議會、直轄市政府、縣（市）議會、縣（市）政府、鄉（鎮、市）民代表會、鄉（鎮、市）公所員工給與事項，應依公務人員俸給法及相關中央法令辦理。」其規定意義、源起為何？其中「員工給與事項，應依公務人員俸給法及相關中央法令辦理」的「給與事項」所指為何？所稱「相關中央法令」為何？在一些場合看到一些學者、專家各是其是，內政部、銓敘部及人事總處主管官員各自解讀，人云亦云，莫衷一是。其實，此條文是 87 年間，初訂地方制度法時，為解決「台北市政府對於公務人員法定俸給以外給與事項，爭取核定權責」所草擬。多數學者專家或許不知道，地方制度法是我國地方制度耆宿紀俊臣教授所主導的地方制度的法制設計，紀教授時任內政部民政司司長，一部地方制度法制肇建，多出自紀教授手筆。

　　而第 85 條（按：當時為第 82 條）條文，關於「省政府、省諮議會、

直轄市議會、直轄市政府、縣（市）議會、縣（市）政府、鄉（鎮、市）民代表會、鄉（鎮、市）公所員工給與事項」，就其性質而言，係中央集權，與地方制度法整部法典貫徹地方分權的精神，大相逕庭。讀者有沒有發現，故將其條文歸於「附則」之章名，以示區隔。因爲該條文是筆者時任人事行政局給與處第一科科長所草擬，經長官同意，與紀司長俊臣協商後，列入地制法。因此，筆者面對時下學者專莫衷一是的文字訓詁，深感有責任，提出當時研訂該條文歷史因素、意涵，並嘗試著以結構化列表方式（林文燦，民93），俾助讀者瞭解。

接著，回答「員工給與事項，應依公務人員俸給法及相關中央法令辦理」的「給與事項」所指爲何？所稱「相關中央法令」爲何？所稱「給與事項」，係指本書前述對給與的定義，給與一詞源自原行政院人事行政總處組織法第2條「員工給與之規劃及擬議」之規定。在法制，規定上「給與」，除公務人員俸給法所規範的俸給外，還包含行政院核定有案的獎金、工作費、兼職酬勞；生活津貼、休假補助費等。實務執行上，專指全國軍公教員工待遇支給要點第7點規定之「各機關學校有關員工待遇、福利、獎金或其他給與事項」。

所稱「相關中央法令」，係專指全國軍公教員工待遇支給要點；而最關鍵的給與事項核定權責，係規定在第7點：「各機關學校有關員工待遇、福利、獎金或其他給與事項，應由行政院配合年度預算通案核定實施，非經專案報院核准，絕對不得於年度進行中自訂規定先行支給。」此一規定之意涵，確定了員工給與事項中央集權的性質。

表6-1　行政院建議增訂地方制度法第 82 條條條文（現為第85條）意見一覽表

爭點	行政院建議：「省政府、省諮議會、直轄市議會、直轄市政府、縣市議會、縣市政府、鄉鎮市公所員工給與事項，應依公務人員俸給法及相關中央法令辦理。」 台北市政府建議：將草案第 82 條的條文刪除。縱認為仍有其必要，亦請修正為「省政府……公所員工給與事項，依公務人員俸給法及相關法規辦理」。
背景	省縣自治法及直轄市自治法實施後，台灣省政府及高雄市政府關於員工給與事項，仍均照中央法令辦理，台北市政府於民國 86 年間為落實當時陳水扁市長競選諾言，曾自訂部分員工給與事項如清潔員工之清潔獎金（行政院規定月支上限為 5,000 元，台灣省政府及高雄市政府均照行政院規定上限支給；台北市政府自行提高為月支 6,000 元），造成省市不平衡的現象。 另同時陳水扁市長競選諾言，自行調高警察人員超勤加班預算編列上限，由 8,000 元調整為 12,000 元（台灣省政府及高雄市政府均照按每月 8,000 元上限編列）；後為期省市衡平，台灣省政府及高雄市政府也按 12,000 元編列；台北市政府又調高按 15,000 元編列，台灣省政府及高雄市政府只好跟進，也按 15,000 元。台北市政府財政寬裕，89 年又調高按 17,000 元編列。行政院為解決這種攀比現象，統一規定一律按 17,000 元編列。地方政府因財政寬裕不一，若自行調整公務人員俸給法所規定法定俸給外之給與事項，並不合理。
行政院主張	台北市政府認為清潔員工清潔獎金為環保自治事項，應由台北市政府自行決定，行政院及其他省市政府多認為員工的獎金、津貼等給與事項，與公務人員俸給法規定的法定俸給，性質上均屬於員工提供勞務的工作報酬，非屬自治事項，仍應由中央統一規定，乃形成爭議。為徹底解決此一爭議，行政院乃於「地方制度法」訂定第 82 條條文。
理由	行政院建議：1. 員工待遇支之平問題：如前所述，公務人員法定俸給外的津貼、獎金制給與事項均屬員工提供勞務之工作報酬，由於台灣地區幅員有限，員工給與項目及標準如因各級政府財政寬裕不一（如澎湖縣、金門縣、連江縣縣政府均較不寬裕），而異其標準，洵非所宜，除造成待遇不平外，將衍生人員調動的困擾；2. 地方政府財政負擔更趨沉重：控制用人費為世界各國政府再造的共同做法，證諸過去部分民選首長為利其選舉，將提高員工給與作為選舉訴求，例如清潔獎金、警察超勤加班費、村里長辦公費等，均造成用人費負擔，如不做適度統一規定，問題將層出不窮。 台北市政府建議：現行地方自治團體員工給與事項，除依公務人員俸給法規定辦理外，教育人員、警察人員係依各該任用條例、管理條例給與；另台灣地區省市營事業機構與人員的之薪給，台灣省政府、高雄市政府及台北市政府亦會銜發布有關台灣地區省市營事業機構人員薪給暫行辦法，以資適用，而該辦法並非中央法令。所以，草案如此規定，並不符合現狀，建議將草案第 82 條條文刪除。縱認為仍有其必要，亦請修正為「省政府……公所員工給與事項，依公務人員俸給法及相關法規辦理」。
結果	立法院按行政院版本通過。

資料來源：林文燦（民 93）。

貳 我國公務人員俸給制度的檢討

一、俸給制度立制旨意面

　　一部法典的立制旨意是該法的精神、宗旨所在，是公務人員實務執行過程中的核心價值及行事準則，其重要性不言可喻。舉例言之，公務人員任用法第 2 條規定：「公務人員之任用，應本專才、專業、適才、適所之旨，初任與升調並重，為人與事之適切配合。」公務人員陞遷法第 2 條規定：「公務人員之陞遷，應本人與事適切配合之旨，考量機關特性與職務需要，依資績並重、內陞與外補兼顧原則，採公開、公平、公正方式，擇優陞任或遷調歷練，以拔擢及培育人才。」公務人員考試法第 2 條規定：「公務人員之考試，以公開競爭方式行之，其考試成績之計算，除本法另有規定外，不得因身分而有特別規定。其他法律與本法規定不同時，適用本法。」公務人員考績法第 2 條規定：「公務人員之考績，應本綜覈名實、信賞必罰之旨，作準確客觀之考核。」

　　同為考銓制度的重要法制，公務人員俸給法竟然缺了公務人員俸給制度的立制旨意。對此，人事行政宿儒徐有守（民 88）有如下之解釋：

　　　　這種按值計酬的觀念，以前在我們俸給法律中，且曾一度把「按值計酬、同工同酬」兩者併列成為正式條文，也就是同工應同酬，不同工應不同酬之意。後來因為職位分類和簡薦委兩種俸給法全部廢止，現行新俸給法為簡化條文起見，而將此文字予以刪除。然而，像這樣簡明應無爭論的觀念，竟然也會受到無理的抵制或忽視。（於是）有權決定俸給的人，常常只憑直覺，有時候覺得對這種人不要給太多，有時候又認為對哪種人給太少，毫無客觀標準。

二、俸給制度目的落實面

Peter F. Drucker 認為員工是組織最珍貴的資產。因此，如何延攬、留用及激勵人才，自然成為俸給制度之目的。而此一目的直接指涉到俸給二大政策：外在競爭政策及員工貢獻政策。前者攸關公部門在勞動市場上競逐人才的競爭力，通常都會透過民間薪資調查的方式，瞭解公私部門員工薪資水準的比較。

現行公務人員俸表，從第 1 職等本俸 1 級之 160 俸點至第 14 職等本俸 1 級之 800 俸點，俸點差距為 5 倍，分段折算俸額並加計法定加給後，公務人員高低階差距維持在 4.95 倍，較其他國家高低階俸給差距 10 倍左右而言，確屬偏低（徐有守，民 86；楊彩霞，民 86；吳泰成，民 96；洪國平，民 97；郭冬瑞，民 102）。公務人員俸給高低差距偏低，使得升遷未能為公務人員帶來實質財務實益，自無法發生激勵效果。

原行政院人事行政局從 72 年 8 月開始辦理之民間企業薪資調查，發現民間企業員工平均薪資較公務人員高出 15.06%；惟中高階公務人員待遇低於民間約 42.03%；基層公務人員待遇則平均高出 26.37%，首度印證理論上所謂的雙重失衡現象。截至目前為止，雙重失衡的現象仍然存在。政府高階人員薪資低於民間薪資水準，而基層人員薪資高於民間薪資水準，長久以來，更不利於留任中高階公務員（林文燦，民 93）。

就激勵公務人員而言，公務人員任用法、公務人員俸給法及公務人員考績法三個基本公務人員人事管理法律的配套，建構了我國行政機關公務人員生涯的基本架構，突顯我國行政機關俸給制度的年資導向，以年資久暫決定員工貢獻，欠缺以工作績效決定公務人員薪資的制度設計。

總之，我國公務人員俸給制度中，本俸（年功俸）為身分性給與，基本上隨年資而逐年晉級；加給屬工作性給與，除地域加給係依所服務之山僻偏遠地區而定，餘各類加給係依專業程度或職責程度之不同而有差異，主要係以職等高低決定支給數額，落實同工同酬的精神，以固定薪性質呈現，其正

功能面在「重視同工同酬，以職務為基礎，按年資晉升」的公平價值，但負功能面則成為多數人詬病的講年資，不重績效，重保障的「大鍋飯」制度。戮力從公者和表現不佳者均支領相同俸給數額，此種俸給制度對外界而言似傳遞著不必戮力從公，不重績效的信息（林文燦、曾惠絹，民 95）。

三、俸給制度設計合理面

(一) 俸表結構面（洪國平，民 97；銓敘部銓審司，民 98；林玳帆，民 101）

1. 各職等俸級重疊、部分職等俸級跳空

現行 14 個職等的俸給結構，本俸俸級雖有 66 級、年功俸俸級 80 級，經扣除重複俸級後，其有效俸級只有 46 級。因此無論是為求激勵久任人員而採取增加俸級數的做法，或為配合我國考績升等規定而刻意縮短職等間俸級差距的做法，俸級重疊率的上升，似為可預見且無可避免的結果。

現行俸表之規劃，委任第 1 職等至第 2 職等跳空 6 級，委任第 2 職等至第 3 職等及簡任第 13 職等至第 14 職等均跳空 4 級以上。依公務人員考績法升等規定，一般公務人員約二至三年即可因考績升等，晉陞同官等高一職等，跳空 4 級以上者，造成其餘俸級成為無效俸級。

2. 俸表結構有效級數與職務列等的關聯

在可供使用的有效級數僅 46 級，及職務多跨列 2 至 3 個職等，只要符合公務人員考績法規定，便可在二年或三年內晉陞 1 個職等，屆時如已晉至職務列等範圍內之最高職等，又未能再調陞更高職務，將在短期內因敘至年功俸最高級，而產生無級可晉之現象。從公務人員 95 年至 110 年間各職等銓敘審定及退休情形觀之，不論各職等銓敘審定人數、各職等銓敘審定年功俸最高級人數、各職等審定退休人數、抑或各職等銓敘審定年功俸最高級人員退休人數，最多前五名主要集中在委任第 5 職等至薦任第 9 職等，顯示該等人員易發生停滯久任之情形。

3. 本俸與年功俸區分無實益

　　76 年公布施行之俸給法規定，本俸係指各官等、職等人員依法應領取之基本俸給；年功俸，則係指依考績晉敘高於本職或本官等最高職等本俸之俸給。是以，本俸與年功俸之區別意義，在於前者係擔任某一職務可領取之基本薪俸，考慮之因素為工作本身之報酬及因年資、經驗累積之合理加薪；至於年功俸，則著重於公務人員在累積一段年資後，如仍未能陞遷之情況下，為兼顧激勵士氣、及避免因久任而產生怠惰心態，除對於考列甲等人員仍予晉級外，如考列乙等者，則延緩其晉級之速度。

　　前述本俸與年功俸區分，於 86 年俸給法修正公布後，年功俸之界定，已修改為各職等高於本俸最高俸級之俸給，故已不再突顯年功俸係因考績而晉敘之俸級。嗣公務人員考績法 90 年修正，考列乙等者得每年晉敘年功俸後，本俸與年功俸之晉敘並無不同，故現行本俸與年功俸，似已不具區分之實質意義。

(二) 俸給晉薪面

　　職位分類制度的運作，確實提供了公平的基礎，以作為員工支薪的依據，但此一專業化的制度，長期運作的結果，卻由於工作評價的不誠實現象，導致平均職等不斷的提高。根據美國人事管理局（OPM）（2002）的統計，1962 年時，適用一般俸表的聯邦公務人員平均職等是 6.98，1972 年變成 7.96，1982 年再提升為 8.26，1992 年為 9.06，2001 年提升到 9.71（熊忠勇，民 94）。我國公務人員俸給結構的實然，也有類似俸給趨高的現象，以 103 年 3 月公務人力資料庫（不含警察人員）分析為例，支領簡任第 10 職等以上專業加給的人數計 7,848 人，但銓敘簡任第 10 職等本俸 1 級590 俸點以上人員有 5 萬 1,770 人，為支領 10 職等以上專業加給的 6.59 倍。

　　這種現象不但有可能加重現職人員用人費的負擔外，更因為公務人員月退休金制度是以本俸為計算基礎，本俸趨向「簡任化」的現象，再加上我國退休制度係採「確定給付制」，使得我國退休負擔日益沉重。換言之，任何

只聚焦於退休制度本身的改革，成效必然有限，可見，公務人員任用法、俸給法及考績法問題，所匯聚之俸給支領人數趨向「簡任化」的加成效果，值得思考。我國公務人員俸給結構的趨簡任化的現象，會使公務人員退休經費負擔難以抒解，其原因如次：

第一，職務跨列職等造成俸給趨高化：此一措施在研議官職併立制度時，取自簡薦委制度的精神。某些職務的職務跨等，保障公務人員在原職務升遷的機會。例如初等考試及格之書記，職務列委任第1職等至第3職等；普通考試及格之辦事員，職務列委任第3職等至第5職等；高等考試三級及格之科員，職務列委任第5職等、薦任第6職等至第7職等。換言之，初等考試及格人員敘本俸第1職等本俸1級，經由考績升等及職務升遷可敘至委任第5職等年功俸10級，相當於以薦任第9職等本俸3級520俸點支薪，並以之計算其退休金。

第二，委任升薦任升官等訓練有所不宜：徐有守（民88）認為，委任免試晉陞薦任有所不宜，公務人員任用法修正公布，將委任晉陞薦任的條件，放寬為可以免除考試。所設定的兩個限制：一為須要經過陞薦任官等訓練及格；二為此種晉陞人員，任職最高以至薦任第7職等為限。對這兩項限制，表面看來似乎不無道理，但實際甚為貧乏。就實務而言，委任人員透過薦任升官等訓練制度，得以升遷至薦任第7職等，而薦任第7職等年功俸6級，相當於簡任第10職等本俸1級。換言之，初等考試及格人員敘本俸第1職等本俸1級，經過升遷及薦任升官等訓練等二個人事管理措施，退休時可敘至薦任第7職等年功俸6級，相當於以簡任第10職等本俸1級590俸點計算其退休金。

第三，考績晉級及考績升等過於寬鬆：依據現行公務人員考績法的規定，公務人員考績乙等以上，可以晉本俸1級，二年考列甲等晉升1個職等。此一考績晉級及晉升職等的規定，過於寬鬆，造成前述各職等俸級重疊、部分職等俸級跳空及俸表結構有效級數與職務列等的關聯等問題。舉例言之，依據正常考績升等的速度計算，一位初等考試及格正式任用人員，以

「一年考績甲等，二年考列乙等」方式考績升等及辦理職務調升，第十二年晉升到委任第 5 職等本俸 1 級，因委任 5 職等本俸 5 級，年功俸可達 10 級，大致二十七年可達 5 等年功俸。依據 110 年考選部統計，初等考試及格人員平均年齡為 30.67 歲計算，初任考試及格人員到 5 等年功俸時為 57 歲，距離屆齡退休 65 歲，還可以工作八年。以此類推，普通考試及格人員升至委任第 5 職等年功俸，僅需十七年，僅 47 歲，距屆齡退休還有十八年，尚須「苦守寒窯」十八年，自難免有士氣上的問題。

四、加給制度面問題

學者專家認為公務人員加給制度的問題，大致可從下面幾個角度來說明：

(一) 專業加給公平性問題

目前受人詬病之處是專業認定不易。學理上，專業的定義是很嚴格的，如要有專門知識基礎、專業學會、專業行為規範等，目前實務上適用的專業對象顯然與此學理上差距甚大，因此，界定的結果容易讓不同類型公務人員同感不公平（吳定，民 82）。專業加給支給標準不夠明確，高低互見，缺乏客觀參考因素，亦無合理數據可資說明，其支給標準之訂定過程係由行政院依各機關之需求，分別就業務類別、職務性質、服務地域、人才供需等因素，採專案核定方式，造成各機關陷入競相鬥爭的「零和遊戲」，使得各機關對於專業加給之爭取不遺餘力，致嚴重扭曲專業加給之合理性規劃（林文燦，民 85）。

對於工作性質相同或類似之人員，而支領不同專業加給之情形甚為普遍，如各部會之主計人員支給一般公務人員專業加給，原行政院主計處之主計人員則支領主計人員專業加給，較一般公務人員專業加給多出 1,390 元至 2,590 元，審計部審計人員，與主計人員同為高普特考之會計審計類科錄取人員，所從事之工作性質亦甚為類似，但因審計部之積極爭取調整，其現所支領之專業加給較各部會主計人員多出 2,100 元至 9,670 元，亦較行政院主

計處主計人員多出 660 元至 8,280 元。此外，立法院法制中心及預算中心之研究員、副研究員、助理研究員等，其工作性質係對行政部門所送請立法院審議之法律案、預算案等提出評估意見，供立法委員審議之參考，其專業加給亦較各部會主計人員及一般公務人員多出 4,585 元至 9,165 元，似均有值得斟酌之處（陳春榮，民 86）。

(二) 專業加給種類過多的問題

專業加給種類的最適規模及專業加給間最適差距為何？學理上並無有定論，但在 90 年度軍公教待遇調整前高達 55 種，顯然太多；90 年度軍公教待遇調整後已經簡併為 29 種；94 年度軍公教待遇調整案後又簡併為 25 種，目前仍維持 25 種，仍有簡併之空間。

(三) 加給決定程序性問題

依俸給法之規定，加給乃因所任職務種類、性質與服務地區之不同，而另加之給與，分為職務加給、技術或專業加給及地域加給三種。在實務上全國公務人員之專業加給，除人事總處主事人員外，無人得窺全貌，而且幾十年來某一種專業加給之調高，每因是類人員之有力長官大力爭取或是類人員公開抗爭，乃獲致或多或少之回應，使公務人員覺得整個加給制度是黑箱作業，而且會吵的小孩才有糖吃（吳泰成，民 96）。這種說法雖非無據，但也有失公允。蓋某一類人員專業加給的提高，當然事出有因，尤其是公共政策的決定，絕無法做純專業性、科學性的思維，它往往是專業與政治（非專業性）考量的結果，往往是回應性民主的必然結果，抑或者是社會公義象徵，難謂人事總處黑箱作業恣意妄為所致。

惟筆者認為評斷公共政策，也不能一味地從負面角度論之。例如，100 年 8 月 29 日人事行政局新聞稿指出，保護性社工人員因為從事兒少保護、家暴、性侵害防治、身心障礙保護及老人保護等工作，須全天待命，日夜辦理處遇事件，工作辛苦，所以提高其待遇。行政院為解決保護性社會工作人員職責繁重、工作時間長、待遇偏低問題，已核定自 9 月 1 日起調高保護

性社會工作人員待遇。此一調整專業加給的決策，主要係回應社會需求的結果，是前述回應性民主的象徵。

五、年度待遇（俸給）調整機制的問題

首先，就待遇管理權限面策略性決定而言。我國公務人員待遇管理權限呈現高度的中央集權風貌。長久以來，政府部門投注大量人力與時間在待遇管制的課題上，具體管制規定就是全國軍公教員工待遇支給要點第 7 點規定：「各機關學校有關員工待遇、福利、獎金或其他給與事項，應由行政院配合年度預算通案核定實施，非經專案報院核准，絕對不得於年度進行中自訂規定先行支給。」

其次，待遇調整機制面的策略性決定而言。由於各界對於軍公教員工待遇研訂程序的公開化、透明化多所批評。筆者時任給與處專門委員奉命研擬解決方案，於是建議成立「軍公教員工待遇審議委員會」，並於 88 年 4 月 26 日簽奉行政院核定有案。該委員會審議通過之意見，作為行政院辦理軍公教員工待遇規劃及擬議時的重要參據，此為程序正義機制的規劃。

至於，待遇調整實質面的機制，亦即人事總處是依據何種經濟指標決定年度軍公教待遇調整幅度？依據 81 年度至 113 年度期間軍公教待遇調整案作內容分析，這一段期間行政院在決定軍公教待遇調整時所參考的經濟指標，主要是以消費者物價指數變動幅度參考調整之。

學者專家對於待遇（俸給）調整亦多有質疑，試說明如下：

(一) 公務人員團體未能參與俸給調整決策過程

調整作業並未有適當的公開性，俸給調整所依據的資料調查及對決策影響層面的評估均係由行政院自行作業，民眾及公務員無法得知作業的情形，難免引起疑慮（熊忠勇，民 86）。原行政院人事行政局雖成立由學者專家及機關代表組成之「軍公教員工待遇審議委員會」，參與待遇調整案之審議，但在整個公務人員待遇調整過程中，員工本身並無制度化反應意見的管道。

(二) 俸給調整參考因素未能合理化

根據人事總處之分析，軍公教人員待遇之調整除須依據公務人員任用及俸給法令外，尚須衡酌消費者物價指數變動情形、平均每人國民所得、政府財政收支狀況及民間企業薪資水準等因素綜合考量訂定。我國行政機關調整待遇是否真正考慮前列四項因素，還是真的只是參考性質，頗值得探討。事實上，根據學者的看法，目前軍公教人員待遇的調整太過考慮財政收支狀況或預算剩餘考慮，以財政尾數作為調整待遇之基礎，以至於未能充分反映物價指數與民間企業的薪資結構。此外，一般公務員的反映是：待遇調整並未考量其他費用（如健保費、公保費）的調整，以至於所調升的待遇都被調升之健保費與公保費用所吸收，形成帳面上的調薪，而無實質的提高待遇之效果（丘昌泰，民 87）。

(三) 俸給調整法制化之建構不完備

我國以俸給法規範公務人員的俸給，該法雖在第 3 條、第 5 條明確規定公務人員俸給項目，但對於調整實質與程序等相關規定付諸闕如。一個完整的待遇法制應包含待遇支給項目之外，尚應包含待遇目標，待遇調整的機制及運作方式。公務人員俸給法的內容過於簡陋，致使行政院處理年度軍公教待遇調整業務幾乎靠行政命令來填補。因此，法制化建構不完備，允為我國當前待遇調整核心問題所在。

參　我國公務人員俸給制度的改進建議

我國公務人員俸給制度的問題，包含：俸給制度立制旨意面、俸給制度目的落實面、俸給制度設計合理面：俸表結構面及俸給晉薪面、加給制度面及俸給年度調整機制的問題等，其中俸給制度立制旨意面及俸給制度目的落實面，在問題面已論述，不再贅述。

一、合理調整俸表結構及差距

如前所述，現行公務人員俸表有各職等俸級重疊、部分職等俸級跳空、

本俸與年功俸區分無實益等現況，造成了缺乏升遷激勵、齊頭式之平等、無級可晉者比例過高、缺乏久任誘因等問題，考試院 98 年文官制度興革規劃方案也提出了建議，在分析政府結構、人力配置、人員晉升、敘級分布等情形後，設計長效型、發展型之俸級級數，以滿足久任人員晉敘期望，發揮績效俸表之功能。如重新建構矩陣式俸表配合俸級級數之增加，並免重疊率偏高，俸表結構由現行階梯型改為矩陣式，且不另列年功俸（歐育誠，民100）。

　　俸表調整因涉及現職公務人員得支領之俸額，首先衝擊的便是政府人事費用支出，影響層面除現職人員外，退休人員（尤以支領月退休金者）退休金等定期退撫給與及其他已核定之政府法定給付承諾，均將隨規劃之調幅而受影響，攸關政府財政支出之關鍵，在研擬俸表結構調整幅度時，勢必列入通盤考量（洪國平，民97）。

　　又如在暫不變動現行俸表結構前提下，目前如欲拉大公務人員高低階差距，可透過「折算俸額標準，必要時得按俸點分段訂定之」的彈性規定，提高中高階公務人員俸點折算標準，應可解決雙重失衡之現象，有助於延攬、留用中高階公務人員。

二、重新合理規範晉薪升等規定

　　我國公務人員考績晉級及晉升職等規定過寬，所造成的問題頗為嚴重，已如前述，宜重新合理規範之。但如何合理規範呢？綜觀各國人事制度，美、日二國制度可供借鏡。

　　首先，美國公務人員晉級規定為：

(一) 職等內晉級（within-grade increase, WGI）

專任員工工作績效達可接受[2]（acceptable）以上並符合以下服務時間者

------

[2] 美國聯邦政府機關可從 5 個等級中選擇 2 個以上等級作為其員工工作績效等級，第 1 級為不及格（unacceptable）、第 3 級為完全成功或相當等級（fully successful or equivalent）、第 5 級為傑出或相當等級（outstanding or equivalent）。此處之可接受等級係指第 3 級以上（http://www.opm.gov/perform/faqs/wgi.asp，最新造訪日期：2019 年 5 月 8 日）。

可獲得晉級：在一般俸表各職等晉薪級規定，1 至 3 薪級的晉薪，每一年 1 級；4 至 6 薪級的晉薪，每二年晉 1 級；7 至 9 薪級的晉薪，每三年晉 1 級。由此計算，在某一職等內，從 1 級晉升到第 10 級在通常情況下需十八年時間。而我國公務人員考績法規定，公務人員年終考績考列乙等以上，在每個職等內「每一年」可晉本俸（含年功俸）一級。筆者的目的只指出我國考績晉級規定與美國員工績效評量制度設計不同之處，說明我國考績晉級及考績升等較為寬鬆的原因，讓讀者知其然，知其所以然。

(二) 特別晉升（quality step increase, QSI）

針對員工表現被評等為傑出（outstanding），且在五十二週內未受到特別晉升者，可晉 1 級，稱之特別晉升。

(三) 職等的升遷

美國聯邦政府公務人員制度，所謂升遷（promotions）專指職等的增加或簡稱升等，與職稱、工作職責、教育和經驗等改變或增加有關，至於，職等內薪級（step）的晉級，與服務年資與考績有關，屬於加薪，但不被視為升遷。而且升等後，薪級要重新起算，且會按新的職等降 2 個薪級任用。舉例來說，如果您是美國聯邦公務人員適用一般俸表公務人員，原為 GS11 職等 7 級，獲升遷為 GS12 職等，則薪級會降 2 級成為 GS12 職等 5 級，且規定將處於 GS12 職等 5 級，必須等待兩年後，才能在職等內晉級[3]。

筆者特別指出，美國聯邦政府公務人員因職務調整、職責程度加重而「提高職等」的升遷；因考績及年資而在職等內「提高薪級」的晉級，讀者明白知道為什麼嗎？因為，本書其他章節已強調過，我們的人事制度有仿照美國聯邦政府公務人員的職位分類制度而設計。美國現行為 GS1 至 GS15 職等〔不含高級文官團（SES）〕，我國則為委任第 1 職等至簡任第 14 職等，我們年終考績晉級的規定，與美國差異如前述，近年來，學者專家一直在探

---

[3] https://www.federalpay.org/articles/promotions（最新造訪日期：2022 年 6 月 14 日）。

討我國公務人員 14 職等的職務（俸給）結構不夠用？同樣地，美國適用約 200 萬名公務人員的 GS15 俸表結構有無同樣的問題呢（按：筆者所閱讀過的有關美國聯邦政府人事制度的書籍及刊物尚未發現有類似的討論）？但有一點要特別指出的是，美國聯邦政府公務人員績效評量結果只作為職等內晉薪級的依據，而我國公務人員考績結果不但作為職等內晉敘俸級的依據，還作為晉升職等的依據，這是美國聯邦公務人員績效評量制度所沒有的，這應該是我國公務人員 14 職等不夠用的主要原因之一，而這一點筆者曾與我尊敬的老師許濱松討論過，曾經擔任過考試委員的許老師也認同此一觀點。

總之，相較於我們人事制度主要的仿效對象——美國聯邦政府人事制度，考績晉級較為寬鬆，考績可晉升職等的規定，是學界與實務界在探討我國公務人員 14 職等俸給結構是否足夠？如何檢討修正，所必須瞭解的基本問題所在。

其次，日本人事院規則規定，就是 I 種考試合格的高級公務人員，在行政職工資表上從 3 級 1 號工資開始。首先，在這個起跑線上，高級公務員就比從 2 級 2 號開始的 II 種考試合格者快三年，而 III 種考試的合格者的起點的 1 級 3 號，他們要追到 I 種考試合格者的起跑線最快也需要八年，實際上會更長。工資法具體規定了各類公務員的等級晉升的年限，I 種考試合格者從 4 級升到 5 級需要在 4 級上停留四年，從 5 級到 6 級再需要在 5 級上停留二年，如此類推。這個年限規定稱為「經驗年數」，但是對高級公務員，即 I 種考試合格者，工資表（俸給表）上的級別晉升所需要的「經驗年數」規定常常會突破。原因在於人事院規則 9-8 號規定，特別優秀者可以在完成「經驗年數」的 80% 時即可晉升。與此相反，II 種考試和 III 種考試的合格者的晉升幾乎沒有在完成「經驗年數」後就能升等的現象，常常需要 2 到 3 倍的時間。當然沒有晉升並不表示工資不上漲，即使在同一個等位上工資依然可以因號數上升而提高工資額，因而年功在工資上有所體現（毛桂容，民96）。

美、日二國公務人員升等晉級制度均有類似「停年」的規定，或可避免

我國公務人員現行無俸級可晉，無職等可升遷，而增加年功俸，或拉大職務列等的情形，似可作為檢討修正考績、任用及俸給法制之參考。

三、俸給調整制度化及法制化

參考各國公部門俸給調整經驗，我國公務人員俸給調整應朝確定軍公教人員調整目標（原則）、調整指標、設立公正客觀的機構負責民間企業薪資調查、賦予並規範公務人員協會建議權及訂定軍公教人員俸給調整的運作規則（林文燦，民 98）。

(一) 確定調整目標（原則）

根據學理上以及先進國家公部門俸給管理制度的成例，我國軍公教人員俸給調整目標的建立，大致應該遵循以下幾個原則：1. 足以延攬、留任及激勵優秀人才；2. 與民間企業薪資水準維持適宜的差距；3. 公平化、公開化及透明化；4. 合於績效精神，提升效能；5. 彈性、自主，加強授權。

(二) 確定調整指標

到底公務人員俸給調整幅度應「參照」或「按照」哪「一種」或哪「一些」因素來訂定，迄今並無定論。據學者專家的研究應參考的因素有：物價指數變動情形、家庭收支狀況之生活費計算、經濟成長率、民間薪資調查之薪資變動情形。就理論言之，我國軍公教人員俸給調整指標應可採之。然而，到底選擇那個指標，並非純客觀性理性思考的問題，尚須盱衡政治經濟等生態環境，做進一步的評估。

(三) 設立公正客觀的機構負責民間企業薪資調查

從先進國家成例來看，除了日本是由人事院自己辦理民間薪資調查外，美加等國均由獨立機構負責民間薪資調查。如就民間企業薪資調查本身而言，它是一項技術程度極高的調查，牽涉到統計學、民意調查、人事管理及電腦等專業技術；更重要地是就其運用而言，它應該是一項具有高度公信力、權威性調查報告。因此，就我國軍公教人員俸給調整制度化及法制化言

之，應成立專責單位，負責建立客觀而具有公信力的民間薪資調查業務。

(四) 依法成立的全國性公教團體應可加入公教人員待遇審議委員會

我國現階段軍公教待遇調整尚不宜列入團體協商，且公務人員協會法第6條規定：「公務人員協會對於下列事項，得提出建議：……。四、公務人員人力規劃及人才儲備、訓練進修、待遇調整之規劃及擬議、給假、福利、住宅輔購、保險、退休撫卹基金等權益事項。……。」基於俸給調整公開化及透明化要求，至少必須授與公務人員協會俸給調整的實質建議權。從制度化的觀點論之，為落實公務人員協會俸給調整建議權，可將公務人員協會列入「軍公教待遇審議委員會」的成員。

行政院為何成立軍公教待遇審議委員會呢？87年間，當時銓敘部長關中曾多次重砲抨擊人事行政局所負責的軍公教年度待遇調整案——「要調多少幅度？要調整哪些待遇項目？」都是黑箱作業。當時，人事局魏啟林局長指示筆者（按：筆者當時任人事局給與處專門委員）研擬對案，並於88年4月間，簽奉行政院同意成立，運作迄今。

當時筆者經參考實務、學理及其他先進國家的做法，主要是參考美國的做法。美國聯邦政府待遇諮詢委員會（Federal Salary Council）為委員會性質，由9位委員組成，其中3位委員，為社會公認在勞工關係及待遇政策領域內學識、經驗豐富公正之士；另6名委員，為公務員團體代表（林文燦，民98）。

惟當時，我國並沒有類似公務人員組成工會的情形。在實務上，全國公務人員協會於98年10月2日成立；目前中央機關協會20個、地方機關協會15個，共計36個協會。另外，全國教師工會總聯合會亦於100年7月11日成立。目前教師工會一再要求參與軍公教待遇審議委員會運作，行政院若政策決定，時機亦已成熟。然而，為免個別性公教團體動輒要求加入委員會，建議作適度規範為「依法成立的全國性公教團體」，亦即需具備：1. 依法成立；2. 全國性等二個要件外。且因為軍公教待遇審議委員會係由公

務人員、教師及軍職人員組成；因此，3.軍公教各派「一名」代表，應為合理的設計。

(五) 訂定軍公教人員俸給調整的運作規則

軍公教人員俸給調整涉及含經濟、財政、政治、管理、社會、統計及資訊等專業領域，其實際作業時，更需要將上述專業領域考量的運作規則標準化；又軍公教俸給調整制度公開化和公平及透明化是必然的趨勢，因此「軍公教員工待遇審議委員會」、行政院及人事總處幕僚作業如何運作，其運作規則都必須標準化，並於法律中作明文規定或授權規定。

四、建立專業證照給薪制度，以強化政府專業行政能力

為落實前面章節所稱待遇的訂定基礎之一的個人薪（person-based pay），鼓勵公務員工不斷學習，取得工作職場所需的各種專業證照，俾提升政府專業行政的能力。參考企業界及先進國家技術薪或能力薪的概念，建立專業證照給薪制度，凡具有專業證照之公務人員，其專業加給在一定的年限內加一定成數支給。

建立專業證照薪制度除了學理上及參考國內外制度外，在我國實務上也有實施的迫切性，依據107年間銓敘部與考選部共同撰寫的「政府進用專門職業及技術人員途徑檢討報告」，茲將重點摘要如下：

基於政府有進用專技人員之需要，82年8月4日制定專門職業及技術人員轉任公務人員條例，規範專技人員轉任公務人員相關事宜。另考試院於102年12月3日修正發布公務人員高等考試三級考試暨普通考試規則，公務人員高考三級考試增設公職專技人員11類科，並規定前揭考試類科須具有專技證書始得報考。上開二種用人管道為現行政府進用專技人力主要途徑，二者進用方式雖不相同，然其目的均係為能滿足政府對於專技人才之用人需求，延攬優秀之專業人才進入公部門服務，以專技人員彌補考試用人之不足，向為專技轉任制度所探討之重要議題，特別是長期以來各項公務人員考試之土木工程類科與建築工程類科均有錄取不足額的情況，依據調查顯

示，公部門薪資待遇與市場行情差距甚大，是導致公務人力缺口偏高之主因。考試院建議行政院，參考任職民間公司如具有技師證書者提高待遇，以增加吸引人才之誘因等。

人事總處審酌薪資待遇應非工程類人員無法留任之唯一主因，有關提升工程類科專技人員轉任及留任公部門服務之意願，亦應從具體改善公務環境與外界私部門就業環境衡平性，工作與報酬相當性，如業界薪資較高、公部門福利相對減少、退休機制變動等因素分析檢討，提高誘因吸納專技轉任人員，並建置良善環境利於留才。

讀者看到上述人事總處的回答，想法如何呢？以筆者從事軍公教待遇制度規劃實務經驗及專業知識與任職銓敘部的文官法制歷練，有以下的看法：(一) 人事總處若能從政府整體的角度衡酌，應重視考選部、銓敘部要紓解公務人員考試之土木工程類科與建築工程類科人員錄取不足額的重大人力短缺問題；(二) 在現行加給制度之下，人事總處若能秉持 OECD 國家或民間企業待遇管理新思維，協同考選部、銓敘部專技人員高考及轉任政策設計，讓這些具有專業證照土木工程類科與建築工程類科人員，成為公務人員且實際負責是類工作，以專業加給的型態，按月增支證照專業加給。

 關鍵詞彙

總待遇　工作總回報　職務薪　績效薪　個人薪
同工同酬　俸給本俸（年功俸）　俸級　俸額　加給　專業加給
職務加給　地域加給　待遇調整

自我評量題目

一、請從現行法律及實務運作架構論述俸給的意涵。

二、請說明俸給訂定基礎及學者Milkovich與Newman的策略性待遇觀點。

三、公務人員俸給種類為何？試說明之。

四、公務人員俸給結構為何？試說明之。

五、試說明我國公務人員俸給制度的特色。

六、試說明我國公務人員俸給制度所存在的問題？並提出改進建議。

參考書目

一、中文部分

中國時報（民100）。楊技正現身：驗出塑化劑 滿驚嚇。100.09.18。

毛桂容（民96）。日本公務人員人事管理的制度與運作。復旦公共行政評論，第3輯，第235-248頁。

王餘厚（民82）。人事名詞釋義。台北：人事叢書編輯委員會。

丘昌泰（民87）。建立績效導向的公務員俸給政策：公共管理的觀點。空大行政學報，第8期，第103-128頁。

自由時報（民105）。讚五楊高架 馬英九：國際社會叫好！105.04.20。

吳志華（民95）。美國公務員制度的改革與轉型。上海：交通大學出版社。

吳定（民82）。公務人員俸給制度之研究。台北：考試院銓敘部委託研究研究報告。

吳泰成（民96）。俸給法制興革的幾個重要課題。公務人員月刊，第137期，第2-4頁。

李飛鵬（民68）。現行人事法規沿革及釋例。台北：五南圖書。

林文燦（民85）。因應國家發展需要的政府待遇管理策略。人事月刊，第23卷第1期，第34-54頁。

林文燦（民 93）。行政部門待遇政策的策略研究。政治大學公共行政學系博士論文。

林文燦（民 98）。公部門待遇管理：策略、制度、績效。台北：元照。

林文燦（民 107）。我國公務人員年金改革核心問題成因之探討——路徑依賴分析。人事行政，第 203 期，第 56-73 頁。

林文燦（民 111）。政府專技人員俸給新策略——以工程人員為例。國家人力資源論壇，第 22 期。

林文燦、曾惠絹（民 95）。彈性導向待遇制度之研究。人事月刊，第 42 卷第 4 期，第 21-40 頁。

房列曙（民 105）[4]。中國近現代文官制度（上、下）。北京：商務印書館。

林玳帆（民 101）。公務人員俸表相關問題之探討。公務人員月刊，第 195 期，第 40-48 頁。

洪國平（民 97）。公務人員俸給法制相關議題之探討。國家菁英季刊，第 4 卷第 4 期，第 185-205 頁。

徐有守（民 86）。全盤檢討研訂政府人員俸薪制度。公務人員月刊，第 16 期，第 6-15 頁。

徐有守（民 88）。考試權的危機——考銓制度的腐蝕與改進。台北：台灣商務印書館。

郭冬瑞（民 102）。我國公務人員俸級結構之檢討（下）。公務人員月刊，第 199 期，第 47-58 頁。

行政院人事行政局（民 88）。我國公務人員待遇制度的過去、現在及未來——兼論管制人事費的措施。台北：原行政院人事行政局。

陳春榮（民 86）。我國公務人員待遇相關問題之探討。今日會計，第 97 期，第 26-54 頁。

曾惠絹（民 95）。公部門策略待遇之研究。95 年度行政院人事行政局薦送

4　該書為 2016 年出版，為期體例一致，轉成（民 105）。

公務人員出國專題研究報告。

銓敘部銓審司（民 96）。公務人員俸給法制興革須面對的課題。公務人員
　　月刊，第 156 期，第 3-10 頁。

楊彩霞（民 86）。現行公務人員俸給制度之檢討改進。公務人員月刊，第
　　16 期，第 35-42 頁。

熊忠勇（民 86）。我國公務人員俸給調整政策——從公平性的觀點論。公
　　務人員月刊，第 16 期，第 43-53 頁。

熊忠勇（民 94）。英美文官制度雇用政策變革之研究：政策價值的觀點。
　　國立政治大學公共行政學系博士論文。

歐育誠（民 100）。兩制合一 25 年的回顧與評析：談官等職等、職組職系
　　與俸級結構。人事月刊，第 52 卷第 6 期，第 30-44 頁。

鄭勵志（民90）[5]。日本公務員制度與政治過程。上海：上海財經大學出版社。

二、英文部分

Gerhart, Barry (2023). *Compensation* (14th ed.). Boston: Irwin McGraw-Hill.

Gerhart, Barry & Newman, J. M. (2020). *Compensation* (13th ed.). Boston: Irwin McGraw-Hill.

De Silva, S. R. (1998). "Performance-Related and Skill-Based Pay: An Introduction." Paper presented at ILO/IOE/CAPE Regional Employers' Meeting (Bangkok, Thailand), 11-13 December 2002.

Gomez-Mejia, L. R. & Balkin, D. B. (1992). *Compensation, Organizational Strategy, and Firm Performance*. Ohio: South-Western Publishing Co.

Milkovich, G. T. & Newman, J. M. (2014). *Compensation* (11th ed.). Boston: Irwin Mcgraw-Hill.

U.S. Office of Personnel Management (2002). *A Fresh Start for Federal Pay: The Case for Modernization.* Washington, D. C.: OPM.

5　該書為 2001 年出版，為期體例一致，轉成（民 90）。

第七章
公務人員考績制度

林文燦

第一節　考績相關概念

從古到今，從國內到國外，從民間企業到政府機關，人類因合作需求而組成組織，追求生存。因此如何因人成事，透過最有績效的員工，追求組織最大績效呢？組織為了確定員工展現最佳績效，於是建立「定期考核員工績效的制度」，縱觀各種針對員工個人績效的考核制度（我們政府部門稱之為公務人員考績制度），縱使態樣各異，名稱不同，但筆者歸納起來它有三個要件：一、定期（通常是一年一度）由考核者對受考者單向考核；二、給予考核等第；三、根據考核等第信罰必罰。讀者在研讀員工績效考核制度時，要先有這樣的體認。例如，堯舜的考績，是考核官員履行職責情況，考核官員的政績。「尚書舜典」：「三載考績，三考黜陟幽明。」每隔三年要對官員考核一次政績，根據三次考核情況，實施升降獎懲，是所謂「三載考績，三考，黜陟幽明，庶績咸熙。」經歷代傳承，漢、唐，考績成為宰相重要職權之一，用以鑑別人才。

宋代名臣范仲淹於慶曆年間，將「答手詔條陳十事」（即「十事疏」）奏摺呈給宋仁宗，作為政事改革的基調。其中有關「澄清吏治」部分是「明黜陟」，目的在於改革官員三年一次循資陞遷的磨勘制（按：磨勘就是記載官員的人事資料），而所謂磨勘制是按照年資升遷的辦法，改以注重實際的功、善、才、行，提拔官員，淘汰老病愚昧等不稱職者和在任犯罪者。這種新標準須有配套措施，范仲淹嚴定考核的方法，使「無功者不得擢，有善者

必賞」，有「大功大善」的官員，應該不受磨勘的限制，准予大幅升遷；而沒有功績的官吏則不宜循資升級（師晟、鄧民軒，民93）。

縱觀歷代變法，史稱較為成功的是明朝內閣首輔張居正所推動的萬曆變法，開創了為期十年的萬曆中興格局。揆其關鍵因素之一，論者多謂係張居正將考成法作為整飭吏治，落實施政的主要手段。萬曆元年，明神宗詔令諸官衙門建立程限文簿，以防止公文延宕（邱仲麟，民78）。用現代性說法，就是將所有官員的工作績效都用詳細的績效指標呈現，並記錄在程限文簿之中，一年一評，依據考核結果決定官員的升黜去留。而推行考成法的第一步，就是推動針對中央官員實施的「京察制度」，所謂京察大致就是現行公務人員考績制度。

民國103年2月間，人事行政總處黃人事長富源行關懷之舉，請筆者陪同訪問人事行政局第一任局長王局長正誼。只見一位已高齡100歲的耆老，不但耳聰目明，思路更是清晰，對人事行政局的籌建及重要人事政策，娓娓道來，如數家珍，常有非常深入的剖析，言俗所不知，特別是匡正了被曲解的「三考三卡制」，王局長指出該制之立制本旨，是落實平時考核的方法，作為考核公務人員績效的基礎，將考核項目分勤惰、工作及品德等三項，分別設置紀錄卡，翔實記載員工平時工作狀況以收綜覈名實，信賞必罰之實效。筆者認為此一做法與張居正所建立程限文簿，記載官員平時工作實績，前後輝映，有異曲同工之妙。

上述敘述，是要傳達「有考績，才有績效」的訊息，與 P. F. Drucker 所言「沒有評量，就沒有績效」的說法，如出一轍。因此，我們也可以說：「公務人員考績制度的良窳與落實，是國家績效的基石。」

壹 考績的意涵

考績一詞見於公務人員考績法（以下簡稱考績法），是人事行政實務上的用語，但是考績法並未對考績加以界定。因此，當我們要界定何謂考績，尋覓於理論之範疇，不失為一可循之途徑。

一、考績的定義

丁志達（民 92）將 performance appraisal，譯爲「績效考核」，並界定爲「一套正式的、結構化的制度，用來衡量、評核及影響與員工工作有關的特性、行爲及其結果，從而發現員工的工作成效，瞭解未來該員工是否能有更好的表現，以期員工與組織的獲益」。上述績效考核是針對員工個人的績效予以考核，本章將統稱爲考績。至於考績的主要內容如次：

(一) 它是一套科學化、客觀化及結構化的考績方法。

(二) 考績之標的物爲公務人員的內在特質，或外顯行爲，或工作的結果。

(三) 它是以公務人員一定期間考績的結果，作爲俸給調整、職務任免升遷及行政獎懲的準據。

(四) 它是以公務人員考績的結果，作爲未來調整職務、員工訓練與發展的依據。

(五) 考績之目的在於提升公務人員個人績效，在於提升機關組織層面的績效。

就實務而言，考績法第 1 條規定：「公務人員之考績，依本法行之。」顧名思義，是考核員工的績效，因此考績貼近 performance appraisal 理論意涵。依據考績法第 2 條，公務人員之考績，應本綜覈名實、信賞必罰之旨，作準確客觀之考核。綜上，本章將考績（績效考核）界定爲，於某一段時間內對於員工的特性，行爲表現及工作結果之考核……。而所稱「某一段時間內」可以對應到考績法第 3 條的年終考績，係指機關在每年年終考核其各官等職等人員當年 1 月至 12 月任職期間之績效。

二、績效管理相關名詞區辨與其發展趨勢

另一個在理論與實務上，與績效考核（performance appraisal）常常混爲一用的名詞是 performance management，一般教科書均譯爲「績效管理」，通常績效管理需同時考量員工面、團隊面及組織面等三個層面的績效，強調策略及整合的取向，以促進組織成效（Woods, 2003）。Weiss 與 Hartlw

（1997）將績效管理的界定為：「建立一個（使員工）對所要達成（績效）目標有著共同瞭解的過程；同時也是一種管理員工使之成功可能性增加的取向。」

　　從上述「績效考核」、「績效管理」之定義，隱含下列幾個意涵：(一) 績效管理與績效考核有別，績效考核為績效管理的基礎，為績效管理的一環；(二) 績效管理分為組織績效、內部單位績效及員工績效等三個層次；(三) 績效管理重心逐漸由考核人員的個人績效，轉向兼顧考核團體績效及組織績效；(四) 考績法所稱考績，係側重「員工績效」之考核，貼近學理上的績效考核用語。

(一) 績效管理與績效考核有所區別

　　許多組織都自稱屬行績效管理制度，但實際上，充其量不過是一個績效考核制度。因為：1. 係聚焦於對考核員工績效優劣；2. 它不考慮策略面的問題；3. 考績通常並不針對做出詳盡而持續的績效回饋，儘管這是員工需仰賴相關回饋訊息，改善未來績效；4. 績效考核常常是由人力資源管理部門一年辦理 1 次，而績效管理則是是業務單位主管主其事，一整年時時刻刻進行的管理活動。

(二) 績效管理分為組織績效、內部單位績效及員工績效等三個層次

　　就政府績效管理體系而言，一個完整的績效管理體系應兼容組織層面的總體分析層次及員工層面個體分析層次，因此必須包含 1. 機關績效；2. 單位績效；及 3. 員工績效等三個績效層次。在這種情況下，績效管理的目的既針對組織策略、組織整體目標的實現和績效的提升，那麼組織績效評量的策略功能得以落實，又針對員工個人績效考核，可實現對個人的合理獎懲的行政功能，以及個人升遷、教育訓練的發展功能。

(三) 績效管理重心逐漸由個人績效，轉向兼顧團體績效及組織績效

　　就績效管理問題層面論之，學術界研究與實務界體驗到從「績效考評或績效評量移轉到績效管理」的趨勢，就是對傳統績效評量問題的挑戰與回

應。傳統的個人績效考評或重視測量結果的績效評量，受到相當多的批評，這些批評包含：1.一個組織或公司評量應及於個人、團隊、內部單位和整體組織績效，但過去只側重於是個人層面的績效評量；2.個人績效考評與組織整體績效欠缺連結，換言之，個人層次的績效考評未符合組織策略，學者專家卻將心力虛擲在一些最淺層的事務，如考評或評量表格。

　　就我國現行績效管理權責體系而言，1.研考機關（中央機關權責機關為國發會（因組織改造之故，行政院經建會與行政院研考會合併為國發會；地方機關仍由研考單位職掌。）負責機關整體層次施政績效制度之建構與檢討；2.至於負責單位層次績效管理制度則尚未有法制化之建構；及3.考試院負責員工個人層次考績制度之建構與執行，也就是本章探討的焦點。考試院自民國100年起所推動的考績法修正草案，重點之一就是開啟我國公部門因應國際潮流，由過去著重個人績效的考績制度，從法制面轉而重視團體績效之象徵，惟目前尚未法制化。

貳　考績的目的

　　考績法第2條規定，考績制度的宗旨為「綜覈名實、信賞必罰」，而此一宗旨之落實須與其他人事政策或措施相結合。學者們從實務上和學理上指出，考績之目的有三：一、行政性目的；二、發展性目的；及三、策略性目的。行政性目的是指機關與管理者根據考績結果對當事人進行獎勵和懲罰；發展性目的是指運用考績結果，協助當事人瞭解自我工作能力優劣點，並且據以提供各種適當的改善工作能力或訓練協助措施。至於策略性目的係指透過考績的結果，使得員工的績效與機關的績效結合起來。

　　進一步論之，所謂考績的行政性目的，就是以考績結果作為薪資、敘獎、任免、晉升的依據，這是考績制度的傳統功能，它著眼於員工過去的工作表現。至於以人力資源角度出發的考績目的，已轉而重視員工的發展功能，也就是前所指稱考績的發展性目的，以考績結果作為職務調整、工作輔

導改進、決定訓練需求、員工生涯規劃等之參考依據，重視員工的未來發展性；當我們發現員工的工作表現不如預期水準，就要給予必要的訓練，當我們發現某位員工的工作超出預期水準，深富潛力，那該員工就成為我們組織的珍貴資產，而長期培養之道，就更要施予訓練。因此，這裡有一句非常經典的話，那就是：「考績最終之目的就是訓練」，亦即，表現不佳的員工要訓練，表現優異的員工更要施予訓練。

　　長久以來，國內公務人員考績法制上或實務上均專注於行政性目的，忽略發展性目標，其結果造成訓練發展和績效評估鮮少結合，同時公務人員常將焦點置於能否獲得考績甲等，管理者和員工反而不關切如何經由績效評估過程，改善或提升工作績效（吳泰成，民94）。學者專家多認為未來考績法的修正應多重視考績之發展功能，施能傑（民81b）認為：「考績結果的運用應該從現行的『行政性目的』儘可能地朝向『發展性』取向的目的，即作為幫助員工瞭解其個人能力之長短處，進（而）以接受適當的訓練與生涯規劃，使機關可以充分利用每個員工的潛能和生產力，而非一昧以考績結果決定員工利益之分配，而使考績工作成為組織政治過程的一部分。」此外，筆者認為考績制度的功能在行政功能與發展功能外，在政府再造重視結果導向的思潮下，應更重視考績制度的策略性功能，重視如何與組織或單位績效提升的結合，促使組織整體績效的提升。

參 公務人員考績制度的功能

　　人力資源管理中的績效考核（考績），無論在公私部門都普遍存在一種困境——理論與實務的矛盾。從理論上而言，考績（績效考核）對於改進組織及個人的績效，提高組織及人員的生產力來說，至為重要。因為透過績效考核，可以發現、回饋績效問題，並予以指導而改進績效。然而從實務而論，尤其是當績效考核與其他人力資源管理措施連結一起時，如績效考核結果決定了俸給高低，以及職務升降時，往往產生許多複雜的問題或副作用，因而其失去應有的效用。這一矛盾是使得績效考核成為人力資源管理領域

中，最複雜且富爭議的管理環節。因此，部分學者認為在強調提高生產力的年代，績效考核既是最優也是最差的人事管理。績效考核是政府部門最複雜且最令人頭痛的行政實務。然而，績效考核儘管存在理論與實踐的矛盾，但並不意味著應揚棄這一管理工具（吳志華，民 94：115-118）。

由於考績與公務人員任用升遷、獎懲、待遇、訓練及發展等其他人事行政政策關係密切，使其居於人事行政制度關鍵地位。學者專家對考績制度的功能論述頗多，舉其犖犖大端者，如趙其文（民 79：316-317）認為功能有四：一、肯定工作人員的成就；二、依績結果，實施獎懲；三、考績中發掘人力資源管理的問題，並立即加以改善；以及四、從考績中拔擢人才。蔡良文（民 92：404-405）認為公務人員考績應具有七種功能：一、健全人事制度；二、發掘培育人才；三、調整俸給待遇；四、強化遷調退免；五、調整公務人力；六、維持團體紀律；及七、提高效率與效能考績的施行。張瓊玲（民 94：125-126）認為考績的功能可歸納為五項：一、發揮人力運用功能；二、獎勵與肯定功能；三、獎酬與福利功能；四、晉級與升遷；及五、淘汰、獎懲之功能。

第二節　公務人員考績制度重要內容

壹　公務人員考績制度的宗旨

公務人員考績法揭示之宗旨，重點有二：一、綜覈名實、信賞必罰；二、作準確客觀的考核。

一、綜覈名實、信賞必罰之旨

考績法第 2 條規定：「公務人員的考績，應本綜覈名實、信賞必罰之旨，作準確客觀之考核。」短短數語，言簡意賅，原本開宗明義，直指考績制度本心，原本非重要，奈何或有走馬看花，而忽略其要義者。我們若結合

「漢書‧宣帝紀贊」：「孝宣之治，信賞必罰，綜核名實。」及「漢書‧藝文志」：「法家者流，蓋出於理官，信賞必罰，以輔禮制。」那麼，公務人員考績法的立制旨意，可進一步延伸為：「公務人員的考績應本綜覈名實，信賞必罰之旨，作準確客觀之考核，以輔禮制。」而所謂「以輔禮制」可引申為考績制度的策略性目的，藉此人力資源管理措施就可以和國家發展策略性目的結合。若然，人事部門除可增益考績立制旨意之外，更能使之發揮策略人力資源管理功能，成為國家策略發展的策略夥伴。

進一步言之，策略性人力資源管理概念是一種多面向且全觀的思維邏輯，用來詮釋本條文之旨意，將更能發揮考績制度之策略性目的，理由如下：

第一，「以輔體制」體現了探討考績與組織策略間的垂直關係，強調考績措施應著眼於如何實現組織的策略目標（例如，新加坡政府以「厚祿養賢」的高薪政策，以激勵頂尖、績優人才的國家策略目標）。

第二，「信賞必罰」揭櫫了考績與其他人力資源管理措施的水平結合關係，將員工績效與誘因制度（例如，績效卓著者優先升遷，予以高額績效薪資；績效拙劣者予以降職或行政懲處）做緊密地結合。綜覈名實部分，依據考績法第 5 條規定：「……平時考核就其工作、操行、學識、才能行之。」所謂「名」，所對應的是考績項目所列的「學術」、「操行」及「才能」等三個項目；至於「實」，就是「實績」，以現代人力資源管理用語，就是員工實際的工作績效，所對應的是考績項目所列的「工作」。

第三，呈現目標與手段的關係，「以輔體制」是策略目標，綜覈名實、信賞必罰成為達成此一目標之手段。同時，綜覈名實、信賞必罰本身也是個目標，「準確而客觀之考核方法」成為落實此一目標的手段。

第四，與環境系絡的結合，賦予制度與時俱盡的生命力。綜覈名實、信賞必罰源自於傳統文化，確定考績制度「應然的價值取向」，是一種哲學思考；準確而客觀的考核方法則運用西方科學文明，確定了考績制度的「實然的工具取向」，一種科學的思考。哲學思考與科學思考的結合，展現了考績匹配環境或系實際績效間相符的情形。

二、準確客觀考核方法之旨

(一) 考績的標的物

　　欲落實客觀準確的考核方法，須探究要考核（績）內容什麼？亦即考核（績）之標的物為何？這是考績實務應然面的探討。隨著時代演進，環境的變變遷，學術的累積，論者認為可以從員工所的個人特質、員工的行為及員工執行的結果三個方面來呈現員工的績效，其考核項目及考核特點，詳如表7-1。

表 7-1　績效評核方法及評核內容

評核方法	評核內容	評核特點
特質取向（trait approach）以心理學上的人格特質為量度變項，諸如忠誠、誠懇、守法。	評量員工是怎樣的一個人（what employee is），即可看出一個員工的整體形象是什麼，如表列評核、交錯排列、成對比較。	對員工的人格特質，以心理學上的人格特質為衡量對象，諸如內向性格、人際活躍的性格等。此法很容易就可執行，但主觀因素強。
行為取向（behavioral approach）以心理學上的行為觀點，適用於個人工作行為的考量上，衡量其行為的特性。	評量員工的重要事件及行為定向的評核，諸如有效行為與無效行為的鑑定，乃鑑定每日的工作行為。	對員工所做的事，做對與否，做一評核。這種評核方法比較客觀，僅就對員工所做的事，做出評核，同時可將評核結果與員工討論，其應該改進的行為。
結果取向（outcome approach）以目標管理的構想來衡量管理層的作為。其依據為「做對事」的行為結果，且能從做對事的經驗，促進員工成長。	評量管理幹部的工作結果。工作結果乃依據年度所訂的計畫與員工所做工作的結果做一比對。若達成計畫所要求的，即是達成目標。	對員工所做的事，按年度計畫來審核。員工對達成目標的管理歷練有很大的幫助，惟管理幹部為達成目標不擇手段，或忽略其他重要事件。

資料來源：李長貴（民89）。

(二) 科學的考核方法

　　欲實施準確而客觀的考績，須輔以科學之考核方法。在考績實務上，考核公務人員績效的方法有：比較法、特質法、行為法及結果法等四種方法。但究其性質，特質法、行為法及結果法是考核個別公務人員績效之標的物，

就是所謂為求得考績結果客觀而準確的考績標的。至於比較法是將一個機關內所有受考人的考核結果，予以比較排序的方法。質言之，所謂準確而客觀的績效考核方法係指特質法、行為法及結果法。至於分配法不算是績效考核方法，而是一種考績結果分配的方式，係針對各種考核方法的考核結果，予以排序的方法。茲依據我國公務人員考績實務相關的方法，並擇要說明如下：

1. 比較法

考績的比較法係由考評者將個別人員的績效與其他人員的績效進行比較。這種比較法，有以下兩種考核方式：

(1) 排序法：簡單排序法（simple ranking）是由主管人員將本單位人員從績效最優者到績效最差者（或從最好到最差）加以排序。

(2) 強制分配法：強制分配法係以機率和數理統計中的常態分布原理為理論基礎。考績實務上將人員績效考核結果予以排序後合理分配，就是以統計學中常態分配原理所發展出來的考績結果分配方法。當一個機關內受考人數夠多時，考績結果的分布，多數員工的績效應處於一般水準，只有少數員工的績效會特別好或特別差，事先確定各等級占全體的比例。例如，一般所謂的 Top 10 以及 Bottom 5 的分配，若再另細分各等級分別占總體的 10%、20%、45%、20% 和 5%。在考績實務上，考績結果等第以常態分布的形式出現，較為合理。但各等第的分配比率為何才合理？卻是一個屬於專家主觀判定的問題，因此，我們稱為考績的「強制分配法」，而不稱之為「強制分布法」。這種方法是要求主管人員按照固定比例的考績等第，辦理員工考績。這種考績結果強制分配法係美國通用電氣前總裁 Jack Welch 所倡導，他要求通用電氣公司主管人員將整個公司員工考績結果分為績優（20%）、一般績效（70%）、績效不彰（10%）等三個等級，屬績效最差等級的 10% 的員工得不到獎金，且可能會遭受解僱的命運。

2. 特質法

特質法係聚焦在歸納出員工對企業成功非常有利的各種個人特性（特徵或特質），諸如主動性、領導能力、競爭性等，接著再依據這些特質對員工實施考評。

3. 行為法

行為法係側重於考核人員有效完成本職工作時，所需具備之績效行為，包括：

(1) 關鍵事件法：主管人員記錄員工在工作中所表現有績效與無效績效的重要事件的事蹟。而所謂關鍵事件，是指對機關或單位整體績效產生積極或消極影響的重大事件。

(2) 行為定錨評估量表（behaviorally anchored rating scale, BARS）量表評定法：將考績的項目和指標做成等第表，並依此對公務人員的績效進行考核的方法。及關鍵事件法的結合，它的重點在於將員工特別功過予以等級化（A、B、C、D 級）。

(3) 行為觀察量表（behavioral observation scale, BOS）。

(4) 組織行為修正法（organizational behavior modification, OBM）。

4. 結果法

P. F. Drucker 提出目標管理（MBO）的概念之後，開啟了績效評鑑的一種新方式。在此一途徑中，部屬設定其本身所要達到的短期績效目標，並與上級主管共同討論，然後個別人員的績效再依據這些目標予以考核，而此一過程主透過自我評量來完成。目標管理從最早的管理哲學漸漸落實為績效評鑑的制度，再整合組織與個人目標，並發展為長期規劃的工具。然而，管理學者與實務論者均多認為目標設定是目標管理最重要的一環。目標設定是透過組織上、下級人員共同設定組織整體目標、單位目標與個人目標。其設定的基本原則已如上述。目標管理是人與事的結合。目標管理是個體與團體的結合。它的三個特質是：人性管理、參與管理及自我管理。

以目標金字塔的概念言之，透過專門設計的過程，使目標具有可操作

性，在員工參與的基礎上，逐級將企各目標分解到組織的各個單位，組織的整體策略目標被轉換為每一級組織單位的具體目標，即從整體策略組織目標先轉化為經營單位的目標，再轉化為部門目標，最後轉化為個人目標。而且低層次單位的管理者共同參與自己目標的設置，所以這種目標管理體系既是自上而下的，同時又是由下而上的，最終形成一個各層級目標相銜接的目標體系。

貳 公務人員考績法的種類

依據考績法第 3 條規定，公務人員考績區分為：

一、年終考績：係指各官等人員，於每年年終考核其當年 1 月至 12 月任職期間之成績。

二、另予考績：係指各官等人員，於同一考績年度內，任職不滿一年，而連續任職已達六個月者辦理之考績。

三、專案考績：係指各官等人員，平時有重大功過時，隨時辦理之考績。

就常態管理言之，考績針對公務人員一段期間的所表現特質、行為及結果予以考核，因此，有於年終考核公務人員 1 至 12 月任職期間之成績的年終考績；以及任職不滿一年，而連續任職已達六個月的另予考績。然就例外管理言之，當公務人員有重大功過時，基於學理上即時獎勵（或處罰）考量，故有專案考績之設計。例如，民國 100 年食品藥物管理局楊技正執行「加強取締偽劣假藥專案」時，查獲○○公司製造供應的起雲劑含高劑量塑化劑，揭發了台灣食品被添加塑化劑的重大違法案件。

楊技正對我國食品安全做出重大貢獻，基於即時激勵的原則，行政院衛生署（現已改制為衛生福利部）隨即依據考績法第 3 條「專案考績：係指各官等人員，平時有重大功過，隨時辦理之考績」之規定，並依據同法施行細則第 14 條規定，引據法條，詳述具體事實，經考績委員會核議，並經簽奉首長核定後，送銓敘部審定。最後，該署人事室依據考績法第 12 條規定，

予以專案考績。按第 12 條第 1 項第 2 款第 1 目之獎勵規定為：「一次記二大功者，晉本俸一級，並給與一個月俸給總額之獎金；已達所敘職等本俸最高俸級或已敘年功俸級者，晉年功俸一級，並給與一個月俸給總額之獎金；已敘至年功俸最高俸級者，給與二個月俸給總額之獎金。但在同一年度內再因一次記二大功辦理專案考績者，不再晉敘俸級，改給二個月俸給總額之一次獎金。」故楊技正獲核給一次記 2 大功獎勵，依法晉年功俸 1 級。因楊技正當時銓敘為薦任第 9 職等年功俸 6 級，除頒發一個月俸給獎金外，並晉敘為薦任第 9 職等年功俸 7 級。

目前，各項公務人員獎勵措施中，最實質的激勵措施就是一次記 2 大功給予獎金，其他行政獎勵（即使記 1 大功）並無獎金；此外，還可以晉本俸或年功俸 1 級，除了月支俸級數額可以增加外，也可以在退休時增加退休金，因為退休金是以本俸（年功俸）加 1 倍作為計發退休金的基準。考績法第 13 條規定，（當年度）曾記 2 大功人員，考績不得列乙等以下。換言之，也保障該人員當年度考績考列甲等。

參　公務人員考績項目

依據考績法第 5 條規定，年終考績應以平時考核為依據。同法第 13 條規定，平時成績紀錄及獎懲，應為考績評定分數之重要依據。又依同法施行細則第 17 條規定，本法第 13 條所稱平時成績紀錄，指各機關單位主管應備平時考核紀錄，具體記載屬員工作、操行、學識、才能之優劣事蹟。行政院特訂定「行政院及所屬各機關公務人員平時考核要點」作為辦理行政院及所屬行政機關公務人員平時考核，依據所附「公務人員平時成績考核紀錄表」及其附記說明，考核項目所含工作知能及公文績效、創新研究及簡化流程、服務態度、品德操守及領導協調能力等，並佐以 A、B、C、D、E 等五各個等級，屬學理上之特質法。至於表內要求主管記載個人重大具體優劣事蹟係屬關鍵事件法；又表附記載明：「平時考核紀錄等級分為 5 級，為強化績效

考評功能，結合團體績效考核與平時考核，各機關得依據其發展策略願景或年度施政目標，訂定內部單位之年度工作目標，再由主管及受考人於年初共同商訂個人年度工作計畫，據以設定計畫評量指標（評量指標之設計應儘量予以量化）及預定完成期程，並依規定按時考評。」係屬結果法之目標管理法。

肆　同官等內調任低職等職務人員考績權益的保障

如前所述，同官等調任低職等職務的保障，具有維持公務人員行政中立的深邃意涵，為使完備公務人員行政中立的權益保障機制，有一、公務人員任用法第18條規定，以原職等任用保障其銓敘職等；二、公務人員俸給法第11條規定，同官等調任低職等職務，以原職等任用人員，仍敘原俸級，以保障其俸級；三、以公務人員加給給與辦法第5條，其專業加給按其敘定職等支給；四、考績權益的保障則除規定在公務人員考績法施行細則第8條第2項規定：「調任同官等內低職等職務，仍以原職等任用人員，以原職等參加考績。」之外，考績後晉級則規定在公務人員俸給法第16條：「在同官等內調任低職等職務仍以原職等任用，並敘原俸級人員，考績時得在原銓敘審定職等俸級內晉敘。」

舉例來說，某鄉公所公務課課長原為合格實授薦任第8職等年功俸3級敘550俸點，被鄉長降調為職務列等5或6至7職等之課員，依任用法及俸給法等相關法規規定，係按原職等任用，仍敘薦任第8職等年功俸3級，渠次年考績若考列乙等以上，其考績晉級原僅能晉敘至薦任第7職等課員年功俸最高為6級為止，嗣因民國88年5月14日釋字第483號大法官會議解釋[1]。銓敘部修正公務人員俸給法，規定其考績後得在原銓敘審定職等俸級內

1　民國88年5月14日釋字第483號大法官會議解釋，公務人員依法銓敘取得之官等俸級，非經公務員懲戒機關依法定程序之審議決定，不得降級或減俸，此乃憲法上服公職權利所受之制度性保障，亦為公務員懲戒法第1條、公務人員保障法第16條及公務人員俸給法第16條之所由設。公務人員任用法第18條第1項第3款前段規定：「經依法任用人員，除自願者外，不得調任低一官等之職務；在同官等內調任低職等職務者，仍以原職等任用」，有任免權之長官固得據此將高職等之公務人員調任為

晉敘，亦即可依考績結果可晉敘到薦任第 8 職等年功俸 6 級 630 俸點爲止，而非僅能考績晉級到薦任第 7 職等課員年功俸最高爲 6 級爲止，而二者的年功俸差 2 級。

伍 公務人員考績公平之制度面設計

在職場中，公平有四類不同形式：一、程序公平；二、實質公平；三、人際公平；及四、資訊公平（Davenport & Harding, 2010）。程序公平、分配公平及資訊公平可從考績法中窺得屬制度面設計；至於人際公平屬主觀感受問題，無法從考績法窺得一二。茲依據考績實務說明如下：

一、程序公平：員工是否可以參與考績審議？考績結果審議的程序？機關內考績委員會組成？亦即考績程序民主化的問題。

二、分配公平：考績結果與績效表現是否匹配？考績結果是否符合信賞必罰的宗旨？是經由獎善勸惡後，能收獎優汰劣之效？亦即考績準確客觀、實質公平之問題？

三、人際公平：考績實施過程中，包含平時考核時，能否獲得關注、尊重及關懷等感受的情形？亦即考績諮詢、溝通之問題？

四、資訊公平（資訊公開）：是否充分瞭解影響考績結果的各項因素？是否獲得充分的說明？在考績的過程中，能否針對自己的績效表現充分說明與溝通？亦即考績資訊公開透明之問題。

有關考績法有關程序公平的制度面設計，可二爲：

一、考績審查須經一定程序

有關考績審查程序的程序公平設計，規定在：

(一) 考績法第 14 條，其條文規定爲：「各機關對於公務人員之考績，應由

較低官等或職等之職務；惟一經調任，依公務人員俸給法第 13 條第 2 項及同法施行細則第 7 條之規定，此等人員其所敘俸級已達調任職等年功俸最高級者，考績時不再晉敘，致高資低用人員縱於調任後如何戮力奉公，成績卓著，又不論其原敘職等是否已達年功俸最高級，亦無晉敘之機會，則調任雖無降級或減俸之名，但實際上則生類似降級或減俸之懲戒效果，與首開憲法保障人民服公職權利之意旨未盡相符，主管機關應對上開公務人員任用法、公務人員俸給法及附屬法規從速檢討修正。

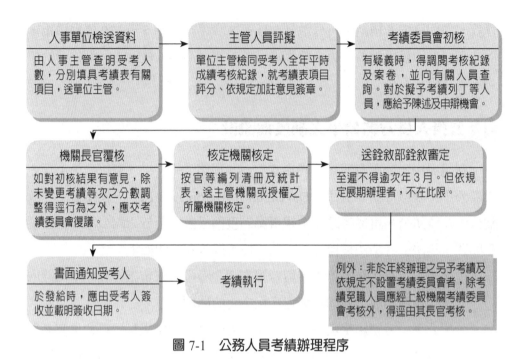

圖 7-1　公務人員考績辦理程序

資料來源：銓敘部。

　　主管人員就考績表項目評擬，遞送考績委員會初核，機關長官覆核，經由主管機關或授權之所屬機關核定，送銓敘部銓敘審定。但非於年終辦理之另予考績或長官僅有一級，或因特殊情形報經上級機關核准不設置考績委員會時，除考績免職人員應送經上級機關考績委員會考核外，得逕由其長官考核。考績委員會對於考績案件，認為有疑義時，得調閱有關考核紀錄及案卷，並得向有關人員查詢。考績委員會對於擬予考績列丁等及一次記二大過人員，處分前應給予當事人陳述及申辯之機會。」如圖 7-1（此為資訊公平的制度面設計）。

　　此外，由於考績列丙等對於公務人員之晉敘陞遷等服公職權利有重大影響，因此為保障公務人員之救濟權益，保訓會業於 104 年 10 月 28 日函知各機關，有關考績（成）丙等事件之救濟程序，自 104 年 10 月 7 日起，由原本的申訴程序改依復審程序處理。而銓敘部亦於 106 年 3 月

21 日函知各機關，對於擬予考績考列丙等人員，各機關參酌行政程序法第 102 條及第 103 條等有關陳述意見之規定，得給予受考人陳述及申辯機會，俾期強化考核之公平與公正。

(二) 考績法施行細則第 18 條考績審查程序，做了更細緻規定，其條文爲：「各機關辦理公務人員考績，應由人事主管人員查明受考人數，並分別填具考績表有關項目，送經單位主管，檢同受考人全年平時成績考核紀錄，依規定加註意見後，予以逐級評分簽章，彙送考績委員會初核。」

二、考績委員的設置

考績法第 15 條：「各機關應設考績委員會，其組織規程，由考試院定之。」其相關規定如次：

(　) 委員的組成：考績委員會組織規程第 2 條規定：「考績委員會委員之任期一年，期滿得連任。（Ⅰ）考績委員會置委員五人至二十三人，除本機關人事主管人員爲當然委員及第六項所規定之票選人員外，餘由機關首長就本機關人員中指定之，並指定一人爲主席。主席因故未能出席會議者，得由主席就委員中指定一人代理會議主席。（Ⅱ）考績委員會組成時，委員任一性別比例不得低於三分之一。但受考人任一性別比例未達三分之一，委員任一性別人數以委員總人數乘以該性別受考人占機關受考人比例計算，計算結果均予以進整，該性別受考人人數在二十人以上者，至少二人。（Ⅲ）第二項當然委員得由組織法規所定兼任人事主管人員擔任；指定委員得由機關首長就組織法規所定本機關兼任之副首長及一級單位主管指定之。（Ⅳ）各主管機關已成立公務人員協會者，其考績委員會指定委員中應有一人爲該協會之代表；其代表之指定應經該協會推薦本機關具協會會員身分者三人，由機關首長圈選之。但該協會拒絕推薦者，不在此限。（Ⅴ）第二項委員，每滿四人應有二人由本機關受考人票選產生之。受考人得自行登記或經本職單位推薦爲票選委員候選人。（Ⅵ）前項票選委員之選舉，採普通、平等、直接及無記名

投票法行之，並得採分組、間接、通訊等票選方式行之，辦理票選作業人員應嚴守秘密；其採分組、間接方式票選時，應嚴守公平、公正原則。（Ⅶ）」

(二) 委員會職掌：規定於考績委員會組織規程第 3 條：「考績委員會職掌如下：一、本機關職員及直屬機關首長年終考績、另予考績、專案考績及平時考核獎懲之初核或核議事項。二、本法或其他法規明定應交考績委員會核議事項。三、本機關首長交議事項。」

(三) 委員會議事規則：規定於考績委員會組織規程第 4 條：「考績委員會應有全體委員過半數之出席，始得開會；出席委員半數以上同意，始得決議。可否均未達半數時，主席可加入任一方以達半數同意。（Ⅰ）前項出席委員應行迴避者，於決議時不計入該案件之出席人數。（Ⅱ）考績委員會初核或核議前條案件有疑義時，得調閱有關資料，必要時並得通知受考人、有關人員或其單位主管到會備詢，詢畢退席。（Ⅲ）」考績實質公平結果固然重要，但程序性正義尤為重要，因為不合乎行政程序的考績，會扭曲了考績的實質公平，綜合言之，依據相關規定，考績程序可分為七個程序：1. 人事單位備妥相關表件；2. 業務主管評擬；3. 考績委員會初審；4. 機關長官覆核；5. 主管機關核定；6. 銓敘部審定；及 7. 保訓會復審。

陸 公務人員考績的結果

　　公務人員考績結果觸及實質公平的問題，將從考績結果等第、考績結果的影響等相關規定及考績結果等第分配的實際情形等面向析論之。

一、考績結果等第、考績結果的影響等相關規定

(一) 年終考績的等第

　　依據考績法第 6 條、第 7 條規定，公務人員年終考績之等級，年終考績以 100 分為滿分，分為甲、乙、丙、丁四等，各等分數如下：

1. 甲等：80 分以上。

2. 乙等：70 分以上，不滿 80 分。

3. 丙等：60 分以上，不滿 70 分。

4. 丁等：不滿 60 分。

(二) 年終考績獎懲規定

1. 甲等：晉本俸 1 級，並給與一個月俸給總額之一次獎金；已達所敘職等本俸最高俸級或已敘年功俸級者，晉年功俸 1 級，並給與一個月俸給總額之一次獎金；已敘年功俸最高俸級者，給與二個月俸給總額之一次獎金。

2. 乙等：晉本俸 1 級，並給與半個月俸給總額之一次獎金；已達所敘職等本俸最高俸級或已敘年功俸級者，晉年功俸 1 級，並給與半個月俸給總額之一次獎金；已敘年功俸最高俸級者，給與一個半月俸給總額之一次獎金。

3. 丙等：留原俸級。

4. 丁等：免職。

　　前項所稱俸給總額，指公務人員俸給法所定之本俸、年功俸及其他法定加給。以在金門某小學擔任人事主任為例，如果他 111 年考績甲等，並於隔年考績晉級為 7 等本俸 5 級，因為其本俸是 33,700 元，專業加給是 23,270 元，主管職務加給 5,520 元、地域加給是 9,790 元，所以他可以領到以法定俸給總額支領的考績獎金 72,280 元。此外，剛剛有提到考績結果會作為晉升的依據，凡是符合考績升等要件者，將能取得同官等高一職等之任用資格，那麼考績升等要件內容是什麼？依考績法第 11 條第 1 項規定，各機關參加考績人員任本職等年終考績，具有下列各款情形之一者，取得同官等高一職等之任用資格：(一) 二年列甲等者；(二) 一年列甲等，二年列乙等者。

二、平時考核及專案考績

　　依據考績法第 12 條規定，各機關辦理公務人員平時考核及專案考績，分別為：

(一) 平時考核：獎勵分嘉獎、記功、記大功；懲處分申誡、記過、記大過。

於年終考績時，併計成績增減總分。平時考核獎懲得互相抵銷，無獎懲抵銷而累積達 2 大過者，年終考績應列丁等。

(二) 專案考績，於有重大功過時行之；其獎懲依左列規定：

1. 一次記 2 大功者，晉本俸 1 級，並給與一個月俸給總額之獎金；已達所敘職等本俸最高俸級或已敘年功俸級者，晉年功俸 1 級，並給與一個月俸給總額之獎金；已敘至年功俸最高俸級者，給與二個月俸給總額之獎金。但在同一年度內再因一次記 2 大功辦理專案考績者，不再晉敘俸級，改給二個月俸給總額之一次獎金。

2. 一次記 2 大過者，免職。

前項第 2 款一次記 2 大功之標準，應於施行細則中明定之。專案考績不得與平時考核功過相抵銷。非有下列情形之一者，不得為一次記 2 大過處分：

(一) 圖謀背叛國家，有確實證據者。

(二) 執行國家政策不力，或怠忽職責，或洩漏職務上之機密，致政府遭受重大損害，有確實證據者。

(三) 違抗政府重大政令，或嚴重傷害政府信譽，有確實證據者。

(四) 涉及貪污案件，其行政責任重大，有確實證據者。

(五) 圖謀不法利益或言行不檢，致嚴重損害政府或公務人員聲譽，有確實證據者。

(六) 脅迫、公然侮辱或誣告長官，情節重大，有確實證據者。

(七) 挑撥離間或破壞紀律，情節重大，有確實證據者。

(八) 曠職繼續達四日，或一年累積達十日者。

專案考績於公務人員平時有重大功過行之，立法之意旨再賦予機關首長強烈的領導統御之權限，機關首長若能運用得當，不難收嚴肅風紀，提升行政效率之效。但也因為一次記 2 大功及一次記 2 大過，攸關受考人聲譽榮辱，仕途之升黜甚鉅。尤其是如有受考人被記一次記 2 大過，其下場是免職，將使受考人身分權受到難以回復的剝奪，基於法律保留原則，將一次記

2 大過之條件，規範於考績法第 12 條，以法律明文保障公務人員權益。

至於，有關一次記 2 大功之條件亦予以明確規定於考績法施行細則第 14 條第 1 項至第 3 項前段：「本法第十二條第一項第二款所稱專案考績一次記二大功，以有下列情形之一且為主要貢獻者為限：

一、針對時弊，研擬改進措施，經主管機關採行確有重大成效。

二、對主辦業務，建立完善制度或提出重大革新具體方案，經主管機關採行確有顯著成效。

三、察舉嚴重不法事件，對維護國家安全、社會秩序或澄清吏治，確有卓越貢獻。

四、適時消弭重大意外事件或變故之發生，或就已發生重大意外事件或變故措置得宜，能予有效控制，對維護生命、財產或減少損害，確有重大貢獻。

五、遇重大事件，不為利誘，不為勢劫，而秉持立場，為國家或機關增進榮譽，有具體事實。

六、在工作中發明、創造，為國家取得重大經濟效益或增進社會重大公益，且未獲得相對報酬或獎金。

七、舉辦或參與大型國際性或重大國家級活動、會議，對增加國庫收入、經濟產值、促進邦交或達成國際合作協議，確有重大貢獻。

前項各款情形不含機關例行性、經常性業務職掌事項。

依第一項規定一次記二大功及本法第十二條規定一次記二大過之專案考績，應引據法條，詳述具體事實，經核定機關核定後，由主管機關送銓敘部銓敘審定。」

基於相同考量，亦將有關記 1 大功及記 1 大過之標準，規定於施行細則第 13 條第 1 項：「本法第十二條第一項第一款所稱平時考核記大功、記大過之標準如下：一、有下列情形之一，一次記一大功：(一) 執行重要命令，克服艱難，圓滿達成使命者。(二) 辦理重要業務，成績特優或有特殊績效者。(三) 搶救重大災害，切合機宜，有具體效果者。(四) 對於重大困難問

題，提出有效方法，順利予以解決者。(五) 在惡劣環境下，盡力職務，圓滿達成任務者。二、有下列情形之一，一次記一大過：(一) 處理公務，存心刁難或蓄意苛擾，致損害機關或公務人員聲譽者。(二) 違反紀律或言行不檢，致損害公務人員聲譽，或誣陷侮辱同事，有確實證據者。(三) 故意曲解法令，致人民權利遭受重大損害者。(四) 因故意或重大過失，貽誤公務，導致不良後果者。(五) 曠職繼續達二日，或一年內累積達五日者。」

公務人員工作績效之考核，不僅在乎年終一日一時之表現，而平時工作之表現，為表徵平時工作之具體表現，乃規定平時獎勵分為嘉獎、記功、記大功；懲處分為申誡、記過、記大過。又為加強連結平時考核與年終考績成績的關係，有以下二個制度設計的設計：

(一) 平時考核獎懲得互相抵銷。功過互抵之設計，規定於施行細則第 15 條：「本法第十二條第一項第一款所稱平時考核獎懲得互相抵銷，指嘉獎、記功、記大功與申誡、記過、記大過得互相抵銷。（Ⅰ）前項獎懲，嘉獎三次作為記功一次；記功三次作為記一大功；申誡三次作為記過一次；記過三次作為記一大過。（Ⅱ）」

(二) 平時考核之功過獎懲，於年終考績時，得併計成績加減總分。其規定於施行細則第 16 條：「公務人員平時考核獎懲，應併入年終考績增減分數。嘉獎或申誡一次者，考績時增減其分數一分；記功或記過一次者，增減其分數三分；記一大功或一大過者，增減其分數九分。（Ⅰ）前項增分或減分，應於主管人員就考績表項目評擬時為之。獎懲之增減分數應包含於評分之內。（Ⅱ）」

三、考績結果之執行

考績結果之執行，關乎公務人員考績權益的實質金錢給付，特別重要，茲分為 (一) 執行日期（考績 18，考績細 9、24，考績成作業要點 13）；(二) 年終考績獎金給與標準及發給機關（考績細 9）；(三) 另予考績獎金給與標準及發給機關（考績細 9）；(四) 特定情形獎金給與標準及發給機關（考績

細9）；及(五)職務異動考績獎金支給與等情形，綜整列表如次：

(一) 執行日期

表 7-2　公務人員考績結果執行日期一覽表

考績種類（人員）	執行日期
年終辦理之考績	俟考績（成）案經銓敘部銓敘審定案到達後執行，並自次年1月1日起執行；但考績獎金於考績案經機關長官覆核後，得先行借墊，俟經銓敘部銓敘審定後，再行發給歸墊。
一次記2大功專案考績、非於年終辦理之另予考績	自主管機關核定之日起執行。
考績應予免職人員	自確定之日起執行；未確定前應先行停職。

資料來源：銓敘部。

(二) 考績獎金給與標準及發給機關

大多數公務人員對於每年循環往復的考績結果，至為關注，其故安在？因考績等第決定了受考人可否支領考績獎金，及其可支領數額之數額。由於規定較為複雜，茲列表如表7-3，以利瞭解。

(三) 職務異動考績獎金支給與等情形

公務人員在考績年度中因職務異動，使得次年1月1日之俸給總額少於原職務所支領之俸給總額，其該年度之考績獎金支領數額之計算方式如下：1.本俸部分：按其照次年1月1日所敘之官職等俸級核發；2.至各種加給部分：則以其該年度調任前、後所任職務月數，按比例計算；在月中調任者，按照調任當月之各項加給都按調任前或調任後之支給數額計算後，以受考人最為有利之方式計算。

四、考績結果等第的分配公平性問題

在公部門探討考績結果等第分配的問題，觸及考績實質公平的議題，涉及到分配合理性，是高度專業的客觀分析，也是饒富政治性的主觀論斷問

表 7-3　公務人員考績獎金給與標準及發給機關一覽表

種類	辦理時間	辦理機關	給與標準	發給機關
年終考績	年終	最後任職機關	受考人次年 1 月 1 日之俸給總額	受考人次年 1 月 1 日之在職機關
12 月 2 日以後調職者	年終	原任職機關（以原職務辦理）	受考人次年 1 月 1 日之俸給總額	受考人次年 1 月 1 日之在職機關
依公務人員留職停薪辦法第 4 條第 4 款至第 6 款規定辦理留職停薪人員	年終	本職機關（以本職辦理）	次年 1 月 1 日在辦理派出國協助友邦機關、借調機關、公民營事業機構或政府捐助經費達設立登記之財產總額 50% 以上之財團法人所支之俸（薪）給總額	左列機關（構）或財團法人
另予考績（7 月至 12 月任職）	年終	最後任職機關	受考人次年 1 月 1 日之俸給總額	受考人次年 1 月 1 日之在職機關
12 月 2 日以後因撤職、休職、免職、辭職、退休、資遣、死亡、留職停薪期間考績年資無法併計或轉任（調）不適用本法規定之機關，經依本法辦理考績者	年終	最後任職機關	依考績結果，以在職同等級且支領相同俸給項目者次年 1 月 1 日之俸給總額	辦理考績機關
轉任教育人員、公營事業人員或其他公職者，如其轉任前之年資，未經所轉任機關併計辦理考績、考成或考核者之另予考績	年終	轉任前之機關	在職同等級且支領相同俸給項目者次年 1 月 1 日之俸給總額	辦理考績機關
因撤職、休職、免職、辭職、退休、資遣、死亡或留職停薪期間考績年資無法併計者（按：非於年終辦理之另予考績）	隨時	最後任職機關	受考人次年 1 月 1 日之俸給總額	辦理考績機關
銓敘審定合格實授，復應其他考試錄取，於分配實務訓練期間未占缺或未具占缺職務任用資格者，其當年原職之另予考績	隨時	最後任職機關	受考人次年 1 月 1 日之俸給總額	辦理考績機關
專案考績	有重大功過時	任職機關	主管機關或授權之所屬機關獎懲令發布日之俸給總額	辦理考績機關

資料來源：筆者自行整理。

題。民眾、媒體及民意機構也常以公務人員考績等第 75% 的分配情形,而挪揄考績等第偏高與政府績效不彰的不對稱性。以下分項加以討論。

(一) 公務人員考列甲等比例沿革

關於考列甲等人數限制,民國建制以來,逐漸放寬。民國 24 年,原並未對考列一等(按:即甲等)人數限制。後因發現寬濫,自 32 年起,規定各機關考列一等人員,不得超過參加考績人數的三分之二;34 年改為不得超過各官等三分之一,38 年 1 月 1 日公務人員考績法公布,第 7 條規定:「各機關年考列一等人員,不得超過各該官等受考人數三分之一。」

43 年 1 月 9 日考績法修正公布,第 6 條規定:「各機關年考,各職等人員均得考列特等一員,各該職等參加考績人數在五十人以上者,得加列一員;在一百人以上者,得加列二員,但以工作、學識、操行均確屬特別優異有事蹟可舉者為限,如無適當人員不得濫列。」第 7 條規定「各機關年考一等以上員數,不得超過各該職等受考人數三分之一,如各該職等有餘數,滿二員時,得加列一員。」

51 年 4 月 9 日修正公布,第 6 條規定「各機關考績,除機關長官、副長官應由上級機關長官斟酌情形合併或單獨考績外,其餘考列一等人數,不得超過同職等各該職務受考人數三分之一;但同職等各該職務有餘數滿二員時,得加列一員;同職等各該職務參加考績人數不滿三員時,仍得有一員列一等。」59 年 8 月 27 日修正公布,刪除年終考績考列一等人數三分之一之限制,改於第 6 條規定「各機關公務人員考績,除機關長官、副長官應由上級機關長官考績外,其餘人員應以本機關同職等、同職務為比較範圍。」

60 年 1 月 9 日總統府及五院秘書長第五十八次會談決定:「考績考列甲等者,以參加考績(成)人數三分之一為原則,最多不得超過二分之一」,並以此行政命令規範各機關考列甲等人數比例。75 年以後考績甲等人數不加限制,只規定甲等條件,於是造成各機關考列甲等人數激增。

為合理改進公務人員考績制度,消除考列甲等人數逐年升高趨於浮濫

現象，銓敘部與人事行政局經參考國外先進國家如美國、日本、新加坡等，及參訪國內大型企業如台塑、台積電等，規劃有關考績考列甲等比例設限事宜，於 90 年 9 月 6 日提報總統府及五院秘書長會談獲致共識，銓敘部並自同年起計四次邀集中央暨地方主管機關人事機構協商獲致結論略以：「……二、對考列甲等人數比例限制，長期制度上宜修正公務人員考績法予以明定，並已列入修法計畫中，其限制以二分之一為原則，最高不超過三分之二。三、在尚未完成修法前，先循首長用人考核權方式，採漸進原則處理，90 年至 93 年考列甲等人數比例，先以 50% 為原則，最高不超過75%。……」，嗣後每年由銓敘部及人事行政局首長共同聯名箋函請中央暨地方各主管機關首長配合支持，循上開共識均定為「以 50% 為原則，最高不超過 75%」。

(二) 公務人員考績甲等分配合理性

如前所述，考績實務上將人員績效考核結果予以排序後合理分配，就是以統計學中常態分布原理所發展出來的考績結果分配方法。當一個機關內受考人數夠多時，考績結果的績效分布接近一般水準（平均數）的人數最多，而績效卓著與績效拙劣的人數也必然存在，但偏少。在考績實務上，考績結果等第以常態分布的形式出現，較為合理。然而，從銓敘統計發現，從民國 77 年起迄 89 年為止，考績甲等比例在 80.82% 到 86.91% 之間，這種考績等第偏高的不合理現象，受到諸多的批評與責難。

第三節　我國公務人員考績制度的重要議題

壹　公務人員考績制度的特色

從現行考績法制來分析，它是一部以公務人員個人為考績標的，且一體適用中央與地方其他所有行政機關公務人員之法律。在有關懲處的部分，其

和懲戒法的懲戒規定出現局部競合之現象，雖然考績結果的運用相當廣泛，但主要偏重行政功能，輕忽發展功能，茲分別說明這五點特色如下（余致力等，民92）。

一、以公務人員個人為考績標的

目前的考績制度既然以考績法為中心，因此整套制度均建立在個人考績上，而未觸及團體績效的考核。在此架構下，工作、操行、學識、才能這四項法定考核項目，係偏向個人的綜合評價，而非限於工作表現。

二、考績方式一體適用

除教育人員和公營事業人員之考績外，我國考績制度採集權化的方式，適用中央與地方其它所有行政機關的公務人員。

三、考績與懲戒功能的局部競合

考績制度和懲戒制度形成並行而存有若干競合的關係，歷年來已有許多文獻就此主題加以探討，此處僅特別指出考績法和懲戒法兩者，均有改變公務人員身分關係的處分（免職與撤職）。此外，懲戒法第9條賦予主管長官對9職等以下公務員的記過與申誡，和考績法平時考核的記過、申誡處分，其法律效果雖然不同，但主管長官對於同一事實，可選擇懲戒或懲處兩種不同處分方式。依公務員懲戒法第18條規定：記過，得為記過一次或二次。自記過之日起一年內，不得晉敘、陞任或遷調主管職務。至於考績法平時考核所為之記過，考績時減總分3分，因此記過懲戒處分的不利影響較考績法還嚴重。但如今隨著公務人員權益保障的重視與救濟途徑的完備化，使得懲處與懲戒之間的界線益發模糊。

四、考績結果運用廣泛

就現行考績制度的功能中，包括考績獎金、晉級升等、褒獎、淘汰與訓練進修等眾多人事行政的內涵，均和考績結果有關。

五、重行政性目的，輕發展性目的，未結合訓練進修

考績的終極目的在於訓練，目前考績法制中的訓練進修功能，並未規定在考績法中。而目前的實際運用，也都著重在「獎懲」而非「輔導」。換言之，目前的訓練進修制度，若有涉及考績者，皆以鼓勵表現較優良者或具有往上陞遷發展潛力者為優先，但對於考績不良的工作人力，卻沒有相應的訓練、輔導、矯正措施。

貳 公務人員考績制度問題的檢討

學者專家從不同的角度，對現行考績制度提出許多的批評（施能傑，民81、民82；余致力，民92；蔡良文，民92；張瓊玲，民94），經綜合學者看法，可分別從觀念、制度及執行等三個層面予以思考。

一、觀念層面的問題

以下幾個觀念層面問題必須先予釐清：考績結果採取非競爭型的邏輯，亦即純粹基於個人的特質與工作表現來決定考績結果？抑或採取競爭型的邏輯，經由不同公務人員績效的比較來決定考績結果？聘請外界公正人士參加考績委員會對於改善考績制度的公平與客觀性是否有益？在辦理考績前，是否應由考評者和受考者進行面談。

二、制度層面問題

考績面向與細目指標的設定。考績等第比例的分布應否限制。考核項目為工作、操行、學識、才能四項，是否需簡化。公務人員考績甲等比例應否設限。否納入團體績效考核。考績目的分為行政目的、發展目的及策略目的，如何落實？考績結果與程序之公平性與民主參與問題。增列面談制度與團體績效考核制度之問題。明定考列甲等人數比例限制是否得宜問題。

三、執行層面問題

獲得工作績效資訊的方法，員工績效評定的評比客觀公平的問題。考績

結果運用是否過於廣泛，而是否更為嚴謹或予以簡化的爭議。同官等比較之合理性問題。平時考核與年終考績關係如何加強？

第四節　公務人員考績制度修正草案之多面向分析

壹　考績（績效評估）方法、存廢爭辯

　　考績制度的建制與檢討，都一直環繞著「綜覈名實，信賞必罰」這八個字。綜覈名實旨在建立具客觀而具有公信力的考核績效的方法；再使考績結果與人事管理措施的獎勵與懲罰，緊密聯結。然而，或許筆者所學有限，這八個字從古到今，從私部門到公部門，從國內到國外，能落實者卻寥寥可數，前者張居正的考成法，今有 Jack Welch 的「活力曲線」（vitality curve）績效考核制度，即所謂 20/70/10 差異原則（20/70/10 differentiation rule）[2]。由於 Jack Welch 經營通用電氣的傲人成績，於是他的「末位淘汰制」，強調「必罰」邏輯的產物，也風行於國內外企業界。考試院關中前院長政策上決定，力推之考績丙等固定比率，也是這個制度之餘緒。但反對這種強制分配法的學者與專家亦不在少數，著名的人力資源管理學者 Edward E. Lawler III 尤曾提出嚴厲的批評（何纓、談茜婧、張潔敏譯，民 108），他提及：

　　　　組織中最糟糕的舉措之一就是評分強制分布法，這種方法
　　要求管理者根據可謂是武斷設定的分布比例來評定下屬中有多少

2　不分國內外或公私部門，二十、三十年來，風行於國內外企業界的「末位淘汰制」也是這種強調「必罰」邏輯的產物，代表人物就是大名鼎鼎的美國 GE（通用電氣）公司總裁 Jack Welch（傑克‧威爾許），1960 年加入 GE（通用電氣）公司，1981 年至 2001 年擔任該公司的董事長兼首席執行官，是 GE 歷史上最年輕的董事長。在任期間，GE 公司的市值從 130 億美元增長到超過 4,000 億美元，高居世界第一。2000 年，韋爾許被「財富」雜誌評為「世紀經理人」。他撰寫的「傑克‧韋爾奇自傳」、「贏」、「贏的答案」、「商業的本質」暢銷全球。筆者為了研究銓敘部所推動的「丙等 1-3 固定百分比」，特別研讀了這三本書。

績效優異，有多少績效一般。通常比例根據統計學意義上的正態分布曲線設定——這就意味著績效優異的員工數量與績效不佳的員工數量相等，同時有大量績效一般的員工。這種方法的假設前提就是，組織中的績效分布是符合正態分布規律的。的確，正態分布確實存在，但它只發生於隨機事件中。我們可以推測，在絕大多數組織中的行為，特別是和績效相關的行為，並不是隨機事件，相反地，這些行為是被謹慎規範並通過培訓和獎勵來促成的。因此，在多數的高效組織中，良好的績效表現是一種常見行為，而表現不佳是罕見的。再進一步說，即使個人的績效水準在組織中是隨機的，正態分布也需要大量的，通常要數以千計的樣本才能產生。因此，要求管理者對他僅有的幾個下屬的評分滿足預設的正態分布曲線的做法根本就是錯誤的，評定結果是站不住腳的。這就經常導致評定者在解釋評分時說：「我是被迫這樣做的。」這會損害整個評估過程的可信度，給評定者和被評人都帶來負面影響。

在實務界也有同樣的批判，從 2012 年開始愈來愈多的著名企業紛紛放棄強制分配的績效評估法，甚至連績效評估法都揚棄了。David Burkus（2016）書中論及：

由於年度考核一直以來成效不彰。從 2012 年 Adobe 公司開第一槍後，越來越多的公司開始改革員工績效評估流程，有些公司甚至完全取消了年度績效考評制度，還有一些公司不再實行評級和評估，而是注重於真正能夠提高績效的面談。2013 年，軟體巨頭微軟宣布對績效管理流程進行改革。在一封致全體員工的備忘錄中，微軟人力資源部總監明確表態未來將「不會再有等級，也不會再有評分」。然而，最為徹底的是摩托羅拉摒棄了「標籤式

評分系統」和「強制分級制度」。在此之前，員工們會被冠以諸如「優秀員工」或「有價值員工」等頭銜，並伴隨著強制分級，該分級和他們的獎金資格掛勾。

雖然現在幾乎所有的組織都在實行績效管理，但是績效評估卻如同「食之無味，而棄之可惜」的「雞肋」一般，是最不受企業歡迎，但又不得不實施的人事管理措施。長年來，考績者（績效評估者）和受考者（被評估者）雙方均表不滿，對於需要每年進行一次的年終考績的考核、考核等第都曾抱怨連連。究實論之，不免讓人要問到底什麼原因？使組織對績效評估，形成「既期待，又怕被傷害」的糾結。筆者認為原因之一是，源於考績制度的思維邏輯為：理論上，致力於「客觀而具有公信力的」聯結「考績」與「賞罰」這兩個變項；但實務上，這兩個變項間往往因「主觀而不具有公信力」，而無法有效聯結，致問題叢生。於是，有些學者專家省思，與其將「考績」當成工具或手段，將「賞罰」當成結果或目的，致扭曲了考績制度的本來目的，治絲益棼，何不捨棄二者關聯的追求，反求諸己，專注於精進考績目標之初衷，亦即，如何改善員工個人績效？如何提升組織整體績效？

貳 考績法修法之法制層面分析

查考績法第 2 條規定，公務人員之考績，應本綜覈名實，信賞必罰之旨，作準確客觀之考核。為落實公務人員績效管理，並充分發揮考績獎勵、培育、拔擢、輔導及懲處之功能，考績法修正草案前於 91 年、94 年、99 年及 101 年四度由鈞院函送立法院審議。其中 101 年 10 月 18 日由鈞院函送立法院審議之考績法修正草案（以下簡稱 101 年考績法修正草案），前經立法院司法及法制委員會於同年 12 月 17 日召開第八屆第二會期第二十一次全體委員會議審查，惟詢答時，多數委員認為政府現階段推動年金改革，尚需整合多種法律，實非推動考績法修正草案最好時機，建議本銓敘部仍應對考績法及配套子法等相關修正內容，持續與公務人員再溝通，並決議考績法修正

草案另訂日期繼續審查。上開 101 年考績法修正草案未能於立法院第八屆委員任期屆滿完成三讀程序。

最近有關公務人員考績法修正的倡儀，是在民國 105 年 12 月 28 日銓敘部提考試院第十二屆考試委員第四十一次座談會，此次修正針對 101 年考績法修正草案之主要重點及爭議，建議未來考績法研修規劃（建議採二階段推動）第一階段：擬先行修正部分條文，其條文包含：第 3 條：修正考績任職年資規定。第 7 條：修正年終考績獎懲規定。第 11 條：增訂懲戒處分執行年度之考績不作為升職等依據。第 12 條：增訂懲處權行使期間規定。第 14 條：增訂丙等考績程序規定。第 18 條：增訂考績免職一年內不得再任。餘為第二階段推動。換言之，各界關注的考績丙等一定比例，建立團體績效評量機制等民間企業常見而側重績效提升的機制，均列入第二階段推動重點。

次查，銓敘部奉考試伍院長指示，依據民國 107 年 5 月 28 日立法院司法及法制委員會決議，於 107 年 6 月 19 日至 26 日，辦理北部、中部、南部及東部四場次公務人員考績法研修基層公聽會，廣泛蒐集意見，其中也蒐集了上開爭議之意見：有關丙等人數比率及退離之議題：一、明定考列丙等條件，是否妥適？二、明定考列丙等人數比率，是否妥適？三、增訂丙等退離機制，是否妥適？針對明定考列丙等人數比率，高達 98.90% 受訪者表示不同意；有關明定考列丙等條件者，有 85.29% 受訪者表示同意；有關增訂丙等退離機制（經機關考評為丙等者，除第一次應留原俸級並接受輔導改善外，第二次考列丙等者，應降 1 級改敘並輔導改善，第三次則應辦理資遣或依規定退休）則有 73.16% 同意。

參 考績法修正草案的管理層面分析

權變理論的觀點，制度「無所謂好壞，只有合不合適」。只要能夠與環境匹配，才能運作良好，發揮績效；因而，重大的制度改革往往是建立在解決當前重大問題之上。是以，不論公私部門的績效管理制度改革，採強制

分配制度採用的時機，往往是現存的考績制的考績結果分配不合理而飽受批評的時期。我國公務人員考績結果分布不合理的狀況，更為嚴重。或許是，關前院長要求考試院研擬完成公務人員考績法修正草案於 99 年送立法院審議，將「考績等第分配合理性」列為重大政策的理由。

　　考試院研擬完成公務人員考績法修正草案於 99 年送立法院審議，修正重點除考績項目的修正及評鑑方式加強外，考績法修正草案最關鍵之處既在於考績等第分配合理性，則有三個值得探討的核心概念：丙等強制分配制度、末位淘汰制度及團體績效評比制度。

一、丙等強制分配制度

　　銓敘部 99 年間所推動的明定考列丙等人數比率制度，並非橫空出世，它是有所本，它是源自美國通用電器公司前總裁 Jack Welch 所發明的一套管理制度，是為了解決百年企業所形成的「官僚病」，包含員工考績結果分配偏高的不合理現象。

　　強制分配法在事先確定績效等級及其分布比例時要考慮實際管理需要，所形成的考評結果具有明確的等級層次，便於管理者分辨出處於各個績效等級的員工，並據此進行相應的管理決策。強制分布制度的倡導者認為這種制度是協助企業挑出績效卓著的員工及績效墊底員工的最好方法。對於高績效員工施以培訓、晉升及待遇等獎優人事措施，而對那些績效墊底員工予以警告或予以解僱。國內一些著名的企業如台積電、華碩，國外一些政府部門如新加坡、韓國首爾也都實施類似的強制分配的績效評估制度。「丙等強制分配」加上「末位淘汰」正是考試院所倡議的公務人員考績法修正草案的核心概念。

　　強制分配法自有其優缺之處，惟其實施也需有一定的條件：(一) 受考人數要有一定的規模，如從統計學常態分布的規則來看，要在 20 人以上。(二) 區別人員績效之良窳，並藉以獎善罰劣。目前考績乙等以上高達 99.7% 以上之情形，自難落實考績法「綜覈名實，信賞必罰」宗旨。換言之，如果以

人員績效之優劣，作為落實考績法宗旨之前提，那麼強制分配法是一個可能的選案。(三) 當人員績效難以量化方式來評估時，可將強制分配法和團體績效評量結合，即先決定考績等第之分配比例後，再按受考人個人績效予以考核。如此，可望提高客觀性程度。

二、末位淘汰制度

建立丙等比例之淘汰機制，明定各機關丙等人數不得低於 3%，經機關考評為丙等者，除第一次應留原俸級並接受輔導改善外，第二次考列丙等者，應降 1 級改敘（無級可降時，比照每級俸差減俸）並輔導改善，第三次則應辦理資遣或依規定退休。

三、團體績效評比機制度

要求主管機關應辦理所屬機關間之團體績效評比，各機關應實施內部單位間之團體績效評比，評比結果並作為彈性分配甲等以上及丙等人數比率之依據。

肆 考試院 99 年間推動之考績法修正草案的政策層（政治）面分析

如何提升組織或國家整體績效？在理論意涵上，就是建構一套既能使組織目標（績效）與員工個人目標（績效）垂直整合（alignment），也同時能兼顧績效管理與誘因機制水平整合的績效管理制度；在實務意涵上，所謂績效管理制度就是透過行政機關團體績效評比機制之建構，整合團體績效評比制度與誘因分配機制，使組織績效與個人績效融合，績效評比與誘因分配連結，進而大幅提升政府施政績效。

一、考績性質不變

(一) 考績功能由汰劣轉為兼具汰弱

依據現行考績法規定，要淘汰公務人員的途徑有二種，一為考列丁等，

另一則是一次記 2 大過免職，而不論考列丁等或一次記 2 大過免職均採條件說，是建立在汰劣的基礎上。考績法修正草案第 6 條之 2 第 1 項規定，受考人在考績年度內有下列第 1 款至第 10 款情形之一，應考列丙等，揆其規定與現制相同，仍採「條件說及汰劣說」。至於有第 11 款情形，得考列丙等，則質變為經排序全體受考人排序最末 1% 至 3%，予以考列丙等，是為「汰弱」說。

　　此一制度面的設計，因組織員額控制立法通過後，更增添其正當性。為使中央政府機關員額配置合理精實，中央政府機關總員額法自 99 年 4 月 1 日施行，對中央政府機關之員額，採取「總量控管、彈性調整」方式辦理，明確設定中央政府機關員額總量高限。然而，民眾對政府的要求，確有增無減。這意味著在民主課責體制之下，既無法從增加公務人員的數量，就只能精壯有限的公務人員作業能力著手；或者只能透過淘汰績效「相對不佳」的員工，替換成有能力、有績效的公務人員著手；又或者透過「丙等強制分制分配、末位淘汰制度」設計，使公務人員產生戒慎恐懼的心理，形成「鯰魚效應」，激發無窮工作能量，如此一來，才能 do more with less，滿足民眾無限的要求。因此，「丙等強制分制分配、末位淘汰制度」設計，意味著考績制度之淘汰功能，已有原本的「汰劣」，質變為「汰弱」，但目前考試院在政策上已定調不推動考績丙等強制分配比例的制度。

(二) 符合績效管理發展趨勢，先評估團體績效，再考核個人績效

　　傳統績效管理的概念，聚焦於人員個人績效。基本上，一個機關的組織績效是每一個員工個人績效的合計數，所謂 1 + 1 = 2（整體績效＝個人績效之和）。因此，提升組織績效的關鍵，在於精進員工個人績效。現行公務人員考績法就是聚焦於如何提升員工個人績效。但多數學者專家都認為組織績效與個人績效間的關係，比較多的可能是：1 + 1 > 2（整體績效 > 個體績效之和）或 1 + 1 < 2（整體績效 < 個人績效之和）。

　　考績法修正草案列入第二階段推動的團體績效評比制度，符合績效管

理理論與實務發展潮流，對我國政府部門施政績效的提升，奠定了制度的基礎。

二、公務體系職務形象的轉正

　　考試院 99 年間所推動的考績制度改革，將丙等比率強制分配列為重中之重。雖迄今未能通過立法，未來也在未定之天，但是此一能透露出「公務人員有被資遣的可能性」，如有公務人員因考績結果被資遣，將無法領到相對於民間企業從業人員的月退休金，當公務體系鐵飯碗的印象遭受挑戰的可能性，就形成所謂鯰魚效應，使得公務體系得以活化，就此點而言，其實已收到政治效果，對公務機關的不求績效的組織文化亦產生了匡正的效果。

　　世界經濟論壇（WEF）和瑞士洛桑管理學院（IMD），所發表的全球競爭力排名，都把政府施政能力作為重要的衡量指標之一。而近年來，WEF和 IMD 的報告結果均給予國內民間企業營運績效正面的評價，但相較之下，政府施政能力與效率則有待加強，此與公務體系考績結果最優的甲等占總受考人數 75%，名實不符，引起批評。考績法修草案修正為優等以 5% 為上限、甲等以上以 65% 為上限及丙等不得低於或對公務人員的職業印象，都是負面的。考績法修正草案建立丙等比例之淘汰機制，明定各機關丙等人數不得低於 3%，經機關考評為丙等者，除第一次應留原俸級並接受輔導改善外，第二次考列丙等者，應降 1 級改敘（無級可時，比照每級俸差減俸）並輔導改善，第三次則應辦理資遣或依規定退休。究其內容，形式上雖採用民間企業的「末位淘汰制」，效果上溫和許多，是一種「溫和的末位淘汰制」，縱使日後改為更溫和「條件說」的淘汰設計，也可使得公務體系得以活化，公務人員為避免被淘汰的可能，而戮力從公，不再是吃大鍋飯，凡此種種率皆有助於公務體系整體印象的轉正。

關鍵詞彙

考績　績效考核　行政性目的　發展性目的　策略性目的　績效管理
目標管理　特質取向　行為取向　結果取向　排序法　強制分配法
年終考績　另予考績　專案考績　團體績效評估　末位淘汰

自我評量題目

一、試說明績效考核與績效管理的區別。

二、績效管理的發展趨勢為何？請說明之。

三、請說明公務人員考績的意義及目的。

四、請說明公務人員考績制度的宗旨。

五、請說明公務人員考績的項目及結果。

六、請說明公務人員考績的考核標的物及考核方法。

七、試說明我國公務人員考績制度的特色及問題檢討。

八、請列表說明公務人員考績法修正草案的修正重點。

九、請說明公務人員考績法修正草案的核心概念及政策意涵。

十、試提出您對現行公務人員考績制度的改進建議。

參考書目

一、中文部分

丁志達（民 92）。績效管理。台北：揚智文化。

何纓、談茜婧、張潔敏譯（民 108）。重塑人才管理。北京：機械工業出版
　　社。原文：Edward E. Lawler, III (2017). *Reinventing Talent Management:
　　Principles and Practices for the New World of Work*. Berrett-Koehler
　　Publishers, Inc.

邱仲麟（民 78）。獨裁良相——張居正。台北：久大文化。

李長貴（民 89）。人力資源管理：組織的生產力與競爭力。台北：華泰文化。

余致力等（民 92）。公務人員考績制度改進之研究。台北：考試院研究發
展委員會。

吳志華（民 95）。美國公務員制度的改革與轉型。上海：上海交通大學。

吳泰成（民 94）。建構績效導向的考績制度。考銓月刊，第 43 期，第 1-10
頁。

施能傑（民 81a）。考績謬誤的類型與原因：理論闡釋與經驗分析（上）。
人事月刊，第 14 卷第 3 期，第 4-12 頁。

施能傑（民 81b）。考績謬誤的類型與原因：理論闡釋與經驗分析（下）。
人事月刊，第 14 卷第 4 期，第 4-16 頁。

施能傑（民 82）。考績方法相關問題的討論。人事月刊，第 16 卷第 1 期，
第 26-33 頁。

師晟、鄧民軒（民 93）。范仲淹：一位政治家、行政院長、企業 CEO 的典
範。台北：高談文化。

張瓊玲（民 94）。公務人員考績制度之功能。考銓月刊，第 43 期，第 122-
134 頁。

蔡良文（民 92）。人事行政學——論現行考銓制度。台北：五南圖書。

二、英文部分

Burkus, David (2016). *Under New Management: How Leading Organizations Are
Upending Business as Usual.* India: Maifflin.

Davenport, O. Thomas & Harding, D. Stephen (2010). *Manager Redefined: The
Competitive Advantage in the Middle of Your Organization.* Jossey-Bass.

Weiss, Tracey B. & Franklin Hartle (1997). *Reengineering Performance
Management: Breakthroughs in Achieving Strategy Through People.* Boca
Raton, Florida: St. Lucie Press, Inc.

Woods, P. (2003). "Performance Management of Australian and Singaporean
Expatriates." *International Journal of Manpower*, 24(5): 517-534.

第八章
公務人員保障制度

許道然

第一節　公務人員保障制度概說

公務人員保障是憲法所規定的考試院職掌之一，但從民國 36 年行憲之後，考試院對此項職掌並未認眞執行，主要原因在於受到當時國家與公務人員關係爲「特別權力關係」之拘束。此一公務人員保障「形同具文」的情形，一直持續到 73 年 5 月 18 日大法官會議做成釋字第 187 號解釋後，公務人員得提起行政爭訟以求救濟的思維才開始露出曙光。而在 85 年 10 月 16 日公布公務人員保障法之後，公務人員保障制度始取得法制基礎，進而落實憲法所示之文官政策精神。

壹　公務人員保障制度的涵義

保障，就是保護、屏障，指在法律上不受侵犯及破壞的具體保證。一般民眾對公務人員「保障」的認知通常都侷限在公務人員的職務是終身職，不會因經濟景氣或組織裁撤而工作不保。這種認知是尋常百姓對公務人員保障涵義的最狹隘看法，主要是來自於公務人員制度是永業制這個觀念。不過，在法制上的公務人員保障範圍是很大的，不僅涵蓋生活、工作、身分、財產及人事管理等權益侵害的預防機制之外，更重要的是建立受侵害後的救濟機制（林全發，民 99）。在預防機制方面，就是立法明示公務人員的生活、工作條件、職務、身分和人事管理應受到適度保障。例如，非依法定程序，不得爲免職、降級之處分；對於公務人員之進用、陞遷、獎懲等措施應予公

正處理。至於在事後救濟方面，則指公務人員的權益如果受到不法或不當的處分時，可以依法循適當之程序提起救濟，以維護及回復其權益。

貳 公務人員保障制度的沿革

早在民國 23 年 11 月，考試院在全國考銓會議中即曾決議：應制定公務員保障法，在未公布施行前，各機關應切實遵照國民政府事務官不隨政務官進退，甄審合格人員不得無故免職之規定。然而，此時期及隨後的抗戰、內亂，因國政衰頹、百廢待舉，建立公務人員保障制度不僅非當務之急亦力有未逮。抗戰勝利後，在制憲國民大會中，始將保障一項入憲，明定其為考試院的職掌之一。不過，政府遷台後，考試院不僅未能彰顯憲法所賦予的職能，而特別權力關係仍舊是國家與公務員關係的運作基礎，公務人員保障制度也因此遲遲未能建立。而此時雖亦有保障之觀念，但因將公務人員視為「必需絕對服從的忠貞家臣」，故所謂保障，「僅指恩給制實物賞賜，缺乏重視身分保障（特別是司法救濟）的當代憲政人權觀念」（江大樹，民 86：302）。

74 年 3 月，考試院會通過考試院第七屆施政綱領，其中的第 18 項規定：「檢討研訂有關公務人員保障之法規，使公務人員對行政機關違法或不當處分，得循一定程序，請求救濟。」79 年 7 月，銓敘部制訂公務人員保障法草案，在送考試院會通過後，於同年 9 月 1 日函請立法院審議。不過，因該草案內容仍不周延，立法院並未將其排入審查議程之中。83 年 11 月，考試院捲土重來，將公務人員保障暨培訓委員會組織法草案及公務人員保障法草案同時函送立法院審議，並分別於 85 年 1 月和 10 月經總統公布施行。據此，公務人員保障暨培訓委員會（以下簡稱保訓會）終獲設置，並得以依據公務人員保障法（以下簡稱保障法）落實憲法保障文官的宗旨。

參　公務人員保障制度的建制功能

一、落實憲法文官保障理念

　　憲法是國家根本大法，所規範者大抵都是宣示性和原則性的理念、精神和價值。因此憲法中雖然把保障列為考試院的職掌之一，但如果未落實於法律和設置專責機構來執行，其實等同於具文。85 年公務人員保障法公布施行，將原先規範於公務員服務法、公務人員任用法、公務人員考績法等分散的文官保障規定彙整成一個統合的法律，憲法揭櫫的文官保障理念亦由此得以貫徹落實。

二、維護基本人權

　　人權的範圍極廣，凡是基於人的尊嚴與價值所應享有的自由、平等待遇以及福利生活的保障，均屬於人權的範疇。而所謂基本人權，則指基於國家與人民的關係，國家賦予人民並予以保障之權利，乃一國政府所應尊重或維護的人民個人基本權利。我國憲法第二章「人民之權利義務」自第 7 條起，分別規範：平等權、人身自由保障、人民不受軍事審判原則、居住及遷徙自由、表意自由、秘密通訊自由、信仰宗教自由、集會結社自由、生存權、工作權、及財產權之保障、請願、訴願及訴訟權、參政權、應考試服公職之權，受國民教育之權。公務人員亦屬國民，自然享有憲法所保障的基本人權（蘇英才，民 98）。不過，在早期特別權力關係時期，公務人員在基本人權方面的保障事實上是不足的，尤其是在訴訟權部分，幾乎全被剝奪。直到公務人員保障制度建制以後，公務人員救濟體制才漸趨完整。

三、保障公務人員合法權益

　　公務人員在從事公職期間，其身分、財產、工作條件等事項均應受到保障。例如，未經法律許可，不得免職；因身分所享有之各種金錢給與，不得受到違法或不合理之剝奪；從事公務，機關組織應提供合適之機具、設備，並免受違法或失當之命令。由於行使行政權之機關係由人所組成，而人的思

維或決定難以求其完美，因此失當情形在所難免。如果公務人員因上級機關或主管之違法、濫權或不公，導致其合法權益受損，自應有適當之管道以爲救濟，此即爲憲法「有權利即有救濟」之法理。因爲公務人員所享有的利益，如被國家法制設定爲權利，但國家如認爲不值得保護而沒有賦予救濟的管道，或雖有設置卻形同虛設而無實效，則該項利益即失權利的地位。

四、確保行政中立

　　我國邁入民主國家之林後，各級政府因選舉而改組幾已成爲常態。在保障制度尚未建制以前，公務人員每逢選舉可能都會面臨選邊站的困擾，如果在選前未表態支持某一陣營，選後即可能面臨秋後算帳的窘境。機關首長可能會運用其用人權和行政管理權對那些「不聽話」的公務人員給予違法或不適當的職務調動，或利用制度漏洞剝奪其權益。反之，對配合的公務人員就可能會依貢獻大小論功行賞。在保障制度建立之後，公務人員的身分權、財產權及工作權依法可以獲得實質保障；如果因長官或官署濫權、不公平對待，導致權益受損，亦可依法循救濟途徑討回公道。因此，保障制度的創立和健全發展在某種程度上可以避免政治力侵犯常任文官體系，確保公務人員的行政中立，使公務人員得以公平、公正、客觀、超然的態度，推行公務。

五、提升工作動機

　　組織由人所組成，當成員內心有所不滿時，會反應在其外顯行爲之上。而這些行爲多數都是反功能行爲，如怠工、濫告、破壞。因此如果能建立順暢的溝通管道，讓公務人員在遇到冤屈時，能夠循救濟途徑，適度抒解其負面情緒，甚至爲其排除冤屈，不僅能重振公務人員的士氣，對機關組織的團結及和諧亦有助益。長遠來看，公務人員會因保障制度的存在，而無後顧之憂，並能安心任職，進而提升工作動機，發揮治理能力。

六、節制行政權運作

　　行政權運作無法完美無誤，除人不完美外，與行政權所處理之事務複

雜且充滿不確定性有關。而公務人員認為行政權違失致其權益受損，並依法提起救濟時，亦有可能係來自於提告公務人員主觀之錯誤認知。因此，公務人員保障制度之建立不僅賦予公務人員救濟管道，事實上亦賦予官署再確認及澄清的機會。如裁決後證明行政機關之處分並無不當，自可維護行政權之統治功能及威信。反之，如證明係行政機關處理欠當（或違法），亦可給予糾正，督促其自我省察及檢視行政措施之妥適性，並依法回復公務人員之權益。此種法律上的監督及嚇阻功能，當可進一步節制行政機關違失、濫權的可能。

肆 公務人員保障法與其他法律之適用關係

在保障法公布施行前，有關公務人員權益保障事項，原係散見於各法規。本法公布施行後，第 1 條即規定：「為保障公務人員之權益，特制定本法。本法未規定者，適用其他有關法律之規定。」因此，如同一事項有數個法規同時都有規定時，應優先適用保障法之規定辦理，至於其他相關公務人員人事法規與保障法規定有相牴觸者，均不再適用。例如，保障法訂有復審或申訴、再申訴等救濟程序，公務人員如認為其權益因官署濫權、不公致損害其權益時，應優先適用本法之規定請求救濟，而不得主張仍依訴願程序請求救濟。

其次，對於保障法未規定之公務人員權益保障事項，則依上述第 1 條後段文字規定「適用其他有關法律之規定」。例如，參加公教人員保險之公務人員，如發生保險事故，其保險金給付請求權，應適用公教人員保險法之規定。

第二節　我國公務人員權利保障救濟制度之發展

　　我國公務人員保障制度的發展沿革可以概分爲以下三個階段：傳統特別權力關係時期、特別權力關係調整時期以及保障制度建制時期。茲分述如次：

壹 第一階段（民國 73 年以前）：傳統特別權力關係時期

　　在民國 73 年以前，憲法雖將保障列爲考試院職掌，但實際上既未訂定專法落實執行，實務上亦禁止公務人員行使救濟之權。主要的原因是此一時期我國主張國家與公務人員的關係爲特別權力關係，而非國家或地方自治團體與人民之間的一般權力關係。

　　所謂特別權力關係指國家或地方自治團體等行政主體，基於特別之法律原因，在一定的範圍內，對相對人有概括的命令強制之權力，而另一方面相對人卻負有服從的義務（引自林全發，民 99）。特別權力關係有以下的特徵（蘇英才，民 98；朱武獻，民 96）：

一、當事人地位不對等：國家擁有優越地位，相對人不僅義務更爲加重，所受限制亦較一般人民爲多。

二、相對人義務不確定：隸屬於特別權力關係之相對人，在一定範圍內負有事先無法確定之服從義務。

三、有特別規則：在特別權力關係範圍內，沒有法律保留原則之適用。因此，行政主體或營造物得自訂特別規則，拘束相對人，且無需法律授權。如公立學校宿舍規則、公務人員請假規則。但基於法律優位原則，特別規則之內容仍不得與法律相牴觸。

四、對於違反義務之相對人，有特別的懲戒權：對於違反義務者，得加以懲罰。與一般人民違反行政法上之義務所施予之秩序罰不同。

五、不得提起行政爭訟：有關特別權力關係事項，相對人不得提起民事訴

訟，亦不得以行政訴訟作爲救濟手段。

　　由於受到特別權力關係理論之支配影響，此時期之公務人員不得主張權益受損而提起行政救濟。在實務上，司法院即認爲「公務員權利受侵害，與一般人民身分不同，不得提起行政爭訟」。民事法院則解釋爲「屬公法事件，不予受理」。而行政法院同樣亦持「純屬人事行政範圍，公務上紀律服從關係，不得提起行政訴訟」之看法。茲就其實務上見解舉例分述如次：

一、公務人員因行政機關之處分致權益受損，不得提起救濟

(一) 19 年 7 月 21 日司法院院字第 311 號解釋：按訴願之提起，係人民不服官署處分之救濟方法，下級官吏對於該管上級官廳，就其監督範圍以內所發命令，有服從之義務，不得援引訴願法提起訴願。

(二) 58 年 6 月 17 日行政法院判字第 203 號：原告係被告官署之 4 等一般工程員，因故經被告官署予以革職處分，依公務員服務法第 24 條規定，其與國家間之關係，乃特別權力服從關係，非一般統治權關係可比，而公務員受監督長官之革職處分，亦與人民因中央或地方官署所爲處分迥異。原告如有不服，應向其上級機關陳情，請求救濟或糾正，非屬行政爭訟之範圍。

二、公務人員公法上財產請求權受損害，不得提起救濟

(一) 24 年 4 月 16 日司法院院字第 1285 號解釋：已退休之公務員，關於養老金支給數額及其方法，依公務員卹金條例所規定，係爲公務員之特別身分而設，實爲公法上之權利，故其請求被原官署爲駁回之處分後，無論是否受有損害，要不得依訴願法第 1 條提起訴願（參照院字第 339 號解釋）。

(二) 59 年 9 月 22 日最高行政法院判字第 400 號：人事主管機關對於公務員任用資格所爲之審定及任用之准駁，非官署對人民之行政處分可比，公務員對之如有不服，自可向其本機關長官轉請復審外，不得對之提起訴願。

貳　第二階段（民國 73 年至 85 年）：特別權力關係調整時期

　　第二次世界大戰後，強調行政權優越及完整性的特別權力關係理論開始受到行政法學者質疑。例如，爲釐清是否許可提起爭訟之界限，1956 年，德國學者烏勒（C. H. Ule）提出了「基礎關係」與「管理關係」理論。所謂基礎關係，指設定、變更或終結特別權力關係身分之行爲，如公務員之任命、免職、命令退休、轉任，上述之處置均視爲行政處分，當事人如有不服可以提起行政訴訟。至於管理關係，則指單純之管理措施，如公務員之任務分派，因非屬行政處分，故只能在行政體系內部請求更正，但不能提起救濟。上述之見解，後來又演進出「重要性理論」。即主張在管理關係中，凡涉及人權之「重要事項」者，如欲限制，即需以法律定之，不能單以行政命令規範。

　　受到上述特別權力關係理論調整的影響，73 年 5 月 18 日大法官會議做成釋字第 187 號解釋，其內容如下：「公務人員依法辦理退休請領退休金，乃行使法律基於憲法規定所賦予之權利，應受保障。其向原服務機關請求核發服務年資或未領退休金之證明，未獲發給者，在程序上非不得依法提起訴願或行政訴訟。」時至今日，行政法學界已咸認該號解釋是我國突破特別權力關係的里程碑。

　　至於有關身分保障方面的首發大法官會議解釋，係 78 年 7 月 19 日所創之釋字第 243 號解釋。該解釋認爲判斷得否提起訴願與行政訴訟之標準在於該處分是否直接影響其服公職之權利，其意旨可歸納如次：

一、中央或地方機關依公務人員考績法或相關法規之規定，對公務員所爲之免職處分，直接影響其憲法所保障之服公職權利，受處分之公務員自得行使憲法第 16 條訴願及訴訟之權。

二、公務人員考績法之記大過處分，並未改變公務員之身分關係，不直接影響人民服公職之權利，不得提起訴訟。

三、上級機關就其監督範圍內所發布之職務命令，並非影響公務員身分關係

之不利益處分，公務員自不得訴請救濟。

在上述兩號解釋出現後，我國國家與公務員之特別權力關係開始崩解，與身分保障和公法上財產請求權之保障的大法官會議解釋接連發出，部分釋文中更指出不許公務人員提起行政與司法救濟為違憲，並再三宣示舊解釋之變更或補充及有關判例不再援用（邱華君，民 100）。茲將部分解釋文列舉如次，俾供參考：

一、有關身分保障者

(一) 79 年 10 月 5 日司法院大法官會議釋字第 266 號解釋：就依公務人員考績法所為之處分，因其影響不同，為得否提起救濟之判準，茲歸納如下：

1. 對足以改變公務人員身分之考績結果，得提起行政訴訟請求救濟。
2. 對未改變公務人員身分之考績結果不服，不得提起行政訴訟請求救濟。
3. 基於已確定之考績結果，衍生之公法上財產請求權受侵害時，得提起行政訴訟請求救濟。

(二) 82 年 6 月 18 日司法院大法官會議釋字第 323 號解釋：各機關擬任之公務員，經人事主管機關任用審查，認為「不合格」或「降低原擬任之官等者」，於憲法所保障服公職之權利有重大影響，如經依法定程序申請復審，對復審決定仍有不服時，自得依法提起訴願或行政訴訟。

二、有關公法上財產請求權之保障

(一) 75 年 1 月 3 日大法官會議釋字第 201 號解釋認為公務人員依法辦理退休請領退休金，得提起訴願或行政訴訟。並於理由書中闡釋：因公務員身分受行政處分，應分別論斷，不能一概認為不得爭訟。

(二) 82 年 1 月 29 日大法官會議釋字第 312 號解釋認為公務員之公法上財產請求權於遭受損害時，得依訴願或行政訴訟程序請求救濟。公務人員退休，依據法令規定請領福利互助金，乃為公法上財產請求權之行使，如有爭執，自應依此意旨辦理。

參 第三階段（民國 85 年以後）：保障制度建制時期

公務人員保障事項雖見諸於憲法及憲法增修條文，但 85 年以前，有關保障事項的規定卻仍散見於各種法規之中，缺乏統一的保障法律。73 年之後，因司法院大法官會議釋文陸續發出，漸次增加得提起行政訴訟請求救濟的範圍，特別權力關係的限制已實然崩解，公務人員保障規定應予法制化的需求，也逐漸獲得重視與支持。

及至 85 年 1 月 26 日公務人員保障暨培訓委員會組織法經總統公布施行，並於同年 6 月 1 日正式成立保訓會，掌管公務人員權益保障及培訓業務。同年 10 月 16 日公務人員保障法公布施行，成為公務人員救濟權益的依據。至此，我國公務人員保障制度之法制終於進入專法規範的時代。

85 年 2 月 2 日司法院大法官會議釋字第 396 號解釋首度明示公務員與國家之關係為「公法上職務關係」，86 年復於第 430 號解釋（86.06.06）及第 433 號解釋（86.07.25）再度採用「公務員公法上職務關係」一詞。由此，幾已確立特別權力關係思想已徹底被揚棄。由於 85 年通過的保障法只有 35 個條文，條文內容過於簡略，在實務運作上常無法應付日漸繁複之保障事件，因此在 92 年由 35 條大增為 104 條。到了民國 106 年，有鑑於相關法規及實務運作又累積相當之變動，為使保障制度能更臻完備，因此在 106 年 6 月又由總統公布施行最新版本。這次修法計新增 5 條條文，修正 27 條。

第三節 公務人員保障制度之保障對象與實體保障

壹 公務人員保障制度之保障對象

公務人員保障制度的保障對象，可分成適用對象與準用對象二大類：

一、適用對象

保障法第 3 條規定：「本法所稱公務人員，係指法定機關（構）及公立學校依公務人員任用法律任用之有給專任人員。」條文中所謂依公務人員任用法律任用，係指依據公務人員任用法任用之公務人員與依據其他公務人員任用法律任用之司法人員、審計人員、主計人員、關務人員、稅務人員、海巡人員、外交領事人員、警察人員及依專門職業及技術人員轉任公務人員條例轉任之人員等依相關公務人員任用法律任用之人員。上述人員除須經銓敘機關銓敘審定合格外，尚須符合有給專任之條件。

二、準用對象

依據保障法第 102 條規定，準用對象包括：

(一) 教育人員任用條例公布施行前已進用未經銓敘合格之公立學校職員：此類人員因未能改任換敘，屬未經銓敘審查合格，故不能列入公務人員保障法之適用對象。但為保障此類人員之權益，故列為準用對象。

(二) 私立學校改制為公立學校未具任用資格之留用人員：此類人員之資格條件類似 (一) 所述之人員，故應同受保障。

(三) 公營事業依法任用之人員：公營事業機構所屬人員如係依公務人員任用或事業人員相關任用法律（如交通事業人員任用條例）任用者，係屬具有公法關係之人員，為本法保障之對象。如果係依其他公營事業人員相關管理規定（如財政部所屬國營金融保險事業機構人事管理準則）進用者，因非屬本款所稱之「依法任用」之人員，故不在保障對象之列。

(四) 各機關依法派用、聘用、聘任、僱用或留用人員：因此類人員除係依法律或法律授權之法規命令進用外，尚需與機關間成立公法上職務關係，故保障法將渠等列為保障的準用對象。至各機關如依其自訂或上級機關訂定之行政命令（如行政院暨所屬機關約僱人員僱用辦法）進用約僱人員，因無法律或法律授權訂定命令之依據，即非為本法保障之對象（保訓會 100.03.10 函釋）。

(五) 應各種公務人員考試錄取參加訓練之人員，或訓練期滿成績及格未獲分
　　發任用之人員：此類人員因尚在學習訓練階段中，未能送審，故仍非屬
　　「依法任用」人員，惟渠等在訓練期間事實上仍有執行公務之行為，其
　　職責不下於聘僱人員，故為保障其權益，應予以列入保障對象。此外，
　　應各種公務人員考試錄取參加訓練之人員，如不服保訓會所為之行政處
　　分，有關其權益之救濟，可依訴願法之規定行之（保障 102 II）。

貳 公務人員保障制度之實體保障

　　保障法第 2 條規定：「公務人員身分、官職等級、俸給、工作條件、管
理措施等有關權益之保障，適用本法之規定。」該法第二章「實體保障」則
從第 9 條至第 24 條之 1 對上述五種保障事項加以規範。

一、身分保障

(一) 公務人員之身分應予保障，非依法律不得剝奪

　　本項內容見諸保障法第 9 條前段：所謂公務人員身分，係指具有公務人
員任用資格，依法任用經銓敘審定合格之現職人員而言。所稱非依法律不得
剝奪，係指如因故必須剝奪公務人員之身分，必須有法律作為執行依據，而
不可以行政命令為之。例如，專案考績一次記 2 大過或年終考績列為丁等，
而將公務人員免職，其依據為公務人員考績法，它是法律。

(二) 基於身分之請求權的保障

　　本項內容見諸保障法第 9 條後段：所謂基於身分之請求權，係指因公務
人員之身分而產生之公法上財產請求權，如俸給、退休金、公保養老給付、
因公涉訟輔助費用、考績獎金、休假旅遊補助費。以上基於公務人員身分所
產生之公法上財產請求權事項，如依法請領卻遭有關機關拒絕或侵害，將影
響憲法保障的財產權。公務人員如有不服，可依公務人員保障法所定復審程
序請求救濟。

(三) 停職事由消滅或經撤銷時之保障

1. 停職需依據法律

保障法第9條之1第1項規定：「公務人員非依法律，不得予以停職。」所謂停職係指停止公務人員執行職務，但該停職之公務人員並未喪失公務人員的身分。由於停職常伴隨懲戒或刑事訴訟出現，對人民服公職之權利有所影響，因此保障法特規定服務機關做出停職處分，必須有法律或法律授權命令之依據。例如，公務人員考績法第18條但書規定：「但考績應予免職人員，自確定之日起執行；未確定前，應先行停職。」公務員懲戒法第4條規定：「公務員有下列各款情形之一者，其職務當然停止：……。」又，有鑑於「依法停職」、「休職」及「申請留職停薪」之公務人員，其公務人員之身分並未因暫時停止執行職務而喪失，其於停職、休職及留職停薪期間，相關權利義務應回歸各該人事法規規範。故在第9條之1增訂第2項，明定上開人員仍具公務人員身分，惟不得執行職務，俾資明確。又所稱「職務」，包含本職職務及借調職務。

2. 復職之保障

(1) 停職事由消滅，（由當事人）申請復職：經依法停職之公務人員，於停職事由消滅三個月內，得申請復職。例如，因涉及刑事案件被羈押而停職的公務人員，如經撤銷羈押，自得於釋放後三個月內申請復職。服務機關或其上級機關，除法律另有規定者外，應許其復職，並自受理之日起三十日內通知其復職（保障10Ⅰ）。

(2) 查催通知：經依法停職之公務人員，於停職事由消滅後三個月內，未申請復職者，服務機關或其上級機關人事單位應負責查催；如仍未於接到查催通知之日起三十日內申請復職，除有不可歸責於該公務人員之事由外，視為辭職（保障10Ⅲ）。

(3) 行政處分撤銷，（機關）應通知復職：受停職處分之公務人員，其停職處分經撤銷者，由於處分已不存在，除經撤銷決定指明應另依法查處外，其服務機關或其上級機關應予復職（保障11Ⅰ）。惟因辦理復職作

業至該公務人員實際報到，仍有相當期間，且該期間該公務人員仍無執行職務之事實，為保障公務人員權益及考量機關作業，保障法第 11 條第 2 項乃明定「前項之公務人員於復職報到前，仍視為停職」。

(4) 回復原職務：所謂復職，係指回復公務人員所受暫時停止的公職。由於公務人員之身分並未被剝奪，職缺仍保留，故依規定復職之公務人員，服務機關或其上級機關應回復原職務或與原職務職等相當或與其原敘職等俸級相當之其他職務；如仍無法回復職務時，應依公務人員任用法及公務人員俸給法有關調任之規定辦理（保障 10 II）。

(5) 回復應有權益：依據行政程序法第 118 條本文規定，停職處分既經撤銷，該停職處分即溯及既往失其效力。職此，原受停職處分之公務人員於辦理復職報到後，其任職年資、休假年資、考績年資及退休年資等權益應均不受該違法停職處分之影響，故 106 年版的保障法特於第 11 條增訂第 3 項，規定「並於復職報到後，回復其應有之權益」，俾符本法保障公務人員權益之立法意旨。另，停職期間扣俸亦應予補發，此見諸於公務人員俸給法第 21 條：「復職人員補發停職期間之本（年功）俸，在停職期間領有半數之本（年功）俸者，應於補發時除之。」

(6)「留職停薪」及「休職」人之復職事項，準用本法第 10 條有關復職保障之規定（保障 11-1、11-2）。

(四) 機關裁撤、組織變更或業務緊縮時之保障

因機關裁撤、組織變更或業務緊縮，致機關必須裁減部分人力時，保障法第 12 條對「具有考試及格或銓敘合格之留用人員」訂有保障之規範，其規定如次：

1. 轉任或派職：由上級機關或承受其業務之機關對留用人員辦理轉任或派職，必要時先予輔導、訓練，使渠等能適應新職。

2. 官職等保障：依規定轉任或派職時，除自願降低官等者外，其官等職等應與原任職務之官等職等相當，如無適當職缺致轉任或派職同官等內低職等

職務者，應依公務人員任用法及公務人員俸給法有關調任之規定辦理。

至於未經留用之人員則可依其他法律處理，如依公務人員退休法相關規定辦理資遣或退休。

(五) 請辭之保障

有鑑於實務上曾發生公務人員擬辭職而受服務機關或上級機關刁難之情形，為保障公務人員之工作選擇權，保障法第 12 條之 1 特規定：「公務人員之辭職，應以書面為之。除有危害國家安全之虞或法律另有規定者外，服務機關或其上級機關不得拒絕之。（Ⅰ）服務機關或其上級機關應於收受辭職書之次日起三十日內為准駁之決定。逾期未為決定者，視為同意辭職，並以期滿之次日為生效日。但公務人員指定之離職日逾三十日者，以該日為生效日。（Ⅱ）」

二、官等職等保障

公務人員一旦經銓敘機關審查合格實授後，即依審定的官等職等起敘俸級，故官職等實為公務人員身分的延伸。因此保障法第 13 條特規定：「公務人員經銓敘審定之官等職等應予保障，非依法律不得變更。」換言之，公務人員之官等職等並非不可調降，但必須有法律的規定。例如，公務人員任用法第 18 條第 1 項第 3 款有關調任之規定即是。因此，如公務人員認為在非自願情況下，其任職之官職等有調降之情形，即可依保障法之相關規定提起救濟。

三、俸給保障

俸給為公務人員依敘定等級，請求國家給予其因執行職務所應得之酬勞。依據公務人員俸給法第 3 條規定，包括本俸（年功俸）、加給。而俸給權則為公務人員對於國家之公法上請求權，依據保障法第 14 條規定：「公務人員經銓敘審定之俸級應予保障，非依法律不得降級或減俸。」因此，在俸級方面，必須有法律依據，才可以對公務人員降級或減俸。例如，公務員

懲戒法第 9 條即規定：「公務員之懲戒處分如下：……五、降級。六、減俸。……。」換言之，公務人員如遭非法降級或減俸處分，自得依該法請求救濟。

其次，保障法第 15 條規定：「公務人員依其職務種類、性質與服務地區，所應得之法定加給，非依法令不得變更。」因此，在加給部分，必須依據公務人員俸給法第 2 條第 5 款有關加給規定依法令發給，如缺乏具體法令規定，致公務人員該項權利受損時，自得依法請求保障。

此處要特別說明的是，俸級的保障是非依「法律」不得……，但加給卻是非依「法令」不得……，之所以有文字內容之差異，原因是俸級的規範都是在俸給法裡面，俸給法是法律；但加給的規範除俸給法外，還有俸給法授權訂定的「公務人員加給給與辦法」，而辦法是行政命令，所以有關加給的保障條文文字才會規定非依「法令」不得如何如何。

四、工作條件保障

(一) 必要機具設備及良好工作環境之提供

國家既要求公務人員必須有優秀的執行力，當然必須提供相關資源作為後盾；否則「巧婦難為無米之炊」，政府效能將難以發揮。因此，保障法第 18 條乃規定：「各機關應提供公務人員執行職務必要之機具設備及良好工作環境。」至於條文所稱必要、良好之用語，為不確定法律概念，應視各種情況綜合考量。

(二) 執行職務安全之保障

公務人員執行公務時，生命安全亦需予以保障，以符合憲法第 15 條所示生存權之意旨。故保障法第 19 條特規定：「公務人員執行職務之安全應予保障。」同時並要求「各機關對於公務人員之執行職務，應提供安全及衛生之防護措施。」例如，警察人員配備防彈衣，消防人員之防火衣具，公立醫院醫護人員的防護醫療設備等。另外，提供適度訓練及醫療救助亦為本條規定之旨意。

其次，在執行勤務過程之中，保障法第 20 條亦責成現場長官必須密切注意現場情況，如「認已發生危害或明顯有發生危害之虞者，得視情況暫時停止執行」，以避免鑄下重大不幸。

另外，保障法第 21 條第 1 項復規定：「公務人員因機關所提供之安全及衛生防護措施有瑕疵，致其生命、身體或健康受損時，得依國家賠償法請求賠償。」與此規定有關的最著名案例為：民國 92 年台北市和平醫院林重威醫師因感染 SARS 殉職，經訴訟後獲得國家賠償 748 萬元，後來林父自籌 252 萬元，湊成 1,000 萬元成立基金會，提供清寒獎學金，發揮大愛精神。

此外，為示慰藉及照護，同條第 2 項另規定：「公務人員執行職務時，發生意外致受傷、失能或死亡者，應發給慰問金。」另為促使公務人員謹慎從事，亦規定「但該公務人員有故意或重大過失情事者，得不發或減發慰問金」。上開有關慰問金之發給標準，係依公務人員因公傷殘死亡慰問金發給辦法之規定辦理。

(三) 因公涉訟之保障

保障法第 22 條第 1 項規定：「公務人員依法執行職務涉訟時，服務機關應輔助其延聘律師為其辯護及提供法律上之協助。」所稱依法執行職務涉訟，係指公務人員在其職務權限範圍內或依長官合法有效之命令，依據相關法令規定執行職務而涉及民事、刑事訴訟案件者，並在民事訴訟為原告、被告或參加人，在刑事訴訟為告訴人、自訴人、被告或犯罪嫌疑人，始為保障之範圍。惟如該公務人員不同意服務機關為其延聘律師時，可以自行延聘律師，再檢具事證向服務機關請求核發涉訟輔助費用。

又為督促公務員積極任事，主動為民服務，避免違法濫權，同條第 2 項復規定：「前項情形，其涉訟係因公務人員之故意或重大過失所致者，應不予輔助；如服務機關已支付訴訟輔助費用者，應予追還。」

五、管理措施保障

(一) 不受違法命令之保障

1. 長官不得作違法之工作指派

保障法第16條規定：「公務人員之長官或主管對於公務人員不得作違法之工作指派，亦不得以強暴脅迫或其他不正當方法，使公務人員為非法之行為。」立法旨意在直接規範長官或主管不得以違法或脅迫手段對公務人員進行工作指派，避免公務人員陷於違法及違逆命令之兩難，並確保公務人員得以依法執行職務。

2. 釐清責任歸屬

保障法第17條第1項規定：「公務人員對於長官監督範圍內所發之命令有服從義務，如認為該命令違法，應負報告之義務；該管長官如認其命令並未違法，而以書面署名下達時，公務人員即應服從；其因此所生之責任，由該長官負之。但其命令有違反刑事法律者，公務人員無服從之義務。」另，第2項則規定：「前項情形，該管長官非以書面署名下達命令者，公務人員得請求其以書面署名為之，該管長官拒絕時，視為撤回其命令。」

細究第17條條文之旨意，公務人員服從長官命令應屬其應盡之義務，但該命令如有違法疑義時，應先向長官報告，同時並請求長官改以「書面並署名」下達命令；如長官認為其命令並未違法，公務人員應俟取得長官署名之書面命令時，再負其服從義務。爾後，如生責任問題，則由長官負責。如長官拒絕下達有署名之書面命令，則視為長官已撤回其命令。惟公務人員如發現長官所下之書面命令有違反刑事法律者，可以不服從。

(二) 法定辦公時數以外執行職務補償之保障

公務人員之薪資係規定時間內執行勤務所獲之對價，如在法定辦公時數之外執行職務，當然必須給予適當之補償方屬合理。111年6月23日修正之保障法第23條，對於法定辦公時數以外執行職務之補償已給予更周延嚴謹的規定，其內容如次：

1. 公務人員經指派於法定辦公時數以外執行職務者為加班，服務機關應給予加班費、補休假。但因機關預算之限制或必要範圍內之業務需要，致無法給予加班費、補休假，應給予公務人員考績（成、核）法規所定平時考核之獎勵。

2. 實施輪班、輪休制度之業務性質特殊機關對所屬公務人員之加班補償，應考量加班之性質、強度、密度、時段等因素，以符合一般社會通念之合理執行職務對價及保障公務人員健康權之原則下，予以適當評價，並依加班補償評價之級距與下限，訂定換算基準，核給加班費、補休假。各機關對所屬公務人員待命時數之加班補償，亦同。

3. 公務人員補休假應於機關規定之補休假期限內補休完畢，補休假期限至多為二年。遷調人員於原服務機關未休畢之補休假，得於原補休假期限內至新任職機關續行補休。

4. 機關確實因必要範圍內之業務需要，致公務人員加班時數無法於補休假期限內補休完畢時，應計發加班費。但因機關預算之限制，致無法給予加班費，除公務人員離職或已亡故者，仍計發加班費外，應依考績（成、核）法規所定平時考核給予獎勵。公務人員遷調後於期限內未休畢之加班時數，亦同。

5. 加班費支給基準、加班補償評價換算基準之級距與下限、補休假期限及其他相關事項，由行政院定之。各主管機關得在行政院訂定範圍內，依其業務特性，訂定加班補償評價換算基準。

　　由上開規定可知，所謂「補償方式」有「加班費、補休假及平時考核之獎勵」。至服務機關究以何種方式補償，則授權各機關本其業務需要或財政負擔能力，就第 23 條所示補償方式選擇一項或數項，同時或先後為之；當事人並無選擇權，亦不得異議。

(三) 請求費用償還之保障

　　公務人員在執行職務時，偶有必須先行墊款之情形，如出差旅費、探

購費用，爲避免公務人員金錢上損失及鼓勵公務人員勇於任事，保障法第24 條特規定：「公務人員執行職務墊支之必要費用，得請求服務機關償還之。」惟此條文規定爲「得」，故公務人員如認爲支出數額不多，不願爲請領款項瑣事煩勞，亦不強制非辦理請求償還事宜不可。

第四節　公務人員保障制度之救濟程序

公務人員保障制度之救濟程序分爲復審及申訴、再申訴二種不同之程序（保障 4 Ⅰ），另有調處及再審議作爲輔助。而依司法院釋字第 243 號解釋意旨，復審類同於訴願制度；至申訴、再申訴，則爲保障法所新創。茲分述如次。

 復審

一、標的

依據保障法第 25 條第 1 項規定：「公務人員對於服務機關或人事主管機關（以下均簡稱爲原處分機關）所爲之行政處分，認爲違法或顯然不當，致損害其權利或利益者，得依本法提起復審。非現職公務人員基於其原公務人員身分之請求權遭受侵害時，亦同。」另，第 26 條第 1 項規定：「公務人員因原處分機關對其依法申請之案件，於法定期間內應作爲而不作爲，或予以駁回，認爲損害其權利或利益者，得提起請求該機關爲行政處分或應爲特定內容之行政處分之復審。」因此，復審之標的爲「行政處分」、「原處分機關之不作爲行爲」及「被原處分機關駁回」之申請案件。至所謂行政處分，依行政程序法第 92 條第 1 項之規定，係指行政機關就公法上具體事件所爲之決定或其他公權力措施而對外直接發生法律效果之單方行政行爲。惟依保障法第 25 條內容之意旨，公務人員保障制度所稱之行政處分，係以服務機關或人事主管機關所爲者爲限，較之行政程序法上行政處分之範圍更爲

限縮（蘇英才，民98）。

　　目前實務上，保訓會對可提起復審之行政處分，係以行政程序法之規定及司法院歷次大法官會議解釋之意旨予以認定，概可分為以下三種（邱華君，民100；蘇英才，民98）：

(一) 改變公務人員身分之處分：如各種免職事件、試用不及格之解職事件、辭職事件、資遣事件、否准退休申請事件、任用審查不合格、升等事件、陞任事件。

(二) 基於公務人員身分所生之公法上財產請求權遭侵害之處分：如考績獎金、年終獎金、退休金、加給、撫卹金、公保養老給付、涉訟輔助費、交通費、加班費、慰問金、差旅費、休假補助費、未休假加班費、值班費、兼職費、否准核發服務年資或未支領退休金之證明事件。

　　至於上述公法上財產請求權之消滅時效，106年6月保障法修訂時特增訂第24條之1，其內容如次：

1. 因十年間不行使而消滅者：

　(1) 執行職務時，發生意外致受傷、失能或死亡應發給之慰問金。

　(2) 依法執行職務涉訟輔助之費用。

2. 因二年間不行使而消滅者：

　(1) 經服務機關核准實施公務人員一般健康檢查之費用。

　(2) 經服務機關核准之加班費。

　(3) 執行職務墊支之必要費用。

(三) 對公務人員權利有重大影響之處分：如降低官職等、俸級審定、留職停薪、停職事件、復職事件、辭職事件、申請離職證明書事件、調任事件、升官等訓練不及格事件、公開甄選事件、性別平等輔導事件、派任事件、考績（成）丙等事件、休假日數及年資事件、曠職核定／登記、申誡以上之懲處、嘉獎以上之獎勵、不予敘獎。

　　有關保訓會受理復審事件的態樣可至保訓會「保障事件決定書查詢系統」查詢（該系統尚有再申訴及再審議案件可供查詢）。

二、復審人

受服務機關或人事主管機關處分，認為權益受損者，均得提起復審，包括：

(一) 保障法保障對象之現職人員：見保障法第 25 條第 1 項前段及第 26 條第 1 項（參見前述「一、標的」內文）。

(二) 非現職人員：見保障法第 25 條第 1 項後段（參見前述「一、標的」內文）。所稱非現職人員指退休、資遣、免職、辭職或其他事由離職者。上開非現職人員因其原公務人員身分受處分而權益遭受侵害時，可提起復審。

(三) 公務人員遺族：公務人員已亡故者，其遺族基於該公務人員身分所生之公法上財產請求權遭受侵害時，亦得依本法規定提起復審（保障 25 II）。

上述復審人在提起復審之後，如於復審期間，發生復審人死亡或喪失復審能力情事時，其繼承人或得繼受其權益之人，於仍有取得決定之法律上利益或其性質非屬不得承受之情形下，得承受並續行復審救濟（保障 48 I）。

三、受理機關

依保障法第 4 條第 2 項規定：「公務人員提起之復審……由公務人員保障暨培訓委員會（以下簡稱保訓會）審議決定。」第 44 條第 1 項規定：「復審人應繕具復審書經由原處分機關向保訓會提起復審。」故復審事件係由保訓會統一受理並為審議決定。惟依上開條文意旨，復審人不得將復審書逕送保訓會，而應先送請原處分機關重新審查。至所謂原處分機關，依第 28 條規定，係「以實施行政處分時的名義為準；但上級機關本於法定職權所為行政處分，交由下級機關執行，以該上級機關為原處分機關」。另依保障法第 29 條規定，如原處分機關裁撤或改組，則以承受其業務之機關視為原處分機關。

四、期間之遵守

關於復審事件期間之遵守，保障法之規定如次：

(一) 提起復審之期間

提起復審，應自行政處分達到之次日起三十日之法定期間內為之，且以原處分機關收受復審書之日期為準（保障 30），逾期不予受理。

(二) 原處分機關之處理期間

原處分機關對復審事件，應先行重新審查原行政處分是否合法妥當，如認復審有理由者，得自行變更或撤銷原處分，並通知保訓會；如不依復審人之請求變更或撤銷原處分，則應自收受復審書之次日起二十日內，附具答辯書，檢卷向保訓會提出答辯（保障 44）。原處分機關未依限處理時，保訓會得依職權或依復審人之申請逕為處理及決定（保障 45）。

(三) 保訓會之處理期間

復審決定應自保訓會收受原處分機關檢卷答辯之次日起三個月內為之，必要時得延長二個月（以一次為限），並通知復審人（保障 69）。

五、請求司法救濟

復審人對保訓會所為之復審決定，如有不服，得於決定書送達之次日起二個月內，向司法機關請求救濟（保障 72）。所稱「司法機關」，依現行行政訴訟法之規定，係指各區高等行政法院。又，復審人如不服保訓會在復審程序中所做之程序處置，依保障法第 60 條規定，應併同復審決定提起行政訴訟，而非單獨請求救濟。

貳 申訴、再申訴

一、標的：服務機關所為之管理措施或有關工作條件之處置

依保障法第 77 條之規定，公務人員提起申訴、再申訴，應以服務機關所為之「管理措施」或「有關工作條件之處置」認為不當為標的。換言之，

上述申訴、再申訴之標的僅有「當與不當」之爭議，而無「違法與否」之問題，因其並未改變公務人員之身分關係，對公務人員權利尚無重大影響，亦非基於公務人員身分所產生公法上財產請求權遭受侵害，故保障法僅賦予申訴之救濟方式。茲分述之：

(一) 服務機關所為之管理措施

指機關為完成既定使命，所為之作為與不作為。復審範圍事項以外，包括機關內部生效之表意行為或事實行為等，其有具體事實者，均屬管理措施範圍。如機關長官或主管所為之工作指派、不改變公務人員身分關係之記一大過、記過、申誡、記大功、記功、嘉獎、考績列為乙等之案件、調任、指名商調、超額移撥、陞遷結果不服、請假之否准或上級機關長官所發之職務命令均屬之。

(二) 有關工作條件之處置

指服務機關是否提供執行職務必要之機具設備、良好工作環境、安全執行職務之保障、違法工作指派之禁止、依法執行職務涉訟的協助及加班之補償而言。

二、申訴人、再申訴人

依據保障法第 77 條第 1 項：「公務人員對於服務機關所為之管理措施或有關工作條件之處置認為不當，致影響其權益者，得依本法提起申訴、再申訴。」同條第 2 項：「公務人員離職後，接獲原服務機關之管理措施或處置者，亦得……提起申訴、再申訴。」因此，申訴人和再申訴人包括：

(一) 本法保障對象之現職人員。

(二) 非現職人員。如退休、資遣、免職、辭職或其他事由離職者，因其原公務人員身分受管理措施或處置時。

另依本法第 84 條規定，申訴、再申訴期間，申訴人、或再申訴人死亡或喪失申訴能力時，得準用同法第 48 條規定，即繼承人或得繼受其權益之人，於仍有取得決定之法律上利益或其性質非屬不得承受之情形下，得承受

並續行申訴、再申訴救濟。

三、受理機關

依本法第 78 條之規定，提起「申訴」應向服務機關為之。所稱服務機關，係指具備依法設置、獨立的編制及預算、對外行文等獨立機關組織要件者，原則上以其實際任職機關為服務機關，惟所申訴之具體事實如係以上級機關名義發布者，則以該權責發布機關為服務機關（考試院，民 96）。申訴人如不服服務機關之申訴函復，可再向保訓會提起「再申訴」。故再申訴亦統一由保訓會受理並為審議決定。

四、期間之遵守

關於申訴、再申訴事件期間之遵守，公務人員保障法有以下之規定：

(一) 提起申訴、再申訴之期間

1. 申訴：提起申訴，應於管理措施或有關工作條件之處置達到之次日起三十日之法定期間內提起（保障 78 I），俾使服務機關能儘速糾正不當的管理措施或處置。
2. 再申訴：不服服務機關之申訴函復，得於復函送達之次日起三十日內，向保訓會提起再申訴（保障 78 I）。

(二) 服務機關處理申訴之期間

依本法第 81 條第 1 項之規定，服務機關對申訴事件，應自收受申訴書之次日起三十日內，就請求事項詳備理由函復，必要時得延長二十日，並通知申訴人。逾期未函復，申訴人得逕提再申訴。

(三) 保訓會之處理期間

依本法第 81 條第 3 項之規定，保訓會收受再申訴書之次日起三個月內必須做成再申訴決定，必要時得延長一個月，並通知再申訴人。

五、請求救濟之規範

(一) 同一申訴事由，經再申訴決定後，即為確定，不得再以同一事由復提再申訴（保障 83）。

(二) 再申訴決定後，申訴人即使有所不服，亦不能再提行政爭訟（及司法救濟）。惟依 106 年修訂之保障法第 94 條之規定，再申訴人可向保訓會請求再審議。

參　調處

　　保障法第五章之調處類似調解或仲裁，主要目的是透過保訓會以客觀、公正之態度解決公務人員和服務機關之爭執，俾能增進行政效率、維持機關內部之和諧及減少行政成本之支出。在制度上之設計，調處並非強制性規範，而是一種任意性制度，且需在爭執兩造都同意的情況下才能進行。106 年修訂之保障法將「復審」事件亦納入調處範圍，並將再申訴事件與復審事件合稱為「保障事件」。其重要內容如次：

一、發動調處機關：保訓會。

二、調處標的：保障事件（保訓會審理中之復審及再申訴事件）（保障 85）。

三、參加調處人員：保訓會（指定副主任委員或委員 1 至 3 人為調處人）（保障 85）；復審人、再申訴人，或其代表人、代理人；有關機關（保障 86 I）。

四、調處不成立之條件：復審人或再申訴人或其代表人、特別委任之代理人及有關機關，無正當理由，於指定期日不到場者，視為調處不成立（保障 86III）。

五、調處成立之後續作業：保障事件經調處成立者，保訓會應做成調處書，並函知復審人、再申訴人、代表人、特別委任之代理人及有關機關（保障 87 I）。

六、終結再申訴事件之審理程序：經調處成立之保障事件，保訓會應終結其審理程序（保障87II）。

肆　再審議

保障法在106年修訂以前，僅規定復審事件才能提出再審議（原處分機關和復審人都可以提）。至於再申訴決定後，如當事人認為有認事用法之違誤，僅能類推適用行政程序法第128條有關程序再開之規定，辦理更正。換言之，106年以前的舊保障法對再申訴並無進一步的救濟手段。106年6月公布施行的保障法認為讓再申訴人亦得依再審議程序向保訓會請求更正再申訴決定之違誤，對公務人員之權益保障得以更臻完整。基此，特配合修正第七章「再審議」（第94條至第101條）之相關條文內容。有關再審議的內容重點可臚列如次：

一、提起人：原處分機關、服務機關、復審人或再申訴人（保障94I）。

二、受理機關：保訓會（保障94I）。

三、申請再審議期間：申請再審議應於三十日之不變期間內為之。前項期間自復審決定或再申訴決定確定時起算。但再審議之理由知悉在後者，自知悉時起算。再審議之申請，自復審決定或再申訴決定確定時起，如逾五年者，不得提起（保障95）。

四、不受理決定之條件：保訓會認為申請再審議程序不合法者，應為不受理決定（保障98）。

五、決定駁回之條件：保訓會認為再審議無理由者，應以決定駁回之。經前項決定後，不得更以同一原因申請再審議（保障99）。

六、復審或再申訴決定之撤銷或變更：保訓會認為再審議有理由者，應撤銷或變更原復審決定或再申訴決定（保障100）。

伍 保障事件做成決定後的拘束力

依據保障法第91條第1項之規定，保訓會所為保障事件之決定確定後，有拘束各關係機關之效力；其經保訓會做成調處書者，亦同。而相關機關在接到保訓會各相關文件後必須有以下之作為：

一、復審部分：原處分機關應於復審決定確定之次日起二個月內，將處理情形回復保訓會。必要時得予延長，但不得超過二個月，並通知復審人及保訓會（保障91 II）。

二、再申訴部分：服務機關應於收受再申訴決定書之次日起二個月內，將處理情形回復保訓會。必要時得予延長，但不得超過二個月，並通知再申訴人及保訓會（保障91 III）。

三、調處部分：保障事件經調處成立者，原處分機關或服務機關應於收受調處書之次日起二個月內，將處理情形回復保訓會（保障91 IV）。

原處分機關、服務機關在上開期限內未處理者，保訓會應檢具證據將違失人員移送監察院依法處理。但違失人員為薦任第9職等以下人員，由保訓會通知原處分機關或服務機關之上級機關依法處理（保障92 I）。惟違失人員如為民意機關首長者，保障法另規定由保訓會處新台幣10萬元以上100萬元以下罰鍰，並公布違失事實（保障92 II）。如渠等超過繳納限期仍未繳納者，將依法移送強制執行（保障92 III）。

陸 禁止報復規定

公務人員依法提起救濟，為法律所賦予之權利。因此，如因受外力干擾，導致公務人員不敢或不願以尋求法律救濟途徑為自己申冤，當不是保障制度之所樂見。為避免公務人員在提起救濟後，遭致服務機關報復，保障法特於第6條第1項明定：「各機關不得因公務人員依本法提起救濟而予以不利之行政處分、不合理之管理措施或有關工作條件之處置。」其次，公務人員提起救濟，經保訓會決議撤銷服務單位之行政處分或管理措施後，為避免

服務機關干擾提起該保障事件的公務人員，以及維持機關內部和諧，如公務人員有機會外調，服務機關不得拒絕其商調。此一規定見諸於同條第 2 項：「公務人員提起保障事件，經保訓會決定撤銷者，自決定書送達之次日起三年內，該公務人員經他機關依法指名商調時，服務機關不得拒絕。」至於規定三年，則著眼於避免公務人員為求他調而濫訴並兼顧服務機關長官之人事任用權限。

第五節　公務人員保障制度相關議題探討

我國公務人員保障制度自民國 85 年實施以來，可說是在平穩運作中尋求改進發展。而推行數十年至今，在實務運作和法制內容方面，亦累積一些爭議，亟待爾後妥適解決。茲將其中犖犖大者說明如次（邱華君，民 100；蘇英才，民 98；黃雅榜，民 96；賴維堯等，民 95）：

壹 保障制度對機關實務運作上的負面影響

公務人員保障制度的目的在確保公務人員權益受到侵害時，得以尋求救濟途徑以為保障，一方面使政府機關克制濫權可能，一方面使公務人員能安心任職，惟在制度的實務運作當中，亦逐漸出現以下的問題：

第一，妨礙機關業務推展：公務人員如對保障制度存有不健康心態，動輒為瑣碎小事提訟濫告，往往使當事兩造在冗長爭訟過程中疲於奔命，以至於影響機關的正常業務推動。

第二，養成機關姑息心態：為避免受困在冗長爭訟過程當中，有些機關可能以息事寧人的態度對行為不端或績效欠佳的公務人員睜一隻眼閉一隻眼，不願積極處置。此種姑息心態除戕害機關的領導權之外，亦因無法對不適任公務人員有效處理，導致機關的行政效能受到影響。

第三，當事人對秋後算帳的顧慮：公務人員保障法雖明定禁止對提起

救濟的公務人員施行報復，惟相關條文宣示的意義大於實質的效果。因為機關組織或主管可以運用的各種間接性報復手段極為眾多，只要在合法及不過分的情況下，機關組織或主管都可以宣稱此為用人權和領導權之行使。對大多數公務人員而言，在提起救濟勝算機率不大及可能引發日後報復的顧慮之下，保障制度可能淪為畫餅。

貳 法制方面的檢討及改進建議

一、保障對象部分

保障法將保障對象分成適用對象（保障3）和準用對象（保障102 I）兩種，雖有其制度上之考慮，惟此種區分是否合適，亦值商榷。有一說認為，受到特殊限制者，即應給予特殊之照顧與保障來加以平衡。因此，只要是基本權利受到特殊限制者，即應為其保障對象。目前保障法中係將「各機關依法派用、聘用、聘任、僱用」之人員列為準用對象，以此等人員既領有國家薪資，應屬公務員服務法之規範對象，故與行政主體具有公法上職務關係之性質，自以改列適用對象較為適宜。其次，各機關之機要人員雖為保障法之適用對象，但並無保障法第9條所規定身分保障之適用。若與派用人員比較，將之列為適用對象，而將派用人員列為準用對象，頗有輕重失衡之嫌。以機要人員而論，其既不受身分保障，將之列為準用對象，應較為妥適。

二、實體保障部分

保障法第14條及第15條對公務人員之俸級和法定加給均訂有保障規範，唯獨福利事項付之闕如。雖然此非考試院思慮不及，而係當年保障法送立法院審議時，未受立法院支持所致，惟仍屬美中不足。爾後保障法修正時，仍宜再將福利事項列入，以求周延完整。

另外，保障法雖明定機關裁撤、組織變更或業務緊縮時，公務人員可援引任用法與俸給法有關調任之規定，以保障其官等、職等及俸給，惟對調任之工作性質與工作地點卻未設限制。假設公務人員因上述原因，非自願調任

遠地機關任職，其所增之開銷，實與減薪無異。故宜否就調任之地點予以合理限制，實值商榷。

三、保訓會委員組成部分

保訓會組織法第 4 條規定，該會置委員 10 至 14 人，其中 5 至 7 人專任，由考試院院長提請總統任命之；餘 5 人至 7 人兼任，由考試院院長聘兼之；但兼任委員為有關機關副首長者，其任期隨職務異動而更易。專任委員具有同一黨籍者，不超過其總額二分之一。惟上述制度設計，仍有值得討論之處：

第一，專任委員與兼任委員共審保障事件，表決時不分專兼任，每位委員均有一票，因兼任委員未規範政黨比例，故如具同一黨籍之兼任委員超過其總額二分之一，恐有政治力介入之疑慮。

第二，兼任委員多為相關機關之副首長兼任，難免以行政機關之立場和思維模式進行保障事件之審理；且較之救濟人，行政機關有更多之攻擊防禦機會。尤其是人事行政總處與銓敘部之副首長常應聘為兼任委員，在審理保障事件時，不免帶有本位主義，並以考銓業務之捍衛者自居，致委員會決定之公平性及代表性不足。關於此部分，論者有增加公務人員代表或設置文官法庭之議。

四、救濟程序部分

有關保障制度救濟程序部分，以下兩點建議頗值參考，茲略述如次（邱華君，民 100）：

第一，建立第三人參加制度。行政處分或管理措施如有及於第三人效力，或有利害關係人存在之情形，宜允許渠等參加爭訟過程，俾維護渠等權益。

第二，申訴、再申訴應有提起司法救濟之機會。在法治國的思想下，只要人民感受到權利遭受侵害，不論影響是否重大，即得向法院提起救濟。現行保障法中，雖然已經規定申訴、再申訴案件可以提出「再審議」，但再審議

只是行政救濟手段，無法如復審可以提起司法救濟，這是可以再加商榷之處。

五、保障事件標的與救濟程序適配部分

實務上，公務人員提出救濟之標的偶有出現使用不恰當之救濟程序以為處理之情形。這裡所謂的不恰當的救濟程序，並非違法，而是認定問題，舉其大者如次：

第一，對聘用人員所為之解聘、停聘及不予續聘宜視為行政處分，改以適用復審程序。目前保障實務對聘用人員上述事件僅能適用申訴、再申訴途徑，原因是保訓會認為聘用人員與服務機關間之關係為行政契約關係，故解聘、停聘及不予續聘僅係契約上之意思通知，並非行政處分。例如，108.06.11 保訓會曾對行政院南部聯合服務中心某約聘人員之成績考核及不續聘事件之再申訴案做出駁回決定。有關不續聘部分，決定書中即以「聘用人員與服務機關間成立之聘約關係，性質上屬公法契約，其契約關係之成立，既屬雙方意思表示之合致，雙方間之權利義務，即應依約定至聘約屆滿之日為止，到期聘約即告終止，並無一律應予續聘之義務」為駁回理由之一（保訓會，民 108）。惟最高行政法院 90 年 7 月份第一次庭長法官聯席會議已作出決議，認為解聘、停聘及不予續聘屬於行政處分，故宜改以適用復審程序。

第二，實務見解另有重財產權而輕其他權利之問題。例如，新台幣數百元之差旅費爭議，因侵害公務人員之公法上財產請求權，得提起復審。惟記一大過之懲處處分，除影響公務人員陞遷權益外，亦影響公務人員之名譽權，卻僅能提起申訴、再申訴，似有重財產權而輕忽其他權利之嫌。

關鍵詞彙

保障　特別權力關係　實體保障　身分保障　復審　申訴　再申訴
調處　再審議

自我評量題目

一、為何要建立公務人員保障制度？試申述之。

二、試說明特別權力關係的意義及其特徵。

三、請說明大法官會議第187號和第243號解釋之大意及其何以會造成我國國家與公務員之特別權力關係的崩解？

四、我國公務人員保障制度的保障對象為何？試說明之。

五、依公務人員保障法之規定，公務人員受保障之權益有哪幾種？試分項說明其內涵。

六、我國公務人員保障制度中對公務人員身分保障有哪些規範？

七、因機關裁撤、組織變更或業務緊縮，致機關必須裁減部分人力時，公務人員可以獲得哪些保障？

八、我國公務人員保障法中，對公務人員工作條件的保障有何規範？試說明之。

九、我國公務人員保障法中，對公務人員管理措施的保障有何規範？試說明之。

十、公務人員保障程序分為復審、申訴及再申訴等程序，試分別說明其標的、受理機關及提起期間。

十一、依據「公務人員保障法」，「復審」與「申訴、再申訴」均屬保障公務人員權益之救濟途徑。試從「提起人」、「標的」、「受理機關」、「提起期間」以及「有無最終救濟」等五項，比較兩者之間的制度性差異。

十二、現行公務人員保障制度有何爭議？試舉三項議題申論之，並提改進建議。

參考書目

公務人員保障暨培訓委員會（民100）。100.03.10 公保字第 1000002930 號函。https://weblaw.exam.gov.tw/SorderContent.aspx?SOID=94717。

107.05.10 下載。

江大樹（民 86）。國家發展與文官政策。台北：憬藝企業。

朱武獻（民 96）。公務人員保障法之實施與檢討。人事行政法制論文集。
　　台北：三民書局。

考試院（民 96）。考銓報告書。C.05 保障暨培訓業務。

林全發（民 99）。我國公務人員保障法申訴制度之研究。文官制度季刊，
　　第 2 卷第 1 期，第 73-97 頁。

邱華君（民 100）。全球化下我國公務人員人權保障初探。文官制度季刊，
　　第 3 卷第 3 期，第 1-36 頁。

保訓會（民 108）。保障事件決定書查詢系統（再申訴案件），決定字號：
　　108 公申決字第 000120 號。http://web13.csptc.gov.tw/SearchContent.
　　aspx?IN_ID=145843&KWD1=%E8%A7%A3%E8%81%98&KWD2=&K
　　WD3=&Type=。109.05.05 下載。

黃雅榜（民 96）。論公務人員權益保障制度的真義。變革與管理。台北：
　　考選週刊社。

賴維堯等（民 95）。現行考銓制度。台北：空大。

蘇英才（民 98）。公務人員保障制度之研究──以臺灣省政府組織精簡為
　　例。國立暨南國際大學公共行政與政策學系碩士論文。

第九章
公務人員退休與撫卹制度

林文燦

第一節　基本概念

壹　退休（撫卹）理論

　　依據不同退休理論規劃所得之退休制度各有不同特色，而歸納學者所提之退休理論，主要包括人事機能說、人力折舊說、功績報償說、遞延薪資說及社會保險說等（柯木興，民 102；葉長明，民 84）：

一、人事機能說（personnel organism theory）：認為新陳代謝是生物個體之普遍現象，同時亦是人類團體必有之存在事實，任何機關組織，基於人力維持與生產力提升等因素考量，必須建立退休制度以維持人事機能常新。

二、人力折舊說（human depreciation theory）：認為公務人員在年富力強時期盡力服務，及至年邁體衰，工作能力日漸消耗，基於道義責任，國家對其工作能力之消耗，自應予以適度之金錢補償，以安定其老年生活。

三、功績報償說（merit gratuity theory）：認為對於忠誠盡職者，於其退休、失能或死亡時，應給與相當數額之金錢，以酬庸其過去在職時之功（勞）績貢獻。

四、遞延薪資說（deferred wages theory）：認為退休給與原為應付薪資之一部分，但基於個人終生所得與消費需要之平衡考量，於在職服務時保留一部分薪資不予發給，延至其退休、失能或死亡時再行發給，故退休給

與是政府對於公務人員所負擔的公法上金錢債務，不可視爲人道的贈與
或服務的賞金。

五、社會保險說（social insurance theory）：認爲基於互助與保險原理，於在
　　職時強制公務人員參加保險，按期繳付費用，可以平衡在職時與退休後
　　之所得與消費，並將個人不可預期之危險轉嫁於多數人分擔，從而取得
　　退休給付之權益。

　　綜上，國家建立公務人員退休制度之目的，可簡單初略地分爲兩項：就
消極面而言，在於政府對年老資深之公務人員盡養老之責，以示崇德報功，
使老有所養。因公務人員爲國服務，除在意眼前生活，但對於晚年及身後之
家境生活有無保障亦有所關心，而實施退休制度，使老有所養，足以免其晚
景凋零之憂，已可使在職人員安於現職工作。另就積極面而言，係爲使機關
能吸收優秀新進人才，發生新陳代謝之人事作用，以保持機關活力與創意。
否則若老弱壅滯政府機關中，而青年登進無門，則公私均受其害。而爲使機
關永保活力，俾能配合時代演進之情勢，因應國家之需要。故凡任職達一定
之年限，或年邁力衰、心神喪失、身體失能致不勝職務，不能繼續任職者，
宜使休養以樂餘年，國家制定退休制度，給與相當之退休金，使老有所養
（陳鑑波，民 74；趙其文，民 73）。

　　而由退休制度衍生而來的撫卹制度，其建置之目的，亦係延續退休制度
之精神與目的，在對在職死亡公務人員之遺族給與生活上必要之照顧，俾使
公務人員對所任工作能奮勉從公而無所顧慮，促進其服務精神，提高工作效
率。

貳 我國公務人員退撫制度沿革

　　民國 32 年，我國公務人員退撫制度公布施行，原係採行全以政府編列
預算支應之「恩給制」，除含功績報償說之觀點，依退休年資、等級計給退
休金外，另因具有促進新陳代謝與平衡個人終身所得與消費需要之功能，而

兼含人事機能說及遞延薪資說之性質。

　　嗣為減經政府財政負擔，爰參酌歐美先進國家公務人員退撫經費籌措方式，將原本全由政府編列預算支應之「恩給制」，改為由政府與公務人員按比例撥繳退撫基金費用共同籌措退撫經費之「共同提撥制」，已加入社會保險說之觀點，即所稱公務人員退休撫卹新制（以下簡稱退撫新制），該制自84年7月1日施行。

　　但在面臨「退休人數年年激增、退休年齡逐漸下降」、「退撫基金的財務缺口已經危及退撫基金永續經營的根基」及「國家人口結構改變（人口老化及少子女化雙重危機）所造成的政府退撫經費支出壓力與日俱增」等嚴峻困境下，政府為合理兼顧退撫基金財務發展的永續性及個人退休所得的適足性，於105年再度進行公務人員退撫制度改革。期間經由總統府於105年6月8日籌設國家年金改革委員會（以下簡稱年改會），邀集各主管機關首長、各類人員代表及專家學者，召開數十場分區及全國之國是會議，聽取各方意見，於106年1月19日公布初擬方案。嗣銓敘部參酌年改會公布之初擬方案，以及現職和已退休人員團體代表所提意見，擬具公務人員退休撫卹法（草案），提經考試院於106年3月30日審議通過後，函送立法院於同年6月27日三讀通過，並由總統以106年8月9日明令公布（法案名稱修正為公務人員退休資遣撫卹法，以下簡稱退撫法）；其相關條文，除第7條第4項及第69條自公布日施行外，其餘條文均自107年7月1日施行。

　　前述退撫法修正重點包括：退休金計算基準改按平均俸（薪）額計算、延後月退休金起支年齡、優惠存款利率及退休所得替代率調降方案、刪除年資補償金、增訂離婚配偶退休金請求權、增訂離職人員年資保留及年資併計、年金分計、增訂退撫給與得設專戶規定、提高退撫基金費用法定提撥費率上限等。

第二節　公務人員年金改革的價值、理念與制度

壹 前言

年金制度改革始自民國 95 年，歷經民國 100 年兩次修法，民國 102 年立法院未完成立法。這三次改革的成效如何？有沒有達成到原訂的政策目的？年金改革的政策目的難道只在降低公務人員退休所得嗎？難道沒有其他或甚至更重要的政策目的嗎？換言之，如果年金改革不只是降低退休所得，還有其他重要目的，從制度的可長、可久及可運作性而言，或許我們將年金改革定位成為「制度建構」，如是，那麼探討年金制度建構的價值、理念及法規體系三者之間關係，才是年金制度改革更應關注的課題。

若冀求公共組織運作良好，發揮最大合作能量與效益，解決各種重大問題，則在規劃、設計組織的制度時，應始自一套明確的價值體系，再搭配特有的理念，綜合規劃出結合價值、理念的制度，透過「價值」、「理念」與「制度」等三者緊密結果，方能確保組織發揮應有的效能。一套有政策理念與可運作的社會制度，背後都隱含了一套價值體系。有了明確的價值體系，就會有理念，有理念就會有制度，然後使之運作無礙。社會制度的規劃設計與運作之價值、理念及制度間的關係密切，如圖 9-1（林文燦，民 107a）。

貳 公務人員年金改革的價值選擇

退休制度與待遇制度是基於同樣的價值基礎設計。公共人事行政功績制原本的價值取向，在政府的系絡下是偏向「公平」的價值。待遇制度的價值取向也偏向於「公平」價值，更何況是維持同等退休生活水準的退休或年金制度，更在落實「公平價值」。退休所得的性質，旨在維持退休人員退休後基本經濟生活安全，強調公平原則，高低差距拉近。筆者認為退休人員所得替代率自應遵循公平價值設計之。

圖 9-1　制度規劃、 設計之價值、 理念及制度關係

資料來源：筆者自繪。

參　公務人員年金改革的理念架構

自 1980 年代以來，各國年金改革之趨勢分別彙整說明如下：

一、OECD 國家年金改革理念與原則

經濟合作暨發展組織（OECD）自 2005 年起，即持續追蹤相關國家年金改革情形，並每二年發表一次 Pensions at a Glance 報告。依據 OECD 彙整歸納其 34 個會員國自 2004 年至 2013 年近十年間，各國年金改革之目標與原則，可從退休所得（retirement income systems）給付架構中的六個面向加以檢視：(一) 年金系統的覆蓋率（包含強制性與自願性計畫）；(二) 退休給付的適足性；(三) 財務永續性與可負擔性之承諾；(四) 鼓勵受僱者工作更長及工作時儲蓄更多之誘因；(五) 提升行政效率，將年金制度之營運成本降到最低；(六) 給付的社會安全功能（OECD, 2013）。

二、兼顧總體面年金財務的永續性及個體面個人退休所得的適足性

OECD 最新研究報告指出，各國爲達成財務永續性之目標，所採取之降低或限縮各項給付措施，對於人民老年的生活水準已造成嚴重的後果。而改善退休所得適足性可同時解決所得替代率與重分配之問題（OECD, 2015）。另根據歐盟 2015 年的專題研究也特別表示，歐洲國家的年金制度現正面臨「維持財務永續性」與「提供退休人員適足退休所得」之雙重挑戰；同時並強調年金與退休政策最主要之目標，係確保「退休所得適足性、財務永續性」（European Commission, 2015）。

所得適足性是年金制度的中心目標，究竟什麼是老年給付的適足性呢？OECD（2013）指出，其實適足性很難定義，當其應用到社會給付時，其本身就承載了政治性。Allianz 在 2015 年所發表的「退休所得適足性指標」（Retirement Income Adequacy Indicator）報告中也認爲，退休所得適足性是一個相對性的測量，並沒有一個通用的方法，因其高度依賴利害關係者所使用之目的。年金制度應能夠足以讓全體退休者免於絕對水準的老年貧窮。

肆 公務人員年金改革基於價值、理念與法制三位一體的制度設計

經衡酌我國年金改革特有的社會—經濟條件，現階段年金改革制度的主要理念爲：兼顧一、整體退撫基金財務的永續性及二、維護個體個人退休所得的適足性，並綜合上述年金的公平價值及二個理念，展現在年金改革制度規劃與設計的三個層面：一、年金改革撙節經費如數挹注退撫基金，以求得退撫基金財務的永續性；二、建構年金改革天花板與樓地板，以求得合理規劃退休人員合理而維持基本、尊嚴的生活水準；三、設計所得替代率分母以本俸加 1 倍計算，以求得人員間、新舊間及職務間退休所得的公平給付（林文燦，民 106）。

一、年金改革的價值、理念體系指引退撫制度的設計

公平價值在年金改革實務之指引，退休所得既在追求公平價值，因此
(一) 建立在職務結構上高低職等間、主管非主管間的層級節制差異（垂直方
向差異）的退休所得差異，當求其公平，所得差距宜拉近；基此原理，(二)
不同專業別（現行公務人員專業加給有 25 種之多，高低不同）而職等相同
退休人員，其退休所得宜相同，以求公平。(三) 不同職業別（公務人員支領
專業加給，教師支領學術研究加給，職業有別，學術研究費標準高於一般公
務人員專業加給）相當等級公教人員其所支退休所得宜相同。在計算公教人
員所得替代率時，如果公務人員用本俸及專業加給加權平均數的合計數當分
母；教師用本薪及學術研究加給合計數，在相同的所得替代率之下，教師退
休所得高於相當等級的公務人員退休所得，並不公平；反之，計算所得替代
率時，若均以本俸（薪）加 1 倍為分母內涵，其退休所得相同，方屬公平。
(四) 適用新舊制人員間退休所得的公平，公務人員退休金之計算自始僅以本
（年功）俸（薪）為計算基準，且為「恩給制」，並未提撥退休基金；於退
撫新制實施時，以（年功）俸（薪）2 倍為繳付退撫基金及退休金給付之基
準，為符合權利義務對等原則，退休時相同退休俸額之 1. 純舊制退休人員、
2. 具有新舊制年資及 3. 純新制人員，在同一個所得替代率之下應支領相同
數額的退休金，方屬公平。

據上，在計算退休所得替代率時，分子值與分母值應用相同標準計算始
符公平，爰宜以公務人員最後在職同等級人員每月所領本（年功）俸（薪）
額加 1 倍金額為分母值之內涵，以求各類退休公務人員間退休給付權益之衡
平並兼顧繳費之權利義務對等原則。

二、理念的平衡：兼顧整體退撫基金的財務永續性及個人退休所
得的適足性

儘管年金制度改革面對種種壓力，現今各國政府已體認仍有必要採取
相關措施，以保證提供兼顧人民安全、適足、具財政永續性的老年經濟安全

制度。

(一) 維持整體退撫基金財務永續性

我國軍公教人員退撫基金財務問題，解決之道不是開源，就是節流。開源之道不外，1. 提高提撥費率，但杯水車薪；2. 提高基金經營效益，但不可期；3. 編列公務預算退撫經費，但不可行。節流之道不外靠「領少、延後退」撙節經費，且成為自民國 95 年開始，歷經民國 100 年兩次，以及 102 年曾送立法院未完成立法的年金改革方案的主要手段。

此次改革最大的特色是將「節流」轉入「開源」，把降低個人的退休所得所撙節退撫基金經費支出，「如數」挹注回「公務人員退撫基金」，以換得基金財務的永續。兼顧退撫基金財務一個世代（二十五年至三十年）永續以及個人退休所得適足性，進而透過財務精算，試算出降低退休公務人員所得替代率後所撙節的經費，挹注回退撫基金後，可以維持一個世代退撫基金財務永續性。

(二) 兼顧維持個人退休所得適足性

基金財務永續不過是一種手段，最終目標是要使得退休人員「領得合理，領得到，領得長長久久」。無限上綱的降低個人退休所得，導致社會充斥「下流老人」，絕非年金改革樂見的政策目標。因此，年金改革的政策理念就是在尋得「年金財務永續與個人所得適足性平衡點」——建立合理的退休所得的樓地板及天花板。樓地板旨在建構退休公務人員最低生活保障，使退休人員退休所得能維持基本生活，參照司法院釋字第 280 號解釋曾認定退休所得如低於「委任第一職等本俸最高級之本俸額及專業加給合計數額」（111 年 7 月 1 日由原為 33,140 元，調整為 33,803 元）即難以維持退休人員基本生活，爰訂定基本安全保障金額——即樓地板數額（調整為 33,803 元），作為政府受僱者的基本安全保障金額。

三、年金改革法規體現價值、理念及制度設計

價值、理念與制度的結合，落實於法規條文，其體系架構如圖 9-2。年

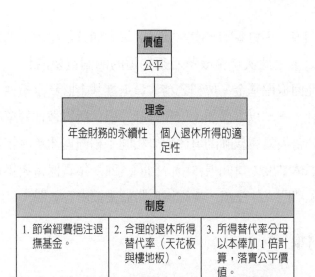

圖 9-2　年金改革之價值、 理念及制度架構

資料來源：筆者自繪。

金改革是個利益糾結的議題。不同立場，不同角度，自是其是，也無可厚
非，但如能換位思考，有助於溝通及良性互動，也有其必要。年金改革可以
從不同角度觀察、討論及分析之，它可以從制度建構角度分析之，如本文所
論，故不分職業別、新舊制年資或職務別等退休所得力求落實「一個公平價
值」，兼顧基金財務永續性及個人退休所得適足性的「二個衡平理念」，建
構撙節經費如數挹注退撫基金、建構退休所得的天花板與樓地板及退休所得
替代率以本俸加 1 倍計算等「三個法制規定」。

第三節　確定給付制公務人員退休制度的重要內容

過去幾次年改均以降低公務人員退休所得為單一目標。此次年改破此
窠臼，如前所述，此次年改係基於價值、理念與法制三位一體的制度設計規
劃，因之，無論理論或實務頗多可觀之處。然而，如俗語云：「天橋把戲，

會看的，看門道；不會看的，看熱鬧。」筆者願分享年改「門道」，讓研讀本書者分享之，爰此次年金改革必須知道的四個重要內容：一、撙節經費「全部」挹注回退撫基金，俾利公務人員退撫基金財務永續性。二、天花板樓地板的設計。三、以本俸加 1 倍作為計算退休所得替代替率的分母，以確保相同年資公務人員與教師間退休所得相同；相同退休年資年適用舊制退休制度與新制退休制度人員間退休所得相同。四、年資保留與年資併計的新設計，以利公私部門人才交流，詳細情形將於後續內容敘明。

壹　適用對象

依退撫法第 3 條規定，該法之適用對象為依公務人員任用法及相關法律任用，並經銓敘審定之現職人員。

貳　退休種類及條件

依退撫法第 16 條規定，公務人員之退休，分為自願退休、屆齡退休及命令退休三種。各該退休條件如下：

一、自願退休（退撫 17）

(一) 一般自願退休
公務人員有下列情形之一者，應准其自願退休：
1. 任職五年以上，年滿 60 歲者。
2. 任職滿二十五年者。

(二) 身心傷病或障礙自願退休
任職滿十五年，有下列情形之一者，應准其自願退休：
1. 公保半失能以上或身心障礙等級為重度以上等級。
2. 罹患末期之惡性腫瘤或為安寧緩和醫療條例所稱之末期病人，且繳有合格醫院出具之證明。

3. 永久重大傷病證明，並經服務機關認定不能從事本職工作，亦無法擔任其他相當工作。

4. 符合身心障礙資格且經依勞工保險條例第 54 條之 1 所定個別化專業評估機制，出具為終生無工作能力之證明。

(三) 危勞降齡自願退休

擔任具有危險及勞力等特殊性質職務（以下簡稱危勞職務）者，自願退休年齡得予減低，但不得低於 50 歲（退撫 17III）。

(四) 原住民公務人員自願退休（退撫 17VI）

1. 任職五年以上之原住民公務人員，自願退休年齡為 55 歲。

2. 配合原住民平均餘命與全體國民平均餘命差距之縮短，逐步提高自願退休年齡至 60 歲。

(五) 彈性自願退休（退撫 18）

1. 辦理條件：配合機關裁撤、組織變更或業務緊縮並依法令辦理精簡者。

2. 彈性條件：

(1) 任職滿二十年。

(2) 任職滿十年而未滿二十年，且年滿 55 歲。

(3) 任本職務最高職等年功俸最高級滿三年，且年滿 55 歲。

二、屆齡退休（退撫 19）

(一) 任職五年以上，年滿 65 歲者（危勞降齡屆齡退休年齡得酌予減低，惟不得低於 55 歲）。

(二) 屆齡退休生效至遲日：

1. 於 1 月至 6 月間出生者，至遲為 7 月 16 日。

2. 於 7 月至 12 月間出生者，至遲為次年 1 月 16 日。

三、命令退休

(一) 一般命令退休（退撫 20）

任職滿五年且有下列情事之一者，由服務機關主動申辦命令退休：

1. 未符合自願退休條件，並受監護或輔助宣告尚未撤銷。

2. 有下列身心傷病或障礙情事之一，經服務機關出具不堪勝任職務證明文件者：

(1) 公保半失能以上或身心障礙等級為重度以上等級。

(2) 罹患第三期以上之惡性腫瘤。

(二) 因公命令退休（退撫 21）

1. 公務人員受監護或輔助宣告或身心傷病或障礙係因執行公務所致（以下簡稱因公傷病）者，其命令退休不受任職年資滿五年之限制。

2. 因公傷病，須由服務機關證明並經審定機關審定公務人員之身心傷病或障礙，確與下列情事之一具有相當因果關係：

(1) 於執行職務時，發生意外危險事故、遭受暴力事件或罹患疾病，以致傷病。

(2) 於辦公場所、公差期間或因辦公、公差往返途中，發生意外危險事故，以致傷病。

(3) 於執行職務期間、辦公場所或因辦公、公差往返途中，猝發疾病，以致傷病。

(4) 戮力職務，積勞過度，以致傷病。

3. 因公傷病及其因果關係之認定，遇有疑義時，應提因公命令退休及因公撫卹疑義案件審查小組審查。

參 資遣之條件

依退撫法第 22 條第 1 項規定，公務人員有下列各款情形之一者，予以資遣（另同條第 2 項規定，機要人員僅適用下列第 1 款機關裁撤及第 3 款條

件）：

一、因機關裁撤、組織變更或業務緊縮，不符本法所定退休規定而須裁減人員者。

二、現職工作不適任，經調整其他相當工作後，仍未能達到要求標準，或本機關已無其他工作可以調任者。

三、依其他法規規定應辦理資遣者。

肆 退休、資遣之限制

一、申請退撫給與權利之喪失

公務人員有下列情形之一者，自始喪失申請退撫給與之權利（退撫75）：

(一) 褫奪公權終身。

(二) 動員戡亂時期終止後，犯內亂罪、外患罪，經判刑確定。

(三) 喪失或未具中華民國國籍。

(四) 為支領遺屬一次金、遺屬年金或撫卹金，故意致該退休人員、現職公務人員或其他具領受權之遺族於死，經判刑確定。

(五) 其他法律有特別規定。

二、退休申請案之不受理

依退撫法第 24 條規定，公務人員有下列情形之一而申請退休者，應不予受理：

(一) 留職停薪期間。

(二) 停職期間。

(三) 休職期間。

(四) 動員戡亂時期終止後，涉嫌內亂罪或外患罪，尚未判決確定、不起訴或緩起訴處分，尚未確定、緩起訴處分確定，尚未期滿。

(五) 涉嫌貪污治罪條例或刑法瀆職罪章之罪，且經法院判處有期徒刑以上之

　　刑，尚未確定。

(六) 因案經權責機關依法移送懲戒或送請監察院審查中，或已經權責機關依法為懲戒判決但尚未發生效力。

(七) 其他法律有特別規定。

三、資遣之限制

　　依退撫法第 24 條規定，公務人員不予受理資遣申請案之情形，同於前述不予受理退休申請案之情形。

伍 退休撫卹給與經費之來源

一、退撫新制實施前

　　公務人員於 84 年 6 月 30 日以前之退撫制度，由各級政府編列預算支給退撫經費，屬隨收隨付制，或稱稅收制，依據筆者所蒐集的資料，目前世界先進國家中，僅德國公務人員退休經費的籌措方式尚採隨收隨付制，亦即德國公務員退休制度相當於我國的公務人員退撫舊制，也就是恩給制，保費由政府負擔，退休金亦由政府逐年編列預算提撥。在該國只要服務滿四十年，退休金就是服務最後一年收入的 71.75%。惟任何制度的建立都有其社會經濟條件，以經濟條件良好的德國為例，在二次戰後所建立的隨收隨付制，也是建立在人口紅利及經濟成長的基礎上，但人口結構改變及經濟遲滯是當前國際社會經濟情勢，德國採行隨收隨付制的公務人員退休制度，亦面臨嚴峻挑戰，迫使該國也不得不就其隨收隨付退休制度採行節流措施，逐步延後退休年齡及調降退休所得。

二、退撫新制實施後

　　世界銀行及國際貨幣基金等國際機構之研究建議，因應人口高齡化所致年金財務問題，財務面宜由隨收隨付調整改採準備提存方式。公務人員自 84 年 7 月 1 日以後之退撫制度，由政府與公務人員共同按月撥繳建立之

退休撫卹基金（以下簡稱退撫基金）支給（退撫 7 I），屬儲金制，並採部分提存（上述退撫新制實施日期，如因機關改制或其他原因而另定實施日期者，依其實施日期認定。例如：交通部台灣鐵路管理局於 88 年 1 月 1 日改制，係自該日起實施退撫新制）。退撫基金的經費來源有三：(一) 退撫基金之提撥率、(二) 基金經營效益及 (三) 將降低公務人員退休所得所撙節的經費，全數挹注回退撫基金，其條文規定如次：

(一) 提高退撫基金之提撥率

1. 係按公務人員本（年功）俸加 1 倍 12% 至 18% 之費率，按月由政府撥繳 65%、公務人員繳付 35%，並由政府負最後支付保證責任（退撫 7 II）。

2. 前述提撥費率由考試院會同行政院，依據退撫基金定期財務精算結果，共同釐訂並公告之；財務精算結果之不攤提過去未提存負債最適提撥費率超過現行實際提撥費率達 1.5 倍以上時，考試院應於三個月內會同行政院提高提撥費率至少 1%，但不得超過上述法定提撥費率上限（退撫 8）。

3. 107 年年改實施後第一次軍公教人員退撫基金提撥費率之調整，銓敘部基於軍公教退撫基金主管機關之立場，為及時提升基金財務安全，以維護全體軍公教人員退撫權益並，適度回應基金監理會公教代表之要求，同意公務人員退撫基金提撥費率自 110 年 1 月 1 日起，每年調升 1%，至 112 年調整至 15%，並會同行政院共同釐訂並公告之。另國防部及教育部均已研議並報行政院核定，辦理會同考試院共同釐訂並公告之相關事宜，使軍公教人員提撥費率調整案於 110 年 1 月 1 日起同步施行。

(二) 提高退撫基金經營績效

1. 基金之收支、管理及運用：依據「公務人員退休撫卹基金管理條例」第 1 條規定：「本條例依公務人員退休資遣撫卹法第十條第二項規定制定之。（I）政務人員、教育人員及軍職人員之退休（職）、（伍）撫卹基金一併納入本基金管理。（II）」第 2 條第 1 項規定：「本基金設公務人員退休撫卹基金管理委員會負責基金之收支、管理及運用。」

2. 法定收益率：依據「公務人員退休撫卹基金管理條例」第 5 條規定，本基金之運用及委託經營，由基金管理委員會擬訂年度計畫，經基金監理委員會審定後行之，並由政府負擔保責任。本基金之運用，其三年內平均最低年收益不得低於台灣銀行二年期定期存款利率計算之收益（此即所謂法定收益率）。如運用所得未達規定之最低收益者，由國庫補足其差額。

(三) 撙節經費挹注退撫基金

1. 法制面的規範：為確保公務人員退撫基金永續發展，107 年 7 月 1 日施行之退撫法第 40 條及其施行細則第 102 條；有關退休公務人員調降退休所得後，各級政府每年所節省之退撫經費，應全數挹注退撫基金，不得挪作他用；上述挹注退撫基金之金額，應由考試院會同行政院於次年 3 月 1 日前確定後，再由銓敘部通知各級政府及基金管理會編列預算並覈實撥付退撫基金，同時由銓敘部將挹注金額相關資料上網公告。經過前述作業程序及相關會議之確認，上述所節省經費挹注退撫基金，自 107 年至 110 年度累計挹注退撫基金數額合計已達 481 億元，有效紓緩基金財務困境。特別是財政部及行政院主計總處協助。另據銓敘部先前委外所做之精算報告統計結果，自 108 年以後，每年挹注金額約在 120 億元至 273 億元之間，爾後五十年將挹注公務人員退撫基金之金額，總計約可達 7,619 億元。

2. 就年改實務論：公務人員退撫基金的流入流量即所謂「退撫收入」，是由三個部分組成：(1) 提撥收入；(2) 挹注收入；及 (3) 基金收益。退撫基金流出流出就是所謂「退撫支出」。退撫收入與退撫支出的差額，就是退撫基金存量（或規模），如圖 9-3。依據第六次精算結果，因退休所得及優惠存款利率的調降，未來五十年內，各級政府合計約可節省 7,406 億元；退撫基金可節省 914 億元，挹注收入全數撥入基金，預期基金累積餘額呈正成長期間，可超過十年以上；透過持續挹注收入，提供政府有了檢討政策之時間，俾基金得以永續經營。政府持續將挹注款項撥入退撫基金後，基金提存比率顯著提高，公務人員退撫基金提存率比率由 27%，提升到

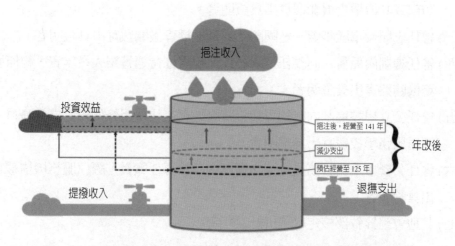

圖 9-3　107 年金改革前後公務人員退撫基金存量用罄動態分析圖

資料來源：筆者自繪。

55%，此一政策產生公務人員退撫基金存量的三個可能情況：(1) 在提撥率維持 12% 的前提下，公務人員退撫基金之基金累積餘額出現負數年延至 130 年。(2) 如能依法自 108 年 1 月 1 日起，提撥率由現行 12%，逐年調高 1% 至 15%，則公務人員退撫基金累積餘額出現負數，可延長到 136 年；(3) 如提撥率由現行 12%，逐年調高 1% 至 18%，則公務人員退撫基金累積餘額出現負數，可延長到 141 年。以精算基準日（106.12.31）而言，可確保基金達三十年的財務安全（林文燦，民 109a、b）。

陸　退休（資遣）年資之採計

一、84 年 6 月 30 日退撫新制實施前之年資採計規定（退撫 11）

具下列未曾領取退離給與之年資，得予採計：

(一) 曾任編制內有給專任且依公務人員任用法及其相關法律任用，並經銓敘審定之公務人員年資。

(二) 曾任編制內有給專任之軍用文職人員年資，經銓敘部登記有案，或經國

防部或其他權責機關覈實出具證明者。

(三) 曾任志願役軍職年資，經國防部或其他權責機關覈實出具證明者。

(四) 曾任編制內雇員、同委任及委任或比照警佐待遇警察人員年資，經原服務機關覈實出具證明者。

(五) 曾任公立學校編制內有給專任且符合教育人員任用條例規定之教職員，經原服務學校覈實出具證明者。

(六) 曾任公營事業具公務員身分之編制內有給專任職員，經原服務機構覈實出具證明者。

(七) 其他曾經銓敘部核定得予併計之年資。

二、84 年 7 月 1 日退撫新制實施後之年資採計規定（退撫 12）

(一) 應以依法繳付退撫基金費用之實際繳付日數計算。

(二) 曾經申請發還退撫基金費用本息、曾由政府編列預算或退撫基金支付退離給與之年資，均不得採計。

(三) 退撫新制實施後，曾任政務人員、公立學校教育人員或軍職人員且已撥繳退撫基金費用之年資，於轉任公務人員時，應由基金管理會將其與政府共同撥繳而未曾領取退離給與或退撫基金費用本息，移撥公務人員退撫基金帳戶，以併計年資。

(四) 具有退撫新制實施後之義務役年資，未併計核給退離給與者，應於初任到職支薪或復職復薪之日起十年內一次補繳退撫基金費用本息後，始得併計年資。繳費分擔比率：政府撥繳 65%、公務人員繳付 35%。

(五) 由公立學校教育人員轉任公務人員者，其所具退撫新制實施後之義務役年資，應依轉任公務人員前適用之退休法令規定，補繳退撫基金費用本息，並辦理移撥後，始得併計年資。

(六) 公務人員所具下列未曾領取退離給與之退撫新制實施後任職年資，除退撫法另有規定外，得於轉任公務人員到職支薪或復職復薪之日起十年內，依其任職年資及等級，對照同期間相同俸級公務人員之繳費標準，

換算複利終值總和，由申請補繳人一次全額補繳退撫基金費用本息後，始得併計年資：

1. 依其他法律規定，得予併計之年資。
2. 下列依公務人員留職停薪辦法辦理留職停薪之年資：
   (1) 配合國策奉派國外協助友邦工作。
   (2) 經核准配合國家重點科技、推展重要政策或重大建設借調至公民營事業機構或法人服務。
(七) 依法停職而奉准復職者，其依公務人員俸給法規定補發停職期間未發之本（年功）俸（薪）額時，應由服務機關與公務人員共同負擔並一次補繳停職期間之退撫基金費用本息，以併計年資。
(八) 106 年 8 月 11 日以後之育嬰留職停薪年資，得全額繳付退撫基金後，採計為退休年資（退撫 7 Ⅳ）。此規定之意旨係為配合政府因應少子女化推動人口政策，訂定育嬰留停年資可以購買，併計退休年資，以鼓勵生育。

三、年資採計上限

(一)107 年 6 月 30 日以前退休

退撫新制實施前、後均有任職年資者，應前後合併計算。其中屬於退撫新制實施前之任職年資，最高採計三十年；退撫新制實施後之任職年資可連同併計，最高採計三十五年（退撫 14 Ⅰ）。

(二)107 年 7 月 1 日以後退休

退撫新制實施前之任職年資最高仍採計三十年。退撫新制實施前、後之任職年資可連同併計；擇領月退休金者，最高採計四十年；擇領一次退休金者，最高採計四十二年（退撫 14 Ⅱ）。

任職年資併計後逾年資採計上限者，其退撫新制實施前、後年資之採計，由當事人自行取捨。當事人不依前項規定取捨年資時，由退休案審定機關逕予取捨審定之（退撫 14 Ⅱ、Ⅲ）。

(三) 再任重行退休規定（退撫 15）

1. 不得繳回已領給與：公務人員曾依法令領取由政府編列預算或退撫基金支付退離給與或發還退撫基金費用本息者，其再任公務人員時，不得繳回原已領取之退離給與或退撫基金費用本息；重行退休、資遣或辦理撫卹時，不再核發該段年資之退撫給與。

2. 年資上限規定：

(1) 退休人員所具由政府編列預算或退撫基金支付退離給與或發還政府撥付之退撫基金費用或離職儲金本息之年資（指公務人員、公立學校教職員、政務人員、公營事業人員、民選首長、84 年 7 月 1 日退撫新制實施後轉任之軍職人員或其他公職人員之年資），應與重行退休或資遣之年資合併計算，不得超過第 14 條規定所定最高年資採計上限，且不得超過本法第 28 條及第 29 條所定給與上限。

(2) 應與重行退休或資遣年資合併，計算最高年資採計上限之年資，以核給退離給與之年資為準。

3. 重行退休者擇領月退休金條件：

(1) 條件：再任年資滿十五年以上者。

(2) 計算方式：扣除已領退離給與年資後，按不足退休年資採計上限部分所審定之退休年資計算月退休金。

(3) 支領月退休金須依其重行退休種類按本法所定月退休金起支條件規定辦理。

4. 重行退休者退撫新制實施前年資給與重行退休所具未曾領取退離給與之退撫新制實施前年資，應接續於前次由政府編列預算支付退撫新制實施前年資之退離給與年資之後，按接續後年資之退休金種類計算標準，核發給與。資遣者，亦同。

柒 給與事宜

一、退休金

(一) 退休金種類計有三種：一次退休金、月退休金、兼領二分之一之一次退休金與二分之一之月退休金（退撫 26）。

(二) 退休金計算基準及基數內涵（退撫 27）。

(三) 107 年 6 月 30 日以前退休生效者：以最後在職經銓敘審定之本（年功）俸（薪）額爲計算基準。

1. 退撫新制實施前：

(1) 一次退休金：以最後在職同等級人員之本（年功）俸（薪）額加 930 元爲基數內涵。

(2) 一月退休金：以最後在職同等級人員之本（年功）俸（薪）額爲基數內涵，另十足發給 930 元。

2. 退撫新制實施後：以最後在職同等級人員之本（年功）俸（薪）額加 1 倍爲基數內涵。

(四) 107 年 7 月 1 日以後退休生效者：以本（年功）俸（薪）額平均俸（薪）額（以下簡稱均俸）爲計算基準。

1. 退撫新制實施前：

(1) 一次退休金：以均俸加 930 元爲基數內涵。

(2) 月退休金：以均俸爲基數內涵；另十足發給 930 元。

2. 退撫新制實施後：以均俸加 1 倍爲基數內涵。

(五) 均俸之實施：自「最後在職往前五年均俸」逐步調整爲「最後在職前十五年均俸」，如表 9-1。

1. 107 年 7 月 1 日以後退休生效之公務人員，其退休金計算基準照表 9-1 內所定其退休年度適用之均俸計算後，之後不再逐年調整均俸。

2. 過渡條款：107 年 6 月 30 日以前已達月退休金起支條件者，於 107 年 7 月 1 日以後退休生效時，不論支領一次退休金或月退休金均得以最後在職

表 9-1　公務人員退休金計算基準均俸表

期間	退休金計算基準
107.7.1~108.12.31	5 年均俸
109 年度	6 年均俸
110 年度	7 年均俸
111 年度	8 年均俸
112 年度	9 年均俸
113 年度	10 年均俸
114 年度	11 年均俸
115 年度	12 年均俸
116 年度	13 年均俸
117 年度	14 年均俸
118 年度以後	15 年均俸

等級計算，不受均俸影響。所稱 107 年 6 月 30 日以前「已達月退休金起支條件者」，係指 (1) 已任職滿十五年＋年滿 60 歲或任職已滿三十年＋年滿 55 歲；(2) 危勞職務任職滿十五年＋55 歲者。

(一) 退休金給與標準

1. 退撫新制施行前（退撫 28）

(1) 一次退休金：任職滿五年者，給與 9 個基數，每增一年加給 2 個基數；滿十五年後，另行一次加發 2 個基數，最高總數以 61 個基數爲限。

(2) 月退休金：每任職一年給與 5%；未滿一年者，每一個月給與一千二百分之五；滿十五年後，每增一年給與 1%；最高以 90% 爲限。

2. 退撫新制實施後（退撫 29）

(1) 一次退休金：每任職一年給與 1.5 個基數；最高三十五年給與 53 個基數；退休審定總年資超過三十五年者，自第三十六年起，每增加一年，增給

1 個基數，最高給與 60 個基數（相當四十二年）。

(2) 月退休金：每任職一年給與 2%；最高三十五年，給與 70%；退休審定總年資超過三十五年者，自第三十六年起，每增一年，給與 1%，最高給與 75%（相當四十年）。

(二) 擇（兼）領月退休金條件

1. 屆齡退休、命令退休

任職滿十五年（未滿十五年，應支領一次退休金）。

2. 一般自願退休

依任職滿五年、60 歲退休或任職滿二十五年以上退休者任職滿十五年，並符合下列月退休金起支年齡規定：

(1) 109 年 12 月 31 日以前退休：

①任職滿十五年、未滿三十年者為 60 歲。

②任職年資滿三十年以上者為 55 歲。

(2) 110 年以後退休：任職滿十五年，於 110 年應年滿 60 歲，其後每一年提高 1 歲，至 115 年 1 月 1 日以後為 65 歲，如表 9-2。

(3) 未達前述月退休金起支年齡者，就下列方式擇一支領：

①支領一次退休金。

②支領展期月退休金：先行退休，至年滿月退休金起支年齡之日起，再領取全額月退休金。

③支領減額月退休金：先行退休並提前於年滿月退休金起支年齡前，開始支領減發之月退休金。每提前一年，減發月退休金 4%；最多得提前五年，減發 20%。

④兼領二分之一之展期月退休金：立即支領二分之一之一次退休金；二分之一之月退休金展期至月退休金起支年齡之日起領取。

⑤兼領二分之一之減額月退休金：立即支領二分之一之一次退休金及二分之一之減額月退休金。

表 9-2　月退休金起支年齡

年度	法定月退休金起支年齡
107 年	60 歲（15 年）或 55 歲（30 年）
108 年	60 歲（15 年）或 55 歲（30 年）
109 年	60 歲（15 年）或 55 歲（30 年）
110 年	60 歲
111 年	61 歲
112 年	62 歲
113 年	63 歲
114 年	64 歲
115 年以後	65 歲

二、退休所得調降方案

(一) 適用對象

1. 107 年 6 月 30 日以前已退休生效且仍在支領或兼領月退休金或一次退休金仍在辦理優惠存款者。

2. 107 年 7 月 1 日以後退休生效且支領或兼領月退休金或一次退休金辦理優惠存款者。

(二) 調降方案：自 107 年 7 月 1 日起每月退休所得分十年逐年調降

1. 退休所得替代率公式：指公務人員退休後所領每月退休所得（即分子值）占最後在職同等級人員每月所領本（年功）俸（薪）額加計 1 倍金額（即分母值）之比率（如圖示）。但兼領月退休金者，其替代率上限應按兼領月退休金之比率調整之。分子中之「社會保險年金」。指於政府機關、公立學校或公營事業退休所領取之公保年金或勞保年金，不包括純私人機構退休所領勞保年金。

$$\frac{\text{月退休（月補償）金＋優存利息（或社會保險年金）}}{\text{最後在職本（年功）俸 2 倍}} \leq \text{退休所得替代率 (\%)}$$

2. 退休所得替代率上限（退撫 38）：

(1) 已退人員最高採三十五年，自十五年與三十五年之間，每一年相差 1.5%。自 107 年 7 月 1 日開始調降，每一年降 1.5% 至 118 年度。

(2) 現職人員最高採四十年。三十五年以下年資，替代率之調降同已退人員。第三十六年起，每年增給 0.5%，增至四十年從 77.5% 降至 62.5%。

(三) 最低保障金額

1. 以委任第 1 職等本俸最高級之本俸額與該職等一般公務人員專業加給合計數額計算（按：107 年度起待遇標準為 33,140 元）。

2. 退休人員每月所領退休所得，依優惠存款及退休所得調降方案計算後，有低於最低保障金額者，支給最低保障金額。但原金額原即低於最低保障金額者，依原金額支給（退撫 39 II）。即不予調降，也不會補足。

(四) 退休所得調降方案之排除對象（退撫 32 IV）

因公傷病命令退休人員，有下列情形之一：

1. 因執行職務時，發生意外危險事故、遭受暴力事件或罹患疾病，以致傷病。

2. 因前款以外之情形，以致傷病且致全身癱瘓或致日常生活無法自理。

三、資遣給與

依退撫法第 42 條規定，公務人員之資遣給與，準用一次退休金給與標準計給。另依同法第 75 條規定喪失申請辦理資遣權利者，亦喪失請領資遣給與之權利。

四、離職退費

(一) 未予併計發給退休、資遣或撫卹年資之退費（退撫 9 I）

1. 僅退還本人自繳費用本息，不含政府撥繳部分。

2. 由基金管理會按未採計年資占繳費年資之比率計算後，隨退撫（資遣）給與一次發還，不必另案申請。

(二) 不合退休、資遣條件而離職之退費

1. 僅退還本人自繳費用本息，不含政府撥繳部分（退撫 9 II）。

2. 依本法繳付退撫基金費用之年資已支領退離給與者，不適用本項發還退撫基金費用本息之規定（退撫 9 IV）。

五、遺屬一次金及遺屬年金

(一) 支領遺屬一次金之遺族範圍及順序

1. 未再婚配偶及依下列順序領受：子女、父母、兄弟姊妹、祖父母（退撫 43 I）。

2. 未再婚配偶與各順序遺族依下列規定共同領受（退撫 43 I、II）：

(1) 由未再婚配偶領受二分之一外，其餘遺族平均領受二分之一。

(2) 亡故退休人員無子女及已無父母者，由未再婚配偶單獨領受。

(3) 亡故退休人員無配偶時，依序由前述遺族平均領受。

(4) 同一順序遺族如有拋棄或因法定事由喪失領受權者，其遺屬一次金或遺屬年金應由同一順序其他遺族平均領受。無第一順序遺族時，由次一順序遺族平均領受（退撫 43 III）。

3. 預立遺囑（退撫 48）：

(1) 退休人員生前預立遺囑，於上述遺族中，指定遺屬一次金或遺屬年金領受人者，從其遺囑。

(2) 生前預立遺囑指定之遺屬一次金或遺屬年金領受人有 2 人以上者，依遺囑指定之比率領受。但退休人員未成年子女之領受比率，不得低於其原

得領取比率。

4. 亡故退休人員在台灣地區無遺族：

(1) 有下列情形之一者，原服務機關得先行具領 3 個基數之遺屬一次金，辦理其喪葬事宜（退撫 47 I ）：

① 無合法之遺屬一次金領受遺族。

② 在台灣地區無遺族，其居住大陸地區遺族未隨侍辦理喪葬。

③ 在台灣地區無遺族且不明大陸地區有無遺族。

(2) 用以辦理亡故退休人員喪葬事宜之遺屬一次金如有賸餘，依其退撫新制實施前、後審定年資之比率計算，分別歸屬公庫及退撫基金（退撫 47 II ）。

(3) 合於請領遺屬一次金之大陸地區遺族，得於行政程序法所定公法上請求權時效內，請領服務機關未具領之 3 個基數遺屬一次金及前開遺屬一次金餘額（退撫 47 III ）。

5. 大陸地區遺族：僅得支領遺屬一次金。

(二) 遺屬一次金給與標準（退撫 44）

1. 先依退休人員審定之退休年資，計算應發給一次退休金之基數，並以退休時適用之退休金計算基準計算。然後再按應領之一次退休金扣除已領月退休金，核給其餘額。無餘額者不再發給。

2. 另依退休人員亡故時在職同等級現職人員每月所領本（年功）俸（薪）額加計 1 倍金額，另計給 6 個基數之遺屬一次金。無前開一次退休金餘額者，亦同。

(三) 遺屬年金（註：原月撫慰金）

1. 請領對象、條件及支領期限：遺族為未再婚配偶、未成年子女、身心障礙且無工作能力之已成年子女或父母而不支領遺屬一次金者，得按退休人員亡故時所領月退休金之二分之一或兼領月退休金之二分之一，改領遺屬年金（退撫 45）。其請領規定整理如表 9-3。

表 9-3　遺屬年金請領對象、　條件及支領期限

對象	條件		支領期限
未再婚配偶	於退休人員亡故時，婚姻關係累積存續 10 年以上	◎年滿 55 歲 ◎未滿 55 歲者，得自年滿 55 歲之日起支領	終身
		因身心障礙而無工作能力	
子女	未成年		給至成年
	未成年因身心障礙而無工作能力		終身
	已成年因身心障礙而無工作能力		終身
父母	無		終身

2. 擇領減額月退休金者，其遺族領取之遺屬年金，應按減額月退休金之半數，定期發給。

(四) 支（兼）領展期月退休金人員，於未達月退休金起支年齡前亡故時，其遺族可依下列規定請領遺屬一次金或遺屬年金（退撫 48）

1. 擇領遺屬一次金＝一次退休金＋ 6 個基數（按前述遺屬一次金計算方式辦理）。

2. 擇領遺屬年金者，應按亡故退休人員退休時適用之退休金計算基準及開始支領月退休金當年度適用之退休所得替代率上限計算其月退休金之半數，並依法定調整機制發給。

(五) 退休人員受懲戒或判刑確定，遺屬一次金及遺屬年金計算事宜

1. 退休公務人員經懲戒法院判決減少退休（職、伍）金懲戒處分者，或依退撫法第 79 條第 1 項第 2 款至第 4 款規定，按應扣減比率減少退休金者，其遺族領取之遺屬一次金或遺屬年金，應按相同扣減比率計給。

2. 退休人員受緩刑宣告而於緩刑期間亡故者，其遺族領取遺屬一次金或遺屬年金，按未扣減比率計給。

六、加發慰助金

依退撫法第 41 條規定，公務人員因配合機關裁撤、組織變更或業務緊縮，依法令辦理精簡而退休或資遣者（屆齡退休者除外），得加發慰助金，相關規定如下：

(一) 得一次加發最高七個月之俸給總額慰助金。

(二) 已達屆齡退休生效日前七個月者，加發之俸給總額慰助金應按提前退休之月數發給。

(三) 再任公職繳回慰助金規定支領慰助金人員於退休或資遣生效日起七個月內，再任下列「七、(五)」所定職務之一者，應由再任機關扣除其退休、資遣月數之俸給總額慰助金後，收繳餘額。

七、退撫給與領受權之停止及喪失

退撫給與領受人有下列情形之一者，停止領受月退休金權利，至原因消滅時恢復之，停止期間給與不得補發：

(一) 卸任總統、副總統領有禮遇金期間。

(二) 犯貪污治罪條例或刑法瀆職罪章之罪，經判刑確定而入監服刑期間。

(三) 褫奪公權，尚未復權。

(四) 因案被通緝期間（以上見退撫 76）。

(五) 再任職務期間（退撫 77）

1. 再任而應停發退休給與之機關（構）或團體的範圍：

(1) 行政機關、學校及公營事業部分：由政府編列預算支給俸（薪）給、待遇或公費之機（構）學校，均屬之。

(2) 行政法人或公法人。

(3) 政府捐助（贈）經費累計達財產總額 20% 以上之財團法人。

(4) 政府暨所屬營業基金、非營業基金轉投資金額累計占該事業資本額 20%

以上之事業。

(5) 政府直接或間接控制其人事、財務或業務之財團法人及其所屬團體或機構，與轉（再轉）投資之事業機構及其所屬團體或機構。

(6) 私立學校：退休公務人員自 107 年 7 月 1 日起，再任私立學校職務，且每月支領薪酬總額超過法定基本工資者，應即停止領受月退休（職）金並停止辦理優惠存款；若於退撫法公布前已有上開再任情形者，應自 107 年 8 月 1 日起，停止領受月退休（職）金並停止辦理優惠存款。108 年 8 月 23 日公布之司法院釋字第 782 號解釋略以：退撫法第 77 條第 1 項第 3 款規定，與憲法保障平等權之意旨有違，應自該解釋公布之日起，失其效力。據此，銓敘部以民國 108 年 8 月 27 日部退三字第 1084847175 號通函，退撫法第 77 條第 1 項第 3 款有關退休公務人員再任私立學校職務且每月支領薪酬總額超過法定基本工資，應停止領受月退休（職）金之規定，自 108 年 8 月 23 日起，失其效力。亦即各發放（支給）機關前依退撫法第 70 條第 3 項、第 77 條第 1 項第 3 款及第 2 項規定，對退休公務人員做成停止領受退撫新制實施前、後月退休（職）金或停止辦理優惠存款之行政處分，應依司法院釋字第 782 號解釋意旨，廢止原做成之行政處分，使其自 108 年 8 月 23 日起，失其效力。嗣 111 年 1 月 19 日華總一義字第 11100002561 總統令公布修正退撫法第 77 條，刪除該條第 1 項第 3 款支（兼）領月退休金之退休人員，因再任私立學校有給職務應停止領受月退休金之規定。

2. 再任職務之認定標準於前開機關（構）、學校、團體及法人所任職務且每月支領薪酬總額超過法定基本工資者之認定標準。所稱每月支領薪酬總額，指每月因職務所固定或經常領取之薪金、俸給、工資、歲費或其他名義給與等各種薪酬收入之合計數。

3. 再任規定之排除對象（退撫 78）：

(1) 受聘（僱）執行政府因應緊急或危難事故之救災或救難職務。

(2) 受聘（僱）擔任山地、離島或其他偏遠地區之公立醫療機關（構），從

事基層醫療照護職務。

　　上述規定是銓敘部前瞻性政策思維，為因應國家發生緊急或危難事件，如八仙塵爆事件、台南大地震等重大意外或天災等，規定退休人員退休後受聘（僱）執行政府因應緊急或危難事故之救災或救難職務時，得不受第 77 條所定每月所領薪資總額不得超過最低保障金額之限制，以免阻礙救災、救難工作之進行。

　　此一設計民國 109 年年初起全球遭受新冠肺炎的侵襲，醫護人力吃緊時派上用場。退休公務人員受聘執行新冠肺炎防疫工作，且每月所領薪酬總額超過法定基本工資（23,800 元）者，可依照退撫法第 78 條規定，其每月所領薪酬不需要適用同法第 77 條所定「再任職務且每月所領薪酬總額超過法定基本工資，應停止月退休金及停辦優惠存款」之限制規定。

　　另經審酌醫療救護之工作，關係人民生命安全甚鉅，且目前各醫療院所醫療人力不足已相當嚴重，特別是我國因地理環境特殊，多為山地與離島，致使早期醫療資源大多集中在都會地區，造成許多偏遠地區民眾就醫甚為不便，是為具體落實保障偏遠地區的醫療弱勢族群，爰將「二、受聘（僱）擔任山地、離島或其他偏遠地區之公立醫療機關（構），從事基層醫療照護職務」明列於第 2 款，得不受第 77 條所定每月所領薪資總額不得超過最低保障金額之限制。

(六) 赴大陸地區之停止

　　依據「支領月退休給與之公務人員赴大陸地區長期居住改領停領及恢復退休給與處理辦法」規定，退休公務人員長期居住大陸地區，未申請改領一次退休金，且在大陸地區設有戶籍或領用其護照，應停止領受月退休給與之權利。嗣後若經依規定許可回復台灣地區人民身分後，可申請向後恢復，但停止期間之退休給與，不得補發。

八、職域轉換時退休年資保留及年資併計規定

　　在過去的退休規定，某位公務人員服務公職一段時間（或三年五載或

十年八年不等），或因另有人生規劃離職，或因不適應公務人員職涯者，有離開公職之念想。但每因離職時不符合退休或資遣條件而中途離職，且無法支領退撫給與者，導致而躊躇不前，勉強留在政府工作，兩蒙其害。為促進公、私部門之人才交流，銓敘部特別基於興利思維，配合公務人員退撫制度改革方案，建立了各職域間（公私部門間）「年資保留、年資併計、年金分計」之「成就退休條件」機制，讓國人退休給付更有保障，簡言之，讓年資可以帶著走。為利瞭解，茲將其重要內容列表並舉例，如表 9-4。

九、申請退休權利之喪失

公務人員有下列情形之一者，自始喪失申請退撫給與之權利（退撫 75 I）：

(一) 褫奪公權終身。

(二) 動員戡亂時期終止後，犯內亂罪、外患罪，經判刑確定。

(三) 喪失或未具中華民國國籍。

(四) 為支領遺屬一次金、遺屬年金或撫卹金，故意致該退休人員、現職公務人員或其他具領受權之遺族於死，經判刑確定。

(五) 其他法律有特別規定。

十、擇（兼）領月退休金、月撫卹金或遺屬年金之人員有下列情形之一者，向後喪失領受權利，永久不得恢復（退撫 75 II）

(一) 死亡。

(二) 褫奪公權終身。

(三) 動員戡亂時期終止後，犯內亂罪、外患罪，經判刑確定。

(四) 喪失中華民國國籍。

十一、公務人員退休生效後追繳及扣減退離給與之規定

(一) 公務人員在職期間涉犯貪污治罪條例、刑法瀆職罪章之罪或假借職務上之權力、機會或方法犯其他罪，先行退休、資遣或離職後始經判刑確定

表 9-4　職域轉換年資保留及年資併計規定

規定類型	人員類別	年資	適用情形
保留年資 （退撫85）	任滿5年離職後，有轉職（就回家享福，未到任何民間企業工作）	任公職未滿 15年	俟年滿65歲之日起6個月內申領退休金，並支領一次退休金
		任公職滿 15年	俟年滿65歲之日起6個月內申領退休金，並得擇領月退休金
年資併計 年金分計 （退撫86）	任滿5年離職 有轉職 公轉私	任公職未滿 15年	於其他職域退休並於年滿65歲之日起6個月內，併計其他職域年資成就月退休金請領條件。小文擔任公務人員13年後離職，有轉任民間企業再任職12年，併計民間企業年資12年及公務人員年資13年，合計滿25年，因超過15年可支領月退金之門檻規定，依「年資併計、年金分計」之規定，可按13年標準核給月退休金，另外民間企業12年年資依據「勞工退休條例」支給勞工退休金
		任公職滿 15年	比照保留年資規定，於年滿65歲之日起6個月內請領月退休金或一次退休金，無須併計其他職域年資
	從私轉公，辦理屆齡及命令退休	任公職未滿 15年	依年資併計規定，併計其他職域年資成就月退休金請領條件。例如，小文在民間企業任職滿12年後，考上國家考試，轉任公務人員，得於辦理屆齡或命令退休時，併計民間企業年資12年與公務人員年資10年，合計滿22年，因超過15年可支領月退金之門檻規定，依「年資併計、年金分計」之規定，超按10年標準核給「月退休金」。另外民間企業12年年資依據「勞工退休條例」支給勞工退休金
		任公職滿 15年	直接照退撫法規定擇領一次退休金或月退休金，無須併計其他職域年資

資料來源：筆者依據銓敘部資料整理。

者，應依下列規定剝奪或減少退離（職）相關給與；其已支領者，照應剝奪或減少之全部或一部分追繳之（退撫79Ⅰ）：

1. 經判處死刑、無期徒刑或七年以上有期徒刑確定者，應自始剝奪其退離（職）相關給與。

2. 經判處有期徒刑三年以上，未滿七年者，應自始減少其應領退離（職）相

關給與 50%。

3. 經判處有期徒刑二年以上，未滿三年者，應自始減少其應領退離（職）相關給與 30%。

4. 經判處有期徒刑一年以上，未滿二年者，應自始減少其應領退離（職）相關給與 20%。

(二) 公務人員依本法退休或資遣後始受降級或減俸之懲戒處分者，應改按降級或減俸後之俸（薪）級或俸（薪）額計算退休或資遣給與；其執行日期依下列規定辦理（退撫 80）：

1. 懲戒處分判決書於退休或資遣後送達受懲戒人主管機關者，自判決書送達該主管機關之翌日起執行。

2. 懲戒處分判決書於退休或資遣前送達受懲戒人主管機關，但尚未執行者，自懲戒處分判決執行之日起執行。

捌　優惠存款

一、可辦理優惠存款之項目（退撫 35）

(一) 退撫新制實施前任職年資所領取之一次退休金。

(二) 退撫新制實施前參加原公務人員保險年資所領取之一次養老給付（以下簡稱養老給付）。

二、優惠存款調整方案

(一) 適用對象

凡辦理優惠存款資格者，均為適用對象——包含過去未曾納入調整之支領一次退休金及退撫新制實施前支領月退休金之公務人員。

(二) 調整方式

1. 優惠存款本金（以下簡稱優存本金）

(1) 107 年 6 月 30 日以前已退休人員：依本法公布施行前之規定辦理。

(2) 107 年 7 月 1 日以後退休人員：按公教人員保險法所定計算養老給付之

保險俸（薪）額爲基準設算。

2. 優惠存款利率（以下簡稱優存利率）

(1) 支領月退休金者：

①自 107 年 7 月 1 日至 109 年 12 月 31 日止，其公保一次養老給付之優存利率先調降爲 9%；110 年 1 月 1 日起利率歸零（退撫 36 I ）。

②保障措施：

A. 最低保障條款：以委任第 1 職等本俸最高級之本俸額與該職等一般公務人員專業加給合計數額計算（107 年起標準爲 33,140 元）。對於退休人員因優存利率調降，致每月退休所得低於最低保障金額者，保障其最低保障金額範圍內，屬於養老給付優惠存款利息（以下簡稱優存利息），按 18% 利率辦理優惠存款，但調整前所得原即低於最低保障金額者（以下簡稱原金額），不予扣減也不會補足（退撫 36III）。

B. 人道關懷條款：對於退休人員（支領減額月退休金者除外）因優存利率調降，致每月退休所得低於最末年替代率上限金額者，保障其最末年替代率上限金額範圍內，屬於養老給付優存利息部分，按 18% 利率辦理優惠存款，但原金額原即低於最末年替代率上限金額者，不予扣減也不會補足（退撫 36 II ）。

(2) 支領一次退休金者（退撫 36 IV）：

①每月優惠存款利息（一次退休金與公保養老給付辦理優惠存款合計所得利息），未達最低保障金額者，優存利率仍維持 18%。

②每月優存利息超過最低保障金額者，於最低保障金額相應之優存本金仍按年息 18% 計息；超過部分之優存本金，以六年半爲過渡期逐年調降優存利率——自 107 年 7 月 1 日起降爲 12%，110 年起降爲 10%，112 年起降爲 8%，至 114 年以後固定爲 6%。

(3) 兼領月退休金者（退撫 36 V）：

①按兼領月退休金比率計得之公保優存金額，依前開「(1) 支領月退休金者」方式調降。

②兼領之一次退休金，加計按兼領一次退休金比率計得之公保優存金額，依
　前開「(2) 支領一次退休金者」方式調降。

③替代率上限金額及最低保障金額應按兼領月退休金及一次退休金之比率分
　別計算。

　　在探討「第四節確定給付制年改對文官制度的影響」之前，因 112 年 7
月 1 日起實施之「公務人員個人專戶制退休資遣撫卹法」（以下簡稱個人專
戶制退撫法），銓敘部政策決定對於公務人員政府撫卹照顧義務不變，為免
重複，有關原第四節公務人員撫卹制度的重要內容刪除，併入個人專戶公務
人員撫卹一起說明，特別先予說明。

第四節　　確定給付制年改對文官制度的影響

　　年金制度改革後，支領月退休金起支年領延至 65 歲，對公務人力必然
產生影響。這些影響對於人事制度的影響為何？對人事新陳代謝影響如何？
以及如何預為因應，均值探討。以下特分三項評述之（林文燦，民 104；民
106）。

壹　高齡化組織加劇

　　既有高齡化社會，則有「高齡化組織」（ageing organization）。至於高
齡公務人員占公務人員總數之比例態樣，則參酌 WHO 針對高齡化社會的定
義，假設以「55 歲以上（含）公務人員數占總公務人員數之比率」與高齡
社會人口結構態樣有匹配現象。於是，我們也將高齡組織的態樣定義為：
55 歲以上公務人員人數占公務人員總人數超過 7% 的機關，稱為「高齡化組
織」、14% 稱為「高齡組織」（aged organization）、達 20% 稱之為「超高
齡組織」（super-aged organization）。據資料顯示，公部門 55 歲以上公務
人員數占總公務人員數之比率在民國 93 年前即已達 7%，預測將於 105 年超

過 14%，而於 116 年超過 20%；亦即公部門在 93 年前即已進入高齡化組織，並將分別於 105 年與 116 年邁入高齡組織及超高齡組織。當年金改革草案將支領月退休金起支年領延至 65 歲後，我國政府機關高齡化組織現象將更為嚴重，爰應營造友善之高齡職場環境，如檢討公共空間及設施（如走道、廁所設置相關輔助器材、購置大螢幕電腦等）；以及考量資深人員狀況，定期評估設計適合高齡人力之工作內容。其他人力資源管理措施，如終身學習訓練政策。

貳 代謝症候群浮現

組織高齡化直接衝擊公務人員的新陳代謝，從公務人力規劃的供給面分析，委任第 5 職等歷年移轉情形，留任該職等職務者達 83.09%；薦任第 7 職等公務人員歷年移轉情形，仍留在該職等職務者占 87.12%；薦任第 8 職等公務人員歷年移轉情形，仍留在該職等職務者占 85.14%；薦任 9 職等公務人員歷年移轉情形，仍留在該職等職務者占 89.65%，簡任第 11 職等公務人員歷年移轉情形，仍留在該職等職務者達 84.34%。上述職務都是公務人員升遷的關鍵職務，亦是公務人員升遷停滯職務，是觀察公務人員升遷速度或升遷瓶頸的關鍵職務。

可推測的是，當年金改革、組織高齡化益為明顯後，這些職務的留停率都會提高，且這些職務的停滯率有連動性。舉例而言，未來地方政府薦任第 7 職等留停率會大幅提高，因為地方政府公務人員薦任第 8 職等職務原本較少，當擔任第 8 職等職務人員延至 65 歲才會退休時，第 8 職等職務出缺速度遲緩後，第 7 職等科員無升遷機會，當職務列等列 5 或 6 至 7 職等的科員久任一職後，亦會連帶影響委任第 5 職等職務的升遷率。就中央機關而言，當簡任第 12 等職務的司處長、參事或相當職等職務者均服務至 65 歲屆齡退休，必然影響到各職務人員的升遷速度，而影響最大的將會是薦任第 9 職等科長及其相當職務，留任第 9 職等的留停率，將連動影響 9 職等以下職務的

流動率。

　　一個最直接的想法，就是年金改革後必然降低公務人員升遷速度，而升遷通常是公務生涯中最在乎者，許多公務生涯中的誘因因素都是因升遷而產生，無論被歸為保健因子的升官發財，抑或因升遷被歸類為激勵因子的工作本身、自我實現，都將產生負面影響，這種因年金改革造成組織高齡化，所造成新陳代謝遲緩，對政府機關健康將產生不利影響，或許可稱為「年金改革的代謝症候群」或「組織高齡化代謝症候群」，久之勢將打擊公務人員士氣，恐影響政府施政績效。

　　「年金改革的代謝症候群」或「組織高齡化代謝症候群」使得公務人員因升遷所衍生利益受限，如何從其他人力資源管理措施，建立激勵公務人員的誘因制度呢？就待遇制度而言，員工待遇的給薪基礎可歸納並簡稱為 3P：第一個 P 是職務薪（position-based pay）：依據員工所擔任的職務給薪，它就是建立在工作分析、職務說明書及職務評價制度上的職位分類制度，美國、我國探之。它具有論資排輩，終身僱用及公務人員升遷加薪的基礎。年金改革後職務薪誘因效果降低。第二個 P 是績效薪（performance-based pay）：依據員工績效給薪，是一種依據員工個人績效表現而不論年資的給薪制度。第三個 P 是個人薪（person-based pay）：依據知識工作者（knowledge-worker）所擁有的個人專業價值及技術價值來給薪，如技術薪或知識薪（skill-or knowledge-based pay）。年金改革後，以職位為基礎的職務薪制度，將失去其原有的功能。因此必須思索如何建立多樣化的彈性誘因措施，激勵員工以彌補職務薪之不足。例如，建構專業升遷體制，亦即員工除可透過攀升職位而加薪外，也可以選擇自我成長、能力提升而加薪，亦可因取得專業證照而加薪。

　　當前人事主管機構對各機關職稱及官等職等員額配置準則之修正方向，多抱持加強管制的態度，甚或有將中央二級機關簡任官等編制員額占總編制員額 25% 之比例調降為 20% 之倡議。其主要思維在於維持合理的政府組織型態及科層式體制之上、中、下層公務人力衡平關係；同時亦出自於避免人

事成本增長，增加政府財政壓力的考量。由於年金改革後，受到月退休金起支年齡延後、退休所得替代率下降等因素，未來延後退休年限之情形，將連動影響政府機關人力之新陳代謝，如未來官等職等配置比率再朝從嚴限縮方向研議，無疑雪上加霜，勢將嚴重打擊公務門整體工作士氣及降低行政效率。基上，官等職等員額配置比率之調整，以整體思維觀之，應將其他相關人力資源管理因素納入併予考量。

參　專業斷層堪慮

以知識管理角度論之，一個國家培養的一流人才，擁有無比珍貴的隱性知識和顯性知識，組織自然希望永遠保留這類型知識工作者。但當公務人員屆齡退休時，卻也必然帶走組織珍貴的隱性知識。為因應組織高齡化，創造勞雇雙贏，目前已有「漸進式退休」制度的設計。所謂階段性退休制度可因政策目標而有不同的規劃。例如，著眼於退休人員人力再運用，以補充勞動市場之不足者，可透過部分工時、支領工作津貼等方式，支應季節性、偶發性工作需要補勞動市場之不足。如著眼於職務彈性化考量，則可釋出部分全職職務讓年輕同仁有占缺的機會，促進新陳代謝。又如著眼於避免人才斷層、專業斷層的先發式（proactive）策略性人力資源管理思維，也為多數高端企業重視者，例如接班人計畫、知識管理等。

綜上，配合年改制度的啟動，可以研議啟用先發型策略人力資源管理的「漸進式退休」制度，讓已符合退休年齡，及快到退休年齡的居關鍵職務的公務員，能選擇減少上班時數、天數的方式，漸進式退休，以作為退休生活的緩衝期。從人力資源角度，於私，個人也可藉此適應退休生活；於公，組織的關鍵經驗、組織記憶，能夠獲得有效地驗傳承上，不會隨著「資深而優秀」公務員退休而佚失。此外，尚須早啟動知識管理機制，有計畫地將關鍵人員的專業隱性知識予以外顯化，透過資訊科技予以有效的儲存與加值運用。人事部門應協助各部會提早規劃關鍵性人才接班人計畫，避免組織高齡後，人力資源之運用及經驗知識之傳承產生人才斷層、專業斷層之現象。

第五節　公務人員個人專戶制退休資遣撫卹法內容

在討論個人專戶制退撫法主要內容之前，特別請教銓敘部主管官員，對幾個退撫制度的官方表述，以避免混淆，分三點說明：

一、就制度之表述，84 年 7 月 1 日以前稱為「公務人員退撫舊制」；84 年 7 月 1 日以後稱為「公務人員退撫新制」；112 年 7 月 1 日以後稱為「公務人員個人專戶制退撫制度」、「個人專戶制退撫制」，或簡稱「公務人員個人專戶制」。

二、就儲金管理之表述，相對於現行「公務人員退撫基金」而言，公務人員個人專戶制以「公務人員退撫儲金」稱之。

三、就個人專戶制退撫法之適用對象，以「初任」人員稱之，不稱呼為「新進」人員，例如 112 年 7 月 1 日以後之初任人員。

壹　適用公務人員個人專戶制之退休資遣

一、適用對象（個人專戶制退撫 3）

(一) 112 年 7 月 1 日以後初次依公務人員任用法及其相關法律任用，並經銓敘審定或經法律授權主管機關審定資格之現職人員。不包含依法銓敘審定前，曾任公務人員、政務人員、公立學校教育人員、軍職人員、公營事業人員、民選首長或其他編制內有給專任人員等依公務人員退休資遣撫卹法令得併計退撫新制實施前、後之年資者。上述年資已結算者，亦同。

(二) 所稱現職人員，指個人專戶制退撫法第 3 條第 1 項人員於退休、資遣或死亡時，具有現職身分並依公務人員俸給法律核敘等級及支領俸（薪）給之編制內有給專任人員。

〔註：現職公務人員或是 112 年 6 月 30 日以前離職之公務人員，以及 112 年 7 月 1 日以後初任公務人員但具有適用現行確定給付制年資者（例如 112 年

7月1日以後始由軍職人員轉任公務人員者；不包含純具義務役年資者），非屬本法之適用對象，仍適用現行公務人員退撫制度。〕

二、退撫儲金之撥繳

(一) 公務人員退撫儲金（以下簡稱退撫儲金）收支管理及運用（個人專戶制退撫 7）由銓敘部委任公務人員退休撫卹基金管理機關（以下簡稱退撫基金管理機關）辦理。

(二) 設置公務人員個人退休金專戶（以下簡稱個人專戶）（個人專戶制退撫8）：公務人員初任到職時，退撫基金管理機關應為其設立個人專戶，並由公務人員於任職期間，與政府共同按月撥繳退撫儲金費用及其自願增加提繳費用，存入個人專戶累積本金及孳息。

1. 適用本法之公務人員於初次依法派代後，服務機關至遲應於派代發文之日起十個工作日內，報請退撫基金管理機關為其設立個人專戶。

2. 服務機關未依前述規定辦理，致公務人員權益受損時，由服務機關負損害賠償責任。但有不可歸責於服務機關之事由者，不在此限。

(三) 退撫儲金之撥繳（個人專戶制退撫9）：

1. 提撥基準：公務人員本（年功）俸（薪）額加1倍。

2. 法定提撥費率：15%。

3. 繳費分擔比率：政府提撥 65%、公務人員提繳 35%。

4. 自願增加提繳上限：得於前項個人每月應提繳範圍內，以本（年功）俸（薪）額加1倍 5.25% 為上限，自願增加提繳至個人專戶（註：依個人意願自願增加提繳部分，政府不提撥）。

5. 稅賦優惠：公務人員依本法規定提繳之退撫儲金費用，不計入提繳年度薪資收入課稅（註：個人強制提繳金額【即本（年功）俸（薪）額 ×2×15%×35%】，以及個人自願增加提繳金額，均不計入提繳年度薪資收入課稅）。

6. 撥繳程序：

(1) 公務人員每月應負擔之退撫儲金費用，自其到職支薪之日起，由服務機關於每月發薪時代扣，並彙繳退撫基金管理機關。其自願增加提繳退撫儲金費用，應向服務機關提出申請，由服務機關並自其薪資中代扣，連同上述代扣金額，一併彙繳退撫基金管理機關。

(2) 公務人員得於自願增加提繳比率範圍內，向服務機關申請變更退撫儲金之自願提繳比率。停止自願增加提繳退撫儲金費用時，亦應向服務機關提出申請。

(3) 服務機關受理所屬公務人員申請變更自願提繳比率或停止自願增加提繳退撫儲金費用後，應透過退撫基金管理機關提供之線上作業系統辦理變更或停止自願增加提繳退撫儲金費用作業，並自申請之次月起生效。

(4) 公務人員依法令辦理留職停薪，借調至其他公務機關服務且占該機關職缺並依公務人員俸給法令支薪者，其留職停薪期間之退撫儲金費用撥繳事宜，應由借調機關辦理。於留職停薪期間得自願增加提繳至個人專戶（個人專戶制退撫 10 I）。

7. 停止撥繳（個人專戶制退撫 9 IV）：公務人員於留職停薪期間、停職期間、休職期間，除本法另有規定外，應停止退撫儲金費用之撥繳：

(1) 公務人員有前述情形時，服務機關應透過線上作業系統辦理停止撥繳退撫儲金費用。公務人員依法回職復薪或復職時，服務機關亦應線上辦理恢復撥繳。停止撥繳退撫儲金費用時，原申請自願增加提繳者，應同時停止提繳。

(2) 公務人員因前述情形停止撥繳退撫儲金費用期間，得繼續進行個人專戶之自主投資。

8. 育嬰留職停薪年資採計（個人專戶制退撫 10 III）：公務人員依法令辦理育嬰留職停薪期間，得選擇全額負擔並繼續提繳退撫儲金費用；其應提繳之退撫儲金費用，得遞延三年提繳。

(1) 公務人員於申請育嬰留職停薪時，應依本法第 10 條第 3 項規定，選擇

　　於留職停薪期間，繼續按月提繳全額退撫儲金費用或停止提繳。選擇繼續提繳者，得遞延三年繳付。一經選定，不得變更。

(2) 選擇繼續繳付育嬰留職停薪期間之全額退撫儲金費用者，其應提繳之退撫儲金費用，按月交由服務機關併同其他參加退撫儲金人員之退撫儲金費用，一併彙繳退撫基金管理機關。得依本法第 9 條第 2 項規定自願增加提繳退撫儲金費用。

9. 溢撥退撫儲金之收回（個人專戶制退撫 9 V）：政府提撥退撫儲金費用存入個人專戶而有溢撥情事者，應由退撫基金管理機關覈實收回溢撥金額之本息並繳還原溢撥機關。得自個人專戶之累積總金額中扣抵之。未能扣還或扣還不足者，退撫基金管理機關應以書面命當事人限期返還；屆期未返還者，依法移送行政執行。

(1) 政府提撥退撫儲金費用存入個人專戶而有前述溢撥情事者，應由原溢撥機關以書面通知退撫基金管理機關覈實收回溢撥金額之本息。

(2) 退撫基金管理機關計算溢撥金額之本息時，應按政府及公務人員負擔比率，分別結算個人專戶內原溢撥機關溢撥與公務人員溢繳之退撫儲金費用及其盈虧累計金額，並自個人專戶累積總金額覈實扣抵，並以書面行政處分通知公務人員。

(四) 在職期間退撫儲金之自主投資與保證收益：

1. 退撫儲金自主投資（個人專戶制退撫 11 III、IV）：

(1) 由退撫基金管理機關自行或委託金融機構或專業機構設計不同收益、風險之投資標的組合，提供公務人員自行選擇。

(2) 未選擇者，由退撫基金管理機關按公務人員年齡配置適當之投資標的組合（以下簡稱人生週期基金）。

(3) 未實施投資標的組合選擇前之個人專戶累積總金額，由退撫基金管理機關統一管理運用。

2. 保證收益：退撫基金管理機關統一管理運用時之收益及投資標的組合選擇實施後，經退撫基金管理機關評定風險程度最低之投資標的組合運用收

益，不得低於當地銀行二年期定期存款利率（以下簡稱保證收益）；如有不足，由國庫補足之（個人專戶制退撫 11Ｖ）。

(1) 所定保證收益，指於退撫儲金由退撫基金管理機關統一管理運用、代為投資及公務人員選擇經退撫基金管理機關評定風險程度最低之投資組合期間收益率之平均數，不得低於同期間當地銀行二年期定期存款利率之平均數。

① 適用保證收益：A. 退撫基金管理機關統一管理運用期間；B. 退撫基金管理機關代為投資期間；C. 評定風險程度最低（即保守型）之投資組合期間；D. 人生週期基金配置保守型投資組合期間。

② 不適用保證收益：A. 積極型投資組合期間；B. 穩健型投資組合期間；C. 人生週期基金配置積極型投資組合期間；D. 人生週期基金配置穩健型投資組合期間。

(2) 運用收益低於保證收益，於公務人員或遺族依法領取個人專戶本金及孳息，或申請辦理結清個人專戶賸餘金額時，由退撫基金管理機關計算差額，並於國庫撥補後補足之。

（註：所稱當地銀行，指依臺灣銀行股份有限公司、第一商業銀行股份有限公司、合作金庫商業銀行股份有限公司、華南商業銀行股份有限公司、臺灣土地銀行股份有限公司、彰化商業銀行股份有限公司等六家行庫。）

（註：所稱當地銀行二年期定期存款利率，即根據上述六家行庫每月第一個營業日牌告二年期小額定期存款之固定利率，計算之平均年利率。）

三、退休種類

分為自願退休、屆齡退休及命令退休三種（個人專戶制退撫 16Ⅰ）。

四、退休條件（註：與退撫法條件相同。）

(一) 自願退休（個人專戶制退撫 17）

1. 一般自願退休（個人專戶制退撫 17 I ）：公務人員有下列情形之一者，應准其自願退休：

(1) 任職五年以上，年滿 60 歲者（個人專戶制退撫 17 I ①）。

(2) 任職滿二十五年者（個人專戶制退撫 17 I ②）。

2. 身心傷病或障礙提前自願退休（個人專戶制退撫 17 II 、III ）：任職滿十五年，有下列情形之一者，應准其自願退休：

(1) 公保半失能以上或身心障礙等級為重度以上等級（個人專戶制退撫 17 II ①）。

(2) 罹患末期之惡性腫瘤或為安寧緩和醫療條例所稱之末期病人，且繳有合格醫院出具之證明（個人專戶制退撫 17 II ②）。

(3) 領有永久重大傷病證明，並經服務機關認定不能從事本職工作，亦無法擔任其他相當工作（個人專戶制退撫 17 II ③）。

(4) 符合身心障礙資格且經依勞工保險條例第 54 條之 1 所定個別化專業評估機制，出具為終生無工作能力之證明（個人專戶制退撫 17 II ④）。

（註：由申請自願退休公務人員檢同相關證件及醫療資料，交由服務機關比照勞動部勞工保險局委託辦理勞工保險失能年金給付個別化專業評估作業要點之規定，送勞動部勞工保險局委託之專業醫院，就其失能狀態進行個別化專業評估後，由服務機關認定符合勞工保險失能給付標準第 4 條第 1 項所定終身無工作能力情形之一。）

3. 危勞降齡自願退休（個人專戶制退撫 17IV 、V ，適用退撫 17III ～ V 、VIII ）：

(1) 擔任具有危險及勞力等特殊性質職務（以下簡稱危勞職務）者，自願退休年齡得酌予減低，但不得低於 50 歲。

(2) 應由權責主管機關就所屬相關機關相同職務之屬性，及其人力運用需要與現有人力狀況，統一檢討擬議酌減方案後，送銓敘部核備。

(3) 危勞職務之認定標準，由考試院會同行政院另定之。

(4) 危勞職務之認定標準及危勞職務範圍、年齡，應予公告。

(5) 所定權責主管機關，於中央指中央二級或相當二級以上機關；於直轄市指直轄市政府及直轄市議會；於縣（市）指縣（市）政府及縣（市）議會。

(6) 列為危勞職務，其自願與屆齡退休年齡均應併予調降。

4. 原住民公務人員自願退休（個人專戶制退撫 17Ⅵ、Ⅶ，適用退撫 17Ⅵ）：

(1) 原住民公務人員自願退休年齡為 55 歲。

(2) 原住民身分之認定，依其戶籍登載資料為準。

(3) 配合原住民平均餘命與全體國民平均餘命差距之縮短，逐步提高自願退休年齡至 60 歲。

5. 彈性自願退休（個人專戶制退撫 18）：

(1) 辦理條件：配合機關裁撤、組織變更或業務緊縮並依法令辦理精簡者。

(2) 彈性條件：

①任職滿二十年（個人專戶制退撫 18 ①）。

②任職滿十年而未滿二十年，且年滿 55 歲（個人專戶制退撫 18 ②）。

③任本職務最高職等年功俸最高級滿三年，且年滿 55 歲（個人專戶制退撫 18 ③）。

(3) 精簡加發（個人專戶制退撫 31）：

①除屆齡退休者外，得一次加發最高七個月之俸給總額慰助金【計算方式：自所訂優惠退離期間起始日起，每延後一個月退休或資遣者，減發一個月俸給總額慰助金】。

②已達屆齡退休生效日前七個月者，加發之俸給總額慰助金應按提前退休之月數發給【計算方式：按至遲退休生效日期（1 月 16 日或 7 月 16 日）往前逆算，每提前一個月，加發一個月俸給總額慰助金】。

③於退休或資遣案經審定後，由服務機關計算並編列預算支給。

④再任公職繳回慰助金規定（註：再任範圍，適用退撫法第 77 條第 1 項各款所列職務）。

於退休、資遣生效日起七個月內，再任退撫法第 77 條第 1 項各款所列

職務之一，且每月支領俸（薪）給、待遇或公費總額超過法定基本工資，應由再任機關（構）、學校扣除其退休、資遣月數之俸給總額慰助金後，收繳其餘額，並繳回原服務機關、改隸機關或上級主管機關【計算方式：再任人員於七個月內再任月數之俸給總額慰助金；其再任月數不足一個月者，以一個月計；逾一個月以上者，畸零日數不計】。

(二) 屆齡退休（個人專戶制退撫 19）

1. 一般屆齡退休（個人專戶制退撫 19 I）：任職五年以上，年滿 65 歲者。

2. 危勞降齡屆齡退休（個人專戶制退撫 19 II，適用退撫 19 II～IV）：

(1) 危勞降齡屆齡退休年齡得酌予減低，但不得低於 55 歲。

(2) 程序如前開危勞降齡自願退休規定。

3. 屆齡退休生效日（個人專戶制退撫 19IV）：

(1) 於 1 月至 6 月間出生者，至遲為 7 月 16 日。

(2) 於 7 月至 12 月間出生者，至遲為次年 1 月 16 日。

(三) 命令退休（個人專戶制退撫 20、21）

1. 一般命令退休（個人專戶制退撫 20）：任職滿五年且有下列情事之一者，由服務機關主動申辦命令退休：

(1) 受監護或輔助宣告尚未撤銷（個人專戶制退撫 20 I ①）（註：新修訂條件）。

(2) 有下列身心傷病或障礙情事之一，經服務機關出具不堪勝任職務證明文件者（個人專戶制退撫 20 I ②）：

①公保半失能以上或身心障礙等級為重度以上等級：

　A.應先比照身心障礙者權益保障法第 33 條規定提供下列職業重建服務，但當事人無工作意願並提出書面表示者，得免進行（個人專戶制退撫 20 II，適用退撫細 18）。

　B.對當事人進行職務調整，並作職能輔導或訓練；期間為一至三個月。就當事人工作表現與相當等級人員工作表現質量進行評比，並

做成平時考核紀錄；期間為三至九個月【得依當事人意願縮短。但
最少不得低於三個月】。

　C.服務機關確認當事人之工作績效與工作態度仍明顯與相當等級人員
　之工作表現質量有所差距出具不能從事本職工作，亦無法擔任其他
　相當工作之證明書。

②罹患第三期以上之惡性腫瘤。

〔註：命令退休之程序性規定（個人專戶制退撫20III～V）：(1)服務機關主
動申辦公務人員命令退休前，應先經考績委員會初核；考績委員會初核前，
應給予當事人陳述及申辯之機會；(2)前項所定應先經考績委員會初核之程
序，於依公務人員考績法規定未設有考績委員會之機關，應送由上級機關考
績委員會覈實辦理；(3)所稱服務機關，於人事、政風及主計人員，指具有
考核權責之機關。〕

2.因公傷病命令退休（個人專戶制退撫21）：

(1)公務人員受監護或輔助宣告或身心傷病或障礙係因執行公務所致（以下
　簡稱因公傷病）者，其命令退休不受任職年資滿五年之限制。

(2)因公傷病，須由服務機關證明並經審定機關審定公務人員之身心傷病或
　障礙，確與下列情事之一具有相當因果關係：

　①於執行職務時，發生意外危險事故、遭受暴力事件或罹患疾病，以致
　傷病（個人專戶制退撫21II①、V，適用退撫細19）。

　　A.發生突發性之意外危險。

　　B.遭受外來之暴力。

　　C.遭受感染，引發疾病。

　②於辦公場所、公差期間或因辦公、公差往返途中，發生意外危險事
　故，以致傷病。但因公務人員本人之重大交通違規行為以致傷病者，
　不適用之（個人專戶制退撫21II②）。

　　A.所定辦公場所、公差期間指下列期間（個人專戶制退撫21V，適用
　　退撫細20I）：

　　　a. 在處理公務之場所，於辦公或指定工作之期間。

　　　b. 經機關指派，執行一定之任務。

　　　c. 代表機關參加活動。

B. 經機關指派執行一定任務之期間或代表機關參加活動期間，遭受感染，引發疾病者，比照本法第 21 條第 2 項第 2 款規定，認定為因公傷病（個人專戶制退撫 21Ⅴ，適用退撫細 20Ⅱ）。

C. 所定因辦公、公差往返途中指在合理時間，以適當交通方法，於下列必經路線途中（個人專戶制退撫 21Ⅴ，適用退撫細 20Ⅲ）：

　　　a. 前往辦公場所上班或退勤之必經路線，包含下列情形（個人專戶制退撫 21Ⅴ，適用退撫細 20Ⅳ）：

　　　i. 自居住處所前往辦公場所上班途中。

　　　ii. 在上班日之用膳時間，自辦公場所前往用膳往返途中。

　　　iii. 自辦公場所退勤，直接返回居住處所途中。

　　　iv. 自辦公場所退勤，直接返鄉省親或返回辦公場所上班途中。

〔註：行經前項所定必經路線，因道路交通情事繞道，途中發生突發性之意外危險事故，經就其起點、經過路線、交通方法及時間各因素查證後，屬客觀合理者，視為必經路線（個人專戶制退撫 21Ⅴ，適用退撫細 20Ⅴ）。〕

　　　b. 經機關指派執行一定之任務或代表機關參加活動，前往指定地點或返回辦公場所或居住處所間之必經路線途中（第 21 條第 5 項，適用退撫法施行細則第 20 條第 3 項第 2 款）。

D. 所稱重大交通違規行為（個人專戶制退撫 21Ⅴ，適用退撫細 23Ⅰ）：

　　　a. 未領有駕駛車種之駕駛執照而駕車。

　　　b. 受吊扣駕駛執照期間或吊銷駕駛執照處分而駕車。

　　　c. 經有燈光號誌管制之交岔路口違規闖紅燈。

　　　d. 闖越鐵路平交道。

　　　e. 酒精濃度超過規定標準、吸食毒品、迷幻藥或非治療用之藥品而

駕車。

f. 駕駛車輛不按遵行之方向行駛或在道路上競駛、競技、蛇行或以其他危險方式駕駛車輛。

g. 駕駛車輛違規行駛高速公路路肩。

h. 駕駛車輛不依規定駛入來車道。

③於執行職務期間、辦公場所或因辦公、公差往返途中，猝發疾病，以致傷病（個人專戶制退撫 21 II ③）。

A. 指於執行職務時或在處理公務之場所，於辦公或指定工作之期間或經機關指派執行一定任務之期間或代表機關參加活動期間，因突發性疾病，以致傷病（個人專戶制退撫 21 V，適用退撫細 21 I）。

B. 指於因辦公、公差往返途中，在合理時間，以適當交通方法，於必經路線途中，因突發性疾病，以致傷病（個人專戶制退撫 21 V，適用退撫細 21 II）。

④戮力職務，積勞過度，以致傷病（個人專戶制退撫 21 II ④）：應同時符合下列條件：（個人專戶制退撫 21 V，適用退撫細 22 I）

A. 戮力職務，積勞過度：經服務機關舉證該公務人員於長期或短期之工作職責繁重，導致疲勞累積成疾，或短時間內持續工作、執行重大災變搶救任務或處理緊急事件且有具體事蹟，導致身心負荷過重成疾。

B. 因前款因素致生疾病或病情加重，且其影響超越自然進行過程而明顯惡化。

(3) 因公審查機制：

①因公傷病及其因果關係之認定，遇有疑義時，提公務人員因公命令退休及因公撫卹疑義案件審查小組（以下簡稱審查小組）審查（個人專戶制退撫 21 III）。由銓敘部遴聘醫學、法律及人事行政領域之學者專家 11 人至 15 人組成審查小組進行審查（個人專戶制退撫 21 V，適用退撫細 25 I）。

②前開因公傷病命令退休條件所定罹患疾病或猝發疾病，應由公務人員檢齊其全部就醫紀錄、健康檢查或個人健康管理情形之相關資料，經服務機關併同申請文件，送審定機關提前開審查小組認定之（個人專戶制退撫 21Ⅴ，適用退撫細 24）。

③服務機關依前開規定舉證公務人員戮力職務，積勞過度時，應檢同公務人員戮力職務，積勞過度之事證資料、全部就醫紀錄、健康檢查或個人健康管理情形之相關資料，送審定機關提前開審查小組認定之（個人專戶制退撫 21Ⅴ，適用退撫細 22Ⅱ）。

(4) 擬制年資（個人專戶制退撫 30Ⅰ、Ⅱ）：

①請領一次退休金者，任職未滿五年，以五年計。

②請領月退休金者，任職未滿二十年，以二十年計。

(5) 加發退休金規定（個人專戶制退撫 30 條Ⅲ、Ⅳ，適用退撫細 32Ⅰ）：

執行職務時，發生意外危險事故、遭受暴力事件或罹患疾病，以致傷病者，加發 5 至 15 個基數之一次退休金（因同一事由而其他法律另有加發退休金之規定者，僅得擇一支領）。

①全失能致全身癱瘓或致日常生活無法自理者：加發 15 個基數之一次退休金。

②全失能且日常生活尚能自理者：加發 10 個基數之一次退休金。

③半失能者：加發 5 個基數之一次退休金。

五、資遣事項

(一) 申請條件（個人專戶制退撫 22）

1. 因機關裁撤、組織變更或業務緊縮，不符本法所定退休規定而須裁減人員。

2. 現職工作不適任，經調整其他相當工作後，並實施工作表現質量評比後，仍未能達到要求標準，或本機關已無其他工作可予調任【機要人員不適用】。

3. 依其他法規規定，應予資遣。

(二) 辦理程序（個人專戶制退撫 23）

1. 一般程序：

(1) 應由其服務機關首長考核後，送權責主管機關或其授權機關（構）審（核）定並製發資遣令後，並由服務機關檢齊資遣令、資遣事實表有關證明文件，函送審定機關審定年資後，再由退撫基金管理機關核給資遣給與且副知審定機關。

(2) 各機關受資遣人員未依規定填具資遣事實表並檢同相關證明辦理者，應由服務機關代為填具資遣事實表，檢同相關證明文件，送審定機關審定資遣年資。

2. 特殊程序：依本法第 22 條第 1 項第 2 款或第 3 款辦理資遣者，服務機關首長考核予以資遣之前，應先經考績委員會初核、機關首長覆核後，再送請權責主管機關或其授權機關（構）審（核）定；考績委員會初核前，應給予當事人陳述及申辯之機會。

(三) 資遣給與（個人專戶制退撫 32）（註：本項新修訂）

1. 公務人員之資遣給與，以個人專戶累積總金額，一次給付。計算方式比照請領一次退休金者，其個人專戶累積總金額，以計至領取時適用之淨值基準日為準。

2. 資遣公務人員，得申請暫不領取其資遣給與；暫不請領期間，其個人專戶累積總金額之管理運用，由退撫基金管理機關比照本法第 28 條第 4 項後段規定（即由退撫基金管理機關代為投資，其運用收益不得低於保證收益）辦理，至遲於年滿 60 歲之日，由退撫基金管理機關一次發還其未領取資遣給與本息。

3. 前項人員於未滿 60 歲前亡故，且尚未領取資遣給與本息，由退撫基金管理機關一次發還其遺族；遺族範圍、領受順序及比率，比照本法第 33 條規定辦理。

六、退休給付

(一) 退休金種類（個人專戶制退撫 26）

　　一次退休金、月退休金、兼領二分之一之一次退休金與二分之一之月退休金等三種。

(二) 請領退休金年齡

　　無請領年齡限制，但須成就退休或資遣或離職條件。

(三) 擇（兼）領月退休金條件（個人專戶制退撫 27）

　　任職滿十五年而依本法辦理退休者（未滿十五年，應支領一次退休金）。

(四) 退休金計給（個人專戶制退撫 28）（註：新訂退休金計給方式）

1. 一次退休金

(1) 以個人專戶之累積總金額計給；其個人專戶累積總金額，以計至領取時適用之淨值基準日爲準。

(2) 得申請暫不領取個人專戶之累積總金額。

(3) 退休給與運用收益：暫不請領期間，其個人專戶累積總金額之管理運用，由退撫基金管理機關比照本法第 28 條第 4 項後段規定，交由退撫基金管理機關代爲投資，其運用收益不得低於保證收益（當地銀行二年期定期存款利率），如有不足，由國庫補足之。

(4) 於暫不請領期間亡故者，其個人專戶之累積總金額由其遺族一次領回；遺族範圍、領受順序及比率，比照本法第 33 條規定辦理。但生前預立遺囑指定請領人者，比照本法第 36 條規定辦理。

2. 月退休金

　　以個人專戶之累積總金額，按下列方式擇一支領。（按：與公務人員退撫新制支領終身之規定不同，比較精準的說法是，此處所稱月退休金，係指按月支領退休金，方式有攤提給付、定額給付及保險年金等三種按月支領的

方式。）

(1) 攤提給付

①以個人專戶累積總金額，依據年金生命表，以退休當時所具年齡之平均餘命及利率等基礎計算所得之金額認定之；其有餘數者，列爲最後一期可領取之退休金金額。

②於領取期間，得向退撫基金管理機關申請暫停領取月退休金，或辦理結清專戶內賸餘金額並予銷戶；銷戶後不得再要求存入。

③退休給與運用收益：領取月退休金期間，其個人專戶內之餘額得選擇繼續進行自主投資，並自負盈虧；或交由退撫基金管理機關代爲投資，其運用收益不得低於保證收益（當地銀行二年期定期存款利率），如有不足，由國庫補足之。

(2) 定額給付

①由公務人員於申請領受之前，自行決定每月領受新臺幣若干元，直至專戶內累積總金額領罄爲止。

②領取期間得向退撫基金管理機關申請調整發給金額或暫停發給；但一年內之調整次數以 2 次爲限。按公務人員個人自行決定之金額領取；其最後一期可領金額未達原設定金額時，應即結清個人專戶。

③於領取期間，得向退撫基金管理機關申請暫停領取月退休金，或辦理結清專戶內賸餘金額並予銷戶；銷戶後不得再要求存入。

④退休給與運用收益：領取月退休金期間，其個人專戶內之餘額得選擇繼續進行自主投資，並自負盈虧；或交由退撫基金管理機關代爲投資，其運用收益不得低於保證收益（當地銀行二年期定期存款利率），如有不足，由國庫補足之。

(3) 保險年金（個人專戶制退撫 28 I ② (3)）

由公務人員以個人專戶內累積總金額之全額一次繳足購買符合保險法規定之年金保險，作爲定期發給之退休金。

①公務人員退休案經審定後，應由退撫基金管理機關通知承保之保險業主動

接洽公務人員辦理年金保險投保手續。保險業者應於完成投保手續後，檢附相關文件，向退撫基金管理機關申請撥付保險費。

②上述年金保險，以經退撫基金管理機關評選之年金保險商品為限。

3. **因公傷病命令退休退休金給與標準及發給**（個人專戶制退撫 30 III～VIII）（註：本項新修訂）

(1) 請領一次退休金時，其任職未滿五年者，以五年計給。其請領月退休金時，任職未滿二十年者，以二十年計給。

(2) 撥繳退撫儲金年資未滿五年或二十年者，由服務機關按其最後在職經銓敘審定之本（年功）俸（薪）額，依第 9 條第 1 項規定，就撥繳年資不足部分全額負擔並一次補提撥退撫儲金費用存入其個人專戶。

（註：撥繳年資不足之計算，應以五年或二十年為準，扣除依法撥繳退撫儲金費用之實際日數後，計算應補提撥之年資。撥繳退撫儲金年資之畸零日數得合併計算，並以三十日折算一個月。）

(3) 適用退撫法第 32 條及其施行細則第 32 條規定，加發 5 至 15 個基數之一次退休金，由各級政府編列預算支給並存入其個人專戶。因同一事由而其他法律另有加發規定者，僅得擇一支領。基數內涵之計算，適用退撫法第 27 條第 2 項第 2 款規定。

(4) 退休金給付金額依其擇領之退休金種類，適用退撫法第 27 條第 2 項第 2 款、第 29 條、第 32 條第 4 項及第 38 條規定之計算基準、基數內涵及計算標準發給，不適用第 28 條規定。

(5) 個人專戶累積之退撫儲金，以及因公傷病命令退休公務人員實際撥繳退撫儲金年資不足擬制年資之政府全額負擔退撫儲金費用與加發一次退休金存入個人專戶累積總金額，不足支應上述加發之一次退休金及前項規定之退休金時，由各級政府編列預算接續發給。

(6) 前項所定個人專戶累積之退撫儲金，不包含公務人員依本法第 9 條第 2 項規定自願增加提繳之退撫儲金；個人專戶之自願增加提繳之退撫儲金未領取前，其投資運用比照本法第 28 條第 4 項規定辦理。

七、離職人員退撫儲金之領回

　　不符退休、資遣條件而離職者，得由本人申請一次領回個人專戶內之退撫儲金（指本人與政府共同撥繳及自願增加提繳之退撫儲金費用及在職期間運用收益之孳息收入）。申請時應填具申請書，由服務機關轉退撫基金管理機關審核辦理之。一經核定，不得變更（個人專戶制退撫 12）。

(一) 任職年資未滿五年之離職公務人員（個人專戶制退撫 12 II）

1. 得申請暫不領取退撫儲金

(1) 離職公務人員申請暫不領取其退撫儲金者，應向服務機關提出申請。至遲於年滿 60 歲之日，由退撫基金管理機關一次發還其未領取之退撫儲金。

(2) 暫不領取期間申請發還者，應於行政程序法所定請求權時效內，比照前述申請規定辦理。

2. 利息計算

　　退撫儲金由退撫基金管理機關儲存於受託金融機構，儲存期間依其活期存款之牌告利率計息。

3. 遺族申請發還個人專戶內累積總金額

　　申請暫不領取退撫儲金人員，於尚未領取退撫儲金前死亡，由其遺族向退撫基金管理機關申請一次發還；遺族範圍、領受順序及比率，比照本法第 33 條規定辦理。

(二) 任職年資滿五年之離職公務人員（個人專戶制退撫 12 I、61、62 II）

1. 請領條件

(1) 任職年資得予保留，俟其年滿 65 歲之日起六個月內，以書面檢同相關證明文件，送原服務機關函轉審定機關依本法第 27 條規定審定其年資及退休金。支領一次退休金者，依本法第 28 條第 1 項第 1 款規定計算（支領月退休金者，其月退休金應依同條項第 2 款規定計算）。

(2) 任職年資未達十五年且未支領退撫給與者，於轉任其他職域工作後辦理
退休（職）時，得併計原公務人員年資成就請領月退休金條件，並於年
滿 65 歲之日起六個月內，以書面檢同相關證明文件，送原服務機關函轉
審定機關審定其年資及月退休金。

2. 請領程序

應填具退休金給付申請書，併同相關年資證明等文件，由原服務機關、
改隸機關或上級主管機關向審定機關申請發給。

3. 利息計算

未依本法第 12 條第 1 項規定申請一次領回個人專戶內之退撫儲金者，
其個人專戶之退撫儲金，依本法第 61 條第 2 項規定，交由退撫基金管理機
關代為投資，且其運用收益不得低於保證收益。

4. 遺族申請發還個人專戶內累積總金額

(1) 離職公務人員於尚未支領本法第 61 條或第 62 條所定退休金之前死亡者，
得由其第 33 條所定遺族，申請一次發還其個人專戶內之累積總金額（個
人專戶制退撫 61IV、62 V）。

(2) 退撫基金管理機關依本法第 61 條第 4 項或第 62 條第 5 項規定，一次發
還亡故離職公務人員之遺族，其個人專戶累積總金額時，除依規定計算
公務人員離職時個人專戶內之退撫儲金外，另加計離職期間個人專戶由
退撫基金管理機關代為投資運用之孳息。

八、年資採計

(一) 任職年資採計，依下列規定辦理（個人專戶制退撫 13、14）

1. 應以依法撥繳退撫儲金費用之實際日數計算。

2. 未撥繳退撫儲金費用之年資或曾經申請發還退撫儲金或曾領取退撫給與、
退離給與之年資，均不得採計。

3. 112 年 7 月 1 日以後初任公立學校教育人員，其後轉任公務人員者，其任
職於公立學校教育人員期間已設立之個人專戶，於轉任公務人員後，得繼

續累積退撫儲金。所稱公立學校教育人員,係指公立學校教職員個人專戶制退休資遣撫卹條例所稱公立學校教職員。

4. 具有義務役年資且未併計核給退除給與者,得於初任到職支薪或復職復薪之日起十年內,依銓敘審定之等級,由服務機關與公務人員依本法第 9 條第 1 項規定,共同負擔並一次補撥繳義務役年資之退撫儲金費用,存入個人專戶,始得併計年資;未申請補提繳者,政府對該期間不負任何撥繳責任;繳費分擔比率:政府撥繳 65%、公務人員繳付 35%。

5. 公務人員所具下列未曾領取退撫給與之任職年資,除本法另有規定外,得於轉任公務人員到職支薪或復職復薪之日起十年內,依其任職年資及等級,對照同期間相同俸級公務人員之繳費標準,由申請人一次全額補提繳退撫儲金費用後,始得併計年資:

(1) 依其他法律規定,得予併計之年資。

(2) 下列依公務人員留職停薪辦法第 4 條第 1 項第 4 款及第 6 款規定,辦理留職停薪之年資:

①配合國策奉派國外協助友邦工作。

②經核准配合國家重點科技、推展重要政策或重大建設借調至公民營事業機構或法人服務。

(二) 依法停職而奉准復職者,其依公務人員俸給法規定補發停職期間未發之本(年功)俸(薪)額時,應由服務機關與公務人員比照本法第 9 條第 1 項規定之撥繳比率,共同負擔並一次補撥繳其停職期間之退撫儲金費用,存入個人專戶。

九、再任年資起算

(一) 不得繳回已領給與(個人專戶制退撫 15):已領退撫給與或退離給與人員再任公務人員時,不得繳回已領之給與;其重行退休、資遣時,應自再任之日起計算其任職年資。

(二) 無退休年資採計上限(註:刪除退休年資採計上限限制)。

十、遺屬給與

(一) 支領攤提給付或定額給付人員之遺屬給與（個人專戶制退撫 33）

1. 請領時點

於個人專戶累積總金額未領罄前死亡時（遺族請領資格應依退休人員死亡時之法律事實認定）。

2. 遺族範圍及順序

(1) 未再婚配偶及依下列順序領受

①子女。

②父母。

③兄弟姊妹。

④祖父母。

(2) 未再婚配偶與各順序遺族依下列規定共同領受

①由未再婚配偶領受二分之一外，其餘遺族平均領受二分之一。

②亡故退休人員無子女及已無父母者，由未再婚配偶單獨領受。

③亡故退休人員無配偶時，依序由前述遺族平均領受。

④同一順序遺族如有拋棄或因法定事由喪失領受權者，應由同一順序其他遺族平均領受。無第一順序遺族時，由次一順序遺族平均領受。

⑤具有領受權之同一順序遺族有數人請領時，得委任其中具有行為能力者 1 人代為申請。遺遺族為無行為能力或限制行為能力或受輔助宣告者，由其法定代理人或輔助人代為申請。

(3) 預立遺囑（個人專戶制退撫 36）（註：本次修訂）

①退休人員生前預立遺囑，指定其個人專戶餘額領受人者，從其遺囑。但退休人員未成年子女之領受比率，不得低於其原得領取比率（註：遺囑得指定前開遺族以外之人員）。

②生前預立遺囑指定之個人專戶餘額領受人有 2 人以上者，依遺囑指定之比率領受。但退休人員未成年子女之領受比率，不得低於其原得領取比率。

未指定領受比率或指定未成年子女之領受比率未達原得領取比率者，按法
定比率領取。

(4) 亡故退休人員在臺灣地區無遺族（個人專戶制退撫 35）

①有下列情形之一者，原服務機關得於退撫法第 47 條第 1 項所定額度內先
行具領費用辦理喪葬事宜：

　A. 無遺族。

　B. 在臺灣地區無遺族，其居住大陸地區遺族未隨侍辦理喪葬。

　C. 在臺灣地區無遺族且不明大陸地區有無遺族。

（註：各機關依上述規定為亡故退休人員請領辦理喪葬事宜之費用時，應以
機關名義請領之。）

②合於請領個人專戶餘額之大陸地區遺族，應於行政程序法所定公法請求權
時效內，請領前項之個人專戶餘額。

(5) 大陸地區遺族

①依據：臺灣地區與大陸地區人民關係條例第 26 條之 1。

②種類：請領個人專戶餘額，連同其依臺灣地區與大陸地區人民關係條例第
26 條之 1 第 1 項及第 2 項規定請領項目，不得逾新台幣 200 萬元。

3. 領回方式

(1) 一次領回

　由其遺族一次領回該專戶內賸餘金額，由退撫基金管理機關於收受審定
機關審定函後，結算亡故退休人員個人專戶後一次發給。

(2) 按月支領

①得選擇按亡故退休人員支領月退休金之方式，按月支領亡故退休人員個人
專戶內賸餘金額。

②按月領取期間，亡故退休人員個人專戶賸餘金額，交由退撫基金管理機關
代為投資，其運用收益不得低於當地銀行二年期定期存款利率，如有不
足，由國庫補足之。

(二) 支領保險年金人員之遺屬給與（個人專戶制退撫 34）

1. 請領時點：於已領取定期給付總額未達該年金保險之保證金額死亡時。

2. 遺族範圍、領受順序及比率：比照本法第 33 條第 2 項至第 5 項規定辦理。但於年金保險契約已約定者，從其約定。但書所約定事項，於退休人員未成年子女之領受比率，不得低於其原得領取比率。

3. 亡故退休人員在臺灣地區無遺族（個人專戶制退撫 35 III）：有下列本法第 35 條第 1 項第 2 款或第 3 款情形者，比照前二項規定辦理。但於年金保險契約已約定者，從其約定。

(1) 在臺灣地區無遺族，其居住大陸地區遺族未隨侍辦理喪葬。

(2) 在臺灣地區無遺族且不明大陸地區有無遺族。

4. 領回方式（個人專戶制退撫 34 I）：按預定利率折現，一次發給其遺族領受。但其依規定參加之年金保險契約已約定由遺族繼續領取者，從其約定。所稱預定利率，指公務人員投保之年金保險於年金給付開始日用以計算年金金額之利率。

(三) 因公傷病命令退休人員之遺屬給與

1. 支領或兼領月退休金之因公傷病命令退休人員死亡後，其遺族適用退撫法規定請領遺屬一次金或遺屬年金。

2. 亡故退休人員個人專戶累積總金額尚未領罄者，其遺屬一次金或遺屬年金應先由個人專戶賸餘金額支應，不足支應時，由各級政府編列預算接續發給。

3. 遺族請領遺屬年金者，其遺屬年金由亡故退休人員個人專戶賸餘金額支應期間，該個人專戶賸餘金額之投資運用，比照本法第 33 條第 6 項後段規定，交由退撫基金管理機關代為投資，其運用收益不得低於保證收益（當地銀行二年期定期存款利率），如有不足，由國庫補足之。

4. 遺族請領遺屬一次金或遺屬年金之資格條件、請領程序、請領權利之暫停、停止、喪失等事項，均適用退撫法有關規定辦理。

十一、退休、資遣給與及遺屬給與之申辦

(一) 退休之申辦（個人專戶制退撫 66）

1. 申請退休人員應填具退休事實表並檢齊有關證明文件，由服務機關於退休生效日前一日至前三個月間，送達審定機關審定（已依規定申請退休，因機關作業不及或疏失，致未於期限內報送退休案者，不受上述期限規定之限制）。

2. 機關代為辦理：屆齡退休或應予命令退休人員，未依規定辦理者，應由服務機關依本法第 48 條第 1 款或第 2 款規定，代為填具退休事實表，併同有關證明文件，送審定機關審定。

3. 機關初審責任：

(1) 退休事實表、任職證件及其他相關證明文件，應先由服務機關人事主管切實審查；如因所附證件不足或有錯誤者，應通知補正後，再彙送審定機關審定。

(2) 公務人員有本法第 24 條所定應不予受理退休案情事之一而申請退休時，各機關應不予受理。

(二) 遺屬給與之申辦

1. 支領攤提給付或定額給付人員之遺屬給與申請程序：

(1) 遺族應填具申請書，檢同遺族系統表、遺族代表領受同意書及死亡證明書或除戶戶籍謄本，送原服務機關彙送審定機關審定後，通知退撫基金管理機關發給。

(2) 遺族拋棄領受權者，應出具拋棄同意書，送原服務機關彙送審定機關辦理。

(3) 遺族為未成年子女、受監護或輔助宣告之人，應由其法定代理人、監護人或輔助人依行政程序法第 22 條第 2 項規定，代為申請並應出具法定代理人、監護人或輔助人身分之證明文件。

2. 支領保險年金人員之遺屬給與申請程序：遺族於依本法第 34 條規定請領

年金保險保證金額扣除已領取定期給付總額後之餘額時，比照前述申請程序規定向保險業提出申請。但於年金保險契約已約定者，從其約定。

3. 僑居國外之遺族在國內未曾設有戶籍或戶籍已遷出至國外者：（註：適用個人專戶制遺族無國籍限制）

(1) 親自回國申請者，應提出足資證明入出境資料。

(2) 委託國內親友代為申請者，應提出委託人簽名或蓋章並經我國駐外使領館、代表處、辦事處、行政院設立或指定之機構或委託之民間團體（以下簡稱駐外館處）驗證之委託書或授權書及受託人之身分證明文件。

(3) 遺族依規定應檢附之證明文件或委託書或授權書係於國外製作者，應經駐外館處驗證；提出之文件為外文者，應併附經駐外館處驗證或國內公證人認證之中文譯本。

4. 因公傷病命令退休人員之遺屬給與：遺族請領遺屬一次金或遺屬年金之資格條件、請領程序、請領權利之暫停、停止、喪失等事項，均適用退撫法有關規定辦理。

(三) **變更之限制**（個人專戶制退撫 67）

1. 依本法辦理自願退休或屆齡退休之人員，其生效日期應於申請時審慎決定；於退休生效日前，請求變更或撤回退休申請者，須經服務機關同意；自退休生效日起，不得請求變更。

2. 公務人員或其遺族依本法第 26 條（選擇退休金之種類）、第 32 條（資遣給與暫不請領）及第 41 條第 1 項（選擇撫卹金之種類）請領退撫給與之種類及依本法第 28 條第 1 項第 2 款選擇月退休金之支領方式，應於申請時審慎決定；經審定機關審定生效後，除本法另有規定外，不得請求變更。

十二、涉案公務人員退休控管機制

(一) 事前控管機制

1. 不受理退休或資遣之規定：依本法第 24 條規定，公務人員有下列情形之

一而申請退休或資遣者，應不予受理：

(1) 留職停薪期間。

(2) 停職期間。

(3) 休職期間。

(4) 動員戡亂時期終止後，涉嫌內亂罪或外患罪而有下列情形之一者：

　　①所涉犯罪尚未判決確定。

　　②所涉犯罪經檢察官爲不起訴或緩起訴處分，尚未確定。

　　③所涉犯罪經檢察官爲緩起訴處分確定，尚未期滿。

(5) 涉嫌貪污治罪條例或刑法瀆職罪章之罪，且經法院判處有期徒刑以上之刑，尚未確定。

(6) 因案經權責機關依法移送懲戒或送請監察院審查中，或已經權責機關依法爲懲戒判決但尚未發生效力。

(7) 其他法律有特別規定。

2. 各機關受理涉案公務人員退休或資遣案檢討程序：各機關受理涉案或涉有違失行爲之所屬公務人員退休或資遣案時，應依下列規定辦理：

(1) 召開考績委員會，就其涉案或違失情節，確實檢討其行政責任並詳愼審酌是否應依公務員懲戒法規定，移送懲戒或送請監察院審查，及應否依相關法律核予停職或免職。

(2) 經召開考績委員會檢討後，仍同意受理其申請退休或資遣時，應於彙送審定機關之函內，敘明理由並檢同相關審查資料，以明責任；如不同意受理時，應以書面行政處分敘明理由通知當事人。上述所定程序，應於行政程序法第 51 條所定期間內（二個月）處理終結。

(3) 前項所定各機關應召開考績委員會檢討行政責任之程序，於未設有考績委員會之機關，應送由上級機關考績委員會覈實辦理。但另有懲處規定者，從其規定之程序辦理。

3. 公務人員有前開本法第 24 條所定應不予受理退休案情事之一而申請退休時，各機關應不予受理。

4. 不能受理退休或資遣案逾屆退日者之相關事宜：

(1) 有所定第 4 款至第 7 款情形者，自屆退日起，應先行停職（第 2 款已經停職人員，繼續停職）。

(2) 前述停職人員自屆退日至原因消滅之日，得比照停職人員發給半數之本（年功）俸額。

(3) 有所定第 2 款至第 7 款情形且逾屆退日者，應於原因消滅後六個月內，以書面檢同相關證明文件，送原服務機關申請屆齡退休。相關事宜如下（個人專戶制退撫 25）：

①前項人員均以其屆退日為退休生效日。但休職人員應以原因消滅並經權責機關核准復職之日為其退休生效日；自應屆齡退休之至遲生效日至實際退休生效日前一日止之年資，依本法第 19 條所定屆齡人員應予退休之意旨，不得採計為公務人員退休年資。

②前述屆退人員於所定六個月應辦理期限內死亡者，得由其本法第 33 條所定遺族一次請領個人專戶之累積總金額。

③前述屆退人員依前開規定所領之半數本（年功）俸（薪）額，由退撫基金管理機關按其每月得領取金額之三分之一，自個人專戶辦理扣還原服務機關，至足額收回為止；未能扣還或扣還不足者，應由原服務機關以書面行政處分命退休公務人員限期返還；屆期未返還者，依法移送行政執行。請領一次退休金或於所定六個月應辦理期限內死亡者，由退撫基金管理機關自個人專戶一次扣還原服務機關。

④前述屆退人員有下列情形之一者，仍不得辦理退休：

A. 依法被撤職、免職或免除職務。

B. 六個月應辦理期限屆滿時，仍有本法第 55 條第 1 項所定喪失辦理退休權利之法定事由者。

(二) 事後控管機制

依本法第 56 條第 1 項規定，公務人員在職期間涉犯貪污治罪條例、刑

法瀆職罪章之罪或假借職務上之權力、機會或方法犯其他罪，先行退休、資
遣或離職後始經判刑確定者，應比照退撫法第 79 條第 1 項及第 2 項規定，
剝奪或減少由政府提撥之退撫儲金；其已支領者，照應剝奪或減少之全部或
一部分追繳之：

1. 以涉犯貪污治罪條例、刑法瀆職罪章之罪或假借職務上之權力、機會或方
   法犯其他罪爲範圍。

2. 剝奪或減少政府提撥之退撫儲金：照確定判決之刑度依下列規定辦理：

(1) 經判處死刑、無期徒刑或七年以上有期徒刑確定者，應自始剝奪由政府
    提撥之退撫儲金。

(2) 經判處有期徒刑三年以上，未滿七年者，應自始減少由政府提撥之退撫
    儲金 50%。

(3) 經判處有期徒刑二年以上，未滿三年者，應自始減少由政府提撥之退撫
    儲金 30%。

(4) 經判處有期徒刑一年以上，未滿二年者，應自始減少由政府提撥之退撫
    儲金 20%。

十三、公務人員退撫給與之發給

(一) 本法所定退撫給與，一律採金融機構直撥入帳方式爲之（個人專戶制退
    撫 50）。

(二) 本法所定退撫給與，依下列規定發給（個人專戶制退撫 50）：

1. 公務人員退休（不含以保險年金方式領取月退休金者）或資遣給與：

(1) 一次退休金或首期月退休金：由退撫基金管理機關於審定退休生效日或
    審定函發文日當月底前彙整通知受託金融機構，於次月底前轉發退休人
    員。

(2) 第二期以後之月退休金：

　　①定期於每月第一個營業日發放。

　　②公務人員選擇改按季或按半年或按年發給者，應於線上進行變更，並

　　由退撫基金管理機關於次一個定期起，於當季、半年或年之首月第一
　　個營業日發放。

(3) 資遣給與：由退撫基金管理機關於審定函發文日當月底前彙整通知受託
　　金融機構，於次月底前轉發資遣人員資遣給與。

2. 按保險年金領取月退休金之退撫給與：按保險年金領取月退休金之公務人
　　員，由其年金保險之保險業定期發給。

3. 遺屬給與：

(1) 依本法第 33 條規定申請一次領回或按月領取個人專戶賸餘金額者，其審
　　定及發放比照前述項規定辦理。

(2) 遺族選擇按月領取亡故退休人員個人專戶賸餘金額者，定期於每月第一
　　個營業日發放。

4. 因公傷病命令退休之退休金（於由政府編列預算支應部分）：

(1) 由服務機關一次補提撥之退撫儲金費用及應加發之一次退休金，於退休
　　案審定後，由審定機關通知服務機關、支給或發放機關辦理支付事宜，
　　並存入其個人專戶以累積總金額。

(2) 因公傷病命令退休人員之個人專戶累積總金額，扣除依本法第 9 條第 2
　　項規定自願增加提繳之退撫儲金後，應優先支應加發之一次退休金，再
　　支應依本法第 30 條第 6 項規定計給之退休金，個人專戶已不足支應退休
　　金時，由退撫基金管理機關計算差額並通知支給或發放機關辦理；支領
　　或兼領月退休金人員，除接續發給當期應發給之月退休金差額外，依退
　　撫法第 66 條第 1 項第 1 款規定，應定期於每月 1 日發放。遇例假日時仍
　　應於當日發放；但因金融機構作業未能配合致無法如期發放時，於例假
　　日後第一個營業日發放。

(3) 本法第 30 條第 2 項所定撥繳退撫儲金年資未滿五年或二十年者，其撥繳
　　年資不足之計算，應以五年或二十年為準，扣除依法撥繳退撫儲金費用
　　之實際日數後，計算應補提撥之年資。撥繳退撫儲金年資之畸零日數得
　　合併計算，並以三十日折算一個月。

(4) 如經審定因公傷病命令退休前，已依法審定退休或資遣且已自個人專戶累積總金額領取退休金或資遣給與者，視同當事人已領取之退休金金額，自其應領之退休金中覈實扣抵，至已領取之金額等於應領之退休金總金額後，不再扣減。

5. 亡故因公傷病命令退休人員遺族之遺屬年金：

(1) 遺屬年金於由亡故退休人員個人專戶賸餘金額支應期間，定期於每月第一個營業日發放。

(2) 遺屬年金於由政府接續發給期間，適用退撫法第66條第1項第4款規定，自退休人員亡故之次月起，定期於每月1日發放。其發放日遇例假日時，遇例假日時仍應於當日發放；但因金融機構作業未能配合致無法如期發放時，於例假日後第一個營業日發放。

(3) 退休人員於停發月退休金期間亡故者，得自其亡故之次日起發給遺屬年金。但亡故當月已由政府發給全月薪資者，自其亡故之次月起，依前項規定發放。

(4) 遺族未依規定申請遺屬一次金或遺屬年金，致溢領退休人員亡故當期以後由各級政府編列預算支應之月退休金者，應由支給或發放機關依退撫法第69條第4項及第70條第2項規定，自其遺屬一次金或遺屬年金中，覈實收回。

(三) 公務人員定期退撫給與調整機制：因公傷病命令退休人員及其遺族或在職亡故公務人員遺族，所領月退休金、遺屬年金或月撫卹金給付金額之調整，適用退撫法第67條及其施行細則第103條與第104條規定。

（註：上述給與以外之其他退撫給與，均無定期退撫給與調整機制之適用。）

十四、公務人員退撫給與之保障

(一) 公務人員或其遺族請領退撫給與之權利，不得作為讓與、抵銷、扣押或供擔保之標的。但公務人員之退休金依本法第58條規定被分配者，不在此限（個人專戶制退撫52Ⅰ）。

(二) 公務人員或其遺族或遺囑指定領受人，得於金融機構開立專戶，專供退撫給與之發放或支給機關存入各項退撫給與之用。相關規範如下：

1. 專戶內之存款不得作為抵銷、扣押、供擔保或強制執行之標的。

2. 退撫給與領受人有冒領或溢領情事者，退撫基金管理機關、支給機關或發放機關應就其冒領或溢領之款項覈實收回，不受第 1 項及前項規定之限制。（指上述機關應按其冒領或溢領之退撫給與金額，書面通知開戶銀行逕自退撫給與專戶扣款，覈實收回冒領或溢領之金額，不受退撫給與專戶內存款不得作為抵銷、扣押、供擔保或強制執行標的之限制。）

3. 退撫給與專戶，分別按由退撫基金管理機關支給或由各級政府編列預算支給之退撫給與，分別開立，並依下列規定辦理：

(1) 由退撫基金管理機關及中央與地方主管機關與下列金融機構簽約，辦理專戶作業：

① 依法撥繳退撫儲金年資之退撫給與，以退撫基金管理機關委託代付之金融機構所指定之分支機構（以下簡稱專戶金融機構）為限。

② 依法由各級政府編列預算支給之退撫給與，以退撫基金管理機關委託代付之專戶金融機構優先。但與其他金融機構完成簽約事宜者，從其約定。

(2) 退撫給與專戶內之存款依各專戶金融機構規定計息，但不得以低於各專戶金融機構活期儲蓄存款之牌告利率計息。

(3) 退休人員或遺族或遺囑指定領受人於開立退撫給與專戶後，於一年內未有退撫給與存入者，由最後服務機關或發放機關查證事實後，通知專戶金融機構逕行辦理專戶銷戶並通知當事人。

(4) 退休人員或遺族或遺囑指定領受人不得自行匯入任何款額至退撫給與專戶內，但得自由提領或匯出。

(5) 退休人員或遺族或遺囑指定領受人自退撫給與專戶內提領或匯出之金額，不受本法第 52 條第 3 項規定保障。

(三) 退撫給與請求權時效（個人專戶制退撫 54）：公務人員或其遺族請領退

撫給與之權利，除公務人員本人提繳之退撫儲金外，應於行政程序法所
定公法上請求權時效內（十年內）爲之。

十五、公務人員退撫給與領受權之喪失

退休人員或遺族有下列本法第 55 條所定應喪失領受退撫給與或不符合
領受月撫卹金條件（如在職亡故公務人員之配偶於支領月撫卹金期間再婚）
者，應主動通知原服務機關，轉報退撫基金管理機關、支給或發放機關終止
發給月退休金或月撫卹金。

(一) 申請退休權利之喪失（註：個人專戶制遺族申請退撫給與無國籍限制）

公務人員或其遺族有下列情形之一者，喪失申請退撫給與之權利（個人
專戶制退撫 55 I）：

1. 褫奪公權終身。

2. 動員戡亂時期終止後，犯內亂罪、外患罪，經判刑確定。

3. 公務人員喪失或未具中華民國國籍。

4. 公務人員經依法被撤職、免職或免除職務。

5. 公務人員之遺族爲支領撫卹金，故意致該現職公務人員或其他具領受權之
遺族於死，經判刑確定。

6. 其他法律有特別規定。

(二) 擇（兼）領月退休金、月撫卹金繼續領受權利之喪失：

1. 擇（兼）領月退休金、月撫卹金人員有下列情形之一者，向後喪失領受權
利，永久不得恢復（個人專戶制退撫 55 II）：

(1) 死亡。

(2) 褫奪公權終身。

(3) 動員戡亂時期終止後，犯內亂罪、外患罪，經判刑確定。

2. 前述人員除第 1 項第 5 款之情形外，仍得申請發還公務人員本人提繳之退
撫儲金（個人專戶制退撫 55 III）：

(1) 已支領退撫給與之人員，僅得發還該退休或在職死亡公務人員本人提

繳之退撫儲金與已領之月退休金或月撫卹金之差額；無差額者，不再發還。

(2) 公務人員經依法被撤職、免職或免除職務而離職者，依本法第 55 條第 3 項規定，僅得申請發還本人提繳之退撫儲金，政府提撥之退撫儲金則退還公務人員最後服務機關。因上述原因離職時未申請發還本人提繳之退撫儲金者，至遲於年滿 60 歲之日，由退撫基金管理機關一次發還其本人提繳之退撫儲金，政府提撥之退撫儲金則退還公務人員最後服務機關；離職期間個人專戶之管理方式及孳息計算，由退撫基金管理機關儲存於受託金融機構，儲存期間依其活期存款牌告利率計息辦理。

(3) 公務人員或遺族依本法第 55 條第 3 項規定申請發還公務人員本人所提繳之退撫儲金者，應填具申請書，檢同本人或遺族喪失退撫給與領受權證明資料，送原服務機關彙送審定機關審定後，通知退撫基金管理機關發給。

(三) 因公傷病命令退休人員及其遺族，或在職亡故公務人員遺族於領受月退休金、月撫卹金或遺屬年金期間領受權利之喪失、停止、暫停：

1. 因公傷病命令退休人員及其遺族，或在職亡故公務人員遺族於領受月退休金、月撫卹金或遺屬年金期間，有退撫法所定喪失或停止領受權利之情形者，或不符合領受遺屬年金或月撫卹金條件者，其月退休金、月撫卹金或遺屬年金應終止或停止發給，並照退撫法施行細則第 115 條規定辦理通知及檢證申請恢復發給之事宜。

2. 因公傷病命令退休人員及其遺族，或在職亡故公務人員遺族於領受月退休金、月撫卹金或遺屬年金期間，有退撫法所定暫停發給月退休金、遺屬年金或月撫卹金之情形者，發放或支給機關應暫停發給其月退休金、月撫卹金或遺屬年金，俟其親自申請後，再予恢復發給並補發其經停發之給與。

3. 亡故因公傷病命令退休人員之配偶於支領遺屬年金期間再婚者，或其遺族於支領遺屬年金期間有退撫法第 45 條第 4 項所定情形者，適用退撫法施

行細則第 115 條第 1 項及第 4 項規定辦理。符合退撫法第 45 條第 5 項規定者,得由其餘遺族比照退撫法施行細則第 57 條規定,請領亡故因公傷病命令退休人員應領一次退休金之餘額;無餘額者,不再發給。

4. 遺族依退撫法規定第 71 條或第 72 條應暫停發放月撫卹金者或依本法第 55 條第 2 項規定及退撫法規定喪失月撫卹金領受權者,其依本法第 43 條規定加發之撫卹金,應一併暫停或終止發放。

十六、年資制度轉銜

公務人員任職年資滿五年,未依法辦理退休或資遣而離職者,得依本法第 61 條及第 62 條規定支領退休金,適用本法第 56 條有關剝奪或減少退休金之規定;支領月退休金人員亦適用本法第 55 條喪失退休金權利之規定。規範如下(個人專戶制退撫 61~63):

(一) 年資保留(個人專戶制退撫 61)

1. 適用對象:

(1) 適用本法之公務人員,任職已滿五年,未依法辦理退休或資遣而離職者。

(2) 有下列情形之一者,不適用本法第 61 條請領年資保留退休金之規定:

　①所定六個月辦理期限屆滿時,有本法第 55 條第 1 項所定喪失辦理退休權利之法定事由。

　②所定六個月辦理期限屆滿時,有本法第 24 條第 1 項所定不得受理退休案之情事。

　③所具公務人員年資業依本法第 62 條第 2 項規定辦理。

2. 請領時點:其年資得予保留至年滿 65 歲後之六個月內,填具退休金給付申請書,併同相關年資證明等文件,送原服務機關、改隸機關或上級主管機關函轉審定機關申請發給。

3. 給與種類:未滿十五年者,給一次退休金;滿十五年以上者,可擇領一次退休金或月退休金。

4. 保留年資退休金計給:

(1) 支領一次退休金者，依本法第 28 條第 1 項第 1 款規定計算。

(2) 支領月退休金者，依本法第 28 條第 1 項第 2 款規定計算。

5. 個人專戶累積總金額管理運用：離職後之個人專戶累積總金額管理運用，由退撫基金管理機關比照本法第 28 條第 4 項後段規定，交由退撫基金管理機關代為投資，其運用收益不得低於保證收益（當地銀行二年期定期存款利率），如有不足，由國庫補足之。

(二) 年資併計、年金分計（個人專戶制退撫 62）

1. 依本法辦理屆齡或命令退休人員：限依本法辦理屆齡或命令退休人員且任職年資未滿十五年者，得併計曾任適用其他職域職業退休金法令且未曾辦理退休（職、伍）、資遣或年資結算已領取退離給與之年資，以成就支領公務人員月退休金條件。

〔註：所稱曾任適用其他職域職業退休金法令且未曾辦理退休（職、伍）、資遣或年資結算已領取退離給與年資，以該公務人員依本法辦理屆齡或命令退休時，上述年資已訂有可適用之退休金法令為前提。〕

2. 轉任其他職域並辦理退休（職）人員：

(1) 適用對象：適用本法之公務人員，任職已滿五年，未依法辦理退休或資遣而離職且未領退撫給與者，於轉任其他職域工作後辦理退休（職）時，得併計原公務人員年資成就請領月退休金條件；有下列情形之一者，不適用本法第 62 條第 2 項之規定：

①所定六個月辦理期限屆滿時，有本法第 55 條第 1 項所定喪失辦理退休權利之法定事由。

②所定六個月辦理期限屆滿時，有本法第 24 條第 1 項所定不得受理退休案之情事。

(2) 請領時點：年滿 65 歲之日起六個月內，以填具退休金給付申請書，併同相關年資證明等文件，送原服務機關送原服務機關、改隸機關或上級主管機關函轉審定機關申請發給。

(3) 退休金計給：支領之月退休金，依本法第 28 條第 1 項第 2 款規定計算。

(4) 個人專戶累積總金額管理運用：離職後之個人專戶累積總金額管理運用，由退撫基金管理機關比照本法第 28 條第 4 項後段規定，交由退撫基金管理機關代為投資，其運用收益不得低於保證收益（當地銀行二年期定期存款利率），如有不足，由國庫補足之。

(三) 任職滿五年離職公務人員之遺屬給與

1. 離職公務人員於尚未退休金之前死亡者，得由其本法第 33 條所定遺族，申請一次發還其個人專戶內之累積總金額（個人專戶制退撫 61 IV）。

2. 離職公務人員於月退休金支領期間死亡者，由其遺族按亡故人員所支領月退休金之方式，分別依本法第 33 條或第 34 條規定辦理（個人專戶制退撫 62 VI）。

十七、離婚配偶退休金請求權

　　公務人員之離婚配偶與該公務人員婚姻關係存續期間二年以上者，於法定財產制或共同財產制關係因離婚而消滅時，就婚姻關係存續期間占公務人員已依法撥繳退撫儲金期間比率的二分之一，請求分配該公務人員退休金，但若該分配比率「顯失公平」，當事人可聲請法院調整或免除（個人專戶制退撫 58〜60）。

(一) 基本條件

1. 婚姻關係基本年限：二年。

2. 公務人員離婚配偶於婚姻關係存續期間依其他法律得享有退休金者，其分配請求權之行使，以該公務人員得依該其他法律享有同等離婚配偶退休金分配請求權者為限（個人專戶制退撫 58 II）。

(二) 分配項目及比率

1. 得請求分配之退休金數額，按其與該公務人員法定財產制或共同財產制關係因離婚而消滅時，個人專戶之累積總金額為準。

2. 分配比率按婚姻關係存續期間占公務人員已依法撥繳退撫儲金期間比率的二分之一計算。

（註：即以公務人員與其離婚配偶於法定財產制或共同財產制關係存續期間，與該公務人員已依法撥繳退撫儲金期間重疊之部分，按重疊期間占已依法撥繳退撫儲金期間比率的二分之一計算。）

（註：婚姻關係存續期間以實際日數計算。）

3. 分配比率、金額、給付方式以雙方協議分配為優先，並按其協議結果自行辦理給付事宜；無法協議、協議不成或分配比率顯失公平者，當事人一方得聲請法院裁定調整分配比率或免除分配額。

(三) 排除對象

命令退休公務人員，不適用。

(四) 喪失資格

離婚配偶有本法第 55 條第 1 項所定喪失退撫給與權利情形者，喪失分配該公務人員退休金權利。

(五) 請求權

1. 請求權不得讓與及繼承。

2. 請求權期限：自知悉有分配請求權時起，二年間不行使而消滅。但自法定財產制或共同財產制關係消滅時，逾五年者，亦同。

(六) 發給方式

1. 給付方式（含給付總額）依當事人之協議為優先。無法協議或協議不成者，當事人之一方得以書面通知退休金審（核）定機關於審定該公務人員退休金時，按本法第 58 條規定審定應分配之退休金總額，並通知退撫基金管理機關自個人專戶一次扣發。

2. 前述之分配比率、金額及給付方式等相關文件應經公證。

3. 於支領或兼領月退休金期間離婚者，其退休金依前開規定被分配時，亦依前開規定辦理。

十八、行政救濟

(一) 退休、資遣人員或請領撫卹金遺族，對於審（核）定機關之（審）核定結果不服者，得依公務人員保障法提起救濟。

(二) 如有顯然錯誤，或有發生新事實、發現新證據等行政程序再開事由，得依行政程序法相關規定辦理。

貳 公務人員撫卹

　　如前所述，因 112 年 7 月 1 日起實施之「個人專戶制退撫法」，銓敘部政策決定對於公務人員政府撫卹照顧義務不變，為免重複，有關原第四節公務人員撫卹制度的重要內容刪除，併入此處個人專戶公務人員撫卹說明之。

一、適用對象

(一) 同前開個人專戶制退撫法之適用對象。

(二) 公務人員於休職、停職或留職停薪期間病故或意外死亡者（個人專戶制退撫 37 II）。

（註：失蹤人員經銓敘部或相關主管機關登記有案者，其死亡辦理撫卹時，視同現職人員。）

二、申辦時點

　　除申請發還亡故公務人員本人提繳退撫儲金外，撫卹金之申請均自現職公務人員亡故之日起，於行政程序法所定公法上請求權時效內（遺族請領資格之認定，應依公務人員死亡時之法律事實為準）（個人專戶制退撫 54）。

三、撫卹種類

　　分為「病故或意外死亡」及「因執行公務以致死亡」（以下簡稱因公死亡）二種（個人專戶制退撫 38 I）。

(一) 病故或意外死亡。〔註：自殺死亡比照病故或意外死亡認定。但因犯罪經判刑確定後，於免職處分送達前自殺者，不予撫卹，並得由遺族申請

發還亡故公務人員本人提繳退撫儲金（個人專戶制退撫 38 II）。〕

(二) 因公死亡態樣（原因）分為五種（個人專戶制退撫 39 II）：指現職公務人員係因下列情事之一死亡，且其死亡與該情事具有相當因果關係者：

1. 執行搶救災害（難）或逮捕罪犯等艱困任務，或執行與戰爭有關任務時，面對存有高度死亡可能性之危害事故，仍然不顧生死，奮勇執行任務，以致死亡（個人專戶制退撫 39 II ①）；其要件如下：

   (1) 情勢要件：指執行搶救災害（難）、逮捕罪犯或執行與戰爭有關任務時，陷入危及生命安全之艱困情境（個人專戶制退撫 39 IV，適用退撫細 67 ①）。

   (2) 奮勇要件：面對前款艱困情境，仍奮不顧身，繼續執行任務或防阻死傷擴大，致犧牲個人性命（個人專戶制退撫 39 IV，適用退撫細 67 ②）。

2. 於辦公場所，或奉派公差（出）執行前款（搶救災害〈難〉或逮捕罪犯等艱困任務，或執行與戰爭有關任務）以外之任務時，發生意外或危險事故，或遭受暴力事件，或罹患疾病，以致死亡（個人專戶制退撫 39 II ②）；其認定標準（個人專戶制退撫 39 IV，適用退撫細 68）如下：

   (1) 在處理公務之場所，於辦公或指定工作之期間，發生意外或危險事故，或遭受暴力事件，或罹患疾病。

   (2) 經機關指派執行前款以外任務時，發生意外或危險事故，或遭受暴力事件，或罹患疾病。

   (3) 代表機關參加活動時，發生意外或危險事故，或遭受暴力事件，或罹患疾病。

前開所定意外或危險事故、遭受暴力事件及罹患疾病，同退撫法因公命令退休、因公撫卹規定認定（個人專戶制退撫 39 IV，適用退撫細 68 II）。

3. 於辦公場所，或奉派公差（出）執行前二款任務時，猝發疾病，以致死亡（個人專戶制退撫 39 II ③）；其認定標準如下：

(1) 正在執行職務時。

(2) 因突發性疾病發作，以致死亡，且其死亡與猝發疾病具有相當因果關係。

(3) 所定猝發疾病之認定，應由死亡公務人員之遺族檢齊其生前就醫紀錄等相關資料，同退撫法因公命令退休、因公撫卹審查機制認定（個人專戶制退撫 39IV，適用退撫細 72）。

4. 執行第 1 款或第 2 款任務之往返途中，或爲執行任務而爲必要之事前準備或事後之整理期間，發生意外或危險事故，或猝發疾病，以致死亡（個人專戶制退撫 39 II ④）；其認定標準如下：

(1) 在合理時間，以適當交通方法，前往辦公場所上班及退勤，或執行任務往返之必經路線途中。

(2) 非因本人之重大交通違規行爲所生意外或危險事故，或遭受暴力事件，或因突發性疾病發作，以致死亡（個人專戶制退撫 39IV，適用退撫細 69 II）。

(3) 所稱必經路線途中，同退撫法因公命令退休、因公撫卹之規定（個人專戶制退撫 39IV，適用退撫細 69III）。

(4) 所稱重大交通違規行爲，同退撫法因公命令退休、因公撫卹之規定（個人專戶制退撫 39IV，適用退撫細 71）。

(5) 其死亡與所生意外或危險事故，或猝發疾病具有相當因果關係。

5. 戮力職務，積勞過度以致死亡；其認定標準同退撫法因公命令退休、因公撫卹之規定（個人專戶制退撫 39IV，適用退撫細 70）。

四、因公撫卹審查機制與審定

(一) 因公撫卹審查機制：（個人專戶制退撫 40，同退撫法因公命令退休、撫卹之規定）

1. 審查小組之組成：由退撫法第 21 條第 3 項及第 53 條第 4 項所定之審查小組，依據事實及學理審認個案因公撫卹事由及因果關係。

2. 因公撫卹審查規範：審查小組審認個案時，應參考退撫法第 53 條第 5 項授權訂定之因公猝發疾病或因勠力職務積勞過度以致死亡審查指引。

3. 因公撫卹審查機制、所需資料及審查小組之運作，同退撫法因公命令退休、撫卹之規定。

(二) 因公撫卹案件之審定，得採二階段方式辦理：亡故公務人員之遺族申請因公死亡撫卹者，審定機關得先按病故或意外死亡之給與標準核定，並由支給或發放機關發給撫卹金；俟審定機關依規定完成因公死亡情事之審查作業後，再據以辦理變更或函知遺族原處分維持不變之事宜。

五、撫卹金給與

(一) 一次撫卹金（個人專戶制退撫 41 I，適用退撫 54 II ①）

1. 撫卹年資未滿十五年者，每任職一年給與 1.5 個基數，未滿一年者，每一個月給與八分之一個基數。未滿一個月者，以一個月計。

2. 撫卹年資未滿十年者，除依其實際任職年資核給一次撫卹金外，另依其任職年資與滿十年之差距，每少一年，加給 1 個基數之一次撫卹金（每月加給十二分之一個基數）。但曾依法令領取本法第 5 條所定退撫給與或退撫法施行細則第 74 條所定退離給與者，其年資應合併計算；合計超過十年者，不再加給。

(二) 一次撫卹金及月撫卹金（個人專戶制退撫 41 I，適用退撫 54 II ②、55 III、57）

1. 資格：

(1) 任職年資滿十五年以上者。

(2) 因公死亡者：

① 執行搶救災害（難）或逮捕罪犯等艱困任務，或執行與戰爭有關任務時，面對存有高度死亡可能性之危害事故，仍然不顧生死，奮勇執行任務，以致死亡者：任職未滿十五年者，以十五年計；任職滿十五年以上未滿二十五年者，以二十五年計；任職滿二十五年以上未滿

三十五年者，以三十五年計。

②除前開因公死亡原因者以外，任職未滿十五年者，以十五年計。

2. 計算標準：

(1) 月撫卹金：每月給與 0.5 個基數之月撫卹金。

(2) 一次撫卹金：撫卹任職年資滿十五年，給與 15 個基數之一次撫卹金。以後每增一年加給二分之一個基數，最高給與 27.5 個基數（採計四十年）。未滿一年者，每一個月給與二十四分之一個基數。未滿一個月者，以一個月計。

(3) 因公死亡加發一次撫卹金：因公死亡撫卹者，依因公條件依下列規定加發：

①執行搶救災害（難）或逮捕罪犯等艱困任務，或執行與戰爭有關任務時，面對存有高度死亡可能性之危害事故，仍然不顧生死，奮勇執行任務，以致死亡，加給 50%。

②於辦公場所，或奉派公差（出）執行前款以外之任務時，發生意外或危險事故，或遭受暴力事件，或罹患疾病，以致死亡，加給 25%。

③「於辦公場所，或奉派公差（出）執行前二款任務時，猝發疾病，以致死亡」，或「執行第 1 款或第 2 款任務之往返途中，猝發疾病，或執行第 2 款任務之往返途中，發生意外或危險事故，以致死亡」、「為執行任務而為必要之事前準備或事後之整理期間，發生意外或危險事故，或猝發疾病，以致死亡」及「戮力職務，積勞過度，以致死亡」，加給 10%。

④執行第 1 款任務之往返途中，發生意外或危險事故，加給 15%。

(4) 改按一次退休金之標準發給一次撫卹金（個人專戶制退撫 41 I，適用退撫 60）：

①撫卹年資滿十五年以上死亡，生前預立遺囑；或無遺囑而遺族不願意請領「一次撫卹金及月撫卹金」者，得改按一次退休金之給與標準，發給一次撫卹金。但因公死亡者，其依退撫法第 57 條規定應加給之一

次撫卹金，仍依退撫法第 54 條第 2 項第 2 款第 2 目所定標準計給。

②公務人員因公死亡，或任職滿十五年病故或意外死亡，且領卹遺族為祖父母或兄弟姊妹者，應改按一次退休金之標準，發給一次撫卹金。

③前開所定一次退休金之標準，均依退撫法第29條第1款所定標準計算。

3. 撫卹金基數內涵（個人專戶制退撫 41 I，適用退撫 54 III）：撫卹金基數內涵之計算，以退撫法第 27 條所定附表 1 所列平均俸額加一倍為準。

4. 月撫卹金給與月數（個人專戶制退撫 41 I，適用退撫 56）：

(1) 執行搶救災害（難）或逮捕罪犯等艱困任務，或執行與戰爭有關任務時，面對存有高度死亡可能性之危害事故，仍然不顧生死，奮勇執行任務，以致死亡者，給與二百四十個月。

(2) 於辦公場所，或奉派公差（出）執行前款以外之任務時，發生意外或危險事故，或遭受暴力事件，或罹患疾病，以致死亡者，給與一百八十個月。

(3) 「於辦公場所，或奉派公差（出）執行前二款任務時，猝發疾病，以致死亡者」，或「執行第 1 款或第 2 款任務之往返途中，猝發疾病，或執行第 2 款任務之往返途中，發生意外或危險事故，以致死亡者」、「為執行任務而為必要之事前準備或事後之整理期間，發生意外或危險事故，或猝發疾病，以致死亡者」及「戮力職務，積勞過度，以致死亡者」，給與一百二十個月。

(4) 執行第 1 款任務之往返途中，發生意外或危險事故以致死亡者，給與一百八十個月。

(5) 病故或意外死亡者，給與一百二十個月。

(6) 終身給卹：

①因身心障礙而無工作能力之子女，得檢同法定重度以上身心障礙手冊或證明，或已受監護宣告尚未撤銷之證明，依審定給與比率申請。

②屬已成年子女者，除前開資料外並應每年度出具其本人前一年度年終所得申報資料，證明其平均每月所得未超過當年度之法定基本工資。

③前述年終所得申報資料及每月所得未超過法定基本工資之認定，同退撫法所定因公命令退休遺屬年金支領規定。

〔註：無子（女）之寡妻（鰥夫），依給卹期限給卹，不得給與終身。〕

(7) 領卹子女於所定給卹年限屆滿時尚未成年者，得繼續給卹至成年；子女雖已成年，仍在學就讀者，得繼續給卹至取得學士學位止。

①在學就讀者，以就讀國內學校具有學籍之學生，且在法定修業年限之就學期間為限；就讀大學或獨立學院者，以取得 1 個學士學位為限。

②因未在規定修業期限內修滿應修學分，或因選定雙主修而延長修業期限者，其延長修業期間不給卹。

③成年子女必須於所定給卹年限最後一個月仍有在學就讀之事實，始予繼續給卹。當月適逢畢業，嗣於同年再升學者，或休學後復學、轉學就讀者，得於就學後，補行申請繼續給卹。但轉學、休學重讀者，其延長修業、轉學及休學重讀期間均不給卹。

④繼續給卹期間，除畢業後升學或休學期間外，學業須未中斷。

(8) 延長給卹期間遺族月撫卹金之發給，均以原審定之比率發給。

(三) 未成年之子女加發撫卹金

1. 資格：未成年子女。

2. 給與標準：

(1) 每一未成年子女每月再比照國民年金法規定之老年基本保證年金給與標準，加發撫卹金，至成年為止（個人專戶制退撫 43）。

(2) 前開保證年金給與，以國民年金法所定中央主管機關公告之老年基本保證年金給與標準為準（現行老年基本保證年金給與標準為每月 3,772 元）。

〔註：未成年子女申請改按一次退休金標準發給一次撫卹金者，不再發給未成年子女遺族按月加發撫卹金。〕

表 9-5　撫卹事由之分類及給與標準彙整表

撫卹事由	擬制年資	加發一次撫卹金	給卹月數
執行搶救災害（難）或逮捕罪犯等艱困任務，或執行與戰爭有關任務時，面對存有高度死亡可能性之危害事故，仍然不顧生死，奮勇執行任務，以致死亡（個人專戶制退撫 39 Ⅱ①）	任職未滿 15 年者，以 15 年計；任職滿 15 年而未滿 25 年者，以 25 年計；任職滿 25 年而未滿 35 年者，以 35 年計給撫卹金	50%	240 個月
於辦公場所，或奉派公差（出）執行前款以外之任務時，發生意外或危險事故，或遭受暴力事件，或罹患疾病，以致死亡（個人專戶制退撫 39 Ⅱ②）	任職未滿 15 年，以 15 年計	25%	180 個月
於辦公場所辦公或奉派公差（出）執行前 2 款任務時，猝發疾病以致死亡（個人專戶制退撫 39 Ⅱ③）	任職未滿 15 年，以 15 年計	10%	120 個月
執行第 1 款任務之往返途中，發生意外或危險事故以致死亡（個人專戶制退撫 39 Ⅱ④(1)）	任職未滿 15 年，以 15 年計	15%	180 個月
因有下列情形之一，以致死亡： 1. 執行第 1 款或第 2 款任務之往返途中，猝發疾病，或執行第 2 款任務之往返途中，發生意外或危險事故（個人專戶制退撫 39 Ⅱ④(2)） 2. 為執行職務而為必要之事前準備或事後之整理期間，發生意外或危險事故，或猝發疾病（個人專戶制退撫 39 Ⅱ④(3)）	任職未滿 15 年，以 15 年計	10%	120 個月
戮力職務，積勞過度，以致死亡（個人專戶制退撫 39 Ⅱ⑤）	任職未滿 15 年，以 15 年計	10%	120 個月
病故或意外死亡	無	無	120 個月（任職年資 15 年以上者，始得領取月撫卹金）

資料來源：銓敘部。

六、領卹遺族範圍

(一) 非遺囑指定（個人專戶制退撫 45）：

1. 未再婚配偶爲當然領受人，領受二分之一。

2. 其餘二分之一之撫卹金由下列順序之遺族，依序平均領受：

   (1) 第一順序：子女（註：包含未出生之子女）。

   (2) 第二順序：父母。

   (3) 第三順序：祖父母。

   (4) 第四順序：兄弟姊妹。

3. 如無配偶或配偶再婚，其應領之撫卹金，依序由前開順序遺族領受。

4. 如遺族中僅有未再婚配偶及兄弟姐妹（無子女、父母、祖父母等遺族）時，該兄弟姐妹無撫卹金領受權，而由未再婚配偶單獨領受撫卹金。

5. 如第一順序之領受人（亡故公務人員之子女）死亡、拋棄或因法定事由喪失領受權者，由其子女（即亡故公務人員之孫子女）代位領受撫卹金（以公務人員亡故時已發生子女喪失領受權之事實爲限）。

(二) 遺囑指定：

1. 公務人員生前預立遺囑，僅能就配偶及前開四種順序遺族中指定撫卹金領受人。但公務人員未成年子女之領受比率，不得低於其原得領取比率（個人專戶制退撫 47 II）。

2. 爲避免爭議，遺囑應經公證或經法院裁判爲宜。

(三) 無遺族辦理撫卹者：其繼承人得向退撫基金管理機關申請發還公務人員本人繳付之退撫儲金；無繼承人者，得由原服務機關先行具領，以辦理喪葬事宜（個人專戶制退撫 47 III）。

七、撫卹金領受權之保障、喪失、停止及暫停

　　考量個人專戶制退撫制度，於在職亡故公務人員遺族之照護上，維持與適用退撫法之現職公務人員遺族權益衡平，遺族於領受撫卹金期間，除應適用本法第 55 條所定喪失申請撫卹及領受月撫卹金之權利，亦應適用退撫法所定支領退撫給與權利之喪失、停止、暫停等規定。（註：月撫卹金領受權之繼受：支領月撫卹金之遺族，於領卹期限內有本法所定喪失或退撫法所定

喪失或停止領受月撫卹金之情形者，其撫卹金領受權得由經審定之同一順序其餘遺族繼受。）

八、除撫卹金給與外之其他給與

(一) 殯葬補助費（個人專戶制退撫 44 I）：

1. 火葬及土葬均補助 7 個月本（年功）俸（薪）額。

2. 前項本（年功）俸（薪）俸應以亡故公務人員最後在職時經銓敘審定之等級計算，但不得低於委任第五職等本俸五級所計得之俸額。

（註：未依法辦理撫卹之亡故公務人員，其遺族不發給殯葬補助費。）

(二) 受有勳章或有特殊功績者，得給與勳績撫卹金（依因公死亡類型或所授予勳章種類發給）（個人專戶制退撫 44 II）。（註：所稱勳章，限於依勳章條例所授予者。）

九、其他修正重點

月撫卹金領受人喪失權利，結算亡故公務人員個人專戶賸餘金額（個人專戶制退撫 46）。

(一) 適用條件：依法審定之同一順序月撫卹金領受人，於月撫卹金領受期限內均喪失領受權時，始得適用。

(二) 發給原則：專戶無賸餘金額、無次一順序遺族或次一順序遺族均喪失領受權時，不再發給。

十、撫卹相關給與之發放事宜

(一) 撫卹給與（個人專戶制退撫 50）：

1. 一次撫卹金或首期月撫卹金：由退撫基金管理機關於審定函發文日當月底前彙整通知受託金融機構，於次月底前轉發遺族一次撫卹金及首期月撫卹金。

2. 第二期以後之月撫卹金：

(1) 每一個月發給 1 次；定期於每月第一個營業日發放。

表 9-6　撫卹權益比較表

項目	公務人員退休資遣撫卹法	公務人員個人專戶制退休資遣撫卹法	備註
撫卹條件	1. 病故或意外死亡 2. 因公死亡	維持與退撫法所定撫卹制度相同	
給付種類	1. 一次撫卹金 2. 一次及月撫卹金	均照退撫法所定計算標準給與	
	未成年子女按月加發撫卹金	維持與退撫法所定撫卹制度相同	
因公撫卹增發給與	1. 擬制年資 2. 加發因公一次撫卹金	1. 照退撫法所定標準擬制年資，實際撥繳年資未滿擬制年資部分之退撫儲金費用，由服務機關全額負擔並一次補足存入個人專戶 2. 照退撫法規定加發一次撫卹金，由各級政府編列預算支應並存入個人專戶（先以病故或意外審定之案件且已由政府接續發給者，經審定因公撫卹後，加發因公一次撫卹金，逕予發給遺族而不存入專戶）	
經費來源	1. 由退撫新制實施前年資計給之撫卹金，由各級政府編列預算支應 2. 退撫新制實施後年資計給之撫卹金，由公務人員退休撫卹基金支應	1. 先以個人專戶累積收益總金額支應 2. 專戶不足支應部分，由各級政府編列預算支應	
發放方式	1. 由退撫新制實施前、後年資之支給機關發給 2. 未成年子女加發撫卹金、勳績撫卹金、因公加發一次撫卹金，由服務機關發給	1. 先由受託管理個人專戶之金融機構，自專戶累積收益總金額支應，專戶不足支應部分，由服務機關接續發給 2. 未成年子女加發撫卹金、勳績撫卹金，於撫卹案審定後，由服務機關發給 3. 因公加給一次撫卹金，由服務機關撥入個人專戶後，由受託管理個人專戶之金融機構發給（先以病故或意外審定之案件且已由政府接續發給者，經審定因公撫卹後，其加發因公一次撫卹金，逕予發給遺族而不存入專戶）	

表 9-6　撫卹權益比較表　（續）

項目	公務人員退休資遣撫卹法	公務人員個人專戶制退休資遣撫卹法	備註
月撫卹金發放期程	每月 1 日發給	1. 自亡故公務人員個人專戶支應者，定期於每月第一個營業日發放 2. 個人專戶用罄而由各級政府接續發給者，定期每月 1 日發放	
請領遺族範圍及順序	配偶及子女、父母、祖父母及兄弟姊妹等四種順序	維持與退撫法所定撫卹制度相同	
領卹權遞移至次一順序遺族	依一次退休金之標準，計算一次撫卹金，減除已領月撫卹金金額後，補發次一順序之遺族餘額；無餘額者，不再發給	領取亡故公務人員個人專戶賸餘額；無餘額者，不再發給	領卹期間內，原審定之領卹遺族均喪失領授權時
因公撫卹審定方式	得採二階段方式辦理	維持與退撫法所定撫卹制度相同	
殮葬補助費	無論火葬、土葬均補助 7 個月本（年功）俸（薪）額	維持與退撫法所定撫卹制度相同	

資料來源：銓敘部。

(2) 本法第 43 條所定按遺族未成年子女人數，每月加發之撫卹金，亦同前述規定辦理。

(3) 第二期以後之月撫卹金，如已由各級政府接續發給者，以及依本法第 43 條規定加發之撫卹金，除接續發給當期應發給之月撫卹金差額外，應定期於每月 1 日發放。遇例假日時仍應於當日發放。但因金融機構作業未能配合致無法如期發放時，於例假日後第一個營業日發放。

(二) 亡故公務人員自願增加提繳之退撫儲金：由退撫基金管理機關於審定函發文日當月底前彙整通知受託金融機構，於次月底前轉發遺族。

(三) 撫卹案經審定後，個人專戶累積總金額已不足支應撫卹金時，由退撫基金管理機關計算差額並通知支給或發放機關辦理支付事宜，轉發遺族。

(四) 因公撫卹案件之擬制撫卹金給與年資、加發因公一次撫卹金：

1. 由服務機關一次補提撥之退撫儲金費用及應加發之一次撫卹金，於撫卹案審定後，由審定機關通知服務機關、支給或發放機關辦理支付事宜，並存入個人專戶（先以病故或意外審定之案件且已由政府接續發給者，經審定因公撫卹後，加發因公一次撫卹金，逕予發給遺族而不存入專戶）。

2. 本法第 42 條第 2 項所定撥繳退撫儲金年資不足擬制年資者，其撥繳年資不足之計算，應以十五年、二十五年或三十五年爲準，扣除依法撥繳退撫儲金費用之實際日數後，計算應補提撥之年資。撥繳退撫儲金年資之畸零日數得合併計算，並以三十日折算一個月。

第六節　年金改革的系統分析

壹　文官制度的系統思維

　　我的大學老師台北中興大學法商學院公共行政系謝延庚教授曾說，「大學教學首在訓練同學們具有獨立思考能力，去面對複雜的未來；不在職業訓練，讓同學考上高普考。」雖然法商學院一向是常任文官搖籃。在那個時代之下，西方理性主義浸入我國學術界及實務界，所謂獨立思考能力係指訓練學生以理性的思維觀察周遭的事物，其一，是探究事件與事件之間的相關性或因果關係，成爲解決問題的常軌，一旦找到問題原因，就能解決問題，它有另一個眾所熟悉的名稱，那就是線性思維，也是多數人的慣性思維。

　　其二，是訓練學生慣於將某一事件拆解，不斷地拆解到最小的單元爲止，再針對每一個小的單元做精確的處理。這種處理事件的思維方式，俯拾皆是。泰勒科的科學管理運用到人力資源管理領域，即爲一例，是爲我們熟知的「分類職位制度」，這個濫觴於美國聯邦政府的文官制度，始於運用職務分析（job analysis），將人事制度不斷拆解到最小單位——「職位」（職務），再針每一個職務做詳細的職務分析後，撰寫而成「職務說明書」，作

為人力資源管理中人員甄選、任用、陞遷、訓練、考績、待遇及退休等人力資源管理活動的基礎。

這種「化簡思維」為近代歐美社會科學研究及解決社會問題的主流思想，也成為多數人的慣性思維，對人類解決問題固然貢獻卓著，備受歌頌；但也不免產生了「以管窺天」、「洞穴人思維」、「頭痛醫頭，腳痛醫腳」、「解決一個問題，卻製造另一個更大的問題」等批評。我國文官制度的規劃同樣陷入這種思維，造成一些問題而不自知（林文燦，民111）。

因此，另一種以整體視野觀察社會問題，用以面對益為複雜社會問題的系統思維方式，漸漸受到重視。就一個高階文官而言，如何以合適的思維方式面對問題，在解決問題後不生任何後遺症，除是一個可貴而重要的能力，更是長期職涯歷練所積累而成珍貴的隱性知識，那系統思維會是一個有用的思維模式（林文燦，民111）。然而我們也要知道，思維模式並無好壞、優劣之別，要看面對問題的性質是什麼？選擇合適的思維模式，是瞭解、解決問題的第一步。

一、系統思維的意涵及組成要素

(一) 系統思維定義及其作用

什麼是系統？所謂系統，係指「任何一組相互作用、相互關聯或相互依賴的部分，所形成具有特定目的之複雜且統一的整體」（Kim, 1999）。Meadows（2008）指出一個系統必須包含三個核心要件，分別是：1. 要素（或組成部分）；2. 互聯（或交互作用）；以及 3. 一種功能或一個目標（或目的）。所以對任何問題永遠不會只有一個標準答案（張興等譯，民100：181-199）。Steven Schuster 對系統思維要旨闡釋如下（李江豔譯，民108）：

> 系統思維的核心就是用我們以前從未用過的方式去看待問題。這是一種對事物皆有聯繫的認識，我們應該將事物視為一個

整體，而不僅僅是一組各自獨立的部分。系統思維意味著首先從大局入手，然後深入發掘，從其組成部分彼此之間關係的角度來審視它們。

(二) 系統的結構與行為

系統由三個部分構成：要素、要素間關聯及組成系統所要達成之目的。要素就是該系統的參與者；參與者互動時所遵守的規則或互動模式；目的就是參與者依照其互動規則後，所期待的理想狀態。系統思維是把社會事件或公共問題看成是一個系統，從系統所構成的各種重要之要素、各要素間的相互聯繫、相互作用，及其對系統目標的影響，綜合地考察的一種思維方法（李江豔譯，民 108）。

二、文官制度的系統思維分析

(一) 文官制度的目的與要素

以系統思維分析，文官系統是由三個部分組成：首先，文官制度之目的是，延攬、留用及激勵優質公務人員，以提高公共服務品質，創造人民最大幸福；其次，文官系統的組成要素有內外之分，其一，係指文官系統的參與者包含國家、公務員（主要含政務人員及常任文官）、民眾。其二，就文官系統本身的要素言，係指本書第二章所指公務人員甄選、任免、獎酬、考核、退養、倫理、保障、發展的規範和法制；以及專屬人事行政總處員工待遇、福利、差勤管理等事項，這些人事度組成要會相互影響，例如，這次公務人員升遷法修法重點，將原本「資」、「績」並重，修改為強調「功績原則」，這種改變除了會對公務人員考績、俸給等產生影響外，對於政府機關組織文化及公務人員組織行為產生深遠的影響。

(二) 文官制度參與者互動規則本質之探索

政府與公務人員之互動，遵循法律、法令或慣例所形成的正式的行為

規範，就是系統思維下，文官系統參與者間的互動規則。這種互動規則，就是一旦論及政府與公務人員關係時，立即浮現在多數公務人員腦海者，多是所謂「公法上職務關係」；而對於公務法上職務關係最權威的解釋，自然是歷次大法官會議（現為憲法法庭）解釋，依據大法官釋字第 569 號解釋：「……，憲法第 18 條規定人民有服公職之權利，旨在保障人民有依法令從事於公務暨由此衍生之身分保障、俸給與退休金等權利（本院釋字第 575 號解釋參照）。憲法第 83 條暨憲法增修條文第六條設置國家機關掌理公務人員退休法制之事項，亦旨在立法保障公務人員退休後之生活（本院釋字第 280 號解釋理由書參照）。按國家為公法人，其意思及行為係經由充當國家機關之公務人員為之。公務人員與國家間係公法上之職務關係，國家對公務人員有給予俸給、退休金等保障其生活之義務，公務人員對國家亦負有忠誠、執行職務等義務（本院釋字第 433 號解釋理由書參照）。然勞雇關係，則係人民相互間本諸契約自由而成立，勞工為雇主提供勞務，從事特定工作，雇主則給付勞工相當之報酬，其性質為私法上權利義務關係，惟國家基於憲法第 153 條保護勞工之基本國策，仍得以立法之方式介入勞雇關係，要求雇主協力保護勞工之退休生活。是公務人員與勞工之工作性質、權利義務關係不同，國家對勞工與公務人員退休生活所為之保護，方法上自亦未盡相同，……。」

以系統思維來探討文官系統的日常運作情形，首在探究參與者的互動規則及其衍生交互動行為模式的本質，其中有關「公務人員與國家間係公法上之職務關係，國家對公務人員有給予俸給、退休金等保障其生活之義務，公務人員對國家亦負有忠誠、執行職務等義務」的表述，該段文字表述，揭示國家與公務人員間「義務對待的交換關係」互動規則的本質，筆者個人認為抽離出此一文官系統參與者互動規則的本質，等於掌握梳理了複雜文官系統的線頭。

筆者浸淫人事制度及公共人力資源管理，退休前和同仁討論文官制度時，強調在規劃文官制度變革前，要以二個系統思維做政策影響評估：其

一，須先對文官制度變革後，對國家與公務人員關係間的影響如何？會不會產生外部效果或非預期效果？其次，對文官制度構成要素間的影響如何？會不會對其他的文官制度產生外部效果，或是負面的影響呢？112 年實施個人專戶制退休制度多年後，對公務人員考選、任用、陞遷、服務會產生怎麼樣的影響呢？系統思維在探討文官制度改革時格外重要，卻往往被決策層級所忽視。

有關政府與公務人員間互動模式的本質為何？前開大法官會議解釋中的這段話：「公務人員與國家間係公法上之職務關係，國家對公務人員有給予俸給、退休金等保障其生活之義務，公務人員對國家亦負有忠誠、執行職務等義務。」堪稱典範，筆者個人認為，可抽離出政府與公務人員間的關係為「義務對待的交換關係」。國家不論以法律規定公務人員義務，或給予公務人員義務，必須符合比例原則，公平合理。因此，「義務交換」可以蘊含著「公平對待」。筆者個人認為「以系統思維探究文官系統變革時，更要關注這種參與者互動規則的本質「義務間公平對待的交換關係」；特別注意這種義務公平對待關係所形成的「文官系統動態平衡」。因為，一旦任何一方改變義務內涵，就會影響「公平對待」互動規範，造成系統不穩定，為了維持系統正常運作，另外一方的義務內涵，必須隨而調整。而所謂「公平對待」，用多數人熟知出自「詩經‧大雅‧抑」的「投我以桃，報之以李」，來形容更貼近生活體驗，我們期待國家與公務人員能夠形成一種講究「禮尚往來的公平對待關係」的信賴關係。

四、欠缺文官制度系統思維的案例

以系統思維規劃文官制度變革，是過去少見卻非常重要的決策思維。那麼，到底有多重要呢？以一個欠缺文官制度系統思維的案例借鏡。銓敘部84 年及 85 年推動二階段修正職務列等政策，透過職務列等表修正，將科員職務列等由「原委任第 5 職等、薦任第 6 職等至第 7 職等二組列等，整併為委任第 5 職等或薦任第 6 職等至第 7 職等」。依據銓敘部 82 年 11 月 19 日

「人事制度研究改進委員會委員會議紀錄」所記錄之修正理由為：「高考或乙等特考及格取得薦任任用資格，機關於委任第 5 職等任之後，歷經數年未獲陞遷機會之現象普遍存在，甚至以委任第 5 職等退休者大有人在，嚴重影響工作士氣，以致造成人員流動性大，留不住優秀人才，故其服務品質常為人所詬病，影響政府形象甚鉅。」揆諸當時修法思維方式——「只要提高職等（因），即可解決陞遷不易的問題（果）」，這是典型的線性思考。

科員職務列等原單列委任第 5 職等（原因 A），造成高考或乙等特考及格取得薦任任用資格者陞遷不易（結果 B），A 導致 B 的因果關係，那麼 A 獲致解決，B 自然迎刃而解，這就是線性思維的解決思維。但如果將公部門人事制度當成「系統」，那麼，它的組成要素包含：考試、任用、陞遷、訓練、考績、待遇、退休等。這些要素之間會相互影響，一旦改變影響這些人事措施（要素）法制規章，會對人事制度初始目的產生重大改變。將科員職務列等提升為委任第 5 職等或薦任第 6 職等至第 7 職等，意在暢通陞遷管道，但意外地使得公務人員職務結構產生質變。更有甚者，職務列等趨高成為加重公務人員退撫基金財務匱乏的主要原因之一，究其原因或恐當時握有決策者們欠缺系統思維所致。

在 84 年及 85 年二階段修正職務列等時，考試院研議將科員職務列等由原委任第 5 職等、薦任第 6 職等至第 7 職等二組列等，整併為委任第 5 職等或薦任第 6 職等至第 7 職等，以致具有薦任資格之委任科員大量改列薦任官等。法制上，從 84 年及 85 年二階段修正職務列等表，看似單純，卻影響深遠。何故？筆者運用商業智慧（business intelligence）工具，從全國公務人力資料庫，分析出公務人員職務結構型態及改變情形，發現從 91 年起，公務人員職務結構轉而呈現出橢圓形，薦任員額數占總員額數比率為 48.86%，以些微的差距超過委任員額數占總員額數比率為 47.36%，到了 105 年薦任員額數占總員額數比率為 61.09%，遠超過委任員額數占總員額數比率為 35.07%。職務結構益發呈現橢圓形或者更像橄欖球形狀。

另佐以 111 年 12 月底全國公務人員人事資料庫（含警察人員）統計，

行政機關的簡任官為 9,310 人,但就本俸結構上,支領簡任本俸 1 級(590俸額)者高達 101,331 人,這種現象是欠缺人事政策系統思維的結果,對退撫經費負擔的影響,是許多公教人員在職時以較低的俸額提撥退休經費,但退休後以簡任第 10 職等本俸 1 級 590 俸點支領退休所得,提撥率遠不如給付率,退撫基金負擔自然沉重。

殊不知,這些解決公務人員陞遷問題,卻造成今日退撫基金財務無法永續健全的主因之一。因為確定給付年金制度之財務運作邏輯,是建立在金字塔的組織結構之上,靠著相對數量龐大的委任層級公務人員長期繳付退休經費;憑藉著「現職繳費者眾,退休用之者寡」的財務邏輯,彌補財務收支不對稱缺口,然而一旦職務結構由金字塔轉變為橢圓形後,無法彌補收支缺口,入不敷出,退休金財務負擔乃日趨嚴重。要言之,以線性思維面對複雜的公共事務時,所提之解決方案,或可立馬解決眼下問題,但往往衍生難以察覺的副作用,日轉星移,對其它事件製造更嚴重的問題。前述為了解決高考及格以委任第 5 職等科員任用,無法占缺陞任薦任第 6 職等科員的問題,以線性思維提出政策方案,忽視任用制度與退休制度等二要素間的關聯;著眼於抒解任用、陞遷問題的解決方案,卻嚴重地影響公務人員退撫基金財務的永續性。若決策當時,決策者能有系統思維整體性思考人事政策,或許會有不同光景,也未可知(林文燦,民 111)。

貳 個人專戶制的系統思維

一、個人專戶制的目的抉擇

把公營事業機構看成是一個系統。全國加油站股份公司由台塑供應油料,依據其公司網站該公司成立的目的在追求本業獲利、提升股東利益及企業永續經營;台灣中油股份有限公司設立的目的在於穩定能源供應,提供多元服務及追求永續發展。中油公司是公營事業機構,目的有二:公營在穩定能源供應,以追求公共利益,事業在追求收益;一旦,中油公司的目的改變

爲追求股東利益，那麼補貼油價，海外鑽探及穩定物價，凍結油價等追求公共利益將隨而取消，所有的經營策略要隨之調整。可見，明確化組織目的是最爲重要的。以系統思維觀之，一個系統或一個制度最重要的部分是目的或功能。若改變系統目的，則會對系統會產生劇烈的改變。

一個成功的系統應該能夠實現個體目標，和維持系統整體目標的一致性（邱昭良譯，民106）例如，個人專戶制之目的在於解除國家對公務人員退休財務的責任，殆無疑義；但能不能和「維持系統整體目的（延攬、留用、激勵優質公務人員，改善公共服務品質，求得人民最大的幸福）之一致性呢？」

那麼，年金改革的目的是什麼呢？OECD（2015）研究報告指出，各國爲達成財務永續性之目標，所採取之降低或限縮各項給付措施，對於人民老年的生活水準已造成嚴重的後果。重視改善退休所得適足性，可同時解決所得替代率與重分配之問題。儘管有關改善年金制度財務面的策略仍爲主要的關注焦點，一些國家業已採取若干措施，諸如增加年金系統的覆蓋率、提高年金給付水準、對於退休所得適用較低稅率等，以提升人民退休所得的適足性（引自林文燦，民111）。European Commission在2015年同時強調年金改革與退休政策最主要之目標，係確保「退休所得適足性、財務永續性及提升就業率」（引自林文燦，民111）。

由各國年金改革經驗，可知政府在做各項政策決定時，往往是權衡取捨（trade-off）的結果。過去各國常藉由降低年金給付水準，以減輕年金制度造成的財務壓力，雖可使財政永續性獲得改善，但因忽略退休人員退休所得適足性，使得退休人員成爲日本所謂「下流老人」。因此，儘管年金制度改革面對種種壓力，現今各國政府已體認仍有必要採取相關措施，以保證提供兼顧人民安全、適足、具財政永續性的老年經濟安全制度。年金改革爲何政策選擇呢？因爲「一個年改退休制度能夠同時達到財務永續性，又達到退休所得適足性」嗎？較多國家年金改革的實際經驗是：只能在二者之間尋得「平衡點」，無法同時追求二者「最大化」，這個經驗要牢牢記得，說白

話，就是「年改政策就是財務獲得適度改善，公務人員退休所得要適度的降低」。因此，112年後的個人專戶退休制度完全解決政府財務負擔方面，殆無疑義；但是，若要說在退休所得適足性也「均」較112年6月以前確定給付制更佳，就恐怕要有更多的證據。

不說孟子曰：「魚，我所欲也；熊掌，亦我所欲也，二者不可得兼，舍魚而取熊掌者也。生，亦我所欲也；義，亦我所欲也，二者不可得兼，舍生而取義者也。」就是當代經濟學、社會學領域亦多有左派右派的路線之辯，英國政經學院學者Anthony Giddens「超越左與右」（1994年）和「第三條道路」（1998年），也被證明過是「概念的抒發」而已，現實經濟及社會並無得左派、右派之利的實務。

二、個人專戶制度下互動規則改變的影響

以系統思維探討個人專戶退休制度，公務人員與國家是構成文官系統的要素或稱之為參與者；要素是系統中我們看得見的東西，要素間的關係或互動規則是系統中我們看不見的，而看不見的才更重要，一旦互動規則改變了，一切都改變了。簡言之，規劃個人專戶退休制度變革時，我們要看到要素，看到要素間的關係，更要看到這些關係互動規則，看到國家與公務人員「義務間公平對待交換關係」互動規則的改變。

回到前開大法官會議釋字第596號解釋：「……。按國家為公法人，其意思及行為係經由充當國家機關之公務人員為之。公務人員與國家間係公法上之職務關係，國家對公務人員有給予俸給、退休金等保障其生活之義務，公務人員對國家亦負有忠誠、執行職務等義務。」筆者認為這段文字寓意著「義務間公平對待的交換關係」是以「俸給、退休金等保障其生活之義務」交換「對國家亦負有忠誠、執行職務等義務」，以維持彼此間公平對待的關係；若因一方改變，另一方應隨而調整，回歸「系統的動態平衡」，以維持系統穩定。因此，屬於保障公務人員生活義務中重要的退休金支給方式，若已產生重大變革，姑不論對公務員生活保障優劣如何？有關公務人員對國家

亦負有忠誠、執行職務等義務的實質內涵是否要調整，必須在個人專戶制推出之前，就先做整體性法律影響評估。

　　然就法制現實，法制主管機關有運用系統思維，預做政策影響評估嗎？銓敘部推動個人專戶的退撫制度，112 年 7 月 1 日以後新進公務人員必須知道的一件事，那就是「公務人員要為自己未來的退休財務負起完全責任」。正是這個認知，意味著「政府與公務人員間對待關係已產生重大的轉變」。如若，攸關公務人員重大退休生活保障制度已經改變了，而對應的「執行職務義務」實質內涵，若未曾有過任何系統思維，那就值得商榷了。

三、個人專戶制對其他文官制度的影響

　　從人力資源管理的觀之，文官系統的功能或目的不外乎延攬、留用及激勵優質的人才，個人專戶制對文官制度的影響也可聚焦在這三個功能加以探討。

(一) 對公務人員考選制度延攬人才的影響

　　依據考選部所公布的高普考報考人數統計顯示，102 年報考人數為146,209 人，109 年為 83,616 人，111 年為 71,284；112 年為 66,382 人，這種逐年降低的現象之成因，眾說紛紜，考試院的官方說法，歸因為少子女化、民間搶人才吸引力高及高普考考科太多。但隨著 112 年 7 月 1 日初任公務人員是用個人專戶退撫制度，該制度走向與勞工的勞退新制及私校退撫新制一般無二的「確定提撥制」。在一般的印象中，勞工的退休金數額遠不如確定給付的公務退撫新制的退休所得；私校退撫新制的退休所得不如教職員退撫新制的退休所得。論者多有將新實施的公務人員個人專戶制的退休金數額，不如公務人員退撫新制，由於退休制度的保障減少，成為報考國家高普考人數減少的主因之一。

　　P F. Drucker 曾說，「定義問題」是高階經理人最可貴的能力；筆者任公職的體會是：「定義問題是高階文官最可貴的能力」，若以系統思維論之，文官系統考選人數的變動和退休制度變革是會有影響的，但在政策議題

設定上，將之視爲自然趨勢，抑或是認定爲必須解決的迫切問題呢？如果報考高普考人數減少是來自於人口結構的改變，從代表性官僚理論上看，是不是也意味著政府不需要那麼多的公務人員？因此，可將視之自然趨勢。

換個說法，報考人數減少是「文官制度機會之窗」，還是「文官制度的破窗」呢？若視爲機會之窗，原本在政府再造及新公共管理理念下，政府就常面臨「雙環困境」（catch-22 situation）。孫本初老師「新公共管理」一書中提到：1. 對內方面：改革者若欲撙節施政成本，最常使用的方法就是裁撤機關並精簡員額；2. 對外方面：改革者若欲提高服務效能，滿足公民遞升的期望需求，則常需增收稅賦、擴大稅基，以寬裕財政預算，增加可用資源，然此舉易引發立法機構的質疑，在野黨派的詰難，以及一般公民的負面回應（孫本初，民 102）。爲解決此困境，只能 do more with less，就爲文官系統開啓「運用資訊科技，推動數位轉型」等機會之窗，豈非美事一樁。

李俊達（民 109）認爲，應用公共服務動機（public service motivation, PSM）是一個「人格特質」，而不是一種「心理狀態」。由於，公共服務動機爲穩定一致的人格特質，理應不輕易受年金改革影響而變動。因此，報考高普考人數因爲退休金「可能不確定」而減少；而那些願意報考者是不是「更可能具有公共服務意識的人格特質」而成爲公務體系更想招募的優質公務人員候選人呢？

綜合看來，考試院將報考高普人數降低當成「文官制度的破窗」，因而採取的林林總總「解決問題的對策」，還包括錄取率提高的大內宣，會不會患了公共政策上所謂「第三類型錯誤」呢？

(二) 對公務人員任用、陞遷制度之影響

112 年 7 月 1 日以後實施的個人專戶制，對公務人員任用、陞遷制度影響如何呢？依據個人專戶制退撫法第 27 條規定，符合退休條件，即可請領退休金專戶累積總金額，亦即請領退休金無年齡上限。而所謂符合退休條件，依該法第 17 條規定，公務人員任職滿二十五年，應准其自願退休。因

之，確定給付制下的退休制度，支領月退休金年齡要 65 歲：而個人專戶制下的退休制度，無年齡上限。前者，論者擔心公務人力老化，影響公務人員新陳代謝，不利公共服務品質：而後者，不會有新陳代謝遲緩的問題，不過事實如何？當然，還是要以「全國公務人力資料庫」數據結合資訊及統計分析之，比較保險，有待進一步研析。

　　但是，有一點可能要注意的是，會不會因「無年齡上限，即可請領退休金專戶累積總金額」的規定，成為政府想要留用的優質人才提前離開政府機關的隱憂。因為若如銓敘部宣導最佳組合下高額退休金得以實現，就有可能成為「誘使」優質人才脫離公務行列的「誘因」。讓數據說話，依據銓敘部宣導資料的退休金估算，公務人員提撥年資二十五年，個人帳戶內達 7,004,909 元，按餘命攤提每月可支領 27,273 元；依據銓審資料庫統計，公務人員升任薦任第 9 職等年功 7（710 俸點）所需年限平均數為十七點五年，標準差五點三年，設若一個高考及格 25 歲公務人員，服務滿二十五年即可退休，而退休時個人帳戶內達 7,004,909 元，政府想要留用的優質人才，留得住嗎？政府對於這種有可能「誘發」勇於轉換民間跑道的，到底是「樂觀其成」還是「期期以為不可」呢？

(三) 對公務人員倫理法制的影響

　　孫運璿院長戮力從公，不置房產，身後其遺孀住在公家宿舍，是為典範。國家與公務人員關係不該是少數公法學者冰冷法律文字的推理，而應該是一種有溫度的公平對待關係。前面以「投桃報李」禮尚往來形容國家與公務人員關係，「桃」與「李」象徵偏向於物質的交換；其實，大多數公務人員所期待「國家與公務人員間關係」的理想狀態，同樣可以用「詩經・衛風・木瓜」一句話形容；「投我以木桃，報之以瓊瑤。匪報也，永以為好也！」重點不在前面那二句「你贈我木桃，我給你美玉。」而是兩句合在一起，才是對「禮尚往來」這種交往方式的真正詮釋：「你贈我木桃，我給你美玉，不是為了報答你，而是為了加深我們之間的情誼。」多數公務人員投

身公務行列，除黽勉從公外，漫漫歲月，遂行忠誠、執行職務之義務，意在加深與國家間的良善關係。這不是天方夜譚，多少您身邊公務人員時不報加班，不報加班費，我在交通部服務時，多少公務人員拋妻棄子在偏遠地區做道路工程。

公務人員退撫新制採用確定給付制，而 112 年 7 月 1 日以後擔任公務人員的個人專戶制，是為確定提撥制。二個制度孰優孰劣？仁智互見。一旦個人專戶制揭示公務人員要為自己未來的退休財務負起完全責任，公務人員就要非常關注留心自己所所選擇的「投資平台」是什麼？正是這原因，公務員服務法相關倫理法制還能維持「現制」？要求公務人員展現同等黽勉從公的密度嗎？現行公務員服務法關於 1. 兼職、2. 經營商業等高密度限制規定，有無必要以系統思維，針對個人專戶制特性重新檢討之？

參 確定給付制與個人專戶制之比較

112 年 7 月 1 日以後個人專戶制之下，公務人員「自理」退休所得。所謂自理，是建立在個人帳戶的制度設計理念上，公務人員任職二十五年、三十五年或四十年後退休所得的多寡，責任自負決定於公務人員在公務職涯中對於投資標的「自理」選擇。也就是提醒公務人員「你不理財，財不理你」。公務人員黽勉從公，規劃國家未來時，亦須「發」心思，自理未來退休財務規劃，累積個人退休帳戶內的總金額，以享受退休生活。

許多人力資源管理重要的議題，源自「比較」。考績是如此，待遇制度的公平性也來自「比較」；就文官制度基礎的功績制，更是建立在「公平的比較」基礎上。因此，一旦談到確定給付制與確定提撥制（個人專戶制）時，進入腦海的思維習慣就是「孰優孰劣」的比較概念。然而，從我們熟知的權變理論來看，「沒有最好的制度，只有較適合的制度」，「適合」二字簡單，學問卻很大。所以，要比較確定給付制與確定提撥制（個人專戶制）「孰優孰劣」，也難有定論。

　　惟就 1990 年以來，OECD 會員國及歐盟會員國年改的經驗而言，這些會員國對於年改之目的已趨同，就是尋求國家整體財務的永續性與個人所得適足性的平衡，用白話說，在於「盡量維持國家財務的永續性」與「盡可個人維持所得適足性」，但很難兼得「維持國家財務永續『最大化』與維持個人所得適足『最大化』」。

　　以系統思維言，退休制度所要達成目的為何？不外乎三種類型，一、總體財務永續性；二、個人所適足性；三、合理加強總體財務的永續性與合理降低所得適足性（按：指 1990 年以來，OECD 會員國及歐盟會員國年改的經驗）。為利分析，也可將之繪製光譜，左方是員工所得適足性，右方是整體財務永續性。左方的極致的例子為數約為 180 萬至 200 萬的德國公務人員退休制度，退休經費籌措採預算編列支應，公務人員不用提撥儲金，退休金給付採確定給付制，國家財務負擔嚴重，備受該國國民質疑；右方極致的代表確定提撥制，同為確定提撥制的勞退新制最靠近右方，其次是私校退撫制，再來才是公務人員個人專戶制，何故？因為 112 年 7 月 1 日實施個人專戶制，退休經費籌措採共同提撥的儲金制，因為政府對於因公命退及退撫仍與公務人員退撫新制同樣由政府編列預算支應，以彰顯政府照顧公務人員義務不變，故仍有政府財政責任的角色。

　　就退休金給付採確定提撥制，公務人員自選投資平台，退休財務責任自負，得以終結退撫基金與政府長遠財務負擔。至於我國 112 年 6 月 30 日前的公務人員退撫新制與韓國公務人員退休制度均採確定給付制，都因財務永續性政策考量，因之，我們在民國 107 年推動年改，韓國在 2014 年實施年改方案，都採「繳多、領少、延後退」策略，主要在降低退休公務人員退休所得，「限縮」個人退休所得的「適足性」以紓解國家財務負擔。

　　如果，112 年 7 月 1 日以後實施的建立在確定提撥基礎上的個人專戶制，就「達到退撫財務的永續性」政策目標而言，由於公務人員自負退休財務責任，終結退撫基金與政府長遠財務負擔，因此「較」建立在確定給付制基礎上的退撫新制「為優」，殆無疑義；因為確定給付制之下，政府對公務

人員退撫制度負最終財務保障責任。但該制度比確定給付制更能達實現個人所得適足性之目的嗎？要知，確定給付制之初始目的在由國家「確定」維持公務人員退休所得（按：107年年改所得替代率60%，的確太低，究其原因是政治妥協的產物）。退一萬步言，縱使個人專戶制設計很常完美，其退休所得可高於107年年改後同俸額退休人員的退休所得，也是要公務人員在官方設計的各種夢幻組合，善於「自理」財務下才有機會實現，是或然率問題，退休所得不確定。因此，二個制度在「個人退休所得適足性」最大的差別，在一個是「確定」，另一個是「機率」，制度無所謂優劣，在於決策者的智慧及政策抉擇。

確定給付制與個人專戶制孰優孰劣之判定，或許不在制度，在人心，在於「確定」與「或然」。今（112）年暑假最夯的院線片「奧本海默」，劇情講述了美國理論物理學家羅伯特・歐本海默參與研製原子彈的過程，其中有一段經典對話：

> 將軍：所以，你是說如果我們按下那個按扭，有可能毀滅整
>   個世界？
> 奧本海默：機率幾乎是零。
> 將軍：幾乎是零。
> 奧本海默：光憑理論你想怎樣？
> 將軍：最好是零。

看完上述對話，讀者有什麼感想。以系維思維析論，「維持個人所得的適足性」這個年改目的，社會通念是「民間企業員工的退休所得，遠不如公務人員退休所得」、「適用私校退撫的私校教職員退休所得，不如公校教職員退休所得」，因為職業年金制這一層，112年6月30日以前，公務人員所適用的退休制度是「確定給付制」；而民間企業員工及私校教職員在職業年金這一層上，是適用「確定提撥制」，照道理，同樣適用確定提撥制的

112 年個人專戶制的退休所得，理應不如確定給付制，然而，這個社會通念
在銓敘部「個人專戶退撫制度」說明會時，有了不同的政策論述。

　　銓敘部在公務人員個人專戶宣導會公開的數據資料，是委託精算公司計
算而得，確實「會有」個人專戶制的公務人員未來的退休所得，高過「118
年過渡期滿之後」同俸額確定給付下退休人員的退休所得。118 年過渡期滿
後確定給付下代表性職務俸額，所對應之退休金如表 9-7，而個人專戶制下
同俸額俸額所對應之退休金，如表 9-8，退休所得估算項目：公保年金、強
制提撥、自願增加提繳 5.25%；而擴大財務效果的是累積期固定收益率 4%，
另加給付期收益率 0.97%。

表 9-7　現行 DB 制任職三十五年公務人員退休所得

俸點	所得合計（折現）	所得合計（現值）
12 等年功 4（800）	92,431	82,185
9 等年功 7（710）	78,747	70,020
7 等年功 6（590）	65,382	58,133
5 等年功 10（520）	57,585	51,198

說明：以 118 年替代率 60%（退休＋公保）所得估算；公保一次性給付換算為年金估算每月所得；單位採新台幣元。
資料來源：筆者依據銓敘部資料自行編製。

表 9-8　個人專戶退休所得評估表

最後俸點	DC 無自願增加提繳	DC 自願增加提繳 5.25%	DC 無自願增加提繳	DC 自願增加提繳 5.25%
800	57.1%	69.3%	77,371	94,001
710	60.9%	74.4%	70,286	85,893
590	57.6%	70.0%	55,226	67,087
520	61.9%	75.7%	52,264	63,979

說明：以任職三十五年（退休＋公保）估算；單位採新台幣元。
資料來源：銓敘部。

　　爲利比較，特別說明兩點，一、現行制度公保是一次金，但因爲個人專戶制公保是年金，爲了能夠在相同基礎下作對照，將現行領一次公保給付，按退休餘命換算爲年金；二、另因考慮到三十五年通貨膨脹等因素，表列金額均爲折算後數額，例如，個人專戶制 800 俸點任職三十五年資的「折現數」爲 94,001 元；確定給付制任職三十五年，118 年退休所得替代率 60% 之退休所得「折現數」92,431 元，「現值」爲 82,185 元。二者用已折現數額比較差額才合理，個人專戶制高出 1,570 元；若考慮到退休人員現實感覺，不以折現數比較則個人帳戶制高出 11,816 元；同樣地，若以 5 等年功 10（520 俸點）比較，則個人專戶制分別高出 6,934 元（折現）及 12,781 元（現值）。從上述絕對數字比較，個人專戶制的公務人員未來的退休所得，「眞的高於」確定給付同俸額同年資的退休所得數額；還有那些情形是我們必須掌握的呢？

　　有個門道要注意，即所謂個人專戶制退休所得高於確定給付制的情形，是建立在所有假設條件都滿足的最佳組合之上，但現實世界最佳組合會不會可遇不可求呢？讀者要注意。個人專戶制累積退休財務效果，是建立在「固定收益率假定」及複利滾存財務指數效果之上，而最關鍵的是建立在「4% 固定收益率的假定」之上。

　　讀者更要注意的是「假定」而非「假設」，筆者在政大攻讀公行博士時，吳瓊恩教授說，做研究時要明確知道「假定」與「假設」之列，前者不可驗證，後者是可驗證的。前者假定如「理性人」、「社會人」，你不接受，就無法進一步對話。而個人專戶制累積退休財務效果，精算公司爲了估算，是建立在「4% 固定收益率假定」上，但我們也知道在實際投資市場的長期收益率不存在「固定」，長期收益都是「浮動的」，此其一。

　　另外，收益率可以是固定爲 4% 嗎？筆者根據公務人員退撫基金管理委員會公布 85 年至 111 年 9 月歷年公務人員退撫基金期間收益率計算，計算得出其平均收益率爲 3.87%，標準差爲 8.28%，這二個數字代表所謂「報酬與風險」的客觀指標，平均收益率是 3.87% 代表「報酬」，而標準差 8.28%

代表「風險」。作爲投資人的公務人員希望「高平均收益率，低標準差風險」。個人專戶制下的確定提撥制，提撥數額是「確定的」，而其個人帳戶內所累積的退休總額，是靠建立在精算公司的「固定受益率（年化報酬率）假定」的複率滾存擴大財務效果，以滿足個人所得適足性。

　　總之，讀者要特別注意的是「固定受益率（年化報酬率）假定」在現實投資市場上是不存在的，而且「平均收益率」的複利滾存財務效果，遠遠不如固定收益率的複利滾存的財務效果，因此，個人專戶制的退休所得是不確定的。

　　再次特別指出，個人專戶制下最佳財務效果的最佳組合，只會出現「一些個人」在「一些條件的最佳組合」及「有可能的個別情形」之下；反之，確定給付下的退休所得具「通案」及「確定」二種特性；而確定提撥制的特性是「個案」及「可能性」。所謂「可能性」就是退休所得在「一些條件」下，可能很好，卻也可能很不好。綜合言之，確定給付制就是「退休所得是確定的」；而確定提撥制就是「提撥數額是確定的」，但退休所得「不確定」，可能「上窮碧落」，也能「下黃泉」，退休生活好壞，公務人員財務自理，責任自負。茲將確定給付制與個人專戶制比較如表 9-9。

表 9-9　確定給付制與個人專戶制比較

區分	確定給付（112 年 6 月 30 日前）	確定提撥（112 年 7 月 1 日後）
提撥責任	提撥責任不確定（提撥不足）	提撥責任確定
給付責任	而退休給付水準確定	而退休給付數額不確定
退休給付	公務人員退休所得確定，由政府負責	公務人員退休所得不確定，高低由公務人員自負責任
理論意涵	側重人力資源管理	側重財務紀律管理
提撥數與給付數	繳少，領多	繳多少，領多少
給付數額決定因素	靠職涯「資、績」，「資」年資積累乘以「績」俸額晉級，提高退休所得	公務人員財務自付，靠公務人員自選平台、超額提撥等，以提高退休所得

資料來源：筆者自行繪製。

關鍵詞彙

自願退休　屆齡退休　命令退休　資遣　退休撫卹基金　一次退休金
月退休金　離職退費　遺族撫慰金　優惠存款　撫卹　撫卹金
退休所得　替代率　個人專戶　退休撫卹基金儲金

自我評量題目

一、公務人員退撫新制，係自何時起實施？實施後制度有何變革？

二、公務人員退撫新制的公務人員退休及退休金的種類及辦理（請領）條件各爲何？

三、目前公務人員退休撫卹基金提撥費率爲何（即係按公務人員本俸加1倍之百分之多少撥繳費用）？並由政府與公務人員分別負擔多少比率？

四、公務人員退撫新制的公務人員各類退休金之計算基準爲何？限制支領（停止或喪失）之條件又爲何？

五、個人專戶公務人員退撫制度係自何時起實施？實施後制度有何變革？

六、個人專戶公務人員退撫制度的退休及退休金的種類及辦理（請領）條件各爲何？

七、個人專戶公務人員退休撫卹儲金提撥費率爲何（即係按公務人員本俸加1倍之百分之多少撥繳費用）？並由政府與公務人員分別負擔多少比率？

八、個人專戶公務人員退撫制度公務人員各類退休金之計算基準爲何？限制支領（停止或喪失）之條件又爲何？

八、公務人員退撫新制與公務人員個人專戶退撫制的因公給卹條件爲何？

九、公務人員退撫新制與公務人員個人專戶退撫制撫卹金的種類、支領條件及給付基準爲何？又撫卹金之遺族領受範圍及順序爲何？另限制支領（停止或喪失）之條件爲何？

十、107年年改對文官制度可能產生何種影響？

十一、112年7月1日實施後個人專戶制對107年年改對文官制度可能產生何種影響？

十二、試比較確定給付制的退撫新制與個人專戶制退撫制度？

參考書目

一、中文部分

ETtoday 新聞雲。台鐵駕駛蔡崇輝撫卹翻案考試院確認符合冒險犯難。http://www.ettoday.net/news/20140116/316797.htm。103.05.11 下載。

考試院網站。公務人員退休年金改革之政策分析。http://www.exam.gov.tw/public/Data/341717224871.htm。103.05.10 下載。

考試院網站。高階文官應有的政策思維──年金改革的案例。http://www.exam.gov.tw/public/Data/37269123571.htm。103.05.10 下載。

呂明泰（民 102）。公務人員退休年金改革的理念論述──兼談改革的效益評估。當代財政，第 29 期，第 9-28 頁。

李江豔譯（民 108）。11 堂極簡系統思維課：怎樣成為解決問題的高手系統思考。北京：中國青年出版社。原文 Schuster, Steven (2018). *The Art of Thinking in Systems: Improve Your Logic, Think More Critically, and Use Proven Systems to Solve Your Problems—Strategic Planning for Everyday Life.*

李俊達（民 109）。公共服務動機析論：兼論後年改時代提升公共服務動機之策略。文官制度，第 12 卷 2 期，第 57-87 頁。

林文燦（民 104）。政府公務人力老化問題──高齡化組織概念初探。人事月刊，第 358 期，第 18-27 頁。

林文燦（民 106）。年金改革問題成因及可能發生影響之探討──非年金因素分析。人事行政，第 200 期，第 39-61 頁。

林文燦（民 107a）。公務人員年金改革的價值、理念與制度。人事行政，第 202 期，第 47-62 頁。

林文燦（民 107b）。我國公務人員年金改革核心問題成因之探討──路徑依賴分析。人事行政，第 203 期，第 56-73 頁。

林文燦（民 108a）。公務人員年金制度改革決策基礎之探討（1）──資訊

科技運用實例分析。人事行政，第 206 期，第 31-43 頁。

林文燦（民 108b）。公務人員年金制度改革決策基礎之探討（2）——數據
　　導向決策（Data-driven Decision Making）案例研析。人事行政，第 209
　　期，第 60-81 頁。

林文燦（民 109a）。司法院釋字第 782 號解釋有關公務人員年金改革「適
　　當調整措施」機制之建構——系統思維的運用（上）。人事行政，第
　　211 期，第 76-81 頁。

林文燦（民 109b）。司法院釋字第 782 號解釋有關公務人員年金改革「適
　　當調整措施」機制之建構——系統思維的運用（下）。人事行政，第
　　212 期。

柯木興（民 102）。社會保險。台北：中國社會保險學會。

孫本（民 103）。新公共管理，第五版。台北：一品文化。

陳鑑波（民 74）。現行考銓制度。台北：三民書局。

趙其文（民 73）。中國現行人事制度。台北：五南圖書。

葉長明（民 84）。軍公教人員退撫制度改革之研究。考銓季刊，第 2 期，
　　第 72-83 頁。

鄭淑芬（民 102）。你不可不知道的公務人員退休年金改革方案。人事行
　　政，第 183 期，第 47-55 頁。

二、英文部分

European Commission (2015). *European Semester: Thematic factsheet –
　　Adequacy and Sustainability of Pensions*. European Commission.

Kim, D. H. (1999). *Introduction to Systems Thinking* (Vol. 16). Pegasus
　　Communications.

Meadows, D. H. (2008). *Thinking in Systems: A Primer*. Chelsea Green Publishing
　　Company.

OECD (2013). *Pensions at a Glance 2015: OECD and G20 Indicators*. Paris:
　　OECD.

第十章
公教人員保險制度

林文燦

第一節　意義與功能

壹　社會安全與社會保險

　　社會安全是與福利國家觀念之發展相偕產生的概念，初期係以防止危險的一般保護方法，演進而為生活救濟及社會救助等社會危險之預防措施。依據英國社會安全之父貝佛里奇（Sirw Beveridge）對於社會安全定義為：「社會安全係指保障人民於失業、疾病、傷害、老年退休以及家長死亡後薪資中斷時之生活費收入之安全，以及補助其生育、婚喪時之意外或必要之費用。」因此，其本質乃為保障人民經濟生活之安定，而其內容則涵蓋以社會保險為主，公共救助、國民就業、社會福利服務等為輔之制度建立。其中社會保險制度係於 19 世紀末葉，由德國首相俾斯麥（Bismarck）推動實施，以緩和當時因資本主義社會之發展所衍生勞工生活之惡化與抗爭活動。嗣於 1933 年由美國總統羅斯福（Franklin D. Roosevelt）推行新政（New Dear），積極研訂社會安全法案，建立以社會保險制度為主的綜合性、全面性社會安全計畫。從社會安全制度發展的過程可見社會救助、社會保險及福利服務等三大支柱，其中社會保險歷經百年發展，其制度架構不僅具有減少社會問題、維持社會安定、促進經濟繁榮之社會性、經濟性意義，亦具有由國家透過立法措施以保障人民最低基本經濟生活之政治性意義。

　　社會保險所採行之制度可分為「確定給付制」（defined benefit plan,

DB）及「確定提撥制」（defined contribution plan, DC）二種。所謂「確定給付制」指雇主承諾員工於退休時，按約定退休辦法支付定額之退休金或分期支付一定數額之退休俸，至於雇主與員工提撥之基金與退休給付之金額並無必然之關係，退休金數額之決定與薪資水準及服務年資有關，此種辦法對雇主而言，性質屬於長期給付承諾，且退休金之精算成本爲估計值，較不確定，因此雇主易遭實質的財務風險。而「確定提撥制」指雇主或員工依退休辦法每年（月）提撥一定數額之退休基金，交付信託人保管運用，於員工退休時將員工與雇主共同提撥之資金和運用孳息給付給退休之員工。此種辦法，員工所能領取之退休金決定於提撥之多寡及退休基金孳息之大小，雇主無法保證退休金給付之數額。就雇主而言，此制無須複雜之精算技術，可節省管理費用，但員工卻須承擔通貨膨脹致使實質退休所得下降之風險。目前我國公保制度係屬於「確定給付制」，即事先於法令中明定依據個人之年數以及某一期間之薪資決定其給付金額，因此一但符合給付條件，保險人即須按公式計算得出之金額給予被保險人或受益人。

貳 保險制度的功能

　　所謂保險，係指依據「危險分擔」及「世代互助」的原則，聚集組織與成員依法定負擔比例所繳付之保險費，設置爲準備金，於被保險人發生所定之保險事故時，由準備金給付經費支應，以保障組織成員的生活。社會保險的性質就是藉全體的力量來分攤個人的損失或風險，它具有公法與私法的雙重特性。在公法上強調保障國民基本的生活安全，含有社會適當性（social adequacy）的福利因素；在私法上則重視個人公平性（individual equity）的保險觀念，要求合理分擔保險費和享有法定給付。在實務上社會保險是政策性和強制性的保險，政府基於政策的需要，透過立法程序制度和變更保險法制，根據法律規定特定對象加入某種保險，保險人和被保險人均有履行的義務。我國公教人員保險爲特別社會保險之一種，基於公教人員爲國家服務，具有特別權利關係或公法上之職務關係而單獨設立特別保險制度予以照護。

依我國公教人員保險法第 1 條規定，旨在保障公教人員健康與生活、當遇有失能、老年、死亡及眷屬喪葬等危險事故時，藉由分散其風險並減輕渠等經濟負擔，增進公教人員福利，使其無後顧之憂，並藉以提高工作效率與效能。

第二節　公教人員保險制度的內容

壹 本保險制度沿革

　　我國公務人員之保險，淵源於我國憲法第 83 條規定：「考試院為國家最高考試機關，掌理考試、任用、銓敘、考績、級俸、陞遷、保障、褒獎、撫卹、退休、養老等事項。」本條所稱保障，概指對公務人員工作保障與生活保障兩者而言。前者涉及依法參加考試、依法任官敘級遷調等事項之權利，後者則與依法支俸、退休、身心健康及福利等事項之權利有關。政府為保障公務人員生活，並增進其福利，進而提高工作效率，於 47 年 1 月奉總統明令公布「公務人員保險法」全文共計 25 條，規定以銓敘部為其主管機關，前中央信託局股份有限公司為承保機關（該公司業於 96 年 7 月 1 日併入台灣銀行股份有限公司，經考試院會同行政院指定台灣銀行股份有限公司為承保機關，前「中央信託局股份有限公司公務人員保險處」並配合更名為「台灣銀行股份有限公司公教保險部」賡續辦理公保業務）。同年 8 月 8 日考試院發布施行「公務人員保險法施行細則」全文共計 76 條及「公務人員保險監理委員會組織規程」，由銓敘部邀集內政部、財政部、教育部、經濟部、交通部、原行政院主計處及台灣省政府推派代表兼任委員組成公務人員保險監理委員會，並由銓敘部部長兼任主任委員。同年 9 月起將中央各機關公務人員及台灣省政府所屬機關之公務人員先後納入該保險之範圍，並陸續辦理要保手續及繳納保險費，公務人員保險業務遂正式展開。

　　原公保業務範圍包括公務人員保險、私立學校教職員保險、退休人員保險（74 年 6 月 30 日以前依法退休或資遣未領養老給付者）、公務人員眷屬疾病保險、私立學校教職員眷屬疾病保險暨退休公教人員及其眷屬疾病保險等六種保險之醫療給付業務及前三項保險之現金給付等相關業務，計有「生育、疾病、傷害、殘廢、養老、死亡及眷屬喪葬」等七項保險給付項目。惟 84 年 3 月 1 日「全民健康保險法」公布施行後，將「生育、疾病、傷害」等三項免費醫療項目，及各類人員疾病保險均納入全民健康保險範圍，公務人員保險僅餘「殘廢、養老、死亡、眷屬喪葬」等四項現金給付；至其原有之退休公教人員及其眷屬疾病保險、公務人員眷屬疾病保險、私立學校教職員眷屬疾病保險則移由中央健康保險局辦理。（註：而後，基於我國少子女化情形日益嚴重，為配合國家鼓勵生育政策，並落實性別工作平等法及參酌就業保險法增列發放勞工育嬰留職停薪津貼項目等相關規定，增訂「育嬰留職停薪津貼」為保險給付項目，並自 98 年 8 月 1 日實施；並於 103 年 1 月 29 日再次增訂「生育津貼」之給付項目。）

　　嗣公務人員保險之主管機關銓敘部鑑於公務人員保險與私立學校教職員保險之主管機關、承保機關暨保險權利義務、給付項目、給付方式、給付條件均相同，基於精簡保險法規與整合保險制度暨契合保險原理與追求經濟效益之考量，由考試院會銜行政院報請立法院將公務人員保險法和私立學校教職員保險條例合併修正為「公教人員保險法」（以下簡稱公保法），經立法院於 88 年 5 月 11 日完成三讀之立法程序，同年月 29 日由總統令修正公布。該次修正改革公教人員保險之財務結構，明定修法前之保險財務虧損及潛藏負債由國庫審核撥補；修法後之虧損，則須調整費率挹注；為健全公教人員保險財務，並規定應定期辦理精算，以建立財務預警機制，至此公教人員保險財務已建立自給自足機制。

　　另為因應國民年金及勞工保險年金分別於 97 年 10 月 1 日及 98 年 1 月 1 日相繼施行後，公保養老給付年金化實有其必要性，主管機關銓敘部爰於 97 年至 98 年間，二度委託專家辦理本保險養老給付年金化之財務精算後，

依其精算結果及其建議，本於「穩健本保險財務，確保本保險永續經營；儘量不增加政府財政及公教人員保費之負擔；及使公教人員退休所得與在職所得維持適當之比率」等原則，規劃本保險養老給付年金化。復鑑於國民年金及勞工保險年金均列有遺屬年金給付，並考量本保險部分被保險人第二層職業年金並無遺屬年金，併予規劃將本保險死亡給付予以年金化，也將實務上若干亟待解決之問題——如重複參加本保險及其他職域社會保險者之本保險權利如何處理、本保險死亡給付之受益人適用民法繼承編規定是否妥適、符合請領養老給付條件而未請領並再參加本保險者如何處理、停職（聘）、休職、失蹤者之本保險權益如何保障、公保法施行細則部分條文關涉被保險人重大權益宜提升至公保法規定，以符法律保留等問題一併納入研具公保法修正草案，由考試院及行政院於 101 年 11 月 13 日會銜函送立法院審議，經立法院完成三讀程序，由總統於 103 年 1 月 29 日修正公布，並由考試院會同行政院另定自同年 6 月 1 日起施行。

貳　本保險適用對象

依現行公保法第 2 條規定：本保險之保險對象，包括下列人員：

一、法定機關（構）編制內之有給專任人員。但依其他法律規定不適用公保法或不具公務員身分者，不得參加本保險。

二、公立學校編制內之有給專任教職員。

三、依私立學校法規定，辦妥財團法人登記，並經主管教育行政機關核准立案之私立學校編制內之有給專任教職員。

四、其他經本保險主管機關認定之人員。

〔註：本條文將現行公營事業機構於組織法規或所適用人事管理法制中明定所屬人員「不具公務員身分」或「不適用公務員有關法令」者（如：國營國際機場園區股份有限公司設置條例第 10 條、台灣菸酒股份有限公司條例第 10 條所定，依公司人事管理法令進用之從業人員），明定排除公保之適用；

除此之外，適用各公務員人事法令之公務員（含兼具勞工身分者）均為本保險適用對象。另為符實務運作，將各機關學校團體駐衛警察人員、[1]任職各機關所定編制內有給專任職務（如公、私立學校專任教師）之外國人均納入適用，及排除各機關適用勞動基準法之聘用人員。[2]〕

另依同法第 45 條規定，法定機關編制內有給之民選公職人員及外國人任公保法第 2 條所定職務者，為準用對象。

參 保險主管機關、監理機關、承保機關及要保機關

一、主管機關及監理機關

依公保法第 4 條規定，銓敘部為本保險之主管機關，並由該部依法邀請有關機關、專家學者及被保險人代表組織監理委員會執行監察及督導，各以占三分之一為原則；其組織規程由考試院會同行政院定之，為監理機關。

另依「公教人員保險監理委員會組織規程」規定，該委員會應置主任委員 1 人、委員 21 人，聘期為二年，期滿得續聘，並定期於每三個月舉行一次委員會議，其下設業務監理組、財務監理組及法律顧問會議，以審議本保險有關重要案件並監督相關保險業務之執行，俾使保險制度得以永續經營。

二、承保機關及要保機關

依公保法第 5 條第 1 項規定：「本保險由考試院會同行政院指定之機關（構）（以下稱承保機關）辦理承保、現金給付、財務收支及本保險準備金管理運用等保險業務。」現行係由兩院指定台灣銀行股份有限公司（公教保險部）辦理本保險業務，為承保機關。復依公教人員保險法施行細則（以下

1　各機關（構）學校經編列預算設置之駐衛警察人員參加公保，係依各機關學校團體駐衛警察設置管理辦法規定，駐在單位為公保要保機關者，比照公保規定辦理；駐在單位依勞工保險條例為勞工保險投保單位者，比照勞工保險之規定辦理。

2　機關編制內有給之聘用人員，依銓敘部 87 年 9 月 8 日 87 台特一字第 1653287 號函釋，自 87 年 1 月 1 日起，新進之聘用人員一律參加勞工保險；已參加原公務人員保險（現為公教人員保險）者，得依其意願選擇改投勞工保險或繼續投保公務人員保險；易言之，選擇繼續投公保者，本次修正後仍得繼續投公保。

簡稱公保法施行細則）第 11 條第 1 項規定：「本保險之要保機關（指參加保險之服務機關學校而言）如下：

一、總統府及所屬機關。

二、國家安全會議及所屬機關。

三、五院及所屬機關。

四、各級民意機關。

五、地方行政機關。

六、公立學校及教育文化機構。

七、衛生及公立醫療機關（構）。

八、公營事業機構。

九、私立學校。

十、其他依法組織之機關（構）。」

肆　保險費率及保險費

一、保險費率

指公務人員參加保險計算所應繳納保險費之比率，爲了讓公保能在「定期精算並覈實調整費率」之財務預警機制下永續經營，並兼顧國家資源合理分配及社會公義等考量，依 112 年 7 月 1 日修正施行公保法第 8 條第 1 項、第 2 項及其施行細則第 3 條至第 4 條規定，公保之保險費率由原被保險人每月保險俸（薪）額（即「全國軍公教員工待遇支給要點」所定之本俸（薪）額或年功俸（薪）額之 7% 至 15% 修正提高爲 7% 至 18%（自 111 年 1 月 1 日起爲 7.83%），並由承保機關每三年辦理精算，每次精算五十年。惟 88 年 5 月 30 日以前已在保被保險人過去保險年資應核付而尚未發給之養老給付總額之潛藏負債部分，仍由財政部審核撥補爰不計入；至精算結果正負值相差達 5% 以上，或於增減保險給付項目、給付內容或給付標準致影響保險財務時，即應報由考試院會同行政院覈實釐定保險費率。

二、保險費

為被保險人每月應繳付於承保機關之金額，依公保法第 8 條第 4 項及第 9 條第 1 項規定，公保之保險費係以被保險人每月保險俸（薪）額按保險費率核計，並由被保險人自付 35%，政府補助 65%；私立學校教職員由政府及學校各補助 32.5%。至所稱每月保險俸（薪）額，係以公務人員及公立學校教職員俸（薪）給法規所定本俸（薪）或年功俸（薪）額為準，並按全國軍公教人員待遇標準支給之俸（薪）額為計算標準；私立學校教職員比照公立同級同類學校同薪級教職員保險薪額為準釐定。但機關（構）學校所適用之待遇規定與公務人員或公立學校教職員俸（薪）給法規規定不同者，則由銓敘部比照公務人員或公立學校教職員之標準核定。又被保險人每月保險俸（薪）額，均以不超過部長級之月俸額為限。

另考量已依退休（職）法令請領退休（職）給與並領受公保養老給付者再任並為公保適用對象時，如得再由政府補助 65% 之保險費，形同政府間接補助薪資，造成政府資源重複補貼及鼓勵退休再任、支領雙薪之不合理現象，爰本次修正亦於公保法第 9 條第 4 項增訂有關被保險人如依法退休（職）並請領本保險養老給付且於公保法修正施行後再加保者，其保險費應由被保險人自付 67.5%，其餘 32.5% 應由服務機關（構）學校補助。

伍 各項保險給付

一、保險事故範圍及給付金額計算基準

依公保法第 3 條規定，本保險事故範圍為「失能、養老、死亡、眷屬喪葬、生育及育嬰留職停薪」等六項，並應予現金給付，其中除育嬰留職停薪津貼外，均屬一次性給付；至其給付金額之計算標準，依同法第 12 條規定，說明如下：

(一) 失能給付、生育給付及眷屬喪葬津貼：按被保險人發生保險事故當月起，往前推算六個月保險俸（薪）額之平均數計算。但加保未滿六個月

者，按其實際加保月數之平均保險俸（薪）額計算。

(二) 養老給付及死亡給付：

1. 支領養老年金或遺屬年金者：按被保險人發生保險事故當月起，前十年投保年資之實際保險俸（薪）額平均計算（以下簡稱平均保俸額）。但加保未滿十年者，按其實際投保年資之保險俸（薪）額平均計算。

2. 支領一次養老給付或死亡付者：依公保法施行細則第 37 條規定，除私立學校教職員請領養老年金或遺屬年金外，其他請領一次養老給付或死亡付者，以保險事故當月保險俸（薪）額計算。

(三) 育嬰留職停薪津貼：按被保險人育嬰留職停薪當月起，往前推算六個月保險俸（薪）額之平均數 60% 計算。

二、保險給付項目及其內容

(一) 失能給付（公保 13～15）

1. 請領條件

　　被保險人發生傷害事故或罹患疾病，經醫治終止後，身體仍遺留無法改善之障礙而符合失能標準，並經中央衛生主管機關評鑑合格之醫院鑑定為永久失能者。承保機關對於請領失能給付案件，得加以調查、複驗、鑑定。

2. 給付標準

(1) 因執行公務或服兵役致成全失能者，給付三十六個月；半失能者，給付十八個月；部分失能者，給付八個月。

(2) 因疾病或意外傷害致成全失能者，給付三十個月；半失能者，給付十五個月；部分失能者，給付六個月。

(二) 養老給付（公保 16～26）

1. 請領條件

(1) 一次養老給付：依法退休（職）、資遣，或繳付本保險保險費滿十五年且年滿 55 歲以上而離職退保者。

(2) 養老年金給付：（依公保法第 48 條規定，目前僅限私立學校被保險人適

用）

① 一般條件：除符合一次養老給付請領條件，並須符合「年齡 65 歲以上且投保年資十五年以上」、「年齡 60 歲以上且投保年資二十年以上」或「年齡 55 歲以上且投保年資三十年以上」等條件之一。

② 例外條件：

A. 擔任具有危險及勞力等特殊性質職務而屆齡退休，且投保年資十五年以上者，得不受請領年齡的限制。

B. 因公傷病致不堪勝任職務而命令退休者，或符合公保法所定失能標準之全失能，且經評估為終身無工作能力而退休（職）或資遣者，得不受公保法有關加保年資及請領年齡的限制；且公保年資未滿十五年者，以十五年計。

C. 符合公保法所定失能標準之全失能，且經評估為終身無工作能力而退休（職）未符合上述請領養老年金給付的起支年齡者，得選擇自年滿之日起領取。

D. 得併計其他職域社會保險年資，以成就請領公保養老年金給付的投保年資條件之特殊情形；包含有任期制的公職被保險人於任期屆滿而依法退職時，未達請領年金給付之加保年資條件者，以及曾獲准繼續選擇參加勞保之事業機構被保險人，嗣後因原機關（構）依法律整併或改制（隸）而依法改參加公保者。

E. 展期養老年金給付：未符合請領養老年金給付之起支年齡者，得選擇自年滿年金起支年齡之日起領取。

F. 減額年金：被保險人年資滿十五年，未符合請領養老年金給付資格者，得提前五年請領養老年金給付，每提前一年減給 4%，最多減給 20%。

2. 給付標準

(1) 一次養老給付：保險年資每滿一年，給付一點二個月；最高以給付四十二個月為限。但辦理優惠存款者，最高以三十六個月為限。

(2) 養老年金給付：

①計算方式：保險年資每滿一年，在給付率 0.75%（以下簡稱基本年金率）至 1.3%（以下簡稱上限年金率）之間核給養老年金給付，最高採計三十五年，其總給付率最高為 45.5%。但 112 年 7 月 1 日以後初次參加公保者，最高採計四十年，其總給付率最高為 52%。

②保障與限制：依基本年金率計給養老年金給付者，其每月可領養老年金給付加計其每月退休給與之總和，不得超過其最後在職加保投保俸（薪）額 2 倍之 80%（以下簡稱退休所得替代率上限）；超過者，應調降養老年金給付，或得改領一次養老給付。即按上述退休所得替代率公式計得之每月可領養老年金給付，其給付率若超過上限年金率時，僅按上限年金率計給；惟其給付率低於基本年金率時，仍應按基本年金率計給。至於領取超過基本年金率部分所計得的年金給付金額（以下簡稱超額年金）者，加計其每月可領退休給與，亦受上述退休所得替代率上限的限制。

③公保法所定每月退休（職、伍）給與之內涵：

A. 月退休給與：被保險人支（兼）領之月退休（職、伍）給與、月補償金或類此之非一次性離退給與。例如，依學校教職員退休條例、公務人員退休法、交通部郵電事業人員退休撫卹條例、原政務人員退休酬勞金給與條例、陸海空軍軍官士官服役條例或類此之退休法令規定，請領或兼領之月退休金、月退職酬勞金、退休俸等。

B. 一次性離退給與：被保險人支（兼）領之一次性退休（職、伍）給與、資遣給與、年資結算金、一次補償金或類此之一次性離退給與，應依平均餘命（由銓敘部參考全體國民平均餘命，定期檢討公告），按月攤提併入每月退休給與計算。例如，依前述退休（職、伍）法令、學校法人及其所屬私立學校教職員退休撫卹離職資遣條例，以及經濟部、財政部等所屬公營事業機構人員所適用退休（資遣）法令規定所支（兼）領之一次性退休（職、伍）金、資遣給與、公營事業之年資結算金等。

C. 其他給與：包含被保險人支（兼）領一次退休（職、伍）給與經依退

休公務人員一次退休金與養老給付優惠存款辦法、公立學校退休教職員一次退休金及養老給付優惠存款辦法、陸海空軍退伍除役官兵退除給與及保險退伍給付優惠儲蓄存款辦法規定，或財政部所屬金融事業機關優惠存款規定等機制辦理優惠存款（或類此由政府補助之優惠存款），所領取之每月優惠存款利息，或依公教人員退休金其他現金給與補償金發給辦法、退伍除役軍官士官退除給與其他現金給與補償金發給辦法所領之其他現金給與補償金（應按月攤提）等。

3. 其他規定

(1) 被保險人請領養老給付年金期間死亡後之遺屬給付：

①請領一次養老給付者，應扣除被保險人已領受養老年金給付總額後，給與其餘額。

②請領遺屬年金給付者，按原領養老年金給付金額之半數，改領遺屬年金給付。

(2) 已領養老給付再參加公保的處理方式：已領養老給付後再參加本保險時，毋庸將已領養老給付繳回；其原有保險年資不得併計；各次所領的養老給付合計月數，最高不得超過三十六個月。

(3) 已領養老給付最高月數的處理原則：已領養老給付最高月數後，重行加保的被保險人，日後退休或離職退保時，不再發給養老給付。但重行加保期間如未領取本保險其他現金給付者，其自付部分的保險費應加計利息發還。

(4) 保留年資規定：94 年 1 月 20 日公保法修正以後退保，且未符本保險養老給付請領條件者，得保留原有保險年資，俟其符合下列條件之一時，得經由原服務機關學校，按其退保當月保險俸（薪）額，請領公保養老給付。但保留年資已領取補償金者，不適用上述保留年資規定。

①參加勞工保險或軍人保險，並於參加上開保險期間依法退職（伍）。

②領受國民年金保險老年給付。

③年滿 65 歲。

(5) 增訂公、勞保年資併計規定：基於公保年金化後，各職域保險年資銜接
　　（併計年資以成就請領年金條件），確有提供轉業者老年安全保證及有
　　利公、私部門人才交流的功能，爰於相關配套條件限制、兼顧公保財務
　　穩健經營，並避免大幅增加政府財政負擔及被保險人的保險權益衡平前
　　提下，於 103 年 1 月 29 日公保法修正時增訂第 49 條有關公、勞保年資
　　併計成就年金請領條件之規定，其規範重點如下：

①公保被保險人於年滿 65 歲退休時，如任一保險年資已符合領取公、勞保
　年金或補償金者，以及 99 年 1 月 1 日以前已退出公保者，均不得適用公、
　勞保年資併計規定。

②具有公、勞保年資均未滿十五年者，如併計公、勞保年資達十五年以上，
　得於 65 歲時，請領公保年資之養老年金給付。

③併計公、勞保年資以領取公保養老年金給付者，僅得以基本年金率計算。

(三) 死亡給付（公保 27～29）

1. 請領條件

　　被保險人死亡時，由其法定繼承人及配偶或指定受益人依規定程序向承
保機關請領。至於死亡之事由，應排除「因犯罪被執行死刑」及「因戰爭災
害致成死亡」等情形。另本保險建置初期，原規定「非因公自殺致死」亦不
予給付，嗣後考量自殺是否因公之認定困難，從而將該段文字刪除，因此，
公保死亡給付並未對「自殺」另訂排除規定。

2. 給付標準

(1) 一次死亡給付：被保險人發生死亡事故時，依下列標準予以死亡給付。

①因公死亡者，繳付保險費未滿二十年者，給與三十六個月；繳付保險費滿
　二十年以上者，給與四十八個月。

②病故或意外死亡者，繳付保險費未滿二十年者，給與三十個月；繳付保
　險費二十年，未滿三十年者，給與三十六個月；繳付保險費滿三十年，
　未滿三十五年者，給與四十二個月；繳付保險費滿三十五年以上者，給與

四十八個月。

(2) 被保險人請領養老給付後，如再參加本保險，且於保險期間死亡者，其死亡給付應扣除已請領養老給付月數。

3. **遺屬年金給付**（依公保 48，目前僅限私立學校被保險人適用）

(1) 請領事由：除被保險人在保險有效期間發生死亡事故以外，於下列事實發生時亦得請領。

①被保險人退保並於領取養老年金給付期間死亡。

②被保險人退保並請領展期養老年金給付者，於未達起支年齡前死亡。

③被保險人因停職（聘）、休職而選擇繼續加保並於繼續加保期間達屆齡退休條件應退保者，如於「原因消滅而應依法辦理退休」之期限屆滿前死亡，或於原因消滅前死亡。

(2) 給付標準：保險年資每滿一年，按0.75%計算，最高以給付26.25%為限。

(3) 領受遺屬順序：

①應由配偶領受二分之一，其餘依下列順序之受益人平均領受：

  A. 子女。

  B. 父母。

  C. 祖父母。

  D. 兄弟姐妹。

②無子女、父母、祖父母順序之受益人時，由配偶單獨領受。

③同一順序受益人有數人時，應共同具名並平均領受；如有死亡或拋棄領受權者，由同一順序其他受益人平均領受。但「子女」順序的領受人死亡或拋棄領受權者，由其子女代位領受。

④至於被保險人生前預立遺囑並於上述法定受益人中指定領受人時，從其遺囑；如無法定受益人時，得由被保險人指定受益人。

⑤同一順序受益人有數人時，得委任其中具有行為能力者 1 人代為申請；受益人均無行為能力者，由各受益人之法定代理人推派 1 人代為申請。

⑥另如因故無法共同請領時，其他受益人得分別按規定之比例及其擇領種類

請領。

⑦承保機關核付後，如有未具名之同一順序受益人，由具領之受益人負責分與。

(4) 領受遺屬條件：遺屬為具中華民國國籍的配偶、子女或父母者，須符合下列規定。

①配偶須未再婚且符合以下條件之一：

　A.年滿 55 歲且婚姻關係於被保險人死亡時已存續二年以上。如未滿 55 歲，得自年滿 55 歲之日起支領。

　B.因身心障礙而無謀生能力且婚姻關係於被保險人死亡時已存續二年以上。

②子女須符合以下條件之一：

　A.未成年。

　B.已成年且因身心障礙而無謀生能力。

③父母須年滿 55 歲，且每月工作收入未超過公務人員 280 俸點折算俸額（目前為 19,780 元）。如未滿 55 歲，得自年滿 55 歲之日起支領。

(四) 眷屬喪葬津貼（公保 34）

1. 請領條件

　　被保險人之父母、配偶及子女，因疾病或意外傷害而致死亡者，依法定標準核予喪葬津貼。

2. 給付標準

(1) 父母及配偶，給與三個月。

(2) 子女年滿 12 歲，未滿 25 歲者，給與二個月；已為出生登記且未滿 12 歲者，給與一個月。

(3) 眷屬喪葬津貼是在填補公保被保險人因支出眷屬喪葬費用，而給與之津貼，從而 1 個眷屬喪葬事故發生時，僅得給與 1 份喪葬津貼。因此，若父母、配偶或子女同為公保被保險人時，在請領本項津貼之前，應自行

協商，並推選 1 人代表請領；具領之後，不得更改。

(五) 育嬰留職停薪津貼（公保 35）

1. 請領條件

被保險人加保年資滿一年以上，養育 3 足歲以下子女，辦理育嬰留職停薪並選擇繼續加保者。

2. 給付標準

(1) 自留職停薪之日起，按月發給；最長發給六個月。

(2) 留職停薪期間未滿六個月者，以實際留職停薪月數發給。

(3) 同時撫育子女 2 人以上者，同一時間以請領 1 人之津貼爲限。

(六) 生育給付 [3]（公保 36）

1. 請領條件

(1) 繳付公保保險費滿二百八十日後分娩。

(2) 繳付本保險保險費滿一百八十一日後早產。

2. 給付標準

給與二個月生育給付。

三、年金給付之財務負擔及調整機制（公保 8、20、31）

(一) 財務負擔

依公保法第 20 條規定，基本年金部分，由公保準備金負擔；至超額年金部分，則由被保險人最後服務機關（構）學校及政府按月支給。但私立學校之被保險人所領超額年金，由政府及學校各負擔 50%。另依公保法第 8

3　公保自 47 年建制以來，並無生育給付項目，惟近八成之公保被保險人向得依全國軍公教員工待遇支給要點規定，於事實發生時請領二個月薪俸額之生育補助；至於私立學校教職員及公營事業員工，並非上開支給要點的適用對象而不得支領，或只能依各該學校自訂規定領取補助金額較低的補助。惟立法院在審查 102 年度中央政府總預算案時，曾做成要求主管機關「應於半年內提出軍公教人員生育給付、眷屬死亡之喪葬給付改列為軍公教人員保險給付項目之修法草案，送立法院審查」的通案決議。嗣立法院司法及法制委員會於公保法修正草案第二次審查會時，初步就「比照勞保生育給付標準，將生育給付納為公保給付項目」的問題提出討論並作為「有關適用公保法之被保險人，自公保法修正草案三讀通過後，其生育給付應改由公保準備金支應。政府不得再以其他非法制化之生活津貼名義給予生育補助」的附帶決議。銓敘部爰據以於公保法增訂有關生育給付之規定。

條第 7 項規定，適用 112 年 7 月 1 日施行之公務人員個人專戶制退休資遣撫卹法，且未請領公保法第 16 條第 4 項第 3 款所定月退休（職、伍）給與，亦未辦理優惠存款者，其所領養老年金（含基本年金及超額年金）之財務責任，由公保準備金支應。

(二) 調整機制

　　依公保法第 31 條明定於行政院主計總處發布之消費者物價指數累計成長率達正負 5% 時，由考試院會同行政院，考量國家經濟環境、政府財政與公保準備金之財務盈虧，另定年金給付金額調整比率之規定。

四、年金領受權之喪失、停止及恢復之情形（公保 22、29、30）

(一) 養老年金領受權之喪失（公保 22Ⅲ）

1. 被保險人死亡。
2. 因公傷病命令退休或全失能經評估終身無工作能力而退休（職）、資遣，其投保年資未滿十五年而以十五年計給者，如經證明已恢復工作能力並參加其他職域社會保險時，應按其實際投保年資計算一次給付並扣除已領年金數額後，改領該差額，如無餘額則不計給。
3. 喪失中華民國國籍者，改領未達一次給付之餘額，如無餘額則不計給。
4. 犯貪污治罪條例之罪，或犯刑法瀆職罪，或於動員戡亂時期終止後，犯內亂罪、外患罪，經判刑確定者，改領未達一次給付之餘額，如無餘額則不計給。

(二) 養老年金領受權之停止及恢復（公保 22Ⅱ）

1. 因再任而加保者應停止領受，俟其再次退保時恢復繼續領受。
2. 卸任總統、副總統享有禮遇期間結束時恢復繼續領受。

(三) 遺屬年金領受權之喪失、停止及恢復

1. 喪失領受年金的條件（公保 29Ⅲ）：
(1) 死亡。

(2) 喪失中華民國國籍。

(3) 動員戡亂時期終止後，犯內亂罪、外患罪，經判刑確定。

(4) 配偶再婚。

(5) 未成年子女（或代位領受的孫子女）已成年。

2. 有下列情形之一者應停止領受年金，並俟原因消滅後繼續發給；但停止期間的年金不再補給（公保 29 II）：

(1) 入獄服刑、因案羈押或拘禁。

(2) 失蹤。

(3) 因身心障礙而無謀生能力之已成年子女或因身心障礙而無謀生能力之配偶，嗣後已有謀生能力。

3. 遺屬支領年金的特別限制（公保 30）：

(1) 遺屬具有領受 2 個以上遺屬年金給付的資格時，應擇一請領。

(2) 被保險人或其受益人同時符合請領養老年金及遺屬年金給付條件時，應就養老年金或遺屬年金擇一請領。

第三節　公務人員保險制度的重要議題

壹 政策議題

　　考試院為應公務人員年金制度改革，原規劃之公保法修正重點為：一、對於已依相關退休（職、伍）法令支（兼）領月退休給與者（如公務人員、公立學校教職員、郵電事業人員及政務人員），因其已獲得公部門負最後支付責任之合理退離給與保障，爰是類人員僅得支領以基本年金率（0.75%）計算所得之養老年金給付；至私立學校教職員及公營事業機構人員未得支領月退休給與者，得支領以超額年金率（1.3%）計算所得之養老年金給付，為避免社會資源重複配置及政府重複補貼。二、另為尊重 98 年立法院審議學

校法人及其所屬私立學校教職員退休撫卹離職資遣條例時，為保障私立學校教職員退休生活所作附帶決議意旨，公保法年金給付規定溯至 99 年 1 月 1 日起生效，並與其他被保險人一體適用。

　　嗣因年金改革法案爭議過大，主管機關銓敘部爰定調與年金改革脫鉤，以加速公保法修正草案之完成立法程序，且立法院於 103 年 1 月 13 日就公保法修正草案進行朝野黨團協商會議，決議僅限私立學校被保險人適用養老年金規定，並於同年月 14 日三讀通過公保法修正草案，採先私校教職員再其他被保險人（含公務人員、公立學校教職員及公營事業人員等）二階段實施；亦即僅以私立學校被保險人得溯自 99 年 1 月 1 日實施養老年金給付，至其他被保險人（含公務人員、公立學校教職員及公營事業人員等）則須俟公務人員及公立學校教職員適用之退撫法律中有關年金制度部分之改革通過後，再據以配合修正公保法後實施。

　　圍於最新修正之公保法因無法與退撫制度年金改革同步施行，及立法院通過該法時所作有關生育給付由公保支應之附帶決議，爰尚有若干待處理之政策議題：

一、養老年金部分

(一) 僅私立學校被保險人得先實施養老年金給付，與行政院原規劃其他同屬僅得請領一次退休金之公營事業機構公務員兼具勞工身分人員及駐衛警察人員等同時實施之政策立場相違背。

(二) 公營事業機構純勞工已得依勞工保險條例領取 1.55% 給付率之勞保老年年金給付，惟公務員兼具勞工身分人員仍僅得領取一次給付，致公營事業機構內部失衡問題仍待解決。

二、生育給付部分

　　立法院於三讀通過現行公保法修正草案時做成附帶決議，有關適用公保之被保險人，自公保法三讀通過後，其生育給付應該由公保準備金支應，政府不得再以其他非法制化之生活津貼名義給與生育補助。惟法制主管機關銓

敘部於研修相關子法時所規範之公保生育給付適用範圍，與現行生活津貼之生育補助尚有差異。（註：依公保法生育給付之適用範圍，男性被保險人之配偶如非該保險之被保險人其分娩或早產均將無法再請領生育給付；另雙生以上者亦將無法繼續按比例增給。）

貳 政府部門之因應規劃

一、養老年金部分

由於立法院於103年1月14日三讀通過之公保法修正案係依朝野黨團協商的結果，養老年金規定採二階段實施方式辦理，所以包括公務人員、公立學校教職員及公營事業人員等其他公保被保險人則須俟公務人員及公立學校教職員適用之退撫法律中有關年金制度部分之改革通過後，始能配合實施。而公、教人員年金改革工程（包括延後退休及年金起支年齡、調降退休所得替代率、調整退休金基數計算基準、調整退撫基金提撥率、延後退休及年金起支年齡等制度之設計）雖已完成立法，並自107年7月1日起施行，惟銓敘部審酌我國退休經濟安全係就第一層各類社會保險給付與第二層職業退休金併同規劃之設計方式，以現階段尚未適用公保年金制度之被保險人，於第二層職業退休金制度中已可獲得年金之保障（如月退休金、財政部所屬公營事業機構之優惠存款利息），近期尚無適用公保年金制度之迫切必要性。未來將配合國家年金政策，在社會保險提供老年基本照護原則下，賡續推動公保制度之修正，以及加強保障被保險人權益，制度之合理公平與健全發展。

另配合112年7月1日施行之公務人員個人專戶制退休資遣撫卹法，由於是類被保險人第二層職業退休給付制度改採確定提撥制，因此，是類人員如符合公保法第48條第1項第2款所定適用對象，亦得適用公保年金制度。

二、生育給付部分

茲因公保法尚無授權依據，其施行細則尚不得逾越母法而逕就前述不足

部分予以補充規範，惟爲期周妥，考試院全院審查會審查公保法施行細則修正草案時，另做成附帶決議：「爲符法制，並保障公教同仁權益，有關行政院人事行政總處所建議將與現行生育補助差異部分納入生育給付規範內容之意見，請銓敘部配合勞工保險條例修法進度，適時修正公教人員保險法相關規定。」並提經 103 年 4 月 3 日考試院第十一屆第二百七十九次會議討論通過。

　　至於在公保法修正前之過渡期間，爲保障公教同仁既有權益，行政院於 103 年 3 月 28 日召開財政健全專案小組第二次會議，針對「檢討婚喪生育給付與其他各類保險給付項目相同問題」決議略以，有關生育補助部分，鑑於公保法於 103 年 1 月 29 日修正後，保險給付已新增「生育給付」項目，爰請行政院人事行政總處修正「全國軍公教員工待遇支給要點」，取消與公教人員保險重複之生育給付；至男性被保險人及雙生以上按比例增給等公教人員保險無法給付部分，請該總處在不減損公務人員現有權益下，研擬補助方案。

　　嗣行政院人事行政總處依前開財政健全專案小組第二次會議之決議，於 103 年 4 月 18 日邀集銓敘部等相關機關共同會商後，基於公保法生育給付之適用對象並未涵蓋男性公教人員，與保險繳費義務及給付權利對等原則未符，並參酌司法院大法官會議釋字第 717 號解釋，有關凡因公益之必要而變動法規者，仍應與規範對象應受保護之信賴利益相權衡，應避免將全部給付逕予終止之意旨，爰就生育補助之相關權宜措施調整規劃如下：

(一) 男性公教人員配偶爲各種社會保險（全民健康保險除外）之被保險人，應優先適用各該社會保險之規定申請生育給付，惟請領之金額低於「全國軍公教員工待遇支給要點」附表八「公教人員婚喪生育補助表」所定生育補助基準時，得檢附證明文件再請領二者間之差額。

(二) 公教人員本人依公保法繳付保險費未滿二百八十日分娩或未滿一百八十一日早產（參照勞工保險規定，指妊娠週數大於二十週，小於三十七週者），不合依公保法規定請領生育給付者，得爲生育補助之適

用對象。

(三) 補助基準則維持二個月薪俸額。而薪俸額之計支內涵，參照公保法規定，由原「以事實發生日期當月薪俸額為準」修正為「按事實發生當月起，往前推算六個月薪俸額之平均數計算」。

(四) 本人或配偶分娩或早產為雙生以上者，如為雙胞胎者，增給二個月薪俸額之生育補助；三胞胎者，增給四個月薪俸額之生育補助；四胞胎以上者類推之。

　　上述研商結果將由行政院人事行政總處簽陳行政院修正核定「全國軍公教員工待遇支給要點」附表八「公教人員婚喪生育補助表」相關規定，並配合公保法施行日期，自 103 年 6 月 1 日實施，以補公保法之不足。

 關鍵詞彙

公教人員保險　公保制度　確定提撥制（DC）　確定給付制（DB）
殘廢給付　養老給付　死亡給付　生育給付　眷屬喪葬津貼　育嬰留職
停薪津貼

自我評量題目

一、公教人員保險之適用（準用）對象為何？又保險給付之項目有哪些？

二、目前公教人員保險之每月保險俸額為何？保險費率又為何？並由政府（私立學校）、被保險人分別負擔多少比率？

三、各項公保給付之計算基準分別為何？

四、目前公保養老年金之領受對象為何？其領受權之限制支領（喪失或停止）條件及恢復之條件又為何？

五、103 年 6 月 1 日施行之公保法相關規定，尚有何待精進之處？又政府因應措施為何？

參考書目

呂明泰（民 102）。建構公教人員保險養老年金的政策論述。人事行政，第
　　180 期，第 22-35 頁。

呂明泰（民 103）。公保法再修正的意義——社會安全的觀點。人事行政，
　　第 186 期，第 15-26 頁。

考試院編纂室（民 101）。建國一百年國家考試暨文官制度。台北：考試院。

徐有守（民 96）。考銓制度，增訂二版。台北：台灣商務印書館。

柯木興（民 102）。社會保險。台北：中華社會保險學會。

郭明政（民 95）。社會保險之改革與展望。台北：國立政治大學法學院勞
　　動法與社會法研究中心。

郭多瑞（民 102）。公教人員保險法民國 101 年修正草案評析。法令月刊，
　　第 64 卷第 5 期，第 73-91 頁。

黃癸楠（民 101）。社會保險的基本認識。台南：我的文化。

楊順正（民 101）。公教人員保險法修正草案簡介。人事行政，第 180 期，
　　第 36-49 頁。

蔡獻緯（民 103）。公保法再修正的意義——社會安全的觀點。人事行政，
　　第 186 期，第 15-26 頁。

蔡獻緯（民 103）。公教人員保險給付制度簡介。公務人員雙月刊，第 212
　　期，第 19-31 頁。

趙其文（民 90）。人事行政學——兼論現行考銓制度，增訂二版。台北：
　　華泰書局。

劉士豪（民 102）。我國年金保險改革的另一種觀察。台灣勞工季刊，第 33
　　期，第 32-53 頁。

鍾秉正（民 101）。公教人員保險年金化之相關問題——以社會法學理為中
　　心。財產法暨經濟法，第 31 期，第 1-43 頁。

第十一章
公務人員訓練與進修制度

許道然

第一節　基本概念

壹 公務人員培訓的重要性

公務人員在當前文官制度的設計中，大多屬於終身職的常任文官，任職時間可以長達二十、三十年。在這麼長的任職期間當中，幾乎所有的人都會親身經歷若干科技、思潮、價值觀的改變。身為公務人員必須主動或被動地接受這些轉變，因為這些轉變攸關政府的服務水準，更重要的是跟不上轉變的公務人員或機構，馬上面臨治理能力不足的窘境，其代價就是失去民眾的信任。因此，為了讓公務人員的知識和能力能跟得上時代巨輪的推進，必須有適度的培訓制度，使他們能溫故知新，維持一定的工作能力。

現代的政府已經不再是過去的有限政府，民眾希望的政府是一個為民興利的大有為政府。民眾普遍認為政府必須能滿足他們的需求，協助他們解決各種公共問題。因此，對政府服務水準的期望也就不斷攀升；故步自封、敷衍塞責的政府機關或公務人員往往成為民眾和輿論批判的對象。

此外，公務人員培訓制度的另一項重要功能就是培育資質優秀、有潛力的公務人員，協助其生涯規劃發展，增進他們的工作能力和思考深度，使之成為國家的優良幹才，蔚為國用。為了讓這些有潛力的人員能進一步發揮幹才，國家必須再假以適當的培育和訓練，增加他們的決策、管理和溝通協調能力。這也就是有進步文官制度的國家之所以重視文官培訓的主因。

　　另外，我們也可以從反面的角度來思考公務人員培訓制度的重要性。如果缺乏完善的公務人員培訓制度，將造成以下的結果：

一、因學校所習得的知識無法全部遷移到所擔任的工作上，將造成工作適應上的困難。

二、公務人員工作異動時，因缺乏所需的專業知能，將無法勝任工作。

三、公務人員無法運用新的技術或知識處理公務，工作效能和效率將受到影響，無法滿足民眾望治的殷殷期盼。

四、新技術和知識的發展將無法普及到政府部門，民眾難以感受到政府與時代脈動一致，進而加深民眾對政府不求進步的印象。

五、優秀有潛力的人員缺乏深度培育，政府高級人力資源出現斷層，對國家治理能力造成負面影響。

六、對公務人員的職責與角色缺乏具體瞭解，無法認知為民服務的真諦；甚至無法體會身為國家公職人員的責任性和重要性。

貳 培訓、訓練與進修

　　公務人員的培訓和公務人員的訓練、進修這三個概念，事實上是有差異的。依考試院網站（考試院，民109）所設置的「文官制度與專技考試詞彙」網頁所示，其對培訓制度（training and development system）的界定如下：「由機關學校為其所屬人員所提供的教育與學習活動。廣泛包括訓練、進修與人力資源發展等所建立之一套系統性、計畫性的做法及規範的體制。其目的在於改進工作人員的知識、技能、工作態度和行為，從而使其發揮更大的潛力，提高工作素質，最終實現良好組織效能的活動。」簡單地說，公務人員的訓練和進修都包含在文官培訓之中。

　　至於訓練和進修在公務人員訓練進修法施行細則內，則有明確的規範。訓練係指各機關學校「為因應業務需要，提升公務人員工作效能，由各機關（構）學校提供現職或未來職務所需知識與技能之過程」（訓細3Ⅰ）。而

進修則指「為配合組織發展或促進個人自我發展，由各機關（構）學校選送或由公務人員自行申請參加學術或其他機關（構）學校學習或研究，以增進學識及汲取經驗之過程」（訓細3 II）。

　　由此可見，培訓和訓練、進修的概念是有不同的定義的。培訓的範圍顯然較訓練或進修為廣，因為它涵蓋了訓練、進修，甚至包括與人力資源發展有關的種種體制和活動；而訓練則比較侷限在與工作有關之專業知能的傳授和學習，同時更強調政府機關的主動性。至於進修則以增進學識及經驗（不一定與工作有直接之相關）為主。另外，在功能方面，培訓也較訓練、進修來得全面。前者除了專業知能的增進外，還包括一切與工作有關的態度、動機、生涯發展等事項，而訓練與進修則比較強調知識和技能的研習。

參　公務人員培訓的種類

　　前已言及，公務人員的培訓主要是指訓練與進修兩方面，茲分別扼要說明之。

一、訓練

　　所謂訓練，指為因應業務需要，提升公務人員工作效能，由各機關（構）學校主動提供特定知識與技能之過程。公務人員的訓練可以分為職前訓練與在職訓練。前者指公務人員就任職務前所給予的訓練，例如依據公務人員考試錄取人員訓練辦法所辦理的基礎訓練和實務訓練。而後者則指公務人員擔任公職一段時間後，由機關學校主動提供的訓練。例如，公務人員訓練進修法（以下簡稱訓練進修法）所訂的專業訓練和一般管理訓練。

　　另外，訓練也可以根據它是否在工作中進行而分為工作中訓練與工作外訓練。前者顧名思義是指公務人員在工作的同時，在服務機關內，接受與工作相關的專業知能訓練。不過，這種工作中訓練通常都不具規模，比較常見的是對初任公職人員，由單位主管指定專人進行工作指導。至於工作外訓練是指受訓者離開工作崗位去某一特定地點（訓練中心、學校或服務機關的訓

練場所）接受訓練。例如，主計處主計人員訓練中心所辦理的「主計人員養成訓練班」（爲期六週），以及教育部往年所辦理的高階人員領導訓練研習班。除此之外，公務人員每人每年也有最低學習時數和業務相關學習時數的規定（二十小時）。

二、進修

　　所謂進修，指爲配合組織發展或促進個人自我發展，由各機關（構）學校選送或由公務人員自行申請參加學術或其他機關（構）學校學習或研究，以增進學識及汲取經驗之過程。依據訓練進修法及其施行細則的規定，公務人員進修分爲入學進修、選修學分和專題研究（訓 8 Ⅰ）。上開進修，又得以公餘、部分辦公時間或全時進修等方式進行（訓 8 Ⅱ）。

　　進修的發動則有選送和自行申請兩種方式。不論是選送或自行申請，符合條件者，均可依據規定給予補助。

(一) 選送

　　由公務人員所服務的機關（構）學校基於業務需要，主動推薦或指派公務人員參加與職務有關之訓練或進修（須經服務機關甄審委員會審議通過，並經機關首長核定）（訓細 7 Ⅰ）。各機關學校選送進修之公務人員，應具有下列基本條件（訓 9，訓細 13）：

1. 服務成績優良，具有發展潛力者。即需具備以下兩項資格：(1) 最近二年年終考績（成）一年列甲等、一年列乙等以上，並未受刑事處罰、懲戒處分或平時考核記過以上懲處者；(2) 在任職期間工作績效優良，有具體事蹟者。

2. 具有外語能力者。但國內進修及經各主管機關核准之團體專題研究者，不在此限。

(二) 自行申請

　　指由公務人員主動向服務機關（構）學校申請參加與職務有關之訓練或進修（訓細 7 Ⅱ）。

肆　公務人員培訓制度的沿革

我國公務人員的培訓制度可以分為五個階段：

一、第一階段

國民政府播遷來台之前，公務人員的培訓概由執政黨掌控。訓練內涵多偏重於三民主義建國思想的灌輸。抗戰時期，則因應戰爭及各項任務的需要，個別舉辦各種訓練，以應急需。

二、第二階段

以政府遷台至 85 年設立「公務人員保障暨培訓委員會」（以下簡稱保訓會）為期。此階段雖然有 32 年 6 月 10 日公布之「公務員進修及考察選送條例」作為實施依據，但該條例係在行憲前所制訂，無法滿足在台政府對公務人員培訓的需求，因此並未發揮功能。但因政府體認文官培訓的重要性，故在 53 年 11 月公布台灣省政府所屬各機關公務人員訓練進修辦法，作為省屬公務人員培訓的依據。降至 56 年，政府成立行政院人事行政局（以下簡稱人事局），並於第三處設科，負責行政院所屬公務人員訓練事項規劃及政策擬定，同時也成立訓練委員會，擴展公務人員的訓練工作。70 年 7 月，行政院公布加強行政機關人才延攬培育與運用方案，此一方案將訓練分為職前訓練（亦稱就業訓練）和在職訓練兩種。實施方式則包括基層（基礎）、中級（專業）和高級（管理）幹部訓練與領導幹部訓練（許南雄，民 102），應屬行政院進行有系統文官培訓的濫觴。自此之後，行政院基於公務人員國內外訓練進修之需要，陸續於 76 年 4 月公布公務人員出國進修研究實習要點、77 年 8 月公布行政院暨所屬各機關公務人員國內訓練進修要點以及於 77 年 10 月公布選送公教人員出國進修研究實施計畫數種行政命令。在文官培訓的實際運作方面，已成為以行政命令取代功能不彰之公務員進修及考察選送條例（法律性質）的趨勢。除此之外，72 年 12 月，政府更於國立政治大學成立附設公務人員教育中心，辦理中、高級文官的訓練。75

年更修訂公務人員考試法，明訂高普考試筆試錄取人員須經訓練程序，始能取得考試及格證書。

三、第三階段

以 85 年設立保訓會至 91 年 1 月總統公布施行公務人員訓練進修法爲期。此一階段的主要任務是透過修憲在考試院之下增設保訓會，並於 85 年 1 月 26 日由總統公布施行公務人員保障暨培訓委員會組織法，同年 6 月 1 日正式成立保訓會，負責公務人員訓練進修政策、法規之研擬規劃、公務人員考試筆試錄取人員、升任官等及行政中立等各種訓練事宜。同時，依據公務人員保障暨培訓委員會組織法第 13 條之規定，設立國家文官培訓所（以下簡稱培訓所），隸屬保訓會。此外，隸屬人事局的公務人員訓練班亦改制爲公務人力發展中心（以下簡稱人力中心），並於 85 年 1 月正式運作，辦理行政院所屬各機關公務人員之管理發展訓練。

四、第四階段

自 91 年 1 月訓練進修法公布施行開始至 98 年 11 月國家文官學院組織法通過前爲第四階段。公務人員訓練進修法公布施行之後，我國公務人員培訓制度的法制基礎自此才算正式確立。因爲訓練進修法所規範的內容已涵蓋過去幾個行政命令的內容，因此除廢止老舊的公務員進修及考察選送條例外，也停止適用公務人員出國進修研究實習要點以及行政院暨所屬各機關公務人員國內訓練進修要點。而行政院爲落實所屬機關學校公務人員的訓練進修，亦依據訓練進修法第 2 條第 4 項於 92 年 3 月發布行政院及所屬機關學校公務人員訓練進修實施辦法。此外，原選送公教人員出國進修研究實施計畫則改名稱爲行政院選送公務人員出國進修研究實施計畫。

五、第五階段

自 98 年 11 月通過國家文官學院組織法，成立國家文官學院（以下簡稱文官學院）迄今。而人事局則於 101 年 2 月配合行政院組織改造，調整爲行

政院人事行政總處（以下簡稱人事總處）。而隸屬人事總處的原公務人力發展中心和地方行政研習中心則於 106 年 4 月整併為公務人力發展學院（以下簡稱人力學院）。另行政院部分，則將前開行政院選送公務人員出國研究實施計畫修正為行政院選送優秀公務人員國外進修實施計畫，並另訂行政院選送公務人員出國專題研究實施計畫，作為辦理優秀公務人員出國進修的實施依據。

第二節　公務人員培訓制度的重要內容

壹　公務人員訓練的適用對象

訓練進修法施行細則第 2 條規定，本法之適用對象如下：

一、各機關（構）學校組織編制中依法任用、派用之有給專任人員。

二、各機關（構）學校除教師外依法聘任、僱用人員。

三、公務人員考試錄取人員。

貳　公務人員訓練的權責劃分

依據訓練進修法相關規定，有關公務人員訓練之權責如下：

一、公務人員訓練進修法制之研擬，事關全國一致之性質者，由保訓會辦理（訓 2 I）。

二、公務人員考試錄取人員訓練、升任官等訓練、高階公務人員中長期發展性訓練及行政中立訓練，由保訓會辦理或委託相關機關（構）、學校辦理（訓 2 II）。上述四種訓練的定義如次（訓細 4 I）：

（一）考試錄取人員訓練：公務人員各等級考試正額錄取者，按錄取類、科，接受訓練；訓練期滿，成績及格者，發給證書，分發任用。列入候用名冊之增額錄取者，經用人機關自行遴用後，其訓練程序，與正額錄取者

之規定相同。本項訓練係依據考試院會同關係院所訂頒之公務人員考試錄取人員訓練辦法辦理（以下簡稱錄取人員訓練辦法）。

(二) 升任官等訓練：依據公務人員任用法之規定，委任公務人員升薦任第 6 職等或薦任公務人員升簡任第 10 職等必須經由此種訓練合格之後，始能分別取得陞任薦任第 6 職等或簡任第 10 職等之任用資格。

(三) 高階公務人員中長期發展性訓練：指為增進簡任第 10 職等或相當職務以上公務人員未來職務發展所需知能之訓練。

(四) 行政中立訓練：指為使公務人員於執行職務時，能夠確實依法行政、公正執法，不介入黨政派系紛爭，以為全國人民服務，所舉辦的學習活動。

三、公務人員專業訓練、一般管理訓練、進用初任公務人員訓練及前項所定以外之公務人員在職訓練與進修事項，由各中央二級以上機關、直轄市政府或縣（市）政府辦理或授權所屬機關辦理之（訓 2III）。上述三種訓練的定義如次（訓細 4）：

(一) 專業訓練：指為提升各機關（構）學校公務人員擔任現職或晉升職務時所需專業知能，以利業務發展之訓練；或為因應各機關（構）學校業務變動或組織調整，使現職人員具備適應新職所需之工作知能及取得新任工作專長，所施予之訓練。公務人員專業訓練得按官職等、業務需要或工作性質分階段實施。

(二) 一般管理訓練：指為強化各機關（構）學校公務人員一般領導管理、綜合規劃、管理協調及處理事務之能力為目的之訓練。公務人員一般管理訓練得按官職等、業務需要或工作性質分階段實施。

(三) 進用初任公務人員訓練：指對依公務人員任用有關法律規定進用或轉任，初次至公務機關（構）學校任職人員所施予之訓練。

四、各主管機關得視業務實際需要協調國內外學術或其他機構，提供公務人員終身學習之機會（訓 17）。

五、為加強公務人員訓練進修計畫之規劃、協調與執行成效，應由人事總處

與保訓會會同有關機關成立協調會報，建立訓練資訊通報、資源共享系統（訓3）。

參　訓練機構

我國公務人員培訓體制有兩個系統，即憲法明訂的考試院保訓會和行政院人事總處。前已提及，有關文官培訓的分工係明訂於民國 91 年 1 月 30 日公布的訓練進修法第 2 條。茲分述如次：

一、考試院系統

民國 83 年 7 月，立法院通過考試院組織法之修正，增設保訓會。保訓會組織法於 85 年 6 月正式成立，而保訓會為落實文官訓練業務，乃於 88 年 7 月 26 日設立培訓所執行訓練業務，並於 98 年 11 月將培訓所升格為文官學院，由保訓會主委兼院長。

至於在公務人員培訓方面，則於保訓會組織法中，規定保訓會掌理以下之文官培訓業務：培訓政策、法制之研擬、訂定及其執行事項；高階公務人員之中長期培訓事項；公務人員考試錄取、升任官等、行政中立及其他有關訓練事項；人事人員訓練、進修之研擬規劃及委託事項；公務人員終身學習推動事項；培訓機關（構）之資源共享、整合之協調事項；公務人員訓練評鑑方法與技術之研發、各項培訓需求評析及績效評估事項等。上述所謂其他有關訓練，則指行政院暨其所屬以外各機關公務人員之訓練，包括總統府、立法院、司法院、考試院、監察院等機關人員之訓練。

二、行政院系統

對於公務人員培訓業務應屬何院，考試院和行政院在修憲之後，曾進行多次的洽談。嗣於 82 年 6 月 4 日和 94 年 1 月 10 日由兩院副院長進行協商，才確定公務人員培訓的分工體制（詳見前述）。

具體言之，行政院之公務人員培訓業務係由人事總處掌理，其範圍僅限

行政院所屬公務人員之訓練。而為落實公務人員訓練業務，特於 85 年 1 月 22 日在人事總處之下設立人力中心（其前身為公務人員訓練班）以及地方行政研習中心（前身為台灣省政府公務人力培訓處，88 年 7 月因精省改隸並更名）。106 年 4 月整併為公務人力發展學院。另外，部分部會亦有自己的訓練機構。

肆 考試錄取人員訓練

考試錄取人員訓練的性質為考試的程序，其法源依據為公務人員考試法及訓練進修法。按公務人員考試法第 21 條第 1 項規定：「公務人員各等級考試正額錄取者，按錄取類科，依序分配訓練，訓練期滿成績及格者，發給證書，依序分發任用。列入候用名冊之增額錄取者，由分發機關或申請舉辦考試機關配合用人機關任用需要依其考試成績定期依序分配訓練；其訓練及分發任用程序，與正額錄取者之規定相同。」而訓練進修法第 2 條第 2 項則規定：「公務人員考試錄取人員訓練……由公務人員保障暨培訓委員會辦理或委託相關機關（構）、學校辦理之。」另，考試法第 21 條第 2 項又規定：「訓練之期間、實施方式、免除或縮短訓練、保留受訓資格、補訓、重新訓練、停止訓練、訓練費用……等有關事項之規定，由考試院會同關係院以辦法定之。」綜上，為落實考試錄取人員之訓練，考試院乃訂定公務人員考試錄取人員訓練辦法作為訓練事宜之實施規範。

公務人員考試錄取人員訓練分為基礎訓練和實務訓練二種，但性質特殊之高等及普通考試類科或特種考試錄取人員訓練（以下簡稱性質特殊訓練），得於訓練計畫另定其他訓練（錄 3）。上述不同型態之訓練均屬於公務人員正式取得公務人員資格前的職前訓練。又，公務人員考試錄取人員訓練其期間為四個月至一年（錄 13）。

考試錄取人員訓練在民國 99 年以前，除司法官、檢查事務官、司法事務官、國家安全情報人員、調查人員、警察、基層警察等特考之考試錄取人

員訓練屬於未占缺訓練外，餘均屬占缺訓練。惟自106年1月1日起，保訓會已將高普考、初等考試、地方特考、原住民族特考、身心障礙特考全面實施未占缺訓練。之所以改成未占缺訓練，目的在落實公務人員考試法將考試錄取人員訓練視為考試過程的宗旨，使受訓人員產生心理警惕作用，並使用人機關得以篩選不適任人員（黃彥達，民105）。茲就基礎訓練和實務訓練之內涵扼要分別說明如次：

一、基礎訓練

　　基礎訓練著重在充實初任公務人員應具備之基本觀念、品德操守、服務態度及行政程序與技術，由保訓會所屬國家文官學院辦理或委託訓練機關（構）學校辦理。而目前在實務運作上，高考、普考、初等考試以及基層人員特考之基礎訓練，均係由文官學院負責辦理，並自106年5月起，將各等級考試的訓練期間統一調整為四週。在訓練課程方面，根據初任、委任及薦任人員應具備之能力內涵，佐以「進階」課程的概念，針對不同需求，提供適切課程（考試院，民108：321）。

　　考核項目分為本質特性（20%）及課程成績（80%）二項（錄36 I），本質特性部分係就受訓人員之品德、才能、生活表現評分，由訓練機關（構）學校考評；課程成績包括專題研討及紙筆測驗成績兩項，專題研討的目的在培養學員分析能力、解決問題能力以及團隊合作的精神，至於紙筆測驗則在課程全部結束後舉行（考試院，民108）。

　　受訓人員訓練期滿並經核定成績及格者，始完成考試程序，由各用人機關（構）學校或訓練機關（構）學校函送保訓會轉請考試院發給考試及格證書，並函請分發機關或申辦考試機關分發任用。基礎訓練成績經保訓會核定為不及格者，仍留原分配機關（構）學校接受實務訓練，並得於一個月內向保訓會申請自費重新訓練一次（錄38）。

二、實務訓練

　　實務訓練以增進工作所需知能及考核品德操守、服務態度為重點。換言

之，其培訓重點在充實受訓人員未來工作所需的專業知能以及培養正確的服務觀念，使受訓人員獲得正式任用資格後，可以將受訓所得遷移到所承辦的業務之上。實務訓練是一種工作中訓練，由保訓會委託各用人機關（構）學校辦理。受訓人員於實務訓練期間，各用人機關（構）學校，應指派專人輔導（錄32 I）。

　　高普初考基礎訓練與實務訓練的訓練期間合計為四個月，扣除基礎訓練期間，以及部分類科另安排一至二週的集中實務訓練後，其餘期間為實務訓練。必要時實務訓練得依規定縮短為二個月（錄20）。又，依據錄取人員訓練辦法規定，實務訓練分實習及試辦二階段實施，自向實務訓練機關（構）學校報到接受訓練日起一個月為實習階段（不含基礎訓練）其餘時間為試辦階段。在實習階段，實務訓練機關（構）學校應依受訓人員考試錄取類科及所占職缺之職務說明書所定工作內容，安排受訓人員以不具名方式協助辦理所指派之工作。在試辦階段，受訓人員應在輔導員輔導下具名試辦所指派之工作（錄32）。

　　在實務訓練期間，實務訓練機關（構）學校應由人事單位會同受分配訓練單位，填寫實務訓練計畫表，陳報機關（構）學校首長核定據以辦理。輔導員並應至少每月填寫受訓人員實務訓練輔導紀錄表送單位主管核閱。

　　實務訓練受訓人員成績，按其本質特性及服務成績二項評分。其中本質特性占45%，服務成績占55%（錄36 II）。實務訓練成績經單位主管初核為不及格者，應先交付考績委員會審議，審議時應給予受訓人員陳述意見之機會，並做成紀錄，再送首長評定。

三、公務人員特種考試錄取人員訓練

　　有關公務人員特種考試錄取人員之訓練，係依據錄取人員訓練辦法第3條：「……性質特殊之高等及普通考試類科或特種考試錄取人員訓練（以下簡稱性質特殊訓練），得於訓練計畫另定其他訓練」，以及第6條第3項「性質特殊訓練由保訓會委託申請舉辦考試機關辦理」。目前實務上之做

法，係由各申請舉辦考試機關擬定訓練計畫，函送保訓會核定實施。例如，司法人員考試、警察人員考試、法務部調查局調查人員考試、外交領事人員及外交行政人員考試、關務人員考試、原住民族考試、身心障礙人員考試。其中公務人員特種考試司法人員考試司法官考試錄取人員訓練計畫，由司法官訓練委員會議定後，交由法務部司法官學院函送保訓會備查。各項特種考試訓期依其特殊性而不同，期限為四個月至一年不等。

伍 升任官等訓練

　　公務人員升官等除透過升官等考試之外，另外一個重要的設計就是經由訓練來達到陞遷的目的。此一制度可以使平日因積極任事、奮勉從公，而無暇準備考試的公務人員有陞遷的機會，並確保公務人員能透過訓練吸收新知，培養與時俱進的公務能力（邱華君，民97）。依據公務人員任用法規定，公務人員升任官等之訓練共有二種，分別是晉升簡任官等訓練和晉升薦任官等訓練，均由保訓會及所屬國家文官學院辦理（必要時得委託訓練機關（構）或公私立大學校院辦理）。自105年起，兩項升官等訓練均為期四週，並採密集訓練方式辦理。

　　依據薦任公務人員晉升簡任官等訓練辦法第6條規定，晉升簡任官等之參訓資格為經銓敘部銓敘審定合格實授現任薦任第9職等職務，其以該職等職務辦理之年終考績最近三年二年列甲等、一年列乙等以上，敘薦任第9職等本俸最高級，並具有下列資格之一者，得參加之：

一、經高等考試、相當高等考試之特種考試或公務人員薦任升官等考試、薦任升等考試或於公務人員任用法施行前經分類職位第6職等至第9職等考試或分類職位第6職等升等考試及格，並任合格實授薦任第9職等職務滿三年。

二、經大學或獨立學院以上學校畢業，並任合格實授薦任第9職等職務滿六年者。

　　依據委任公務人員晉升薦任官等訓練辦法第6條規定，晉升薦任官等之

參訓資格為經銓敘部銓敘審定合格實授現任委任第 5 職等職務，其以該職等職務辦理之年終考績最近三年二年列甲等、一年列乙等以上，敘委任第 5 職等本俸最高級，並具有下列資格之一者，得參加之：

一、經普通考試、相當普通考試之特種考試或相當委任第 3 職等以上之銓定資格考試或於公務人員任用法施行前經分類職位第 3 職等至第 5 職等考試及格，並任合格實授委任第 5 職等職務滿三年者。

二、經高級中等學校畢業，並任合格實授委任第 5 職等職務滿十年者，或專科學校畢業，並任合格實授委任第 5 職等職務滿八年者，或大學、獨立學院以上學校畢業，並任合格實授委任第 5 職等職務滿六年者。

訓練成績之計算，生活管理、團體紀律、活動表現之成績占訓練成績總分之 10%，課程成績占訓練成績總分之 90%。晉升簡任官等之成績總分達 70 分為及格，晉升薦任官等成績總分達 60 分為及格。受訓人員訓練期滿並經核定成績及格者，由保訓會報請考試院發給訓練合格證書，並函知各主管機關及銓敘部。

陸 行政中立訓練

在公務人員培訓制度中特別在訓練進修法中明訂必須舉辦行政中立訓練當然有重大的政治意義，主要的目的在於灌輸公務人員行政中立的知識和信念，讓公務人員在我國政治民主化的過程中，確保超然客觀的立場，不涉入政爭，致力於國家治理的單純任務。依據公務人員行政中立訓練辦法第 3 條規定「本辦法以公務人員行政中立法第二條所稱之公務人員為適用對象。」第 14 條規定：「本辦法以公務人員行政中立法第十七條及第十八條所定之人員為準用對象。」故行政中立訓練之對象係以訓練進修法所訂之適用對象及準用對象為範圍。同辦法第 9 條第 1 項則又規定，各機關（構）學校應適時安排所屬人員參加本訓練，無故不參加本訓練者，由各機關（構）學校列入年終考績（成）之參考。另，第 9 條第 3 項復規定：從未或三年內未參加

本訓練人員，應優先安排參加訓練。因此，在性質上，行政中立訓練是一個普遍性和強制性的訓練（張甫任、施旭明，民 97）。

　　行政中立訓練的辦理機構為保訓會、文官學院或該會所委託之機關（構）學校。訓練採專班訓練（開辦訓練專班）、隨班訓練（在辦理其他訓練時，列入有關行政中立課程）、專題演講及座談、數位學習方式辦理。所需經費由保訓會及文官學院編列預算支應。

柒　中高階文官培訓

　　人事總處和保訓會都有在辦理政府中高階文官的培訓。人事總處所規劃的中高階文官培訓多不是常態性的、長期性的班別，而是依政府當時所強調的重點來規劃培訓課程。所以每隔幾年就會有新的培訓班別和課程出現，這是與公務人員錄取訓練不同的地方。例如，自 83 年起，人事總處針對簡任第 12 職等以上之高階文官培訓，陸續辦理國家建設研究班、國家策略研究班，每期為期約四週。從 93 年開始，則由公務人力發展中心依據行政院所屬中高階公務人員能力躍升計畫，分別針對行政院暨所屬中央機關不同官職等中高階文官開設領導（第 12 職等以上人員）、管理（第 10 職等至第 11 職等人員）、實踐（第 9 職等主管人員）三個研習營，每次研習為二天，共辦理四年（至 96 年止）。另自 97 年開始，行政院為強化中高階公務人員策略領導與創新管理之相關知能，特開設前瞻領導研習營和卓越管理研習營兩個班別。為期二年（97 年至 98 年），每一期上課二天（劉坤億，民 98）。此外，自 97 年 8 月起至 9 月期間，人事總處在行政院指示下開辦國家政務研究班，研究員資格必須簡任第 12 職等以上，分於國內及國外各研習十六天。此外，亦針對簡任第 11 職等人員開設高階領導研究班，亦分國內和國外研習，前者十八天，後者十六天。除了上述中高階文官培訓計畫之外，人事總處在近年來也針對各級主管開設培訓課程。例如 109 年即開設有中央機關科長管理職能進階班、中央機關科長管理職能應用班、中央機關科長管理

職能進階班、中階人員研習班、高階人員研習班、溝通協調研習班、計畫管理研習班、績效管理研習班、團隊建立研習班、學習型組織研習班、問題分析研習班、資訊管理研習班、提升士氣與激勵研習班試圖逐步建立完整的中高階文官培訓架構。

在保訓會部分，則於 99 年完成高階文官培訓飛躍方案（Take Off Program for Senior Civil Service, TOP-SCS）試辦訓練。由於試辦成效良好，乃自 101 年起正式辦理，訓練機構則爲文官學院。該項有以下幾個特色（考試院，民 101；郭倩茜，民 100）：

第一，訓練性質定位爲發展性訓練（development training）。所謂發展性訓練，係爲未來發展或晉升職務所需預爲準備之訓練，其訓練課程以不同階段職務進行分析，藉由長期培育，使高階公務人員工作能力能隨職務升遷而成長。

第二，訓練重點著重於擔任高階主管職務所應具備之核心能力，期使能培育出具有卓越管理能力、前瞻領導器識及民主決策風範的高階文官。

第三，依據不同職等高階文官所需核心職能規劃不同之訓練內容。

一、管理發展訓練（management development training, MDT）：參加對象爲簡任第 10 職等及第 11 職等之高階文官，訓練目標在增進簡任第 12 職等高階文官所應具備之管理核心職能。

二、領導發展訓練（leadership development training, LDT）：參加對象爲簡任第 12 職等之高階文官，訓練目標在增進簡任第 13 職等高階文官所應具備之領導核心職能。

三、決策發展訓練（strategy development training, SDT）：參加對象爲簡任第 13 職等及第 14 職等之高階文官，訓練目標在提升其決策核心職能。

第四，應用評鑑中心法（assessment centers）作爲選訓評測工具。依上述訓練班別之不同，對參訓人員施以小組討論、公事籃演練、模擬面談、事實發現、個案／問題分析、政策論述模擬演練、個案決策及答詢演練之評測方式（選擇其中數項辦理），以決定錄取參訓人員名單。

　　第五，實施期程：採分散式訓練，每週數天之上課方式，於三個月內完成國內外課程及客製化課程。另於訓期中安排二週國外研習。

　　第六，採取多元化教學方法。除傳統之講授法外，並依課程需要兼採討論教學法、問題導向學習、角色扮演和工作坊等教學方法。同時並首度引進業師制（mentoring），讓參訓人員近身觀察（如觀摩業師開會、主持會議等）業師的言行與思想，並藉此學習待人處事的方法，參訓人員也可以就個人生涯發展，與業師進行深度對談，由業師提供建議。

捌　在職進修

一、進修種類

　　公務人員進修之種類有以下三種（訓8，訓細8）：

(一) 入學進修

　　指由各機關（構）學校選送或公務人員自行申請至國內外政府立案之專科以上學校攻讀與業務有關之學位。

(二) 選修學分

　　指由各機關（構）學校選送或公務人員自行申請至國內外政府立案之專科以上學校修習與業務有關之學科。

(三) 專題研究

　　由各機關（構）學校選送或公務人員自行申請至國內外機關或政府立案之機構、學校從事與業務有關之研究或實習。

二、進修時間

　　進修時間分成以下三種（訓細9）：

(一) 公餘進修：指公務人員利用非上班時間進修。
(二) 部分辦公時間進修：指公務人員利用一部分之上班時間進修。
(三) 全時進修：指公務人員利用全部之上班時間進修。又，依據訓練進修法

第 11 條規定，各機關學校選送國內全時進修之公務人員，其進修期間為二年以內。但經各主管機關核准延長者，延長期間最長為一年。

三、國內進修管道

公務人員在國內進行在職進修管道甚多，依據邱華君（民 95）之歸納，主要有以下四類：(一) 高等教育學府（含研究所、大學附設之推廣中心）；(二) 專設進修機關（如國立政治大學附設公企中心）；(三) 空中教育學校（如國立空中大學、空大附設空專、空中技術學院）；(四) 公務人員任職機關（如自行辦理短期之演講）。

四、國外進修

各機關學校選送國外進修之公務人員，其進修期間如下（訓 10）：

(一) 入學進修或選修學分期間為一年以內。但經各主管機關核准延長者，延長期間最長為一年。

(二) 專題研究期間為六個月以內。必要時，得依規定申請延長，延長期間最長為三個月。

(三) 經中央一級機關專案核定國外進修人員，其進修期限最長為四年。

五、進修之核定及相關權益

公務人員獲服務機關學校選送或自行申請進修，其相關權益之規定如下：

(一) 選送全時進修之公務人員，於核定進修期間，准予帶職帶薪並得給予相關補助（訓 12 I ①）。選送國內外全時進修者，應於進修期間給予公假（訓細 11 I）。選送國內外全時進修期滿，經各主管機關核准延長者，延長期間應予留職停薪（訓細 12）。

(二) 選送公餘或部分辦公時間進修之公務人員，於核定進修期間得給予相關補助（訓 12 I ②）。選送部分辦公時間進修經同意者，每人每週公假時數，最高以八小時為限（訓細 11 II）。

(三) 自行申請全時進修之公務人員，其進修項目經服務機關學校認定與業務有關，並同意其前往進修者，得准予留職停薪，其期間為一年以內。但經各主管機關核准延長者，延長時間最長為一年；其進修成績優良者，並得給予部分費用補助（訓 12 I ③）。

(四) 自行申請以公餘時間或部分辦公時間參加進修之公務人員，經服務機關學校認定與業務有關，並同意其前往進修且成績優良者，得給予部分費用補助（訓 12 I ④）。另，自行申請部分辦公時間進修經同意者，每人每週公假時數最高八小時（訓細 11 II）。

上開所稱各項費用補助範圍如下（訓細 19）：(一) 學費、學分費或雜費；(二) 出國期間之生活費、交通費及保險費；(三) 其他必要費用。以上之費用得由各機關（構）學校視預算經費狀況酌予補助。

另外，各機關（構）學校選送或自行申請國內外全時進修之公務人員，其受有補助者，應於進修結束後三個月內向各機關（構）學校提出進修報告（訓細 21 I）。出國進修人員，應定期每三個月向各機關（構）學校提出進修研習進度說明（訓細 21 II）。

六、進修後之義務

(一) 各機關學校選送或自行申請全時進修之公務人員於進修期滿，或期滿前已依計畫完成進修，或因故無法完成者，應立即返回服務機關學校服務（訓 14）。

(二) 公務人員帶職帶薪全時進修結束，其回原服務機關學校繼續服務之期間，應為進修期間之 2 倍，但不得少於六個月；留職停薪全時進修結束，其應繼續服務期間與留職停薪期間相同（訓 15）。

七、違反進修規定之處置

各機關學校選送或自行申請全時進修之公務人員，有下列情形之一者，除由服務機關學校依有關規定懲處外，並依下列規定辦理（訓 16）：

(一) 獲選送或自行申請全時進修並受補助之公務人員，如未依規定向服務機

關學校提出報告，應賠償其進修所領補助。

(二) 各機關學校選送進修之公務人員，如未確實按核定之進修計畫執行，應賠償其進修所領補助。

(三) 違反訓練進修法第 14 條規定者（未能立即返回服務機關學校服務），應賠償進修期間所領俸（薪）給及補助。

(四) 違反訓練進修法第 15 條規定者，應按未履行義務之期間比例，賠償進修期間所領俸（薪）給及補助。

　　不過，如違反前開四項之事由係不可歸責於進修人員者，免除進修人員賠償責任。惟進修人員如經判定應負賠償責任，經通知限期繳納應賠償金額，逾期不繳納者，依法移送強制執行。

第三節　我國文官培訓制度的重要議題

壹 公部門文官培訓制度的檢討

　　關於我國目前文官培訓制度之問題，相關探討文獻甚多，茲歸納為以下數項說明之。

一、訓練機構部分

(一) 訓練機構各自為政，缺乏整合

　　我國訓練機構在民國 95 年以後已經有大幅的精簡。以行政院為例，目前已從過去的 52 個訓練機構精簡為 11 個，分別為：衛生福利部的衛生福利人員訓練中心、外交部的外交及國際事務學院、法務部的司法官學院及調查局幹部訓練所、經濟部的專業人員研究中心、財政部的財政人員訓練所、行政院人事行政總處的公務人力發展中心及地方行政研習中心、行政院環境保護署的環境保護人員訓練所、行政院海岸巡防署的教育訓練中心、交通部

的民航人員訓練所。至於行政院以外，共有 4 個，分別是司法院的法官學院、考試院的國家文官學院、監察院的審計部審計人員訓練委員會（任務編組）以及國家安全會議的國家安全局訓練中心（內部單位）（彭錦鵬，民 103）。雖然表面上各個訓練機構各有其訓練對象和範圍，但事實上卻有疊床架屋之嫌。因為這些訓練機構彼此之間除「缺乏縱的層級體系之外，也未發展橫的溝通聯繫關係，……因各訓練進修機構各自獨立，其訓練進修班次、對象、課程亦由各該訓練進修機構視其機關之需要自行決定，相互間缺乏資訊之快速交流，亦無協調聯繫管道」（蔡良文，民 100），導致所開辦訓練班別相似，相同人員重複調訓，形成訓練資源的浪費。又如，文官學院及公務人力發展學院在其訓練職掌中均有公務人員終身學習、國內外培訓交流合作、人力資源發展研究等事項，除非這兩個訓練機構能有效事先協調整合，否則極有可能出現重複編列經費，進行類似培訓活動的資源浪費情形。

(二) 國家文官學院與公務人力發展學院的競合關係

論者有謂，目前我國中央政府公務人員訓練機構因國家文官學院與公務人力發展學院的競合關係，已經形成一個政府兩個訓練體制的「雙元困境」（彭錦鵬，民 103）。就法制面來看，國家文官學院在升格為文官學院後，其新增之訓練職掌：「高階公務人員中長期培訓之研究及執行事項」和「人事人員訓練、進修之執行事項」二項，與公務人力發展學院現有的訓練職掌：「行政院所屬機關及地方機關中高階公務人員在職培訓之執行」與「行政院所屬機關及地方機關人事人員訓練之執行」已然重疊。雖然，保訓會曾表示文官學院之新增上述兩項訓練職掌，對象係以行政院之外的機關為限，但就法論法，上述兩項訓練並未明文規定僅限行政院以外之機關。因此，如文官學院要調訓行政院所屬高級公務人員或人事人員，於法亦無不合。另在高階文官培訓實務運作方面，又因全國將近 98% 的公務人力均屬於行政院體系，故文官學院在調訓高階文官時，首要之務必須爭取人事行政總處的支持，才能順利推展，這也造成保訓會早年開辦高階文官飛躍方案時，有相當程度受到人事總處的掣肘。

(三) 地方公務人員訓練機構不足

目前國內訓練機構的分布地區存有極大的地域差異，多數的訓練機構集中於北部，地域分布亦欠缺均衡。此外，地方公務人員訓練機構不足，對於地方公務人員也缺乏完整訓練計畫，嚴重影響地方公務人員素質與服務品質之提升。而偏遠地區公務人員為參加訓練，必須遠赴位於中、北部之訓練機構，不僅舟車勞頓，服務機關尚須支應差旅費，形成參訓負擔，並影響參訓意願（陳國輝，民 95）。

二、訓練進修觀念仍未深化

我國公務人力資源管理對公務人員培訓制度之設計和執行並非毫不重視，但落實到機關層次時，卻仍有敷衍、虛應的情事發生，可見培訓觀念並未完全內化到機關或公務人員心中，舉其犖犖大者如次：

(一) 機關首長或主管常以機關業務繁忙，人員調派不易為由，不願派員參加訓練。即使勉強依規定派員，亦多指派不影響業務的閒人應訓，致此等人員被譏為「受訓專家」。而真正需要受訓的人員，即使自動申請，亦常遭主管阻撓，以致無法接受訓練。

(二) 部分公務人員觀念偏差，甚至缺乏上進態度，視受訓為畏途，能躲即躲。而在升官等訓練中，亦不乏本身已無升等意願，卻被指定受訓，或將此種長訓當作難得之「休息」者。這幾種受訓人員其實都缺乏學習動機，渠等不僅浪費訓練資源，亦占用他人名額，殊不足取。

(三) 依據現行訓練進修規定，各機關學校「應」視業務需要擬定公務人員進修計畫，循預算程序辦理。惟實務上，除因業務需要或原即設有訓練機構之少部分機關外，多數機關學校通常未擬定訓練進修項目或缺乏經費無法辦理，使得訓練進修業務無法落實。

三、訓練實務問題

(一) 大多數訓練師資均延聘自各大學之專任教師，渠等學術能力應無庸置疑，但缺乏公務實務經驗卻為致命傷。公務人員訓練本質上為成人學

習，較重實務問題的解決而非學術理論的灌輸。缺乏公務經驗之教師因對公務體系及其運作陌生，較難有同理心，且易流於空泛之談。

(二) 多數之公務人員訓練方法均以講授法為主，少有研討或實作方式。而訓練機構對講座亦甚少要求（或建議）採用何種訓練方法，均任由講座為之。因此，能自行在課堂上納入其他訓練方法（如分組討論、體驗學習）之講座為數甚少。對學員之學習動機以及整體訓練效果而言，實不無影響。

(三) 有些訓練班次因成本或其他因素考量，有時候必須採取大班制（按：筆者曾經在某一委訓機關擔任特考基礎訓練講座，該班學員人數即高達70餘人），即使講座有心採取多元訓練方式，也因學員人數眾多而難採行，導致訓練品質欠佳。

(四) 目前高普特考錄取人員基礎訓練並非依照考試類科或學員職系分別開班訓練，在教材與授課內容方面，必然須求其共用性。此一情形導致講座在授課或進行分組討論時，必須顧慮學員背景，對某些需要深入說明之專業性主題，只能草草帶過或割愛，影響訓練效果。

貳 我國文官培訓制度的改進建議

一、建立以核心能力為基礎的公務人員培訓制度

所謂核心能力就是完成特定工作必須要具備的重要特質，這些特質能為組織和其利害關係人創造利益，建立組織的競爭優勢，實現組織願景（吳三靈、王崇斌，民 96）。而公務人員的核心能力，就是公務人員在所擔任職位中，應具備之知識、技術、態度，以及其他所需的特質。而這些特質，必需能對於完成工作所需的績效表現與提升政府效能和競爭力有所貢獻（蔡秀涓，民 94）。

最近幾年，政府已有將核心能力納入公務人員培訓體系內的主張。例如李嵩賢（民 96）指出，我國公務人力的培訓策略，應以增進五種能力模

式為重點，包括共通（一般）能力、管理能力、專業能力、跨部會的角色職能，及其以上各項共同構成之組織核心能力。並具體主張專業能力應由各專業機關負責培訓；管理能力與共通能力則由培訓機關負責規劃與執行。而其中的管理能力，則以簡任主管及薦任主管為主要對象；共通能力則針對簡薦委各官等的非主管人員為對象。而行政院則在 103 年核定「行政院所屬機關及地方機關公務人力培訓推動方案」，其中程（104 年至 105 年）之做法即規劃建構以核心能力為基礎之公務人員學習地圖。依該方案，人事總處在 105 年 1 月特訂定「行政院所屬機關及地方機關公務人員學習地圖」，並通函各主管機關作為辦理依據。按該學習地圖，係將我國公務人員核心能力分為共通、管理及專業核心能力等三類；如依官等分，簡任級公務人員應具有之核心能力有：願景型塑、變革領導、溝通協調、風險管理等四項；薦任級公務人員應具有之核心能力有：問題分析、績效管理、溝通協調、團隊建立等四項；而委任級公務人員應具有之核心能力有：行政處理能力一項，包括顧客服務及作業處理等二個次項目（人事總處，民 105）。另，高雄市公務人力發展中心亦自 104 年首創以核心職能作為訓練規劃之基礎，先分析出高雄市公務人員的 18 項核心能力，並據以建立共通核心職模型；然後再以官等、主管／非主管分類，確定職能項目，作為規劃課程的依據。而公務人員亦可經由網站所設的「職能檢測專區」自行檢定其個人所需職能，再經由學習地圖建議，選擇相關的課程進行學習。由以上所述可知，將能力模式納入文官培訓將成為我國公務人力資源發展的重要趨勢之一。

二、強化協調會報的功能

我國在修憲設立保訓會後，考試院和行政院兩大訓練系統並存，立即成為訓練實務上的問題。因此在 91 年訂頒訓練進修法時，即在第 3 條特別規定：「為加強公務人員訓練進修計畫之規劃、協調與執行成效，應由行政院人事行政總處與公務人員保障暨培訓委員會會同有關機關成立協調會報，建立訓練資訊通報、資源共享系統；其辦法由協調會報各相關機關協商定

之。」期能解決雙方在訓練分工上的爭議，並加強合作，達到訓練資源共享的目標。但在實務運作方面，「因各訓練機構各有主管機關，協調會報缺乏議題設定及管考機制，爰逐漸流於形式」（陳國輝，民 95：133）。而國家文官培訓所在改制為文官學院後，在其職掌部分更一口氣增加 7 項，其中「高階公務人員中長期培訓之研究及執行事項」與「人事人員訓練、進修之執行事項」兩項，與公務人力發展學院立即出現競合。在前述訓練機構整併之議題還未成功之前，必須更加強化協調會報的功能，對於有關分工、資源共享等問題，考試和行政兩院必須拿出誠意協調，尋求共識，並確實遵守協議，將可能的摩擦降至最低，或消弭於無形。

三、建立機關及學習者需求導向的訓練機制

將訓練經費編列於用人機關，由各機關依需求提出訓練計畫，委託訓練機構辦理（蔡良文，民 100）。由目前「訓練機構導向」的訓練方式，轉變為「機關及學習者需求導向」的訓練方式。這種做法一方面將訓練的主導權還給了各機關，一方面更可以將訓練需求和訓練計畫完整的扣合，可以讓機關首長和公務人員更重視訓練的價值和功能。多少可以消除部分公務人員「將訓練當休息」的心態，以及減少指派「受訓專家」受訓的現象。至於未來的發展趨勢，甚至可以模仿英國的做法，開放公私部門共同承擔訓練功能，而國家級的訓練機構僅負責協助用人機關評鑑挑選合適的訓練方案，扮演媒合角色（陳國輝，民 95）。當用人機關有訓練需求時，不僅可以委託公部門的訓練機構辦理，各大學、各研究機構、企業訓練機構也都可以參與競標，從而使政府主導的訓練機制轉型為市場的競爭機制。

四、強化訓練品質

關於此部分，以下做法可作為改進之參考：

(一) 依照課程性質及訓練目的慎選教學人員。除大專院校之學院派教授外，政府機關及民間企業甚多學養俱佳之人員，皆可延聘為師資。尤其是具有豐富公務實務經驗的資深官員或大學教師，因擁有與受訓者相同的公

務知識和公務術語，更能發揮知識傳承以及進行有效的訊息傳遞（胡珍珍，民96）。

(二) 除講授法外，應多運用不同之訓練方式。如小組討論、案例研討、角色扮演、經驗學習等。而中高階文官的訓練應特別強調經驗傳承、問題解決、願景建構能力及宏觀視野的培養，故訓練方法可兼採業師制和評鑑中心法，並嘗試建立跨領域的流動（cross-sector mobility），以擴大其職務歷練（陳秋政，民101）。

(三) 採用傳統教學和數位學習的混成式教學，提供適當之誘因，鼓勵受訓人員在接受課堂式訓練前，先自動利用訓練機構之教學網站進行數位學習。

(四) 比照勞動部職業訓練局辦理職業訓練單位績效評鑑之做法，建立公務訓練機構評鑑機制（陳國輝，民95），將評鑑結果與訓練經費編列結合，以督促訓練機構做好訓練規劃及課程內容，提升訓練品質。

關鍵詞彙

培訓　訓練　進修　考試錄取人員訓練　升任官等訓練　行政中立訓練
專業訓練　一般管理訓練　進用初任公務人員訓練　國家文官學院
基礎訓練　實務訓練　在職進修

自我評量題目

一、爲何要重視公務人員的培訓？試申述之。

二、考試錄取人員訓練的種類爲何？試說明之。

三、晉升簡任官等訓練之參訓資格爲何？試說明之。

四、晉升薦任官等訓練之參訓資格爲何？試說明之。

五、公務人員在職進修的種類爲何？試說明之。

六、公務人員在職進修的進修時間分成哪幾種？

七、公務人員獲服務機關學校選送或自行申請進修，其獲得補助之相關規定爲何？又，公務人員進修完畢後，必須負哪些義務？

八、各機關學校選送或自行申請全時進修之公務人員，如違反進修規定，應如何處理？

九、試說明我國公務訓練機構目前所存在的問題？並提出改進建議。

參考書目

考試院（民 101）。高階文官培訓飛躍方案。考試院考授公評字第1011000700 號函核定。

考試院（民 108）。國家考試暨文官制度報告書。https://www.exam.gov.tw/News.aspx?n=618&sms=9321。109.02.19 下載。

考試院（民 109）。文官制度與專技考試詞彙－培訓制度詞條，https://www.exam.gov.tw/News_Content.aspx?n=3435&s=25551。109.05.18 下載。

李嵩賢（民 96）。國家文官人力資源發展策略之探討：培訓需求實證分析。國家菁英，第 2 卷第 3 期，第 62-77 頁。

吳三靈、王崇斌（民 96）。公務人力資源管理導入核心能力之研究：以考選及培訓爲導入策略。國家菁英，第 2 卷第 4 期，第 25-42 頁。

邱華君（民 95）。終身學習社會中公務人員在職進修管道。國家菁英，第 2 卷第 4 期，第 103-116 頁。

邱華君（民97）。我國公務人員晉升官等訓練課程之探討。國家菁英，第4卷第2期，第95-108頁。

郭倩茜（民100）。我國高階主管特別管理制度之規劃策略——兼論英、美、荷、韓四國與我國之比較。文官制度季刊，第3卷第4期，第77-104頁。

胡珍珍（民96）。我國委任公務人員晉升薦任官等訓練之研究——核心能力的觀點。私立世新大學行政管理學系碩士論文。

許南雄（民102）。考銓制度概論，新4版。台北：商鼎文化。

張甫任、施旭明（民97）。現行考銓法規與實務。台北：前程文化。

陳國輝（民95）。我國公務人力訓練機構轉型規劃之展望：以英國政府國家學院調整變革經驗為例。國家菁英，第2卷第4期，第118-138頁。

陳秋政（民101）。高階文官培訓之國際趨勢與地方啟示。人事月刊，第320期，第66-70頁。

彭錦鵬（民103）。從OECD國家經驗論我國文官培訓制度之回顧與展望。人事月刊，第347期，第28-38頁。

劉坤億（民98）。中高階文官培訓體系規劃。人事月刊，第48卷第4期，第24-38頁。

蔡秀涓（民94）。考選制度之新思考架構：職能基礎的觀點。國家菁英，第1卷第1期，第59-78頁。

蔡良文（民100）。人事行政學——論現行考銓制度。台北：五南圖書。

行政院人事行政總處（民105）。建立我國公務人員管理核心能力評鑑量表之研究。委託研究案。

黃彥達（民105）。公務人員考試錄取人員未占缺訓練實施情形及效益。T&D飛訊，第225期。http://www.nacs.gov.tw/NcsiWebFileDocuments/8163c0bdfa4c4bcdb61bdf2d8f12a7ed.pdf。

第十二章
公務人員服務、利益迴避與懲戒制度

第一節　行政倫理的相關概念

壹　行政倫理的重要性

　　美國恩隆公司創建於 1985 年，為跨足能源、紙業及電訊供應商業的跨國企業，「財富」雜誌曾許為「美國最具創新精神公司」。惟自 2001 年起公司財務有了狀況，雖已債臺高築，卻隱匿事實，反而透過財務詐欺之手段，欺騙員工以其退休儲蓄，換購公司的股票。一旦真相被揭露之後，股價自是雪崩式下滑，員工血本無歸。這種不合乎企業倫理的詐欺行徑，使這家曾經盛極一時的公司，旦夕間土崩瓦解。

　　民國 100 年 9 月 2 日媒體報導，基隆海關關稅總局集體貪汙，檢調單位查出關稅局六堵分局幾乎全遭買收，放行違禁品收賄，僅一位 7 年級的官員，因拒收賄賂，遭行賄業者謾罵「白目男」（聯合晚報 100.08.24）。

　　民國 103 年 1 月 11 日媒體報導，「不拿待不下去」，關員落淚認收賄檢調偵辦高雄海關收賄放水貪瀆弊案，前天發動第七波搜索後，昨聲押旗津分關負責驗貨的業務二課 4 名關員獲准。特殊的是，昨到案的一名碩士新進員工邊哭邊自白：「前輩說驗貨沒有清的（閩南語，指清廉），所以我不收，就會待不下去。」另名關員則手持「聖經」痛哭認罪，2 人獲交保，但業務二課約 20 多人，至今高達 17 人涉案（自由時報 103.01.11）。

　　100 年藥品食物管理局楊技正執行「加強取締偽劣假藥專案」時，用氣相層析質譜儀分析台南市衛生局送驗的益生菌粉末，是否摻有安非他命或減肥藥時，發現有不正常波動，引起楊技正的注意，於是，她花了二週時間，抽絲剝繭分析 30 餘種原料，主動查到益生菌含塑化劑。

　　從上述恩隆事件、海關貪瀆事件等，可見，公私部門的組織或員工個人在執行業務或處理公務的過程中，往往面臨著「該為或不該為」，「消極不作為或積極不作為」的兩難抉擇問題，這就是「倫理衝突」的議題。連唯利是圖的私部門都愈來愈重視「企業倫理」，更何況一向重視公共性的政府部門，更是無法自外。因此，行政倫理自然應該是政府考銓制度中的核心議題。公務倫理（public service ethics）又稱「行政倫理」、「職業倫理」、「公務道德」、「服務道德」或「服務倫理」。其係指在行政體系中公務人員在角色扮演時應掌握的「分際」，以及應該遵守的行為規範，相當於往日之「官箴」（繆全吉等，民 89）。

　　行政倫理原則是在探討公務人員在職場內外各種利害關係人間互動基本行為規範及準則，它是公務人員組織內公民行為的礎石。行政倫理是高於法律的道德準則，涉及一個公務人員立身行事的誠信、誠實、忠誠以及社會關懷等核心價值及行為規範，它是公務人員對於公務行為「對或錯，允許或不容許」的指南針。它的內容包含了高於法律規範的官德或官箴，至於在我國文官法制的實務面，則展現在公務員服務法（以下簡稱服務法）、公務人員行政中立法（以下簡稱中立法）、公職人員利益衝突迴避法（以下簡稱迴避法）等法規之中。

　　企業經營以賺取利潤為目的，為何還需要倫理或哲學呢？除了可經由上述案例，略獲梗概外，日本企業家稻盛和夫認為，一個企業經營管理，需要哲學，他認為有以下幾個理由（筆者認為可作為說明機關或公務人員本身，何以需要公務倫理的理由）（曹岫雲譯，民 100）：

　　第一，所謂哲學，首先是經營公司的規範、規則，或者說必

須遵守的事項。經營公司無論如何都必須有全體員工共同遵守的規範規則或事項，這些作為「哲學」（或可作為倫理），必須在企業內部明晰地確定下來。在美國，大型能源企業恩隆公司，美國第二的世界通信公司，都因財務做假而崩潰了。在多數企業裡，首先就沒有經營者會向員工們提出「作為人，何謂正確？」這個問題。而我思考的所謂「哲學」卻正是針對這個問題的解答。

第二個理由，所謂「哲學」，它用來表明企業的目的，這種哲學在企業經營中必不可缺。第三個理由，這種「哲學」可以賦予企業一種優秀的品格。就像人具備人格一樣，企業有企業的品格。賦予企業優秀的品格。

多人評論京瓷之所以成功，是因為京瓷有先進的技術，是因為京瓷趕上了潮流。但我認為決非如此。我認為京瓷之所以成功，是因為京瓷經營判斷的基準，不是「作為京瓷，何謂正確」，更不是「作為經營者的我個人，何謂正確」，而是「作為人，何謂正確」。

前述海關收賄案例，一個堅持的被稱為「白目」的公務人員，一個無法堅持而淚流滿面的公務人員，突顯身為公務人員能否堅持「作為人，何謂正確」的行政倫理，能否用為抗拒威脅利誘？能否堅持而不虧於暗室？所導致雲泥之別的結局。

要知，行政倫理絕非不合時宜的教條，而是公務人員在宦海浮沈中，判斷「何者是？何者非？何者福國利民？何者禍國殃民？」的行為準則。當社會厭惡欺世盜名政客時，公務人員更應肩負起福國淑世的責任，替社會點一盞燈，所謂「一燈照隅，萬燈照國。」身為公務人員更應恪遵服務法、迴避法、公務員懲戒法（以下簡稱懲戒法）、中立法及核心價值等行政倫理規範及法制，形成一種發之內心，成為一種養成習慣的行政倫理。

要知，孔穎達在「周易正義」一書，提及「六十四卦悉維修德防弊之

事」，行政倫理有一項正向功能，就在於使公務人員修德以防弊，亦即成為公務人員在面對各種壓力及抉擇，而能趨吉避凶的保命符；唯有將公務倫理內化為公務人員的公務習慣，一種面臨抉擇時不假思索的習慣，才可以使公務人員在行使公權力過程中，在面對應然和實然的各種倫理決策與倫理衝突時，符合倫理價值取向、倫理精神、倫理專業規範，在職涯發展過程充實圓滿，又能福國利民。

綜而言之，行政倫理的研究圍繞著以下幾個面向：一、公務人員所需擁有的官德或官箴，屬公務人員自律部分。公務人員個人所擁有的忠誠、誠實、謙遜等行政美德。有些學者甚至認為行政道德與效率同等要，認為才德兼備的公務人員能帶來優質公務服務。例如，服務法第 6 條規定：公務員應公正無私、誠信清廉、謹慎勤勉，不得有損害公務員名譽及政府信譽之行為。二、公務人員與職場內部的互動關係，公務人員與組織以外公務互動的倫理準則，包含行政職業規範、法律規範及專業規範等。三、公務人員職場外的互動關係，公務人員與社會服務對象間應遵守的職業價值觀及職業道德規範。

貳 行政倫理的時代意涵

行政倫理是一個國家政府機關公務人員職場內外利害關係人互動時，不可或缺的職場規範、職業規範、專業規範及法律規範，它往往是歷史、文化及社會環境系絡等交光互影的產物。

一、行政倫理的當代意涵

許立一、張世杰（民 100）在「公務倫理」專書中，對行政倫理[1]的意涵，有深入的論述，本章此處有較多的引述，該書指出關於行政倫理的當代意涵，大致可分 (一) 組織效率觀的行政倫理；(二) 社會公正觀的行政倫理；

---

1 許立一與張世杰二位教授，「公務倫理」專書探討公務倫理，本書為行文之便，有關公務倫理一詞，均改以「行政倫理」一詞稱之，特別說明之。

及 (三) 組織效率與社會公正合一觀的行政倫理。經由這樣全觀的論述，有助於賦予服務法、迴避法、中立法及公務人員核心價值等法制背後的有意義化地深層意涵，可藉以透過教育訓練，內化爲公務人員的信仰，進而成爲公務人員立身行道的倫理習慣。

(一) 組織效率觀的行政倫理

組織效率的行政倫理觀是以政治與行政分離論爲基礎，進而以管理主義爲途徑的行政理論和實務，依照發展的時空背景以及對於政府角色看法之不同，論者認爲可分爲「傳統管徑的公共行政」和「新公共管理」。傳統公共管理之發展是源自於威爾遜（C. Wilson）所發表之「行政研究」（The Study of Administration）論文，主張公共行政應是達成政治所設定之日標的手段，所以行政的內容是追求目的效率。

組織效率觀點的行政倫理，在於確保效率之達成，實務上著重外在控制途徑，甚於內省途徑。目前許多行政倫理的實務是建立在組織效率觀之下，例如：

1. 公務機關及公務人員必須依法行政

所謂依法行政意味著公務人員必須依據法令從事公務行爲。從以追求效率爲價值的工具理性行政觀之，法令規章就是公務人員在組織中工作的標準作業程序，其主要功能之一就是要讓公務人員有專業，並能迅速地執行其職務，以完成任務目標，因此依法行政此一倫理原則，蘊含了確保效率之達成的考量。

2. 公務機關及公務人員必須政治中立

工具理性行政對於效率價值的追求角度而論，此一倫理原則亦相當有助於效率的提升。因爲一方面公務員及公務機關可以藉此倫理原則，在某種程度上，免於政治勢力的干擾。公務人員必須政治中立，使得公務機關及公務人員不會爲一己的政治立場有所偏頗，不致執行有所遲滯，亦有助於行政效率。

3. 公務機關及公務人員必須忠誠執行政策

在政治與行政分離論之下，公務機關或公務人員必須忠誠執行政策，公務人員及行政機關必須對立法機關所制定之政策，忠誠加以執行，忠誠執行政策成爲工具理性行政重要的倫理原則。此一倫理原則意味著，公共行政人員及公務機關不需要思考政策目標本身的意義，不需要思考政策目標的意義，當然就不會在政策執行的過程中對目標產生任何遲疑，是以行政效率將不會因此受損。抑有進者，公務人員及公務機關只要專心致力於手段之效率追求之上，因此將更有機會提升行政效率。

4. 公務機關及公務人員必須服從命令

公務機關及公務人員必須服從命令官僚體制的組織設計之下，公務人員必須服從上級長官之命令，俾利上下一體行動、爲達目標、共赴事功，因此服從命令乃是非常重要的公務倫理原則。服從命令的倫理原則讓官僚體系得以成爲執行任務的整體，在分工的情形下取得整合與合作，因此其所產生的重要效用之一就是有效率。

可以看出，這一時期行政倫理的幾個核心概念，諸如責任、義務自律、職業價值觀和職業道德規範都有深入的探討，多見於服務法之內。

(二) 社會公正觀的行政倫理

新公共行政、黑堡宣言（Blacksburg Manifesto）以及新公共服務（New Public Service）等，以實質理性爲主軸的行政論述，在實務方面並未獲得廣泛和全面性的應用。所謂實質理性就是對於目標本身的理性，所以實質理性也稱爲「目的理性」，其重視的課題是目標而不是工具；是重視價值辯證和價值內涵的探討，而非達成目標之手段，強調了公共行政的價值問題，主張效率必須與公共利益、個人價值、平等自由等價值目標結合起來才有意義；將「社會公平」作爲政府管理的目標，並賦予其核心價值觀的地位，認爲公眾的需要、權利、利益高於政府自身的利益。

此種公共行政倫理的本質被突顯出來，成爲公共行政入都應該履行的倫

理原則，此可見於，中立法第 3 條規定以「依據法令執行職務」及「忠實推行政府政策」為手段，以「服務人民」為目的（此見於中立法第 3 條規定，公務人員應嚴守行政中立，依據法令執行職務，忠實推行政府政策，服務人民）。

(三) 效率與社會公正合一觀的行政倫理

在工具理性行政的觀點下，公共行政追求效率，故行政倫理的建構亦以確保效率達成為目的。然而，以實質理性為主的新公共行政學派等關注公共利益、正義、社會公正等價值，而許立一、張世杰（民 100）認為公共行政應同時兼顧效率及社會公正，因此，公務倫理必須強調工具價值的：依法行政、政治中立、忠誠執行政策、服從命令外，也要著重政策目標正當性的堅持。

西方思維慣以二分法思考問題，行政與政治、工具理性與目的理性、外控與內控無法截然分立，但劃分易生衝突，更何況在公共行政實務中實難劃分，一個公務人員無法僅以效率觀的行政倫理觀處理公共事務，往往須同時以社會公正的行政倫理觀從事公共服務。

因此，借用「易經」的思維方式──「陰陽相對，陰陽合一」，來論述行政倫理。在行政倫理實務中，一個公務人員須合抱「效率」及「社會公正」合一的行政倫理觀，處理公共事務。還記得在論述第七章公務人員考績制度時談到，民國 100 年藥品食物管理局楊技正執行「加強取締偽劣假藥專案」時，用氣相層析質譜儀分析台南市衛生局送驗的益生菌粉末，是否摻有安非他命或減肥藥時，雖發現有不正常波動，一般檢驗員會因檢測結果未含西藥，就到此為止，不再進一步化驗（按：效率觀的行政倫理觀，因為檢驗都有時效性的壓力）。

但楊技正對不正常的波動有疑慮，花了二週時間，抽絲剝繭分析 30 餘種原料，主動查到益生菌含塑化劑，因此順藤摸瓜，查獲昱伸公司製造供應的起雲劑含高劑量塑化劑，才揭發此次台灣食品被添加塑化劑的重大違法案

件（社會公正的行政倫理觀，一種悲天憫人的官德）。

綜而言之，行政倫理實務除了須重視所謂官德或官箴的內省自律途徑外，尚須兼顧依法行政、服從命令、層級節制以及忠實執行職務等外控途徑。本章公務員服務及第十三章公務人員行政中立的理論基礎，係採兼具效率及社會公正的公務倫理觀。而本章公務人員服務、利益迴避等，係在探討依法行政、服從命令、層級節制以及忠實執行職務等外控途徑。

二、我國行政倫理特有的歷史系絡意涵

「禮記・王制」：「官者管也，以管領為名。」「說文」中日：「官，吏事君也。」過去所謂的「官」，就是現在所謂的「公務人員」；過去談的「官德」，就是現在一個公務人員應具備一從政者的道德原則和道德品質。「左傳・襄公四年」記載，「周武王時，太史辛甲命百官，官箴王闕」，即安永文武百官用箴言，以誡武王之過，就是規勸和告誡帝王的意思。從歷史演進角度觀之，唐朝之前，官箴是用以規範君主皇帝。唐朝武則天認為，文武百官也應該有一部指導自己言行的戒規，即官德，於是，她編寫了「臣軌」一書，作為臣僚的規範。

晉司馬昭所言：「為官長當清，當慎，當勤。修此三者，何患不治乎？」自從他提出「清、慎、勤」三個官箴之後，歷代君主皆奉為圭臬。大清康熙皇朝亦奉行不悖，然雍正皇帝卻另有見地。他說，「凡事當務大者遠者，若只思就區區目前支吾，以盡職任而已，未有不顧此失彼，蹭前躓後者，當努力勉一大字。」雍正皇帝認為清（廉潔奉公）、慎（忠誠謹慎），勤（勤勞王事）為高級官員的基本要求，另外還要求他們胸有全局，目光遠大，辦事瞻前顧後，能夠駕馭屬員，即要兼有才能與忠於職守的品德。他說，身為提督大員，以自身的模範行動帶領屬下清正廉潔固然很好，但若不能將軍隊練好，把從前的弊病革除掉，這樣的人，品行再好，也不過像個木偶，起不到他所擔任的職責的作用（明哲，民93）。

以當代公共行政學術語而言，一個公務人員除須具備組織效率觀的行政

倫理，須具備誠實、正直的官德外，還要心懷公平、正義的社會公正觀的行政倫理；除了須兼具傳統公共行政學派、新公共管理學派所主張的結果導向的外控途徑外，更需要一種「有諸中，而形於外」的官德內控途徑的行政倫理，作爲抗拒威脅利誘以及興利除弊、福國利民的倫理準則。官箴之所以重要，就是推己及人的邏輯。「孟子·梁惠王」篇所稱：「古之人所以大過人者無他焉，善推其所爲而已矣。」一個品德好的公務人員臨事時，能秉持行政倫理規則，自然能善待民眾、福國利民。

三、行政倫理在實務上所涉範圍

　　行政倫理學就是研究如何以職業、專業及道德等倫理規範，去約束政府或公務人員的公務行爲，期能與民眾維持良好的互動，維護公共利益，落實社會公義（沈士光，民97）。因此，行政倫理研究的面向，包含 (一) 建構公務人員的道德倫理準則；(二) 建構公務人員面對機關內部長官與部屬從屬關係的職業行爲、專業規範及法律規定等倫理準則；以及 (三) 建構公務人員面對組織以外民眾的職業行爲、專業規範及法律規定等倫理準則。

　　首先，就是建構公務人員的行政倫理準則，所指涉的就是一般所謂的官箴，或者官德。司馬昭云：「爲官長當清，當愼，當勤。修此三者，何患不治乎？」此爲歷代普遍接受的官箴，亦可見於服務法第 6 條規定：「公務員應公正無私、誠信清廉、謹愼勤勉，不得有損害公務員名譽及政府信譽之行爲。」誠信清廉之謂「清」，「謹愼勤勉」可見「愼」及「勤」二項官箴。

　　其次，建構公務人員面對機關內部長官與部屬從屬關係的職業行爲、專業規範及法律規定等行政倫理準則。此可見於服務法第 3 條第 1 項規定：「公務員對於長官監督範圍內所發之命令有服從義務，如認爲該命令違法，應負報告之義務；該管長官如認其命令並未違法，而以書面署名下達時，公務員即應服從；其因此所生之責任，由該長官負之。但其命令有違反刑事法律者，公務員無服從之義務。」及第 4 條規定：「公務員對於兩級長官同時所發命令，以上級長官之命令爲準，主管長官與兼管長官同時所發命令，以

主管長官之命令爲準。」

　　第三，建構公務人員面對組織以外民眾的職業行爲、專業規範及法律規定等倫理準則。在考銓制度的範疇內，就是在論述公務人員行政中立法制、公務人員核心價值等行政倫理規則，將在第十三章做深入的探討。

參 行政倫理分析架構

　　蔡良文（民94）認爲公務人員行政倫理，可以從四個層面說明：一、管理的倫理；二、專業的倫理；三、法律的倫理；及四、政治的倫理。其中法律的倫理除陽光法案之相關規定外，主要係針對現行之服務法價值內涵中，有關忠誠、迴避、利益旋轉門、請託關說、贈與、應酬等行爲規範之重視與遵行。因此，有關公務人員行政倫理的法規包含：一、公務人員廉政倫理規範、公職人員財產申報、公職人員利益衝突迴避、政治獻金及遊說等陽光法案；二、公務人員基準法（草案）、服務法、中立法及懲戒法等完善公共服務倫理相關配套法規。本節將以行政倫理爲思想底蘊，析論服務法、迴避法及懲戒法等三個主要配套法規。至於中立法將於第十三章討論。

　　行政倫理是行政機關及人員在推動政務、處理公務時，應遵守的倫理道德規範，從消極的有所不爲而無害於人（如不貪污、不怠忽職守），到積極的有所爲而有益於人（如爲國效命、爲民謀利的各種服務），並使行政作爲符合公平正義原則，亦即行政倫理應符合就是行政機關及公務人員在公務上的道德共識及道德自律。行政倫理之本質乃是公務人員之道德共識及自律，是指公務人員在處理公務時，及日常生活中，基於普世道德及價值，對國家、機關、民眾、上司、同事、部屬等，應具有的正當價值觀、行爲與關係。

第二節 公務員服務法

壹 公務員服務法沿革

　　服務法源自「官吏服務規程」，該規程係民國20年由國民政府所公布，現行服務法對公務員之義務已有規定，該法自28年制定公布以來，迭經32年、36年、85年及89年修正少數條文，至111年6月22日修正公布之現行服務法，則已契合時代需要及社會環境變遷，適度調整公務員行為義務、規範密度及其適用範圍，同時配合司法院釋字第785號解釋（以下簡稱釋字第785號解釋）意旨，進行相關修正。現行服務法共有27條條文，主要規範適用對象、行為義務、請假權利、違反義務者之處罰，以及施行日期等事項，其中以行為義務規定占絕對多數。具體作為義務、絕對不得作為義務、相對不得作為義務等三大類；或按其作為性質，區分為公務員道德宣示之倫理規範、長官與部屬之個別倫理關係、公務員應有所為之倫理事項、公務員不得作為之倫理事項四種。但不論如何區分，屬那一類的義務，這些義務規定均具有倫理性質。

貳 重要內容

一、適用對象

　　服務法第2條：「本法適用於受有俸給之文武職公務員及公營事業機構純勞工以外之人員。（Ｉ）前項適用對象不包括中央研究院未兼任行政職務之研究人員、研究技術人員。（Ⅱ）」依據司法院35年7月18日院解字第3159號解釋，「俸給」不僅指現行「文官官等官俸表所定級俸」（按：係指現行公務人員俸給法及公務人員俸表所定俸級）而言，其他法令所定國家公務員之俸給亦屬之，不以由國家開支者為限，國家公務員之俸給由縣市或鄉鎮自治經費內開支者，亦包括在內。此外，依銓敘部相關釋例本法適用對

象爲：(一) 依法任（派）用人員；(二) 依聘用條例及僱用辦法進用之聘僱人員；(三) 直轄市長、縣（市）長、鄉（鎮、市）長；(四) 公營事業機構服務人員（不含純勞工）；(五) 駐衛警察；(六) 現役軍（士）官及依法令從事公務之義務役士兵；(七) 兼任行政職務教師；(八) 社教、學術研究機構聘任人員。

下列人員皆非本法適用對象：(一) 農田水利會會長及各級專任職員；(二) 工友、清潔隊員；(三) 民選村（里）長；(四) 中央研究院未兼任行政職務之研究人員、研究技術人員；(五) 鄰長；(六) 各級民意代表；(七) 依鐘點計費或按件、按日計酬之人員；(八) 公營事業機關純勞工。

二、公務員之基本義務

有關公務員服所規範的公務人員基本義務，可分爲五種：(一) 忠於職務之義務；(二) 服從命令之義務；(三) 嚴守秘密之義務；(四) 維持品德之義務；及 (五) 不爲一定行爲之義務等，茲詳細說明如下：

(一) 忠於職務之義務

有關公務員應忠誠之義務，可分爲公務員應遵守誓詞、忠於國家二部分。

1. 公務員應遵守誓言

(1) 公務員應遵守誓言，忠心努力，依法律、命令所定執行其職務（服1）。本條文爲行政倫理的義務，若爲違反此一義務，則爲引起懲戒之原因。本法所稱誓言，一般公務人員之服務誓言規定於公務人員任用法施行細則（以下簡稱任用法細則）第3條：「本法第四條第二項所稱品德及忠誠之查核，指擬任機關於擬任公務人員前應負責切實調查，並通知其填送服務誓言……。」任用法細則第22條規定：「各機關擬任人員送審，應填具擬任人員送審書表，連同公務人員履歷表、學經歷證明文件及服務誓言，送銓敘部銓敘審定。」
依據服務法規定意旨及任用法施行細則授權，從76年施行至今，初任及

再任人員到職時，都須詳閱服務誓言內容簽名後由服務機關留存。為使「公務人員服務誓言」更為積極正面，銓敘部自 99 年 7 月起，修正「公務人員服務誓言」，將「廉正、忠誠、專業、效能、關懷」五項文官核心價值精神納入誓言，銓敘部將服務誓言修正為「余誓以至誠，恪遵憲法與政府法令，以清廉、公正、忠誠及行政中立自持，關懷民眾，勇於任事，充實專業知能，創新改革，興利除弊，提升政府效能，為人民謀求最大福祉。如違誓言，願受最嚴厲處分。謹誓。」該項服務誓言與宣誓條例（由內政部主管）所列公職人員須有正式之宣誓程序不同。

(2) 各機關任用公務人員，應注意其對國家之忠誠；雙重國籍不得任用為公務人員（任用 4、28）。

2. 執行職務

有關公務員執行職務之義務，分別規範於本法第 1 條、第 8 條至第 13 條等七條條文。分別為：

(1) 公務員應遵守誓言，忠心努力，依法律、命令所定執行其職務（服 1）。

(2) 公務員執行職務，應力求切實，不得畏難規避，互相推諉或無故稽延（服 8）。

(3) 公務員收受人事派令後，應於一個月內就（到）職。但具有正當事由，經任免權責機關（構）同意者，得延長之；其延長期間，以一個月為限。駐外人員應於收受人事派令後三個月內就（到）職。但有其他不可歸責於當事人之事由，得請求延長之，並於該事由終止後一個月內就（到）職（服 9）。
依據銓敘部 95 年 1 月 27 日部法一字第 0952597084 號函，因機關內部調動經指派工作內容及地點須配合調整者，如已涉及職務之異動，則應於接奉派令生效之日起一個月內就職；至倘未涉及職務之異動，而係屬機關首長依權責因業務需要所為之工作指派，則應以機關首長所指定日期為報到之日。又依據銓敘部 97 年 9 月 9 日部法一字第 0972974423 號令，第 9 條所稱應於「一個月內」就職之計算方式，應自接奉任狀之次日，

或自接奉之任狀內所載向後特定生效日期之次日起算，末日之計算方式則為扣除程期外，依行政程序法第 48 條規定辦理。同條後段所稱經主管高級長官特許延長期間以「一個月」為限，其計算方式亦同。另考量駐外人員工作性質特殊，且其服勤地點多為國內與國外或於不同國家間調動，以其收受派令後，除需儘速辦理業務交接外，尚有業務實習、程期安排、子女教育安頓、房屋退租及家具搬遷等諸多赴任相關事項亟待處理，爰就駐外人員就（到）職期限另為規定，並以「三個月」為限。惟倘因駐在國（地）政治情勢變動遲未核發簽證、國際交通中斷或天災地變等不可歸責於當事人之事由，致駐外人員未能於三個月內就（到）職者，得向任免權責機關（構）請求延長之，並於原因消失後一個月內就（到）職，俾因應駐外機構實際運作需要。又所稱「駐外人員」，係含括外交部駐外人員及各機關（構）派駐外館人員。

(4) 公務員奉派出差，除天災或其他不可歸責之事由延後完成工作等情形外，應於核准之期程內往返（服 10）。

(5) 公務員未經機關（構）同意，不得擅離職守；其出差者，亦同（服 11）。

(6) 公務員因公務需要、法定義務或其他與職務有關之事項須離開辦公處所者，應經機關（構）同意給予公假。公務員連續服務滿一定期間，應按年資給予休假。公務員因事、照顧家庭成員、婚喪、疾病、分娩或其他正當事由得請假。前述公務員請假之假別、日數、程序及其他相關事項，除公務人員請假規則由考試院會同行政院訂定外，其餘非適用公務人員請假規則者，由總統府、國家安全會議及五院分別定之。但其他法律另有特別規定者，依其規定（服 13）。

(7) 有關公務員勤休制度部分，配合司法院釋字第 785 號解釋意旨，本次服務法修正第 12 條規定，重點摘述如下：

①司法院於 108 年 11 月 29 日公布做成釋字第 785 號解釋以，修正前服務法第 11 條第 2 項及公務人員週休二日實施辦法（以下簡稱週休二日辦法）第 4 條第 1 項並未就業務性質特殊機關實施輪班、輪休制度，設定任何關

於其所屬公務人員服勤時數之合理上限、服勤與休假之頻率、服勤日中連續休息最低時數等攸關公務人員服公職權及健康權保護要求之框架性規範，認定未符憲法服公職權及健康權之保護要件，相關機關應於三年內依上開司法院解釋意旨檢討修正。

②公務員應依法定時間辦公，不得遲到早退，每日辦公時數為八小時，每週辦公總時數為四十小時，每週應有二日之休息日。但法律另有規定者，從其規定（服12I）。本項修訂係基於公務員辦公時數、休息日數應屬勤休制度核心事項，爰將現行週休二日辦法所定公務員每日、每週辦公時數及每週休息日數合併規定。另但書規定則是配合性別工作平等法第18條、第19條，受僱者為哺（撫）育幼年子女得調整工作時間予以增訂。

③前項辦公時數及休息日數，各機關（構）在不影響為民服務品質原則下，得為下列之調整：A. 總統府、國家安全會議及五院，於維持每週辦公總時數下，調整所屬機關（構）每日辦公時數及每週休息日數。B. 各級學校主管機關，於維持全年辦公總時數下，調整學校每日、每週辦公時數及每週休息日數。C. 行政院配合紀念日及節日之放假，調整每週辦公時數及每週休息日數（服12Ⅱ）。所稱「各級學校主管機關」，係指各級學校之中央二級或相當二級以上機關、直轄市政府及縣（市）政府。本項第1款增訂係為營造友善職場環境，促進公務員工作與生活間之平衡，辦公時間制度宜更加靈活且具有彈性，是以彈性工作（時）措施之實施，就公務員而言，可使其生活與工作兩者間獲得適當之調配，亦有助改善公務員因家庭因素而需離職或留職停薪等情形。第2款則是基於公立學校教職員之服務對象係教師與學生，是類人員於寒暑假期間無須到校上班，學校行政業務需求於此段時間自然減少，學校職員之辦公時間，自有配合教師及學生之上課時間彈性調整之必要，現行週休二日辦法第2條第3項亦有相關規範。另軍事機關之勤休制度，向由國防部基於國防安全考量及因應備戰之需要下，自行規定。第3款係為維持現行實務運作，茲以我國公務員多隸屬於行政院暨所屬機關，現行政府機關配合紀念日及節日之放假調整

辦公日期之規範（按：政府機關調整上班日期處理要點），係由行政院訂定並發布政府機關辦公日曆表，爰規定得由行政院配合紀念日及節日之放假，調整每週辦公時數及每週休息日數。

④各機關（構）為推動業務需要，得指派公務員延長辦公時數加班。延長辦公時數，連同第 1 項辦公時數，每日不得超過十二小時；延長辦公時數，每月不得超過六十小時。但為搶救重大災害、處理緊急或重大突發事件、辦理重大專案業務或辦理季節性、週期性工作等例外情形，延長辦公時數上限，由總統府、國家安全會議及五院分別定之（服 12 Ⅲ）。近年來社會環境變遷快速，公共事務日趨複雜，政府與公務員需積極回應社會民眾需求，並因應特殊環境或緊急狀況採取積極措施，以維護國家安全及人民福祉，考量國家對於公務員固應保障其權益，然公務員基於公共利益推動業務與為民服務工作具必要性與當責性，與民間企業之勞雇關係係屬私經濟領域行為，雇主依勞動契約，應充分保障受僱者權利之情形有別，以政府與民間企業之業務性質不同，政府需對人民負責，相關工作時數等規定無法完全比照勞動基準法，故在權衡業務需要及公務員健康權之取捨下，經參照公務人員因公猝發疾病或因執力職務積勞過度以致死亡審查參考指引第 2 點第 4 款第 1 目規定，並為落實保障公務員健康權意旨，明定公務員辦公時數連同延長辦公時數，每日不得超過十二小時，每月延長辦公時數不得超過六十小時。另因政府機關業務性質互異，不同機關之勤休需求及所遇緊急情況亦有不同，如為搶救重大災害（例如依災害防救法規定進駐各級災害應變中心）、處理緊急或重大突發事件（例如傳染病防治法第 2 條第 1 項所稱之傳染病等無法預期之重大事件）、辦理重大專案業務（例如處理集會遊行活動、辦理重要法案、進行國際談判）或辦理季節性、週期性工作等例外重要性或緊急性之業務，以上開重大特殊情形須即時回應並隨情事變更應變，爰規定其延長工作時數不受每日十二小時及每月六十小時之限制。又為因應季節性、週期性業務，亦有例外不受限制之需求，爰明定但書所列特殊情形，其辦公時數上限，由總統府、國家安全

會議及五院分別定之。

⑤各機關（構）應保障因業務特性或工作性質特殊而須實施輪班輪休人員之
健康，辦公日中應給予適當之連續休息時數，並得合理彈性調整辦公時
數、延長辦公時數及休息日數（服 12 IV）。前二項辦公日中連續休息時
數下限、彈性調整辦公時數、延長辦公時數上限、更換班次時連續休息時
間之調整及休息日數等相關事項，包括其適用對象、特殊情形及勤務條件
最低保障，應於維護公務員健康權之原則下，由總統府、國家安全會議及
五院分別訂定，或授權所屬機關（構）依其業務特性定之（服 12 VI）基
於業務性質特殊之公務員種類繁多，工作內容不一，複雜性高，渠等辦公
時數、辦公與休息頻率尚難與一般業務公務員相同，是為落實釋字第 785
號解釋規範意旨，故規定各機關（構）因業務特性或工作性質特殊而須實
施輪班輪休人員之勤務條件，應於維護渠等健康權之原則下，即保障人民
生理及心理機能之完整性，不受任意侵害，並於形成相關法律制度時，至
少應能符合對相關人民健康權最低限度之保護要求，就適用上開特殊勤務
條件人員之辦公日中應給與連續休息最低時數，並合理彈性調整辦公時
數、延長辦公時數、更換班次時連續休息時間之調整及休息日數，以及特
殊情形等相關事項，授權由總統府、國家安全會議及五院分別訂定勤務條
件最低保障相關規範，並得視實際需要再授權所屬機關（構）定之。

⑥輪班制公務員更換班次時，至少應有連續十一小時之休息時間。但因應勤
（業）務需要或其他特殊情形，不在此限（服 12 V）。基於輪班制公務
員於更換班次時應有一定休息時數，以符合憲法保障健康權之意旨，又參
據勞動部 107 年 3 月 5 日勞動條三字第 1070046578 號函規定，輪班換班
應間隔之休息時間，係指實際下班時間起算至下次班次出勤之連續休息時
間，如有加班之情形，應自加班結束後開始起算。考量工作地點偏遠之公
務員（如遠洋海巡人員或玉山觀測站觀測員等），因受限於工作地點，如
有緊急突發事件，無法於短時間內循替調派其他人員支應，仍須由現場人
員及時因應處理，又如內政部移民署事務大隊之主管人員，因業務須督導

日、夜勤共同勤務及值班案件受理，且須全時段在勤，有連續輪值兩班之情形，如規範應有連續十一小時之休息時間，恐有窒礙難行之處，爰參考勞動基準法第 34 條第 2 項規定，增訂輪班制公務員更換班次時，至少應有連續十一小時之休息時間。並爲因應該等輪班制機關（構）勤（業）務特殊之實務運作需要，爲末段但書規定。

(二) 服從命令之義務

公務員對於長官監督範圍內所發之命令有服從義務，如認爲該命令違法，應負報告之義務；該管長官如認其命令並未違法，而以書面署名下達時，公務員即應服從；其因此所生之責任，由該長官負之。但其命令有違反刑事法律者，公務員無服從之義務。

前項情形，該管長官非以書面署名下達命令者，公務員得請求其以書面署名爲之，該管長官拒絕時，視爲撤回其命令（服 3）。

行政機關以層級節制，構成由上而下的指揮系統，方能如身使臂，如臂使指，如常山之蛇，首尾相應。因此，長官就其職權監督範圍以內，所發之命令，部屬自有服從之義務，惟命令之內容，與法規有相牴觸時，自有斟酌之餘地。是以，參照公務人員保障法第 17 條規定：「公務人員對於長官監督範圍內所發之命令有服從義務，如認爲該命令違法，應負報告之義務；該管長官如認其命令並未違法，而以書面署名下達時，公務人員即應服從；其因此所生之責任，由該長官負之。但其命令有違反刑事法律者，公務人員無服從之義務。前項情形，該管長官非以書面署名下達命令者，公務人員得請求其以書面署名爲之，該管長官拒絕時，視爲撤回其命令。」明定並釐清長官與屬員間之責任，並爲適度保障公務員權利，而規定長官命令違反刑事法律時，公務員無服從之義務。所稱「書面」，鑑於現行電子通訊普及，是除傳統實體紙本外，長官以電子郵件或通訊軟體等形式下達足資表達命令內容之各種型態，均屬之。又長官如以電子郵件或通訊軟體等非傳統紙本形式下達命令，雖未經長官以其他方式簽具，惟透過電子郵件或通訊軟體等電子通

訊仍得知悉係由何人下達，例如透過通訊軟體之帳號名稱或電子郵件顯示之郵件地址及寄件人等即可得知，是無論以何種形式下達之命令，倘已得足資辨識下達者，均可認定為本條所稱之「署名」範圍。另依據憲法或法律獨立行使職權之公務員（按：如法官、考試委員、監察委員、公平交易委員會委員、國家通訊傳播委員會委員及公務人員保障暨培訓委員會委員等），渠等於「職權範圍內」既經憲法或法律明定獨立行使職權，當不生服從義務之疑義。

(三) 嚴守機密之義務

文官必須認清匿名（anonymity）的倫理要求，亦即政府所有的決策都是以部會政務首長的名義發布，文官匿名以免於功過，而政策如有爭議，公務人員尚須三緘其口，更何遑論任意發表與本職無關的意見。

公務員對於機密事件，無論是否主管事務均不得洩漏；離職後亦同，且未經機關（構）同意，不得以代表機關（構）名義或使用職稱，發表與其職務或服務機關（構）業務職掌有關之言論（服 5 I、II）。在實務上，本條文的關鍵在於 1. 公務員未得機關（構）同意，不得以 2. 使用職稱或 3. 代表機關名義，4. 發表與其職務或服務機關（構）業務職掌有關之言論。至於上述同意之條件、程序及其他應遵循事項之辦法，由考試院會同行政院定之（服 5 III）。

復以考試院於 112 年 3 月 30 日訂定發布之公務員發表職務言論同意辦法（以下簡稱同意辦法）本於母法授權範圍，並考量公務員經國家選任代表國家執行公權力，其言行在合理範圍內受相關法律之規範，實屬必要，對於公務員代表機關（構）名義或使用職稱發表職務言論，等同代表機關（構）發言，本應踐行經同意程序等因素，爰明定其規範內容。其中第 2 條第 2 項就服務法第 5 條第 2 項所稱之職務言論範疇進一步闡明，「以代表服務機關（構）名義或使用服務機關（構）職稱，所發表與公務員個人職務或服務機關（構）業務職掌有關之言論。」等均屬之。又為簡化同意作業程序，對於

各機關（構）已事先指定發言人制度，以及公務員係因依法令為證人、鑑定人或因個人職務關係受調查、約談（詢）、訊（詢）問、申辯及陳述意見，或應國內外機關團體邀請，奉派或奉准參加與其職務有關之各項會議或活動等情形均視為已同意，另對於公務員發表與職務有關事項，不得有損害政府、機關（構）信譽或洩漏公務機密等情事，予以明確規範。

而某些公務員對外發表與職務有關言論，本即代表機關，故不生同意與否之疑義，為期明確，該辦法亦於第9條明定，機關（構）首長、機關（構）首長因故不能執行職務或請假時之職務代理人，以及機關內之政務人員，不適用本辦法之規定。

(四) 維持品德之義務

1. 保持品位與操守

公務員應公正無私、誠信清廉、謹慎勤勉，不得有損害公務員名譽及政府信譽之行為（服6）。所稱「損害名譽及政府信譽」，係以公務員違失行為是否將導致公眾喪失對其執行職務之信賴為判斷標準。

2. 廉潔

(1) 公務員不得餽贈長官財物或於所辦事件收受任何餽贈。但符合廉政相關法令規定者，不在此限（服17）。

(2) 公務員不得利用視察、調查等機會，接受招待或餽贈。但符合廉政相關法令規定者，不在此限（服18）。

(五) 不為一定行為之義務

1. 濫權之禁止

公務員不得假借權力，以圖本身或他人之利益，並不得利用職務上機會加損害於人（服7）。服務法第7條之立法目的，旨在公務員經政府特別選任，受國家之俸薪，自應依據所執行職務相關之法律或命令規定執行其職務，並做成最有利國家利益及全民福利之措施，不得假借權力，以圖本身或他人之利益，尤不得利用職務上之機會，為加損害於人之行為。其中所稱

「假借權力」，係指利用職務上權力、機會或方法而言。

例如，依據行政院 48 年 3 月人字第 4527 號令，地政人員利用辦公時間外兼受私人委託辦理測量繪圖或土地代書業務，既難謂非兼任他項業務。而其辦理該項業務仍不無利用其職務上之機會圖利，與公務人員兼課及撰寫文字之情形顯有不同，亦難謂非假借權力以圖本身之利益，應與服務法第 6 條前段及同法第 14 條、第 17 條、第 20 條（以上為修正前條次）之規定均有未合，應予嚴格限制，以杜流弊。

2. 經商之限制

有關公務員經商之限制規定於服務法第 14 條：

(1) 公務員不得經營商業（服 14 I）。

服務法第 14 條規範要旨為「經商限制」，又可細分為「經營」及「投資」二個概念。依據銓敘部 74 年 7 月 19 日 74 台銓華參字第 30064 號函規定：第 13 條第 1 項但書所指「經營」原為規度謀作之意，經濟學上稱之為欲繼續經濟行為而設定作業上的組織，亦即指本人「實際參加規度謀作業務之處理」而言。至於「投資」，乃指以營利為目的，「用資本於事業之謂」，其與本人實際參加規度謀作之業務處理有別。

(2) 前項經營商業，包括依公司法擔任公司發起人或公司負責人、依商業登記法擔任商業負責人，或依其他法令擔任以營利為目的之事業負責人、董事、監察人或相類似職務。但經公股股權管理機關（構）指派代表公股或遴薦兼任政府直接或間接投資事業之董事、監察人或相類似職務，並經服務機關（構）事先核准或機關（構）首長經上級機關（構）事先核准者，不受前項規定之限制（服 14 II）。

依公司法第 8 條規定：「本法所稱公司負責人：在無限公司、兩合公司為執行業務或代表公司之股東；在有限公司、股份有限公司為董事。

（I）公司之經理人、清算人或臨時管理人，股份有限公司之發起人、監察人、檢查人、重整人或重整監督人，在執行職務範圍內，亦為公司負責人。（II）……」商業登記法（以下簡稱商登法）第 10 條規定：「本

法所稱商業負責人，在獨資組織，爲出資人或其法定代理人；在合夥組織者，爲執行業務之合夥人。（Ⅰ）經理人在執行職務範圍內，亦爲商業負責人。（Ⅱ）」是公務員依公司法擔任公司發起人或公司負責人及依商登法擔任商業負責人，均屬經營商業範疇。

除前開公司法及商登法規定之職務外，依其他法令擔任以營利爲目的之事業負責人、董事、監察人，亦屬第 1 項所稱之經營商業。又所稱「以營利爲目的之事業」，係指公營、私營或公私合營，並以營利爲目的之工、商、農、林、漁、牧、礦冶等事業。舉例而言，民宿經營者依商登法雖免予登記，惟仍應依民宿管理辦法第 11 條規定登記爲負責人；另依金融控股公司發起人負責人應具備資格條件負責人兼職限制及應遵行事項準則第 2 條規定，所稱負責人，指金融控股公司之董事、監察人、總經理、副總經理、協理、經理或與其職責相當之人等，均屬經營商業禁止範疇。

另依公司法第 8 條第 3 項規定：「公司之非董事，而實質上執行董事業務或實質控制公司之人事、財務或業務經營而實質指揮董事執行業務者，與本法董事同負民事、刑事及行政罰之責任。……」上開人員形式上雖非公司之董事，但其職權責任與董事相當，對於公司具有實質控制權，亦屬經營商業之行爲。是本項併以「相類似職務」作爲概括性規範，以資周全。

公務員如係奉派代表公股擔任營利事業之董事、監察人者，係代表政府監督所投資之營利事業，與公務員以個人身分擔任營利事業之董事、監察人，乃至負責人等情形不同。爲明確規範，並顧及政府爲合理有效管理直接或間接投資之營利事業，除指派適當人員兼任該等事業之董事、監察人外，實務上亦有公股股權管理機關（構）希望透過遴薦方式，使帶有官方色彩之董事、監察人得以參與公司經營之需要，爰於但書特別規定，明定經公股股權管理機關（構）指派代表公股或遴薦兼任政府直接或間接投資事業，並經服務機關（構）事先核准或機關（構）首長經

上級機關（構）事先核准者，亦得兼任該營利事業之董事、監察人或相類似職務。又所稱「公股股權管理機關（構）」，係指直接或間接投資營利事業之政府機關（構）、公法人或公營事業機構；所稱「間接投資事業」，包含公股股權管理機關（構）出資、信託或捐助之法人所投資之營利事業，以及該營利事業再投資之營利事業。所稱「上級機關（構）」，係指公務員服務機關直屬之上一級機關；又總統府、主管院或國家安全會議並無直屬之一級機關，故由其執行本法所規定上級機關之職權。

(3) 公務員就（到）職前擔任前項職務或經營事業須辦理解任登記者，至遲應於就（到）職時提出書面辭職，於三個月內完成解任登記，並向服務機關（構）繳交有關證明文件。但有特殊情形未能依限完成解任登記，並經服務機關（構）同意或機關（構）首長經上級機關（構）同意者，得延長之；其延長期間，以三個月為限，惟於完成解任登記前，不得參與經營及支領報酬（服 14 III）。

依公司登記辦法第 4 條第 1 項規定，公司董事、監察人變更，應於變更後十五日內，向主管機關申請變更登記。考量公務員兼任營利事業負責人、董事、監察人等職務，如於就（到）職時向該營利事業提出書面辭職，因已發生解除經營商業之效力，在未參與經營及支領報酬之前提下，不宜僅以形式上仍屬經營商業禁止規範，而歸責於公務員。是對於經營商業應依相關法規辦理解任登記等程序始解除經營商業效力者，給予三個月辦理解任登記相關作業，應足以完成。又為使公務員確實完成解任登記程序，其應自就（到）職三個月內向服務機關（構）繳交相關證明文件，以避免滋生爭議。另考量實務運作仍有公務員因其他特殊情形未能於三個月內完成解任登記之可能，爰於但書規定經權責機關（構）同意者，得再延長三個月辦理解任登記相關作業。

所稱「解任登記」，係指依相關法規需完成一定程序始生解除經營商業之效力，且不以公司法等商事法規規定者為限。舉例而言，依商登法第

5 條第 1 項第 4 款規定，民宿經營者得免申請登記，次依民宿管理辦法第 11 條規定，經營民宿者應檢附相關文件向地方主管機關申請登記，是公務員於就（到）職前經營民宿並依民宿管理辦法第 11 條登記為負責人者，於就（到）職時即應依同辦法第 21 條規定向地方主管機關辦理變更登記負責人，並應於就（到）職三個月內完成變更登記程序，始符規定。

(4) 公務員所任職務對營利事業有直接監督或管理權限者，不得取得該營利事業之股份或出資額（服 14 IV）。

考量公務員投資禁止規定除為避免其利用職務之便進行不法投資行為外，亦應合理兼顧公務員之理財自由，且現行已有公職人員財產申報法、迴避法之相關規範，另公司法對各種商業舞弊情形亦多有防範規定，爰對公務員不得持有營利事業之股份或出資額，僅以公務員所任職務對該營利事業具有直接監督或管理權限者為限；至於公務員對該營利事業不具有監督管理權限者，其持有之股份或出資額比率雖不受限，惟仍不得因持有股份或出資額而違反第 1 項及第 2 項規定。

所稱「所任職務直接監督或管理」，係指公務員之任職機關（構），為營利事業之目的事業主管機關，且其職務對該營利事業具有監督、管理、准駁或裁罰等權限之承辦人或各級審核人員〔按：參酌經濟部 79 年 9 月 26 日商字第 216925 號函規定，目的事業主管機關之範疇，如公司所經營之事業屬公司法第 17 條所定應經政府許可之業務者，係以該項許可法令之主管機關（按：係依管轄權而定，故未必是組織法規所稱之主管機關）為其目的事業主管機關；非前述許可事業，惟業務之經營另有專業管理法令者，則以該專業管理法令之主管機關（按：係依管轄權而定，故未必是組織法規所稱之主管機關）為其目的事業主管機關〕。

(5) 公務員就（到）職前已持有前項營利事業之股份或出資額，應於就（到）職後三個月內全部轉讓或信託予信託業；就（到）職後因其他法律原因當然取得者，亦同（服 14 V）。

公務員如於就（到）職前已有禁止投資之情事，應給予其合理之處置時

間，爰規定公務員應於三個月內全部轉讓或信託予信託業，所稱「轉讓」非以出售股份或出資額爲限，捐贈亦屬處理方式之一。又考量公務員就（到）職後，仍可能「因其他法律原因」，包括依法繼承、接受贈與或股票分紅等因素而當然取得之股份或出資額，亦應給予公務員合理處置時間，其處置時間與方式與就（到）職前持有者，作一致性規範，即公務員於就（到）職後因其他法律原因當然取得者，應自取得後三個月內全部轉讓或信託予信託業。

3. 兼職與兼課之許可

公務員之兼職與兼課採同意制，亦即需經服務機關同意或備查，其規定如下：

(1) 公務員除法令所規定外，不得兼任他項公職；其依法令兼職者，不得兼薪（服 15 I）。公務員除法令規定外，不得兼任領證職業及其他反覆從事同種類行爲之業務。但於法定工作時間以外，從事社會公益性質之活動或其他非經常性、持續性之工作，且未影響本職工作者，不在此限（服 15 II）。公務員依法令兼任前二項公職或業務者，應經服務機關（構）同意；機關（構）首長應經上級機關（構）同意（服 15 III）。有關公務員兼職之規定涉及「法令」、「公職」及「業務」三個名詞，歷年解釋或有混淆不清，或有扞格之處，銓敘部以 108 年 11 月 25 日部法一字第 1084873512 號函，予以明確的定義。其要點爲：「『法令部分』：1. 指法律（法、律、條例、通則）、法規命令（規程、規則、細則、辦法、綱要、標準或準則）、組織法規（組織法、組織條例、組織通則、組織規程、組織準則、組織自治條例、編制表及依中央行政機關組織基準法訂定發布之處務規程、辦事細則）、地方自治團體所定自治條例及與上開法規處於同等位階者。2. 前開法令所規範之內容，須明確規定該等職務或業務得由公務（人）員兼任、由政府機關（構）指派兼任，或公務員爲政府機關代表等，足資認定該等職務或業務係由具公務員身分者兼任時，始得作爲公務員兼職依據。『公職部分』：1. 依司法

院釋字第 42 號解釋，指各級民意代表、中央與地方機關之公務員及其他依法令從事於公務者。2. 前開所稱「『法令從事公務者』，應由各該職務設置依據法令之權責機關（構）認定之。『業務部分』：經綜整司法院以往就業務之個案所為解釋、公務員懲戒委員會及法院等相關判決，包括醫師、律師、會計師等領證職業，以及其他反覆從事同種類行為之事務。」至於所稱「領證職業」，係指具有專屬人員管理法規、需具備相關資格條件始得從事有關事務，如申請執業登錄或加入公會等，並受主管機關監督之職業。

另公務員依法令兼任上述公職或業務者，因涉機關人事管理權限，應經權責機關（構）同意，較為妥適。依法令規定由某機關（構）之特定職務人員兼任者（即當然兼職），該公務員之本職經權責機關（構）派任時，已認屬概括同意其因本職而生之兼任職務；如僅係有法規依據之兼職者，此等兼職情形因非由特定職務人員兼任，故是類兼職自應經權責機關（構）同意。

【兼任公職案例分享】：

①里長為服務法第 14 條（現為第 15 條）所稱之「公職」，除法令別有規定外，公務員不得兼任（銓敘部 71 年 10 月 19 日 71 台楷銓參字第 47913 號函）。

②公務員於各項公職人員選舉投票「當日」擔任投開票所工作人員，屬依法令從事於公務者，而為服務法第 14 條（現為第 15 條）第 1 項規定所稱之「公職」；由於公務員係依總統副總統選舉罷免法及公職人員選舉罷免法之規定，擔任投開票所工作人員，因此並無違反服務法第 14 條（現為第 15 條）第 1 項規定（銓敘部 101 年 5 月 3 日部法一字第 1013590414 號電子郵件）。

【兼任業務案例分享】：

①開計程車、Uber、多元計程車。公務員服務法第 14 條（現為第 15 條）第 1 項規定，公務員除法令所規定外，不得兼任他項公職或業務。近年新型

態職業駕駛（如 Uber、多元化計程車）興起，迭有公務員詢及公餘時間得否兼任各類車種職業駕駛疑義，依據前開安全規則第 5 條、第 54 條及處罰條例第 22 條第 1 項等規定，汽車駕駛人駕駛營業汽車營業或以駕駛汽車為職業者，均為職業駕駛人，須領有職業駕照始得為之，且該職業駕照須定期經主管機關審驗。是該等職業駕駛人（含 Uber、多元化計程車等）不論自行駕駛營業汽車營業或受僱擔任駕駛工作，均屬服務法第 14 條（現為第 15 條）第 1 項所稱之「業務」，故除法令所規定外，公務員尚不得兼任之（108 年 10 月 2 日部法一字第 1084860352 號函）。

②依服務法第 15 條及本部歷來解釋，對於公務員利用公餘時間偶以按件計酬方式打工賺取薄利（按：於 Uber Eats 或 foodpanda 等外送平台接單外送提供勞務即屬之），未具經常、持續等常態性質，且未有與本職性質或尊嚴有妨礙之情形（如對本職工作有不良影響、有損機關或公務員形象、有營私舞弊之虞、與本職工作性質不相容等）者，尚非不得為之。另依公教人員保險法第 2 條、第 6 條及同法施行細則第 29 條規定略以，得重複加保者不包含按日、按次或按件計酬之工作。基此，公務員利用公餘時間偶至外送平台兼任外送工作，如因與該平台成就僱傭關係致須依勞工保險條例參加勞保，因該等外送工作非屬公保法第 6 條及其施行細則第 29 條規定所稱依規定得重複加保之情形，於重複加保期間倘發生公保法所定保險事故，不予給付，該段年資亦不予採認，僅得併計成就請領養老給付之條件。（按：銓敘部 109 年 1 月 7 日以部法一字第 1084882612 號電子郵件：「公務員利用公餘時間於 UberEats 或 foodpanda 等外送平台接單外送提供勞務偶以按件計酬方式打工賺取薄利，須注意前述公保年資中斷之問題，避免得不償失。」如果讀者目前是公務人員，請格外注意相關人事法規間適用時對公務人員權益的影響。）

(2) 公務員兼任教學或研究工作或非以營利為目的之事業或團體職務，應經服務機關（構）同意；機關（構）首長應經上級機關（構）同意。但兼任無報酬且未影響本職工作者，不在此限（服 15 IV）。

所稱「教學」，指於學校、補習班、訓練機構或民間公司傳授專業知識或生活技能。所稱「研究工作」，係指公務員實際從事具研究性質之工作，包括擔任某項計畫所列職務（例如計畫主持人、協同計畫主持人、顧問等）。所稱「非以營利為目的之事業或團體職務」，係指非以營利為目的之公營、私營或公私合營或合於民法總則公益社團及財團之組織或依其他關係法令經向主管機關登記或立案成立之事業或團體職務，惟未包含經該事業或團體認定為任務編組或臨時性需要所設置之職務。所稱「報酬」，係指公務員因從事本職以外之職務或工作，所獲得之常態性或一次性給付（例如：通告費等），但屬從事該項職務或工作所應支出之必要費用（例如：交通費、實報實銷之住宿費、餐費等），不屬之。又本次修法將「許可制」修正為「同意制」之理由，茲以「許可」係禁止從事特定行為，而對於特定人或關於特定事件，解除該禁止，使其得以適法為之，故應於事前為之；惟考量實務上，兼職態樣眾多，倘有事實上之不能，例如行政作業流程所產生時間落差，致公務員兼職未能即經權責機關許可，因之課予公務員責任實未合理，因此，為利實務運作彈性，並尊重權責機關（構）人事管理權限，將「許可」修正為「同意」，即指事前或事後徵得機關（構）同意皆可。

(3) 公務員得於法定工作時間以外，依個人才藝表現，獲取適當報酬，並得就其財產之處分、智慧財產權及肖像權之授權行使，獲取合理對價（服15VI）。第2項、第4項及第6項之行為，對公務員名譽、政府信譽、其本職性質有妨礙或有利益衝突者，不得為之（服15VII）。

近年來政府為鼓勵藝文活動多元發展，培養民眾參與藝文活動，促使藝術文化融入民眾生活，豐富公共空間人文風貌等目的，應運而生許多新興表演文化之型態，其表演內容含括運用實體或數位方式以音樂、戲劇、舞蹈、魔術、民俗技藝、詩文朗誦、繪畫、手工藝、雕塑、行動藝術、使用非永久固定之媒材或水溶性顏料之環境藝術、影像錄製、攝影或其他與藝文有關之創作活動，考量表演人係以自身技藝知能，透過藝

術表演活動，表達創作理念，爰公務員於法定工作時間以外，展演上開活動並獲取適當報酬，應認屬其私領域之行爲，不宜過度干預。又公務員本可處分自有房屋、物品等個人財產，或將其運用自身知識產能爲基礎而形成之智慧財產權、個人肖像權授權行使，獲取合理對價，應不受本條之限制。

(4) 公務員有第 2 項但書及前項但書規定情形，應報經服務機關（構）備查；機關（構）首長應報經上級機關（構）備查（服 15 V）。公務員兼任第 3 項所定公職或業務及第 4 項所定工作或職務；其申請同意之條件、程序、限制及其他應遵行事項之辦法，由考試院會同行政院定之（服 15 VIII）。

公務員於法定工作時間以外，有從事社會公益性質之活動或其他非經常性、持續性之工作，以及兼任未支領報酬之教學或研究工作或非以營利爲目的之事業或團體職務且未影響本職工作之情事，雖毋須經權責機關（構）同意，但仍不得違反本條第 7 項規定（按：對公務員名譽、政府信譽、其本職性質有妨礙或有利益衝突等）。是爲避免實務運作滋生爭議，以利權責機關瞭解個案情形是否符合相關規定，仍應經權責機關（構）備查。

(5) 依母法授權，考試院於 112 年 3 月 30 日訂定發布之公務員兼職同意辦法，除就服務法第 15 條所定法定構成要件，諸如何謂兼職、領證職業、法定工作時間，以及報酬等予以明確定義外，對於兼職同意程序、限制及其他應遵行事項亦有所規範，而爲簡化實務作業，對於銓敘部歷來以函釋規定公務員可得爲之之事，透過法規定明定，公務員具「經服務機關（構）或上級機關（構）認屬公務員執行職務之範圍」、「各級公務人員協會職務」、「各級公私立學校教師經學校依法令同意借調至機關（構）服務，應返校義務授課之情形」、「擔任各級公私立學校學生家長會職務」、「依公寓大廈管理條例所定住戶身分擔任管理委員會職務或管理負責人」等五種情事，得免經機關同意，既得免經同意，舉重以

明輕,當然亦不生備查與否之疑義;另為保留法規彈性,亦訂有概括條款「其他經銓敘部會商行政院人事行政總處公告之情形」亦在免經同意之列。

(6) 另銓敘部考量,在前開規範密度下,公務員兼職情事應報機關同意或備查者眾多,而 111 年 6 月 22 日修正公布之服務法第 15 條對於公務員兼職限制規範,本係整併並修正原服務法第 14 條、第 14 條之 2 及第 14 條之 3 規定,同時將公務員於公餘時間得否從事執行職務以外之事務相關重要解釋予以明文規定,以及增訂應經權責機關(構)同意或備查規定,爰基於服務法第 15 條規範立法原意及相關解釋脈絡,並為利各機關(構)人事實務運作順遂,爰就該條規定「同意」、「備查」之適用情形,於 112 年 7 月 7 日以部法一字第 11255919391 號令規定略以,公務員的七類兼職,無庸經過機關備查:①於法定工作時間以外,從事具有社會公益性質之活動而兼任其他反覆從事同種類行為之業務且無報酬,亦未影響本職工作;②於法定工作時間以外,從事具有社會公益性質之活動而非經常性、持續性,亦未影響本職工作;③於法定工作時間以外,從事非經常性、持續性之工作無報酬,亦未影響本職工作;④於法定工作時間以外,從事屬於一次性之工作,亦未影響本職工作;⑤兼任屬一次性之教學或研究工作或非以營利為目的之事業或團體職務,亦未影響本職工作;⑥兼任無報酬之教學或研究工作或非以營利為目的之事業或團體職務且具有社會公益性質,亦未影響本職工作;⑦兼任無報酬之教學或研究工作或非以營利為目的之事業或團體職務且非經常性、持續性,亦未影響本職工作。

4. 利益迴避

(1) 公務員執行職務時,遇有涉及本身或其親(家)屬之利害關係者,應依法迴避(服 19)。

與此條文相關之內容見諸於行政程序法第 32 條、第 33 條:

①公務員在行政程序中,有下列各款情形之一者,應自行迴避:A. 本人或

其配偶、前配偶、四親等內之血親或三親等內之姻親或曾有此關係者為事件之當事人時。B. 本人或其配偶、前配偶，就該事件與當事人有共同權利人或共同義務人之關係者。C. 現為或曾為該事件當事人之代理人、輔佐人者。D. 於該事件，曾為證人、鑑定人者。

②公務員有下列各款情形之一者，當事人得申請迴避：A. 有前條所定之情形而不自行迴避者。B. 有具體事實，足認其執行職務有偏頗之虞者。前項申請，應舉其原因及事實，向該公務員所屬機關為之，並應為適當之釋明；被申請迴避之公務員，對於該申請得提出意見書。不服行政機關之駁回決定者，得於五日內提請上級機關覆決，受理機關除有正當理由外，應於十日內為適當之處置。被申請迴避之公務員在其所屬機關就該申請事件為准許或駁回之決定前，應停止行政程序。但有急迫情形，仍應為必要處置。公務員有前條所定情形不自行迴避，而未經當事人申請迴避者，應由該公務員所屬機關依職權命其迴避。

(2) 公務員對於與其職務有關係者，不得私相借貸，訂立互利契約或享受其他不正利益（服22）。

(3) 服務法第15條第2項、第4項及第6項之行為，對公務員名譽、政府信譽、其本職性質有妨礙或有利益衝突者，不得為之（服15Ⅶ）。

5.離職就業迴避

公務員於其離職後三年內，不得擔任與其離職前五年內之職務直接相關之營利事業董事、監察人、經理、執行業務之股東或顧問（服16）。所稱「離職」，係指退休（職）、辭職、資遣、免職、調職、停職及休職等原因離開其職務，而離開前之職務與營利事業有直接相關者而言。

職務直接相關認定標準：

(1) 離職前服務機關為各該營利事業之目的事業主管機關，且其職務對各該營利事業具有監督或管理之權責人員，亦即各該營利事業之目的事業主管機關內各級直接承辦相關業務單位之承辦人員、副主管及主管，暨該機關之幕僚長、副首長及首長；各級地方政府亦同。（依銓敘部109年

3 月 20 日部法一字第 1094912530 號書函意旨及經濟部 79 年 9 月 26 日商字第 216925 號函規定，所稱目的事業主管機關，係指各該營利事業經營業務之許可或專業管理法規所定之主管機關，及其所屬機關法定職掌對該等業務具有監督或管理權限者。）

(2) 離職前服務機關與營利事業有營建（承辦本機關或所屬機關之工程）或採購業務關係（包括研訂規格、提出用料申請及實際採買）之承辦人員及其各級主管人員（所稱各級主管人員係指各級直接承辦相關業務單位之副主管及主管，暨該機關幕僚長、副首長及首長）。

(六) 罰則

1. 公務員有違反本法者，應按情節輕重，分別予以懲戒或懲處，其觸犯刑事法令者，並依各該法令處罰（服 23）。

2. 離職公務員違反本法第 16 條規定者，處二年以下有期徒刑，得併科新台幣 100 萬元以下罰金（服 24）。

3. 公務員有違反本法之行為，該管長官知情而不依法處置者，應受懲戒或懲處（服 25）。

參 重要案例解析：經營商業、投資、兼職、兼業等概念澄清與指引

公務人員依法受有法定俸給，應本「一人一職」之原則，專責本職，並應恪守誓言，忠心努力，依法律、命令所定執行職務。然而或因公務所需，或因私領域社會生活所需，致有兼任職務之需要。又因公務人員依法領有法定俸給，若有兼職之情事，可否兼領另一份薪資，尤須斟酌。是以，公務人員兼職情事，允宜合理規範。有關公務員兼職的主要規範，係見諸服務法第 14 條及第 15 條。

有關公務員兼職規範，不論在法制上或實務上，多生適用疑義之情事，為使讀者融會貫通，筆者特別蒐集了 26 個案例，請依據前面的論述，先行

思考第 14 條及第 15 條等條文的適用情形，接著再判斷可否兼職及所適用的法規情形如何？如判斷不易，請參考筆者在下文所歸納的「公務員兼職適用法條指引」，印證自己的判斷，以求融會貫通。茲將 26 個實務案例，依英文字母臚列於下：

　　a. 兼任中油公司代表官股之監察人、b. 兼任中華電信公司代表官股之董事、c. 非代表官股兼任民營公司董事或監察人、d. 兼任民營公司代表官股之董事，被推選為董事長或副董事長、e. 兼任股份有限公司發起人、f. 兼任公司獨立董事、g 兼任旅行社領隊、h. 兼任某公司技術詢委員會委員、i. 兼任保險公司保險業務員、j. 偶而擔任打零工店員、k. 兼任員工消費合作社各項社員職務、l. 兼任公寓大廈管理委員會主任委員、委員等職務、m. 兼任國外非營利事業或團體職務、n. 兼任農產品批發市場相關職務、o. 公餘時間至補習班授課、p. 在公私立學校兼課、q. 擔任補習班之負責人、r. 進貨並架設網頁從事網路銷售以獲取利益、s. 加入農業產銷班、t. 經營民宿或個人商號、u. 兼任各類車種營業駕駛、v. 兼任台北市街頭藝人接受民眾打賞、w. 偶而兼任導覽或解說服務工作人員、x. 兼任家教、y. 兼任學生家長會會長、委員相關職務、z. 兼任神壇堂主、卜卦相關職務。

　　筆者嘗試分享以下「公務員兼職適用法條指引」供參：

公務員兼職適用法條指引

　　對於個別兼職行為探求其所應適用之服務法條文，須就該兼任職務及其所隸屬之主體審究渠等之性質（定性）以資區辨：

一、倘該兼任職務隸屬於某一主體，則先按該主體之性質加以區分，再進一步審酌該兼任職務之性質

　　所稱「兼任職務隸屬之主體」可為政府、營利事業及非營利事業，性質並不同，其不同情形如表 12-1。基本上有三種情形：

(一) 某位公務人員所兼職務之主體為「政府機關」，可優先考量適用服務法第 15 條第 1 項及第 3 項。

表 12-1　政府部門、非營利組織（事業）、私人部門（營利事業）之性質差異

性質 部門別	動作之目的	財源籌措方式	盈餘分配與否
政府部門	非營利：謀求社會福利或團體利益	1. 強制性：主要係以賦稅收入來支應政府支出 2. 不具有對價關係	為以追求剩餘為目的
非營利組織	非營利：謀求社會福利或團體利益	1. 自願性：主要來自私人之捐贈－公益 2. 具有明顯的對價關係－互益	不分配盈餘：必須將保留盈餘用於未來目的事業的生產
私人部門	營利	1. 自願性：私人支付價格來交換財貨與勞務 2. 具有明顯的個別對價關係	分配盈餘

資料來源：黃世鑫、宋秀玲（民 78）。

(二) 若某位公務人員所兼職務之主體為「非營利事業或團體」，可優先考量適用服務法第 15 條第 4 項及第 5 項。

(三) 某位公務人員所兼職務之主體為「營利事業」，則可優先考量適用服務法第 14 條。

　　就性質上，政府、非營利事業與營利事業性質不同，如表 12-1；公務人員服務法實務運作上，在判斷上非營利事業與營利事業性質較易混淆，筆者試做成「是否為非營利事業之審酌基準」為：(一) 依服務法第 15 條修正說明載以，所稱非以營利為目的之事業或團體，指非以營利為目的之公營、私營或公私合營或合於民法總則公益社團及財團之組織或依其他關係法令經向主管機關登記或立案成立之事業或團體而言。(二) 其他法規明定其經營主體屬非營利事業者。例如：台北農產運銷股份有限公司（以下簡稱北農），雖係屬所得稅法所稱之營利事業，惟依農產品市場交易法第 13 條及同法施行細則第 15 條規定，農產品批發市場，經營主體均不得以營利為目的，農產品批發市場之經營，如有結餘，除股息外，應以之充實設備、改善產銷及經營業務，不得移作他用。且北農之股息分配，係按資本額之固定百分比分

配，而非盈餘分配，是北農之盈餘分配異於一般以營利為目的之公司，歸屬為非以營利為目的之性質。

二、判定所兼「職務」之事業主體的性質（定性）

(一) 主體是政府機關

　　【審酌基準】：該兼任職務如係「依法令從事於公務者」，即屬「公職」範疇。

1. 適用法條：服務法第 15 條。

2. 規範情形：除法令所規定外，不得兼任他項公職，且應經服務機關（構）同意；機關（構）首長應經上級機關（構）同意。

3. 例外不受限：公務人員兼任經權責機關（構）認定為任務編組之職務或因臨時性需要所設置之職務，不受限制。

4. 舉例：

(1) 銓敘部次長兼任保訓會委員（可以）。

(2) 依機關組織法規規定之技士兼課長（可以）。

(二) 主體為營利事業（包括公營及民營）

　　【審酌基準】：1. 如該兼任職務負有經營決策之責或實際負責經營，即屬「經營商業」之行為；2. 如該兼任職務為「領證職業」或「反覆從事同種類行為之事務」，則屬「業務」範疇。

1. 屬「經營商業」之行為

(1) 適用法條：服務法第 14 條。

(2) 規範情形：不得經營商業；前項經營商業，包括依公司法擔任公司發起人或公司負責人、依商業登記法擔任商業負責人，或依其他法令擔任以營利為目的之事業負責人、董事、監察人或相類似職務。但經公股股權管理機關（構）指派代表公股或遴薦兼任政府直接或間接投資事業之董事、監察人或相類似職務，並經服務機關（構）事先核准或機關（構）首長經上級機關（構）事先核准者，不受前項規定之限制。

(3) 舉例：

　①兼任中油公司代表官股之監察人（可以）。

　②兼任中華電信公司代表官股之董事（可以）。

　③非代表官股兼任民營公司董事或監察人（不可以）。

　④兼任民營公司代表官股之董事，被推選為董事長或副董事長（不可以）。

　⑤兼任股份有限公司發起人（不可以）。

　⑥以個人自然人身分擔任公司獨立董事（不可以）。

　⑦經營民宿或個人商號（不可以）。

(4) 觀念釐清：公營事業董事長、總經理等專任職務，雖為服務法所稱公務員，其本職即係為經營商業而設，不受服務法第14條公務員不得經營商業規定之限制。

2. 屬「業務」範疇

(1) 適用法條：服務法第15條。

(2) 規範情形：除法令所規定外，不得兼任領證職業及其他反覆從事同種類行為之業務。

(3) 例外不受限：於法定工作時間以外，從事具社會公益性質者或不具「經常」及「持續」性者，且未影響本職工作。

(4) 舉例：

　①兼任旅行社領隊（不可以）。

　②兼任某公司常設性技術諮詢委員會委員（不可以）。

　③兼任保險公司保險業務員（不可以）。

　④偶而擔任打零工店員（可以）。

(三) 主體為非營利事業或團體

1. 非以營利為目的之公營、私營或公私合營或合於民法總則公益社團及財團之組織或依其他關係法令經向主管機關登記或立案成立之事業或團體。

2. 其他法規明定其經營主體屬非營利事業者。例如：北農。

　　【審酌基準】：除經該事業或團體認定為任務編組之職務或因臨時性需要所設置之職務外，均屬兼職情事，並視該兼職是否受有報酬（包括受有金錢給與或非金錢之其他利益），分別適用如下：

1. 受有報酬者

(1) 適用法條：服務法第 15 條。

(2) 規範情形：兼職應經服務機關（構）同意；機關（構）首長應經上級機關（構）同意。

(3) 舉例：

　①兼任員工消費合作社各項社員職務（可以）。

　②兼任公寓大廈管理委員會主任委員、委員等職務（可以）。

　③兼任國外非官方設置之非營利事業或團體職務（可以）。

　④兼任農產品批發市場相關職務（可以）。

　⑤兼任學生家長會會長、委員相關職務（可以）。

2. 未受有報酬且未影響本職工作者

(1) 適用法條：服務法第 15 條。

(2) 規範情形：兼職毋須經服務機關（構）同意；但應報經服務機關（構）備查；機關（構）首長應報經上級機關（構）備查。

(3) 舉例：同前開受有報酬者。

(四) 主體為教學或研究機構（包括公立或私立）

　　【審酌基準】：該兼任職務是否係從事以下工作：1. 教學工作：在學校、補習班、訓練機構或民間公司進行演講或授課，以傳授專業知識或生活技能（但不得擔任公私立學校專任教師）。2. 研究工作：實際從事具研究性質之工作。

1. 適用法條：服務法第 15 條。

2. 規範情形：兼職應經服務機關（構）同意；機關（構）首長應經上級機關

（構）同意。但兼任無報酬且未影響本職工作者，不在此限。惟仍應報經服務機關（構）備查；機關（構）首長應報經上級機關（構）備查。

3. 例外不受限：該教學或研究工作經權責機關（構）認定為該公務員執行職務之一部分者，即非屬兼職情形。

4. 特殊情形：如其兼職非僅從事教學或研究工作，而尚涉及經營商業行為（例如公務員投資或經營補習班）或兼任業務之範疇（例如兼任補習班職員）者，則另須受服務法第 14 條或第 15 條第 2 項及第 3 項規定限制。

5. 舉例：

(1) 公餘時間至補習班授課（可以）。

(2) 在公私立學校非專任教職之兼課（可以）。

(3) 擔任補習班之負責人（不可以）。

(4) 兼任家教（可以）。

三、倘該兼任職務未隸屬於任一主體，或屬無具體兼任職務之行為態樣，則逕就該職務或行為本身之性質加以審酌

(一) 屬「業務」範疇

【審酌基準】：屬「領證職業」或「反覆從事同種類行為之事務」。

1. 適用法條：服務法第 15 條。

2. 規範情形：除法令所規定外，不得兼任領證職業及其他反覆從事同種類行為之業務。

3. 例外不受限：於法定工作時間以外，從事具社會公益性質或不具「經常」及「持續」性者，且未影響本職工作。

4. 舉例：

(1) 兼任各類車種營業駕駛（不可以）。

(2) 兼任台北市街頭藝人接受民眾打賞（可以）。

(3) 偶而兼任非領證之導覽或解說服務工作人員（可以）。

(4) 從事寄養家庭相關事務（可以）。

(5) 公餘時間從事嚴重特殊傳染性肺炎防疫工作（可以）。

(二) 兼任教學或研究工作

【審酌基準】：是否係從事以下工作：1. 教學工作：進行演講或授課以傳授專業知識或生活技能。2. 研究工作：具研究性質之工作。

1. 適用法條：服務法第 15 條。

2. 規範情形：應經服務機關（構）同意；機關（構）首長應經上級機關（構）同意。但兼任無報酬且未影響本職工作者，不在此限。惟仍應報經服務機關（構）備查；機關（構）首長應報經上級機關（構）備查。

3. 例外不受限：該教學或研究工作經權責機關（構）認定為該公務員執行職務之一部分者，即非屬兼職情形。

4. 舉例：因業務需要為研究計畫擔任協同計畫主持人（可以）。

第三節　公職人員利益衝突迴避法

壹 立法沿革

公職人員利益衝突迴避法（以下簡稱迴避法）於 89 年 7 月 12 日由總統公布施行。主要係就公職人員於執行職務時對其本人或關係人之利益應予迴避，亦不得利用職務上之權力、機會或方法圖利，且公職人員或其關係人不得與公職人員服務之機關或受公職人員監督之機關為特定交易行為加以規範。惟該法自 89 年公布施行近二十年後，整體時空背景與最初制定時已有相當差異，故外界對於該法規範內容迭有檢討聲浪，尤以司法院大官第716716716 號解釋宣告該法相關規定應儘速通盤檢討改進。嗣經法務部全面通盤檢討後擬具修正草案送立法院審查，並於 107 年 5 月 22 日三讀通過。

一、迴避法主要內容

(一) 適用對象

本法所稱公職人員，範圍如下（迴 2）：

1. 總統、副總統。
2. 各級政府機關（構）、公營事業總、分支機構之首長、副首長、幕僚長、副幕僚長與該等職務之人。
3. 政務人員。
4. 各級公立學校、軍警院校、矯正學校校長、副校長；其設有附屬機構者，該機構之首長、副首長。
5. 各級民意機關之民意代表。
6. 代表政府或公股出任其出資、捐助之私法人之董事、監察人與該等職務之人。
7. 公法人之董事、監察人、首長、執行長與該等職務之人。
8. 政府捐助之財團法人之董事長、執行長、秘書長與該等職務之人。
9. 法官、檢察官、戰時軍法官、行政執行官、司法事務官及檢察事務官。
10. 各級軍事機關（構）及部隊上校編階以上之主官、副主官。
11. 其他各級政府機關（構）、公營事業機構、各級公立學校、軍警院校、矯正學校及附屬機構辦理工務、建築管理、城鄉計畫、政風、會計、審計、採購業務之主管人員。
12. 其他職務性質特殊，經行政院會同主管府、院核定適用本法之人員。

依法代理執行前項公職人員職務之人員，於執行該職務期間亦屬本法之公職人員。

(二) 公職人員之關係人

本法所定公職人員之關係人，其範圍如下（迴 3）：

1. 公職人員之配偶或共同生活之家屬。共同生活之家屬指以永久共同生活為目的，同居一家之家長或家屬者，不以有血緣關係者為限（迴細 18 I，

民法 1123）。如與公職人員或其子女已訂定婚約而共同生活之未婚妻，自共同生活時起，即可視爲該公職人員之家屬（法務部 95.06.26 法政決字第 0950019778 號函釋）。

2. 公職人員之二親等以內親屬：包括直系血親、旁系血親及姻親。

3. 公職人員或其配偶信託財產之受託人。但依法辦理強制信託時，不在此限。

4. 公職人員、第 1 款與第 2 款所列人員擔任負責人、董事、獨立董事、監察人、經理人或相類似職務之營利事業、非營利之法人及非法人團體。但屬政府或公股指派、遴聘代表或由政府聘任者，不包括之。

5. 經公職人員進用之機要人員。

6. 各級民意代表之助理。所稱之助理指各級民意代表之公費助理、其加入助理工會之助理及其他受其指揮監督之助理。

(三) 公職人員知有利益衝突之迴避義務

　　爲避免公職人員在執行職務時，參與涉及本身或一定親屬關係者之利益有關的事件，致其相關作爲或不作爲之公正性，引發民眾之質疑或不信任。爰於本法第 6 條第 1 項規定：「公職人員知有利益衝突之情事者，應即自行迴避。」同時並規定公職人員知有利益衝突時，應以書面通知相關機關團體。

　　所謂「利益」，依據第 4 條第 1 項之規定，包括財產上利益及非財產上利益兩種。

1. 財產上利益：包括 (1) 動產、不動產；(2) 現金、存款、外幣、有價證券；(3) 債權或其他財產上權利；(4) 其他具有經濟價值或得以金錢交易取得之利益（迴 4 II）。

2. 非財產上利益：指有利公職人員或其關係人在第 2 條第 1 項所列之機關（構）團體、學校、法人、事業機構、部隊之任用、聘任、聘用、約僱、臨時人員之進用、勞動派遣、陞遷、調動、考績及其他相類似之人事措施

（迴 4III）。

　　所謂「利益衝突」，依據第 5 條之規定，係指公職人員執行職務時，得因其作為或不作為，直接或間接使本人或其關係人獲取利益者。而所謂「獲取利益」，係指獲取私人利益，不包括獲取公益之情形。

(四) 迴避種類

　　本法所定之迴避計有以下三種：

1. 自行迴避：即公職人員知有利益衝突者，應即自行迴避（迴 6）。

2. 申請迴避：即公職人員有應自行迴避之情事而不迴避者，利害關係人得申請其迴避（迴 7 I）。

3. 命令迴避：

(1) 公職人員有自行迴避或申請迴避之情事時，如受通知或受理之機關認該公職人員應行迴避者，應令其迴避（迴 8）。

(2) 公職人員服務之機關團體、上級機關、指派、遴聘或聘任機關知公職人員有應自行迴避而未迴避情事者，應依職權令其迴避（迴 9 I）。

(五) 有迴避義務之處理

　　依據迴避法第 10 條規定，公職人員依前開三種迴避種類（自行迴避、申請迴避和命令迴避）之規定迴避者，應依下列規定辦理：

1. 民意代表，不得參與個人利益相關議案之審議及表決。

2. 其他公職人員應停止執行該項職務，並由該職務之代理人執行。必要時，由各該機關團體指定代理執行該職務之人。

(六) 不當利益之禁止

　　公職人員不得透過以下作為而獲取不當得利，依據迴避法規定，計有下列幾項：

1. 假借職權：公職人員不得假借職務上之權力、機會或方法，圖其本人或關係人之利益（迴 12）。

2. 關說請託：公職人員之關係人不得向公職人員服務或受其監督之機關團體

人員以請託關說或其他不當方法，圖其本人或公職人員之利益。前項所稱請託關說，指不循法定程序，而向前項機關團體人員提出請求，其內容涉及該機關團體業務具體事項之決定、執行或不執行，且因該事項之決定、執行或不執行致有違法或不當而影響特定權利義務之虞者（迴13）。

3. 交易行為：公職人員或其關係人，不得與公職人員服務或受其監督之機關團體為補助、買賣、租賃、承攬或其他具有對價之交易行為。但有下列情形之一者，不在此限（迴14Ⅰ）：

(1) 依政府採購法以公告程序或同法第105條辦理之採購。

(2) 依法令規定經由公平競爭方式，以公告程序辦理之採購、標售、標租或招標設定用益物權。

(3) 基於法定身分依法令規定申請之補助；或對公職人員之關係人依法令規定以公開公平方式辦理之補助，或禁止其補助反不利於公共利益且經補助法令主管機關核定同意之補助。

(4) 交易標的為公職人員服務或受其監督之機關團體所提供，並以公定價格交易。

(5) 公營事業機構執行國家建設、公共政策或為公益用途申請承租、承購、委託經營、改良利用國有非公用不動產。

(6) 一定金額以下之補助及交易。

　　公職人員或其關係人與公職人員服務之機關團體或受其監督之機關團體為前項但書第1款至第3款補助或交易行為前，應主動於申請或投標文件內據實表明其身分關係；於補助或交易行為成立後，該機關團體應連同其身分關係主動公開之。但屬前項但書第3款基於法定身分依法令規定申請之補助者，不在此限（迴14Ⅱ）。

(七) 違反本法規定之罰則

1. 違反第6條第1項規定（按：自行迴避）者，處新台幣10萬元以上200萬元以下罰鍰（迴16Ⅰ）。

2. 經依第 8 條或第 9 條令其迴避而不迴避者（按：命令迴避），處新台幣 15 萬元以上 300 萬元以下罰鍰，並得按次處罰（迴 16 II）。

3. 違反第 12 條（按：假借職權獲取不當利益）或第 13 條第 1 項（按：關說請託獲取不當利益）規定者，處新台幣 30 萬元以上 600 萬元以下罰鍰（迴 17）。

4. 違反第 14 條第 1 項（按：交易行為）規定者，依下列規定處罰（迴 18 I）：

(1) 交易或補助金額未達新台幣 10 萬元者，處新台幣 1 萬元以上 5 萬元以下罰鍰。

(2) 交易或補助金額新台幣 10 萬元以上未達 100 萬元者，處新台幣 6 萬元以上 50 萬元以下罰鍰。

(3) 交易或補助金額新台幣 100 萬元以上未達 1000 萬元者，處新台幣 60 萬元以上 500 萬元以下罰鍰。

(4) 交易或補助金額新台幣 1000 萬元以上者，處新台幣 600 萬元以上該交易金額以下罰鍰。

5. 前項交易金額依契約所明定或可得確定之價格定之。但結算後之金額高於該價格者，依結算金額（迴 18 II）。

6. 違反第 14 條第 2 項規定（按：指據實表明身分）者，處新台幣 5 萬元以上 50 萬元以下罰鍰，並得按次處罰（迴 18 III）。

7. 監察院、法務部及公職人員之服務或上級機關（構）之政風機構，為調查公職人員及其關係人違反本法情事，得向有關之機關（構）、法人、團體或個人查詢，受查詢者有據實說明或提供必要資料之義務（迴 15）。受查詢而無正當理由拒絕或為不實之說明、提供者，處新台幣 2 萬元以上 20 萬元以下罰鍰；經限期通知配合，屆期仍拒絕或為不實之說明、提供者，得按次處罰（迴 19）。

8. 非金錢性質之罰則：依本法裁處罰鍰確定者，由處分機關刊登政府公報，並公開於電腦網路（迴 21）。

(八) 處罰機關

依據迴避法第 20 條規定，違反本法規定處以罰鍰者，依受罰人員之不同（請參見「(一) 適用對象」內文），分由監察院或法務部處罰。

1. 監察院（迴 20 I ①）

(1) 第 2 條第 1 項第 1 款、第 3 款、第 5 款至第 8 款之人員。

(2) 第 2 條第 1 項第 2 款之行政、立法、司法、考試、監察各院院長、副院長、職務列簡任第 12 職等或相當簡任第 12 職等以上之首長、副首長、幕僚長、副幕僚長及依公職人員選舉罷免法選舉產生之鄉（鎮、市）級以上各級政府機關首長。

(3) 第 2 條第 1 項第 4 款專科以上學校校長及附屬機構首長。

(4) 第 2 條第 1 項第 9 款本俸 6 級以上之法官、檢察官。

(5) 第 2 條第 1 項第 10 款少將編階以上之人員。

(6) 本款公職人員之關係人。

2. 法務部

前款以外之公職人員及其關係人（迴 20 I ②）。

對拒絕受詢或為不實之說明、提供者所定之罰鍰，其中受監察院查詢者，由監察院處罰之；受法務部或政風機構查詢者，由法務部處罰之（迴 20 II）。

貳 公職人員利益迴避法案例解析

以下所舉兩個案例均為 107 年 5 月新迴避法施行前所發生之案例，故文內所舉之適用規定均屬舊法條文，因精神及法旨不變，仍有參考價值。

一、財產上利益之案例

所稱財產上利益，例如，績效或其他特別獎金。報載，監察院財產申報處出版的「廉政專刊」指出，前○○○醫院○長○○○任職期間，明知該

院績效獎金發放名單中包含本人,仍親自簽核績效獎金發放給自己,因未利益迴避,遭罰鍰新台幣 100 萬元;廉政專刊指出,○○○因績效獎金最終獲 400 萬元,有利益衝突卻未迴避,違反公職人員利益衝突迴避法。

二、非財產上利益之案例

公職人員利益衝突迴避法之立法目的在「促進廉能政治、端正政治風氣,建立公職人員利益衝突迴避之規範,有效遏止貪污腐化暨不當利益輸送」。茲舉一例說明之:

(一) 案情大要

南部某市政府某單位主管,藉職務之便,「安排」讀大學的兒子到市府暑期工讀,一個半月領 2 萬多元,遭檢舉違反陽光法案,經調查局南機站函送廉政署調查,法務部認定該主管違反公職人員利益衝突迴避法,罰鍰 100 萬元,市府另將該主管降調非主管職務。

(二) 所涉條文規定

1. 按本案該主管為依公職人員財產申報法第 2 條第 1 項第 12 款應申報財產之人員,即為公職人員利益衝突迴避法第 2 條所稱之公職人員,該主管之兒子為該主管二親等以內親屬,即為公職人員利益衝突迴避法第 3 條第 2 款所稱之關係人。

2. 依同法第 5 條規定,本法所稱利益衝突,指公職人員執行職務時,得因其作為或不作為,直接或間接使本人或其關係人獲取利益者。第 4 條第 3 項規定,非財產上利益,指有利公職人員或其關係人於政府機關、公立學校、公營事業機構(以下簡稱機關)之任用、陞遷、調動及其他人事措施。公職人員或其關係人,不得與公職人員服務之機關或受其監督之機關為任用、陞遷、調動及其他人事措施。

3. 本案依上述規定該主管應依第 6 條規定,知有利益衝突者,應即自行迴避,第 10 條規定,應停止執行該項職務,並由職務代理人執行之。前項情形,公職人員應以書面分別向公職人員財產申報法第 4 條所定機關報備。

第四節 公務員懲戒法重要內涵

壹 公務員懲戒法沿革

民國 20 年 6 月 8 日國民政府制定公布公務員懲戒法全文 28 條，以後曾次第修正。民國 86 年 4 月司法院邀請有關機關代表、專家學者及實務界人士成立「公務員懲戒制度研究修正委員會」，通盤檢討修正公務員懲戒制度，歷經 21 次會議，於 88 年 12 月 31 日討論完畢，完成公務員懲戒法修正草案。並分於 89 年 10 月、91 年 3 月、91 年 8 月、94 年 11 月將公務員懲戒法修正草案函送立法院審議，惟均因立法院委員任期屆滿改選等因素，無法完成三讀程序。

民國 98 年 5 月司法院復邀集政府機關、團體及學者、專家就退休公務員在職期間違失行為之懲戒問題、軍職人員因案彈劾審議中，可否申請退伍等議題討論後獲得共識，並據以再度研修公務員懲戒法，於 99 年函送立法院查照審議。惟仍因立法院第 7 屆立法委員任期屆滿，而未能完成立法程序。

民國 104 年 5 月 1 日三讀通過公務員懲戒法修正草案，並經總統於同月 20 日公布。按此次公務員懲戒法的修正幅度甚大，由 74 年之舊法只有 41 條條文擴增為 80 條。並分成「通則」、「懲戒處分」、「審判程序」、「再審」、「執行」、「附則」六章。依據司法院在該法三讀通過後所發布的新聞稿，此次的修法係以「懲戒實效化」、「組織法庭化」、「程序精緻化」為取向，期以透過懲戒案件審判法庭化，達到提升審理效能之目標，並增加懲戒處分種類，落實懲戒處分之實效，維護公務紀律。

民國 109 年 5 月 22 日三讀通過公務員懲戒法修正草案，由 80 條再擴增為 103 條，此次修正草案有二個重點：第一，公務員懲戒委員會掌理全國公務員之懲戒，原為一級一審制，為使公務員懲戒案件之當事人於不服懲戒判

決時，亦得循上訴程序救濟，以發揮糾錯或權利保護功能，爰將公務員懲戒案件審理制度改採一級二審制，期能維持國家機關之公務紀律，並使公務員權利獲得審級救濟制度之保障。又鑑於職務法庭業已改設於公務員懲戒委員會，且公務員懲戒委員會已採法院組織分庭審判，為使名實相符，爰作相關修正。第二，為避免公務員藉由資遣或退休、退伍以規避懲戒責任，故修正禁止公務員資遣或申請退休、退伍之時點。

貳 公務員懲戒法的主要內容

一、公務員懲戒法之適用對象

公務員在任職期間出現公務員懲戒法所列應受懲戒之情事，自應受該法的規範。但過去亦有公務員以離職（如退休、退伍、退職或資遣）為手段，藉以規避懲戒的責任。為避免此等情事再次發生，影響懲戒效果，104 年修法特於第 1 條增列第 2 項，訂定「本法之規定，對退休（職、伍）或其他原因離職之公務員於任職期間之行為，亦適用之」之文字。

二、公務員懲戒的原因

舊法對公務員「應受懲戒」之情事，規定以下兩項：(一) 違法；(二) 廢弛職務或其他失職行為。而 104 年修法則採比較嚴謹的規範，於第 2 條做了極大的修正（109 年未再修正），條文規定如次：

公務員有下列各款情事之一，有懲戒之必要者，應受懲戒：

(一) 違法執行職務、怠於執行職務或其他失職行為。

(二) 非執行職務之違法行為，致嚴重損害政府之信譽。

上開規定之立法意旨為：第一，公務員懲戒法制的目的在整飭官箴，維護政府信譽，因此受懲戒之情事應以職務行為為主。第二，公務員非執行職務之行為，並非不能受懲戒處分，而是以「違法」、「致嚴重損害政府信譽」為要件，始得予以懲戒。

三、職務停止的原因

公務員有下列各款情形之一者，其職務當然停止（懲4）：

(一) 依刑事訴訟程序被通緝或羈押。

(二) 依刑事確定判決，受褫奪公權之宣告。

(三) 依刑事確定判決，受徒刑之宣告，在監所執行中。

四、先行停止職務之情形

(一) 懲戒法庭對於移送之懲戒案件，認爲情節重大，有先行停止職務之必要者，得裁定先行停止被付懲戒人之職務，並通知被付懲戒人所屬主管機關。

(二) 前項裁定於送達被付懲戒人所屬主管機關之翌日起發生停止職務效力。

(三) 主管機關對於所屬公務員，依第24條規定送請監察院審查或懲戒法院審理而認爲有免除職務、撤職或休職等情節重大之虞者，亦得依職權先行停止其職務。

(四) 懲戒法庭第一審所爲第1項之裁定，得爲抗告（懲5）。

懲戒法庭所爲之停止職務處分，本質上爲法官就個案衡量後所爲之司法決定，應以裁定方式爲之，而非僅以通知方式函知主管機關，且現行實務上認有先行停止職務之必要者，亦係以裁定爲之。

五、復職後之俸給補給

有關復職後之俸給補給，第7條的規定內容如次：

(一) 依第4條第1款或第5條規定停止職務之公務員，於停止職務事由消滅後，未經懲戒法庭判決或經判決未受免除職務、撤職或休職處分，且未在監所執行徒刑中者，得依法申請復職。服務機關或其上級機關，除法律另有規定外，應許其復職，並補給其停職期間之本俸（年功俸）或相當之給與。

此項規定有幾個重點：

1. 增加未受免除職務、未在監所執行徒刑中者可以依法申請復職。

2. 需由當事人自行申請復職。

3. 僅能補發本俸（年功俸）或相當之給與。按公務人員之俸給包括本俸（年功俸）及加給（包括職務加給、技術或專業加給、地域加給）。而加給具有「有服勤事實始應支給」之特性，由於公務人員於停職期間並無任職之事實，與支領加給要件並不相當，故不宜補給「加給」部分。

(二) 前項公務員死亡者，應補給之本俸（年功俸）或相當之給與，由依法得領受撫卹金之人具領之。

六、資遣或退休之限制

(一) 公務員經依第23條、第24條移送懲戒，或經主管機關送請監察院審查者，在不受懲戒、免議、不受理判決確定、懲戒處分生效或審查結束前，不得資遣或申請退休、退伍。

(二) 監察院或主管機關於依第23條、第24條第1項辦理移送懲戒或送請審查時，應通知銓敘部或該管主管機關（懲8）。

本條文所稱「該管主管機關」，係指軍職人員和教育人員之主管機關而言。

有關「不得資遣或申請退休」限制，原規定公務員因案在公務員懲戒委員會審理中者，不得資遣或申請退休、退伍；其經監察院提出彈劾案者，亦同。109年修法，因公務員懲戒案件之審理改為一級二審制之後，為避免公務員藉由資遣或退休、退伍以規避懲戒責任，所以對於禁止公務員資遣或申請退休、退伍的時點加以調整提前，自送請監察院審查或移送懲戒時起至懲戒處分生效時止，受懲戒的公務員均禁止資遣或申請退休、退伍，以期發揮「防止搶退無漏洞」的效果，並強化懲戒實效。

七、多人同時涉案

第25條係規範「涉案多人分屬不同主管機關」時之處理。其條文規定如次：

同一違法失職案件，涉及之公務員有數人，其隸屬同一主管機關者，移送監察院審查或懲戒法院審理時，應全部移送；其隸屬不同主管機關者，由共同上級機關全部移送；無共同上級機關者，由各主管機關分別移送。

八、懲戒的項目

有關懲戒處分共有九種，分別為：(一) 免除職務；(二) 撤職；(三) 剝奪、減少退休（職、伍）金；(四) 休職；(五) 降級；(六) 減俸；(七) 罰款；(八) 記過；(九) 申誡。較舊法增加「免除職務」、「剝奪、減少退休（職、伍）金」、「罰款」三種（懲9）。

以上處分中的「剝奪、減少退休（職、伍）金」，以退休（職、伍）或其他原因離職之公務員為限。另，政務人員不適用休職、降級、記過之處分。罰款得與「剝奪、減少退休（職、伍）金」和「減俸」以外的其餘各款併為處分。

九、公務員懲戒之效力

茲就九種懲戒項目的效力，分項說明如次：

(一) 免除職務

公務員懲戒之目的在於整飭官箴，以提高行政效率，如依其應受懲戒之具體情事，足認其已不適任公務員，應將其淘汰，以維持官紀及建立公務員退場機制。故公務員懲戒法於第11條規範其效力為：「免除職務，免其現職，並不得再任用為公務員」。

(二) 撤職

撤職，除撤其現職外，並於一定期間停止任用。惟舊法對撤職停止任用期間，並無上限規定，業經司法院釋字第433號解釋，認為對公務員權益不無影響，應檢討修正。故104年參酌實務案例，明定撤職停止任用「期間為一年以上、五年以下」，以符合前開解釋之意旨（109年未再修正）。

又為免被撤職人員於停止任用期間屆滿，再任公務員後，仍得依法晉

敘、升職或調任主管職務，爰比照休職懲戒之立法例規定如下，以資衡平：
「前項撤職人員，於停止任用期間屆滿，再任公務員者，自再任之日起，二
年內不得晉敘、陞任或遷調主管職務」（懲12Ⅱ）。

(三) 剝奪、減少退休（職、伍）金

　　公務員於任職時涉有違失行為，嗣發覺時業已退休、退伍、退職或資
遣而離職者，依本法第1條第2項規定，亦應受懲戒。惟104年以前舊法規
定，如予撤職、休職、記過、申誡等懲戒處分，因其已離職，實質上無法
發揮懲戒之效果。即使予以降級、減俸，依本法第24條規定，亦僅得於其
再任職時執行，而未能有效處罰已離職公務員之違失行為，亦無法對於現職
公務員達到懲儆預防並維持官箴之目的。為使離職公務員之懲戒具有實效，
104年修法時特增訂「剝奪、減少退休（職、伍）金」之規定（109年未再
修正），其規定如次（懲13）：

1. 剝奪退休（職、伍）金，指剝奪受懲戒人離職前所有任職年資所計給之退
   休（職、伍）或其他離職給與；其已支領者，並應追回之。

2. 減少退休（職、伍）金，指減少受懲戒人離職前所有任職年資所計給之退
   休（職、伍）或其他離職給與10%至20%；其已支領者，並應追回之。

3. 前二項所定退休（職、伍）金，應按最近一次退休（職、伍）或離職前任
   職年資計算。但公教人員保險養老給付、軍人保險退伍給付、公務員自行
   繳付之退撫基金費用本息或自提儲金本息，不在此限。

(四) 休職

1. 休職，休其現職，停發俸（薪）給，並不得申請退休、退伍或在其他機關
   任職；其期間為六個月以上、三年以下。104年此項規定有二處修正：一
   為禁止一般公務員及軍職人員利用休職期間申請退休、退伍，藉以規避懲
   戒處分。二為參酌司法院釋字第433號解釋，訂定三年以下之上限規定，
   以保障公務員權益。

2. 休職期滿，許其回復原職務或相當之其他職務。自復職之日起，二年內不

得晉敘、陞任或遷調主管職務。此項規定將舊法僅定「許其復職」文字明確化為「許其回復原職務或相當之其他職務」。至所稱「相當之其他職務」，包含與其原敘職等俸級相當之其他職務，如其仍無法回復職務時，應依公務人員任用法及公務人員俸給法有關規定辦理。

3. 前項復職，得於休職期滿前三十日內提出申請，並準用公務人員保障法之復職規定辦理（懲 14）。

(五) 降級

1. 降級，依受懲戒人現職之俸（薪）級降 1 級或 2 級改敘；自改敘之日起，二年內不得晉敘、陞任或遷調主管職務。

2. 受降級處分而無級可降者，按每級差額，減其月俸（薪）；其期間為二年（懲 15）。

(六) 減俸

1. 減俸，依受懲戒人現職之月俸（薪）減 10% 至 20% 支給。其期間為六個月以上、三年以下。

2. 自減俸之日起，一年內不得晉敘、陞任或遷調主管職務（懲 16）。

(七) 罰款

罰款規定訂在第 17 條，為 104 年新增條文，其規定為：「罰款，其金額為新臺幣一萬元以上、一百萬元以下」。

立法意旨如次：當時法規關於財產權之懲戒，僅有減俸一種，惟實務上受減俸懲戒之人數甚少，實效有限。為達到對公務員輕度至中度違失行為懲戒之效果，爰增訂罰款之懲戒處分種類，且適用範圍包括現職及退休或其他原因離職人員，相較於剝奪、減少退休金之懲戒處分，其適用範圍較廣。

(八) 記過

1. 原規定：「記過，自記過之日起一年內，不得晉敘、陞任或遷調主管職務。」基於法律明確原則，109 年將「記過」修正為「記過，得為記過一

次或二次」；條文修正爲「記過，得爲記過一次或二次，自記過之日起一年內，不得晉敘、陞任或遷調主管職務」。

2. 一年內記過累計 3 次者，依其現職之俸（薪）級降一級改敘；無級可降者，準用第 15 條第 2 項之規定（懲 18）。

(九) 申誡

第 19 條規定：「申誡，以書面爲之。」

十、建立一級二審制度

公務員懲戒案件之審理現爲一級一審制，爲使公務員懲戒案件之當事人於不服懲戒判決時，亦得循上訴程序救濟，發揮糾錯或權利保護功能，因此將公務員懲戒案件審理制度改採一級二審制。爰增列第三章第一節第一審程序、第二節上訴審程序及第三節抗告程序，以完備一級二審制。當事人對於懲戒法庭第一審的終局判決不服者，得於判決送達後二十日之不變期間內，上訴於懲戒法庭第二審，而第二審是採法律審。

同時，鑑於過往被付懲戒人若遭公務員懲戒委員會停職時缺乏救濟途徑，所以明定被付懲戒人對於懲戒法庭第一審所爲停止職務裁定得提起抗告救濟，期能維持國家機關的公務紀律，並使公務員權利獲得審級救濟制度的保障。

十一、送請監察院與懲戒法院之分別

(一) 各院、部、會首長，省、直轄市、縣（市）行政首長或其他相當之主管機關首長，認爲所屬公務員有第 2 條所定情事者，應由其機關備文敘明事由，連同證據送請監察院審查。但對於所屬薦任第 9 職等或相當於薦任第 9 職等以下之公務員，得逕送懲戒法院審理。

(二) 依前項但書規定逕送懲戒法院審理者，應提出移送書，記載被付懲戒人之姓名、職級、違法或失職之事實及證據，連同有關卷證，一併移送，並應按被付懲戒人之人數，檢附移送書之繕本（懲 24）。

十二、免議議決之情形

有關懲戒案件應爲免議之判決規定如次：

(一) 同一行爲，已受懲戒法院之判決確定。

(二) 受褫奪公權之宣告確定，認已無受懲戒處分之必要。

(三) 已逾第 20 條規定之懲戒處分行使期間（懲 56）。

上開第 20 條之規定爲：(一) 應受懲戒行爲，自行爲終了之日起，至案件繫屬懲戒法院之日止，已逾十年者，不得予以休職之懲戒；(二) 應受懲戒行爲，自行爲終了之日起，至案件繫屬懲戒法院之日止，已逾五年者，不得予以減少退休（職、伍）金、降級、減俸、罰款、記過或申誡之懲戒；(三) 前二項行爲終了之日，指公務員應受懲戒行爲終結之日。但應受懲戒行爲係不作爲者，指公務員所屬服務機關或移送機關知悉之日。

十三、不受理議決之情形

懲戒案件有下列各款情形之一者，應爲不受理之判決。但其情形可補正者，審判長應定期間先命補正：

(一) 移送程序或程式違背規定。

(二) 被付懲戒人死亡。

(三) 違背第 45 條第 6 項之規定，再行移送同一案件（懲 57）。

十四、懲戒與刑事個別審查之規定

本項第 (一)、(二) 部分係規定在第 39 條；第 (三)、(四) 及 (五) 部分係列在第 22 條。其中 (三) 爲「一事不二罰」原則之體現，(四) 爲公務員懲戒制度採「刑（行）懲並罰」原則之體現。(五) 爲 109 年新增第 3 項條文，目的在兼顧公務員權利保障：

(一) 同一行爲，在刑事偵查或審判中者，不停止審理程序。但懲戒處分牽涉犯罪是否成立者，懲戒法院合議庭認有必要時，得裁定於第一審刑事判決前，停止審理程序。

(二) 依前項規定停止審理程序之裁定，懲戒法院得依聲請或依職權撤銷之。

(三) 同一行為，不受懲戒法院二次懲戒。

(四) 同一行為已受刑罰或行政罰之處罰者，仍得予以懲戒。其同一行為不受刑罰或行政罰之處罰者，亦同。

(五) 同一行為經主管機關或其他權責機關為行政懲處處分後，復移送懲戒，經懲戒法院為懲戒處分、不受懲戒或免議之判決確定者，原行政懲處處分失其效力。此項規定係 109 年增列者，其立法目的在兼顧公務員權利保障，為避免被付懲戒人遭受雙重危險，所以規定被付懲戒人因同一行為受行政懲處後，復受司法懲戒時，原行政懲處處分失其效力。

　　20 年 6 月 8 日公布施行之懲戒法以來，迄今已八十餘年，期間歷經數次修正，條文由原先的 28 條，發展至 74 年的 41 條，再由 104 年的 80 條，擴充至現今的 103 條，足資顯示程序保障與懲戒實效之追求，隨時代變遷而調整、精緻。惟不變的是，懲戒法所具有案例法、法官法的特性，舉凡職務上行為與非職務上行為之區別、違失行為的判準、非職務上行為是否嚴重損害政府信譽、有無懲戒必要、有無停止職務之必要、選擇懲戒處分之合義務性裁量及懲戒處分行使期間等，無不涉及大量之不確定法律概念及司法裁量，均有賴懲戒法院經由個案裁判與案例累積，予以類型化、標準化，藉以提升法律適用的精緻與明確，並俾使公務員懲戒法制臻於完備。

關鍵詞彙

行政倫理　官箴　基本義務　誓言　服從命令　嚴守秘密　維持品德
兼職　兼課　公職　利益迴避　財產利益　非財產利益　利益衝突
懲戒　違法　廢弛職務　失職　復職　離職　撤職　休職　降級　記過
申誡

自我評量題目

一、請說明公務人員服務、利益迴避、懲戒制度背後的理論基礎為何？

二、請問身為一個公務人員，遵循行政倫理重要還是不重要？並請舉例說明之。

三、請從組織效率觀的角度，說明現行行政倫理之實務。

四、請說明行政倫理在實務上所涉及的範圍為何？

五、請說明公務人員忠於職務之義務的內容。

六、請說明公務人員服從命令義務之內容為何？

七、請詳細說明公務人員不為一定行為義務之內容為何？

八、請說明公職人員利益迴避法的適用對象為何？

九、請說明利益迴避的種類。

十、請說明公務員懲戒之效力。

參考書目

自由時報（民 103）。高雄海關貪瀆 近百人涉案。103.01.11。

沈士光（民 97）。公共行政倫理學導論。上海：人民出版社。

明哲（民 93）。雍正傳。內蒙：內蒙古。

許立一、張世杰（民 100）。公務倫理。台北：空大。

黃世鑫、宋秀玲（民 78）。我國非營利組織功能之界定與課稅問題之研究。
　　台北：財政部賦稅改革委員會。

曹岫雲譯（民 100）。經營為什麼需要哲學。稻盛和夫（日）原著。北京：
　　中信出版社。

蔡良文（民 94）。人事行政學——論行考銓制度。台北：五南圖書。

繆全吉、彭錦鵬、顧慕晴、蔡良文（民 89）。人事行政。台北：空大。

聯合晚報（民 100）。正直！7 年級關員拒收賄 被罵白目。100.08.24。

第十三章
公務人員行政中立

林文燦

第一節　公務人員中立制度概說

壹 行政中立產生的背景

　　1829 年傑克遜總統入主白宮，結束了近三十年同一政黨執政的時代，此後開始政黨較常輪流執政的政治生態，論者就稱聯邦政府進入分贓用人（spoils）的時代。此一制度原寓意著為贏者全拿，意在全面執政，以落實責任政治之說法，但卻淪為「一黨勝選，雞犬升天」的分贓制度（spoils system），於是在政黨的操縱之下，政府機關內冗員充斥、組織膨脹、效率不彰。當時美國朝野對於分贓制度深感不滿，對公務人員制度正如火如荼地進行改革，惟有脫離政治的干預才能有效提升效率，惟有剷除分贓制度，才能推動功績文官制度（譚功榮，民 101）。

　　德國社會學家韋伯（M. Weber）觀察十九世紀末以來人類組織之發展，提出了工業社會中的理念類型（ideal type）——官僚體制（bureaucracy），明示高效率的組織，須將政治與人情的因素祛除；再者，還有學術界追求行政科學化，認為政治價值等不利於科學研究的因素，應隔離於公共行政的研究範圍之外（許立一，民 92）。在上述學者與環境等因素的交互影響及推波助瀾之下構成行政中立產生的背景。

貳 行政中立理論的演進

一、組織效率觀的行政中立

　　行政中立（administrative neutrality）源自美國學者威爾遜（Woodrow Wilson）在 1887 年發表「行政的研究」（The study of administration）一文，主張「政治爲政治家專屬領域，而行政則爲技術官僚的領域」，文官改革的眞諦就是行政應抽離於政治之外，使行政彷如企業（businesslike），行政的領域就是企業的領域，這就是影響深遠的政治與行政分立原則。行政應立於政治的適當範圍之外，公務人員處理行政事務時，應保持行政中立的態度與立場，不受政治活動的紛擾，政黨更迭的影響，要知行政中立是要求其行政與政治的分離，而不是脫離。這個時期揭示行政中立實務二個意涵，一是行政應立於政治適當範圍之外，即政治中立，即有限制的參與政治與政黨活動；另外一個就是忠於職務的效率行政。

二、社會公正觀的行政中立

　　由於傳統行政學理論的政治與行政分立說，使得行政學研究侷限在預算、人事、組織等及其他中性（neutrality）的領域上，長此以往，使公共行政背離社會政治現實，無力面對社會問題，處理社會危機的需求。事實上，公共行政本質上就是具有政治意義，公共行政必須走出象牙塔，積極關懷動態的社會、政治環境，戮力解決現實問題。因此，行政中立的定義應該順應公平正義思潮之進程，以扶弱濟貧積極價值觀，深入參與政策制定。許立一（民 92）將行政中立之定義修改爲「公共行政人員本其職責，不應不當偏私於任何黨派、團體，而且應以不犧牲社會中少數或弱勢之利益爲前提」。惟「公共行政人員不得被迫或自願涉入政爭，或受到政治迫害，或過度參與政治活動，導致發生以私害公之情事」即體現了社會公正的觀點。這個時期揭示了行政實務上公務人員應以國家、人民的整體或多數利益爲考慮，關懷社會弱勢，亦即絕不可涉入政爭，但無法例外於政治範圍之外。

三、效率與社會公正合一觀的行政中立

如第十二章所述，在工具理性行政的觀點下，公共行政追求效率，故行政倫理的建構亦以確保效率達成為目的。然而，以實質理性為主的新公共行政學派等關注公共利益、正義、社會公正等價值。因此，行政倫理除須強調工具價值——依法行政、政治中立、忠誠執行政策、服從命令外，也要著重政策目標正當性的堅持。更何況在公共行政實務中實難劃分，一個公務人員無法僅以效率觀的行政倫理觀處理公共事務，往往須同時以社會公正的行政倫理觀積極處理公共服務。

銓敘部自民國 99 年 7 月起，修正「公務人員服務誓言」，將「廉正、忠誠、專業、效能、關懷」五項文官核心價值精神，納入服務誓言，將服務誓言修正為「余誓以至誠，恪遵憲法與政府法令，以清廉、公正、忠誠及行政中立自持，關懷民眾，勇於任事，充實專業知能，創新改革，興利除弊，提昇政府效能，為人民謀求最大福祉。如違誓言，願受最嚴厲處分。謹誓。」其中「效能、專業」屬工具性行政倫理，「廉正、忠誠」則係指內省途徑的官德，及重視「關懷」民眾，勇於任事，創新改革，興利除弊，為人民謀求最大福祉的社會公正行政倫理準則。綜而言之，已兼採組織效率觀及社會公正觀的行政倫理，也構成了本公務人員行政中立的理論基礎。

參 行政中立之定義

對於行政中立概念之定義，學者專家的不同觀點，也提供了完備行政中立定義的素材。茲臚列相關定義如下：

一、許濱松（民 85）

行政中立與政治中立內涵，有廣狹之分。行政中立指公務員需服務全體國民，而非部分國民之服務者。是以，公務員處理事務，應公正衡平，並秉其中立能力，亦即對政府工作以專業方式處理的能力，處理其事務，並做到：(一) 超然於個人政治理念之外，不偏袒某一政黨或政治團體；(二) 不受

利益團體影響，圖利某一利益團體；(三) 不受個人價值理念的影響，以中立能力公正衡平處理事務。政治中立之內涵較為狹窄，單純地指公務員應超然於個人政治理念之外，不偏袒某一政黨或政治團體，不介入政治活動，公正而無偏私，以中立專業能力處理公共事務。

此一界說，賦予行政中立積極的意涵。行政中立所關切的不僅在於消極地限制公務人員參與政治活動或選舉活動，更在於公務人員應以專業作為中立能力的基底，以公正而無偏私的態度，以有效率的科學方法，積極地處理公共事務。就學術理論發展而言，此一界說已跳脫傳統行政中立的底蘊，而兼具新公共行政學派思潮，要求公務人員以關懷、無偏私的態度，具有效率且專業的中立能力處理公共事務。

二、陳德禹（民 78）

行政中立係指公務人員執行職務時，必須嚴守的一種立場或原則，行政中立應包括下列四點：

(一) 公務人員在職期間應盡忠職守，推動由政府所制定的政策，造福社會大眾。

(二) 公務人員在處理公務上，立場應超然、客觀、公正，一視同仁，無所偏袒。

(三) 公務人員在執法或執行政務人員的政策上，應採取相同標準，公平對待任何個人、團體或黨派、既不徇私，也無畸重畸輕之別。

(四) 公務人員在日常活動中不介入地方派系或政治紛爭，只盡心盡力為國為民服務，即本著所具有的專業知識、技能與經驗，於政務主管擬訂政策時，提出有關資訊協助政務主管決策；並就主管的業務，隨時注意民意動向，而做適時適當的回應。

三、吳定（民 84）

文官行政中立主要目的在避免公務人員發生介入政爭、黨政掛勾、利益輸送、以私害公之情事，進而保障事務官的永業性、國家政局的穩定性及

政策執行的連貫性。一百多年後的今天，文官行政中立的意義已較前有所擴充。它指涉政府機關中的公務人員（事務官），在推動各項政策及行政活動的過程中，應保持中立立場，遵循以下三項原則，不受政黨、派系、民意代表、利益團體、上司等之操縱、支配與關說的影響：第一，依法行政原則：即公務人員應依據憲法及法律相關規定，忠實執行各項政策。第二，人民至上原則：即公務人員應以全民福祉及國家利益爲依歸，摒除偏私及壓力，切實推動福國利民的行政活動。第三，專業倫理原則：即公務人員應秉持專業技能及道德良知，處理各項行政問題。此一學說賦予行政中立的道德意涵，一個公務人員內聖外王的道德修養。

綜合言之，行政中立乃指公務人員對處理公務保持中立、客觀及公平的立場，以國家、人民的整體或多數利益爲考量；並非指其不可涉入政治事務，惟絕對不可涉入政爭（陳德禹，民 82）。

銓敘部於研訂「公務人員行政中立法」（以下簡稱中立法）時，博採眾議，將上述學者專家意見納入參考。此可見於中立法第 1 條，該條建構了整部中立法的思想體系，從 97 年函請立法院審議中立法之條文說明來看，得以理解較爲透澈：

本法名稱前經考試院就行政中立之定義審慎研酌，並參考專家學者意見後，認爲行政與政治事實上不可能分離（按：新公共行政學派的觀點）；行政中立主要係指公務人員應以國家、人民之整體或多數利益爲考量，並應於處理公務時保持中立、客觀及公平之立場與態度（按：新公共行政學派的觀點）。

同時，名稱採用行政中立而未採用政治中立一詞，主要考量行政中立是就行政之立場與態度而言，它至少包括下列三點意義：(一) 公務人員在職期間應盡忠職守、盡心盡力，推動政府政策，造福社會大眾。(二) 公務人員在處理公務上，其立場應超然、客觀、公正，一視同仁，既無偏愛也無偏惡。(三) 公務人員在日常活動

中不介入地方派系或政治紛爭，只盡心盡力為國為民服務。換言之，行政中立乃指公務人員應大公無私，造福全民，不得偏倚之意。故採用行政中立一詞，旨在要求公務人員應依法行政、執法公正並建立公務人員之政治活動規範。

而政治中立一詞，僅及於公務人員政治行為之中立（按：此為行政中立傳統意涵），未能涵括更為重要之依法行政、執行公正，並易遭誤解為要求公務人員應放棄其政治立場，及憲法所保障之集會結社等基本權利。加上公務人員保障暨培訓委員會組織法第4條有關該會培訓處掌理事項，即有行政中立訓練之研擬規劃、執行及委託；另公務人員訓練進修法第2條亦明定，公務人員保障暨培訓委員會應辦理行政中立訓練，同法第5條規定：「為確保公務人員嚴守行政中立，貫徹依法行政、執法公正、不介入黨派紛爭……」法定名詞業已確立。

要求公務人員行政中立之內涵，即為要求公務人員要依法行政、執法公正，並遵守政治活動規範之限制等方面，而要求公務人員政治中立則僅及於政治行為之中立，內容較為狹隘；基此，本法之名稱仍維持為「公務人員行政中立法」。

第二節　公務人員行政中立的思想體系及落實條件

壹 公務人員行政中立制度的思想體系

行政中立是一個多面向的議題，一方面探討公務人員面對政治活動的內心價值準則，屬公務人員自律的範疇。另外，就是探討行政與政治關係的互動準則，屬他律的範疇。

隨著不同時代演進及其所處的系絡環境，行政中立具有五個層面的意

涵：一、從行政與政治關係而論，從過去「行政應處於政治的『適當』範圍之外」的行政與政治二分說，到現在多數學者專家接受公共行政本質上就是具有政治意義的行政與政治互動說。二、從理論基礎而論，從傳統理論學派的行政與政治二分說，演進到新公共學派及黑堡宣言的行政無法自外於政治之外。三、從公務人員角色認知而論，從過去的兩分法將行政從政治中分離出來，其實踐意義在於改善政府效率與效能，以適應工業化社會的要求，到現在要以效率及效能爲手段，來追求社會公平及正義爲目的。四、從公務人員責任的角度而言，多數當代的行政學者相信行政統治（administocracy）問題之解決，不在於徒勞的任何企圖，阻止行政人員參與政策制訂；而是在於保證行政人員對於他們的政策制訂活動負起責任（responsibility）。換言之，從過去限制公務人員於政策的執行，阻止行政人員參與政策的制訂，轉而要求公務人員參與政策決定，並負起執行的責任，爲達此目的，一是內心的遵守專業倫理規範；一是外在的制度性監控，依此可以解決民主與效能兼顧的問題（陳德禹，民 80）。五、以公務人員參與政治活動的界線而論，陳德禹認爲，若從行政與政治的分合角度，作爲界定行政中立的基礎，將不妥當，且概念間難於釐清。應是就文官的行政立場與態度而言，而不是指行政與政治的分離，此二者之分離，事實上不可能。行政中立也未必是行政人員絕對不可參加政黨及其活動。有些國家則允許其部分行政人員於執行職務之外以個人身分參加政黨及其活動，惟不可有意藉行使其職權之便，而有圖利其所屬政黨（陳德禹，民 82）。

綜上論述，行政中立作爲一個議題，一方面是研究行政與政治間的互動關係，是探討公務人員與其所處政治環境及政治活動的關係，是探討公務人員如何避免政治團體、政黨干涉的問題，就是所謂政治中立的問題，以行政―政治二分法爲理論基礎。另一方面，是在探討公務人員自我的關係；是在探討公務人員內心的自我關係，所稱自我關係，探究行政中立價值、態度及專業能力問題。如此言之，政治中立就較狹隘，僅限於研究公務人員與政治活動的互動關係；而行政中立除了研究公務人員與政治活動的互動關係外，

尚研究公務人員自我的關係，係探究公務人員須具備哪些中立價值、中立能力（專業能力）、態度（執法公正，不偏倚而關懷的態度），公務體系應具備哪些制度面的設計讓公務人員行為規範（行政倫理、公務人員服務相關規範以及限制參與政治及政黨等行為規範），以資遵行；完備公務人員功績原則、權益的實面及程序面保障，讓公務人員無後顧之憂的條件下，能夠以中立能力，依法行政，無偏私關懷之公正執法中立，處理公共事務，行政中立的思想邏輯體系，請見圖 13-1。

就行政程序和行政倫理規範而言，這將使文官的行政行為能有所明確依循，不會因團體或個人壓力而有不同反應。從另一方面而論，行政程序和行政倫理規範法制化後，才更能體現憲法保障一般人民的基本權利，即人民無分「男女、宗教、種族、階級、黨派，在法律上一律平等」的受到對待（施能傑，民83）。

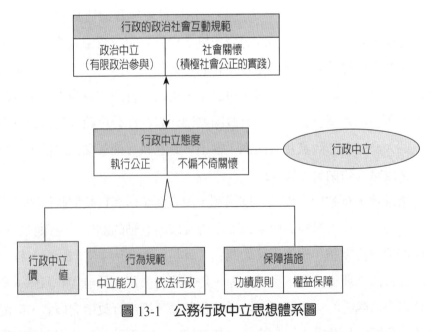

圖 13-1　公務行政中立思想體系圖

資料來源：筆者自繪。

綜上說明，公務人員行政中立的思想體系，可歸納爲五個要項：

一、公務人員行政中立的價值：探討的重點在於公務人員核心價值。

二、公務人員行政中立的態度：探討公務人員執法公正及不偏不倚而關懷的公務態度。

三、公務人員行政中立的行爲規範：探討公務人員須具備的 (一) 依法行政及 (二) 專業能力等公務行爲規範。

四、公務人員行政中立的保障措施：探討主題在於功績原則及權益保障。

五、公務人員與政治、社會的互動準則：探討的重點在於有限的政黨及政治參與，及主動的社會公正實踐。

貳 公務人員行政中立落實的條件

行政中立的遂行，應始於公務人員各自以內心觀照行政中立價值及倫理規範，繼之以「依法行政」爲處理眾人之事（政治）的公務準則，輔之以公務人員中立能力之培養，嚴之以功績原則及安以公務人員權益之保障，如此，則公務人員方可在無後顧之憂的情況下，以執法公正而無偏私的行爲及態度（行政中立態度），以消極的不作爲參與政治及選舉活動，或積極的作爲涉入公共事務或眾人之事。

執法公正與其他項目間存在目標與手段的關係，透過執法公正遂行行政中立二個意涵，對於政治中立屬於消極防弊的行政不作爲，對於社會中立屬於積極興利的行政作爲，扶助弱勢，落實社會公平。

一、推動公務人員核心價值

爲了落實行政中立，除了需有公務員服務法、公務人員行政中立法等相關法規作爲行爲準則外，也有賴一套關於公務人員內心準則的價值體系。行政院在 97 年間通過「廉正、專業、效能、關懷」四個核心價值。考試院爲再造國家新文官，建立一流政府，於 98 年間通過考試院「文官制度興革規劃方案」，增加「忠誠」一項，訂頒文官應具備之核心價值爲「廉正、忠誠、專業、效能、關懷」。讓公務人員在落實行政中立時，從內心及行爲上

均有準則，以利無偏私的公正執法，處理公眾事務。茲將公務人員核心價值，略述於次：

(一) 廉正

公務員廉潔度與國家競爭力息息相關，其必須以清廉、公正、行政中立自持。公務員應具有高尚人格，潔身自好，不收受不當利益，並主動利益迴避；公務員應誠信公正而無偏差地執行公共公服務，以兼顧各方之利益。

(二) 忠誠

公務員應忠於憲法及法律，以執行其職務；公務員應忠於國家及全民，以國家及全民利益為依歸；公務員應重視榮譽，保持誠信及誠實，並應具備道德感與責任感。

(三) 專業

公務員應掌握全球化趨勢，積極充實職務所需知識與技能，熟悉主管法令及相關政策措施。公務員應實踐終身學習，時時創新，保持專業水準而與時俱進，提供全民第一流的公共服務。

(四) 效能

公務員應運用有效方法，簡化行政程序；並研修相關法令、措施，力求符合成本效益要求，提升決策品質；公務員應以對的方法做對的事；明快、主動、積極的發揮執行力，以提高行政效率與工作績效，達成施政目標，提升國家競爭力。

(五) 關懷

公務員應時時以民眾福祉為念，刻刻親切提供服務；對人民之需求及所遭遇之困難，以同理心及時提供必要之協助與照護，增進人民信賴感。並培養人文關懷與多元文化素養，以寬容、民主的態度，促進族群間互相尊重、包容。筆者參與核心價值的研議時，具體建議應將「關懷」列為核心價值，其思想底蘊是源自新公共行政學派的社會公正及對公務人員應關心社會事務

的理論意涵。

二、培養公務人員行政中立的態度

政府既然依人民意志所託付而組成，則公務人員在處理公務上，即應秉持超然客觀、公正立場，依同一標準，一視同仁，無所偏愛或偏惡，公平對待任何個人、團體或黨派。行政程序法第 6 條：行政行為非有正當理由，不得為差別待遇；另憲法亦揭櫫人民無分種族、性別、階級、黨派，在法律地位上一律平等。因而，公務人員於執行職務時，除須注重公共利益之維護之外；更應以公正與公平之態度去履行職責（蔡祈賢，民 99）。

英國要求「文官中立」的理論基礎，在於確保文官對部長或政治性任命人員之忠誠，客觀、坦率地提供政策建議，全力執行部長的政策，以確保公正執行事務及獲得人民的信任，質言之，英國文官中立主要植基於「政治效忠」、「無私建言」及「匿名性」三項傳統之上（鄧志松，民 87：111-114）。

「政治效忠」指文官必須以同樣的效忠方式服務不同的政府（即不同的執政黨）。「無私建言」指文官必須竭盡所能，，實務的觀點告訴首長政策的利弊得失，不是一味討好部長。「匿名性」指文官對外沒有名字。政府的所有文件均是以部長之名對外發表，理論上，沒有人知道實際操作的文官是誰，也沒有人知道文官扮演多大之角色；在匿名性保護下，文官隱身幕後，迴避政治紛爭。

筆者於 109 年 5 月 7 日造訪 Wikipedia 網站，其中有一段描述英國文官制度的政治中立的敘述，對於我國現有政治現實下，文官應有的角色及文官制度挑戰與因應，頗具有參考價值[1]：

在英國內閣制的憲政體制下，文官是政治中立團體（politically

1　有關英國文官政治中立的意涵請參見：https://en.wikipedia.org/wiki/Civil_Service_(United_Kingdom)#Political_neutrality（首次造訪日期：2020 年 5 月 7 日）。

neutral body），須公正無私地執行民選政府所決定的政策方案。文官依法不得擔任國會議員，因為他們必須履行政治中立的義務。根據 1954 年首次通過，並於 1984 年修訂的法規，高階文官（最高管理級別）不得擔任政黨職務，或公開表達有爭議的政治觀點；而中階文官（管理級別），通常須經許可才能參加政治活動。絕大多數初階文官可以參加政治活動，但在執行職務時必須保持政治中立。英國所有文官均須遵守 1911 年至 1989 年「官方機密法」，不得披露任何敏感性相關政府資訊。自 1998 年以來，公務員和遊說者之間的接觸也受到限制。

隨著英國政府政治任命特別顧問職務及其影響力日增，公共行政部門的政治中立性，也隨之降低。Thatcher 首相執政時是如此；2000 年，Tony Blair 首相執政時，變本加厲，政治任命 20 名特別顧問，其中更授予唐寧街的兩名政治任命的特別顧問喬納森·鮑威爾（Jonathan Powell）和阿拉斯泰爾·坎貝爾（Alastair Campbell），使其權力凌駕於唐寧街的公務員之上，廣受批評。

2010 年至 2015 年保守黨—自由民主黨聯合政府期間（Conservative-Liberal Democrat coalition government of 2010-2015），曾擬議引進美國式制度的高級文官制度（SES），亦即將高階文官（例如常任秘書，筆者按，該職相當我國常務次長）改以政治任命。但是，此一倡議很快就被揚棄了，因為英國政府終究認為現行的常任文官型態還是更適合英國國情。

筆者在探討我國公務人員行政中立法制時，發現整部行政中立法實質內容計有 18 條條文，其中第 5 條以後的條文均聚焦在「適度規範公務人員參與政治活動」；從上述英國這個老牌民主國家的政治中立的經驗來看，基於「政治效忠」、「無私建言」及「匿名性」三項傳統文官政治中立意涵，對於我國現階段文官應扮演的角色及文官制度永業發展、專業的維繫，頗值借鏡，惟其規範「依法行政、執行公正」等，雷同英國政治中立重要意涵的條

文，僅見於第 3 條及第 4 條條文，略見單薄。

三、公務人員行政中立之行為規範

(一) 依法行政

執行公正為行政中立法主要立法目的之一，公務人員於為人民服務或執行國家公權力時，公正不偏的對待所有國民，能達成確保人民權益，依法行政成為公務人員執行公正的準繩。該法第 3 條規定：「公務人員應嚴守行政中立，依據法令執行職務，忠實推行政府政策，服務人民」，印證行政中立的核心概念為「依法行政」。「依法行政是文官系統處理公務的最高準則，也是判別行政是否中立的指標；故所謂中立的行政，就是依法的行政。」（關中，民 84）

依法行政之內涵，建構在法律優位原則、法律保留原則兩個最重要之基本原則。前者，主要在說明行政機關一切行為不得牴觸現行有效之法律，亦即消極地課予國家之作為不得牴觸現行有效之法律；而後者，是指在特定情況下，無法律授權國家之情形下，行政行為即不能取得合法性。行政程序法第 4 條規定：「行政行為應受法律及一般法律原則之拘束。」此為公務人員應依法行政最具體的宣示。

1. 法律優位原則

行政機關一切行為不得牴觸現行有效之法律，此一原則旨在消極地課予國家（尤其公務人員）之作為不得牴觸現行有效之法律，故稱消極的依法行政。法之規範如同金字塔，下位階法規範不得牴觸上位階法規範。法規範金字塔的最上層結構為憲法，所以是一國國內法的基本規範，且為最高規範；其次為法律，法律係為直接實現憲法之規範；再次者為法規命令，用以實現法律。

法律優位原則所形成的法位階上下結構，無論在中央或地方法規皆有明文規定，如憲法第 171 條第 1 項規定：「法律與憲法牴觸者無效。」第 172 條亦規定：「命令與憲法或法律牴觸者無效。」中央法規標準法第 11 條亦

規定：「法律不得牴觸憲法，命令不得牴觸上級機關之命令。」

2. 法律保留原則

　　法律保留原則意指在特定情況下，無法律授權（尤其係行政機關）之情形下，行政行為即不能取得合法性；就行政機關而言，行政機關即無法做成行政行為，因之，此原則亦稱「積極的依法行政」，換言之，行政機關做成的行政行為必須積極獲得法律的授權之意。法律保留原則的法理基礎，在於民主原則、法治國原則及基本權保障原則。其中，民主原則要求重要公共事務應由人民所推選出且具直接、民主、正當性的國會做成決定，特別是與人民基本權有關之法規制定。此見於中央法規標準法第 5 條第 2 款規定：左列事項應以法律定之：「……二、關於人民之權利、義務者。……」

(二) 專業能力

　　現代政府雖有大小政府之辯，但社會分化導致行政專業化，公共政策充滿著專業性。公務人員必須擁有專業知識，政府才能以有限的人力，去應付人民無限的需求；才能以少做多。是以，公務員處理事務，應公正衡平，並秉其中立能力。亦即對公共事務以專業方式處理的能力。從行政中立的態度出發，公務人員應勇於具體實踐中立知能（neutral competence）的價值理念，藉以調和政治與行政間可能產生的模糊與衝突（王光旭，民 101）。

四、落實公務人員行政中立保障措施

　　有關落實公務人員中立保障措施有 2 項，本章將從功績原則及公務人員權益保障法規規定等二個方面說明之。

(一) 功績原則

　　功績原則為現代人事制度的核心原則之一，係為脫離政黨分贓制度而衍生之制度，係維護公務人員行政中立態度或行為手段之一。1970 年美國聯邦政府訂頒「政府間人事法」（Intergovernmental Personnel Act）便標榜「功績原理」（merit principles）計有六項：1. 考選與升遷以才能因素為重；2. 俸給公平；3. 重視訓練培育；4. 獎優汰劣；5. 確立平等體制；6. 維護不受政治

迫害與行政中立（許南雄，民 100）。

　　1978 年美國總統卡特推動人事改革，美國國會通過著名的「1978 年文官改革法」，進一步完備功績原則，將聯邦政府人事管理應遵循的功績制度原則（merit principles）擴大成九項：

1. 公務人員之甄補，應從適當來源中選擇合格人員，考選與升遷應該經由公平與公開的競爭程序為之，確保所有公務人員與申請職位者皆享有平等的競爭機會，最後的決定則應完全根據公務人員與申請職位者的相對能力、知識與技能。

2. 政府的所有公務人員與申請職位者，不因其政黨隸屬、種族、膚色、宗教信仰、出生國籍、性別、婚姻狀況、年齡或殘障情況等因素，在人事管理的每一面向上，都享有合理與平等的對待；其隱私權和憲法賦予之權利也應得到適當之尊重。

3. 公務人員俸給應以同工同酬為原則，並考慮全國性與地方性的民間企業薪資水準；工作績優者也應給予適當之報償與肯定。

4. 所有公務人員均應維持高度的廉潔及行為標準，並且重視公共利益。

5. 有效率地及有效能地運用聯邦政府人力資源。

6. 公務人員留任與否應以其工作表現優劣程度決定之，但是對績效不佳者，應先行協助改善。真正無法或無能改善其績效至預定要求之標準者，應不給與續任。

7. 若公務人員獲得教育與訓練機會後，就能增進其個人與組織的績效時，該機會應提供之。

8. 公務人員不受主管專斷行為、個人徇私之迫害、或基於黨派政治性目的之脅迫，及不得運用及職務上權威或影響力，干擾或影響及選舉之結果或選舉提名人選之選擇。

9. 公務人員基於下列情事而合法地揭露真相時，不受報復：(1) 當其認為有證據顯示有違反法律、命令或規章之情形；(2) 當其認為有證據顯示有管理不當、浪費公帑、濫用權威或對公眾健康與安全構成具體與實質危害之

事實（施能傑，民 88）。

(二) 公務人員權益保障規定

為使公務人員嚴守行政中立，公務人員依法享有各項權益中，除了在功績原則方面，將考試競爭用人的意涵，融入積極保障社會弱勢團體的就業機會外，同時也就薪俸、績效、訓練、人力運用、服務行為等設定功績原則，功績的意義更及於人事管理各面向（施能傑，民 88），使得公務人員因有完備的人事制度保障，免於不公正的對待，進而勇於維持其行政中立的立場及行政行為。

為了閱讀方便，以獲得公務人員權益保障的全貌，本處特別就第八章所談論的保障制度論述佐以實際案例，再將公務人員考績權益做綜合性敘述。

(一) 實質面保障

在保障規範中，以身分權、官等職等及俸給三個方面最為關鍵。茲略述如下：

1. 身分保障方面

(1) 公務人員保障法第 9 條前段規定：「公務人員之身分應予保障，非依法律不得剝奪。」所謂公務人員身分，係指具有公務人員任用資格，依法任用經銓敘審定合格之現職人員而言。所稱之「非依法律不得剝奪」，係指如因故必須剝奪公務人員之身分，必須有「法律」作為執行依據，而不可以行政命令為之。例如，專案考績一次記二大過或年終考績列為丁等，而將公務人員免職，其法律依據為公務人員考績法。

(2) 公務人員保障法第 9 條後段規定：「……基於身分之請求權，其保障亦同。」所謂基於身分之請求權，係指因公務人員之身分而產生之公法上財產請求權，如俸給、退休金、公保養老給付、因公涉訟輔助費用、考績獎金。以上基於公務人員身分所產生之公法上財產請求權事項，如依法請領遭有關機關拒絕或侵害，將影響憲法保障的財產權。公務人員如有不服，可依公務人員保障法所定復審程序請求救濟。

2. 官等職等保障方面

公務人員一旦經銓敘機關銓敘審定資格合格實授後，即依審定的官等職等起敘俸級，故官職等實爲公務人員身分的延伸。因此公務人員保障法第13條規定：「公務人員經銓敘審定之官等職等應予保障，非依法律不得變更。」換言之，公務人員之官等職等並非不可調降，但必須有法律的規定。例如，公務人員任用法第18條第1項第3款有關調任之規定即是。因此，如公務人員認爲在非自願情況下，其任職之官職等有調降之情形，即可依公務人員保障法之相關規定提起救濟。此外，依規定轉任或派職時，除自願降低官等者外，其官等職等應與原任職務之官等職等相當，如無適當職缺致轉任或派職同官等內低職等職務者，應依公務人員任用法及公務人員俸給法有關調任之規定辦理。

3. 俸給保障方面

俸給權則爲公務人員對於國家之公法上財產請求權，依據公務人員保障法第14條規定：「公務人員經銓敘審定之俸級應予保障，非依法律不得降級或減俸。」因此，在「俸級」方面，必須有「法律」依據，才可以對公務人員降級或減俸。公務人員如遭非法降級或減俸處分，自得依該法請求救濟。其次，公務人員保障法第15條規定：「公務人員依其職務種類、性質與服務地區，所應得之法定加給，非依法令不得變更。」

舉個實務案例來說明，權益保障與行政中立的關係。報載桃園縣桃園市前任市長在四年任期內任用的5個主任秘書，除了前兩位任期一至二年外，其他3位主秘都是去年上任。某甲從三年多前做到去年8月，由某乙接任到10月，再由某丙當了二十多天主秘，10月底某丁接任到上月初。去年換了4個主秘，創了桃園縣自治史的新紀錄。這些人「輪流」做主秘後被調整爲課長、專員，但都仍以9職等敘薪，致被外人譏諷「整個市公所都是主任秘書」。他們都以9職等敘薪的原因，是依據公務人員任用法第18條及公務人員俸給法第11條等相關法規辦理，並未違背法律。表面上是公務人員挖空心私自肥，其實這則新聞的背後有著行政中立的意涵，就是透過公務人

員任用法及公務人員俸給法，保障公務人員的職等、俸給及考績等方面的權益。

(二) 程序面保障

公務人員權益受損時，自得依法請求救濟，以避免不正，影響公務人員行政中立之遂行（有關程序面之保障請參閱本書第八章公務人員保障制度，不再贅述）。文官保障的法制化與健全是文官中立的基石。當一切法制要求文官要能不因黨派、團體與個人而不中立時，文官果真如此行為，自然不能受到其長官的不利或不當處分。文官保障的基本內涵是文官也能像公民一般享有憲法賦予的訴願及訴訟權，至於文官受到那些處分後可享有何種程度的保障權利，則是可以再討論的，不過總是要能遵守比例的保障概念，亦即雖然不必然皆須以司法救濟保障為所有處分的對抗，但若涉及文官身分權改變和工作權等重大權益改變時，以司法救濟為文官保障之終局防線乃是合理之舉（施能傑，民 83）。

五、公務人員與政治社會互動的關係

1939 年發起美國參議員卡爾‧哈奇（Carl Hatch）發起「防止惡性政治活動法」（An Act to Prevent Pernicious Political Activities），通稱為「哈奇法」（Hatch Act）。該法雖在限制公務人員參與政治活動，要求公務人員保持「政治中立」，但同時也保障了公務人員參與政治活動的憲法權利。1939 年的「哈奇法」，綜合「彭德爾頓法」和各項行政命令中的限制規定，確立了一套全面的將政治排除行政系統之外的制度。

大多數民主國家都要求文官除於執行職務時必須嚴守中立外，可以有限參與政治活動。換言之，他們希望文官能夠擺脫政黨的控制和干預，忠實執行國家的法律。最常用的方式是：(一) 保障文官的工作權，使他們不致因為選舉結果而丟掉差事；(二) 限制文官參與政黨活動；(三) 限制參加競選或選舉活動。這三類措施是西方國家用以保障文官在國家政治活動中，保持「中立立場」，使文官相對於各政黨、利益團體而居於公正、超然地位，不介入

政爭漩渦（陳德禹，民82）。因此，完整的文官中立法制設計必須包括政治活動規範、行政程序法制化、行政倫理行爲規範和文官保障等四大主體，任何單項的法制規範對文官中立都有一定的助益，但缺一就不完備。

第三節　我國公務人員行政中立制度的重要內涵

考試院（銓敘部）研擬之中立法，曾於83年、92年及94年三度函請立法院審議，惟均未能完成立法程序，經再檢討後於97年12月31日重行送立法院審議，並經立法院三讀通過後，於98年6月10日公布施行。以下將就中立法之重要內容做簡要說明。

壹　立法目的

行政中立法之立法目的，揭示整部中立法的立案精神。依據中立法第1條規定：「爲確保公務人員依法行政、執行公正、政治中立，並適度規範公務人員參與政治活動，特制定本法。公務人員行政中立之規範，依本法之規定；本法未規定或其他法律另有嚴格規定者，適用其他有關之法律。」本條文規範了中立法四個要點：依法行政、執行公正、政治中立及適度政治活動。

貳　適用及準用對象

由中立法規範內容觀之，其對象分成「適用對象」與「準用對象」兩大類。

一、適用對象

中立法第2條規定：「本法所稱公務人員，指法定機關依法任用、派用之有給專任人員及公立學校依法任用之職員。」本條文實務上涉及二個概

念：(一) 法定機關；及 (二) 依法任用之有給專任人員。凡涉及從事公共事務、依法行使公權力，或掌控行政資源之政府機關（構），均為中立法第 2 條所稱之法定機關。因此，所稱「法定機關」，係指中央政府及其所屬各機關（構）、地方政府及其所屬各機關（構），以及各級民意機關。

　　其次，第 2 條所稱「依法任用」之有給專任人員，係包括依「公務人員任用法」及公務人員任用法第 32 條、第 33 條授權另以法律制定之「各特種人事任用法律任用之人員」。這是銓審實務上一個重要的概念。亦即所稱「依法任用」的「法律」不是狹隘的僅指「公務人員任用法」，而係指所稱「依公務人員任用法律任用之人員」，除了 (一) 公務人員任用法之外，還包含 (二) 依據公務人員任用法第 32 條規定：「司法人員、審計人員、主計人員、關務人員、外交領事人員及警察人員之任用，均另以法律定之。」在實務上的任用法律則包含司法人員人事條例、法官法、審計人員任用條例、警察人員人事條例、關務人員人事條例、駐外外交領事人員人事條例任用；及 (三) 公務人員任用法第 33 條規定：「教育人員、醫事人員、交通事業人員及公營事業人員之任用，均另以法律定之。」在實務上的任用法律包含交通事業人員任用條例、醫事人員人事條例或派用人員派用條例規定進用，經銓敘部機關銓敘審定資格或登記有案。這部分特別重要，讀者要特別注意。

　　至所稱「有給專任人員」，係指依公務人員俸給法規核敘等級依法支俸（薪）者，或係指適用、準用或比照公務人員俸給法及其授權訂定支俸給法規（係指公務人員加給給與辦法），或所進用之任用法律訂有支給俸給（薪）規定者（例如法官法第 77 條規定；警察人員人事條例第 22 條規定）均屬之。

　　其中須特別注意者，教育人員的任用法律為「教育人員任用條例」，以教師係從事教學、研究工作，並享有憲法保障之言論、講學等自由，且教師法公布施行後，教師與公務人員已分途管理，是以，教師不是行政中立法「適用對象」。又依司法院釋字第 308 號解釋，公立學校兼任學校行政職務之教師，就其兼任之行政職務，則有公務員服務法之適用。因此，公立學校

兼任行政職務之教師，其行為義務本即受公務人員相關法令之規範，復以其兼任行政職務，亦掌有行政權限或行政資源，為避免有不當動用之可能，爰於中立法第 17 條第 1 款明定其為準用對象。

另一個特別要注意的是，依據行政中立法第 17 條第 6 款規定款規定，公營事業對經營政策負有主要決策責任之人員。那麼，所稱「公營事業」所指為何？所稱「經營政策負有主要決策責任之人員」所指為何？交通部所屬事業機構中依據交通事業人員人事條例進用之公務人員兼具勞工身分者到底是「適用」、「準用」或「不適用」；係依據行政中立法第 17 條第 6 款規定：「公營事業對經營政策負有主要決策責任之人員」規定，直接排除「準用」對象而「不適用」行政中立法，更遑論依據行政中立法第 2 條規定，依據交通事業人員人事條例而應為「適用」對象呢？這是一個複雜而重要的問題。不論學術界或實務界均難究明，由於筆者長期服務於行政院人事行政局（現改為總處）、嘗任交通部人事處處長、現任職於銓敘部。為了這個問題，請教過各個職域的專家，終梳理有得，特將這些「隱性知識」外顯化，分享大家，期知識傳承，以落實知識管理理念。

公營事業民營化推動與監督管理委員會針對公（國）營事業的機關性質，定性為二個類型：(一)「公司組織」國（公）營事業機構；(二)「非公司組織」國（公）營事業機構。第一種公司組織國營事業機構類型，是眾所熟知者，有：(一) 財政部所屬金融保險事業機構（如台灣金融控股公司、台灣土地銀行公司）；(二) 經濟部所屬生產事業機構（如台灣電力公司、台灣中油公司、台灣糖業公司）；(三) 交通部所屬交通事業機構（如中華郵政公司、台灣港務公司及桃園國際機場公司）；及 (四) 地方政府所屬事業機構（如台北捷運公司、金門酒廠公司、新竹瓦斯公司）。第二類型多非公司組織國營事業機構，一般人較不熟知。民國 91 年 8 月 20 日公營事業民營化推動與監督管理委員會第 18 次會議，研訂「非公司組織國營事業機構存續原則」，界定非公司組織國營事業之意涵為，採營業基金預算、獨立計算盈虧，且為政府機關組織型態之國營事業。目前在實務上有二種態樣：(一) 適

用「一般行政機關人事制度」，依據「公務人員任用法」進用，組織有編制表，人員列有官職等，如金門日報社、金門陶瓷廠等，以金門陶瓷廠為例，依金門縣陶瓷廠編制表規定，設廠長一人，職務列荐任第九職等。(二) 適用「交通資位人事制度」，依據「交通事業人員任用條例」，目前僅餘交通部台灣鐵路管理局，依該局組織條例第 13 條規定本局人員之任用，適用交通事業人員任用條例。本條例所列各職稱之資位，依交通事業人員資位職務薪給表之規定。

從以上的論述，讀者可獲得二個認識，這二個認識非常重要：第一，公營事業機構可定性為二個類型：(一) 公司組織國營事業機構；(二) 非公司組織國營事業機構。第二，人事制度與組織屬性無必然關係。亦即，雖然在組織屬性為公營事業機構，但人事制度也可以適用「一般行政機關人事制度」，這一點非常重要。

依據銓敘部 98 年 9 月第 667 次法規委員會所討論的行政中立法施行細則草案第 9 條條文：「本法第十七條第六款所稱營事業機構人員，指任職於公營事業移轉民營條例第三條各款所列事業之人員，但不包括按月、按件支薪之臨時人員。」另依據「公營事業移轉民營條例」第 3 條規定：「本條例所稱公營事業，指下列各款之事業：一、各級政府獨資或合營者。二、政府與人民合資經營，且政府資本超過百分之五十者。三、政府與前二款公營事業或前二款公營事業投資於其他事業，其投資之資本合計超過該投資事業資本百分之五十者。」又依民國 91 年行政院核定之「公司組織國營事業機構存續原則」而言，行政中立法第 17 條第 6 款，所稱「公營事業」係指「公司組織」之國（公）營事業機構主要有：(一) 財政部所屬金融保險事業機構（如台灣金融控股公司、台灣土地銀行公司）；(二) 經濟部所屬生產事業機構（如台灣電力公司、台灣中油公司、台灣糖業公司）；(三) 交通部所屬交通事業機構（如中華郵政公司、台灣港務公司及桃園國際機場公司）；及 (四) 地方政府所屬事業機構（如台北捷運公司、金門酒廠公司、新竹瓦斯公司）。是以，公營事業機構人員（按，交通部所屬交通事業機構有特別

規定），原則上除依據現行公務人員行政中立法第 17 條第 6 款規定：「公營事業對經營政策負有主要決策責任之人員」爲準用對象外，不受中立法規範。至所稱「經營政策負有主要決策責任之人員」依據中立法施行細則第 9 條規定，包括公營事業機構董事長、總經理、代表公股之董事、監察人及其他對經營政策負有主要決策責任等人員。

但交通部所屬事業機構較爲特殊，不論中華郵政公司、台灣港務公司或台灣桃園機場公司等公司化前，其人員之進用依係據交通事業人員人事條例辦理，適用交通資位制。如前所述，依據行政中立法第 2 條規定均爲行政中立法適用對象；改制爲公司後，這些人員成爲轉任人員，仍適用依交通部所屬交通（郵政）事業人員有關規定。是以，這些轉任人員仍爲行政中立法之適用對象。因爲交通事業機構人事制度頗爲複雜，爲有助於讀者瞭解其來龍去脈，特別舉中華郵政的公司化的歷程中，人事制度的轉折爲例，其情形如下：

　　因應市場競爭及突破郵政經營限制，民國 91 年 7 月郵政法修正完成，並於民國 92 年 1 月 1 日交通部郵政總局正式改制成立由交通部 100% 持股之國營「中華郵政股份有限公司」，郵政改制公司後，設置條例明定第 10 條規定現有員工仍然受現有人事法令規章規範，但新進人員適用新的人事制度，不再具有公務員身分；第 12 條規定在本條例施行前之交通部郵政總局及其所屬機構現職人員轉調本公司者，其已具交通事業人員任用條例所定資位人員，仍適用交通事業人員任用條例，其薪給、福利、考成、退休、資遣及撫卹等事項，依交通部所屬交通（郵政）事業人員有關規定。

綜上而論，交通部所屬事業機構以公司型態呈現者，如中華郵政公司、台灣港務公司、台灣桃園機場公司等公營事業人員與公務人員行政中立法之間的關係有三個類型：(一) 該等公營事業公司化之後所進用的從業人員「均

無行政中立法之適用」；(二) 公司化時轉任之原以交通事業人員人事條例進用之交通資位制人員，仍「適用」行政中立法；(三) 至於經營政策負有主要決策責任之人員，則係「準用」行政中立法。

至於，另一個最特殊的國營事業機構是台鐵局，它有二個特殊：第一，該局是交通部所屬交通事業機構中「碩果僅存」尚適用交通事業人員任用條例，以交通資位制用人的事業機構，其人員須送經銓敘部銓敘審定，與金融保險、生產事業等之公營事業機構人員由其主管機關訂定「人事法令」（按：意即沒有法律形式的依據）自行管理不同。因此，該局依交通資位制進用，依法銓敘之人員，均「適用」行政中立法；第二，台鐵局為非公司組織的事業機構中，最典型的例子。因為台鐵局是非公司組織的公營事業機構，是以，非屬行政中立法第 17 條第 6 款所稱之公營事業（按：係指公司組織的公營事業機構）。總而言之，台鐵局為非公司組織的事業機構，台鐵局目前依交通事業任用條例進用交通資位制人員，故直接依據中立法第 2 條規定，「適用」行政中立法，受行政中立法規範。附帶一提，金門陶瓷廠、金門日報社亦為非公司組織的事業機構，其人員係依公務人員任用法進用，故亦直接依據行政中立法第 2 條規定，「適用」行政中立法，受行政中立法規範。請讀者特別注意。

又依中立法第 2 條規定，其適用對象，係指法定機關依法任用、派用之有給專任人員及公立學校依法任用之職員，亦即以常任文官為適用對象。因此，農田水利會、農會等人民團體之理事長、總幹事等，均非屬中立法適用對象。又中立法第 17 條及第 18 條所規定之準用對象，亦並未包括。惟農田水利會之各級專任職員及會長，依 107 年 1 月 31 日號修正公布之「農田水利會組織通則」第 23 條第 2 項規定，準用公務人員行政中立法，應嚴守行政中立，依法令執行職務，忠實推行政府政策。是以，農田水利會之各級專任職員及會長，自 107 年 2 月 2 日起，不得兼任政黨或其他政治團體之職務。

舉例而言，某區公所之機要區長，基於私人情誼，於下班時間公開為其參加立法委員選舉之大學同學公開站台、助講、遊行及拜票，此舉是否違反

中立法相關規定？茲以區公所係法定機關，機要區長如同一般常任區長，均握有行政權力、資源及政府職銜名器，並為有給專任職務，故機要區長經銓敘部函釋，係中立法第 2 條規定所稱法定機關依法任用之有給專任人員，縱其於下班時間，亦不得公開為公職候選人站台、助講、遊行或拜票，以避免違反前開中立法相關規定。

二、準用對象

中立法第 17 條另定有以下準用對象：

(一) 教育人員

公立學校之校長、公立學校兼任行政職務之教師：依司法院釋字 308 號解釋明文略以，兼任學校行政職務之教師，就其兼任之行政職務，則有公務員服務法之適用。是類人員係掌管公立學校行政資源，有不當動用行政資源從事政治活動之可能，因此，納入中立法準用對象。

教育人員任用條例公布施行前已進用未納入銓敘之公立學校職員、私立學校改制為公立學校未具任用資格之留用職員：教育人員任用條例於 74 年 5 月 1 日制定公布施行後，有關公立學校職員之任用，應適用公務人員任用法之規定，並辦理銓敘審查；而在該條例施行以前已進用之不具任用資格之職員，因未能改任換敘，屬未經銓敘審查合格，與私立學校損捐贈改制為公立學校，其留用之職員，資格條件有類同之處，同在公立學校服務，列為準用之對象。

(二) 公立社會教育機構專業人員、公立學術研究機構研究人員

上開人員為教育人員任用條例第 2 條所定教育人員範圍，其屬性與公立學校職員及兼任學校行政職務之教師相同，且有動用行政資源之可能，是以納入準用對象。至於公立學術研究機構研究人員尚包括如中央研究院等基於公民身分評論政策的權利，或於課堂上討論或公開評論公眾議題，以及研究或學術言論自由部分，中立法並未限制。

(三) 各級行政機關具軍職身分之人員及各級教育行政主管機關軍訓單位或各級學校之軍訓教官

上開人員均非任職於軍事機關或部隊，而係分別任職於行政機關（如總統府、國家安全會議國家安全局、行政院海巡署等、國防部及其所屬機關等）、各級教育行政主管機關軍訓單位或各級公、私立學校，均可能接觸行政機關人員及學校學生等，為免其不當動用行政資源違反行政中立，均納為中立法準用對象。

(四) 各機關及公立學校依法聘用、僱用人員

所稱「依法」，係有法律或法律授權之法規命令或行政契約作依據為要件。各機關及公立學校之聘僱人員，雖係以契約進用之人員，惟該等人員之人事管理與公務人員大致相同，亦有不當動用行政資源，或違反行政中立之可能，爰納入中立法準用對象。

(五) 經正式任用為公務人員前，實施學習或訓練人員

按參加公務人員考試錄取於學習訓練中之人員，於該階段係為完成考試程序之一部分，須完成考試程序，始為考試及格而取得公務人員之資格，且須經任用審查程序後，始成為正式「依法任用」之公務人員，故於學習訓練階段尚無法送銓敘審查，雖其非為「依法任用」人員，惟其於期間如係占編制職缺而參加學習或訓練者，因仍有執行公務之行為，其職責不下於聘僱人員，亦有執行公權力或握有行政資源，或有違反行政中立之可能，納入中立法準用對象。

(六) 行政法人之有給專任人員

基於行政法人係依法律設立，仍執行特定公共任務，且行政法人之經費多由政府編列預算支應，其有給專任之董（理）事長、首長、董（理）事、監事，繼續任用人員及契約進用人員，於執行職務時，亦掌有一定程度的行政資源納入準用之列。

(七) 代表政府或公股出任私法人之董事及監察人

民國 96 年 3 月 21 日通過之公職人員財產申報法已將代表政府或公股出任私法人之董事及監察人，列入財產申報之對象。而代表政府或公股出任相關事業體之董事及監察人，既是由政府主管機關所核派，代表政府行使職權，亦可能擔任事業機構主要負責人，掌控甚為豐富之資源，每逢選舉皆有傳出挹注資源輔選、助選之傳聞，影響選風。為避免此類人員繼續成為執政者御用工具，傷害政府形象，故有必要將之納入準用對象。

三、技工、工友（含駕駛）、臨時人員及駐衛警察

中立法雖未將行政機關、公立學校之技工、工友（含駕駛）、臨時人員等人列為適用或準用對象，但是考量上開人員服務於行政機關，辦理相關事務仍應保持公正中立，爰行政院訂定「行政院及所屬各機關學校工友及臨時人員辦理事務維持中立注意事項」作為規範。至於駐衛警察部分，依「各機關學校團體駐衛警察設置管理辦法」第 19 條之 1 規定，各機關及公立學校駐衛警察行政中立事項，準用中立法規定。

四、依法獨立行使職權之政務人員

依法獨立行使職權之政務人員，如大法官、考試委員、監察委員、公平交易委員會專任委員、中央選舉委員會委員、國家通訊傳播委員會委員、公務人員保障暨培訓委員會專任委員等，憲法或法律規定其職務屬性須超出黨派以外，依法獨立行使職權之政務人員，自不得參與政黨活動，以及為公職候選人助選，是以其遵守行政中立規範之要求，應與常任文官之公務人員相同，所以中立法第 18 條規定上開人員為準用對象，俾臻完備。

參　行政中立之原則

為使公務人員於執行職務時，能確實貫徹行政中立要求，中立法訂定以下宣示性規定：

一、依法行政原則：公務人員應嚴守行政中立，依據法令執行職務，忠實推行政府政策，服務人民（中立法 3）。

二、公正執行職務原則：公務人員應依法公正執行職務，不得對任何團體或個人予以差別待遇（中立法 4）。

三、政治中立原則或有限參與政治活動原則：公務人員得加入政黨或其他政治團體。但不得兼任政黨或其他政治團體之職務。公務人員不得介入黨政派系紛爭（中立法 5）。

肆　行政中立之規範

有關公務人員行政中立之規範，可分為：一、參與政治活動之規範；二、無偏私運用行政資源；三、禁止對公務人員中立行為之不利對待；及四、違反行政中立之責任等四個部分，茲臚述如次：

一、參與政治活動之規範

公務人員可以加入政黨或其他政治團體。但是，無論請假與否，均不可以兼任政黨或其他政治團體之職務及介入黨派紛爭。也不可以兼任公職候選人競選辦事處之職務，更詳細規定如下。

(一) 限制公務人員參與政治的行為（中立法 5～9）

公務人員應注意其身分之特殊性，並考慮職務上之義務，對政治活動應予自制。具體規定公務人員不得從事下列政治活動或行為，以為遵循：

1. 不得兼任政黨或其他政治團體之職務：憲法第 14 條規定人民有集會及結社之自由，不宜因人民具有公務人員身分，而剝奪其憲法所賦予之集會結社權利。另為使公務人員忠心努力執行職務，限制不得兼任政黨或其他政治團體之職務。質言之，無論請假與否，均不可以兼任政黨或其他政治團體之職務。

2. 不得介入黨政派系紛爭：為使公務人員能有嚴守行政中立之分際，保障公務人員權益，免受迫害，公務人員不得介入黨政派系紛爭。

3. 不得兼任競選辦事處職務：公務人員不得兼任公職候選人（指依總統副總統選舉罷免法規定申請登記為總統、副總統之候選人，以及依公職人員選舉罷免法規定申請登記為公職人員之候選人）競選辦事處之職務。

4. 公務人員不得運用職務行為規範：

(1) 不得利用職務上之權力、機會或方法，使他人加入或不加入政黨或其他政治團體；亦不得要求他人參加或不參加政黨或其他政治團體有關之選舉活動。所稱選舉活動，包含總統、副總統選舉罷免法及公職人員選舉罷免法規定之選舉罷免活動，推薦公職候選人所舉辦之活動，內部各項職務之選舉活動。

(2) 不得利用職務上之權力、機會或方法，為政黨、其他政治團體或擬參選人要求、期約或收受金錢、物品或其他利益之捐助；亦不得阻止或妨礙他人為特定政黨、其他政治團體或擬參選人（依政治獻金法第 2 條規定認定已依法完成登記或有意登記參選公職之人員）依法募款之活動。但公務人員可以捐款給政黨、其他政治團體或擬參選人，亦可為其募款。
舉例而言，某區公所之區長以 LINE 通訊軟體，轉傳與特定政黨或公職候選人有關之選舉消息給所屬里長之聯絡群組，並要求渠等參加某政治團體舉辦罷免特定公職人員之連署活動，此舉是否違反行政中立？茲以區長係中立法第 2 條所稱法定機關依法任用之有給專任人員，為中立法適用對象，因此，倘區長對職務相關人員或職務對象表達指示，要求所屬參加政黨或其他政治團體有關之選舉、罷免活動，或轉傳支持或反對特定政黨、政治團體或公職候選人之相關選舉資訊，均違反行政中立。

5. 上班期間不得從事之政治活動：公務人員於上班時間，應全時全職盡忠職守，為全體國民服務，自不得於上班或勤務時間，從事政黨或其他政治團體之活動，亦即政黨或政治團體所召集之活動及與其他團體共同召集之活動，包括於政府機關內部，成立或運作之政黨之黨團及從事各種黨務活動等。惟公務人員依其業務性質，執行職務所必要行為，不在此限，例如，執行蒐證任務、環保稽查或負責安全及秩序之維護。

所稱上班或勤務時間，指下列時間：(1) 法定上班時間；(2) 因業務狀況彈性調整上班時間；(3) 值班或加班時間；(4) 因公奉派訓練、出差或參加與其職務有關活動之時間。

6. 公務人員不得從事之政治活動或行為：公務人員應注意身分之特殊性，並考慮其職位上之義務，對政治活動應儘量自制，公務人員不得為支持或反對特定之政黨、其他政治團體或公職候選人，從事下列政治活動或行為：

(1) 動用行政資源編印製、散發（包括各項網路、傳真機、公務電話簡訊資訊傳遞方式在內）、張貼文書、圖畫、其他宣傳品或辦理相關活動。所稱行政資源，指行政上可支配運用之公物、公款、場所、房舍及人力等資源。

(2) 在辦公場所懸掛、張貼、穿戴或標示特定政黨、其他政治團體或公職候選人之旗幟、徽章或服飾。

(3) 主持集會、發起遊行或領導連署活動。但是，公務人員如果為慈善公益活動主持集會、發起遊行或領導連署等均不在禁止之列。另外，中立法第 9 條第 1 項第 3 款，並未限制公務人員參與政黨、其他政治團體或公職候選人所發起之遊行、召集之集會或連署等活動。但因中立法第 7 條第 1 項規定，公務人員不得於上班或勤務時間從事上開活動，因此，要參加上述政治活動，一定要請假或在下班時間。

(4) 在大眾傳播媒體具銜或具名廣告。
   案例分享：公務人員具銜具名致贈花籃至公職候選人競選總部，是否違反中立法規定？並未違反中立法，因「花籃」並非中立法第 9 條第 1 項第 4 款所稱之「大眾傳播媒體」，亦非同條項第 6 款所稱公開拜票的行為，與政治活動無涉。

(5) 對職務相關人員或其職務對象表達指示。如應參與特定職候選人之造勢活動或競選活動之政治行為。

(6) 公開為公職候選人站台（指為公職候選人站台或助講之行為，但不包括公務人員之配偶或一親等直系血親為公職候選人時，以眷屬身分站台來

助講之情形）、遊行（指為公職候選人帶領遊行或為遊行活動具銜具名擔任相關職務）或拜票（指透過各種公開活動或具銜具名經由資訊傳播媒體，向特定或不特定人拜票之行為）。

(7) 其他經考試院會同行政院以命令禁止之行為。

(8) 公務人員對於公職人員之選舉、罷免或公民投票，不得利用職務上之權力、機會或方法，要求他人不行使投票權或為一定之行使。對於公民投票包括提案或不提案、連署或不連署之行為。

舉例而言，某直轄市現任市長欲競選連任，在競選活動期間，市政府將公務電腦開機畫面設定連結至市長之臉書粉絲頁，且須經「按讚」或其他動作後，始能進入後續螢幕畫面，此舉有無違反行政中立疑義？茲以市政府之公務電腦係行政上可支配運用之公物，屬行政資源，因此市長開設之個人網站如與推動地方政務或執行職務相關，則市政府尚非不得將官方網站與市長開設之個人網頁連結，並指派專人負責處理相關業務或網頁維護事宜，惟市政府如指示所屬人員須「按讚」或其他與執行職務無涉之動作始能進入後續螢幕畫面，下達指示人員即有違反前開中立法規定之虞。

綜合言之，公務人員如未於上班或勤務時間（中立法7）、在大眾媒體未具銜或具名（中立法9④）、未動用行政資源，即使於網路上發表不同的言論及觀點，或所發表具爭議性問題之言論而與公事無涉者，均無違反中立法之規定，惟是否違背「公務員服務法」第4條規定：「公務員有絕對保守政府機關機密之義務，或未得長官許可，不得以私人或代表機關名義，任意發表有關職務之談話」規定，則依個案事實認定。

(二) 限制公務人員參與選舉之行為

公務人員參政也是憲法所保障基本權利，但除須遵守相關法令規定外，亦應遵循中立法下列規定：

1. 公務人員登記為公職候選人者，自候選人名單公告之日起至投票日止，應依規定請事假或休假。避免公告後，利用職權作為競選資源。如請假或休

假期間，有公務人員請假規則所定其他假別之事由，仍得依規定假別請假。為確保公務人員之參政權，公務人員依規定請假時，長官不得拒絕。

2. 公務人員於職務上掌管之行政資源，在不違反中立法規定下，得裁量受理或不受理政黨、其他政治團體或公職候選人依法申請之事項，其裁量應秉持公正、公平之立場處理，不得有差別待遇。

3. 為營造公務人員行政中立之環境，各機關首長或主管人員於選舉委員會發布選舉公告日起至投票日止之選舉期間，應禁止政黨、公職候選人或其支持者之造訪活動；並應於辦公、活動場所之各出入口明顯處張貼禁止競選活動之告示。

二、無偏私運用行政資源

為使公務人員對其職務上所掌管之場所、房舍等行政資源，受理或不受理政黨、其他政治團體或公職候選人依法申請之事項，其裁量應公正、公平處理，不得有歧視或不平等的對待方式。中立法第 12 條規定，公務人員於職務上掌管之行政資源，受理或不受理政黨、其他政治團體或公職候選人依法申請之事項，其裁量應秉持公正、公平之立場處理，不得有差別待遇。至於所稱依法申請之事項，較常見者為：(一) 場地借（租）用；(二) 集會遊行之路權及路線之申請。

三、禁止對公務人員中立行為之不利對待

對於公務人員中立行為不得為不利之對待，本法第14條及第15條規定：

(一) 長官不得要求公務人員從事中立法所禁止之行為，如長官違反規定者，公務人員得檢具相關事證，向該長官之上級長官提出報告，並由其上級長官依法處理，未依法處理者，以失職論，公務人員並得向監察院檢舉。

(二) 公務人員依法享有之權益，不得因拒絕從事行政中立之行為，而遭受不公平對待或任何不利之處分。

(三) 公務人員拒絕從事行政中立之行為，遭受不公平對待或不利益處分時，

得依公務人員保障法等相關法令之規定，請求救濟。

四、違反行政中立之責任

　　為落實行政中立，除對於公務人員予以權益外之保障，對於長官或公務人員有違反行政中立事項違反者，或依公務員懲戒法予以懲戒，或依公務人員考績法處理之。由於違反行政中立規範，並非反社會、反國家之行為，而僅係服務義務之違反，依公務員懲戒法、公務人員考績法及其他相關規定處理，並可避免採刑事罰，如果公務人員行為另已觸犯相關選舉、罷免法律或刑事法律時，自然應依各該法律處理之，毋庸規定於中立法之中。爰於中立法第 16 條規定：「公務人員違反本法，應按情節輕重，依公務員懲戒法、公務人員考績法或其他相關法規予以懲戒或懲處；其涉及其他法律責任者，依有關法律處理之。」

伍 案例分享

一、公務人員於奉派出差期間，派遣公務車並陪同政務人員前往參與立法委員候選人造勢活動，是否違反中立法相關規定？

(一) 公務人員於出差期間，如有派遣公務車並陪同政務人員出席立法委員候選人造勢活動，即違反服務法及中立法規定。

(二) 查公務員服務法第 20 條規定，公務員非因職務之需要，不得動用行政資源。次查中立法第 7 條規定，公務人員不得於上班或勤務（含奉派出差）時間從事政黨或其他政治團體之活動。第 9 條規定，公務人員不得為支持或反對特定之政黨、其他政治團體或公職候選人，動用行政資源、公開站台、助講、遊行或拜票。

二、機要人員為特定公職候選人主持競選總部成立大會並助講，是否違反中立法相關規定？

(一) 機要人員為中立法第 2 條所定適用對象，其公開為特定候選人主持競選總部成立大會，並為其助講或拜票，則違反中立法規定。

(二) 中立法第 9 條第 1 項第 3 款及第 6 款規定，公務人員不得為支持或反對特定公職候選人，主持集會、發起遊行或領導連署活動；以及公開站台、助講、遊行或拜票。

三、公務人員於臉書（Facebook）連結立法委員候選人競選網頁廣告，經中央選舉委員會委員會議決議違反公職人員選舉罷免法，是否亦違反公務人員行政中立法相關規定？

(一) 公務人員於下班時間，以非公家電腦上網連結臉書發表言論，雖非並未違法，但無論於個人臉書或粉絲團，以具名且足資辨識其公務人員身分之方式留言或提供特定連結，表達支持特定政黨、政治團體或公職候選人之意，即違反上開中立法規定。

(二) 中立法第 9 條及同法施行細則第 6 條第 1 項規定，公務人員不得為支持或反對特定公職候選人，在大眾傳播媒體具銜或具名廣告或公開為公職候選人拜票；所稱公開為公職候選人拜票，指透過各種公開活動或具銜具名經由資訊傳播媒體，向特定或不特定人拜票之行為。

(三) 銓敘部 99 年 12 月 8 日部法一字第 09932748721 號函略以，公務人員得於下班時間，以非公家電腦上網連結臉書等社交網站，加入公職候選人粉絲團，或支持特定之政黨、政治團體或公職候選人，但不得具銜（足資辨識個人身分及職務）或具銜且具名。

四、中央三級、四級機關首長陪同現任地方機關民選行政首長之擬參選人至廟宇上香參拜，並為其站台，是否有違反中立法相關規定？

(一) 中央三級、四級機關首長如非屬政務職，即為中立法之適用對象。

(二) 現任地方機關民選行政首長擬參選，因其尚未依公職選罷法規定申請登記為公職候選人，故中央三級、四級機關首長為前述陪同上香或站台之行為，尚不生違反中立法之疑義，惟其應注意身分上之特殊性及職務上之義務性，不宜從事違反行政中立之政治活動或行為（不應動用行政資源）。

五、公務人員偕同擬參選之配偶合照，且刊登於競選看板上，是否違反中立

法？

(一) 未違反中立法。

(二) 公務人員之配偶或二親等以內血親、姻親為公職候選人時，得為該公職候選人於大眾傳播媒體具名不具銜廣告，以及站台、助講、遊行或拜票，但不得涉及與其職務上有關之事項。

六、某公營事業董事長於競選活動期間，於辦公時間搭乘公務車參加公職候選人舉辦之造勢活動，是否違反行政中立？

(一) 中立法第 7 條規定，公務人員不得於上班或勤務時間，從事政黨或其他政治團體之活動；第 9 條第 1 項第 6 款規定，公務人員不得為支持特定政黨或公職候選人，公開為公職候選人站台、助講、遊行或拜票，至於所稱行政資源，指行政上可支配運用之公物、公款及人力等資源。另公務員服務法第20條規定，公務員非因職務之需要，不得動用行政資源。

(二) 公營事業董事長為中立法第 17 條第 6 款規定所稱「公營事業對經營政策負有主要決策責任之人員」，為中立法準用對象，故其於競選活動期間，如利用上班時間搭乘公務車參加公職候選人之競選造勢活動，即因不當動用行政資源支持特定公職候選人而違反行政中立法，縱於下班時間搭乘公務車前往，亦因不當動用行政資源而違反前開服務法。

七、公務人員可否參加政黨、政治團體或公職候選人所發起之遊行、召集之集會或連署等活動？

(一) 公務人員於請假或於下班時間可以參加遊行、集會或連署等活動。

(二) 但不可以發起遊行、主持集會或領導連署。

八、機關學校如將其管理之活動中心、展場或操場等，租借予特定之政黨、政治團體或公職候選人，是否違反行政中立？

　　公務人員如秉持公平公正處理原則，將場地租借予政治團體或公職候選人辦理活動，並未違反中立法規定。

九、中央或地方政府之機要秘書兼任○○區黨部主任委員職務，是否違反中立法相關規定？

機要秘書屬中立法之適用對象；區黨部主任委員係屬政黨職務，故機要秘書如兼任該職務，違反中立法。

十、某區公所依法辦理該區里（鄰）長之教育訓練暨重大建設參訪文康活動或研習活動時，有立法委員或轄區民意代表到場致意，而該等人員係公職候選人時，是否有違反中立法相關規定？

(一) 區長（包括機要區長）及所屬公務人員為中立法適用對象。

(二) 前開人員辦理活動如非為支持或反對特定之政黨、其他政治團體或公職候選人之目的所為，自不生違反中立法第9條規定之疑慮。

(三) 現任民意代表、參選人或其支持者知悉該等活動而不請自來時，其「未穿戴」公職候選人競選徽章、服飾或攜帶旗幟，未有造勢、拜票之意，即不違反中立法；如該民意代表執意參與該活動，甚或要求上台致詞，是類活動之承辦單位無從拒絕時，應先行提醒該等人員不宜有任何造勢、拜票之行為，如仍發生造勢、拜票之情事時，應婉告該等人員中立法之相關規定，並適時勸阻，以維行政中立。

 關鍵詞彙

行政中立　分贓制度　政治—行政二分　政治中立　去政治化
中立知能　核心價值　依法行政　功績原則

自我評量題目

一、請說明行政中立產生的背景。

二、試說明行政中立理論演進的情形。

三、1978年美國總統卡特推動人事改革，美國國會通過著名的「1978年文官改革法」將聯邦政府人事管理應遵循的功績制度原則（merit principles）擴大成九項，其內容為何？

四、請說明行政中立的意義。

五、公務人員行政中立思想體系為何？試說明之。

六、公務人員行政中立落實的條件為何？請簡要說明之。

七、我國為落實公務人員行政中立，請問在公務人員權益上有何保障？

八、試說明公務人員行政中立法，所規定的適用對象為何？

九、試說明公務人員行政中立法中對參與政治活動的規範。

十、請說明公務人員行政中立法中針對限制公務人員參與選舉行為之規定。

參考書目

王光旭（民101）。行政中立的過去、現在與未來。T&D 飛訊，第 107 期。

吳定（民84）。如何落實文官行政中立的理念。文載於公務人員行政中立法專輯，第 61-64 頁。

施能傑（民83）。文官中立：從概念化到法制化。人事月刊，第 19 卷第 6 期，第 19-26 頁。

施能傑（民88）。美國政府人事制度。台北：商鼎文化出版社。

許立一（民92）。行政中立之研究：對傳統觀點的省思。http://old.npf.org.tw/PUBLICATION/IA/092/IA-R-092-020.htm。

許南雄（民100）。各國人事制度。台北：空大。

許濱松（民85）。英美公務員政治中立之研究——兼論我國公務員政治中

立應有之作法（下）。人事月刊，第 20 卷第 5 期，第 46-56 頁。

陳德禹（民 78）。行政中立問題之檢討。文載於重建行政體制，第 105-135 頁。

陳德禹（民 80）。我國當前政治發展與行政中立問題。理論與政策，第 5 卷第 4 期，第 42-50 頁。

陳德禹（民 82）。文官中立的理論與實際（上）。人事月刊，第 16 卷第 1 期，第 5-10 頁。

蔡祈賢（民 99）。行政中立的理念與實踐。T&D 飛訊，第 106 期。

關中（民 84）。行政中立與政黨政治。文載於銓敘部主編，公務人員行政中立法專輯，第 4-5 頁。

譚功榮（民 101）。西方公共行政學思想與流派。北京：北京大學。

第十四章
轉型中的考銓制度

林文燦

第一節　各國公共人事行政制度發展新趨勢

壹　變遷中的公共人事行政制度：新公共管理的影響

　　理論與實務交互影響著。在公共行政學術領域中，新公共管理、新公共行政、新公共服務、新治理等理論思潮，百花爭鳴，對公共人力管理實務造成實質影響。聯合國開發計劃署（United Nations Development Programme, UNDP）以及經濟合作暨發展組織（Organization for Economic Cooperation and Development, OECD）均戮力於研究各國政府人事制度變革對政府治理的影響；學者專家評估前述各學術理論思潮的影響，較多以新公共管理學派思維，對各國公共人力資源管理實務的影響最鉅。

　　自 1980 年代以來，為因應全球市場化的競爭壓力，及民眾愈來愈嚴格的公共服務品質要求，各國政府人事管理部門紛紛引進策略性人力資源管理概念與工具，試圖藉由提升公共部門的人力品質與工作力，來提振國家競爭優勢。策略性公共人事制度主要的變革方向是，從傳統的「人事管理」（personnel management）轉型為強調分權化、彈性化及具有市場競爭機制的「人力資源管理」（human resource management）（孫本初，民 102：46）。那麼，受新公共管理思潮影響的公共人事行政變革具體內容為何？各國政府採取哪些具體的適應、前瞻性人事政策，以因應國家發展需要呢？對我國考銓制度轉型產生何種實質影響？

　　多數學者專家同意，當我們探討公共人事制度與其所居環境的互動關係時，系統組織理論或權變理論會是一個很有用的分析工具。依據系統理論，公共組織是一個開放系統，或稱「開放系統理論」（open system theory），卡斯特與羅森威格認為組織是一個開放的社會系統，其中一個特色就是組織具有界限性（boundaries），組織與外在環境系統保持了一種界限，雖然界限是一種抽象的觀念，在開放系統理論下，組織的界限是可以滲透的，它的主要功能是過濾（filtering），組織自外界輸入它所需要的東西，界限就發揮了過濾的功能，它准許組織所需要的東西進入，排除不需要的東西於組織之外，使得組織可以有效的運用（吳定等，民 96）。

　　無論公私組織的界限防守功能，須對其所處環境或系絡做「適度」的開放。用公共人事行政術語而言，界限防守的過濾功能就是公務人員的甄補，所稱甄補包含公務人員的招募（recruitment）及公務人員的甄選（selection）等界限防守篩選功能；就我國考銓制度而言，所稱甄選專指考選部執掌的公務人員考選權。就考銓法規而言，就是以公務人員考試法為主的相關考試法規及行政規則。

　　為迎合社會對「公平」價值的企盼，我國公務人員制度（考銓制度）的界限防守功能，幾近鋼性，致使我們的人事制度在分類上，屬高度封閉式的文官系統。因此，面對各國公共人事制度的開放、多元的趨勢時，考選部、銓敘部及人事行政總處等中央人事政策主管機關，是不是該全面性、根本性省思人事制度的開放性及人事政策變革？是不是該要前瞻性地規劃具目標導向的人事制度變革？抑或是仍停留在人事「裝潢」，以及法規文字補綴之上呢？

　　公共人事制度除界限防守功能的人員甄補工作外，尚含人才的評鑑（assess）、待遇、培訓與培育（learning & development）及留任（retain）等重要功能。這種放眼於全觀且有策略導向的人力資源管理制度，學理上有個專有名詞，謂之人才管理（talent management）。一般學者談及人才管理時，僅泛泛稱之為甄補、發展、留用最優秀員工的過程。然而，Gary

Dessler（2015）則認為人才管理一詞應嚴謹的定義為：「一個以目標及全觀為導向的規劃、招募、培育、管理及報酬等的整體過程。」（劉昕，民106）筆者認為人才管理與一般人力資源管理不同處，在於策略導向及全觀性，這種著重目標導向及整體觀（按：「全觀」與「整體觀」在本文是相同意義，因行文關係會有混用的情形，特此說明。）的人力資源管理思維，對於公務體系重視公務人員永業、職涯培訓與培育的特質，至關重要。目前人才管理模型已成為各國公部門人力資源管理發展的共同趨勢。因此，我們要掌握這個趨勢的要旨，內化人才管理要義，以系統性、整體觀及策略導向來推動考銓制度的改造工程。

貳 公共人事制度發展的全球和區域發展趨勢之實質

各國人事制度的研究是比較行政的範疇；而比較人事研究的基準，是大家耳熟能詳的「職位分類制」及「品位制」。此一分類或比較基礎見諸每一本教科書，多泛稱「職位分類制係以『事』為中心」，而「品位制則係以『人』為中心」。一般公務人員或同學的瞭解，也僅及於此。然筆者認為這是一個比較浮面的瞭解，不論在理論界，對人事制度的研析、研究；或在實務界，對人事制度的運作或變革規劃，都遠遠不足。為更透徹的瞭解，筆者閱讀許多國內外書籍、期刊及國際組織官方報告，俾能對其指涉的意涵更深入的梳理，期能更瞭解各國人事制度的精髓，更期望對文官制度、政策的改造，有所助益。

阿斯塔納公務人員樞紐中心[1]和新加坡聯合國開發計劃署「全球卓越公共服務中心」[2]在 2018 年發表 Global & Regional Trends in Civil Service

---

1 阿斯塔納公務人員樞紐中心（Astana Civil Service Hub）於 2013 年在哈薩克政府和聯合國開發計劃署的倡議下成立。如今，34 個國家和 5 個國際組織參與了該中心的聯合項目，該中心已成為國際公認的公務員領域知識和專業知識中心。

2 全球卓越公共服務中心（Global Centre for Public Service Excellence, GCPSE）成立於 2012 年，是新加坡政府和聯合國開發計劃署的一個合作項目，旨在支持各國發展個別公共服務領域，尋求建立具有誠信、多樣性和關注客戶和結果的專業公共服務。

Development（中譯名：全球與區域公務人員發展趨勢）研究報告。該研究結
合了公共行政領域國際最傑出專家的理論和專業知識，針對全球各國公部門
人事行政制度作全面性比較分析，非常具有參考價值。該報告強調了公共人
事制度發展的三個全球和區域新趨勢：第一，公務人員招募和晉升制度的相
互影響，沒有純粹「職位基礎」或「職涯基礎」的人事制度，這二類人事制
度模式是朝著部分融合的同時，也發展各自優勢與個別特色；第二，人力資
源管理的效益越來越大，因為全球公認公務員的有效性取決於人員的素質。
在招募和晉升方面力求公開和透明，特別注意公務人員的道德標準和人才管
理計畫；第三，發展趨勢涉及公務人員和政府機構的有效性評估體系，從過
程和程序過渡到基於結果的績效和績效指標。強調成效評估體系，在求公共
部門管理質量的提高，專案管理的引入和績效評價體系的完善（Astana Civil
Service Hub, 2018）。這篇報告是近年來，最全面性的國際比較，最具有參
考價值。本文除了以該報告為基礎，闡述各國人事制度發展的新趨勢外，筆
者更嘗試著將我國考銓制度發展惰形，列入國際比較，以期作為我國文官制
度變革研究的參考。

一、以職位基礎制與職涯基礎制為比較各國公共人事制度發展的基準

　　學理上，人事制度的分類係分為「以職務定序」（rank-in-job）〔或以
「職位定序」（rank-in-position）稱之〕與「以人員定序」（rank-in-person）
等二類，就譯名而言，華人學術界有高度的共識，前者稱之為「職位分類
制」；後者稱之為「品位制」。職位分類制發軔並盛行於美國，其他國家並
不多見，在這種人事制度之下，公務人員職涯發展是自身的責任，人事措施
基於公開競爭原則，職務出缺的甄補，均向政府機關內部現職公務人員及外
部非公務人員開放，以公開競爭方式行之，是為開放式人事制度。

　　另一類的品位制，則特別重視政府機關內現職公務人員隨著服務年資增
長的職涯發展、晉陞與培育，是為封閉式人事制度。這種封閉式人事制度，

若有職務升遷時，並不開放給非公務人員，從側面入職（lateral entry）政府任職。所謂「側面入職」是指在美國聯邦政府這種以開放式為特徵的人事制度，職務的晉升或出缺職務的甄補均採公開競爭方式辦理，意即同時開放給政府現職公務人員與非公務人員，一同競爭。（按：筆者的解讀，所謂「側面入職」係指採開放式人事制度的國家，除了將「較低職等職務」開放給公民透過競爭甄補程序，成為公務人員外，只要政府機關職務出缺，不論職務高低均公開給全國公民，有興趣者均可通過公開競爭程序後，成為公務人員。從公務人員垂直的升遷體系來看，從較高職等職務的晉升空缺，亦開放給公務機關人員側面插隊，謂之側面入職。）

　　封閉式人事制度，通常寓意一種強烈的升遷或出局（up-or-out）的職場文化。公務人員在政府機關服務「一定長時期」後，若未獲職務晉升，通常意謂著職務終結，直白地說就是若不升遷就是離職。（按：眾所熟知的日本公務人員年功序列制度，在日本職場上，有一種拍肩膀的潛規則，若同期的同儕大都升遷了，長官就會對那些久久未能升遷者，拍拍肩膀，意味著不適任，該離職了。）

　　全球卓越公共服務中心為了對各國公共人事制度進行廣泛而深入的比較研究，該報告特別以「職涯基礎」（career-based）與「職位基礎」（job-based）等二個名詞，架構其比較研究。這個比較基礎雖是建構在前述在「以職務定序」與「以人員定序」區別上，但側重焦點不同。在「職位基礎」的人事制度下，是強調某一職位或升遷職位的甄補政策及程序的開放性，是開放給公務體系內現職公務人員及公務體系外非公務人員共同競爭。一般來說，在這個制度下，公務體系內的職位開放給內、外競職者的做法，能讓主管能夠更快地甄補職缺，召募適格人才，以應外在環境及業務變動需要。當然，事無兩全，這種開放式的公務人員甄補制度，雖提供了靈活性，但缺點是公務人員隊伍的成員來源各異，異質性較高，難以凝聚共同的價值觀。

　　至於「職涯基礎」的人事制度特點是，初任公務人員是經過競爭的甄補程序，在公務人員職涯早期階段，通過競爭性選拔（selection）擔任公務人

員之後，就在封閉式的人事系統逐級升遷，公務系統若有初任以外較高職務出缺時，競爭對象只限於內部公務人員，亦即只從公務系統內部攬才，不開放給政府機關外的非公務人員競爭。簡言之，職涯基礎制度的特點是，公民通過政府機關所舉辦的公開競爭方式，成為公務人員。這種公開競爭的人才甄選程序，通常發生在公務人員職業生涯的早期，日後，就在職涯過程中逐級升遷。在封閉的系統之內，透過職涯長期的培訓與培育，培養一群敬業、有經驗、有共同價值的高階文官，例如，法國、德國、日本及我國等國。

二、各國公共人事行政制度的發展情形

　　全球各國政府人力資源管理在新公共管理（NPM）思潮影響之下，許多私部門管理概念（例如，契約用人）、技術或制度引進公部門之後，使得公務永業服務的概念、終身僱用及其他公務人員「既得權益」（acquired rights）受到挑戰；另外，如號稱國家是「模範雇主」的概念及專屬公務人員權益保障，也普遍減弱了，總之，世界各國公務人員共同面臨的地位及保障降低的現實（OECD, 2005）。例如，韓國在 2012 年所推動的公務人員退休金改革，採取繳多、領少及延後退的政策；我國 2018 年所推動的年金改革，實質降低了公務人員退休權益保障，均為顯例。

　　「職涯基礎」的封閉制式人事制度，其公務人員的招募、任命、晉陞和培訓設計，係採中央集權管理；「職位基礎」的開放式制度，其公務人員的招募、任命、晉陞和培訓等方面，係採分權管理。當下，二者之間區別，雖已經漸趨模糊，然而，此種歸類方式，在方法上仍有助於分析、比較各國公務員人事制度的特點（Baimenov, 2000）。比利時、加拿大、芬蘭、荷蘭、紐西蘭、挪威、瑞士和美國等國係偏向於「職位基礎」制度，其特色是可公開給政府機關以外的非公務人員，透過公開競爭甄補方式，從側面入職（lateral entry）為公務人員。相形之下，法國、德國、義大利、日本、韓國、墨西哥、葡萄牙和西班牙及我國等採取更趨近於「職涯基礎」制度。值得一提的是，在過去的二十年裡，英國已經從原本為「職涯基礎」制度，轉

型爲「職位基礎」制度。瑞典則反其道而行，從「職位基礎」制度，轉變爲寬幅制度，甚至連作爲傳統職位分類制度基礎的職位說明書，也被取消了（UAPAN, 2000）。

過去，在我們的教科書中，都將英國文官制度當成爲品位制（rank-in-person）的典範，若不深究，自順理成章的歸類爲「職涯基礎」的封閉式人事制度，但自 1996 年開始，英國大幅推動文官制度改革，其中央人事主管機構——內閣辦公室，僅執掌高階文官（SCS）的管理，其餘文官管理均授權各部會自行管理，不再中央集權式管理。因此，全球卓越公共服務中心官方報告，係將英國歸類爲「職位基礎」制度的國家，呈現開放、多元、分權、彈性人事變革的特色。

筆者要特別提醒的是，全球卓越公共服務中心對各國公共人事制度進行比較研究，捨棄衆所皆知的「職位分類制與品位制」的分類，而另立「職位基礎與職涯基礎」分類的比較基準，其原因是在職位分類制與品位制趨同的趨勢下，各國人事制度比較基準轉爲比較各國人事制度的「開放與封閉程度」，這一點比較基準的轉變，非常重要，請讀者特別注意。因此，英國、南韓人事制度仍然是品位制，但如同前面所言，全球卓越公共服務中心官方報告，係將英國歸類爲「職位基礎」制度的國家，呈現開放、多元、分權、彈性人事變革的特色，南韓亦因引進高級公務員制度（senior civil service）朝開放、多元邁進。至於，我國雖偏向於職位分類制，「原」應屬開放式人事制度，但由於特有的考試用人的憲政價值，也沒有側面進入各出缺職務的設計，故性質上爲「職涯基礎」的封閉式人事制度。附帶一提，當我們學者專家要效法美國、英國及南韓等國，引進高階文官制度，喊的震天嘎響。但筆者提醒，只要考試院仍堅持考試用人，沒有如美國等職務側面入職的開放設計，則一切高階文官制度的倡議，皆如夢幻泡影。

參　公共人事行政不變的公共價值

　　根據前開全球卓越公共服務中心的官方報告，各國雖因其係「職業基礎」制度或「職位基礎」制度有別，但各國公共人事制度還是都朝向彈性、自由裁量、追求績效及結果導向等方向變革。不過，這些人事變革也因受新公共管理影響，過度強調效率和績效，招致詬病；也促使公共行政學界與實務界的反省，那些是公共人事行政不變的價值。具體地說，這些人事變革同時衝擊了公正（fairness）、公平（equity）、可預測性（predictability）和不偏不倚（impartiality）等公共人事價值。尤其是，在那些捨棄永業任用的國家，改採擴大進用臨時或契約人員管道時，這些衝突加劇。公務人員在招募、晉陞和調任等方面的彈性、開放改革之際，同時也斲傷公平、公正、功績制和不偏私等傳統文官價值觀。什麼才是公共人事行政應該追求且不變的公共價值呢？歸根結底，公共服務的根本是政府和治理，而不是管理。（The fundamental purpose of the public service is government and governance; not management.）（OECD, 2005）是以，維護公平、公正、功績原則等，應該是公共人事管理不變的公共價值。

第二節　各國公共人事行政制度發展啟示

　　各國在尋求公共人事制度變革過程中，大多數國家的文官的任用制度不論是偏向「職位基礎」或偏向於「職涯基礎」，在互相學習中，大都朝彈性、開放、多元及策略等方向邁進。我們在關注考銓制度轉型時，必須充分掌握以下趨勢，方能與世界同步。

壹　趨向於互補的人事行政制度

　　從檢討人力資源管理實務之中，我們知道，「沒有理想的公共人事制

度，只有最合宜的人事制度。」不論學界或實務界，一般用於論述或比較各國公務人員制度的「職涯基礎」制度或「職位基礎」制度，都難免缺陷。前者缺乏適應能力；後者缺乏整體性（OECD, 2005）。因此，目前這二個制度都朝向吸收兩制之長，兼容並蓄的方向，建立「適應」各國特有系絡的人事制度。例如，「職涯基礎」制度原本較為封閉，如今也透過開放人事措施，引進外部競爭，擴大人力資源管理的授權給所屬各機機關；同樣的，「職位基礎」的國家，原本較為開放，為昭公信，進一步完備更透明化、更重視公平的公開競爭程序。

貳　趨向於開放多元的人事行政制度

從各國公共人事行政發展趨勢來看，傳統的公務人員任用模式中，以公務人員內部勞動市場優先的傳統，及由公務人員系統內部晉陞的規範，逐漸動搖了。例如，韓國從 1999 年開始引進公開職位制度（open position system），其目的在公共部門內引進競爭機制，延攬民間優質人才，注入活水，以提高公部門效率和生產力；也透過通過多樣化的人員招聘方法，從私營部門招募更多傑出的專業人才（Kim, 2000）。

參　趨向於人才管理的公共人事行政制度

一、整體性人才管理模式

各國政府引進民間企業新興的人才管理（talent management）概念，運用到該國高階文官制度之上，以期有目標、全觀導向吸引高階優秀人才，如美國的 SES 制度；英國的快速升遷計畫（fast stream scheme）；韓國的高級公務員制度（senior civil service）；新加坡行政官（administrative officer）。

雖然各國高階文官制度各異，但他們的目標是一致的。即如何吸引公務人員系統「外」高階優質人才，並留住公務人員系統「內」常任文官，均注重發展管理能力（management capacities）。以「職能基礎」（competenciesbased）的人事招募和培育方式，在已開發國受到特別青睞。首先，加拿大、英國和美國早在 1980 年代末開始，已引進職能導向的人才管理模式。到目前為止，大多數 OECD 國家都採行職能基礎的制度，作為人事制度變革的一部分。特別是在 1990 年代，公共部門的職能管理大爆發，例如，澳洲 1999 年的「公務員法」，比利時的哥白尼計畫和韓國。最近，芬蘭、荷蘭、瑞典和愛沙尼亞也先後推行職能模型。相形之下，法國和德國等在聚焦於職能的人才管理上，較為保守，尚停留起步或試行階段。

二、邁向職能模式的公務人員培訓與培育制度

大多數國家公共人力資源管理都強調終身學習的培訓與培育。儘管如此，還是發展出不同的模式；採開放式「職位基礎」的國家往往更強調專業性的培訓；另外，因為他們較乏共同價值，且因人才來源龐雜，因而需加強政府事務處理和行政程序方面的培訓。相反地，採封閉「職涯基礎」的國家，公務人員在大學畢業後就參加競爭考試，成為公務人員，或職業生涯早期就被列為潛在未來領導者，往往會非常重視職前培訓。但有一個共同的趨勢是，各國都加強「發展領導潛力」和「管理技能」的培訓課程，著重高階管理人員核心職能的培訓。

肆 趨向於策略性人事行政制度

策略性人力資源管理源自 1980 年代企業界，因政府再造運動，引進公部門人力資源管理的重要概念，論述多矣。孫本初老師說，所謂策略性人力資源管理係指人力資源管理與組織目標間的有效聯結，各項人事作為的最終目的均在支持總體目標的有效達成、創造組織績效與價值，以及發展一種能夠促進創新與彈性的組織文化。換言之，傳統人事管理只是選、用、育、留的例行性行政作業及著重人事管制功能；策略性人力資源管理則強調全觀性（holistic）與目的性，運用創新及彈性化的人力資源管理策略，達成組織目標。在水平整合方面，可調和所有人力資源管理實務間的相關運作，包括，

從人力的甄選、運用、升遷、調派、訓練發展、薪資、獎懲考核、裁汰退撫等，均能有效的整合，彼此相互支援；在垂直整合方面，結合人力資源管理實務（水平業務整合）與組織競爭策略，使組織在明瞭法令與經濟情勢等外部環境後，確認機會與威脅，將策略規劃與人力資源計畫加以整合，以協助組織建立競爭優勢（孫本初，民 102：247）。

策略性人力資源管理的相關論述之多。然在公部門的特有系絡下的理念意涵及制度內涵為何？OECD 在官方網頁，一篇名「人力資源專業」（Human Resources Profession）的論述，則言簡意賅地敘述了 OECD 會員國中央人事主管機關策略性轉型的角色與功能具體內涵，很具有參考價值，茲摘要如後（OECD, 2020）：

> 多數 OECD 國家設有中央人力資源管理機構，但其角色與功能已有重大轉變。目前除還有些國家仍負責一些主要的人力資源管理功能之外，有一大部分國家的中央人力資源管理機構只扮演跨部會協調的角色，不再正式地的負責人力資源功能。政府將人力資源管理授權給各部會時，中央人力資源管理機構的角色也從執行人力資源政策，轉變為只從事發展政策及設定最低規範標準。
>
> 為建構策略性人力資源管理的能力，公部門必須發展人力資源專家團隊，這群人力資源專家團隊不再只是處理例行性人事業務，要扮演更專業的角色。例如，英國內閣辦公室已經為公部門的人力資源專家建立一套標準、準則，讓各機關得以遵循之，進而協助各個機關達成其目標。

筆者從上述理論與 OECD 報告歸納出，檢測一個公共人事制度是否符合策略性人力資源管理的基準，這二個基準為：一、在垂直結合方面：人事行措施是否「向上」與國家或機關的組織目標做垂直的結合；中央人事主管機關人事權責，是否「向下」分權、授權給各部會做垂直結合？二、在水平

結合方面：各種人力的甄選、運用、升遷、調派、培訓培育、待遇、獎懲考核等，均能有效的整合，例如將績效與待遇人事管理結合起來，即成為績效待遇制度。

公部門人力資源管理措施能否以整體觀，尋求垂直及水平的結合，是該項人事管理措施成敗的關鍵，舉例來說，考選部力推公職建築師考試；銓敘部擴大專技轉任制度，以延攬擁有建築師證照的專技人才，轉任公務人員；人事行政總處在其待遇主管權責上，能否結合企業界的證照薪（skill-based pay），讓這些專技轉任人員可以因其所擁有之專門職業證照，給與額外的加給，使前述考選部及銓敘部的政策，因水平結合，得以落實。但實際上，人事行政總處為何不運用策略性人力資源管理思維，核給證照薪，提供政策協助，影響專技考試與專技轉任政策成效，其決策思維令人費解。

第三節　轉型中的考銓制度：轉型案例解析

壹 轉型中兩制合一人事制度的實然：現職公務人員調任辦法職系專長認定之鬆綁設計

我國 76 年二制合一的官等職等併立制度，官方宣稱吸收兩制之長，吸收職位分類制度與品位制的長處，教科書及一般學者都習以為常的引用，真正要瞭解二制之長，「長」在何處呢？我們要能有所掌握要先瞭解美國聯邦政府公務人員人事制度。

那麼，美國聯邦政府職位分類制度的內涵，到底是什麼呢？該制度的精髓，是建立在二個基本骨架之上，第一個骨架是橫向分類：是建立在專業化的基礎，就是讀者熟悉的職系（job series）、職組（job family）；第二個骨架是垂直分類：按照各職務所需資格條件、責任輕重及工作繁簡難易的職等基準，也就是眾所周知的職等（grades）。

美國人事管理局對於職系規範、職等基準都有嚴格的規定，以至於聯邦政府公務人員在職務間的調任非常困難，導致僵化，飽受美國學者專家評批。舉例來說，美國一般俸表的俸表結構從 GS1 到 GS15，分為 15 個職等。美國聯邦政府公務人員體系下，一個職系職務通常分為 2 個職等範圍，Klingner 與 Nalbandia（2001）指出，「資深人事職員」至多僅能升至 GS 第 6 職等；更高 1 級的職位，如「人事計畫專家」的職等範圍列為 GS 第 5 職等到 GS 第 13 職等，並需具有大學學歷。若該低階人事職員晉升的該職務最高等級（已經晉升至 GS 第 6 職等第 10 薪級），若該員通過夜校取得大學學歷，可以調任擔任人事計畫專家，但該員必須從 GS 第 5 職等第 1 級任用，原本已經晉升到 GS 第 6 職等第 10 級，無法併計其資歷。Klingner 與 Nalbandia 指出美國人事管理局這樣的職等規範，必須從高一職等範圍的最低職等最低等級任用，亦即未來職涯發展的機會固然增加了，但初始工資卻比以前要低得多，降低升遷的意願。

一般而言，在品位制下，沒有職系規定，因此，職務間的調任非常容易；在職位分類制的國家，不同職系間職務調任的難度非常高。相比之下，我國公務人員職務間的調任，較諸美國聯邦政府職位分類制度，容易許多。

再強調一下，76 年二制合一的官等職等併立制度，官方宣稱吸收兩制之長，而學界的教科書也隨之，但試問「何謂二制之長」，卻少有教科書能夠具體說明之，往往輕輕帶過未做說明，讀者更無從得知「二制之長」，究係何指？

筆者於實務界的歷練可舉一個實際案例，試說明何謂「二制之長」？以供讀者參考。所謂「長」的制度設計，其中一項展現於公務人員調任時，「職系專長的認定」之上，何故？因為依據公務人員任用法（以下簡稱任用法）第 18 條第 2 項規定略以：「前項人員（指：現職公務人員）之調任，必要時，得就其考試、學歷、經歷或訓練等認定其職系專長，並得依其職系專長調任。」所謂「職系專長」係指具有特定職系職務性質相近、程度相當之考試、學歷、經歷或訓練者。換言之，現職公務人員如無法逕依其考試資

格或職組暨職系名稱一覽表（以下簡稱一覽表）等規定，調任擬擔任職務之
職系者，還有設計有職系彈性認定機制，並以「現職公務人員調任辦法」
（以下簡稱調任辦法）規範之。我國銓審實務上，設計有認定職系專長調任
之多元方式，讓在不同職系間的調任，媲美品位制下公務人員職務間調任彈
性之特色，遠較美國聯邦政府公務人員具有彈性，有利於主管人員對部屬業
務的指派，公務人員職涯的培育，這就是吸收二制之「長」的制度設計。

　　銓審實務上，職系專長認定途徑，依序為「學歷」、「學分」、「經
歷」、「訓練」等四種，其中以所具「學歷」或「學分」認定職系專長者，
較為常見。對於是類案件，經權責機關先行審查其檢附之相關證明文件，其
所具「學歷」或「學分」如屬得明確認定者，得逕予辦理後續相關調任事宜，
毋須來文請銓敘部認定職系專長；讀者如果稍加留意可以發現某些大學推教
育廣告，例如世新大學就開設有「公務人員轉職系學分班」，就是此調任辦
法，所衍生的商機。至於以「經歷」或「訓練」等方式認定職系專長者，則
考量案情複雜程度不一，除機關得明確認定者外，應報請由銓敘部認定辦
理。

貳 轉型中開放多元人事甄補管道的新創法制：擴大專技轉任人員進用陞遷管道

　　自產業革命以來，社會、經濟丕變；專業分工、科學管理席捲全球，致
政府機關亟需仰賴專技人員專業能力；我國難自外於潮流之外，公部門對專
技人員需求日亟。因是，考銓機關亦戮力於創建特有專技人員人事制度，俾
有助於延攬、羅致及激勵是類專技人員，蔚為國用。

　　如前所述，各國公共人事制度的發展趨勢之一，是轉型為開放、多元
的人事制度，我國亦有朝開放、多元轉型的人事制度變革方案，在無法突破
「考試用人」的憲政價值及考銓法制之下，其中有一個很典型的案例，是
111 年 12 月間甫經修正經總統公布的「專門職業及技術人員轉任公務人員
條例」（以下簡稱「專技轉任條例」），此一考銓制度轉型的重大意涵是，

重新定性專技轉任制度與依公務人員考試法考試用人制度，同屬機關常態性甄補公務人力之管道。亦即專技轉任制度從立制之初，係考試用人外之輔助性用人措施，轉型為與依公務人員考試法考試用人制度，同屬機關常態性甄補公務人力的考銓制度，這是文官制度一個重大的轉型變革。筆者明白的點出此一考銓制度轉型的重大意涵，是希望讀者不必經過摸索、體會的思維作用，直接掌握上述考銓制度轉型精要，這一點很重要。

此次修正案蘊含諸多人事制度變革新猷，恰能彰顯出轉型為開放多元人事制度的努力，與當前各國公共部門人力資源管理開放、多元的最新發展趨勢，有異曲同功之妙。筆者於該制度政策規劃亦有些微著墨，特別將近年來歐美國家開放、多元及人才管理等當代的人力資源管理新思潮，注入修正案之中。故特於本文中摘要敘述，使讀者能於研讀過程中，所知不限於法條的字面解讀，所讀更能掌握法條文字背後的制度意涵及理論意涵，以期理論與實務的結合。

一、專技轉任制度緣起

依據憲法第 86 條規定，公務人員任用資格與專門職業及技術人員（以下簡稱專技人員）執業資格，均應經考試院依法考選銓定之；因此，考試院向來將「公務人員考試」與「專技人員考試」定位為國家考試兩大體系，其考試方式以及任用或執業等規定均有不同，兩類型考試之錄取或及格資格，各自獨立。

公務人員考試法及專技人員考試法分別立法後，為顧及政府機關有進用專技人才之需要，75 年 4 月 21 日制定公布公務人員任用法第 34 條規定：「經高等考試、普通考試或特種考試及格之專門職業及技術人員轉任公務人員，另以法律定之。」其立意係考量政府機關有任用專技人員之需求，將其納入政府羅致專技人才之範圍，以擴大國家用人取才之管道，同時滿足用人需要。此條文即為專技轉任條例之法源依據，銓敘部據以擬訂專技轉任條例草案，經考試院於 76 年 1 月 26 日函請立法院審議，並於 82 年 8 月 4 日制

定公布。

二、專技轉任制度定性與質變

(一) 原定性爲輔助性用人措施，補公務人員考試用人之不足

考試院向來將專技轉任制度定位爲考試用人外之輔助性用人措施。專技轉任條例自 82 年施行以來，雖確能提供機關有別於考試用人的多元取才管道，彌補公務人員考試用人之不足，但除與落實依據憲法及依據公務人員考試法的考試用人的傳統價值扞格外，更因實務上的確也有若干缺失，自 91 年起第九屆考試委員提出「廢止」的主流意見；第十屆考試委員亦以「廢止」爲主流意見，筆者曾查閱考試委員發言記錄，發現第十屆以前都有銓敘部的常任文官轉任考試委員，或許因文官職涯長期浸潤之故，作爲政策意見領袖，多以維護「考試用人」政策爲己任，因而主張「廢止」專技轉任制度。

第十一屆考試委員開始，主流意見逐漸轉變爲「宜修不宜廢」；第十二屆考試委員雖亦以「宜修不宜廢」爲主流意見。但筆者查閱發言記錄，來自於政大公行系教授詹中原委員，發言時常引用新公共管理的論述，主張更多的開放、多元及引進企業管理做法；強調全球化的台大教授蕭全政委員的發言，也多主張全球化，多元開放的論述。或許這些不同的思維加入，再加上第十二屆考試委員已沒有考銓常任文官擔任；考試院的文官政策也從封閉式，朝向開放、多元規劃文官政策。讀者要特別留心的是，影響文官政策規劃背後的新公共管理的意涵。

(二) 轉型爲機關常態性甄補公務人力之考銓制度

銓敘部於 107 年 5 月 24 日考試院第十二屆第一百八十八次會議決議，配合考選部完成「政府進用專門職業及技術人員途徑檢討報告」，該報告中銓敘部業就專技轉任制度現行實務上容有檢討變革部分，研議相關改進措施擬處方案（包括研議放寬調任職系限制等），建議在現行考試用人政策，以及專技轉任人員專才專用之立法前題下，就提高機關用人需求與專技人才轉任意願，以及整體人事法制作衡平性考量；另有關除陞遷法外，是否宜於專

技轉任條例中規範各機關應訂定專技轉任人員公開透明之甄選機制；以及是否配合公職專技人員考試規模大幅縮減，轉而吸引業界富工作經驗且具有專業證照之專技人員加入公共服務行列。

　　銓敘部 109 年 10 月 15 日考試院第十三屆第六次會議，銓敘部重要業務報告「專技轉任制度轉型初步構想」，重新定性專技轉任制度與依公務人員考試法考試用人制度，同屬機關常態性甄補公務人力之管道。亦即專技轉任制度從立制之初，係考試用人外之輔助性用人措施，轉型為與依公務人員考試法考試用人制度，同屬機關常態性甄補公務人力的用人制度，這是文官制度一個重大的轉型變革，讀者要特別留心。

三、專技轉任制度轉型具體方案

　　就我國特有憲政體制及考試用人政策而言，專技轉任制度轉型的關鍵在於考試院對於「依法考試用人」定義的轉變，憲法第 85 條規定，公務人員之選拔，應實行公開競爭之考試制度，非經考試及格者不得任用，明示考試用人之原則。依據任用法第 9 條規定，公務人員之任用，應具有左列資格之一：依法考試及格。復依任用法施行細則第 8 第 1 款規定，本法第 9 條第 1 項第 1 款所稱依法考試及格，指依公務人員考試法規及本法施行前考試法規所舉辦之各類公務人員考試及格。打個比喻，在考銓機關的所謂官制官規之下，「依法考試用人」如同「嫡出」，而同為考選部所辦理的國家考試之專門職業及技術人員考試為「庶出」。

　　但這種「主、輔」關係，經第十二屆考試院的醞釀，在第十三屆考試院伊始，得以重新定性為：「考量專門職業及技術人員考試（以下簡稱專技考試）係國家對各該專業領域人員執業能力之審核，通過專技考試之專技人員同屬經相當嚴謹之國家考試及格，即已具擔任公部門特定職務之專業能力，如再輔以相當資歷及適當遴選程序，使渠等轉任，蔚為國用。是以，專技人員轉任公務人員宜逐步轉型為與現行考試用人同為政府常態性取才之管道。」這樣的轉變是質變；是文官史上的重大變革。在學理上，亦是我國公

共人事制度與各國公共人事制度一般，同受新公共管理思維影響的最佳例證，筆者因協助專技轉任制度重新定性的政策規劃，特別將策略人力資源及多元人力資源管理新思維，嵌入專技轉任之制度轉型中，因能掌握草案背後的制度理念、理論內涵，無縫分享給讀者，期望讀者不止於法條文字的推敲，而更能「聞絃歌而知雅意」，知其然，更能知制度轉型之所以然。

(一) 專技轉任之轉型策略人力資源管理思維

　　孫本初老師說，策略性人力資源管理側重人力資源管理與組織目標間的有效聯結，各項人事作為的最終目的均在支持總體目標的有效達成。本屆考試院既定位「轉型為國家人力資源部門」，自當成為文官政策規制的總目標。專技人員轉任制度是文官制度的一環。若能於思考專技轉任制度時，依序定向「政策指引」，擘劃「規劃理念」，轉化「具體措施」，就可形成一個由政策指引、規劃理念及具體措施的垂直連結，謂之專技轉任制度的策略思維。

　　筆者於政策規劃時，建議將政策指引定向為「轉型為國家人力資源部門」；將規劃理念擘劃為：「一、開放鬆綁，多元進用；二、廣收慎選，專才專用；三、職涯規劃，跨域培育」；將具體措施轉化為：「一、擴大專技轉任人員進用途徑，二、暢通專技轉任人員陞遷管道，三、增進專技人員轉任誘因。」由上而下，垂直連結成為專技轉任制度轉型策略思維，如圖14-1。

(二) 專技轉任之制度轉型構想

1. 開放鬆綁，多元進用

　　為配合國家彈性用人政策，因應機關用人需求，專技人員轉任公務人員不再受現行各機關需用考試及格人員職缺擬進用專門職業及技術人員審核原則（以下簡稱審核原則）之嚴格限制，機關職缺係提報考試分發任用或公開遴選適格專技人員，均可同時進行，俾利政府機關進用具豐富民間工作經驗之專技人員，落實多元人才進用政策。

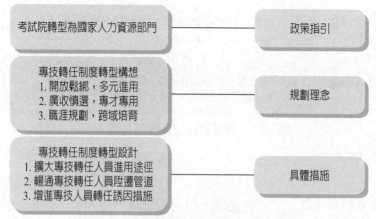

圖 14-1　專技轉任制度轉型策略思維

資料來源：筆者自繪。

2. 廣收慎選，專才專用

為配合未來擴大專技人員轉任名額，若僅由用人機關依現行規定自行辦理甄選，外界恐仍質疑用人之公平性，因此，建立遴選委員會，就專技人員之執業經歷及實績予以審查，並辦理公開遴選相關事宜，以踐行公平、公正、公開選才機制，適度阻隔外界壓力，客觀選拔優秀人才。

3. 職涯規劃，跨域培育

現行專技轉任恪守「一考試類科，一職系」的原則，嚴守職系限制，不得轉任其他職系，以符專才專業之目的。但「一人一專業」已無法符合時代需要，大前研一認為，在瞬息萬變的時代，單一專長已無法滿足顧客或主管的要求，成為而擁有兩項專長「π型人」的職場趨勢。在制度設計上，同意薦任官等專技轉任人員於服務一定年限後，且表現優良，得適度鬆綁職系限制，有利轉任人員於其他職務歷練後，擁有其他專業，又可擴大公務人員職涯培訓與發展，為政府及公務人員培育、留任優秀事業人才。

(三) 專技轉任之組織設計轉型意涵

此次修正案構想重點有二（如圖 14-2）：1. 薦任以下專技轉任人員，著重專業能力，並為避免有違轉任意旨，任職滿一定年限，且服務成績優良，

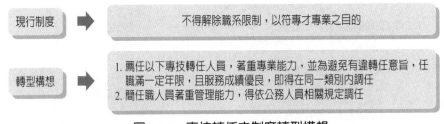

圖 14-2　專技轉任之制度轉型構想

資料來源：筆者自繪。

即得在同一類別內調任；2. 簡任職人員著重管理職能發展，得依公務人員相
關規定調任。

　　爲何在薦任層級仍維持專才專用的設計，只在轉任方面給與一定年限條
件的鬆綁；在簡任層級則大幅鬆綁與一般公務人員考試及格人員，適用現職
公務人員調任辦法的規定，允許依序透過考試類科、學歷採認、學分認定、
訓練時數到工作經驗等專長轉任的彈性認定標準，何故？

　　筆者在協助建構專技轉任由薦任至簡任的職涯發展及升遷模式，其實是
參考我的老師彭文賢教授所提出「二元體系論」之組織設計理論，如圖 14-3

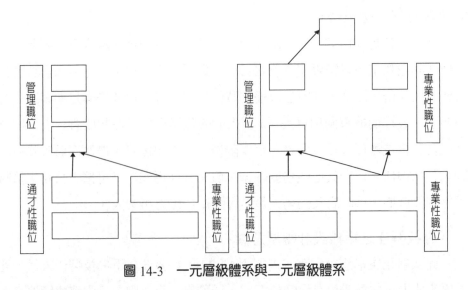

圖 14-3　一元層級體系與二元層級體系

資料來源：彭文賢（民 85：222）。

「二元體系論」係提供專業人員升遷及永業化途徑，亦讓專技轉任人員在簡任層級的職涯發展階梯上，可以在專技職位升遷體系及管理職位升遷體系的二元升遷階梯間，適性選擇職涯發展機會。

(四) 專技轉任之制度轉型意涵

1. 擴大專技轉任人員進用途徑

此次修正案有三個重點：

(1) 修正為一次臚列所有專門職業及技術人員高等考試（以下簡稱專技高考）或機關確有實際用人需要之專門職業及技術人員普通考試或相當等級之特種考試類科及其得適用職系，以達擴大及穩定進用專技人員之目的，俾利機關人力資源管理之規劃。

(2) 配合國家彈性用人政策，因應機關用人需求，遴選專技人員轉任公務人員之職缺，不再受現行審核原則之嚴格限制，亦即機關職缺係提報考試分發任用或公開遴選適格專技人員，均可同時進行，俾利政府機關進用具豐富民間工作經驗具有專業證照的專技人員（如建築師），落實多元人才進用政策。

(3) 專技轉任制度轉型初期，採溫和漸進方式變革。故規定各機關進用專技人員之職缺及名額計算，依公務人員考試辦理及錄取情形，分別規定；另考量機關因業務需要而有較多進用專技人員之需求，可以審酌機關業務需要增核一定比率，以符機關實需。

2. 暢通專技轉任人員陞遷管道

(1) 暢通薦任職以下陞遷管道的制度設計：

考量機關內人力運用彈性，滿足機關用人需求，兼顧轉任人員陞遷權益及職涯發展規劃等因素，規定轉任人員以同一資格轉任後實際任職滿六年，且最近三年年終考績二年列甲等、一年列乙等以上者，得按其轉任職系類別，依調任辦法或一覽表規定，分別調任行政類或技術類職系職務。例如：土木工程技師轉任成為土木工程職系職務的公務人員後，原

規定不得調任其他職系，嗣後得依調任辦法或一覽表規定調任技術類職系職務；會計師轉任成為會計審計職系職務的公務人員後，原規定不得調任其他職系，嗣後得依調任辦法或一覽表規定調任行政類職系職務。

此外，基於技術類職系轉任人員實際陞遷需要及兼顧專才專業原則，渠等另得調任與其初次轉任職系視為同一職組之行政類職系職務，但不得再調任與該行政類職系同職組其他職系或視為同一職組之職系職務。例如：土木工程技師轉任土木工程職系（初次轉任職系）職務，嗣後得調任視為同一職組之測量製圖與經建行政職系職務，惟不得再調任與測量製圖職系視為同一職組之行政類職系（如：地政職系）職務，以及與經建行政職系同職組其他職系（如：交通行政、地政職系）或視為同一職組之職系（如：綜合行政職系）職務。

(2) 放寬晉升簡任官等資格條件，以培育管理通才職能部分：

現行專技轉任人員晉升簡任官等資格條件，為合格實授薦任第九職等職務年限六年。未來修正為合格實授薦任第 9 職等職務年限三年，使得專技高考與公務人員高考及格人員相同。且其以該職等職務辦理之年終考績最近三年、二年列甲等、一年列乙等以上，並已晉敘至薦任第 9 職等本俸最高級後，再經晉升簡任官等訓練合格者，取得升任簡任第 10 職等任用資格，使渠等陞遷與一般簡任公務人員一致，得依一般現職公務人員規定調任。

3. 增進專技轉任人員誘因措施

全面採計民間年資提敘或提高職等雖難獲得共識，惟如專技轉任人員初任一律以薦任第 6 職等任用，又似難吸引民間具多年工作經驗之優秀專技人才進入公部門服務。以實際從事相當之專門職業或技術職務五年或九年以上，且具執業經歷及實績有證明文件，作為以薦任第 7 職等或薦任第 8 職等任用之條件，增加轉任誘因，延攬民間具多年工作經驗之優秀專技人才進入公部門服務。

參　轉型中策略性人事制度的實然：考績法草案的策略性人力資源管理思維

　　學者與專家們指出，無論是企業的員工績效評量或公務人員年終考績，其目的有三：一、行政性目的；二、發展性目的；及三、策略性目的。行政性目的是指根據考績結果對受考人進行獎勵、懲處、任用、陞遷、加薪等人事管理措施；發展性目的是指運用考績結果，協助當事人瞭解自我工作能力優劣點，並且據以提供各種適當的改善工作能力或訓練協助措施。至於策略性目的則係指透過績效管理的實施，使得員工個人目標與機關組織目標結合起來；使得員工績效與機關績效結合起來，以提升政府施政績效。

　　進一步論之，以人力資源角度出發之考績目的，側重員工的發展功能，重視員工的未來發展性，以考績結果作為職務歷練、工作輔導、決定訓練需求、員工生涯規劃等之參考。在考績實務操作上，當我們發現員工的工作表現不如預期標準，就要給予必要的訓練；當我們發現某位員工的工作超出預期水準，深富潛力，就該成為我們組織的珍貴資產，而長期培育之道，就更要施予訓練。筆者多年的人力資源管理實務體會，有一句非常經典的話，那就是：「考績最終之目的就是訓練」，亦即，表現不佳的員工要培訓，表現優異的員工更要施予培訓及培育。

　　學者專家對現行考績制度目的或功能不彰的批評，每聚訟於公務人員考績法制上或實務上，侷限於行政性目的，卻忽略發展性目的。「座而論易矣，起而行難矣。」如何將上述批判轉化成制度的改善呢？要知，任何制度的變革或非一朝一夕之功，總是多年積累；非一人一力之得，總賴眾志成城。筆者任公職以來，每思完善人事制度，胥賴理論與實務的結合。自105年轉任銓敘部後，有機會能夠從文官法制面，對公務人員人事制度改革，略盡薄棉。因而，能將當代策略績效管理的理念，注入考績制度變革之中。因能對銓敘部現階段考績法修正案背後的策略人力資源管理意涵，做較完整勾勒，期形諸文字能讓讀者對考績制度的瞭解，不僅止於法規文字的推敲、訓

詁，更期盼能夠指引讀者對考績制度的瞭解，得其肯綮。

記得前面提到，筆者從上述人力資源管理理論與 OECD 報告歸納出，判准一個公共人事制度是否為走向策略性人力資源管理的基準為：一、在垂直結合方面：人事行措施是否「向上」與國家或機關目標做垂直的連結？二、在水平結合方面：各種人力資源管理措施：甄選、任用、升遷、調派、培訓與培育、待遇、獎懲考核等，能因業移需要做有效的結合。我們將以這二個基準，印證公務人員考績法草案是否具有策略性思維？

一、落實考績策略性目的之設計

現行公務人員考績法第 9 條規定，公務人員之考績，除機關首長由上級機關長官考績外，其餘人員應以同官等為考績之比較範圍。本條文係針對公務人員個人的工作表現做考績；至於，以團體績效為評量對象，列入考試院自 100 年起所推動的考績法修正草案的重點，原係依據行政院 91 年起推動的「行政院暨所屬各機關績效獎金暨績效管理制度」，所創立的團體績效評量制度而設計（林文燦，民 98），此一修法重點就是開啓我國公部門因應國際潮流，由過去著重個人績效的考績制度，從法制面轉而重視團體績效之象徵，雖目前尚未法制化，但已列入考績法修正方向，應該是不變的。

是以，此次銓敘部亦將團體績效評量制度規範在修正草案第 15 條規定，「公務人員之考績，除機關首長由上級機關長官考績外，其餘人員應以同官等為考績之比較範圍（按：係指個人績效的評量）。主管機關及各機關得視其業務特性，分別辦理所屬機關間及內部單位間之團體績效評比，評比結果得作為辦理平時考核獎懲及考績之參考（按：係指團體績效的評量）」。

筆者在第七章析論公務人員考績制度時，曾論述如何提升組織或國家整體績效？在理論意涵上，就是建構一套既能使組織目標（績效）與員工個人目標（績效）垂直整合（alignment），也同時能兼顧績效管理與誘因機制水平整合的績效管理制度；在實務意涵上，所謂績效管理制度就是透過行政機關團體績效評比機制之建構，整合團體績效評比制度與誘因分配機制，使組

織績效與個人績效結合，績效評比與誘因分配連結，進而大幅提升政府施政績效。此修正條文草案所規範團體績效的評量，就是考績的策略功能制度化的設計。綜合言之，符合筆者所設定：策略性人力資源管理的基準一，在垂直結合方面：人事行措施「向上」與國家或機關的組織目標做垂直的連結的基準，得以落實考績的策略性目的。

二、落實考績發展性目的之制度設計

考績法第 2 條規定，公務人員之考績，應本綜覈名實、信賞必罰之旨，作準確客觀之考核。考績制度的宗旨為「綜覈名實、信賞必罰」，而此一宗旨之落實須與其他人事政策或措施相結合，是落實策略人力資源管理所側重之與其他人事措施的水平結合的策略思維。以考績結果作為薪資、敘獎、任免、晉升的依據，這是考績制度的傳統功能，它著眼於員工過去的工作表現。

至於，所謂考績的發展性目的，以考績結果作為職務調整、工作輔導改進、決定訓練需求、員工生涯規劃等之參考依據，重視員工的未來發展性。上述學理上予以制度化，具體條文化於修正草案第 2 條規定為：「公務人員之考績，應綜覈名實、公正公平，作準確客觀之考核，以充分發揮獎勵、懲處、拔擢、培育及輔導之功能。」增列條文「……，以充分發揮獎勵、懲處、拔擢、培育及輔導之功能。」依據條文說明，對表現績優者予以獎勵、拔擢、培育；表現不佳者予以懲處、輔導，以充分發揮獎優、激勵、輔導、發展等現代人力資源管理功能，期能落實績效管理，提高機關行政績效及服務品質，此一條文最重要的意義是，將學者專家對公務人員考績制度欠缺發展性目的之座議，轉成制度改革的具體做法，這也是常任文官對國家文官法制的所做的專業政策建議。綜而言之，是另一個策略人力資源管理的水平結合的實踐。

三、著重績效面談，並修正面談項目，加入績效、倫理及職能 等現代管理理念

David Burkus（2016）書中論及：「由於年度考核一直以來成效不彰。 從 2012 年 Adobe 公司開第一槍後，越來越多的公司開始改革員工績效評估 流程，有些公司甚至完全取消了年度績效考評制度，還有一些公司不再實行 評級和評估，而是注重於真正能夠提高績效的面談。」務實而論，現階段我 國公務人員考績制度在民主課責的系絡下，自不可採行廢止考績或考核等第 的激進措施，但我們不可忽視普遍重視績效面談機制的新趨勢。因此，將考 績面談機制予以法制化，增訂爲修正草案第 24 條規定爲：「考績年度中， 一級單位主管或其授權之人員，應與受考人就工作表現、品德操守及才能發 展等方面進行面談，面談內容及結果列入平時考核紀錄。」茲摘述立法說明 內容增訂理由之要點於後，俾有助於讀者瞭解制度的旨意：

> 參酌專家學者及企業界所提建議，增訂面談雙向溝通機制。
> 一級單位主管與受考人如於年度中間適時面談，可確實且即時就
> 受考人工作表現、成果、品德操守相關表現、才能發展情形等方
> 面予以溝通或瞭解，藉由面談促成主管與同仁間之良性溝通，對
> 於工作表現未達預期標準者，主管人員可給予適當協助或指導，
> 也可檢討工作指派及人力調度之妥適性，以提升機關整體行政績
> 效及服務品質。又面談包括受考人工作表現、品德操守及才能發
> 展等績效面向，透過面談可使考評者與受考人確實瞭解受考人實
> 際工作表現及成果，將使績效考核之評擬更具正確及客觀性，並
> 將面談內容及結果列入平時考核紀錄。

另外讀者要留意的是，現行公務人員考績法第 5 條規定，平時考核就 其工作、操行、學識、才能行之。這些平時考核項目建立於民國 38 年，如 今看來，文學性較強，卻欠缺現代管理概念及可操作化。爲與時俱進，與現

代管理理念同步，乃檢討績效面談項目，併入企業管理概念，並予以操作化爲：(一) 工作表現〔績效（performance）面向〕；(二) 品德操守〔倫理（ethics）面向〕；及 (三) 才能發展〔職能（competencies）面向〕等三個平時考核要項；修正草案新增第 6 條規定，年終考績應以平時考核爲依據。平時考核項目引進工作表現、品德操守及才能發展等現代管理內涵，在我國公務人員考績制度鑲嵌了員工行政目的及發展目等現代管理進步的標記。

肆　轉型中人事行政業務資訊化：人事行政資訊系統的建構與應用

Thomas Siebel 在其數據轉型的暢銷書提及，1973 年社會學家 Daniel Bell 在「後工業社會來臨」（*The Coming Post-Industrial Society*）一書中，首次提出「後工業社會」概念，預測了人類經濟和社會互動結構的根本性變化，進入他所稱的「資訊時代」。Bell 將這種資訊技術推動所形成社會新秩序予以理論化，認爲它會顯著改變社會經濟互動的方式，人類的生活和工作方式都將發生深刻的變化（畢崇毅譯，民 110）。

我國政府人事行政業務的處理，亦難自外於這股資訊科技浪潮之外，故早自民國 70 年間起，即次第展開各項人事行政業務資訊化相關事宜。

一、人事行政資訊業務的角色定位

人事行政業務資訊化是個跨域的業務，它結合人事行政業務（管理）與電腦科技（資訊），在人事行政領域中是個「重要卻艱澀，而長期冷門」的業務。何故？所謂「艱澀」係指就相對多數通過人事行政類科及格的「正統」的人事人員而言，資訊科技是另一個截然不同的專業，相對艱澀。至於「冷門」則是親身的體驗，筆者雖是 74 年高考人事行政類科及格，但 75 年1 月商調到原人事局任職的第一個工作，卻是人事行政總處「資訊處」的前身——原人事行政局第四處第三科，辦理人事資料業務。記得到人事局辦理報到手續之時，巧遇已在人事局服務的碩士班同學，當他獲知我商調到人

事資料科工作時，十分詫異，好心提醒說：「林桑（我在碩士班的綽號），縱使要到人事局服務，也要選擇到第二處（負責人事任免、員額管制）這種『正統』單位，才是名門正道，才有發展；到四處三科這種『冷門』單位，只是旁門左道，沒有前景。」

雖懵懵懂懂踏入人事資訊領域，上天不負有心人，因職涯的歷練、虛心的學習、歲月的積累，使我成爲公行學術界和人事行政實務界中，極少數對人事行政業務電腦化較爲熟稔者之一；由於兼具人事與資訊等二項專業，使得筆者不論服務於人事行政總處或銓敘部，都獲得上級授命專責督導、規劃並執行各項人事行政資訊化業務。由是，累積了許多人事業務資訊化寶貴經驗，積累了不少知識管理中所謂的隱性知識。退休後，有感隱性知識傳承與分享之必要；特藉本書改版之際，將人事行政總處及銓敘部二個中央人事主管機關推動考銓、人事業務資訊化歷程，摘述成章，俾利知識分享，傳承這個較爲冷僻的考銓制度領域。人事行政業務資訊化包三個概念：(一) 既稱「化」，就是它是個變革的過程；(二) 人事行政業務內涵；及 (三) 資訊內涵。政府將手工處理的人事業務，轉變成用資訊科技處理的變革過程的情形如下。

二、資訊科技與管理資訊系統

(一) 資訊科技發展歷程簡介

1946 年美國軍方在賓州大學製造出人類第一部電腦；1964 年號稱電腦界藍色巨人的 IBM 公司，首先使用積體電路（integrated circuit, IC）研製成功成 IBM 360 型電腦，是爲所謂之大型主機（mainframe），其主要運用在簡單處理交易記錄以及商業報告的文件，這個時期侷限於資料處理（data processing, DP）或電子資料處理（electronic data processing, EDP），所稱電子資料處理是指利用電腦和電子資料型態，處理文件或文書作業並儲存相關資料。例如，以電腦處理公務人員履歷、差勤等資料的輸入、儲存，有別於傳統以人工書寫和處理文件的方式。102 年 1 月 1 日配合行政院組織改

造，行政院主計總處成立資訊處的前身名為「行政院主計處電子處理資料中心」，就是這個時期的表徵。

1960 年代中期後，公民營企業及行政機關紛紛邁入業務與電腦結合及應用階段，即所謂「業務電腦化」。運用業務與電腦結合的資訊系統，稱之為「管理資訊系統」（management information system, MIS），它跨越了電腦處理電子資料的範圍，擴及到業務的電腦管理或資訊應用的層面。

1980 年代以後，電腦和網際網路通信技術結合運用，將組織內部員工與外部的顧客聯成網絡，交換並共享資訊，又稱互聯網。例如，人總處所發展出的 WebHR 就是結合公務人力資料庫與網際網路，建構得以「網聯」全國近 5,000 的人事機構及近 8,000 名人事人員的人事行政管理資訊系統。究其本質，就是資訊科技與業務管理結合而成的「管理資訊系統」，其用語至今仍廣泛使用中。

(二) 管理資訊系統相關概念

1. 定義

管理資訊系統（management information system）是一個發展中的概念，不斷擴大其內涵。1970 年 Walter T. Kennevan 首先提出「管理資訊系統」一詞，卡爾森管理學院（Carlson School of Management）也給出一個經典的定義，所謂管理資訊系統係指結合電腦硬體、程式軟體、人機介面、決策模型和資料庫等要素，在組織業務處理、管理和決策制訂等各個層面，提供資訊科技支援的人機系統（man-machine system）。這個定義比較全面性，因為它涵蓋了管理資訊系統的目標、功能和組成要素（Yuanxin, 2017）。

為了描述管理資訊系統的應用，Kenneth C. Landon 與 Jane P. Landon 夫婦於其「管理資訊系統》」著作中，給出運作性的定義。首先，從技術面言，管理資訊系統是資訊蒐集、處理、存儲和流通的系統，用以支持組織內部決策和控制；其次，從業務面言，管理資訊系統以資訊技術為基礎，對於組織內外各項資訊的輸入、處理、輸出和反饋進行組織和管理，以肆應環境

挑戰（Yuanxin, 2017）。

2. 功能

一般而言，管理資訊系統具有以下的功能：

(1) 數據蒐集（data cpaturing）：蒐集組織內、外部與業務有關的各項數據，數據蒐集方式，在主機時代是透過終端機、打孔機、磁帶等；在 PC 時代則使用大家熟知的鍵盤輸入；到了大數據時代，數據蒐集方式更是五花八門，如語音輸入、掃描工具、錄音、錄影設備及傳感器等。

(2) 數據處理（processing of data）：對組織蒐集來的數據，轉換為業務所需的管理資訊。數據處理是通過運算、比較、排序、分類和歸納等活動來完成的。

(3) 資訊儲存（storage of information）：儲存已處理或未處理的數據，通常以資料庫型態儲存，俾作業務進階處理。如全國公務人力資料庫。

(4) 資訊檢索（retrieval of information）：業務單位可從資料庫中檢索出有用的資訊，作為業務運用的參考。例如人總處 WebHR 的選員系統；或從銓敘部銓審系統中，檢索出各種關升遷、銓審等銓敘資料，作為人事業務處理及決策的參考。

(5) 資訊流通（dissemination of Information）：各種業務資訊在組織內迅速流通共享，以網路代替馬路，提高行政效率。例如，全國公務人力資料庫的人事資料，由全國人事人員共享，並因業務需要加值使用。

三、我國人事行政資訊系統發展歷程

通曉歷史，立足當下，展望未來。筆者非常幸運能立身於人事行政資訊系統發展實境，有機會親身經歷我國人事資料的蒐集、管理及運用等資訊化過程，藉此謹將配合資訊科技、軟硬體、開發工具、資料庫架構的演進狀況，彙整成人事資訊系統的發展紀要如下：

(一) 主機階段

為有效推動人事業務資訊化，提高人事資訊管理品質，促進人事作業效

率化。原人事行政局自 71 年起，陸續依行政院核定之「建立人事行政電腦化資訊系統計畫」暨「行政院暨所屬各機關學校人事行政資訊化統一發展要點」等規定，積極推展行政院暨所屬各機關學校人事行政資訊業務。此時，為人事資料業務電腦化伊始之際，係以主機建立人事行政資訊系統，並獲得原行政院主計處電子處理資料中心協助人事資訊系統程式設計，邁出人事業務電腦化的第一步。

人事資訊系統係由原行政院主計處電子處理資料中心協助開發，包含人事資訊系統程式的撰寫、人事資料管理及主機硬體設備的維護等。這個階段主要任務是將紙本的公務人員履歷表，轉化成以主機儲存、處理電子資料階段，籌建「公務人力資料庫」，以數位型態儲存公務人員人事資料，奠定了人事資料電腦化或數位化的基礎。這在當時是一個政府創新（innovation），人事前輩的有智慧的政策決定。

全國公務人力資料庫之內涵，含公務人員基本資料、經歷、考績、銓審、學歷、考試、訓練、親屬、甄審、獎懲、教師敘薪等人事 21 表資料。依據「各機關人事資料管理規則」第 7 條規定：「個人資料，各機關應定期傳送各主管機關，再由各主管機關查核無誤後，每月彙送銓敘部。但行政院所屬各機關，由行政院人事行政局每月彙送銓敘部。」又為簡化行政程序及避免因交換作業造成資料轉錄所造成之時差，由人事總處彙整全國公務人員基本資料，送由銓敘部以「資料庫對資料庫」的連線方式，進行後續人事資料之管理與應用。如圖 14-4。

(二) 個人電腦階段

在技術層面言，隨著 PC 逐漸成熟，原人事局為進一步全面推廣資訊業務，將人事業務電腦化推廣，扎根至全國基層機關的人事單位，乃著手規劃建立在 PC 上具有共同規範之人事業務共用性資訊軟體——「PC 版人事管理資訊系統」，提供各級人事機構使用，以協助其有效處理日常人事業務。

在管理層面言，「PC 版人事管理資訊系統」的推動，是為了突破前述

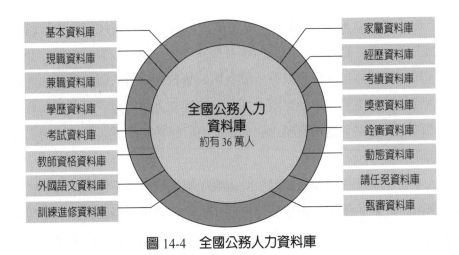

基本資料庫
現職資料庫
兼職資料庫
學歷資料庫
考試資料庫
教師資格資料庫
外國語文資料庫
訓練進修資料庫

全國公務人力
資料庫
約有 36 萬人

家屬資料庫
經歷資料庫
考績資料庫
獎懲資料庫
銓審資料庫
動態資料庫
請任免資料庫
甄審資料庫

圖 14-4　全國公務人力資料庫

資料來源：筆者依據人總處公務人力資料庫繪製。

主機發展階段之瓶頸，將人事資料蒐集方式原以集中由送請人事局及各分工機關集中審查、輸入方式，所造成基層單位不重視資料正確性，任意報送的弊病，改由人事資料異動之發生地點（如各人事室）直接登錄，並可做在地的人事資料運用。由於，基層人事單位與主管機關間互惠的作為，除人事資料之正確、新穎大幅提高外，人事資料異動作業期程更大大縮短。

　　就人事資訊基礎建設言，原行政院研究發展考核委員會「政府機關辦公室自動化推動小組」於 80 年 7 月間召開第三次委員會議，報告資訊化規劃構想，其中與人事資訊有關之業務為開發人事管理資訊系統。因原行政院研考會作業構想與原人事局積極開發之「人事管理資訊系統」目標一致，原人事局與原行政院研考會邀集有關機關研商，筆者時任人事局第四處第三科人事資料科科長，躬逢其盛，自 80 年起即授命全權負責人事行政資訊系統開發相關事宜（按：以當時的時空，長官對資訊科技較為陌生，因此委任筆者全權負責，也在情理之中）。經克服各種困難之後，終於 82 年開發完成「DOS 版人事管理資訊系統」，此一系統的重要性，在於奠定了「全國公務人力資料庫」整合的基礎；另使人事資訊管理從「集中式管理」蛻變為「分

散式管理」。何故？因為該 DOS 版除推廣至行政院所屬中央機關之外，基於資源共享，擴及銓敘部所主管的其他四院所屬機關，將全國公務人員資料由人工作業方式改由電腦處理，並以「磁片」轉入「公務人力資料庫」，取代人事資料重複登打的人力浪費及人工作業的不必要錯誤。

　　就人事資訊發展策略言，全國公務人力資料庫得以蒐集到全國公務人員資料，因為當年業務資訊化的政策目標明確，且筆者得幸草擬「互惠」、「合作」及「精進」等推動策略，獲得長官的支持，致使透過該系統推廣使用之後，行政院所屬各級行政機關之日常人事業務均可利用電腦處理，促進人事業務處理流程之合理化，人事資料之正確、新穎，加速各級人事機構業務電腦化。86 年 9 月個人電腦作業系統，由 DOS 版轉變 Windows 版，乃配合轉換開發成「視窗版人事管理資訊系統」（簡稱 Windows 版）（按：此時，筆者已平調四處一科科長辦理全國軍公教人待遇業務），並推廣至各行政機關；89 年在節省各機關重複開發之人力及經費考量下，和教育部合作開發「公教人員人事管理資訊系統」（簡稱 Pemis2K）（按：亦為視窗版），使用者含括各級行政機關（包括中央、省屬）及福建省、連江縣各層級行政機關）及學校〔包括國立學校及省立高中（職）以下學校〕。

　　就人事資訊業務應用層面言，91 年所開發 Client-Server 版人事管理資訊系統（Pemis2K 系統），在全國各機關人事單位使用後，再加上有統一之資料報送標準作業流程等 SOP 的加持，運作順暢，推展迅速，致全國公務人員資料之蒐集數量倍增，人事資料品質正確可靠。至此，全國公務人員人事資料庫已臻粲然大備。為進一步，增進人事行政資訊應用功能，原人事局自 92 年開始規劃建置資料倉儲系統，運用資料探勘（data-mining）技術，於 93 年完成建置且開始用於產製統計報表及線上統計分析，並運用於公務人力統計與公務人力規劃。隨著資料廣泛運用，人事資料越用越正確，使得人事資料品質益臻正確、新穎境界。由是，人事資料之蒐集已由量的增加，轉型為質的提升，並嘗試運用資料探勘及商業智慧軟體（business intelligence, BI）整合公務人力資料庫的資料，彙整成有效且視覺化的決策

資訊及移動數位儀表板，作爲公務人力規劃及決策的參考。

(三) 結合網際網路發展階段

原人事局再於 97 年起，運用服務導向架構（service oriented architecture, SOA）、Web 2.0 等新的資通信科技觀念和技術，精進開發 WebHR，透過人事行政作業流程再造，縱向整合基層機關及主管機關，橫向整合各人事業務主管機關，更進一步避免基層人事資料重複報送，提升資料即時共享等問題。

綜而言之，隨著資訊、通信科技進步，結合人事業務管理及政策決定之需要，我國人事資料及人事管理資訊系統的發展，從早期主機集中式（行政院主計總處大型主機）、單機 DOS 版、Pemis2K（視窗版 Client Server 架構）、演進到 WebHR（網際網路雲端版），數十年資訊單位默默無聞、胼手胝足的努力，爲下一階段人事業務數位治理及數位轉型，奠定無可抹滅的功績，茲其發展歷程繪製如圖 14-5。

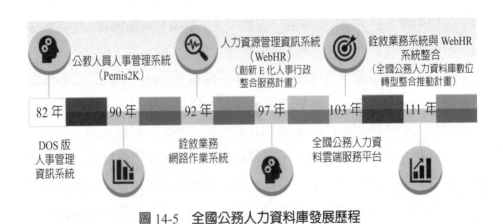

圖 14-5 全國公務人力資料庫發展歷程

資料來源：筆者繪製。

四、人事行政資訊業務整合成效

我國人事行政業務資訊化，就是將憲法及人事行政總處主管權責的人事法制及管理事項，以資訊科技爲基礎，將人事資訊綜整成輸入、處理、輸出

及反饋的系統，進行組織和管理。而所稱憲法所規範人事法制事項、就是本書第二章所指公務人員甄選、任免、獎酬、考核、退養、倫理、保障、發展的規範和法制；至於管理事項則較偏向人事總處專屬的員工待遇、福利等事項，以及人總處發展的全國公務人員差勤管理系統。

學術界與實務界對於人事行政總處與銓敘部所開發的人事行政資訊系統，有個普遍的誤解，認為有關全國公務人力資料庫係由人事總處與銓敘部個別發展營運，各行其是，並未整合。因此，在一些學術研討會的場合，或甚致一些考試委員在歷屆考試院審查會或院會，屢屢建議應予整合。這些誤解主要來自二個方面：一方面是人云亦云，不求甚解；另一方面，是因為人事行政資訊在考銓制度或文官制度的主流，不過是偏門而已，被忽視及誤解，可想而知。

筆者不揣固陋，將親身經歷，有關銓敘部與人事行政處關於人事資訊系統發展過程中的「整合」事實，如實摘陳如下，期消弭誤解，能一正視聽。

(一) 定性

如前所述，部分人士誤以為「全國公務人力資料庫」未予以整合。其實，自民國 70 年間以降，經原人事行政局（現為人事總處）與銓敘部的分工合作，公務人力資料庫的內容及作業方式方面的整合工作，大致完備。所謂「人事資料均未予以整合」是個重大的誤解，已如前述。首先，從來就只有一個「全國公務人力資料庫」。至於，銓敘部與人事總處基於憲法及相關法令，各因執行各主管權責人事業務需要，分別開發的各項資訊系統，如銓敘部所開發銓敘作業審定作業系統；如人總處所開發之待遇管理系統及生活津貼系統等，只有系統介接及資料共享，自不生所謂整合成一個資料庫的問題。

就法制面言，為登錄公務人員自考試錄取後，從任用、俸給、升遷、考績、訓練、進修、獎懲到退休、撫卹等之職涯資訊，銓敘部在公務人員任用法施行細則第 28 條規定，頒訂「公務人員履歷表」。以紙本的形式進行人

工登載久遠的傳統作業方式。

特別值得提醒的是，這個共同性的全國公務人力資料庫的真身就是「紙本公務人員履歷表」；因之，公務人員履歷表「數位化」後，就成為「全國公務人力資料庫」。因而，「公務人員履歷表」與「公務人力資料庫」是一體二面。

人事行政業務資訊化主要在做什麼呢？明確地說，就是將原用「手工」登載「紙本」的「公務人員履歷表」，改用電腦以「數位」型態，儲存、登錄、處理、運用的「公務人力資料庫」。公務人力資料庫內涵：就是依據「公務人員任用法」或相關法規任用之人員，所填寫的「公務人員履歷各表（21表）」。全國公務人力資料庫為登打、儲存及運算之便，依據全國統一代碼，依各表號鍵入欄位，亦即將各種人事資料以「代碼」的方式，儲存於資料庫之中，成為「代碼」的「數位公務人力資料庫」，例如荐任第九職等的代碼是「p09」。

(二) 全國公務人力資料庫的整合歷程

數位轉型發展歷程受到三個浪潮的影響：第一階段是數位化浪潮，將原本以紙本或人工紀錄、儲存及運算的資料，改以數據型態，並以電腦儲存、處理之。第二個階段是網際網路或互聯網的運用；現階段為建立在雲計算、大數據、物聯網和人工智慧等智能化的數位轉型（畢崇毅譯，民110），故而有謂數位轉型就是智能化。因此，從技術面論之數位轉型歷程循序包括三個方面：資訊化、網路化及智能化。

我國公部門人事行政資訊的發展，亦受到這三個浪潮的影響，次第發展，茲說明如下。

1. 第一階段整合：統一資訊化基本作業規範，推動數位化基礎建設

行政院早在民國70年訂頒「加強行政機關人才延攬培育與進用方案」，規定公務人力資料應納入資訊系統辦理。這個行政命令的重要性在於確定「人事資料資訊化」的政策，開創新的紀元。隨後，在民國71年訂頒「建

立人事行政電腦化資訊系統計畫」確定作業精神爲：「循整體規劃，分別作業，循序拓展之方式，在全國行政資訊體系之下，由各不同層級人事機構依中長程計畫，逐步建立資訊系統，達到整體性、一般性與互通性之需求，避免重複浪費。」

　　由於，當時政策決定的推動策略是「循整體規劃，分別作業，循序拓展之方式。」因此，爲齊一發展步驟，統一作業規範乃成爲最急切的基礎建設。於是，行政院在民國 73 年訂頒「人事行政資訊化統一發展要點」，其中一個很重要的資訊系統整合規範，爲全國公務人力資料庫的整合成功，奠定了穩固的基礎，其規定爲：「三、原則 (二) 公務人力資訊系統各機關宜採用人事行政局編印之公務人員個人人事資料調查表及人事行政資訊系統作業範本暨機關學校代碼本，俾建立工共同之人事資料庫。」

　　雖早自 73 年開始編定儲存於資料庫的代碼的做法，但並未做到統一，致蒐集之資料質、量均不佳。爲解決問題，銓敘部逐研訂「推動全國人事業務資訊化五年實施方案」，於 84 年 9 月訂定「全國公務人員人事資訊統一代碼管理要點」，其中有關個人基本資料（人事 21 表）之代碼權責機關爲銓敘部與原人事局，共同編碼；另一個「機關學校代碼」則由原人事局負責編訂。全國公務人力資料庫內的個人基本資料（人事 21 表）代碼包括：教育程度、官職等、獎懲結果、考績區分等，以代碼儲存，例如簡任第 10 職等代碼編訂爲 P10，原人事局機關代碼則編訂爲 323000000A，改制後之人事總處則編訂爲 A58000000A 等。此種數據化基礎建設的統一資訊化作業規範，沿用至今，何來欠缺整合之說。

　　銓敘部「各機關人事資料管理規則」第 8 條規定：「人事資料之傳輸方式、資料異動管理規範、網路作業標準、網路傳輸共通性項目及傳輸格式等，由銓敘部會同行政院人事行政局訂定。」爲辦理機關人事資料庫轉檔工作，頒訂「全國各機關人事資訊系統個人人事資料傳輸格式」，並寫入 86 年 9 月人事局完成「視窗版人事管理資訊系統」，沿用迄今。可見，整合行腳早已邁開，整合基礎建設更是次第竣事。

2. 第二階段整合作為：確定「合作」、「互惠」及「精進」整合策略，並賡續推動

人事行政業務資訊化的推動，不是單純技術開發及引進；非技術面的推動策略與管理，或許更為重要。具體地說，機關間水平合作：如何尋求銓敘部與人事行政局的分工合作；機關間垂直合作：如何尋得中央人事主管機關與基層單位間通力合作，同等重要。因此，原人事行政局在民國 82 年推動 PC 版人事行政資訊系統時，確定了「全國公務人力資料庫」的整合策略為「合作」、「互惠」及「精進」，延用至今。此一整合策略意義如下：

第一，業務資訊化的合作策略：正確的資料是決策的基礎，如何使資料正確一直是資訊化努力止於至善的目標。欲達此政策目標，在資訊業務的推動策略上，就是要先建立一套能夠滿足第一線人事同仁處理其日常人事業務的資訊系統；建立一個能夠減輕第一線人事同仁例行業務負擔的人事資訊系統；建立一套能夠讓第一線人事同仁友善而樂於操作的人事資訊系統；建立一套能夠讓第一線人事同仁由依賴產生信賴的人事資訊系統。

第二，業務資訊化的互惠策略：當年筆者作為原行政院人事行政局（以下簡稱人事局）第四處第三科人事資料科科長時，在推動 WebHR 前身 PC 版公務人力資訊系統的說明會上，提出「甘蔗渣」的隱喻，作為落實業務電腦化的策略思維。亦即欲達成人事資料正確、新穎之政策目標，須特別講求究其推動策略，如同夜市的現榨甘蔗汁一般，最好喝的甘蔗汁賣給顧客，而甘蔗渣渣留給老闆，老闆可以加值運用。甘蔗汁就是「隱喻」能夠滿足第一線人事人員日常人事作業的資訊系統，而其產生之各種正確人事資料就如同甘蔗渣般運送，傳輸給中央主管機關業務加值運用。也就是說，唯有讓基層人事人員喝到如「甘蔗汁甘甜」的人事資料，基層人事單位同仁才願意自發地「如期、如質、就源蒐集人事資料」；唯有基層人單位「樂於」使用資訊系統處理其日常、例行性人事業務，因為「天天使用，天天依賴」人事資料才會越用越正確，再透過網路傳輸，源源不絕彙整到全國公務人力資料庫的人事資料，才能確保「正確、新穎」，作為人事決策的依據。

　　第三，人事業務資訊化技術精進策略：至於「精進」策略之要旨在於隨著資訊科技的進展，不斷精進資訊系統，公務人力資訊系統由「DOS」版，到「Windows」的 Pemis2K 版，再精進為結合網際網路的「WebHR」版。

　　綜合言之，賡續依據「合作」、「互惠」及「精進」整合策略，使得推動人事行政業務資訊化，滴水穿石，歲月過隙，成效斐然，尤其是在技術面的持續精進，於 98 年以基層人事人員為中心開發建置網際網路版人力資源管理資訊系統，更標記系統開發邁入成熟期，更開啓人事資料應用的新紀元，將資料庫內的個人基本資料、組織編制、考績、任免遷調、獎章獎懲等運用於人事甄審、考績，進一步運用彈性人事選員作業，協助各機關可以就年資、職等、銓敘、學歷等各種條件，彈性組合輸入資訊系統，瞬間跑出篩選後合條件的名冊，供首長選員，選拔優質公務人員的參考。使得全國各人事機關更有效率處理日常人事業務，目前除行政院所屬機關外，總統府、四院暨所屬等機關，均已使用 WebHR 處理日常人事業務。

五、人事行政業務資訊數位轉型的下一階段

(一) 英美等國政府部門數位創新的做法

　　發源於英國的政府創新（government innovation），盛行於、美國的政府再造運動風潮，開創新公共管理的學術領域。在師法企業的諸多領域中，政府治理創新與資訊、電信科技相碰撞後，創造了一種被稱為電子政府和數位政府（e-government and digital government）的數位治理創新典範；換個說法，政府再造的精髓在「師法企業」，大量引進盛行於企業且成功的管理工具，如策略管理、績效管理、績效待遇等。至於，英美等國政府創新結合企業界所運用的管理資訊系統的理論與技術，創造了所謂的電子政府和數位政府。傳統上，電子政府是利用資訊及通信科技，提高政府機構的效率及線上服務。根據 OECD（2014）的定義，所謂電子化政府是指政府利用資訊及通信技術，特別是互聯網，透過流程改造，提高效率，提供更好的服務，恢復公民對政府的信任。

590　考銓制度

1990 年代中期，網絡政府（cyber government）、虛擬政府（virtual government）等術語，伴隨電子政府一起使用。降至 2010 年代，「數位政府」一詞開始取代電子政府，數位政府可視為電子政府的延伸，是電子政府的進化版，因為它進一步透過社交媒體、移動互聯網、大數據和人工智能技術，以新的方式連接各級政府和公民。因此，數位政府利用比電子政府更多樣化的數位技術，大大提升公共服務的效能。

筆者要特別強調一下，英國是個傳統的民主國家，給人保守的印象，但事實不然，英國政府在 2012 年 1 月宣布「政府數位策略」（government digital strategy），大量運用資訊科技於政府創新，更重要的是成就斐然，這是我國政府部門值得仿效者。讀者若有興趣可以上英國內閣辦公室（按：英國現行中央人事主管機關）查詢。

該辦公室在「政府數位策略」開宗明義揭示其數位策略及其角色定位，可以作為我們中央人事主管機關政策學習的參考，茲摘述如下：[3]

> 我們是效率與改革計畫、公務員改革計畫、資訊通信技術策略、政府運營、跨政府管理資訊和跨政府數位策略的領航者。我們不僅將推動所有公務員團隊的變革，且使大家全心全意地迎接挑戰，真正地實現業務數位化。我們將擺脫過去的做法，包括從孤立和不透明的方式工作，轉向以用戶為中心和開放的新工作方式，創建和構建出一個打破部門隔閡，且能更有效地工作的政府平台。

(二) 數位轉型推動架構

英美及一些 OECD 會員國在政府創新的大纛下，重度運用資訊科技，

3　Cabinet Office Digital Strategy. https://assets.publishing.service.gov.uk/government/uploads/system/uploads/attachment_data/file/80173/Cabinet-Office-Digital-Strategy-20-12-12.pdf（首次造訪日期：2023 年 7 月 17 日）。

從電子政府轉型為數位政府，其背後蘊涵的是「數位轉型」的概念（OECD, 2014）。基本上，數位轉型也是一個從企業界引進政府創新的資訊科技運用概念及工具。就組織層面言，數位轉型就是組織轉型，是在數位經濟下，將數位科技與企業管理流程加以整合的組織轉型。Warner 與 Wäger（2019）提及，就策略層面言，數位轉型是一個持續的策略更新過程，它使用先進的數位技術來更新或取代組織業務模型、協作方法和文化的能力。

就整體策略層面言，所謂數位轉型是是一種全面性的組織轉型，一種由資訊科技所激發的組織轉型，由數位技術和數位能力（digital technologies and digital capabilities）所驅動，使企業必須重新省思業務模式，聚焦組織結構重新設計，價值觀改變以及優化其工作流程和方法，促使組織能在變動不居的數位世界之中，不斷變革，以保持有效競爭。以系統角度分析，數位轉型尚含涉組織外在環境，以及內在組織結構、及其管理功能。管理有效性並非來自個人行動和個人決策，而是來自相互依存的互動，這些互動被認為是根著於每個組織個別的特定情況，持續轉型與發展。總之，數位轉型是一個高度複雜的過程，數位轉型過程不應該以隨機、非結構化、不協調的方式進行（Wenzel, 2021）。

如同筆者所主張者「業務電腦化」的重要性在於業務，更甚於電腦化；數位轉型是個複雜的組織變革，因比數位轉型的重要在變革，更甚於數位化；重點在業務面，而不在技術面。論者謂數位轉型有狹義與廣義之列，狹義數位轉型主要是指利用資訊技術的轉變，聚焦於技術面；廣義的數位轉型則是利用數位資訊技術，對企業、政府等各類組織的業務模式和運營方式進行系統化、整體性的變革，更關注數位技術對組織的整個體系的重塑。

但無論是狹義的還是廣義的，既稱為轉型，就意謂著是個過程。就技術面言，數位化發展或數位轉型從資訊化、網路化和智慧化等三個方面依序發展。資訊化、網路化是智慧化的基礎，智慧化是數位化發展的必然趨勢。數位轉型是由資訊化向網路化、智能化轉變的過程。所謂資訊化係指運用資訊科技將企業運營管理與記錄予以數位化過程；網路化的核心是通過互聯網

（網際網路）、移動互聯網等技術，將機關間業務緊密互聯。至於正在進行中的智慧化，其核心是透過 AI、大數據等資訊對海量數據進行廣泛且深度的開發與利用（張建鋒等，民 111）。

　　筆者依據數位轉型理論上意涵，結合我國政府部門特有環境及參與人事政策規劃及人事行政資訊推動的經驗，草繪我國人事行政資訊數位轉型下一階段「國家人力資源管理部門數位轉型鑽石模型」（如圖 14-6）。將數位轉型的願景定爲「轉型爲國家人力資源管理部門」，在願景指引下，數位轉型的內容：1. 技術轉型：係指資訊系統優化；至於，其他非技術面轉型、變革，包含 2. 業務轉型：含法制轉型、流程轉型及內容轉型；3. 角色轉型：由人事警察轉型爲策略夥伴，及最後的組織轉型：文官制度變革者及文官制度維護者。一個始自技術轉型，漸次進入業務轉型，促動角色轉型，最後的組織轉型，是一種循序、併發而螺旋提升的使數位轉型的進程。

　　由於，筆者時任常務次長時，總理銓敘部資訊業務，故得便能將前開「數位轉型」構想，以銓敘部爲試辦機關。

(三) 啓動時機與構想

　　面對數位化及疫情的衝擊，居家辦公儼然成爲後疫情時代興起的重要辦公型態，對於銓敘部來說，也數位轉型突破的契機。筆者受命於規劃構想及推動策略爲：轉型的第一階段，是經由全面檢視公文線上簽核系統，落實資訊系統優化及公文檔案數位化。第二階段，從公文線上簽核系統操作流程，反思佔本部公文處理極大比率大宗的銓審及退撫二大作業，進行授權（對機關）及授能（對同仁）等流程轉型；進而，並確切省思本部職掌法規及業務的合宜性及合理性，讓本部同仁不再重複處理案件之檢核及審定，從銓敘審定的例行業務脫困，轉型爲致力前瞻性文官制度規劃及創新，眞正完成業務轉型；從辦理銓敘審定的人事警察機關，轉型成爲純粹的文官法制主管機關應有的定位角色。

　　第三階段，銓敘部未來更能透過前述人事資料數位化後相關數據，進

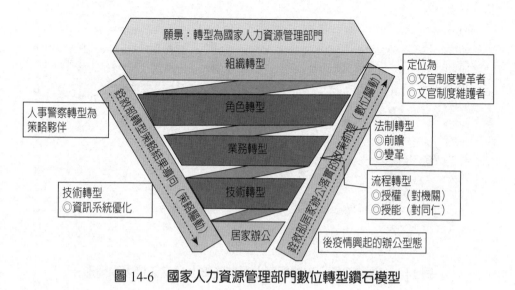

圖 14-6　國家人力資源管理部門數位轉型鑽石模型

資料來源：筆者自行繪製。

行策略分析及研擬政策；讓銓敘部重拾為文官制度的變革者與擘畫者的定位，進而邁向國家人力資源管理部門之願景。

(四) 轉型策略

1. 第一階段數位轉型技術面：居家辦公（數位轉型）

　　銓敘部周部長志宏眼光獨到，早在 110 年 2 月即指示筆者預為規劃居家上班相關事宜，核定「實施居家辦公試辦作業計畫」，正式施行分流居家辦公。故能在 5 月疫情爆發，國內進入三級警戒時，能立即超前部署正式施行居家上班，人數最多時，高達二分之一（李俊達、林文燦，民 112）。把握此次疫情契機下，落實居家辦公，以邁出數位轉型的第一步。而推動居家辦公關鍵之處，固然在於技術面 - 可否因公文線上簽核作業落實執行，大量取代用仁所習慣的紙本公文作業方式；而更重要的是，非技術面的突破：如何透過資訊室與業務單位的共同協作，業務單位內簡化流程之討論，營造互信及良好溝通之工作環境，改變同仁公文簽核習慣後，全面採線上簽核方式，都是銓敘部能務實推動數位轉型階段目標的關鍵。

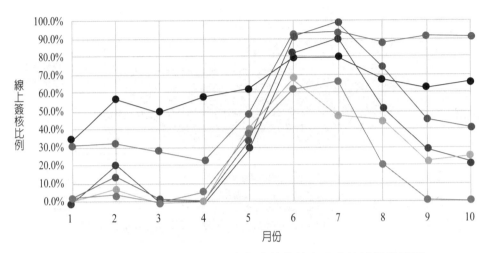

圖 14-7　銓敘部疫情期間居家上班前後線上公文簽核變動情形

資料來源：銓敘部。

　　疫情期間公文線上簽核的比率的確大幅提高，如圖 14-7，該圖的曲線代表銓敘部各業務單位獻上公文簽辦比率的變動情形，依據疫情最嚴重的 5 月至 7 月統計，其中 5 月起各業務單位線上公文簽核量直線上升，6 月及 7 月各內部單位線上公文簽核量都達到高峰，顯見，疫情所迫使的居家上班，的確使得數位轉型的第一階段的技術轉型是可行且成功落實，爲數位轉型奠定良好的基礎。

2. 第二階段：數位轉型非技術面轉型：業務轉型及角色轉型

　　從數位轉型過程中，重新省思銓敘部的業務及角色定位，本書前面論及 OECD 會員國中央主管機關紛紛推動業務及角色轉型。管理大師 Peter F. Drucker 曾說，「成功的管理者首要工作，在決定應拋棄那些過時的業務。」筆者從 105 年調任銓敘部服務後，認爲銓敘部當然需進行業務簡化程序，適當授權及彈性分權等，方能讓銓敘部同仁跳脫例行銓敘審定工作，轉型爲從事公務人力規劃、人事制度研擬等，作爲所謂文官部該有的本職業務及角色期望。

(五) 數位轉型下一階段推動做法

1. 策略

　　銓敘部訂頒「全國公務人力資料庫數位轉型整合推動計畫」，其計畫目標爲：

(1) 完善全國人事主管機構合作夥伴關係，行政院人事行政總處（以下簡稱人事總處）提供優質資訊系統服務，銓敘部規劃人事資料政策整合方案。

(2) 完成全國公務機關人事資訊業務整合架構，以提升人事服務效能；建構數據導向人事決策機制，以提高人事決策品質。

(3) 運用資訊、數位轉型科技，落實組織轉型之政策目標，使銓敘部由銓審之例行性審定業務，轉型於專注文官制度及銓敘政策規劃。

2. 目標與具體做法

　　任何政策都是目標導向的行政作爲，有關本項數位轉型之具體做法，如圖 14-8，並詳述如下：

(1) 數位轉型具體化：全面檢討公務人員任免、銓審作業流程數位合理化及標準化，以奠定人事業務數位轉型的基礎建設，澈底審視銓敘部與人事總處相關人事作業流程，針對關鍵流程進行優化及實施流程再造。將銓敘部銓敘案件報送作業與人事總處 WebHR 人事資訊作業進行整併成單一入口，任審作業內容：包含 25 種任用案別，送審書表歸納爲 4 種，應檢附相關證件由原 16 種簡化爲 7 種。此爲業務轉型中之流程轉型具體做法。

(2) 資訊整合無縫化：整合人事總處「人力資源管理資訊系統」（WebHR）與銓部「銓敘業務網路作業系統」，並以 WebHR 爲全國人事資訊作業的單一入口窗口。就跨機關人事資料、資訊系統及作業流程之整合及資訊優化，各機關基層人事單位於辦理各項人事及銓敘審定業務時，由系統自動整合人事總處與銓敘部所需各項資訊，毋須二次作業及重複進行報送工作，此爲技術轉型之資訊系統優化。

(3) 送審作業無紙化：由於部分公務人員任用或俸給審定案件，因案型內容

複雜，常須檢附相關證明文件，經銓敘部重新檢討原所須檢附相關證明文件，透過整合相關人事資料，免送附件及簡化，原需檢附相關證件由原 16 種簡化爲 7 種，並全面廢止銓敘案件紙本送審作業，改採線上網路報送。運用資訊科技，推動數位轉型，取代原先費時耗力的人工作業，此爲技術轉型之資訊系統優化；另在 ESG 浪潮下，銓審案件報送無紙化，爲節能減碳的永續發展，盡一份力量。

(4) 銓敘審定智慧化：以業務思維進行作業流程改造及數位化，爲落實銓審業務審查智慧化，建立銓敘審查自動檢誤資訊系統，導入「智慧審核」創新做法，經由建立銓敘審查檢誤資訊系統，透過內部審核作業流程標準化、合理化；更透過銓審業務類型化與檢誤資訊系統之結合，大幅減少重複性與低效率的例行人工審查作業，減少人工錯誤外，最重要是約可節省六成例行銓敘審定業務，轉而從事文官制度及政策規劃，此舉使銓敘部之角色轉型及組織轉型，不會淪於紙上空談。

依整合案件範圍分析，銓敘部 110 年銓審簡易動態報送案 39,297 人次，任審動態審查案 27,090 人次，各機關聘用人員登記備查案 25,068 人次，以

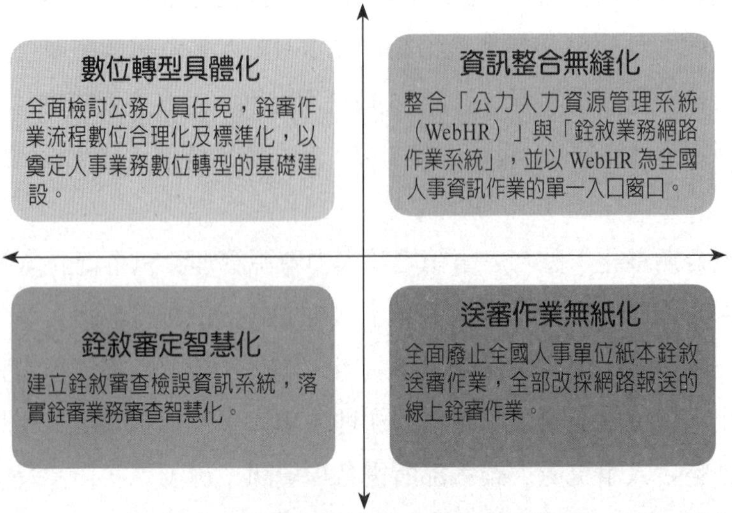

圖 14-8 全國公務人力資料數位轉型目標

資料來源：筆者自行繪製。

及各機關職務代理名冊報送案 23,460 人次，合計占銓審案件約 98%。上開案件經簡化報送流程，可同時降低基層人事同仁例行性業務負擔，使得人事單位能從人事業務跳脫出來，轉型為走動式、溫馨式人事服務轉型；另使銓敘部同仁從例行銓敘審查業務，轉型為文官制度制度規劃，落實總統宣示國家人力資源部門。

六、人事行政資訊系統的影響與成效

　　人事行政資訊系統本質是管理資訊系統，人事行政資訊系統對於考銓制度或文官制度或公共人力資源管理，產生許多影響與成效，茲摘要說明如下：

(一) 增進員工工作能力，提高行政效率

　　透過電腦及網際網路的運用，可增進組織各個部門間的互動，促進橫向溝通。資訊技術帶來更快的資訊的運用優勢，例如，同仁間利用電子郵件互通資訊、檔案傳輸；利用社交媒體即時通訊等，可以增進業務瞭解，減少誤解；透過檔案即時傳輸，可以節省公文傳遞的時間，節省公文重複繕打的時間與錯誤，提高行政效率。舉例來說，筆者初任公職時，盛行紙筆公文，人事行政局同仁公文能力首屈一指，部會無所能及，也是長官訓練部屬、品鑑部屬的主要工具，不但公文用語精準，架構嚴謹，文字更求工整。一旦長官退稿，即須重新謄寫重繕。有一位政大公行碩班同學任職原人事局，被退公文，創紀錄達 27 次之多，苦不堪言。筆者是人事界第一位以電腦簽辦公文者，雖然長官頗不習慣，但稍有時日，其他同仁也漸漸仿效，終成潮流，很特別的職涯回憶。何故？因為當時 PC 未見普及，人事局只有寥寥數台而已，文書處理軟體 PE 功能簡陋。回想起來，光景依舊，分享讀者，博君一粲。

(二) 促進資訊流通與共享，降低業務單位間的隔閡

　　員工藉助各種資訊技術及規範，更輕易接觸、查詢組織各部門公開的資訊。除消除了資訊重複存取，避免不必要的浪費外。更能組織資訊流通動能

充足，增進單位間的瞭解；能夠有效應對業務風險，降低不確定性等因素。以銓敘部業務為例，留職停薪涉及公務人員服務法、陞遷法、公務人員保險法、公務人員留職停薪辦法，這些法制在銓敘部涉及法規司、銓審司及退撫司等三個單位，透過資訊科技的運用及存取規範，可促進單位間相關資訊自由存取共用，避免各自為政，以發揮業務協作的綜效。

(三) 即時全面存取和檢索資訊

　　透過各種文書、試算及資料庫等套裝軟體的運用，對於資訊的存儲、檢索和交流變得更加容易和有效。資訊改善了數據蒐集匱乏，豐富了知識智能，提高了分析能力，從而實現了更好的決策判斷。大多數人事界學者與專家並不知情，全國人事資料的異動（包括銓敘部銓審資料庫的銓審資料），已在資料登錄當晚以批次作業自動更新公務人力資料庫。因此，從 70 年開始，推動人事業務資訊化的前輩及資訊同仁所念茲在茲的人事資料「正確、新穎」的政策目標，已經逐漸達成了。看似無奇的「正確、新穎」四個字達成之後，其實是意味著我國公務人力資料庫以達到「即時」的境界，具有重大的意義，但總被輕輕帶過。

　　由此，全國公務人力資料庫人事資訊的存取、檢索是全國 4,000 多個人事單位日常人事業務依賴最重的功能，例 WebHR 所提供的彈性選員功能，當各機關發生缺員甄補業務時，只要在 WebHR 系統上，彈性輸入所需之職等、職系、年齡、學歷、考試類科等條件，可瞬間篩選出合於條件的候選人名冊，作為下一個階段甄選的基礎。人總處、銓敘部發展出許多日常人事業務功能，對於提高公共人力資源管理質量的提升，落實人才管理，助益甚大。

　　例如，以銓敘資料庫為基礎，運用 BI 工具數據分析，發現高等考試三級考試及格人員自薦任第六職等本俸一級起敘，其陞遷簡任第 10 職等所需時間最快情形有二：1. 任每個職等之年終考績均考列甲等並搭配所（陞）任職務之職務列等，最快約任職十一年即可晉升至簡任第 10 職等；2. 如任每

個職等之年終考績多爲一年列甲等、二年列乙等，並搭配所（陞）任職務之職務列等，最快約任職十三年即可晉升至簡任第 10 職等。以此爲據，可以作爲許多人事政策規劃或公務人員個人職涯規劃的參考。

(四) 數據導向或循證的人力資源管理

　　就人力資源管理專業領域而言，將研訂人事管理政策的決策基礎建立在科學分析、理性決策的基礎上，這就是所謂循證化人力資源管理。人事政策不能再單靠經驗或直覺，而是輔以更多用正確的數據及其統計分析結果，做出最適的決策。亦即「根據循證，做最適決策」，「循證」爲研究人力資源管理政策的主流方法之一（林文燦，民 112）。因此，筆者常勉勵同仁在大數據時代，須培養自身具備三種專業能力：資訊專業能力（蒐集）、統計專業能力（分析）及本職專業能力（詮釋）。

　　公務人力統計分析不能再停留在男女性別各佔百分比的靜態呈現方式之上。因爲多元管理不只是個現象，更是一個政策前提，是一個透過運用資訊及數據的結合，前瞻式規劃一個具有包融性及友善的職場環境的策略性思維。亦即，設若政府公務職場之中，女性公務人員人數在「不遠的將來」將超越男性，這又是一種不可逆的職場多元結構，那麼包含哺乳室、女生如廁等硬體設備是不是要及早建立；現行傾向女性的性別平等人事措施，是不是也有重新思考的必要呢？（林文燦，民 109：497）「不遠的將來」是何時？須前瞻規劃的多元管理人事政策是什麼？就要靠前述「三力」的發揮。

　　年齡多元也是公部門多元化管理的重要議題之一，年改後支領月退休今年齡延後，致政府公務人員人口結構呈向「老」、「中」、「青」的「多元壁壘」現象，如何透過數據分析預爲綢繆，這就是數位導向或循證人力資源管理的要意。

(五) 數據導向或循證的人事政策選擇

　　Simon 主張，組織的決策行爲基礎是有限理性的，而在 1970 年代電腦科技尚在開發階段，他已經強調運用資訊科技來輔助決策之後，人類的理性

範圍將增加，決策的品質也會提高。此正是銓敘部以數據決策途徑，從事公務人員 107 年金制度實務案例，有關退撫撙節經費悉數挹注回退撫基金的敘述，讀者可自行參閱第九章第三節，不再贅述。僅舉數據決策應用一例，分享讀者。

107 年年金制度改革的數據分析是建立在「公教人員退撫整合平台」的「數據精算基礎」上，不同於 95 年、100 年的二次年改是建立在數據「推估」基礎上。更重要的是，透過「公教人員退撫整合平台」的「完整數據」，使得人事決策從較偏重經驗與直覺的思考慣性，踏入以數據作決策的新領域。這個政策議題是：「支領一次退休金人員『該不該列入』年改範圍」支領一次退休金人員是否該列為年金改革的對象呢？如果按照「直覺」作為理性決策的基礎，所謂支領一次退休金人員「不該列入」年改範圍。因為「支領一次退休金」的語意，容易轉化成「『早期』支領一次退休金」的描述，更會進一步質變為「『早期』支領一次退休金人員『生活困苦』」。如此一來，依據「經驗或直覺」自然不該將支領一次退休金人員列入年金改革的範圍；而在年改實務上也理所當然，從 95 年第一次年改以來，從未被列為年金改革的對象。

但若根據公教人員退撫整合平台所蒐集的統計資料顯示，公務人員支領一次退休金人員共有 9,752 人，而其中按月支領 18% 利息達新台幣 5 萬元以上者，累計達 3,009 人。要知道，一次退休金 300 萬元本金，依法以 18% 利率存入臺灣銀行，每月利息可領 45,000 元。如依據公教人員退撫整合平台所呈現的統計資料的事實前提，將其列入年改範圍，應屬理性之決策。「列與不列」間資訊的掌握度成為理性決策與否的關鍵，更攸關公平正義（林文燦，民 111）。於是，數據導向或循證就成為人事政策選擇的重要參據。

關鍵詞彙

新公共管理　人才管理　職位基礎制　職涯基礎制　側面入職
既得權益　模範雇主　職能基礎　策略性人力資源管理　全觀性
證照薪　職系專長認定　專技轉任　二元體系論　團體績效評量
績效面談　管理資訊系統　電子政府　數位政府　數位轉型

自我評量題目

一、試說明職涯基礎制與職位基礎制的特色及其差別。

二、試說明新公共管理對各國公共人事制度產生何種影響？

三、試說明公共人事行政不變的價值為何？

四、試摘要說明各國公共人事制度發展新趨勢，對我國考銓制度轉型有
　　何啟示？

五、請以現職公務人員調任辦法職系專長認定之鬆綁設計為例，說明我
　　國76年二制合一的官等職等併立制度以來，學術界與實務界所稱吸
　　收二制之長，究竟「長」在何處？

六、試說明擴大專技轉任制度的草案具體方案內容要點為何？及其在考
　　銓制度轉型中的重大意涵為何？

七、請說明公務人員考績法修正草案，第2條規定為：「公務人員之考
　　績，應綜覈名實、公正公平，作準確客觀之考核，以充分發揮獎
　　勵、懲處、拔擢、培育及輔導之功能。」此修正草案所蘊含的現代
　　考績理論之目的為何？

八、請說明何謂管理資訊系統？及其主要的功能為何

九、請說明人事行政資訊系統的影響與成效為何？

參考書目

一、中文部分

吳定、張潤書、陳德禹、賴維堯、許立一（民 96）。行政學（上）。台北：空大。

李俊達、林文燦（民 112）。新冠肺炎疫情下公務人員對居家辦公評價之實證研究。文官制度，第 15 卷第 1 期，第 27-60 頁。

林文燦（民 98）。公部門待遇管理——策略、制度、績效。台北：元照。

林文燦（民 111）。公共人力資源管理個案探討：公務人員年金政策與制度改革多面向分析。台北：五南圖書。

胡明、黃心璇、周桂芳等譯（民 108）。人力資源數據分析：人工智能時代的人力資源管理。北京：機械工業出版社。原文：Bernard Marr. (2018). *Data-Driven HR: How to Use Analytics and Metrics to Drive Performance*. Kogan Page.

詹中原、林文燦、呂育誠主編（民 109）。公共人力資源管理：理論與實務。台北：五南圖書。

孫本初（民 102）。新公共管理，5 版。台北：五南圖書。

孫柏瑛、潘娜、游祥斌等譯（民 99）。公共部門人力資源管理：系統與戰略。北京：中國人民大學。原文：Donald E. Klingner, John Nalbandian & Jared Llorens (2010). *Public Personnel Management: Contexts and Strategies*. New York: Longman.

張建鋒、肖利華、許詩軍（民 111）。數智化：數字政府、數字經濟與數字社會大融合。北京：電子工業出版社。

彭文賢（民 85）。組織原理。台北：三民書局。

劉昕譯（民 106）。人力資源管理。浙江：中國人民大學。原文：Gary Dessler (2015). *Human Resource Management*. Pearson Education, Ltd.

二、英文部分

Astana Civil Service Hub (2018). "Global and Regional Trends of Civil Service Development: Executive Summary." https://www.astanacivilservicehub.org/uploads/research_pdf/Global-and-regional-trends_executive-summary_rus.

Baimenov, Alikhan (2000). *Civil Service, International Experience and the Kazakhstani Model*. Astana: Foliant Press.

Burkus, David (2016). *Under New Management: How Leading Organizations Are Upending Business as Usual*. India: Maifflin.

Kim, S. Pan (2000). "Human Resources Management Reform in the Korean Civil Service." *Administrative Theory & Praxis*, 22(2): 326-344.

OECD (2005). *Performance-related Pay Policies for Government Employees*. Paris: OECD.

OECD (2014). *Recommendation of the Council on Digital Government Strategies*. Paris: OECD.

OECD (2020). *The Human Resources Profession*. https://www.oecd.org/gov/pem/humanresources.htm. 2020.08.21.

United Nations Development Programme (UNDP) (2015). *Making the State Work: Lessons from 20 years of Public Administration Reforms in Central and Eastern Europe and the Former Soviet Union*. New York: UNDP.

Warner, Karl S. R. &Wäger, M. (2019). "Dynamic Capabilities for Digital Transformation: An Ongoing Process of Strategic Renewal Maximillian." *Long Range Planning*, 52(3): 326-349.

Wenzel, K. (2022). *Management Models of Digital Transformation: Analysis and Definition of Success Factors for the Development of a Management Framework*. Springer Gabler.

Zhang, Y. (2017). "Management Information System." *Advances in Engineering Research*, 138.

國家圖書館出版品預行編目資料

考銓制度／許道然、林文燦著. -- 三版.
-- 臺北市：五南圖書出版股份有限公司，
2023.09
面； 公分
ISBN 978-626-366-578-1（平裝）

1.CST: 考銓制度

573.4   112014668

1PCB

考銓制度

作　　　者 — 許道然（238）、林文燦

發 行 人 — 楊榮川

總 經 理 — 楊士清

總 編 輯 — 楊秀麗

副總編輯 — 劉靜芬

責任編輯 — 黃郁婷、邱敏芳

封面設計 — 陳亭瑋

出 版 者 — 五南圖書出版股份有限公司

地　　　址：106臺北市大安區和平東路二段339號4樓

電　　　話：(02)2705-5066　傳　　　真：(02)2706-6100

網　　　址：https://www.wunan.com.tw

電子郵件：wunan@wunan.com.tw

劃撥帳號：01068953

戶　　　名：五南圖書出版股份有限公司

法律顧問　林勝安律師

出版日期　2020年9月初版一刷
　　　　　2022年9月二版一刷
　　　　　2023年9月三版一刷
　　　　　2024年3月三版二刷

定　　　價　新臺幣680元

經典永恆·名著常在

五十週年的獻禮——經典名著文庫

五南，五十年了，半個世紀，人生旅程的一大半，走過來了。

思索著，邁向百年的未來歷程，能為知識界、文化學術界作些什麼？

在速食文化的生態下，有什麼值得讓人雋永品味的？

歷代經典·當今名著，經過時間的洗禮，千錘百鍊，流傳至今，光芒耀人；

不僅使我們能領悟前人的智慧，同時也增深加廣我們思考的深度與視野。

我們決心投入巨資，有計畫的系統梳選，成立「經典名著文庫」，

希望收入古今中外思想性的、充滿睿智與獨見的經典、名著。

這是一項理想性的、永續性的巨大出版工程。

不在意讀者的眾寡，只考慮它的學術價值，力求完整展現先哲思想的軌跡；

為知識界開啟一片智慧之窗，營造一座百花綻放的世界文明公園，

任君遨遊、取菁吸蜜、嘉惠學子！